JOHN SYMONDS

ALEISTER CROWLEY
DAS TIER 666

JOHN SYMONDS

ALEISTER CROWLEY
DAS TIER 666

LEBEN UND MAGICK

HERAUSGEGEBEN
VON WOLFGANG BAUER

SPHINX VERLAG BASEL

Aus dem Englischen
von B. F. Netthow

Hinweis des Herausgebers:
Crowleys Lyrik (auch die Lyrik dritter) und seine rituellen Texte wurden in der Übersetzung im Original belassen, da sie als «spezielle magische Formeln», als die Crowley sie stets verstand, nicht sinnvoll und nicht ohne beträchtlichen Substanzverlust in eine fremde Sprache zu übersetzen sind.

CIP-Kurztitelaufnahme der Deutschen Bibliothek
Symonds, John:
[Das Tier sechs sechs sechs]
Aleister Crowley – Das Tier 666
Leben und Magick / John Symonds. Hg. von W. Bauer
[Aus d. Engl. von B. F. Netthow]. –
Basel: Sphinx-Verlag, 1983.
Einheitssacht.: The great beast ‹dt.›
ISBN 3-85914-158-9

1983

Originaltitel: The Great Beast
Gestaltung: Charles Huguenin
Gesamtherstellung:
Rombach+Co GmbH, Freiburg
Printed in Germany
ISBN 3-85914-158-9

INHALT

VORWORT

The Great Beast wurde 1951 erstmals veröffentlicht. Das vorliegende Werk ist aber um etwa ein Drittel umfangreicher; es enthält wichtige Kapitel aus *The Magick of Aleister Crowley,* das 1958 erschien.

Das damalige Haupt von Crowleys magischem Orden, der verstorbene Karl Germer, war 1951 schockiert, als er *The Great Beast* las. Der «Orden der Orientalischen Templer» (oder «Orden der Templer des Ostens») besteht aus einer kleinen internationalen Gruppe von Adepten, die Sexualmagie praktiziert. Germer sagte, das Buch werfe den Orden um tausend Jahre zurück. Er war im Irrtum. Ohne Zweifel ist das weitverbreitete Interesse an Aleister Crowley heute auf *The Great Beast* zurückzuführen.

Unerwartet hat sich das Blatt zu Crowleys Gunsten gewendet. Die Lehre des «Tu Was Du Willst», die Ermutigung, die Götter mit Füssen zu treten und sich sein eigen Mass an Liebe, Wein und «fremdartigen Drogen» zu nehmen, hat die Vorstellungskraft dieser ruhelosen Welt in Besitz genommen.

Crowleys Philosophie, so wie sie allgemein verstanden wird, fordert dazu auf, «den eigenen Trip zu machen». Crowley praktizierte dies in einem Ausmass, das ihn auf diesem Gebiet unschlagbar macht. Zur Jahrhundertwende entsprang Crowley voll bewaffnet dem Hermetischen «Order of the Golden Dawn» und begann, verschiedene, ihm vertraute magische Systeme auszuprobieren. Aber die Geheimen Herrscher oder übermenschlichen Intelligenzen, die diesen Planeten regieren, hatten für ihn eine weit bedeutendere Rolle als die des einfachen Magiers vorgesehen, und zur rechten Zeit teilten sie ihm mit, er sei der *Weltlehrer.* Und Aiwass, einer der Geheimen Herrscher, bestätigte die Enthüllung, indem er Crowley diktierte, was er als die zukünftige Bibel der Menschheit ansah. Das Ergebnis war *The Book of the Law (Das Buch des Gesetzes),* welches Crowley das magische Wort *Thelema,* «Willen», lieferte, das sich zu «Tu Was Du Willst» entwickelte.

Crowley verglich sein Wort mit Buddhas *Anatta,* «Nicht-Selbst» (d.h., nicht individuelles Bewusstsein, sondern Universales oder Absolutes Bewusstsein), mit Mohammeds Wort *Allah,* «Gott ist Einzig», und mit Christus' *Agape,* «Liebe».

Nachdem Aiwass ihm erschienen und ihm *Das Buch des Gesetzes* diktiert hatte, gab er die gewöhnlichen magischen Kunststücke, wie z. B. sich unsichtbar zu machen, auf; sein hauptsächliches, wenn nicht einziges Ziel bei der Erforschung der Astralen Ebene bestand in der Suche nach Lösungen zu den im *Buch des Gesetzes* enthaltenen Rätseln.

Die ihn schmähenden Zeitungsverleger wussten nichts von der Tatsache, dass Crowley den Logos des Äons repräsentierte; ja, sie wussten nicht einmal, dass ein neues Äon begonnen hatte. Sie beurteilten ausschliesslich den Menschen, Aleister Crowley, mit dem Massstab der christlichen Moral des Alten Äons und fanden ihn äusserst mangelhaft. Erst jetzt, ein Vierteljahrhundert nach seinem Tod, beginnt seine Philosophie des «Tu Was Du Willst» auf Interesse zu stossen. Die Untergrundpresse *(International Times)* hat Crowley als «den unbesungenen Helden der Hippies» bezeichnet.

Das Neue Äon begann 1904, aber, bevor es sich manifestieren kann, muss der Schutt des Alten Äons gründlich fortgeräumt werden: Die Zivilisation, wie wir sie kennen, muss mit all ihren Werten vernichtet werden, und zwar genauso gründlich wie Atlantis. Es ist eine trübe Aussicht. Crowley verglich es mit einem neuen Dunklen Zeitalter. *Das Buch des Gesetzes* enthält das vollständige Material für den Aufbau des Neuen Äons in einigen hundert Jahren in der Zukunft.

Crowley war einer von vielen, die gegen das selbstgerechte, rosige Gesellschafts- und Menschenbild der Viktorianer rebellierte. Dies waren die «Götter», die er mit Füssen trat und an deren Stelle er sich selbst setzte. Sein Erfolg in dieser Beziehung ist zum Teil darauf zurückzuführen, dass er keine Angst vor dem Wahnsinn hatte; er drang in Bereiche vor, vor denen sich nur die Allermutigsten und Tollkühnsten nicht abschrecken lassen würden. Aus der Sicht der okkulten Wissenschaften liegt sein Verdienst in dem System von Sicherungen (Wachposten gegen Besessenheit), die er zum Schutz des Reisenden auf diesen geheimen und gefährlichen Ebenen einrichtete. Kurz bevor er 1947 starb, erhielt er durch das regellose Verhalten seiner kalifornischen Schüler einen Ausblick auf das, was kommen würde; er war – etwas unlogischerweise – nicht davon angetan.

Crowley mochte Samuel Johnson nicht: Er ertrug weder Johnsons phantasiereichen gesunden Menschenverstand, noch seinen tiefen Glauben an die christliche Religion. Die beiden befinden sich auf entgegengesetzten Polen, oder, noch genauer, Johnson ist im Zentrum, Crowley auf der fernen Peripherie, nach aussen in die kalte Wüste starrend.

Das Material über Crowleys Leben ist umfangreich; dennoch fehlten hier und dort einige wesentliche Notizen. Ich bin Sir Gerald Kelly, PPRA, zu tiefem Dank verpflichtet, da er mir die meisten dieser fehlenden Details besorgte.

Ebenso danke ich sehr Mrs. Nora Fitzgerald und Mr. Tom Driberg, MP, für die Leihgabe weiteren Materials. Mr. Ellic Howe danke ich für

So stellte sich Hollywood Das Tier vor (*Night of the Demon,* 1958)

die Hilfe bei der Aufdeckung von Crowleys Beziehung zum «Golden Dawn».

Dunkle Stellen sind für mich beleuchtet worden, und Informationen habe ich erhalten durch Mr. Noel Blakiston, den Reverend J. Dover Wellman, Commander Charles Drage, Mr. Aidan Evans Mr. Peter Fryer, Mr. Charles Gray, Mr. Francis King, Sir Arnold Lunn, Miss Betty May, Mr. James W. Reardon, Mr. C. F. Russel und Mr. Charles Nelson Stewart.

Die Freundlichkeit von Edward O. Marsh, der das gesamte Typoskript gelesen hat und mir viele wertvolle Ratschläge gab, war mir eine grosse Unterstützung.

John Symonds

Es ist verteufelt schwierig, zu einem solchen Buch etwas zu sagen. Der Hauptgrund hierfür liegt darin, dass jede Aussage wahr und unwahr ist, je nachdem, wie weit man auf dem Pfad des Weisen fortgeschritten ist.

Aleister Crowley

Crowley als Fo-hi, der chinesische Gott der Freude und des Lachens

FRÜHERE LEBEN

Wer war Aleister Crowley? Crowley selbst war sich keineswegs darüber im klaren. Zwar wusste er, dass dem Braumeister und bekannten Plymouth-Bruder Edward Crowley 1875 ein Sohn namens Edward Alexander («Alick») geboren wurde, der sich als Erwachsener Aleister nannte und sein Leben damit verbrachte, Gipfel zu stürmen und magische Rituale zu zelebrieren. Aber gleichzeitig fühlte er dumpf, dass dies nur ein unwesentlicher und oberflächlicher Teil des wahren «Aleister Crowley» war. Denn der echte Crowley war von einer anderen Welt, mehr ein Gott als ein Mensch, ein Übermensch, wenn man will, der von erhabenen Gedanken erfüllt war und der schwachen Menschheit achtlos, aber wohlwollend begegnete.

Natürlich hatte er schon öfter gelebt, würde er wiedergeboren werden. Und parallel zur Vielfalt seiner früheren Leben verlief eine einzige, kontinuierliche Existenz: eine Existenz als Meister (genannt Verborgener Meister oder Geheimer Oberer) einer Höheren Ebene.

Einen kurzen Einblick in diese Existenz als Geheimer Oberer gab Crowley in der detaillierten Beschreibung einer Ratssitzung der Höheren, kurz vor der Geburt Mohammeds. Das Treffen wurde in die Gebirgswälder von . . . verlegt, ins Herz einer der unzugänglichsten Einöden Europas (einer genaueren Ortsbestimmung enthält sich Crowley).

Die wichtigsten Punkte der Tagesordnung bezogen sich auf Fragen nach den zweckmässigsten Massnahmen, mit denen – man stand am Beginn des Mittelalters – der Menschheit geholfen werden sollte. (Crowley befand sich stets und ständig auf der Suche nach Möglichkeiten, der Menschheit seine Hilfe angedeihen zu lassen.) «Eine kleine Minderheit, der ich mich anschloss», schrieb er, «wollte aktiv werden und schlug definitive Massnahmen vor. Insbesondere sollten die Mysterien enthüllt werden. Die Mehrheit jedoch, hauptsächlich die Meister Asiens, weigerten sich, diesen Vorschlag auch nur zu diskutieren. Sie enthielten sich verächtlich der Stimme, als wollten sie sagen: Die Jungen werden ihre Lektion schon noch lernen. Also gewannen wir das Votum und einige Meister bekamen unterschiedlichste Aufgaben zugeteilt.»

Der spezielle Auftrag Crowleys bestand darin, die Weisheit des Orients nach Europa zu bringen und das Heidentum in reinerer Form wiederherzustellen. Ob ihm dieser Auftrag im 6. Jahrhundert n. Chr. (Mohammed wurde um 570 geboren) oder irgendeiner seiner späteren Inkarnationen erteilt wurde, lässt er dahingestellt. In seiner dem *Sunday Express* und dem *John Bull* wohlbekannten Inkarnation als Aleister Crowley jedenfalls gab er sein Möglichstes zur Restauration der heidnischen Lehren und beiden Zeitungen Anlass zu heftigsten Attacken.

Es überrascht wenig, dass Crowley, in dessen Träumen es von Königen und Päpsten nur so wimmelte, unter vielen anderen Inkarnationen auch die als Papst Alexander VI. für sich beanspruchte. Diesen brillanten, aber irdischen Vergnügungen nicht eben abholden Prälaten, hätte Crowley liebend gern verkörpert. Zu seinen bestgehüteten Schätzen gehörte eine zur Regentschaft Alexanders VI. geprägte Münze, die auf der einen Seite das Papstwappen sowie Alexanders Familienwappen, auf der andern die biblische Legende vom Fischzug zeigt. Crowley benützte sie als Scheidemünze oder Talisman bei magischen Arbeiten zur Herstellung von Gold. Leider sind seine Erinnerungen an sein Vorleben als Papst recht kärglich (es sei denn, er übte hier in seinen Aufzeichnungen ungewöhnliche Zurückhaltung). Er sagt nicht viel mehr, als dass er bei seiner Aufgabe, «der Renaissance ihr Glanzlicht aufzusetzen», versagt habe, «aufgrund der ungenügenden Selbstläuterung meiner Persönlichkeit».

Besser erinnerte er sich dagegen an seine Leben in der Antike. Unter anderem war er da der thebische Priester Ankh-f-n-Khonsu, der in der 26. Dynastie wirkte (das Vorwort zu Crowleys *Equinox of the Gods* ist mit *Ankh-f-n-Khonsu* signiert). Ausserdem war Crowley noch identisch mit dem chinesischen Weisen Ko Hsuan, einem Schüler des Lao-Tse und Verfasser des *Khing Kan King,* das Crowley in Verse fasste.

Zusätzlich kompliziert wird Aleister Crowleys Identität durch seinen Heiligen Schutzgeist Aiwass, der mitunter mehr an Crowley erinnert als Crowley selbst. «Mein Gesundheitszustand ist gleichbleibend schlecht – eine Mischung aus Sumpffieber und Rheuma mit stossweisen Symptomen der Neuralgie, etc.» schrieb der einundvierzigjährige Crowley im März 1917. «Aber ich, Aiwass, habe ständig darüber nachgedacht, wie ich mich zu Crowleys Geist und Körper verhalten soll. Habe ich noch Verwendung dafür? Kämen meine Ideen nicht umso schneller voran, wenn er (Crowley) tot wäre? Gebietet es nicht die Klugheit, mich in einem oder mehreren anderen zu manifestieren?»

Crowley befand sich zu diesem Zeitpunkt gerade in Amerika. Der weinerliche Unterton dieses Auszugs aus seinem Tagebuch ist auf das amerikanische Eingreifen in den Weltkrieg auf Seiten der Alliierten und den unmittelbar daraus resultierenden Verlust seines Postens als Propagandist für die Deutschen zurückzuführen. Er hatte aufs falsche Pferd gesetzt und fürchtete Rache. Kein Wunder, dass er sich umso enger an seinen Heiligen Schutzgeist anlehnte und Crowleys Haut am liebsten abgepellt hätte.

Ein Selbstporträt Aleister Crowleys als der Weise Kwaw, eine seiner Inkarnationen, 500 Jahre vor Christus

Im Juli des gleichen Jahres traf er eine aus Pennsylvania stammende Frau namens Anna Katherine Miller, der er den Spitznamen ‹Der Hund› gab und mit der er ab August ein Zimmer am Central Park West bewohnte, ‹wo wir ausser Bäumen nichts sehen. Ruhm Dir, *Otz Chiim* (Baum des Lebens), in dessen Geäst der Wundervogel nistet, der Schwan *Paramahansa* (der göttliche Schwan). (Ja doch – ich weiss, dass irdische Schwäne nicht in Bäumen nisten).› Anna hielt er für die Materialisation eines gewissen ‹Braunen Mädchens›, das er bei einer Vision gesehen hatte.

Im folgenden Jahr begab er sich in Magische Klausur. Er paddelte den Hudson River hinunter und schlug sein Lager auf ‹Oesopus Island› auf. In einer Serie von Trancen rief er sich etliche seiner früheren Leben ins Gedächtnis.

Die Trancen waren höchst intensiv. Um den erwünschten Zustand zu erreichen, bediente er sich der Techniken des Yoga. Seine Erwähnung des *Samadhi* (die höchste Ekstase) lässt erkennen, dass er den Zustand äusserster Konzentration erreichte. Den buddhistischen Lehren zufolge kann die stetige Vervollkommnung des Geistes durch Yoga-Konzentrationsübungen Erinnerungen an frühere Inkarnationen hervorrufen. Crowley half mit Kokain und Anhalonium nach. Seine Traumzustände waren, wie er es ausdrückte, von einer Sublimität, die nicht mehr mit Worten erfasst werden kann. Gekrönt wurde das Ganze von einer ‹Englischen Vision›, wie er sie nie zuvor erlebt hatte.

Sein Leben unmittelbar vor der Inkarnation Aleister Crowley war die als Eliphas Lévi. Diesen Namen hatte Alphonse Louis Constant angenommen, der Verfasser bekannter Werke über Magie und Kabbala.

(Als wir eines Nachmittags in Hastings über Magie diskutierten, wies ich darauf hin, dass Lévi gerade sechs Monate vor Crowleys Geburt gestorben war, mithin Crowley als Fötus bereits zu Lebzeiten Lévis existiert hatte. Aber Crowley sah darin keinen Widerspruch. Erst nach einer dreimonatigen Schwangerschaft, sagte er, wäre Lévis Geist überhaupt in den Leib von Crowleys Mutter herabgestiegen.

Mit der These von Lévis Wiedergeburt als Crowley lassen sich grosse Teile von Crowleys Persönlichkeit erklären. Allerdings enthüllt sein magisches Erinnerungsvermögen zum Thema Eliphas Lévi nichts, was er nicht auch der 1896 erschienen englischen Übersetzung Arthur Edward Waites von Lévis *Dogme et Rituel de la Haute Magie* (Transzendentale Magie) hätte entnehmen können, insbesondere die biographische Einführung.)

Während seiner Trancezustände drang Crowley in Lévis Leben ein, nachdem er zuerst seine eigene Kindheit und Geburt sowie seine Existenz im Mutterleib durchlebt hatte. Er versicherte, Lévis Tod miterlebt zu haben. (Eine Photographie von Lévis Totenlager zeigt ihn auf einem Messingbett liegend, mit einem grossen Kruzifix auf dem Leichentuch. Die Photographie findet sich in Lévis *The History of Magic,* 1913.) ‹Ich durchlebte eine ganze Reihe von meist unerheblichen Begebenheiten aus dem Leben Lévis. Deutlich erinnere ich mich an einige Episoden mit meiner Fau und an meine verschiedenen katholischen Weihen,› schrieb er.

Danach sah er eine kleine Dorfkirche mit eckigem Turm . . . und viele breite und staubbedeckte Strassen. Die Szene erinnerte ihn an Südfrankreich, der Name Arles taucht auf. Er erinnerte sich eines ausgeprägten Gefühls gesellschaftlicher Unterlegenheit, das ohne Zweifel auf Lévis bescheidene Herkunft zurückzuführen war und nach Crowleys Meinung Lévis sozialistische Ansichten erklärte. ‹Ich erinnere mich noch an eine lange Wanderung im Alter von etwa siebzehn Jahren; irgendwo durch Nordfrankreich, glaube ich, und wie meine Sehnsüchte in einem magischen Gelübde kulminierten.›

Allerdings sagt Crowleys magisches Erinnerungsvermögen über Lévi weniger aus als dieser selbst. Lévi berichtet, dass er im Frühjahr 1854 nach England kam, um sich seinen von ihm als wissenschaftlich bezeichneten Forschungen in Musse und einer neuen Umgebung widmen zu

Eliphas Lévi, als dessen Nachfolger Crowley sich sah

können. Er hatte mehrere Empfehlungsbriefe an bedeutende Persönlichkeiten, die sich angeblich fürs Übernatürliche interessierten, bei sich. Zu seiner Enttäuschung musste er jedoch feststellen, dass ihr Interesse entweder auf Sensationsgier zurückzuführen oder trivial war. Man erwartete Zauberkunststückchen ‹als wäre ich ein Scharlatan›, schreibt Lévi indigniert. Dergleichen Primitivität ekelte ihn an. Selbst wenn er die spektakuläreren Ergebnisse der zeremoniellen Magie hätte erzielen wollen, deren ermüdende Prozedur ihm widerstrebten, wäre das nicht ohne teures und schwer zu beschaffendes Gerät möglich gewesen.

Eines Nachmittags fand Lévi in seinem Hotel eine Nachricht vor, der eine diagonal durchtrennte Visitenkarte beigefügt war. Der Schnitt ging mitten durch das Siegel Salomos, den sechszackigen magischen Stern. Die Nachricht lautete: ‹Die andere Hälfte der Karte bekommen Sie morgen um drei Uhr vor Westminster Abbey.›

Um drei Uhr tags darauf ging Lévi nervös vor dem Haupteingang der Westminster Abbey auf und ab. Plötzlich fuhr eine Kutsche vor. Ein Diener gab dem Magus aus Frankreich ein Zeichen und lud ihn ein, in der Kutsche Platz zu nehmen. Er kam der Einladung nach, die Kutsche fuhr an.

Lévi fand sich neben einer schwarz gekleideten und tief verschleierten Frau. Sie reichte ihm die zweite Hälfte der Visitenkarte, Salomos Siegel war komplett. Dann lüftete sie ihren Schleier.

Romantisch veranlagten Lesern muss ich hier zu meinem tiefsten Bedauern versichern, dass die geheimnisvolle, mit starkem englischen Akzent französisch sprechende Fremde weder jung noch schön, sondern eher ältlich war, und die Brauen über ihren ungewöhnlich schwarz glänzenden Augen waren bereits ergraut. Sie erwähnte den Romancier Bulwer Lytton, den Lévi kannte. Lévis Antipathie gegenüber der englischen Gesellschaft bezog sich nun aber grösstenteils auf Leute, die er in Knebworth House in der Grafschaft Hertfordshire getroffen hatte, wo Lord Lytton, der Freund des gefeierten Spiritualisten und Levitationisten Daniel Dunglas Home einen Club für magische Experimente unterhielt.[1] Noch unterwegs zum Haus der Lady mit den grauen Augenbrauen, erklärte sie ihm, dass ihr ein Freund Bulwer Lyttons von seiner, Lévis Weigerung berichtet habe, die profane Neugier dieser Gesellschaft mit seinen magischen Fähigkeiten zu befriedigen. Sie selbst jedoch besitze eine Sammlung magischer Gewänder und Waffen, die sie ihm gerne zeigen wolle. Allerdings müsse er schwören, ihre Identität nicht preiszugeben. Sollte er dazu nicht bereit sein, liesse sie ihn unverzüglich in sein Hotel zurückbringen. Lévi schwor.

Wir haben dieser unbekannten Engländerin die berühmte Beschwörung des Appolonius von Tyana, Verfasser des *Nuctemeron*[2], durch den grössten französischen Magier des 19. Jahrhunderts zu verdanken. Die Zeremonie fand nach einer Vorbereitungszeit von einundzwanzig Tagen im Haus der Dame statt. Ort der Handlung war ein kleines Turmzimmer, dessen Wände mit Konkavspiegeln versehen waren. An der Ostseite befand sich ein Marmoraltar, in dessen Oberfläche das Pentagramm eingeschnitten war. Davor lag ein weisses Lammfell, ebenfalls geziert mit einem mehrfarbigen Pentagramm. Lévi kleidete sich in ein loses Gewand, dessen Falten (seiner katholischen Priesterrobe nicht unähnlich) bis auf seine Fussknöchel flossen und setzte sich eine Krone aus Eisenkrautblättern mit einer eingeflochtenen Goldkette aufs Haupt. In der einen Hand hielt er ein Schwert, in der andern den Text des Rituals. Eine Kohlepfanne, in der Erlen- und Lorbeerscheite glühten, vervollständigte die Ausrüstung. Zuerst leise, dann immer lauter werdend, intonierte der Magier die Beschwörungslitanei.

1 Bei der Beschreibung seines Leben als Lévi erinnerte sich Crowley zwar ‹sehr deutlich› an den berühmten Verfasser von *Zanoni*, gibt jedoch keine Einzelheiten über Bulwer-Lytton an, geschweige denn, dass er sein Aussehen beschriebe.

2 ‹Eine Nacht und ein Tag› bzw. das aus der Dunkelheit kommende Licht des Okkultismus.

Am Ende der Zeremonie war Lévi nicht mehr sicher, ob es tatsächlich der göttliche Apollonius war, den er gerufen hatte. Die Erscheinung des antiken Griechen beschreibt er als die eines vollständig in ein Leichentuch gehüllten Mannes. Dennoch muss das Antlitz des Apollonius sichtbar gewesen sein. Lévi schildert es als mager, melancholisch und bartlos – und das entspricht in keiner Weise der uns bekannten Büste des stattlichen bärtigen Mannes mit den schweren Augenbrauen. Die Erscheinung sprach Lévi nicht direkt an, berührte aber seine Hand und seinen Arm, die sofort völlig gefühllos wurden. Dieser Zustand hielt mehrere Tage an.

Die Dame, in deren Haus diese einmalige Zeremonie durchgeführt wurde, war eine Eingeweihte höheren Ranges. Dennoch dauerte ihre Verbindung mit dem Magus aus Frankreich nicht lange. Eingedenk seines Eides gibt Lévi zwar nicht ihre Identität preis, wohl aber einiges über ihre Persönlichkeit. ‹Ich hege keinen Zweifel daran›, schreibt er, ‹dass sie der Nekromantie und der Geotia (Schwarze Magie) verfallen ist. Gelegentlich verlor sie jede Selbstkontrolle und gab den sinnlosesten Anfällen von Leidenschaften nach, für die ein Grund zu finden äusserst schwierig war. Ich verliess London, ohne ihr Adieu zu sagen.›

Crowleys magisches Erinnerungsvermögen indes, durch kein Gelübde gebunden, konstatiert immerhin, dass sie ‹eine Komtesse oder ähnliches war; und eine wahre Hexe Satans. Der Typ Frau, der jemanden aus purer Gehässigkeit vergiften würde. Tatsache ist, dass sie eine Mörderin war›.

Crowleys magische Erinnerung an sich selbst als die Inkarnation des Giuseppe Balsamo, besser bekannt als der berühmte sizilianische Abenteurer und Magus des 18. Jahrhunderts Graf Cagliostro, ist noch weniger überzeugend. Die meisten Einzelheiten stimmen mit den aus Cagliostros Leben bekannten Tatsachen nicht überein. Fest steht, dass Cagliostro in den Händen der Inquisition auf der uneinnehmbaren Feste San Leo nahe Montefeltro starb. Crowley hingegen sah seinen Tod auf einer Reise, auf der ihn ein ‹bunt gekleideter Bauernbub› durch eine ‹gebirgige Waldgegend› geleitete.

Fehler enthält Crowleys magische Erinnerung auch bei der Wiedergabe der Umstände von Cagliostros Geburt in Tunis (und nicht Palermo).

> Als Cagliostro wurde ich in einem Bordell geboren und bei meiner Grossmutter mütterlicherseits aufgezogen. Meine Mutter war zur Hälfte Araberin, mein Vater vermutlich ein reicher Reisender. Es war ein grossartiges Bordell. Wegen meiner Geburt wurde meine Mutter an irgendeine Fischerperson verheiratet. Der Zeitraum vor dieser meiner Geburt ist mit tiefem und düsterem Schrecken erfüllt. Je tiefer ich darin eindringen will, um so mehr verdunkelt sich alles.

Crowleys dem Cagliostro vorhergehende Inkarnation war die eines der Vergessenheit anheimgefallenen, namenlosen Individuums – zweifellos das Resultat eines gravierenden magischen Fehlers. Es handelte sich um einen schwarzhaarigen, bleichen und pickelgesichtigen jungen Mann mit hohlen, rotgeränderten Augen in einem für den übrigen Körper zu gross geratenen Schädel, der ständig gehetzt um sich blickte. Das Leben dieses melancholischen Jünglings war kurz: mit sechs- oder achtundzwanzig hängte er sich auf. Crowley gibt dafür keinen besonderen Grund an, aber aus seiner Beschreibung der strengen, autoritären Mutter können wir auf ein unglückliches Verhältnis zu ihr schliessen. Er konnte nicht mit Sicherheit angeben, ob sie ‹Holländerin, Deutsche oder Deutsch-Schweizerin war›.

Die Trance tags darauf (am 25. August 1918) konfrontierte Crowley um 5.10 Uhr mit der Inkarnation des Heinrich van Dorn, eines mit wesentlich mehr Flair ausgestatteten Herrn. Crowley jedenfalls zeigte sich von seinem Lebenswandel zutiefst geschockt, bezeichnete ihn als sinnentleert und mit Schwarzer Magie behaftet. Es muss sich um eine Saga aus Schmutz und Schwarzer Magie gehandelt haben, mit Pakten, die den Teufel hohnlachen liessen und Verbrechen, die selbst der Hexen unwürdig waren.

Die gleiche Trance hatte ihn auch in die davorliegende Inkarnation versetzt. Die Vision begann mit dem Tod eines 45jährigen Mannes namens Vater Ivan, seines Zeichens Bibliothekar in einer gewaltigen Burg, die einem Orden kriegerischer Mönche gehörte.

Die in einem dichten, von hohen Bergen umgebenen Wald versteckte Feste, schien Crowley in Südpolen oder dem Balkan gelegen. Sicher ist Vater Ivans adlige Abstammung und seine deutsche Erziehung. Seine äussere Erscheinung war eher durchschnittlich: rundes Gesicht vom pyknosomatischen Typ mit grauen Augen, aschblonden Haaren, Schnurrbart, blassem Teint und kleinen, regelmässigen Zähnen. Seine Persönlichkeit jedoch war bemerkenswert. Als Meister der Magie – er war ein sehr hochstehender Adept – hatte er die Mönche allesamt unter seinem Daumen. Er steuerte politische Intrigen und kontrollierte den Geheimdienst.

Bevor er Mönch geworden war, hatte er an einem Religionskrieg teilgenommen. Aber sein Hauptinteresse galt natürlich der Magie. Eine im nahen Wald lebende ungarische Hexe fungierte als seine Assistentin; im Verlauf eines seiner magischen Werke waren Werwölfe und Vampire aufgetreten und hatte es ein Menschenopfer gegeben. Die Hexe wurde später von aufgebrachten Bauern eingefangen und bei lebendigem Leibe verbrannt.

Vater Ivan war eine gespaltene Persönlichkeit. Einerseits gewandt und genial, konnte er andererseits in Wutanfälle ausbrechen. Einmal schlug er mit der Reitpeitsche so lange auf seinen Lieblingspagen Stephen Otto ein, bis dieser starb. Als Student war er wegen seiner Duellfreudigkeit berühmt gewesen; zudem hatte er eine bekannte Prostituierte zur

Mätresse, deren guten Ruf er wiederholt verteidigte. All dies hatte ihm einigen Ärger mit der Universitätsverwaltung eingebracht, aber der drohenden Exmatrikulation entging er mit einer auf griechisch gehaltenen Rede, die jedermann in Erstaunen versetzte.

Die Mätresse beschrieb Crowley bis ins Detail: Im Gesicht hatte sie zwei Muttermale und unter dem linken Auge eine tiefe Narbe. Ihre Nase war lang und gebogen, ihr Mund gross mit schmalen Lippen. Ihr Gesicht erglühte im tiefsten Rot. (Das ist für Crowley der Archetyp der Schönheit, die vollkommene Frau in Scharlach. Kein Wunder denn, dass sich Vater Ivan von der Dame angezogen fühlte.) Sie war eine begabte Sängerin und spielte Mandoline, Krummhorn und Zitole. Als Jung-Ivans Mätresse wurde sie von einem alten und fetten Bürgermeister ausgehalten. Nachts pflegte sie Vater Ivan in ihrem Zimmer zu verstecken, damit er die physischen und psychischen Grausamkeiten beobachten konnte, die sie dem Bürgermeister antat.

Um die Gunst dieser Kurtisane buhlte ein weiterer Student im Städtchen – vermutlich Heidelberg –, der sich aber in einem Anfall von Kränkungswahn umbrachte. Der darauffolgende Skandal war immerhin gross genug, um sie aus der Stadt hinauszuwerfen.

Crowley erinnerte sich deutlich an ihr mit roten Blumen verziertes Fenster in einer engen Gasse. Er sagte, das Bild der mit nackten Brüsten aus ihrem Fenster lehnenden Frau und ihren perlweissen Zähnen stünde ihm so klar vor Augen, als sei alles erst gestern geschehen. Durch sie traf er auch den ‹gottlosen Bischof›, der nur maskiert in die Stadt ritt. Dieser Bischof diskutierte mit Ivan gern über Magie, wurde kurz darauf jedoch leider ermordet. Es sickerte durch, dass er ein Sonderbeauftragter des Papstes gewesen war.

Die vor Vater Ivan liegende Inkarnation war die eines reichen Jünglings aus gutem Hause, der mehr Mädchen als Junge war, ein schrecklich verkrüppelter Hermaphrodit. Deutlich erinnerte sich Crowley an seine dunkelblauen samtenen Bundhosen, ein gesäumtes Cape und einen Federhut. Er war klein, dürr, schwindsüchtig, hatte eine Unmenge rehbraunes Haar und ein krummes Rückgrat. Er war jähzornig und ein Menschenhasser. ‹Ich starb an einer Syphilis, die ich mir bei der Vergewaltigung durch einen deutschen Ritter zuzog›, verabschiedete sich Crowley von diesem seinem Leben.

Es traten noch mehr Inkarnationen auf, darunter besonders erwähnenswert die des Sir Edward Kelley, einem Medium mit Stutzohren, der für einen gelehrten Dr. John Dee die Engel sowohl sah, als auch hörte. Der abenteuerlustige und mit einem zweifelhaften Ruf behaftete Kelley war Crowley sympathischer als der Buchgelehrte Dee – da es sich um Zeitgenossen handelte, musste er sich jedoch für den einen oder andern entscheiden.

Crowleys frühere Leben also verirren sich in einem Labyrinth von mysteriösen und düsteren Figuren, die seiner Inkarnation namens ‹Aleister Crowley›, 1875 bis 1947, an Mysteriösität und Geheimnisfülle in nichts nachstehen. Geht man von einem in seinem letzten Lebensjahr an Jacintha Buddicorn geschriebenen Brief aus, war er sich dieser kaleidoskopartigen Natur durchaus bewusst.

> Ich besass damals ein kleines Rosenkreuz – es hatte fünf Rubine und eine fünfblättrige Rose mit einem Kreuz aus sechs Quadraten, jedes mit einer anderen Inschrift. Ich nahm mir vor, dass ich, wann immer ich es anlegte, als eine ganz bestimmte Person handeln würde; als eine andere, wenn ich es wieder ablegte. Beim Trennen der verschiedenen Elemente meiner Existenz war mir diese Methode eine grosse Hilfe. Es war nicht so sehr eine Frage der magischen Persönlichkeit. Ich konstruierte einfach zwei Menschen mit unterschiedlichen Wesensmerkmalen. Der eine war der Gelehrte, Bergsteiger und Forscher – athletisch, grosszügig, edel und so weiter. Der andere wies viele davon verschiedene und weit entfernte Wesensmerkmale auf. Ich pflegte mich sogar selbst zu bestrafen, wenn ich als der eine Handlungen beging, die dem andern vorbehalten waren.

VATER UND SOHN

In seiner Autobiographie[1] führt Crowley die Reihe seiner väterlichen Ahnen bis auf die Kelten zurück, während er seine unmittelbare Abstammung von einem in der Tudor-Ära nach England gekommenen Crowley ableitet. Er behauptet verwandtschaftliche Beziehungen zu dem Dichter und Prediger Robert Crowley (16. Jahrhundert), wobei ihm allerdings die Namensgleichheit als alleiniges Indiz zu dienen scheint. Eine kurze Zusammenfassung seiner Ahnengalerie beginnt bei der bretonischen Adelsfamilie de Quérouaille und springt dann unvermittelt auf seinen Vater Edward Crowley (den er als Ingenieur bezeichnet). Robert Crowley erwähnt er nur *en passant*.

Sollte Crowleys Vater tatsächlich Ingenieur gewesen sein, so handelt es sich um den Erfinder jenes Bier-Automaten, den Yates in *Edmund Yates: His Recollections and Experiences,* 1884 erwähnt – mochte es Crowley auch nie zugeben: er entstammt aus der Bierbrauerfamilie gleichen Namens. ‹In jenen Tagen›, schreibt Edmund Yates, ‹pflegten wir auch an Orten zu speisen, die heute vollkommen verschwunden scheinen. So wird «Crowley's Alton Alehouse» bei weitem nicht mehr so häufig besucht wie vor dreissig Jahren. Diese «Alehouses» waren kleine, mit einem Bier-Automaten und einer Theke ausgestattete Läden. Ein Bierbrauer aus Alton, Mr. Crowley, hatte sie eingerichtet, weil er die normalen Gaststätten nur schwer zum Verkauf seines Bieres bewegen konnte. In den «Alehouses» wurden nur Bier, Schinkensandwiches, Brot und Käse verkauft, alles jedoch von bester Qualität. Bei jungen Leuten, die sich aus der Herumlungerei an den Bars der Tavernen nicht allzuviel machten, erfreuten sie sich grösster Beliebtheit. Sie verzeichneten enorme Umsätze.›

Auch gehörten Crowleys Vorfahren nicht, wie er gern glauben machen will, zur gleichen Sippe wie Louise de Kéroualle, die Herzogin von Portsmouth. Er stammte ausschliesslich von jenem Bierbaron ab, der in den fünfziger Jahren des vorigen Jahrhunderts Bierschänken und Imbiss-Stuben für die Büroarbeiter der Innenstädte einrichtete.

[1] *The Spirit of Solitude. An Autohagiography. Subsequently re-Anti-christened. The Confessions of Aleister Crowley,* Mandrake Press, 1930. Von den vorgesehenen sechs Bänden wurden nur zwei gedruckt. Erst 1969 wurden alle zusammengefasst bei Jonathan Cape, London, sowie 1970 bei Hill and Wang, New York.

Crowley wurde am 12. Oktober 1875 geboren (im gleichen Jahr, als in New York Madame Blavatsky und ihr Gefährte Colonel Olcott die Theosophische Gesellschaft gründeten) und auf den Namen Edward Alexander getauft. Zu Aleister wurde er erst mit zwanzig Jahren, als er beschloss, den Namen Edward Alexander nicht mehr ausstehen zu können. Das bestimmende Moment seiner Jugend ist die Zugehörigkeit seiner Eltern (wie der von Edmund Gosse) zu den Plymouth-Brüdern, einer um 1830 in Dublin von dem irischen Kleriker Darby gegründeten Sekte, die ihren grössten Zulauf in Plymouth hatte.

Aleister berichtet, dass sein Vater häufig über Land fuhr, um vom wahren Christentum zu predigen, das natürlich nur bei den Plymouth-Brüdern zu finden sei. In den Dörfern von Warwickshire (und später von Surrey) war er bei seiner Missionstätigkeit zu Fuss unterwegs. Aleister wurde des öfteren mitgenommen.

Morgens versammelte sich der gesamte Crowleysche Haushalt regelmässig im Esszimmer zur Bibelstunde, wobei jeder der Anwesenden einen Vers laut vorlas. An diesen Versammlungen nahm Aleister ab seinem vierten Lebensjahr teil. So erfuhr er vom Ende der Welt, von der Errettung durch die Plymouth-Brüder und schliesslich von Sünde und Tod, ein Thema, von dem Edward Crowley besessen war.

Obgleich Aleister meint, mit seinen Eltern nichts oder nur wenig gemein zu haben, verlief sein Leben dem seines Vaters nicht unähnlich. Beide gehörten sie zu einer kleinen Sekte von Auserwählten, beide versuchten sie die Welt zu überzeugen; beide lebten sie inmitten religiöser Mysterien. Anfangs identifizierte sich der junge Crowley voll und ganz mit dem Vater. Er bekannte sich zu den Plymouth-Brüdern: Plymouthismus war der einzig wahre Glaube. Er konnte sich nur schwerlich Leute vorstellen, die dumm genug oder so böse waren, dies zu leugnen. In seiner kindlichen Phantasie sah er sich als den heiligen heldenhaften Ritter Christi. Für Christus wollte er über sich hinauswachsen – ebenso wie später dann der Erwachsene für den ägyptischen Kriegsgott Ra-Hoor-Khut einer selbstgebastelten Religion über sich hinauswachsen wollte.

Als Heranwachsender bemerkte er, wie ihn Schilderungen blutiger Folterungen und besonders die Vorstellung, selber unter Todesqualen zu leiden, masslos erregten. Ganz besonders liebte er dabei die Vorstellung, von einer ‹bösen, stolzen, mutigen, wollüstigen› Frau erniedrigt und gequält zu werden.

Diesen Phantasien sollte er nie entwachsen, am wenigsten denen der Demütigung durch einen bestimmten Frauentyp. Er erklärte dies mit ‹dem Hermaphroditismus in meinem Körperbau› – der aber in Wahrheit nicht existierte. Seine Bisexualität, die ihn die geschlechtliche Vereinigung sowohl mit Männern als auch mit Frauen suchen liess, war lediglich eine Frage des Willens.

Von den biblischen Prophezeiungen, besonders der *Offenbarung*, war

Crowleys Vater

Crowley fasziniert. In den Falschen Propheten, Das Tier und die Frau in Scharlach war er geradezu verliebt.

Eines Tages wurde ihm bewusst, dass er ausschliesslich für die Feinde des Himmels Sympathien hegte. Nun ist diese Feststellung an sich noch nichts Ungewöhnliches. Ungewöhnlich ist die Art, wie Crowley darauf reagierte: In seiner Revolte gegen Gott und Eltern setzte er sich an die *Stelle Gottes.* Er behielt diese Haltung sein Leben lang bei, sie sollte seinen Werdegang massgeblich beeinflussen.

Von seiner Kindheit hinterliess er ein unvollständiges und widersprüchliches Bild. Er litt zwar unter der Schule und seinem Zuhause, aber eben nicht immer. Seine Mutter hasste er, fühlte sich sogar physisch von ihr abgestossen; aber in seinem ersten Versuch einer Autobiographie, dem Vorwort zu *The World's Tragedy* mit dem Titel *Eine Kindheit in der Hölle,* hat er trotzdem ein Bröckchen Achtung für sie übrig. Der Crowleysche Haushalt war nicht gerade fröhlich zu nennen. Weihnachten zum Beispiel war als heidnisches Fest aus dem Familienleben verbannt – und demzufolge bekam Aleister nie Spielzeug. Dennoch scheint er seinen Spass gehabt zu haben. Tatsächlich lassen seine Kindheitserinnerungen die Eltern als nicht unfreundliche Mittelständler erscheinen, wenn auch ohne «Verständnis» für Kinder im heutigen Sinne.

Als Aleister elf war, starb sein Vater an den Folgen von Zungenkrebs. Aleister hatte zwar wenig Liebe, aber immerhin etwas wie Hochachtung für ihn empfunden. Selbstkritisch erkannte er, dass am Grab des Vaters ein neuer Entwicklungsabschnitt für ihn begann, hauptsächlich bestimmt von Eigensinn.

Zunächst wurde er auf eine den Söhnen der Plymouth-Brüder vorbehaltene Schule geschickt (mit der Bibel als häufigstes Lern- und der Rute als häufigstes Lehrmittel). Dort bezichtigte man ihn der versuchten Verführung eines Knaben. Später ging er nach Malvern und Tonbridge. Beide Schulen hasste er. Eine Zeitlang hatte er allerdings einen Tutor, der ihn nebenbei in die Welt der Pferderennen, des Billardspiels, der Wetten und Glücksspiele und zu guter Letzt auch in das Geheimnis der Frauenwelt einweihte. Als Anerkennung für diesen aufklärerischen Eifer sollte ihm sein Schüler in seiner Autobiographie einige Worte der Dankbarkeit widmen.

‹Man schickte mich nach Tonbridge, wo ich gesundheitlich zusammenbrach. Hätte man mich vernünftig erzogen, wäre das eigener Schuld oder persönlichem Missgeschick zuzuschreiben gewesen. So aber war es das Ergebnis eines barbarischen Systems, das, nicht zufrieden damit, mich eigenhändig zu quälen, mich gefesselt und geblendet dem majestätischen Zorn der Natur aussetzte.› Was gemeint ist, erklärt eine handschriftliche Randbemerkung in Crowleys eigener Ausgabe von *The World's Tragedy,* der diese Passage entnommen ist: ‹Holte mir bei einer Hure in Glasgow den Tripper›.

Crowley als Schuljunge im Alter von vierzehn Jahren

Er erzählt einige Erlebnisse, die sich von denen anderer Jungen gleichen Alters kaum unterscheiden, mit Ausnahme vielleicht der nachfolgenden Geschichte, die meines Erachtens beweist, dass er nur über ein geringes Mass an Vorstellungsvermögen verfügte. Er konnte sich in keine Situation hineindenken, solange er sie nicht selbst erlebt hatte. Aus eben diesem Grund stürzte er sich sein ganzes Leben lang blindlings in irgendwelche Abenteuer, besonders mit Frauen. Vorstellungsvermögen setzt Zurückhaltung im Handeln voraus. Wer aber andererseits seine Impulse und Instinkte voll auslebt, hat kein ausgeprägtes Innenleben mehr nötig, denn er bekommt ja schon alles in der Realität. Vielleicht erklärt dieser Mangel an Vorstellungsvermögen auch sein Versagen als Dichter einerseits, sein extravagantes Leben andererseits.

Man hatte ihm erzählt, dass eine Katze neun Leben hat. Also, folgerte er, ist es praktisch unmöglich, eine Katze zu töten.

> Ich fing mir eine Katze und, nachdem ich ihr eine grosse Dosis Arsen verabreicht hatte, chloroformierte ich sie, hängte sie über den Gasherd, erstach sie und schnitt ihr die Kehle durch, drückte ihr den Schädel ein und ertränkte sie, nachdem ich sie sorgfältig verbrannt hatte. Dann warf ich sie aus dem Fenster, damit der Aufprall das neunte Leben nähme. Die Operation gelang. Mit dem Tier hatte ich echtes Mitleid und musste mich zu diesem Experiment im Interesse der Wissenschaft regelrecht zwingen.

1895, im Alter von 20 Jahren, schrieb sich Crowley am Trinity College, Cambridge, für die Geisteswissenschaften ein; fühlte sich von Politischer Ökonomie, die zu diesem Studiengang gehörte, jedoch abgestossen. Über andere Disziplinen erwähnte er lediglich, dass er in seinen drei Studienjahren einmal einen Tag lang an einem griechischen Schauspiel gearbeitet habe. Die meiste Zeit verbrachte er mit Lesen und Dichten.

In den Ferien unternahm er Auslandsreisen und wanderte allein durch Europa. – Einmal fuhr er nach St. Petersburg mit der vagen Absicht, dort russisch zu lernen und in den diplomatischen Dienst einzutreten; ein anderes Mal in die Schweiz zum Bergsteigen. Seine glücklichsten Augenblicke erlebte er in der Einsamkeit der Bergwelt, bei jeder Eroberung eines Gipfels überkam ihn ein Gefühl der Macht. 1894 kletterte er in den Klippen von Beachy Head und korrespondierte darüber mit dem berühmten Bergsteiger A. F. Mummery[1]. Zwischen 1894 und 1895 fuhr er jedes Jahr in die Alpen. Seinen und T. S. Blakeneys[2] Angaben zufolge war 1895 sein bestes Jahr, als er den Eiger im Alleingang, das Eigerjoch, das Jungfraujoch, den Mönch (mit Queren ab Wengen), die Jungfrau vom Rottalsattel aus, die Wetterlücke, das Mönchjoch, den Beichgrat, den Pe-

[1] Siehe *The Confessions of Aleister Crowley*
[2] *The Alpine Journal,* Mai 1952

tersgrat und das Tschungelhorn erstiegen haben wollte. Allgemein, so Blakeney, hielt man ihn für einen vielversprechenden, wenn auch unberechenbaren Bergsteiger. Norman Collie, Maylard, Solly, H. V. Read, Ekkenstein, Larden und andere bestätigten seine diesbezüglichen Fähigkeiten. ‹Lediglich Larden neigte dazu, ihn für leichtsinnig zu halten.›[1]

Am letzten Tag des Jahres 1896 erwachte er in einem Hotel in Stockholm ,‹mit dem Wissen um meine Macht über magische Mittel, wie ich das Bewusstsein erlangen und jenen Teil meiner Natur befriedigen könnte, der mir bis dahin verborgen geblieben war›. Das ist vage ausgedrückt, bedeutet aber meines Erachtens, dass er eine Erleuchtung hatte, derzufolge die Wirklichkeit durch magisches Denken gesteuert werden könne. Es sei ein schreckliches und peinigendes Erlebnis ‹mit gespenstischem Schrecken verbunden› gewesen und gleichzeitig ‹der Schlüssel zur reinsten und heiligsten Ekstase des Geistes›.

Im Vorwort zu einem zwei Jahre später geschriebenen Gedicht drückte er einen ähnlich gelagerten Gedanken- und Gefühlskomplex aus.

> Sie war winddurchbraust, jene siebte Nacht des Dezember, als diese Philosophie in mir geboren wurde. Wie staunte der nachdenkliche alte Professor über mein Schwärmen. Ich hatte ihn aufgesucht, denn er war ein geschätzter Freund. In mir tosten seltsame Gedanken und Gefühle. Ah! wie ich raste! Ich bat ihn, mich kräftig zu treten, aber er lehnte ab. Wir gingen zusammen in die stürmische Nacht. Ich war zu Pferd – wie ich um ihn herum galoppierte in meinem Wahn, bis er körperlicher Angst zum Opfer fiel! Wie ich Worte ausstiess, ich weiss nicht welcher Herkunft! Und der gute Alte versuchte alles, um mich zu beruhigen; er dachte, ich sei verrückt geworden! Der Narr! Im Todeskampf mit mir *selbst* befand ich mich, drei lange Stunden rangen Gott und Satan um meine Seele. Es war Gott, der sie eroberte – aber ein Zweifel bleibt: welcher der beiden war Gott?

Ein Buchhändler in Cambridge verlegte das Gedicht. Auf weissem Einband prangte der Titel

ACELDAMA
Ein Ort, Fremde zu begraben
von
einem Gentleman an der University of Cambridge
Privatdruck
1898

Das Pseudonym hatte er bei Shelley ausgeliehen, dessen *The Necessities of Atheism* 1811 von einem ‹Gentleman an der University of Oxford›

[1] Blakeney, op. cit.

verfasst worden war. Mittlerweile hatte Crowley auch beschlossen, sich Aleister zu nennen, da er, seinen eigenen Worten zufolge, irgendwo gelesen hatte, dass solche Namen am leichtesten Berühmtheit erlangen, die aus einem Daktylus bestehen, der auf einen Spondäus[1] folgt, wie etwa bei Je-re-my Tay-lor. Die gälische Fassung von Alexander (eigentlich Alistair) erfüllte diese Bedingung.

Gedichte hatte er schon seit seinem zehnten Lebensjahr geschrieben. Mit zweiundzwanzig fühlte er sich sicher genug, der Welt in einhundert Exemplaren von seinem Talent Kenntnis zu geben.

Hier eine Stanze, die weniger die emotionale Verwirrung eines jungen Mannes zeigt, als vielmehr Vorahnungen der seltsamen Neigungen, die ihn sein Leben lang begleiten sollten.

All degradation, all sheer infamy,
Thou shalt endure. Thy head beneath the mire
And dung of worthless women shall desire
As in some hateful dream, at last to lie;
Woman must trample thee till thou respire that
deadliest fume;
The vilest worms must crawl, the loathliest
vampires gloom.

Aceldama kann abgetan werden als der Versuch, den Satanismus Baudelaires in die englische Sprache zu übertragen – und schon Swinburne war an dieser Aufgabe gescheitert. Ein paar andere Gentlemen der University of Cambridge hatten das Werk gelesen, ohne dass es grösseres Interesse zu erwecken vermochte. Die einzige Rezension notierte einen bedenklichen Mangel an den vom viktorianischen England an seine Dichter gestellten Erwartungen und empfahl, es vor Jugendlichen unter Verschluss zu halten.

Aceldama erschien während Crowleys letztem Trimester am Trinity College. Er hatte während der drei Jahre kaum gearbeitet. Dennoch war die Zeit nicht vergeudet, denn er hatte herausgefunden, was er werden wollte – ein Adept der geheimen Künste, ein Magus. Nur die Magie garantierte Unsterblichkeit; unter Magie verstand er die Kunst, die geheimen Mächte der Natur zu beherrschen. Er hatte, um den Ausdruck zu gebrauchen, den er sein Leben lang im Munde führte, seinen Wahren Willen gefunden . . .

Wozu auch hätte er Diplomat werden sollen? Man hätte ihn bald vergessen. Wer würde sich hundert Jahre später an einen Mann erinnern, der einmal irgendeinen bestimmten Posten innegehabt hatte? Zwar hatte er einmal, zugegeben, den Ehrgeiz gehegt, ein grosser Dichter zu werden,

[1] Er meint einen Trochäus.

Crowleys Mutter

aber das war auch nicht viel besser – den Beweis lieferte Aeschylos. Selbst in der Wiege der Dichtkunst, Cambridge, war er nur für eine verschwindende Minderheit unter den dreitausend dort wohnenden Menschen mehr als nur ein Name. ‹Ich muss mit einem Material arbeiten›, sagte Crowley, ‹das immun ist gegen die Kräfte des Wandels›.

Kein Portrait eines Menschen ist vollständig ohne zumindest eine Skizze seiner Mutter. Auf Photographien macht Emily Bertha Crowley ‹aus einer Devonschen und Somersetschen Familie› einen unscheinbaren

Eindruck. Vertraut man dem Resumee ihres Sohnes, war sie unausstehlich. Sie hatte ihn zu einem religiösen Musterknaben machen wollen, und zur Vergeltung präsentierte er sie den Lesern seiner Autobiographie als eine ‹hirnlose Bigotte des engstirnigsten, logischsten und unmenschlichsten Typs›.

Seine Mutter und ihre Religion behandelte er mit flegelhafter Verachtung. Sie nannte ihn daraufhin ‹das Tier›, womit sie auf sein blasphemisches Verhalten anspielte, das sie an das Gott lästernde Tier 666 der Offenbarung erinnerte: ‹. . . und sah ein Tier aus dem Meer steigen, das hatte sieben Häupter und zehn Hörner und auf seinen Hörnern zehn Kronen . . . Und es tat seinen Mund auf zur Lästerung gegen Gott.› Es ist ungewiss, ob sie das wörtlich oder im übertragenen Sinne verstanden haben wollte. Aleister jedenfalls, der beschlossen hatte, sich an Gottes Statt zu setzen, nahm sie wörtlich – er war Das Tier 666.

Dieses Buch nun will zeigen, bis zu welchen Grenzen der Existenz Crowley seinen Glauben trieb.

Auch die Sommer der Jahre 1898 und 1899 verbrachte Crowley auf Klettertouren in der Schweiz. Tom George Longstaff, von 1947 bis 1949 Präsident des *Alpine Club*, traf ihn dort im Jahr 1899 und bestätigte Crowleys bergsteigerische Fähigkeiten. ‹. . . er war ein guter, wenn auch unkonventioneller Bergsteiger. Ich habe ihn beobachtet, wie er die gefährliche, schwierige rechte Seite des Eisfeldes am Mer de Glace unterhalb des Géant im Alleingang erklomm, als handle es sich um einen Spaziergang. Wahrscheinlich das erste und vielleicht auch das einzige Mal, dass jemand diese verrückte, gefährliche und schwierige Route gewählt hatte.›[1]

Aceldama hatte er in rascher Folge andere Dichtungen nachgeschoben: *The Tale of Archais, Songs of the Spirit, The Poem, Jezebel, Jephtha* und *White Stains* (das von Leonard Smithers anonym herausgegeben wurde[2]) erschienen im gleichen Jahr wie *Aceldama*. Er verfügte über ein Privatvermögen, und wie ihm schon der Herausgeber von *Aceldama* in Cambridge nachgewiesen hatte, konnte er seine Gedichte auf eigene Kosten mindestens so schnell drucken lassen, wie er sie schrieb.

Kompetente Leser von Crowleys Dichtungen ordnen ihn den unbedeutenderen Dichtern seiner Zeit zu oder räumen ihm, wie Mario Praz[3], gar keinen Platz auf dem Parnassus ein. Für einen grossen oder auch nur guten Dichter mangelte es ihm an Vorstellungskraft und geistiger Reife. Dennoch sind einige seiner Verse recht wirkungsvoll, wie zum Beispiel das 1924 am Marne-Ufer geschriebene Gedicht (siehe Seite 397). In seinen frühen Jahren brachte Crowley alle fertigen Werke sofort zum Drukker, ohne sich die Zeit zu nehmen, das Geschriebene noch einmal zu überdenken. Das Resultat ist eine Unmasse von Versen, die zwar klar im Ausdruck, aber langweilig zu lesen sind.

1 *This My Voyage, 1950.*

2 Smithers war der damals in England führende Verleger für Pornographie. Er veröffentlichte Aubrey Beardsleys *The Story of Venus and Tannhäuser,* ein dreibändiges Phantasiewerk zum Thema Masochismus; *Gynecocracy* (das Havelock Ellis zugeschrieben wird, aller Wahrscheinlichkeit nach jedoch von dem Rechtsanwalt Stanislas de Rodés stammt) und andere erotische Werke. Smithers publizierte ausserdem noch Oscar Wilde (die drei letzten Bücher), Arthur Symons, Ernest Dowson und Max Beerbohm. *White Stains* ist mittlerweile wieder erhältlich bei Duckworth (1973).

3 *The Romantic Agony*, 1933.

White Stains ist dem George Archibald Bishop, ‹einem Neuropathen des Second Empire› gewidmet. (Tom Bond Bishop war ein frommer *Plymouth-Bruder* und Onkel Aleisters, der ihm nach dem Tod des Vaters *in loco parentis* stand. Über Bishop schreibt er in seiner Autobiographie: ‹Nie wandelte ein grausamerer Fanatiker, ein gemeinerer Schurke auf dieser Erde›.)

In fast allen Werken Crowleys findet sich ein ironischer Unterton; viele seiner Aussagen sind entweder sadistisch oder schlichtweg lächerlich wie zum Beispiel die Entlarvung von Jack the Ripper[1] oder die Behauptung aus den *Confessions, White Stains* sei ein Beweis für seine ‹vormenschliche Unschuld›. Tatsächlich ist *White Stains* eine Anthologie pornographischer Gedichte, die Mr. Peter Fryer, eine Autorität auf diesem Gebiet, für die unflätigsten der englischen Sprache hält. Die meisten imitieren Baudelaires *Spleen* (nicht jedoch sein *Idéal*), wie einige Titel andeuten: – ‹Volupté›, ‹La Juive›, ‹Nekrophilia›, ‹With Dog and Dame›, wobei letzterer das Thema Sodomie behandelt. Das Werk ist mit einem Vorspann versehen, demzufolge ‹Der Herausgeber hofft, daß die Irrenärzte, für die allein dieses Traktat bestimmt ist, alle nur denkbare Vorsorge treffen werden, damit es nicht in die Hände anderer Menschen fällt›. Dies ein Beispiel Crowleyschen Humors. Andererseits meinte er es halbwegs ernst, als er die These vertrat, dass *White Stains* die Ansichten Krafft-Ebbings, des Autors des bekannten Buches über sexuelle Perversionen und Anomalien *Psychopathia Sexualis,* entkräfte. Crowleys Theorie zufolge ist sexuelle Abweichung nicht, wie der deutsche Autor ernsthaft versichert, das Ergebnis von Krankheiten oder *faute de mieux,* sondern lediglich ‹magische Bestätigung von klar erkennbaren Gesichtspunkten›. Sie sind, mit anderen Worten, Akte jener Sexualmagie, die zum Kernstück von Crowleys magischer Praxis werden sollte. ‹Ich war anderer Meinung, als Krafft-Ebbing› schrieb er.

> Ich meinte, die darin enthaltene Psychologie verstehen zu können. Ich wollte den Professor widerlegen. Das konnte ich nur in der einzigen mir zur Verfügung stehenden Form tun: der Kunst. Also erfand ich einen Dichter, der vom rechten Wege abkam, der voller unschuldigem Enthusiasmus begann und allmählich die verschiedensten Laster entwickelte. Zum Schluss wird er von Krankheit und Irrsin geschlagen und das Ganze gipfelt in Mord. In seinen Gedichten beschreibt er diesen Niedergang, wobei er die Psychologie jeder Handlung erklärt. Der Schluss des Buches kann somit in jeder Sonntagsschule gutgeheissen werden.

[1] ‹Noch nicht einmal auf den hundertsten, geschweige denn auf den ersten Blick nimmt man an, dass der viktorianische Verfasser von Jack the Ripper keine Geringere war als Helena Petrowna Blavatsky›. (Aus einem unveröffentlichen Essay)

Crowley als Osiris (1899)

1898 traf er in Zermatt einen Engländer namens Julian L. Baker, dem er die Prinzipien der Alchimie darlegte. Zufällig war Baker Chemiker von Beruf. Auf dem Rückweg ins Hotel stellte er den jungen Alchimisten auf die Probe. Der hoffnungslos in seine Mysterien verstrickte Aleister war beeindruckt. Er hatte vor einiger Zeit nach einem ‹Meister› gerufen. War Mr. Baker vielleicht dieser Meister? Er erzählte Baker von seiner Suche nach dem Geheimen Heiligtum der Heiligen, von dem er in Eckhartshausens *The Cloud upon the Sanctuary* gelesen hatte: Hinter der Fassade der «äusseren» Kirche befindet sich eine innere Kirche, das Geheime Heiligtum, das alle Mysterien Gottes und der Natur enthält. Baker war von der Ernsthaftigkeit des jungen Mannes überzeugt und gestand, selber zwar kein Eingeweihter zu sein, er könne ihn aber bei einem «Meister» einführen.

Baker hielt Wort. In London stellte er Aleister einem jungen Mann namens George Cecil Jones vor, gleichfalls Chemiker, der Mitglied eines esoterischen Ordens war: des *Golden Dawn.* Jones wiederum führte Crowley bei dessen Führer Samuel Liddell Mathers ein, der etliche Jahre damit verbracht hatte, in den Bibliotheken von Paris und London aus den verschiedensten Skripten und Versionen das älteste und berühmteste aller Werke der Magie zu rekonstruieren: *The Key of Solomon,* von dem er 1889 eine Übersetzung publizierte.

Aus Dankbarkeit für Baker, der die Verbindung hergestellt hatte, widmete ihm Crowley das Buch, an dem er gerade arbeitete – *Songs of the Spirit.*

Ein halbes Jahrhundert später erzählte mir Jones, der *Hermetic Orden of the Golden Dawn* sei ein «Club» wie jeder andere gewesen, ein Ort, wo man seine Freizeit verbringen und Freunde treffen konnte. Obgleich noch zu Menschengedenken gegründet, verliert sich sein Ursprung im Mysteriösen. W. B. Yeats zufolge war der Golden Dawn der Nachfolger einer anderen esoterischen Gesellschaft namens *Hermetic Students.* Der Ursprung der Hermetic Students ist legendär: ein unbekannter Meister, eine ebenso geheimnisumwitterte Person wie der Graf von Saint-Germain, soll eines Tages zu Mathers gekommen sein, um ihn in den Mysterien zu unterrichten. Diese Instruktionen und Mathers' Visionen bildeten das geistige Fundament der *Hermetic Students.* Yeats, ein prominentes Mitglied des *Golden Dawn,* versuchte die Identität dieses unbekannten Meisters festzustellen, aber weder Mathers noch seine Frau Moina, eine Malerin, kannten sie oder wollten sie nicht preisgeben.

Allgemein anerkannt ist eine andere Version über den Ursprung des *Golden Dawn.* In den 1880ern sei der Reverend Alphonsus Woodford, der über freimaurerische Themen schrieb, in den Besitz eines in Ziffern geschriebenen Skriptes gelangt. Unbekannt bleibt allerdings, auf welche Weise: angeblich hatte es irgendjemand in den Jagdgründen der Bibliophilen, der Farringdon Road, gefunden. Einen Beleg dafür gibt es nicht.

Da er es nicht entziffern konnte, gab er es im Augsut 1887 seinem Freund Dr. William Wynn Westcott, einem prominenten Mitglied der freimaurerischen *Societas Rosicruciana in Anglia*. Nach vierzehntägiger Dechiffrierarbeit hielt Westcott die Fragmente magischer Rituale in Händen, die in einem künstlichen Alphabet geschrieben waren, wie es bei den Alchimisten des 16. Jahrhunderts gebräuchlich war. «Ich würde sie als pseudo-maurerische Rituale mit einem mild-magischen Aroma bezeichnen» sagt Mr. Ellic Howe, der die Fotokopie einer späteren Transkription des Originals besitzt. Ausserdem fand sich eine Anmerkung, dass weitere Informationen bei einem gewissen Fräulein Anna Sprengel erhältlich seien. Ihre Nürnberger Adresse lag bei.

Selbstverständlich wollte Westcott mehr wissen und schrieb deshalb im Oktober 1887 an Fräulein Sprengel. Sie antwortete im November, und es entwickelte sich ein reger Briefwechsel. Fräulein Sprengel stellte sich als Adept der Rosenkreuzer vor, Oberhaupt des Licht-Liebe-Leben-Tempels in Nürnberg. Höhepunkt der gesamten Korrespondenz war, dass sie ihm die Ermächtigungsurkunde zur Gründung eines ähnlichen Ordens in England übersandte. Noch im Jahr 1887 gründeten Westcott, Mathers und ein gewisser Dr. William Robert Woodman den Isis-Urania-Tempel der *Hermetic Students of the Golden Dawn*. Die eigentliche Gründungsurkunde traf erst am 1. März 1888 in London ein. Ein unglückliches Versehen hatte Anna Sprengel die Signatur vergessen lassen, was Westcott in ihrem Namen nachholte, indem er ihr magisches Motto *Sapiens Dominabitur Astris,* ‹Der Weise wird vermittels der Sterne herrschen› auf das Dokument setzte. Die fragmentarischen Rituale des Ziffernskripts wurden von Mathers vervollständigt und ausgeweitet.

Anna Sprengel starb um 1891 und Westcotts nächster Brief wurde von einem ihrer Kollegen beantwortet, der in ziemlich unwirschem Ton mitteilte, dass die Engländer mit keiner Hilfe von den deutschen Logen rechnen sollten. Man habe den Herren Woodman, Westcott und Mathers bereits genug Wissen übermittelt. Sollten sie an der Erlangung von mehr Wissen interessiert sein, wüssten sie ganz genau, wo es zu finden wäre. Auf gut deutsch: sie sollten gefälligst ihre eigene magische Verbindung mit den Geheimen Oberen herstellen.

Die Geheimen Oberen sind Meister, die in ihrer physischen Form von tibetanischen Höhlen aus über die Menschheit wachen, oder, in geistiger Form, vom Licht- oder Feuerhimmel aus: Das Konzept der Geheimen Oberen oder Mahatmas lässt sich auf antike indische Überlieferungen zurückführen. Unter der Bezeichnung Verborgene Meister wurde es von Helena Petrovna Blavatsky und ihrer *Theosophical Society* popularisiert. Diese Verborgenen Meister (zwei werden Koot-Homi und Morya genannt) bilden das Kernstück ihrer Lehren. Aber wer und wo immer sie gewesen sein mögen – sie erschienen nicht nur Madame Blavatsky, wie wir sehen werden.

Wie alle rosenkreuzerischen und freimaurerischen Gesellschaften war der *Golden Dawn* hierarchisch gegliedert. Je weiser und reiner das Mitglied, um so höher stand es auf der Stufenleiter. Man begann als Neophyt $0^{\circ} = 0^{\square}$, wurde Zelator $1^{\circ} = 10^{\square}$, Theoricus $2^{\circ} = 9^{\square}$, Practicus $3^{\circ} = 8^{\square}$, Philosophus $4^{\circ} = 7^{\square}$. Dies waren die Grade des Ersten oder Äusseren Ordens, des *Golden Dawn,* desen Mitglieder esoterische Zeremonien, jedoch keine eigentliche Magie praktizierten. Diese wurde nur von den Mitgliedern des Zweiten Ordens, des Ordens vom Rosenkreuz studiert und ausgeübt. Seine Grade waren Adeptus Minor $5^{\circ} = 6^{\square}$, Adeptus Major $6^{\circ} = 5^{\square}$ und Adeptus Exemptus $7^{\circ} = 4^{\square}$. Dieser Innere Orden konnte jedoch erst nach Kontaktaufnahme mit den Geheimen Oberen gegründet werden.

Der *Golden Dawn* florierte. Innerhalb weniger Jahre gehörten ihm über hundert Mitglieder an[1]. Da die Gesellschaft jedoch ohne Verbindung mit den Geheimen Oberen blieb (die allein die Arbeit des Ordens vorantreiben konnten), wuchs auch die Unzufriedenheit.

Mittels seiner hellseherisch begabten Frau stand Mathers angeblich in Kontakt mit den Vorgesetzten, den Geheimen Oberen. Eines Nachts im Jahre 1891 traf er drei von ihnen im Bois de Boulogne. Triumphierend kehrte er nach London zurück und konfrontierte seine Kollegen Woodman und Westcott mit der Mitteilung, dass ihn die Geheimen Oberen in der höchsten und alleinigen Stellung als Sichtbares Oberhaupt des Ordens bestätigt hätten.

Was Woodman und Westcott von dieser überraschenden Ankündigung hielten, ist uns nicht erhalten geblieben. Dr. Woodman jedenfalls verstarb im Dezember des gleichen Jahres, während Dr. Westcott 1897 vom Orden zurücktrat. Westcott war Untersuchungsrichter in Ostlondon. Den unmittelbaren Anlass für seinen Rücktritt gab eine seitens der Justizbehörden ausgesprochene Warnung, derzufolge die Mitgliedschaft in einer magischen Gesellschaft mit seiner Position unvereinbar war.

Mathers war zwar ein fähiger Organisator, jedoch als Mensch sehr schwierig. Er war nicht nur Experte in Magie, sondern auch in Militaria, und benahm sich wie ein General. Er brauchte Stabsoffiziere, keine Kollegen. «Ich weiss, dass Sie es gut meinen», schrieb er 1897 an Frederick Leigh Gardner, Frater De Profundis Ad Lucem, «aber ich lehne es kategorisch ab, Ihnen irgendein Recht zur Beurteilung meines Führungsstils zuzugestehen».

Zwischen Mathers und Crowley gibt es verblüffende Übereinstimmungen. Beide waren sie von athletischer Statur, erlagen sie der Faszina-

[1] Aus dem Isis-Urania-Tempel in der Great Queen Street, London (Mark Mason's Hall) entwickelten sich weitere Tempel: der Osiristempel in Weston-super-Mare, der Horustempel in Bradford, der Amen-Ra-Tempel in Edinburgh und der Ahatoortempel in Paris (der 1894 gegründet wurde). Im Jahr 1900 hatte allein der Zweite Orden 60 Mitglieder – eine wesentlich höhere Zahl war Mitglied im Ersten Orden.

Crowley im Golden Dawn um 1900: Er macht das Zeichen des Harpokrates, des Gottes des Schweigens. Auf seine Robe ist das Rosenkreuz gestickt

tion hoher Titel, starrten sie angestrengt in die tiefen Regionen des Geistes auf der Suche nach verborgenen Wahrheiten. Beide glaubten sie fest daran, dass sie Teil der Götter wären. Ihre Kleidung, ihre Sprache, ihr alltägliches Verhalten war von ihren Träumen durchdrungen. Nach Mathers Tod 1918 sang ihm Crowley ein neiderfülltes Loblied. Für Crowley war Mathers der Prototyp des Magiers, und manche von Crowleys Aktivitäten waren bei aller scheinbaren Originalität billige Kopien des erfinderischen Älteren.

Mitgerissen von der keltischen Bewegung, nannte sich das Oberhaupt des *Golden Dawn* MacGregor Mathers, Comte de Glenstrae, Spross der edlen Familie MacGregor, ähnlich wie Crowley sich später als Laird of Boleskine and Abertarff bezeichnete aus keinem anderen Grund, als dass er am Loch Ness ein einstöckiges Häuschen dieses Namens besass. Mathers liess später seinen angenommenen und echten Namen umschreiben und wurde in Paris zu Mathers MacGregor oder Chevalier MacGregor. Nachts warf er sich in die Highland-Tracht und tanzte – stilgerecht das Messer *(skean-dhu)* im Strumpf – den Schwertertanz; für einen englischen Kaufmannssohn, der vor dem Frühjahr 1897 (als er den Amen-Ra Tempel in Edinburgh besichtigte und sich dabei einen Schnupfen holte) noch nie einen Fuss auf schottische Erde gesetzt hatte, eine durchaus bemerkenswerte Darbietung.

Dergleichen Hochstapeleien allerdings erweckten Crowleys Verachtung und im Interesse der Wahrheit beschrieb er Mathers als ‹einen Menschen aus Hampshire namens Mathers, der unerklärlicherweise behauptete, MacGregor of Glenstrae zu sein›.

Bedauerlicherweise hat niemand Mathers Biographie geschrieben. Sein Leben war voll von Magie und Wahn. ‹Hauptsächlich seinetwegen begann ich gewisse Studien und Experimente›, schrieb Yeats, ‹die mich davon überzeugen sollten, dass Bilder, die einem unmittelbar vor dem geistigen Auge stehen, einem tieferen Quell als der bewussten oder unbewussten Erinnerung entspringen›.

Weiterhin sagte Yeats, dass er Mathers teils für einen Wahnsinnigen, teils für einen Spitzbuben hielt.

Ihren hochgestochenen Titeln zum Trotz trafen sich die Mitglieder des Zweiten Ordens in den schäbigen Räumen der Häuser Oakley Square 26 am Bahnhof Euston; (1894–1896) und Blythe Road 36 in Hammersmith (1896–1901). In der Mark Mason's Hall in der Great Queen Street in der Londoner Innenstadt fanden die Zeremonien des Äusseren Ordens statt. Der Mitgliedsbeitrag betrug zehn Schilling im Jahr. Crowley beschrieb sein erstes Zusammentreffen mit seinen magischen Kollegen, darunter die Schauspielerin Florence Farr und der Romancier Arthur Machen, als enttäuschend und eine Zusammenballung von Nichtexistenzen. Dennoch trat er dem Orden bei. Am 18. November 1898 legte er alle Eide und Gelübde ab.

Unter der Obhut eines Wachtpostens wartete er im Portal zwischen Säulen und vor dem Altar, während der Hierophant sich an die höheren Offiziere und ihre Gemeinde wandte. Crowley war in eine merkwürdige, eher für eine Frau bestimmte Robe gekleidet. Man hatte ihm eine Kapuze über den Kopf gestülpt (denn der Glanz des Lichts ist nichts als Dunkel im Strahl des Göttlichen Lichts). Er war mit einer dreifachen Schnur gebunden zum Symbol der natürlichen Bande, die ihn fesselten. Dann erklang aus dem Innern der Halle der Neophyten eine Stimme: «Erdensohn! Steh auf und wandle auf dem Pfad der Dunkelheit!»

Eine andere, widersprechende Stimme, verwehrte den Eintritt: «Erdensohn! Ungeläutert und nicht geweiht! Du darfst die Heilige Halle nicht betreten.»

Mit Wasser und Feuer wurde er sodann geläutert und geweiht.

Wieder erhob der Hierophant seine Stimme wie ein Gott vor dem Rat der Götter. «Erdensohn! Warum bist du gekommen und begehrst Zutritt zu diesem Orden?»

Eine Stimme antwortete für ihn. «Meine Seele wandert in Dunkelheit, suchend das Licht des Okkulten Wissens. In diesem Orden des Wissens glaube ich, das Licht zu erlangen.»

«Bist du bereit» fragte der Hierophant, «in Gegenwart dieser Gemeinde einen grossen und feierlichen Eid zu schwören, die Geheimnisse und Mysterien unsers Ordens unversehrt zu halten?»

«Ich bin bereit», anwortete Crowley.

Er musste niederknien und seine Hand auf ein weisses Dreieck legen, eine Geste, die seine Bemühungen zur Erlangung der Höheren Seele symbolisieren sollte. Das Zepter berührte sein gebeugtes Haupt. Er wiederholte die Worte des Hierophanten und gelobte: den Orden geheimzuhalten; mit seinen Mitgliedern freundlich und wohlwollend zu verkehren; das Studium der okkulten Wissenschaften mit Eifer zu betreiben.

Eidesbrecher wurden schwer bestraft: man würde eine feindliche Kraft gegen sie bewegen, die sie ‹wie vom Blitz getroffen tot oder gelähmt hinstrecken würde›. «So helfe mir der Herr der Welten und meine Höhere Seele.»

«Kind der Dunkelheit!» rief der Hierophant zum Abschluss der Zeremonie. ‹Lange hast Du in Dunkelheit gehaust. Verlasse die Nacht und suche den Tag!»

Worauf die Kapuze von Aleister Crowleys Haupt genommen wurde und er sich jubelnden Herzens und mit dem Licht des Verstehens in den Augen und mit dem magischen Namen (oder Motto) Perdurabo versehen erhob: ‹Ich werde ausharren bis zum Ende›.

So wurde im Isis-Urania-Tempel in der Great Queen Street Bruder Perdurabo geboren, Neophyt $0^{\circ} = 0^{\square}$ des *Hermetic Order of the Golden Dawn*.

Die Grade entsprachen den zehn Sephiroth: den Sphären des Kabbalistischen Lebensbaums und Symbol des Alls. Von der Art und Weise zu urteilen, in der Crowley an ihm emporkletterte, sind die ersten Stufen relativ leicht zu bewältigen; die höheren, von Philosophus 4° = 7□ an, dagegen äusserst schwierig. Den Rang eines Philosophus erreichten nur wenige. Erst hier hat der Aspirant die Schwelle des Wissens und das Gespräch mit seinem Heiligen Schutzgeist erreicht. Die Grade danach sind noch schwieriger zu erlangen und erfordern ab Adeptus Minor die vollkommene Unterwerfung unter den Heiligen Schutzgeist. Die drei höchsten Grade, Tempelmeister, Magus und Ipsissimus (‹das Ich in höchster Vollkommenheit›) können im System des Golden Dawn nur von Seelen der allerhöchsten Ordnung erreicht werden, die den Mahatmas gleich sind. Mathers selbst gelangte nicht weiter als bis zum Grade eines Adeptus Exemptus 7° = 4□.

Im Dezember 1898 bestand Crowley die Prüfungen zum ‹Zelator›, sowie zum ‹Theoricus› und ‹Practicus› in den beiden folgenden Monaten. Da der Orden auf einer dreimonatigen Pause vor Erlangung der nächsten Grade bestand, wurde Crowley erst im Mai zum Philosophus. Im Golden Dawn war er somit wesentlich erfolgreicher als am Trinity College, wo man ihn auch nach dreijährigem Studium nicht graduiert hatte.

Auf seiner Suche nach einem wirklich funktionierenden magischen System hatte Mathers in der Pariser Bibliothèque de l'Arsenal ein seltsames und einzigartiges Manuskript gefunden: *The Book of the Sacred Magic of Abra-Melin the Mage*,‹überliefert von dem Juden Abraham seinem Sohn Lamech A. D. 1458›. Das Traktat war ursprünglich in hebräischer Sprache verfasst, die französische Version im Arsenal übertrug Mathers sofort ins Englische. Mathers war nicht der erste moderne Zeitgenosse, der den Abra-Melin benutzte. Eliphas Lévi hatte sich kurzfristig darin versenkt, ebenso wie Edward Robert Bulwer, der zweite Baron und erste Earl Lytton (1831–1891), Romancier und Vizekönig von Indien, der ständig nach Magischem Ausschau hielt. Lévi soll dem Abra-Melin einen Teil seiner magischen Kräfte verdanken.

Der ‹Jude Abraham› (bzw. sein Meister Abra-Melin) scheint ein ehrenwerter Mann gewesen zu sein. In seiner Magie wird nicht etwa ein Mysterium nach dem andern erklärt, sondern er gibt allen, die der Natur ihren Willen aufzwingen wollen, eine Art praktischen Leitfaden zum Selberlernen. Da darin Meditation, Gebet und Abstinenz miteinander verknüpft werden, handelt es sich bei der Magie des Abra-Melin im Grunde um eben jene Magie des Ostens, die man gemeinhin mit Yoga bezeichnet. Vielleicht ist das auch der Grund dafür, dass sie funktioniert.

In der Magie existieren seit jeher zwei Schulen. Die eine beschwört die Mächte des Guten, die andere die des Bösen (Weisse und Schwarze Magie). Abra-Melin nun lehrt, dass die guten oder englischen Kräfte den bösen oder teuflischen Mächten an Stärke überlegen sind und dass letztere zur Strafe den ersteren untertan sein müssen. Alle materiellen Phänomene sind das Ergebnis der Handlungen böser Geister, die unter Anleitung der guten arbeiten. Gelegentlich allerdings auch anders herum – wenn die bösen Geister entflohen sind und in ihrer Rache grösstmöglichen Schaden anrichten. Diese Satansmächte schliessen Pakte mit den Menschen und halten dem zwischen Engeln und Dämonen stehenden Menschen in ihrer Gewalt, wie Mephistopheles den Dr. Faustus. Jedem Menschen ist je ein Heiliger Schutzgeist und ein Missgünstiger Dämon zugeordnet. Der Magier muss aus diesem Grunde ein makelloses Leben führen. Durch Gebete und Kontemplation an einem angemessenen Ort (einem Oratorium) kann er seinen Heiligen Schutzgeist beschwören, der ihn im richtigen Gebrauch der Mächte der Finsternis unterweisen wird. Sollte er andererseits der Versuchung nicht widerstehen können, wird er dem Missgünstigen Dämon zum Opfer fallen. Sein Leben wird dann eine Kette von Missgeschicken sein. Nach seinem Tod wird er unmittelbar zur Hölle fahren.

In der Magie des Abra-Melin werden keine allgemeinen Rituale aufgestellt. Es gibt nur Listen der zu beschwörenden Engel und Dämonen ebenso wie die zu weihenden Talismane, beispielsweise um Tote wiederzuerwecken, um fliegen zu können, Unwetter entstehen oder enden zu lassen, Gold herzustellen oder zwischen willkürlich vom Magier gewählten Personen Lust zu entflammen. Ohne die ‹Erscheinung des Heiligen Schutzgeistes in unerreichter Schönheit› nach sechs Monaten aktiver Vorbereitungen, kann jedoch rein gar nichts unternommen werden. Denn erst der Schutzgeist teilt dem Aspiranten mit, welche Methode für welchen Zweck geeignet ist.

Abra-Melin warnt, dass dem Aspiranten mit Beginn der Evokation seines Heiligen Schutzgeistes familiäre Hindernisse in den Weg gelegt würden. Infolgedessen muss er alle Familienbande lösen und sich in die Wildnis zurückziehen. – Der mittlerweile ohnehin von Mutter, Onkel und Tanten verstossene Crowley war darüber hocherfreut. Er nahm sich eine Wohnung in Chancery Lane, in der Londoner City, legte sich eine Verkleidung zu und gab sich als Graf Vladimir Svareff aus. Unter diesem Namen liess er eine Gedichtanthologie, *Jezebel,* erscheinen. Den neuen Namen hatte er nach eigener Aussage angenommen, um seine Menschenkenntnis zu vertiefen. In Cambridge hatte er erlebt, wie servil sich die Händler den Akademikern gegenüber verhielten: nun wollte er feststellen, wie das bei einem russischen Aristokraten aussähe.

Zwei seiner Räume richtete er als Tempel ein, wobei er einen für die Weisse, den andern für die Schwarze Magie reservierte. Die Wände des Weissen Tempels waren mit sechs grossflächigen Spiegeln versehen, um die Kräfte der Invokationen zu reflektieren; der Schwarze Tempel[1] war

[1] Der schwarze Tempel bestand möglicherweise nur aus einem grossen Kleiderschrank.

leer bis auf einen Altar, der von einer schwarzen Elfenbeinstatue getragen wurde, die einen nackten Neger im Handstand darstellte. Weiterhin befand sich darin ein menschliches Skelett, das Bruder Perdurabo wieder zum Leben zu erwecken versuchte, indem er es mit Blut, kleinen Vögeln und Rindfleischbrühe fütterte. Die Fussböden beider Tempel waren sowohl mit dem Magischen Kreis als auch dem Pentagramm versehen.

Während einer Zeremonie im Isis-Urania-Tempel des Golden Dawn in der Great Queen Street fühlte Crowley eine überwältigende magische Kraft. Sie wurde von einem jungen Mann mit leuchtenden Augen und einem ungepflegten schwarzen Haarschopf ausgestrahlt: Bruder Iehi Aour, von den Menschen Allan Bennett genannt. Dieser Iehi Aour (‹Es werde Licht›), drei Jahre älter als Crowley selbst, verfügte über eine enorme magische Reputation, die nur noch von Mathers höchstpersönlich übertroffen wurde.

Als sie danach in einem anderen Raum ihre Roben ablegten, wandte sich Iehi Aour plötzlich an Crowley, sah ihn durchdringend an und sagte in fast drohendem Ton: «Brüderlein, du hast mit der Goetia herumgespielt!»

Perdurabo bestritt, sich mit der Goetia (der Ausdruck bezieht sich auf magische Handlungen, die sich mit den Mächten des Bösen oder der Finsternis beschäftigen) befasst zu haben.

«In dem Fall», gab Iehi Aour zurück, «hat die Geotia mit dir gespielt».

Crowley enthielt sich jeden Kommentars zu diesem Anwurf, aber seine Reaktion schien auf Zustimmung schliessen zu lassen. Iehi Aour scheint in Perdurabos Gesicht oder Aura die Gegenwart von etwas Bösem beobachtet zu haben.

Am nächsten Tag suchte Crowley Allan Bennett auf und fand ihn in einer verkommenen Wohnung auf der Südseite der Themse, die er mit einem andern Ordensbruder teilte. Er war von der Armut, in der der Ehrenwerte Bruder Iehi Aour lebte, zutiefst schockiert und bot ihm an, seine Wohnung in Chancery Lane zu teilen. Unter der Bedingung, dass er als Perdurabos Guru agieren und ihm alle seine Kenntnisse übermitteln würde, nahm Iehi Aour das Angebot an.

Crowley war am Ende seiner Suche angelangt. Endlich hatte er den Meister gefunden. Bennett zog zu ihm in die Chancery Lane, und bald darauf zelebrierten die beiden Sucher des Lichts die magischen Zeremonien ihres Ordens – sie evozierten und bannten Geister, weihten Talismane, und so weiter. Bedauerlicherweise litt der heilige Guru unter Asthma und suchte sich mit Opium, Morphium und Kokain Erleichterung zu schaffen. Jeden Monat etwa stieg er von der einen Droge auf die andere um. «Ich habe erlebt, wie er eine ganze Woche lang im Bett lag und nur zu Bewusstsein kam, um zu (Chloroform-)Flasche und Schwamm zu greifen», sagte Crowley, der in fast gleichem Masse unter dieser Geissel litt.

Der gelernte Chemiker Iehi Aour erzählte Bruder Perdurabo von einer alten Tradition um eine Droge, deren Gebrauch ‹die Tore öffnen wird zur Welt hinter dem Schleier der Dinge›.

Crowley war fest entschlossen, diese Droge zu finden. Er begann Eigen- und Fremdexperimente mit Opium, Kokain und Haschisch. (Diese Drogen waren damals ohne weitere Umstände erhältlich, der Dangerous Drugs Act wurde erst 1921 verabschiedet.)

Süchtig zu werden fürchtete er nicht, da er die Theorie von der ‹unwiderstehlichen Faszination› ablehnte. Moralische Aufrichtigkeit, sagte er, sei die beste Sicherheit. Seine moralische Aufrichtigkeit jedoch erwies sich als nur ungenügende Sicherung gegen magische Unfälle in seiner Wohnung, wo die Mächte des Guten und die des Bösen in heftigem Streit lagen. Als er eines Abends mit Bruder Volo Noscere (George Cecil Jones) vom Dinner heimkehrte, fand er eine riesengrosse mysteriöse schwarze Katze auf der Treppe, seinen Tempel erbrochen, den Altar gestürzt und das Mobiliar in alle Himmelsrichtungen verstreut.

«Und dann fing der Spass an. Immer rund herum rasten die Teufel durch die grosse Bibliothek, eine endlose Prozession; wir zählten, klassifizierten, benannten und schrieben ihrer 316 in ein grosses Buch ein. Es war die furchterregendste und unheimlichste Erfahrung, die ich je hatte.»

Sein Sexualleben beschrieb Crowley damals als ‹kraftvoll und leidenschaftlich›. Erst als seine sexuellen Bedürfnisse von Drogen erheblich reduziert wurden, änderte sich dies.

Seine Unschuld verlor er im Alter von fünfzehn Jahren an ein Mädchen, das er in Torquay traf. In den *Confessions* wird dieses Ereignis beiläufig erwähnt. Durch sie ‹fiel die Besessenheit mit der Sünde von meinen Schultern und versank im Meer des Vergessens›. An anderer Stelle schreibt er, sein erster Akt der Unzucht habe mit einem Mädchen vom Land und im Freien stattgefunden. Kurz darauf trieb er es eines Sonntagsmorgens mit dem neuen Zimmermädchen auf dem Bett seiner Mutter, während der Rest der Familie an der ‹Morgenandacht› teilnahm. Dann bezichtigte er das Mädchen der Erpressung aus niedrigsten Beweggründen. Prompt verlor sie ihren Job.

Bevor er zwanzig wurde, nahm er sich vor, jede nur mögliche sexuelle Erfahrung gemacht zu haben – ein Vorsatz, den er überaus gründlich einhielt, wie sein Lebensweg zeigt. Da er aus dem Geschlechtsverkehr einen Akt der Anbetung oder der Magie machte, eine ‹magische Affirmation›, wie er es gelegentlich nannte, weisen seine sexuellen Praktiken wesentlich mehr Besonderheiten auf als zum Beispiel die Casanovas. Auf der Universität war sein sexueller Drang ‹ein blinder, schrecklicher Schrei nach Erleichterung›. Und nie vergingen mehr als 48 Stunden, bevor der Schrei erhört wurde.

Von Frauen hielt er wenig. Am besten, sagte er, sollten sie zur Hintertür angeliefert werden wie die Frühstücksmilch. Aus diesem Grund ist die

Beschreibung seiner Mätressen zu jener Zeit auch ausgesprochen lakonisch: ‹eine verführerische Sirene, deren Gatte als Oberst in Indien Dienst tat›.

‹Allmählich überwand ich die Leidenschaft, die ich für sie empfand, und wir trennten uns. Sie schrieb mir wiederholt, um meinen Entschluss umzustossen, aber ich blieb fest.›

Möglicherweise hätte er sie überhaupt nicht erwähnt, wäre es nicht zu folgender Episode gekommen als Allan Bennett unvermittelt in den Osten reisen wollte, um den Buddhismus zu studieren und ein wärmeres Klima zu geniessen. Crowley hätte ihm die Fahrtkosten nach Ceylon bezahlen können, er lehnte aber ab, da ein solcher Akt ihre auf Gegenseitigkeit und Freiheit beruhenden Beziehungen zerstört hätte. Statt zu zahlen, beschwor er den mächtigen Buer, ‹der allen Unmut heilt unter den Menschen und fünfzig Legionen Geister befehligt› und bat ihn ums Fahrgeld für Bennett.

Am nächsten Tag erhielt Aleister einen Brief von der ehemals verführerischen Sirene, worin sie ihn bat, in ihr Hotel zu kommen. ‹Ich weiss nicht mehr, was ich mir dabei dachte, aber ich ging hin. Sie flehte mich an, zu ihr zurückzukehren. Sie würde alles tun, was ich von ihr verlangte.›

‹Mit deiner Selbstsucht›, sagte Aleister, ‹machst du ein heilloses Durcheinander aus deinem Leben. Ich werde dir eine Chance geben, etwas vollkommen uneigennütziges zu tun. Gib mir hundert Pfund. Ich werde dir nicht verraten, für wen das Geld bestimmt ist, ausser, dass es nicht für mich ist. Ich habe private Gründe, weshalb ich in dieser Angelegenheit nicht mein eigenes Geld verwende.›

Diese privaten Gründe bestanden in der Hauptsache darin, dass er nicht annähernd so viel Geld besass, wie er zu behaupten pflegte und dass es durchaus nicht zu seinen Angewohnheiten gehörte, Geld wegzugeben, noch nicht einmal einem Ordensbruder. Er erwartete vielmehr von seinen Freunden, dass sie ihm Geld gaben, insbesondere von seinen Frauen.

‹Soviel zu Buer›, frohlockte Crowley, als ihm die Frau des Obersten gegeben hatte, was er verlangte. Zwanzig Jahre später, als Crowleys Name Weltruhm erlangt hatte, wurde dieser Vorfall im *Sunday Express* veröffentlicht. ‹1900 wurde er polizeibekannt, als er einer Frau, mit der er kohabitierte, 200 Pfund stahl. Die Frau erhob jedoch keine Anklage.›

Zumindest die Jahreszahl stimmt. 1900 ging Allan Bennett nach Ceylon und Crowley nach Schottland. Die grossen Spiegel aus seinem Tempel nahm er mit.

LAIRD VON BOLESKINE

Wer seinen Heiligen Schutzgeist beschwören will, so der Magier Abra-Melin, muss zunächst an einem abgelegenen Ort ein Oratorium bauen. Das Oratorium (oder der Tempel) sollte eine nach Norden gelegene, mit feinem Flusssand bedeckte Terrasse aufweisen. Am anderen Ende habe eine kleine Hütte zu stehen, wo sich die Geister des Bösen (denen man sich erst nach Invokation des Heiligen Schutzgeistes nähern kann) versammeln können. Denn das Oratorium selbst ist ihnen verboten. Das Hüttchen sollte Fenster nach allen Seiten haben, damit man die darin befindlichen Dämonen besser sehen kann.

Wo sollte Perdurabo sein Oratorium errichten? Auf der Suche nach einem geeigneten Ort durchwanderte er den Lake District und Schottland und entschloss sich schliesslich für ein ziemlich geräumiges, einstöckiges Haus mit dem Namen Boleskine in der Nähe des Dorfes Foyers, mit Blick auf Loch Ness, und den Bergen im Rücken; ein idealer Ort für die Magie des Abra-Melin. Bruder Perdurabo errichtete seinen Tempel in einem Zimmer auf der Nordseite und schaffte, wie vorgeschrieben, Sand vom nahen See für seine Terrasse herbei. Da das Werk nicht vor Ostern begonnen werden konnte, vertrieb er sich die Zeit, indem er Frauen liebte, Lachse fing und sowohl Dorfbewohner wie Schafe mit seinen drei Gefährten, einer Dänischen Dogge, einem Schäferhund und einer Bulldogge terrorisierte.

In Übereinstimmung mit der alten schottischen Gewohnheit, jeden Landbesitzer als Gutsherrn («laird») zu bezeichnen, nannte er sich Laird of Boleskine oder «Laird of Boleskine and Abertarff». Dies schien ihm für einen Haus- und Grundbesitzer im wilden Schottland angemessener als das schlichte Aleister Crowley. Unter ‹laird› verstand Crowley nicht so sehr «landlord», als viel eher ‹Lord› – und so nannte er sich auch, wenn er seinen Hochlandsitz verliess und über die Grenze zu den ‹Sachsen› herabstieg. Konsequenterweise liess er auf sein Briefpapier eine Adelskrone über einem goldenen B (für Boleskine) und etliche Wappen aufprägen, verziert mit einem locker dazwischengestreuten Aphorismus auf Sanskrit.

Die Beschwörung von Abra-Melins Dämonen ist eine kitzlige Angelegenheit. Zwar konnte Crowley sie herbeirufen – ‹Hütte und Terrasse›, schrieb er, ‹waren bald angefüllt mit schattenhaften Figuren›, – aber nicht unter Kontrolle bringen. Oriens, Paimon, Ariton, Amaaion und ihrer hundert mehr, sowie elf Diener entkamen aus dem Hüttchen, fuhren ins Haus und entfesselten ein Chaos: Sein Kutscher, bis dato strikter Abstinenzler, verfiel dem *Delirium Tremens;* eine Hellseherin, die er aus London mitgebracht hatte, kehrte in die Hauptstadt zurück und wurde Prostituierte; seine Haushälterin, ‹die die unheimliche Atmosphäre des Hauses nicht ertragen konnte› verschwand spurlos; ein auf dem Gut beschäftigter Arbeiter versuchte in einem Anfall von Wahnsinn den Lord of Boleskine umzubringen. Selbst der Dorfmetzger wurde durch Crowleys lässig auf eine Rechnung gekritzelte Namen zweier Dämonen, Elerion und Mabakiel, (‹Gelächter› und ‹Gejammer›) beeinflusst. Als Einheit gelesen bedeuten diese beiden Worte ‹unerwünschtes Leid, das plötzlich das Glück verdunkelt›. Nur zu wahr: denn als der Metzger einem Kunden einen Braten zuschnitt, durchtrennte er sich dabei versehentlich die Oberschenkel-Arterie und verblutete.

Die Astralebene war sein nächstes Betätigungsfeld. Crowley hinterlässt Protokolle über einige seiner Wanderungen dortselbst, die er durchführte, indem er seinen Astralleib nach aussen projizierte, und sein Bewusstsein in diesen hineinversetzte. Dann, durch die Beschwörung der richtigen Mächte, liess er ihn gen Himmel fahren. Gelegentlich benutzte er dazu die Kristallkugel. Er sah Christus und die Frauen von Samaria, dann sich selbst am Kreuz; er stand im Göttlichen Licht und trug eine Krone aus zwölf Sternen auf seinem Haupt; die Erde tat sich ihm auf und er betrat ihr Allerinnerstes, wo er den Gipfel eines hohen Berges bestieg. Als er sich dem Geheimen Heiligtum näherte, überfielen ihn viele Drachen, aber er überwand sie mit einem Wort – so eine alchimistische Vision seiner Erfolge im Grossen Werk.

Crowley stellte fest, dass ihm alle Talente eines grossen Magiers in die Wiege gelegt waren. Was Wunder, dass er die Grade «Practicus» und «Philosophus» so rasch erlangt hatte.

1890 bestritt MacGregor Mathers seinen Lebensunterhalt als Kustos des Horniman Museum in Forest Hill. Die Berufung lief 1891 aus; als er mit Frederick J. Horniman Meinungsverschiedenheiten hatte und entlassen wurde. Aber Hornimans Tochter Annie (ihren Freunden als Tabbie bekannt), eine Kommilitonin von Mathers' Frau Moina Bergson (der Schwester des Philosophen) verehrte ihm eine jährliche Apanage von 443 Pfund Sterling. Mathers liess sich in Paris am Boulevard St.-Michel 121 nieder.

Im Herbst 1896 begann er mit der Arbeit am Abra-Melin-Manuskript in der Bibliothèque de l'Arsenal. Damals wohnte er in dem gefälligen Vorort Auteuil in der rue Mozart Nr. 87.

Bei seinen Studien der ägyptischen Religion war er auf einige längst vergessene Wahrheiten gestossen. Eines Nachts erschien ihm die Göttin

Samuel Liddel MacGregor, das Ordenshaupt des Goldenen Dawn bei einem Isis-Ritual in Paris

Isis persönlich und befahl ihm, die Botschaft ihres göttlichen Wesens zu verkünden.

Er richtete das grösste Zimmer in der rue Mozart als ägyptischen Tempel ein und begann etwa 1898 mit der Zelebrierung ägyptischer Messen zu Nutz und Frommen seiner Freunde und Jünger. Bei diesen Riten trat er in einer langen, weissen Robe auf. Er trug einen Metallgürtel, worin die Tierkreiszeichen eingraviert waren; seine Hand- und Fussgelenke waren mit geheiligten Spangen geschmückt und über die Schulter hatte er ein Leopardenfell geworfen, dessen Flecke das Firmament symbolisierten. Seine Frau Moina war in eine lange, weisse Chiffonrobe gehüllt, ihr üppig wallendes Haar erstrahlte vom Licht des Alls. Auf ihrem Haupt thronte ein Strahlenbündel (vermutlich aus Pappmaché) und eine Lotosblüte. ‹Die Lotosblüte entspringt den schlammigen Wassern des Nils›, sagte Mathers. ‹Das Strahlenbündel ist die Flamme des Lebens. Das Kleid der Priesterin soll symbolisieren, dass das materielle Sein geläutert und beherrscht wird durch den göttlichen Geist des Lebens über uns.›

Der Tempel in der rue Mozart 87 war von Isisverehrern geradezu übervölkert.

Ein gewisser Jules Bois, ein Journalist, war von Mathers' Gottesdiensten so beeindruckt, dass er ihn beschwor, sie öffentlich abzuhalten. Zwar mangelte es Mathers nicht gerade an Ambitionen, die Riten aber waren privater Natur. So hatte er zum Beispiel einen Reporter namens André Gaucher nur zugelassen, nachdem man ihn mit verbundenen Augen und in einer verhängten Kutsche an den Ort des Geschehens gebracht hatte. Nach längerem inneren Ringen verlegte Mathers die Vorstellung schliesslich doch ins Théatre Bodinière (Direktion M. Bodinier) in der rue St. Lazare 18. Zuvor hatte es Théatre de l'Application geheissen und eine Schattenspielbühne beherbergt.

In der Bühnenmitte befand sich eine gewaltige Isisbüste aus buntem Gips, flankiert auf beiden Seiten von anderen Göttern und Göttinnen Ägyptens. Ihr gegenüber stand ein Altar, auf dem in einer grünen tibetanischen Steinleuchte eine ewige Flamme brannte. – Aus dem Schatten trat der Hierophant Rameses (Mathers). Mit einem Sistrum, einer Rassel, zerschnitt er das Schweigen. In der andern Hand trug er eine Lotosgarbe. Er schritt zum Altar und rezitierte mit lauter Stimme Gebete aus dem Ägyptischen Totenbuch.

Dann erschien die Hohepriesterin Anari (Moina Mathers). Mit leidenschaftlicher und durchdringender Stimme beschwor sie die Göttin Isis. Danach tanzte eine junge Dame der Pariser Gesellschaft den «Tanz der vier Elemente».

Die ganze Vorstellung dauerte etwa zwei Stunden und war André Gaucher zufolge, der darüber für *L'Echo du Merveilleux* berichtete, ‹bis zum Äussersten künstlerisch›.

Mathers war von Natur aus ein misstrauischer Geheimnistuer, gelegentlich argwöhnte er, seine Kollegen hätten sich gegen ihn verschworen. Crowley bezeichnete ihn als einen ‹exzessiven Jünger des Mars›. Sein autokratisches und emphatisches Verhalten lässt Paranoia vermuten.

Mathers Stellvertreterin in London seit 1897 war Mrs. Emery; eine Position, die ausgeprägtes Verantwortungsgefühl und unendlich viel Takt erforderte. Trotz des Pariser Tempels lebte die Mehrzahl der Mitglieder in London, vermutlich unterstützten sie Mathers mit geringen finanziellen Zuwendungen. (1896 nämlich hatte Tabby Horniman nach einer Auseinandersetzung die Wechsel storniert und war aus dem Orden ausgestossen worden.) Mrs. Emery war «Instruktor des Rituals». Da sie ausserdem auch Florence Farr war, eine ausgezeichnete Schauspielerin, konnte sie zumindest diese Rolle vollendet besetzen. Für die Rolle als Mathers' Stellvertreterin war sie jedoch weniger geeignet. Um 1900 waren zwischen den beiden derart starke Spannungen entstanden, dass sie ihren Rücktritt anbot. Sie hatte die ganze Sache gehörig satt und schlug die Schliessung des Isis-Urania Tempels vor, dessen Mitglieder bis zum Grad Philosophus 4° = 7□ reichten. «Ich weigere mich kategorisch, den Isis-Urania Tempel zu schliessen», antwortete Mathers. Ein wichtiger Grund, gegen die Schliessung des Tempels war, dass dies dem Inneren Orden den Nachschub neuer Kandidaten verhindert hätte.

Der Zweite Orden in der *Great White Brotherhood* war der *Order of the Red Rose and the Golden Cross,* ein Rosenkreuzer-Orden für fortgeschrittene Adepten. Er war 1892 von Mathers gegründet worden, als er ein 5° = 6□-Ritual abhielt, das er angeblich von den Geheimen Oberen empfangen hatte.

Mitten in diesen Disput platzte Crowley und begehrte weiteres Avancement. Die Forderung war voll und ganz gerechtfertigt, aber zu seiner Überraschung lehnte der *Cancellarius of the Second Order,* an den Crowley sich gewandt hatte, ab.

Indigniert begab sich Crowley am 13. Januar 1900 nach Paris, um sich dort von Mathers persönlich weihen zu lassen. Mathers hatte er zum ersten Mal im Mai des Vorjahres getroffen. Er beschrieb ihn damals als ‹Magier von aussergewöhnlichen Kenntnissen, Gelehrter und Gentleman. Er hat jene Autorität, die Vertrauen erweckt, da sie sich nie in Frage stellt. Ein Mann seiner Ansprüche kann nicht mit konventionellen Codes und Massstäben gemessen werden›.[1]

Wiederum standen sich der in Hochlandtracht gekleidete Laird of Boleskine and Abertarff und der Comte de Glenstrae, in deren beider Adern zusammen auch nicht ein einziger Tropfen schottischen Bluts rollte, gegenüber. Voller Hingabe an seinen Oberen bot Crowley die freie Verfügung über sein ganzes Vermögen an. Wer dabei wen stärker übers Ohr haute, ist schwer zu sagen. Die beiden waren einander ähnlicher als ihnen

1 *The Confessions of Aleister Crowley.*

bewusst war. Nachdem er Bruder Perdurabo feierliche Gehorsams- und Geheimhaltungsgelübde hatte ablegen lassen, erteilte Bruder Deo Duce Comite Ferro[1], (Mathers magischer Name) die Weihen des $5^{\circ} = 6^{\square}$-Grades. Triumphierte Crowley: ‹Teilhaftig geworden des Ruhms der Tiphereth› (der sechsten Sephira des Lebensbaumes); d. h. er hatte die Probezeit übersprungen, war direkt in den Inneren Orden vorgestossen und nun Adeptus Minor. Nach London zurückgekehrt, eilte er deshalb zum Hauptquartier in Hammersmith und verlangte von einer gewissen Miss Cracknell, ihres Zeichens Ordenssekretärin für Dokumentationswesen, die zu seinem hohen Grad gehörigen Rituale. Aber er sollte eine zweite Enttäuschung erleben. Sie erkannte die Initiation Crowleys nicht an und verweigerte die Rituale. Crowley reiste nach Paris zurück und informierte Mathers. ‹Anfang 1900 beantragte ich vom Zweiten Orden in London die Dokumente, auf die ich aufgrund meiner in Paris empfangenen Weihen einen berechtigten Anspruch hatte. Die schroffe Ablehnung liess klar werden, dass sich die Londoner Körperschaft in offener Revolte gegen das Oberhaupt befand, ohne den Mut zu haben, ihre Absichten deutlich auszusprechen.›[2]

Crowley irrte: die Londoner Körperschaft hatte nicht die geringsten Hemmungen, ihre Absichten kundzutun, und Mathers Verhalten war ohnehin dazu angetan, früher oder später die Revolte zu provozieren. Vor allem fürchtete er, dass seine Londoner Brüder den Sapere Aude (Westcott) in den Orden zurückholen und auf seinen Platz setzen könnten. Dies zu umgehen, teilte er Mrs. Emery in einem vom 16. Februar 1900 datierten Brief mit, dass Sapero Aude die gesamte Korrespondenz mit Anna Sprengel gefälscht hatte und bezweifelte sogar ihre Existenz.

> Denn dies zwingt mich, Ihnen klipp und klar zu sagen (und, verstehen Sie mich recht, ich kann alles, was ich hier sage, und noch mehr, bis aufs i-Tüpfelchen beweisen und würde es dem S. A. auch ins Gesicht sagen): – Im Interesse des Ordens und angesichts der Tatsache, dass es für S. A.'s Reputation einen tödlichen Schlag bedeuten würde, bitte ich Sie eindringlichst, dem Orden das Geheimnis zumindest im Moment vorzuenthalten, (obwohl es Ihnen anheimgestellt ist, *ihm* diesen Brief nach *reiflicher Überlegung,* zu zeigen) –: Er stand *nie* und zu *keiner Zeit* in persönlichem oder schriftlichem Kontakt mit den Geheimen Oberen des Ordens; hat also *entweder eigenhändig* die angebliche Korrespondenz *gefälscht oder für ihre Fälschung gesorgt;* während ich all diese Jahre gebunden war, denn bevor er mir zeigte, was er getan hatte oder hatte tun lassen oder beides, hatte er verlangt, dass ich absolutes Schweigen gelobte . . .

1 ‹Mit Gott als Führer und dem Schwert als Freund›.
2 *The Confessions of Aleister Crowley.*

Mrs. Emery informierte ihre ranghöchsten Kollegen, die umgehend ein Komitee gründeten, um diese Vorwürfe, die ihnen den magischen Boden unter den Füssen wegzuziehen drohten, eingehend zu untersuchen. Als Mathers davon erfuhr, brach er in heiligen Zorn aus und bestritt ihnen jegliches Recht zur Gründung dieses oder irgendeines anderen Komitees. ‹Ich erkenne das Recht des Ordens zur Gründung eines Komitees ohne meine Ermächtigung und Zustimmung nicht an . . . Ich *annulliere* das Komitee und ich *annulliere* die am 24. März 1900 verabschiedeten Resolutionen . . .› (Brief an Mrs. Emery vom 2. April 1900).

Etwa zur gleichen Zeit stimmte Mathers einem von Crowley vorgeschlagenen Plan zu, der die störrischen Ordensbrüder wieder auf Vordermann bringen sollte. Er, Bruder Perdurabo, würde in die Räume des Inneren Ordens einbrechen, neue Schlösser anbringen und im Verlauf von zwei oder drei Tagen alle Mitglieder zu sich zitieren. Er würde eine Maske tragen und ein Protokollant würde alle Fragen und Antworten festhalten. Alle Mitglieder des Inneren Ordens hatten den $5^{\circ}=6^{\square}$-Grad inne. Infolgedessen, so sein Vorschlag, würde er zunächst fragen, ob sie an die Wahrheiten der Lehren dieses Grades glaubten. Ja oder nein. Wenn ja, würde er weiter fragen, ob diese Wahrheiten ‹ausschliesslich einer reinen Quelle entsprungen seien› – d. h. den Geheimen Oberen. Sollten sie mit nein antworten, würde er sie auf die Stufe eines ‹Lord of the Paths in the Portal in the Vault of the Adepts› degradieren, d. h. sie würden auf der Schwelle zum Inneren Orden verharren müssen. Sodann sollten sie gefragt werden: ‹Gelobst du feierlich, die unwürdigen Dispute über die Führung dieses Ordens abzubrechen? Ich meinerseits, kann dir besten Wissens versichern, dass D. D. C. F. wahrhaftig ein $7^{\circ}=4^{\square}$ ist.› (d. h. ein Adeptus Exemptus, dem höchsten Rang des Inneren Ordens, der den Innehabenden zur Befehlsgewalt über die Orden des *Rose Cross* und des *Golden Dawn* ermächtigt. Nur Mathers hatte diesen Rang inne).

Anschliessend sollten nach Crowleys Vorschlag die Mitglieder ein Dokument unterzeichnen, in dem sie Mathers eine feierliche Gefolgschaftserklärung gaben. Andernfalls würde Mathers sie ausstossen.

Die Mitglieder des Äusseren Ordens (Golden Dawn) sollten ebenfalls zu ihm zitiert, über ihre Positionen befragt und zur Loyalitätserklärung für Mathers aufgefordert werden.

Schliesslich sollte die Gruft neu geweiht werden.

Diese Gruft war angeblich ein genaues Replikat der Gruft, in der der legendäre Gründer des *Order of the Red Rose and the Golden Cross,* Christian Rosenkreutz, im Alter von 106 Jahren im 15. Jahrhundert im Berg Abiegnus begraben wurde. Es handelte sich um einen siebeneckigen Holzrahmen von 2,40 m Höhe und 1,50 m Seitenlänge. Das Deckengemälde stellte ein siebeneckiges Ornament dar, das einen siebenzackigen Stern und darin das gen Himmel weisende Dreieck des Feuers zeigte, umschlossen von der zweiundzwanzigblättrigen Rose. Durchs ganze Ornament zogen sich die Pfade und Sephiroth (Emanationen) des Baums des Lebens und der Strahlenkräfte der Sterne. Alles war in Gold und Weiss gearbeitet.

Das Bodengemälde zeigte ein ebenfalls siebeneckiges Ornament gleicher Grösse. Auch dieses umschloss einen siebenzackigen Stern, in dem sich das umgekehrte Dreieck (oder Dreieck des Wassers) mit dem nach unten weisenden Horn befand, das vom Grossen Roten Drachen der Sieben Häupter umschlungen wurde. Um die Häupter des Drachen wand sich als Inschrift der Titel des Verneinenden und Bösen Sepiroth des Qlipoth.[1] In jedem Winkel des Dreiecks waren die Namen der Engel der Finsternis – Satariel, Uriel und Thaumiel – geschrieben. Aber inmitten dieses Dreiecks des Bösen leuchtete das erlösende Symbol des Goldkreuzes, versehen mit der Roten Rose der sieben mal sieben Blütenblätter. Dieses Bildnis war in Weiss und Schwarz gehalten, während der siebenköpfige Drache scharlachrot gemalt war.

Jede der sieben Wände wurde in vierzig Quadrate unterteilt, die Symbole des Tierkreis, der Astrologie, der Alchimie oder hebräische Buchstaben enthielten. Die jeweiligen Farben auf den Seitenwänden entsprachen den Farbtönen des Spektrums.

Die Gruft des Rosenkreutz war Mathers' Lieblingskind, und die Art, wie er es einzusetzen pflegte, zeigt seinen Sinn für Dramatik, wenn nicht gar für Humor. Kandidaten des Inneren Ordens wurden in die Gruft geführt, wo sie einen Altar vorfanden. Die Zweiten und Dritten Adepten entfernten sodann den Altar, so dass ein Sarg («pastos») sichtbar wurde, dessen Deckel sie abhoben. Dann erschien der Oberste Adept in vollem Ornat mit der Ägyptischen Kapuze. Er symbolisierte den unverderbbaren Körper des Christian Rosenkreutz. Mit geschlossenen Augen deklamierte der Oberste Adept – bis 1897 in London Dr. Westcott – sodann: «Begraben mit dem Licht in mystischem Tod, wiederauferstanden in mystischer ressurectio, gereinigt und geläutert durch Ihn unseren Herrn, O Bruder des Kreuzes und der Rose, O Adepten aller Zeit, die Ihr die mühsame Arbeit verrichtet wie Er.» Dann wurde dem neu Initiierten der Symbolismus der Gruft erklärt.

Crowley kehrte nach London zurück mit dem Titel eines «Allbevollmächtigten Gesandten» und Mathers Ermächtigungsbriefen in der Tasche. Ziel der Mission war die Wiedereroberung der Gruft!

Am 16. April, einem Montag, begann Crowley mit der Voraufklärung des Objektes in der Blythe Road 36 in Hammersmith. Die Ordensräume befanden sich im ersten Stock. Er überzeugte den Hausbesitzer, einen

[1] Vom Grenzenlosen Licht aus (Ain Soph) ergossen und formten sich zehn Emanationen (die Sephiroth). Während des Formationsprozesses schwappte etwas Energie über und stellte die ‹Qlipha› jeder Emanation her. Diese usurpieren die Dämonen und wählen sie zum Wohnsitz. Daher die Qliphotische oder Böse Natur jeder verkehrten oder reflektierten Sephiroth.

Mr. Wilkinson, von seinen Eintrittsrechten. ‹Hauswirt aufgesucht und überzeugt›, notierte er im *Magical Record*. ‹Mit Fidelis über letzte Einzelheiten betreffs Eroberung der Gruft besprochen. In Kneipe am Leicester Square Rausschmeisser angeheuert.›

Als Crowley und seine Mätresse Elaine Simpson (Schwester Fidelis des Golden Dawn, die um ein paar Jähre älter als Crowley war und schon 1892 den Grad $5^{\circ}=6^{\square}$ innehatte) am Haus 36 Blythe Road ankamen, trafen sie auf Miss Cracknell. Sie teilten ihr mit, dass sie gekommen seien, um die Räume im Auftrag von Deo Duce Comite Ferro zu requirieren und warfen sie hinaus. (Crowley beschreibt Miss Cracknell als ‹lesbisches Loch, das nie gestopft wurde›). Sie rannte zum nächstgelegenen Postamt und schickte ein Telegramm an E. A. Hunter (Frater Hora et Semper), einem Höheren Bruder im Inneren Orden: ‹Kommen Sie sofort in die Blythe Road, etwas Schreckliches ist geschehen.›

Hunter kam. Die auf Anweisung von Mrs. Emery verschlossenen Räume fand er erbrochen und an den Türen neue Schlösser. Crowley hatte in der Tat Besitz ergriffen. Seiner Darstellung zufolge betrat er die Räumlichkeiten nach «gewissem Widerstand». Crowley setzte ihn sofort davon in Kenntnis, dass er Miss Cracknell, die hinter Hunters Rücken hervorlugte, suspendiert habe und sie den Tempel sofort zu verlassen habe. Während sie sich noch herumstritten, erschien Mrs. Emery. Durch Argumente war Crowley nicht von der Stelle zu bewegen – er hatte die Gruft erobert und damit basta. Mrs. Emery verliess die Szene und kehrte in Begleitung eines Polizisten zurück. Nachdem dieser beide Seiten angehört hatte, befahl er Crowley, das Haus zu räumen.

Der Mittwoch scheint ruhig verlaufen zu sein. Aber am folgenden Tag, Donnerstag 19. April, sprachen Hunter und W. B. Yeats bei Wilkinson vor, um in Erfahrung zu bringen, warum er Crowley erlaubt habe, in die Räume einzudringen. Mitten in der Diskussion erschien Crowley. Er trug die Highland-Tracht, eine schwarze Maske und einen über Kopf und Schultern geworfenen Plaid. Auf seiner Brust baumelte ein vergoldetes Kruzifix und an der Hüfte ein Dolch. Elaine, die er als Protokollantin verpflichtet hatte, begleitete ihn. Enttäuschenderweise war der angeheuerte Rausschmeisser nicht aufgetaucht. Hunter und Yeats forderten Crowley auf, zu gehen; er habe nicht das mindeste Zutrittsrecht. Crowley blieb standhaft. Und ob er Rechte habe: die Vollmachten des Deo Duce Comite Ferro. Zum Beweis entrollte er Mathers' herrische, flammend geschriebene Deklaration.

Am gleichen Morgen war eine von dem renommierten Perückenmacher Willie Clark für Miss Elaine Simpson gefertigte Perücke im Haus an der Blythe Road 36 angekommen, die für die bevorstehenden schwierigen Prozeduren benötigt wurde. Des weiteren gingen den ganzen Tag lang zahlreiche Telegramme für Herrn MacGregor Mathers ein. Ihre Annahme wurde verweigert.

Auf Yeats Aufforderung hin liess Wilkinson erneut einen Polizisten rufen, der Crowley und Elaine des Hauses verwies. Bei dieser Gelegenheit wurde Elaine das Paket mit der Perücke übergeben.

Mittlerweile war es Mittag. Um eins erschien auch endlich der Rausschmeisser. Er erzählte Hunter und Yeats, dass er in ganz London nach der Blythe Road gesucht habe: «Er wusste nicht so genau, wozu er überhaupt hergekommen war und meinte, es handle sich um eine Art Party. Mr. Crowley habe ihn vor dem Alhambra angeheuert.»

Noch am gleichen Tag wurden Mathers, Elaine Simpson und ihre Mutter[1] aus dem Orden ausgestossen. Crowley wurde dieses Missgeschick nicht zuteil, da er dem Orden nicht angehörte.

In einem vom 25. April datierten Brief an Lady Gregory erklärte Yeats die Gründe für Crowleys Ablehnung.

> In letzter Zeit hatte ich einige Schwierigkeiten damit. Wie ich Ihnen ja schon sagte, entfernte ich MacGregor aus der Kabbala (dem Orden). Letzte Woche nun schickte er eine verrückte Person, deren Initiation wir verweigert hatten, um Räume und Dokumente der Gesellschaft in Besitz nehmen zu lassen. Dieser Mensch bemächtigte sich der Räumlichkeiten, und als man ihn hinausgeworfen hatte, kam er und versuchte es ein zweites Mal.
>
> ... Nachdem dieses Vorhaben fehlgeschlagen war, erwirkte er eine gerichtliche Vorladung mit der Begründung, dass er ‹Mathers' Gesandter› sei und die Satzung der Gesellschaft Mathers' Absetzung verbiete. Der Gesandte ist ein gewisser Crowley, eine unmögliche Person. Er sinnt, glaube ich, auf Rache wegen unserer Ablehnung, ihn zu initiieren. Wir lehnten seine Initiation ab, weil wir eine mystische Gesellschaft für etwas anderes ansehen denn als eine Besserungsanstalt.

Nach Crowleys Ansicht hatten Yeats, Hunter, Mrs. Emery und die anderen sich der Gruft bemächtigt, die rechtmässig Mathers gehörte. Nachdem Gewalt nichts geholfen hatte, versuchte Crowley es mit dem Gesetz: der gerichtlichen Vorladung, die Yeats in seinem Brief erwähnt. Crowley erschien zum Gerichtstermin – am 28. April –, aber die Beklagten hatten nicht nur einen prominenten Anwalt, sondern auch den Streitwert mit einer Summe angegeben, die die Zuständigkeit des angerufenen Gerichtes bei weitem überstieg. Der Fall wurde abgewiesen, die Gerichtskosten gingen zu Lasten Crowleys, der fünf Pfund Gebühren zahlen musste.

[1] ‹... war meine Schwester Fidelis mit einer schrecklichen Mutter geschlagen, eine sechstklassige Sängerin und erstklassiger Snob. Doppelkinn, Wampe: weinerliche Intrigantin mit verwirrtem Verstand. Die widerliche Schlampe hatte nichts Besseres zu tun, als in London und New York herumzulaufen und aller Welt zu erzählen, dass ich nächtens und in meinem Lichtkleid das Schlafzimmer ihrer Tochter betreten habe!› *(The Confessions of Aleister Crowley)*

Dieser Streit war der Anfang vom Ende des Golden Dawn. Der ‹Allbevollmächtigte Gesandte› hatte zusätzliches Öl ins Feuer gegossen und MacGregor Mathers seinen Londoner Brüdern damit vollends unannehmbar werden lassen. Alle Versuche, den Orden neu zu organisieren, wie sie in Yeats' anonym herausgegebenem Pamphlet *Is the Order of the R[osae] R[ubeae] et A[ureae] C[rucis] to remain a Magical Order?* (Februar–März 1901) wiedergegeben sind, blieben ohne Wirkung, denn magische Gesellschaften sind nicht demokratisch organisiert, sondern hierarchisch und somit autokratisch. MacGregor Mathers war und blieb das Oberhaupt des Golden Dawn und des Rose Cross, Crowley sein rechtmässiger Erbe.

Crowleys Streit mit Yeats (Frater Demon Est Deus Inversus) ging aufs Vorjahr zurück, als er eines Abends den Bruder aufsuchte, um ihm die Druckfahnen seines *Jephtah* zu lesen zu geben. Er erwartete, dass ihn Yeats als Dichter und Genie preise; aber

> er zwang sich zu ein paar höflichen Konventionalitäten, aber ich konnte das Wesen der Sache durchschauen, denn mittlerweile hatte ich hellseherische, hellhörerische und Fähigkeiten des klaren Fühlens entwickelt. Ohnehin wäre nur einer äusserst dummen Person entgangen, wie ihn Gift und Galle erfüllten. Ich betrachte das als Beweis dafür, dass Yeats in seinem Herzen ein echter Dichter war, da ein blosser Scharlatan erkannt hätte, dass er von einem echten Dichter nichts zu fürchten hatte. Was ihn verletzte, war das Bewusstsein seiner eigenen, unvergleichlichen Minderwertigkeit.

In einem 1915 an seinen amerikanischen Rechtsanwalt und Mäzen geschriebenen Brief meinte Yeats, dass Crowley verrückt sei, aber ‹neben einem Haufen schlechter Rhetorik immerhin etwa sechs Zeilen echter Poesie› geschrieben habe. Quinn hatte ein Paket Bücher und Manuskripte Crowleys gekauft.

Im Mai 1900 erstattete Crowley Mathers in Paris Rapport über seine Fortschritte im Kampf gegen die Rebellen. Dabei traf er bei Deo Duce Comite Ferro zwei Ordensmitglieder, die gerade aus Mexiko zurückgekehrt waren. Ihren Erzählungen zufolge schien Mexiko ein interessantes Land. Crowley warf ein paar Habseligkeiten in eine Reisetasche und fuhr los.

Nun gehört es geradezu zu seinem Charakterbild, aufgrund plötzlicher Eingebungen wenn nötig ans Ende der Welt zu reisen. Aber möglicherweise hatte dieser spezielle Drang nach Mexiko etwas mit der Tatsache zu tun, dass ihn die Polizei in Zusammenhang mit dem von der ‹Oberstenwitwe› erhaltenen Geld verhören wollte.

Erste Zwischenstation auf dem Weg nach Mexiko war New York, wo er gerade rechtzeitig zum Höhepunkt einer Hitzewelle eintraf, die, wie er sagte, an die hundert Menschen pro Tag umbrachte. Die Vorstellung, dass in Mexiko noch höhere Temperaturen herrschen könnten, entsetzte ihn, und er hätte seinen Entschluss fast umgestossen. Die drei Tage in New York verbrachte er mehr oder weniger damit, sich zur oder aus der Badewanne zu schleppen, bevor er per Zug nach Mexico City floh.

Er mietete ein Haus mit Ausblick auf die Alameda, den wunderschönen Park mitten im Stadtzentrum, und heuerte ein junges Indianermädchen an, das für ihn sorgen und sein Bett teilen sollte. Er machte sich an die Magie und führte seine ersten Experimente zur Erlangung der Unsichtbarkeit durch Invokation des Gottes des Schweigens, Harpocrates, durch.

And unto ye, O forces of Akasa[1], do I now address my Will.
In the Great Names Exarp, Hcoma, Nanta and Bitom[2],
By the mysterious letters and sigils of the Great Tablet of Union.
By the mighty Name of AHIH, AGLA, IHVH, ALHIM[3].
By the Great God Harpocrates;
By your deep purple darkness:
By my white and brilliant light do I conjure ye;
Collect yourself together about me: clothe this astral
form with a shroud of darkness.

Nach Wochen des Gebets und der Exerzitien erzielte er seinen ersten Erfolg: Sein Spiegelbild wurde blass und begann zu flackern. Daraufhin lief er mit einer gold- und edelsteinbesetzten Krone und einem scharlachroten Mantel über der Schulter in Mexico City umher ohne auch nur die geringste Aufmerksamkeit zu erregen. Die helle mexikanische Sonne hatte zweifellos bei der Durchdringung der Reste seiner Körperlichkeit nachgeholfen.

Eines Nachmittags las er eine Frau auf, die ihn reizte wegen der ‹unersättlichen Leidenschaft, die in ihren unergründlich bösen Augen loderte und ihr Gesicht in einem Malstrom unwiderstehlicher Sünde verzerrte›. Sie führte ihn in ihr verkommenes Zuhause, wo er Stunden der Ekstase verlebte. Crowley erwähnt diese Episode in seinen *Confessions* nicht als Hinweis auf seinen sexuellen Geschmack oder seine Vorliebe für Morbidität und Schmutz, sondern lediglich in der Präambel seines Dramas in Versen, *Tannhäuser,* das er unmittelbar danach schrieb. Er war durch diese mexikanische Hure so stark stimuliert worden, dass er sich in sein Hotelzimmer setzen und siebenundsechzig Stunden lang an einem Dialog in

[1] Das Astrallicht
[2] Die Namen der Elementaren Geister der Tafel der Vereinigung, die mittels des 2. Schlüssels oder Rufs des Enoch evoziert werden. Exarp ist die Wurzel der Mächte der Luft; Hcoma des des Wassers; Nanta die der Erde und Bitom die des Feuers. Siehe auch Kapitel 11.
[3] Die den Vierteln des Universums zugeschriebenen Namen Gottes.

Versen zwischen Venus und Tannhäuser arbeiten konnte. Tannhäuser hatte er im Covent Garden gesehen, mit einer amerikanischen Primadonna in der Hauptrolle, die er auf einer von Mathers' okkulten Veranstaltungen in Paris getroffen hatte. Sie hatten sich auf der Stelle verliebt und verlobt, aber Crowley gibt zu dieser durch seine plötzliche Abreise nach Mexiko abrupt beendeten Affäre nur einen kurzen Hinweis.

Tannhäuser, A Story of All Time in vier Akten und einem Epilog, gibt uns weder über jenes Übermass von Wollust, das ihn zur Poesie angeregt hatte, noch über die geheimnisvolle amerikanische Primadonna Auskunft. Hätte er über die eine oder andere geschrieben, entweder die Nutte im Slum oder die Opernsängerin, hätte er möglicherweise ein echtes Gedicht gemacht; aber statt dessen wird der Leser mit bombastischen Versen um die deutsche Sage abgespeist. Was genau es gewesen war, das ihn veranlasst hatte, der Frau mit dem sündenzerwühlten Gesicht in ihr elendes Heim zu folgen, und was es ihm bedeutete, in ihren Armen zu liegen, sagt er nicht. Lediglich berichtet er, dass er von ihrem Gesicht fasziniert war und wie im Fieber von ihr schied.

Wir haben mittlerweile Klarheit über drei Aspekte von Crowleys psychischer Disposition gewonnen. Erstens: Er kannte keine Hemmungen. Begierig warf er sich in jedes Abenteuer, das seinen Launen entsprach (je schrecklicher, desto besser), und er hatte keine Furcht davor, wahnsinnig zu werden.

Zweitens: Er brauchte zur Anregung ein sehr starkes oder schreckliches Erlebnis. Die meisten Leute werden schon stimuliert, wenn sie zu Hause sitzen, ein gutes Buch lesen, Musik hören oder ein Bild betrachten. Crowley dagegen brauchte eine mexikanische Hure mit einem verlebten Gesicht, bevor er seine Verse über Tannhäuser schreiben konnte. (In diesem Sinne ist auch der von mir behauptete Mangel an Vorstellungsvermögen zu verstehen. Wie sein Lebensweg zeigt, versuchte er mit allen Mitteln, sich zu stimulieren; sein Bedarf an phantastischen Abenteuern war unersättlich; ohne sie drang seine Botschaft einfach nicht durch und nach aussen.)

Drittens: Er hatte keine Achtung vor seinem (oder eines anderen) Körper. Er war sich seiner physischen Existenz kaum bewusst und hätte allenfalls mildes Erstaunen gezeigt, hätte ihm jemand etwa gesagt, dass sich sein Körper zu gigantischen Dimensionen aufblase.

Kein Wunder also, dass er nicht die mindeste Angst vor Syphilis hatte. ‹J'ai attrapé le siphilis en 1897›, schrieb er in den zwanziger Jahren seinem französischen Arzt, ‹me suis soigneusement mercurialisé, n'ai jamais eu de symptômes ultra-sérieux et rien du tout depuis 1917.›[1]

Leuten, die Promiskuität aus Furcht vor Geschlechtskrankheiten ablehnten, begegnete er mit tiefster Verachtung. Er ging sogar so weit, mit

[1] ‹1897 fing ich mir die Syphilis, liess mich sorgfältig mit Quecksilber behandeln und verspürte seit 1917 keine ernsthaften Beschwerden mehr›.

der Intensität eines Fanatikers zu behaupten, dass Syphilis die Grundlage der Genialität sei und dass es ‹begrüssenswert wäre, wenn jeder Mann mit dem Virus durchdrungen wäre, damit die Pflege des individuellen Genius erleichtert würde›.[1]

In seinen mittleren Lebensjahren beschrieb er seine damalige Persönlichkeit so:

> Ich bin Dir[2] die Hure, gekrönt mit Gift und Gold, in bunte Gewänder gehüllt, mit Schande befleckt und Blut beschmiert, denn nur aus Geilheit habe ich mich allen hingegeben, denen nach mir gelüstet. Meine Stuprationen[3] habe ich vertausendfacht mit Verführung, Korruption und Erpressung. Mein Fleisch überliess ich der Fäulnis, mein Blut dem Gift, meine Nerven den Qualen der Hölle, meine Gedanken den Hexen. So trug ich Verderbtheit ins Erdenrund[4].

Eines Tages winkte ihn sein Indianermädchen, die um Crowleys Interesse für Berge wusste, aufs Hausdach und zeigte ihm die schneebedeckten Gipfel des Popocatépetl und des Ixtaccihuatl. Beide Berge sind mit 5400 m um rund 600 m höher als die Alpen, allerdings wesentlich leichter zu bezwingen. Crowley erklärte spontan, dass er die beiden Gipfel besteigen wollte. Die klare Luft liess sie just am Stadtrand erscheinen. Er fügte hinzu, dass er einen grossen Bergsteiger, einen Freund aus England, erwarte.

Es handelte sich um Oscar Eckenstein, einen englischen Bergsteiger deutsch-jüdischer Abstammung, den Crowley im englischen Bergsteigertreff Wastdale Head in Cumberland getroffen hatte. Eckenstein hatte die 1892er Conway-Expedition in den Himalaja mitgemacht und war ein bekannter Alpinist. Ausserdem hatte er eine neue Art Steigeisen erfunden, das dem Bergsteiger das mühselige Ausschneiden einzelner Fusstritte aus dem Gletschereis ersparte. Er war klein, aber kräftig und siebzehn Jahre älter als Crowley. Offensichtlich mochte er Crowley. Ganz gewiss mochte Crowley Eckenstein. Er und Bennett sind die einzigen Leute, über die Crowley nie auch nur eine einzige unfreundliche Bemerkung machte. Eckenstein nannte er den grössten Bergsteiger seiner Zeit. War Bennett sein Guru in Magie, so war Eckenstein sein Lehrmeister im Bergsteigen. (Interessant als Anmerkung vielleicht, dass alle drei unter Asthma litten.)

‹Vorausgesetzt›, schrieb Crowley 1924 an Harry Douglas, ‹dass er mit nur drei Fingern an etwas heranreichen konnte, das allenfalls ein mit Haschisch vollgepumpter Mann als Sims bezeichnen würde, so stand er drei Sekunden später oben drauf, rauchte seine Pfeife, und kein Mensch wus-

1 *The Magical Record,* 10. August 1930.
2 Aiwass, Crowleys Heiliger Schutzgeist.
3 *Stuprator* = Schänder, Vergewaltiger.
4 *The Magical Record,* 11. Juli 1920.

ste genau, wie er es gemacht hatte. Ich dagegen, obwohl selbst der lächerlichsten Turnübungen vollkommen unfähig, erreichte Stellen, die Eckenstein nicht in Angriff zu nehmen wagte.›

Eckenstein kam gegen Jahresende (1900) an. Sie bezogen das Lager *Amecameca,* das für beide Berge als Ausgangsbasis diente. Als erstes bestiegen sie die ‹Schlafende Frau›, wie der aztekische Zungenbrecher Ixtaccihuatl wiedergegeben werden kann. Bei 4200 m errichteten sie ein Lager, wo sie drei Monate verbrachten, sich von Sekt und Konserven ernährten und den Berg von allen Seiten bestiegen. Crowley behauptete, dass er und Eckenstein dabei mehrere Weltrekorde brachen.

Als sie im Vollgefühl des Triumphes nach Amecameca zurückkamen, trafen sie überall auf traurige Gesichter. Der Gastgeber versuchte, es ihnen so schonend wie möglich beizubringen: Queen Victoria war tot. Aber sehr zu seiner Verwunderung musste der brave Mann miterleben, wie Crowley seinen Hut in die Luft warf und ausser sich vor Freude herumtanzte. Für Crowley und, wie er glaubte, viele andere, gewiss für jeden Künstler und Denker, war die Queen so etwas wie Smog, der sie am freien Atmen hinderte und zu erwürgen drohte. «Wir konnten nicht sehen und nicht atmen», sagte er; und obgleich er ihr Britanniens Aufstieg unter ihrer Herrschaft durchaus zubilligte, so «hatte dennoch der Geist dieser Ära irgendwie alles abgetötet, was uns von Bedeutung war. Glatte, geschniegelte, oberflächliche, unterwürfige, snobistische und sentimentale Händlerseelen hatten sich breitgemacht.» Zweifellos weckte die Queen in ihm Erinnerungen an eine andere autokratische Frau: seine Mutter.

Ziel ihrer nächsten Expedition war Colima, fünfhundert Meilen westlich von Mexico City. In der Nähe dieser Stadt befindet sich ein aktiver Vulkan: Monte Colima. Die Wandergefährten erlebten ihn bei einer Eruption. Sie beobachteten das Schauspiel aus etwa zwölf Meilen Entfernung, aber der Aschenregen, den der Wind in ihre Richtung trieb, brannte winzige Löcher in ihre Kleider. Sie bestiegen einen Nachbarberg, um so auf den Krater zu gelangen. Weit kamen sie nicht: Trotz der schweren Bergstiefel fühlten sie, wie der Boden heiss wurde.

Den Popocatepetl bestiegen sie unter ungewöhnlichen Begleitumständen. Eine mexikanische Zeitung, *The Herald,* hatte von den Aktivitäten der beiden Engländer Wind bekommen und gewisse Zweifel über ihre bergsteigerischen Leistungen angemeldet. «Wir hatten nichts publiziert und keine Ansprüche gestellt», sagte Crowley. Eckenstein war zutiefst beleidigt. Er ging in die Stammkneipe der *Herald*-Leute und machte sich mit dem Reporter bekannt, der den Artikel über ihn geschrieben hatte. Crowley und Eckenstein luden ihn zu einer Besteigung des ‹Rauchenden Bergs› Popocatepetl ein, damit er einmal aus erster Hand über Berge und Bergsteiger berichten könne. Der Reporter willigte ein.

Einen der Weltrekorde, den wir kurz und klein machten, war der im

Bergauf-Langstrecken-Gehen. Lange bevor wir auch nur den Kraterfuss erreicht hatten, stellte unser Freund, der Skeptiker, fest, dass er keinen Schritt mehr tun könnte. Wir überzeugten ihn, dass das normal sei und leicht überwunden wird, indem man das Seil in Gebrauch nimmt. Wir banden ihn also zwischen uns fest. Dann stürmte Eckenstein mit gewaltigen Schritten bergauf, während ich seiner Zugkraft mit dem Eispickel den nötigen Nachdruck von hinten verlieh. Der Reporter erschöpfte mit seinen flehentlichen Bitten ganze Tonleitern. Aber wir reagierten lediglich mit fröhlichen Ermunterungsrufen und verstärkten Anstrengungen. Erst auf dem Gipfel machten wir Halt. Vermutlich war dies das erste Mal, dass er in einem Non-Stop-Sprint bezwungen wurde. Unser Opfer war ab nun jedenfalls davon überzeugt, dass wir Berge besteigen konnten. Und er bot gewiss den jämmerlichsten Anblick!

Orizaba oder ‹Berg des Sternes› (Citlaltepetl), den höchsten Berg Mexikos, bestiegen sie nicht. Zumindest für eine Weile hatten sie genug vom Bergsteigen. Aber sie vereinbarten, so bald wie möglich eine Himalaja-Expedition zu organisieren und den K2, den zweithöchsten Berg der Welt, zu versuchen.

Eckenstein reiste zurück nach England, während Crowley nach insgesamt neuneinhalb Monaten Aufenthalt in Mexiko nach San Francisco aufbrechen wollte.

Ich schlenderte nach Juarez rüber, um meinem Mädchen Lebwohl zu sagen. O Mexiko, noch immer brennt mein Herz, wenn ich an Dich denke! Für manch anders Land hege ich grössere Bewunderung, aber keines kommt der Faszination gleich, die Du ausstrahlst. Dein Klima, Deine Sitten, Deine Menschen, Deine seltsame Landschaft verzauberter Träume – all das lässt meine Jugend wiederaufleben.

Auf seiner Himalaja-Expedition plante er, Allan Bennett in Ceylon zu besuchen – er wollte mit ihm über Mathers sprechen – und erst nach Hause zu fahren, wenn er den K2 bezwungen hatte. Ungleich Eckenstein war er noch nicht im Osten gewesen. Asien sollte seine grosse Reise werden.

In El Paso an der mexikanisch-texanischen Grenze, wo er seine Reise unterbrach, beobachtete er ein Kartenspiel zwischen drei Landarbeitern in einem Arbeitslager. (Das Leben von Aleister Crowley ist eine Folge von Ekstasen, Abscheulichkeiten und Bizarrerien. Die Szenen, deren er sich auf seinen Irrfahrten durch die Welt erinnert, sind ähnlich gelagert. Wir bemerken und erinnern uns vorrangig der Dinge, die unsere Phantasie angeregt haben. Alle anderen vergessen wir.) Plötzlich warf sich einer auf sein Gegenüber, packte ihn an den langen schwarzen Haaren und quetschte ihm mit den Daumen die Augäpfel aus den Höhlen.

Eine Sekunde später war alles vorbei. Mit einem gewaltigen Ruck befreite sich der Angreifer und ergriff blitzartig die Flucht. ‹Den Schreien des Verstümmelten folgte allgemeines Chaos. Einige nahmen die Verfolgung zu Fuss auf, manche rannten zu ihren Pferden. Aber die grosse Mehrheit nahm eine Haltung philosophischer Indifferenz an. Das alles ging sie nichts an und erinnerte sie allenfalls daran, demnächst den Friseur aufzusuchen.›

Er verbrachte eine Woche im Chinesenviertel von San Francisco und schiffte sich dann nach Hawaii ein. Am Strand von Waikiki traf er eine zehn Jahre ältere Amerikanerin schottischer Herkunft und Mutter eines halbwüchsigen Jungen, die mit einem Rechtsanwalt in den Staaten verheiratet war. Nach Hawaii war sie gekommen, sagte Crowley, um ihrem Heuschnupfen zu entgehen. Er verliebte sich in sie – er verliebte sich leicht und oft –, schrieb ein langes Gedicht, *Alice: An Adultery,* das er ihrer Inspiration zu verdanken hatte, und nahm sie nach Japan mit, wo er sie dann sitzenliess. Von *Alice,* das fünfzig Verse umfasst – einen für jeden Tag der Leidenschaft –, war er sehr angetan.

At noon she sailed for home, a weeping bride
Widowed before the honeymoon was done.
We sobbed, and stretched our arms out, and despaired.
And – parted. Out the brute-side of truth flared:
‹Thank God I've finished with that foolishness!›

Crowley gab die Gründe nicht an, aber was immer es war, das die Beziehung beendete – es liess ihm die Traurigkeit des Lebens und den geheimnisvollen Dämon bewusst werden, dem er seinen dunklen Drang verdankte. In einer langen Kette von Frauen war Alice die erste, die ihn lehrte, dass er für die Liebe nicht geschaffen war.

Krank im Herzen, wandte er sich wieder Elaine zu, Schwester Fidelis, die inzwischen in Hongkong mit einem gewissen Witkowski verheiratet war. Er erinnerte sich ihrer Furchtlosigkeit und Treue im Kampf um die Eroberung der Gruft und die Wiedereinsetzung von MacGregor Mathers. Bei ihr würde er Verständnis, Rat und Mut finden. Aber zu seiner Enttäuschung musste er entdecken, dass Elaine mittlerweile mit der Magie nur noch herumspielte. Bei einem Maskenball in Hongkong hatte sie mit den Roben und Utensilien der Adeptin einen ersten Preis gewonnen!

Er reiste nach Ceylon weiter und fand Allan Bennett bei einem heiligen Yogi[1] in den Cinnamon Gardens von Colombo. Hier stellte er die Frage, die ihn seit seiner Abreise aus England und in drei Kontinenten gequält hatte – jedoch in einer Art und Weise, dass niemand mehr weiss, was nun eigentlich gefragt wurde. Die Story dazu jedenfalls geht so:

[1] Sri Paránanda, Staatsanwalt von Ceylon.

Eines Tages gerieten Bruder Iehi Aour (Bennett) und Bruder Deo Duce Comite Ferro (Mathers) in eine Auseinandersetzung über den Gott Shiva, den Zerstörer, den Iehi Aour verehrte. Sagte I. A.: «Wenn man Seinen Namen oft genug wiederholt, wird Er Sein Auge auftun und die Welt zerstören.»

D. D. C. F. war anderer Meinung. Der Gedanke, dass sein Leben vom geschlossenen Auge Shivas abhinge, war zu viel für ihn. Schliesslich wollte I. A. die Auseinandersetzung, die Mathers ziemlich in Rage gebracht hatte, beenden, indem er eine Yoga-Position annahm und *ad nauseam* das Mantra ‹Shiva, Shiva, Shiva, Shiva, Shiva, Shiva, Shiva . . .› wiederholte.

«Stelle diese Gotteslästerung sofort ein!» brüllte Mathers.

Aber der Heilige machte weiter: «Shiva, Shiva, Shiva, Shiva, Shiva, Shiva . . .»

«Wenn du nicht sofort aufhörst, schiesse ich!» Mathers zog einen Revolver.

I. A., mittlerweile in Trance, beachtete ihn nicht und fuhr fort, Shivas Namen zu wiederholen.

Bevor D. D. C. F. den Abzug drücken konnte, erschien Schwester V. N. R. (Moina Mathers) und rettete Bruder I. A.s Leben.

Soweit die Geschichte. Was daran auf Wahrheit beruht und welche Frage Perdurabo an Bruder I. A. stellte, bleibt unerwähnt.

Die beiden Wahrheitssucher gingen nach Kandy und mieteten einen möblierten Bungalow mit Blick auf den See. Iehi machte Yoga-Meditationen und Perdurabo Poesie; aber nur zu bald erwachte auch Perdurabos Interesse für Yoga, und er begann unter Anleitung von I. A. seine ersten ernsthaften Studien in dieser Richtung. Er begab sich in Klausur unter der Obhut seines heiligen Guru.

Er machte rasch Fortschritte und erreichte binnen weniger Monate den Zustand des Dhyana, den er als eine erschütternde geistige Erfahrung bezeichnete, in der sich Subjekt und Objekt der Meditation mit alles übersteigender Kraft und bei gleissendem Licht und überirdischer Musik vereinigten.

Während Crowley anschliessend auf Grosswildjagd ging – mit einer Mauser .303 erlegte er einen Büffel –, sich einen Bart wachsen liess und nach fleischlichen Lüsten gierte, warf Allan Bennett die letzten weltlichen Bande ab und streckte seine Hand aus nach dem Gelben Gewand; d. h., er wurde ein Mönch Buddhas. Die beiden Ordensbrüder des Golden Dawn, die sich in der Chancery Lane die Wohnung geteilt hatten, sagten einander Lebwohl. Der eine wandte sich Indien zu, um neue Abenteuer zu bestehen; der andere ging in ein birmesisches Kloster.

Crowleys indische Wanderungen 1901–1902 brachten zumindest eine ungewöhnliche Erfahrung. Er wollte den, wie er es nannte, ‹interessantesten Teil› des grossen Tempels in Madura besuchen, der für Europäer verboten war und möglicherweise noch ist. So wie sich sein Idol Sir Richard Burton als Araber verkleidet hatte, als er die verbotene Stadt Mekka besuchte, zog der mit einem Lendentuch bekleidete Perdurabo durch ein nahegelegenes Dorf, die Bettelschale in seinen Händen. Natürlich überzeugte diese Vorstellung niemanden, aber Crowley gewann die Zuneigung der Eingeborenen. Seine Fertigkeiten im Yoga beeindruckten sie, und man erlaubte ihm den Besuch einiger heiliger Schreine, wo er Bhavani eine Ziege opferte. (Dies ist jedenfalls Crowleys Version.)

Nachdem er ein paar Monate lang den Norden Indiens durchkreuzt hatte, wollte er nach Iehi Aour in Akyab sehen. Er schiffte sich nach Rangoon ein, um von dort aus dem Irrawaddy stromaufwärts zu folgen. Bei Midon wollte er quer durchstechen, aber am Fusse des wilden Arragan-Gebirges verweigerten die Träger den Weitermarsch. Crowley und sein Gefährte (ein Mann namens Edward Thronton, den er in Kalkutta getroffen hatte) entschlossen sich zum Rückmarsch. Sie mieteten ein zehn Meter langes, einbaumartiges Boot mit einem Sonnensegel für knapp zwei Personen und fuhren flussabwärts. Perdurabo sass im Heck, hatte ein Gewehr auf seinen Knien und schoss trotz seiner Malaria auf jedes Tier, das in Sicht kam.

(Fünfundvierzig Jahre später, als ich ihn in dem kleinen Zimmer in einer Pension in Hastings aufsuchte, seiner letzten magischen Klausur – wir sassen inmitten seiner Bücher und Bilder, darunter eines seiner hässlichen Geliebten Camille, und draussen regnete es –, verscheuchte er die düstere Atmosphäre und erzählte, wie er, Gewehr auf den Knien, in einem Einbaum den Irrawaddy hinuntergefahren sei. Er begann zu singen. Das war es, was er gerne noch einmal tun würde, sagte er: Noch einmal flackerte eine fast erloschene Flamme.)

Am 13. Februar 1902 kam er in Akyab an und eilte zu Allan Bennett. Er fand ihn im Kloster Lamma Sayadaw Kyoung, wo er sich unter seinen zierlichen birmesischen Brüdern wie ein Riese ausnahm. Bruder Iehi Aour hatte die Sandkastenspiele des Golden Dawn auf- und sich dem echten Geistesleben hingegeben. Das Sangha Buddhas hatte ihn für sich gewonnen, und er war ein Bhikkhu Ananda Metteya geworden, der allseits hoch verehrt wurde.

Während seines kurzen Aufenthaltes im Kloster arbeitete Crowley hart an einem neuen Gedicht, das bald darauf unter dem Titel *Ahab* erschien, und lernte Hindostanisch, da er auf der geplanten Expedition mit Eckenstein die Funktion eines Dolmetschers übernehmen wollte. Ananda Metteya meditierte indes in einer kleinen, kaum eine halbe Meile entfernten Hütte.

Wenn schon Perdurabo gewisse Fertigkeiten im Yoga erlangt hatte, so hatte sich Ananda Metteya selbst übertroffen. Nahrung und Wasser wurden dem *Bhikkhu* aus Europa verschämt aufs Fenstersims gelegt. Eines Tages kam ein aufgeregter Klosterbruder zu Crowley und berichtete ihm, dass das Essen schon drei Tage lang unberührt stehengeblieben sei. Auf sein Klopfen hatte sich nichts gerührt.

Crowley eilte zur Hütte.

Er stiess die Tür auf, und zu seinem Erstaunen sah er Ananda Metteya waagerecht in der Luft schweben. Sein Körper wirbelte im Luftzug wie ein trockenes Blatt im Wind . . .

STURM AUF CHOGO RI

Crowley und Eckenstein nahmen ihre Pläne zur Besteigung des K2, des höchsten Gipfels im Karakorum-Gebirge, sehr ernst. Eckenstein hätte den K2 oder Chogo Ri (auf der Generalstabskarte Indien wird er als Mount Godwin Austen geführt) schon 1892 fast zu Gesicht bekommen, als er an Sir William Conways berühmter Expedition teilnahm. Aber da die beiden Männer in den Randgebieten der Zivilisation ihre gegenseitige Abneigung entdeckten, wurde Eckenstein zur vorzeitigen Rückkehr im Alleingang veranlasst.

Unmittelbar nach seiner Rückkehr aus Mexiko hatte Eckenstein in London mit den Expeditionsvorbereitungen begonnen. Mit Crowley stand er in brieflichem Kontakt. Sie schlossen eine von Crowley in seiner Autobiographie in voller Länge wiedergegebene Vereinbarung, die sich auf folgende simple Konditionen reduzieren lässt: Expeditionsführer war Eckenstein, dem ausserdem die Auswahl der Bergsteiger, die sich mit Geld oder sonstwie nützlich machen konnten, überlassen blieb. Seine Autorität galt als unanfechtbar. Eckensteins Anordnungen konnte ein Bergsteiger nur im Falle vermeintlicher Lebensgefährdung verweigern. Streitfragen waren durch Mehrheitsbeschluss zu regeln. Ohne Eckensteins Wissen und Zustimmung durften keinerlei Waren eingekauft werden. Jegliche Einmischung in Sitte und Glauben der Eingeborenen war untersagt. Frauen mussten absolut in Ruhe gelassen werden.

Dieses Abkommen war nur ein Teil der lebhaften Korrespondenz zwischen den beiden Männern, die sich anschickten, einen der höchsten und bis dahin von niemandem herausgeforderten Berge zu bezwingen. Der K2 war der höchste für Europäer überhaupt zugängliche Berg, da der im Grenzgebiet zwischen Tibet und Nepal gelegene Everest für Europäer *off limits* war. Erst 1921 gelang es einer europäischen Seilschaft, eine Erlaubnis zur Besteigung des Everest einzuholen.

Im März 1902 stiess Crowley in Delhi zu der Mannschaft. Ausser Oscar Eckenstein und ihm, bestand das Team aus dem 22jährigen Cambridge-Studenten Guy Knowles, dem 32jährigen Schweizer Arzt und Bergsteiger J. Jacot Guillarmod und den beiden bergerfahrenen Österreichern H. Pfannl und V. Wesseley, beide 31.

In der Rangordnung nahm Crowley den zweiten Platz ein. Er will, wie er in seiner Autobiographie behauptet, 1000 Pfund beigesteuert haben. Knowles allerdings vertraute mir an, dass von Crowley nicht ein einziger Pfennig in die Expeditionskasse geflossen sei. Den Löwenanteil habe Knowles selbst übernommen.

Achtzehn Jahre nach der Expedition skizzierte Crowley seine Teamgefährten. Eckenstein wird mit der üblichen Zuneigung behandelt – der edelste Mann, den Crowley je getroffen hatte, woran selbst die Bergeinsamkeit nichts änderte. Guy Knowles wird mit blassen Lobhudeleien eher heruntergemacht. Pfannl und Wesseley werden beschuldigt, nicht die geringsten ausseralpinen Klettererfahrungen eingebracht zu haben und herumgelaufen zu sein, als wären sie noch in Tirol. Wesseley wird als Schwein beschimpft, weil seine Art zu essen bei Crowley Übelkeit erregt habe und weil er nicht über genug Anstand verfügte, krank zu werden wie alle andern auch. Beide Österreicher werden als ‹unerwünschte Ausländer› abgefertigt, während der ehemalige Schweizer Armeearzt Jacot Guillarmod Crowley zufolge ‹vom Bergsteigen ebenso wenig wusste wie von Medizin›.

Quer über Nordindien erstreckt sich eine Gebirgskette, deren Gipfel alle europäischen, afrikanischen und amerikanischen weit überragen. Sie ragen aus einer 3600 bis 5400 m hoch gelegenene Hochebene hervor, fangen mithin da an, wo die Alpen aufhören. Trotz vieler heroischer Versuche blieben die meisten dieser Berge bis in die allerjüngste Zeit unbestiegen[1], ist die Schnee- und Eiswüste, die sie umgibt, weitgehend unerforscht, sind zahlreiche Gipfel noch nicht einmal mit einem Namen versehen.

In diesen Teil der Welt also führte die Crowley-Eckenstein-Expedition. Die beiden waren nicht die ersten Weissen, die sich in dieses Gebiet vorgewagt hatten. Sir William (später Lord) Conway war dorthin vorgedrungen, Sir Francis Younghusband war ihm gefolgt. 1904, als er mit Hilfe von 2500 Mann einen Grenzstreit zwischen der britischen Regierung und Tibet beilegte, war er ebenfalls sehr nahe an den K2 herangekommen.

Der Chogo Ri ist von Satellitenbergen umringt. Als Colonel Younghusband eines dieser Vorgebirge umgangen hatte und sich vor seinen Augen die gewaltigen Eiswände auftürmten, verschlug es ihm vor Bewunderung den Atem. Der K2 überragt das Hochland um 3600 m und erreicht eine Höhe von 8611 m: mehr als alles, was Younghusband sich in seinen kühnsten Träumen vorzustellen gewagt hatte. Ein Besteigungsversuch erschien ihm einfach absurd.

Bevor Eckenstein, Crowley, Knowles, Guillarmod, Pfannl und Wesseley auftauchten, hatten schon zwei mutige Amerikaner mittleren Alters, Dr. William Workmann und seine Frau Fanny, diesen Teil des Himalaja

[1] Der K 2 wurde 1954 von einer italienischen Seilschaft unter Prof. Desio bestiegen.

durchwandert. Auch hatten sich seit den neunziger Jahren Bergsteiger in die umliegenden Gebiete vorgewagt. Eckensteins Expedition allerdings war die erste, die den Versuch unternahm, den K2 zu besteigen.

Beladen mit drei Tonnen Gepäck, reisten sie per Bahn ins Punjab. Ab Rawalpindi wurde die Reise zu Fuss fortgesetzt. Für die Beförderung der Traglasten benutzte die Expedition zweirädrige Pony-Karren, sogenannte *ekkas*. Crowley beschreibt sie als eine den Hansom-Kutschen ähnliche Konstruktion ohne Rückwand. Der Fahrer sass auf dem Boden des Gefährts, und ‹das Ganze sah aus, als hätte es der Erfinder des coracle (ein Boot aus überzogenem Weidegeflecht – A. d. Ü.) entworfen›. Sie mieteten fünfzehn solcher *ekkas* und zogen los. In einem Dorf namens Tret hielt sie ein Polizeiinspektor an, der in einem zweispännigen Klapperkasten angereist kam und Instruktionen hatte, Eckenstein zu sistieren. Tags darauf erschien der Deputy Commisioner des Bezirks Rawalpindi mit einem von keinem geringeren als dem indischen Vizekönig ausgestellten Befehl, der Eckenstein die Fortsetzung seiner Expedition untersagte.

Man brachte ihn nach Rawalpindi zurück. Die Expedition bewegte sich indessen unter Crowleys Führung auf die Hauptstadt Kaschmirs, Srinagar, zu. Die Teilnehmer waren verunsichert und deprimiert. Niemand wusste, warum man Eckenstein festgenommen hatte. Drei Wochen später stiess ihr Führer wieder zu ihnen. Er war entlassen worden, nachdem er Lord Curzon selbst um eine Unterredung gebeten hatte, um die Gründe für dessen Antipathie herauszufinden. Curzon gab ihm darüber keine Auskunft – sagte Eckenstein jedenfalls –, liess ihn aber laufen. Es gab Gerüchte, dass Eckenstein ein preussischer Spion sein sollte. In der Hauptsache bezogen sie ihre Substanz wohl aus seinem deutsch klingenden Namen.

Die Expedition verliess Srinagar am 28. April. Ausgerüstet war man mit 170 Trägern und Conways Landkarte, die zu lesen Crowley Schwierigkeiten hatte und die, wie er sich ironisch ausdrückte, ‹nur schwer mit der Natur in Einklang zu bringen war›. Die *ekkas* mussten bald durch *kiltas* ersetzt werden, vasenförmige Körbe, die die Träger auf den Rücken packen konnten. Die Ponys liess man dem Eigentümer zurückbringen. Das nun vor ihnen liegende Terrain bestand grösstenteils aus steilen Gebirgspässen, schwankenden Hängebrücken über reissenden Schlammflüssen und tiefen Schluchten. Ärzte hatten Seltenheitswert in diesem Teil der Welt. Deshalb richteten sie in jedem Dorf, das sie passierten, provisorische Kliniken ein. Dr. Jacots präzise und ziemlich trockene Reisebeschreibung *Six Mois dans l'Himalaya* enthält eine Unmenge von Details über Schnelloperationen an Eingeborenen.

Die Landschaft wurde immer karger, die Tagesmärsche immer mühseliger. ‹Die Berge sind nichts als konturlose Schutthaufen gewaltigen Ausmasses. Sie zeigen weder Profil noch bieten sie dem Auge einen Ruhepunkt. Keine Inspiration, nichts, was Interesse erwecken könnte. Es

Die Expeditionsmannschaft im Jahre 1902 zum Chogo Ri (von links nach rechts), Stehend: V. Wessely, H. Pfannl. Mitte: O. Eckenstein, A. Crowley. Im Vordergrund: Dr. J. Guillarmod, Guy Knowles.

gibt nichts als den nagenden Wunsch, die tägliche Plackerei hinter sich zu bringen›, schrieb Crowley.

Zwischen Srinagar und Skaedo liegt ein schneebedeckter Pass namens Zoji, der Kaschmir von Baltistan trennt. Crowley:

> Ich hatte für die Bewältigung jener verhältnismässig kurzen Strecke zu sorgen, die die Männer am meisten fürchteten. Fast den ganzen Morgen lang lief ich abwechselnd von vorne nach hinten, ermutigte den einen, tadelte den andern, ging dem dritten zur Hand. Als endlich der letzte den kritischen Abschnitt bewältigt hatte, war ich erschöpft; aber als ich hinter dem Tross hertrottete, fand ich sehr zu meinem Missfallen, dass die nach Matyun zu gelegene Seite des Passes eine nur unerhebliche Steigung aufwies und deshalb in tiefem Schnee ver-

sank. Es war schon spät am Tag und der Boden weich und matschig. Noch nicht einmal der von den Kulis getrampelte Pfad hatte ihn begehbarer gemacht. Als ich mich fast ohnmächtig vor Erschöpfung gegen fünf Uhr abends ins Lager schleppte, hatte ich eine dreizehnstündige Plackerei hinter mir, während der ich mich kaum jemals hatte hinsetzen können.

Bis zum Baltoro-Gletscher hatte die Expedition noch zwanzig solcher Gewaltmärsche zu bestehen. Trotz des eiskalten Windes erwies sich die Sonnenglut als besonders unerträglich: Während die Bergsteiger auf der einen Seite förmlich geröstet wurden, liefen sie auf der andern blau an vor Kälte. Bei Skardo gerieten sie in einen im Indus-Tal entstandenen Sandsturm, der auch die höchsten Gipfel verdunkelte.

Die letzte Aussenstelle dessen, was man Zivilisation nennen konnte, war ein Dorf namens Askoley, wo Eckenstein zehn Jahre zuvor die Expedition von Sir W. M. Conway verlassen hatte. Diesmal brach hier Streit aus zwischen Eckenstein und Crowley über die Bücher, die Crowley mitschleppen liess. Es war beschlossen worden, dass auf der letzten Expeditionsetappe nicht mehr als vierzig Pfund pro Person erlaubt sein sollten. Crowley aber hatte sich mit Poesie überladen.

Eckenstein wollte, dass ich meine Bücherei zurückliess. Seiner Theorie des Reisens in ferne Länder zufolge sollte man dabei vorübergehend zum absoluten Wilden werden; aber die Erfahrung hatte mich gelehrt, dass man nicht von Brot allein leben kann. Die bei fast jeder Entdeckungsfahrt anzutreffende geistige und moralische Instabilität der Europäer führte ich deshalb auch eher auf den Mangel an intellektueller Entspannung zurück als auf die mit den physischen Bedingungen verbundenen Qualen und Nöte. Schon wegen eines Stückchen Zuckers hätten sich die besten Freunde gegenseitig die Schädel einschlagen können. Nun will ich nicht gerade behaupten, dass ich ohne Milton und die andern den Baltoro-Gletscher nicht ertragen hätte, aber andererseits steht es fest, dass Pfannl verrückt und Wesseley derart fresssüchtig wurde, dass er knapp vor dem Diebstahl stand.

Crowley konnte, wie Baudelaire, tagelang ohne Brot sein, nicht aber ohne Poesie. Standhaft weigerte er sich, seine Bibliothek zurückzulassen, und erklärte dem Expeditionsführer, dass er entweder mit seinen Büchern oder gar nicht gehe. Eckenstein gab nach.

Die Karawane von 230 Männern, 18 Schafen, 15 Ziegen und mehr als 20 Hühnern stieg immer höher in die Einöde auf. Die Kulis, so berichtet Crowley, seien zu ihm gekommen und hätten erklärt, dass sie nicht an ihre Rückkehr glaubten. Es mache ihnen allerdings wenig aus, es war Kismet.

Der etwa 30 Meilen lange und zwei Meilen breite Baltoro-Gletscher ist ein stetig ansteigendes Schutt- und Eisfeld, auf dem sich von beiden Seiten herabgestürzte Lawinen ineinandergeschoben hatten. Etwa zwanzig Nebengletscher führten ihm weiteres Geröll zu, und von seiner Mündung aus schoss ein Gebirgsfluss, Bralduh, durchs Tal von Biaho, einer der Quellflüsse des Indus.

Mit einem Topasring am Finger und zwanzig Kulis befand sich Crowley am 8. Juni 1902 am Fuss dieser riesigen Moräne. Sie hatten eine Höhe von 3 474 m erreicht. Der eigentliche Aufstieg auf den K2 hatte begonnen. Einen Tagesmarsch zurück befanden sich Pfannl und Wesseley mit achtzig Mann, der Rest der Karawane marschierte weiter hinten.

Am Ende des Baltoro-Gletschers erhebt sich auf einer Höhe von 4 650 m ein geradewegs den Berg hinaufführender Nebengletscher. Conway, der bis zu diesem Punkt vorgedrungen war, hatte ihn Godwin-Austin getauft, nach dem Mann, der als erster versucht hatte, diese Gegend zu vermessen. Von nun an würde sich die Expedition ausschliesslich in einer eisigen Gegend bewegen, die noch kein Europäer vor ihnen betreten hatte. Die Vorausmannschaft unter Crowleys Führung sah den K2 in voller Grösse erstmals am 16. Juni 1902.

Der Poet Crowley betrachtete den K2 lediglich unter praktischen Gesichtspunkten. Mit dem Fernglas suchte er einen gangbaren Weg. Dr. Guillarmod jedoch, der Tatsachenmensch, war trunken vor Begeisterung, als er den Berg zwei Tage später erblickte. ‹Anfangs strahlte er eine solche Faszination aus, dass wir, obgleich an den Anblick von Gipfeln gewöhnt, einfach überwältigt waren und vor Erstaunen gelähmt. Unfähig, auch nur ein einziges Wort zu finden, das den Eindruck wiedergeben könnte, den der Berg auf uns machte, standen wir und staunten.›

Den ganzen Gletscher entlang hatten sie Lager- und Vorratsplätze angelegt. Crowley war in Lager VIII, auf halber Höhe des Godwin-Austin und nur fünf Meilen von dem legendären Gipfel entfernt. Einen ganzen Tag lang studierte er den König des Karakorum durch den Feldstecher. Der beste Weg schien ihm der über den Südostgrat. Ohne den Berg umgangen und andere Aufstiegsmöglichkeiten erkundet zu haben, hatte er damit den besten, wenn nicht einzig möglichen Weg ermittelt, wie die amerikanischen Expeditionen von 1938 und 1939 später nachweisen sollten. Auf der Suche nach einem geeigneten Lagerplatz marschierte er am folgenden Tag noch einmal dreieinhalb Stunden, wurde aber von unglaublich hohen, überhängenden Eiswänden gestoppt. In einer Höhe von 5 200 m errichtete er Lager IX unmittelbar an der Südflanke des Berges.

Um die unüberwindbaren Eiswände zu umgehen, stieg er am folgenden Tag in Nordostrichtung in den Berg ein und erreichte eine Höhe von 5 620 m. Ab diesem Punkt schien der weitere Weg überschaubar, so dass er auf der Stelle Lager X aufbaute. Eckenstein kritisierte diesen Ort später aufgrund der für ein Zelt überexponierten Lage, aber Crowley antwortete sarkastisch, dass er «nicht den geringsten Grund zur Annahme habe, dass wir irgendwelche Gegebenheiten antreffen würden, die Lager X zu irgend etwas anderem als einer angenehmen Ruhestätte für einen Gentleman mit angegriffener Gesundheit machen würde».

Nach und nach traf der Rest der Expedition in Lager X ein. Die Bergsteiger standen nun vor dem Kernstück des Unternehmens. Der Berg vor ihnen drohte mit Schnee-, Eis- und Felslawinen, die im Herbst die gesamte Landschaft überzogen.

Über dem Himalaja treffen die Schneestürme der zentralasiatischen Hochebene auf die Monsunstürme des Indischen Ozeans und verwandeln die Schnee- und Eisfelder in wahre Todesfallen. Deshalb versuchen die Seilschaften nach Möglichkeit, ihre Gipfel in der kurzen Frühlingsperiode zu stürmen, bevor der tückische Monsun beginnt, oder nutzen die wenigen Herbstwochen, in denen die Landschaft noch nicht mit Eis bedeckt ist.

Crowley, Pfannl und Guillarmod, jeder einer anderen Nation zugehörig, sollten den ersten Versuch machen. Mitten in ihren Aufstiegsvorbereitungen schlug das Wetter plötzlich um. Eckenstein und Knowles erkrankten an Grippe. Nach zwei Tagen liess der Sturm nach, aber es schneite weiter. Auf einen Schönwettertag folgte unmittelbar ein Blizzard, der Crowleys Zelt an einer Stelle zerriss, die mit einem zentnerschweren Gewicht gesichert war.

Am 28. Juni klarte der Himmel auf. Alle Vorbereitungen für den Aufbruch wurden getroffen, aber als sie am nächsten Morgen aufwachten, tobte ein eisiger Sturm, der beim Morgenkaffee ihre Finger blau anlaufen liess. An Klettern war überhaupt nicht zu denken.

Am folgenden Tag war Crowley schneeblind. Seine Augen fühlten sich an, als seien sie in Scheuersand gelagert. Am 1. Juli machten Pfannl und Wesseley einen Erkundungsgang und berichteten, dass der Nordostgrat begehbar sei. Das Lager wurde auf die gegenüberliegende Flanke und auf eine Höhe von 6 500 m verlegt – gegen Crowleys Rat.

Am nächsten Tag mit annehmbarem Wetter, dem 10. Juli, brachen Wesseley und Guillarmod auf und kamen bis auf 7 200 m – 60 m höher als sieben Jahre später die Expedition des Duke of Abruzzi, die irrtümlicherweise für den ersten Besteigungsversuch dieses Berges gehalten wird.

Sie waren am höchsten für sie erreichbaren Punkt angekommen. Als sie ins Lager XI zurückkamen, fanden sie einen an Malaria erkrankten Crowley vor. Er hatte über 41 Grad Fieber und halluzinierte. In der eiskalten Luft sah er Schmetterlinge umherfliegen. Auch erschien ihm Knowles in irgendwie ungünstigem Licht, und er richtete seinen Colt auf ihn. Knowles mochte Crowley nicht besonders leiden, und als er in die Mündung eines von Crowley auf ihn gerichteten Revolvers blickte, griff er an. Crowley ging von einem kurzen Haken in die Magengrube zu Boden, und sein Revolver entflog ihm wie seine Schmetterlinge.

Das anhaltend schlechte Wetter verhinderte jeden weiteren Aufstieg, der Juli neigte sich seinem Ende zu. Schon das nackte Überleben ist in dieser Höhe beschwerlich. Der extrem niedrige Luftdruck bewirkt, dass man zum Teekochen zwei Stunden braucht (und auch dann ist das Gebräu nur lauwarm). Hammelfleisch muss man einen ganzen Tag lang kochen.

Die beiden Österreicher wandten sich gen Norden und errichteten Lager XII auf 6900 m Höhe. Ein paar Tage später brachte ihnen ein Kuli die Nachricht, dass Pfannl ernstlich krank sei und Blut spucke. Crowley behauptete, dass Pfannl allmählich dem Wahnsinn verfalle. Seine Persönlichkeit sei in drei Teile gespalten, darunter ein Berg, der ihn mit einem Dolch zu bedrohen pflegte. Dr. Guillarmod musste ihm Morphium spritzen.

Das Wetter blieb beständig schlecht. Widerwillig beschlossen sie, ihr Unternehmen abzubrechen. Ihr Ziel hatten sie nicht erreicht. Aber immerhin konnten sie von sich sagen, dass ihre Expedition den ersten Angriff auf den K 2 gewagt, und sie länger als irgend jemand zuvor in der beeindruckenden Höhe von über 6 500 m überlebt hatten.

Anfang August begannen sie den Abstieg.

PRINZ UND PRINZESSIN CHIOA KHAN

Im Oktober 1902 schiffte sich Crowley in Bombay ein, um nach Frankreich mit Zwischenaufenthalt in Kairo zu reisen. Er weigerte sich, die Pyramiden zu besichtigen, sondern wühlte statt dessen in den Fleischtöpfen des Shephard Hotels. Auf ihn sollten die vierzig Jahrhunderte der Pyramiden nicht herabsehen.

Seit seiner Abreise aus England hatte er mit einem jungen Maler, Gerald Kelly – jetzt Sir Edward Kelly, der ehemalige Präsident der Royal Academy – korrespondiert.[1] Sie kannten sich seit Crowleys letztem Trimester am Trinity College. Ein Buchhändler aus Cambridge, den Crowley als die ‹ekelerregendste, speichelleckende Ausgabe eines aufdringlichen Händlers› bezeichnete, ‹die ihm je zu Gesicht gekommen war›, (ob die Beschimpfung wohl darauf zurückzuführen war, dass er Crowleys *Aceldama* publiziert hatte?), hatte Kelly ein Exemplar von Crowleys erstem Buch gezeigt. Dass der Verfasser seine Identität hinter einer an Shelley erinnernden Sentenz zu verbergen trachtete, erweckte Kellys Neugier ebenso, wie das Swinburne'sche Epigramm, das Crowley gewählt hatte:

> I contemplate myself in that dim sphere
> Whose hollow centre I am standing at
> With burning eyes intent to penetrate
> The black circumference, and find out God.

Kelly stellte Nachforschungen nach diesem geheimnisvollen ‹Gentleman of the University› an, und man vereinbarte eine Zusammenkunft in Crowleys Wohnung in der Trinity Street 37.

Der Dichter entpuppte sich als gutaussehender Mann mit einem weichen Schal um den Hals und Ringen aus Halbedelsteinen an den Händen; Ringe, die dem Betrachter ebenso fremdartig und rätselhaft vorkamen wie der Blick, mit dem ihr Besitzer ihn ansah. Er trug reinseidene Hemden, die zwar etwas schmuddlig und an Kragen und Manschetten leicht ausgefranst waren, was sein männliches Flair jedoch nur verstärkte.

[1] Sir Gerald Kelly starb 1972 im Alter von 92 Jahren.

Er war ein Meister jenes esoterischen Spiels, das man Schach nennt. In Cambridge hatte er an zwei Turnieren gegen Oxford teilgenommen und seine Spiele souverän gewonnen. Ausserdem war er extrem sprachgewandt, zeigte Schlagfertigkeit und trockenen Humor und liess mit der Eleganz des Gelehrten kein Zitat unerwidert.

Die Wohnung durchdrang eine Aura von Luxus und Gelehrsamkeit. Nicht nur waren alle vier Wände vom Boden bis zur Decke mit Büchern bedeckt. Bücher füllten auch vier Drehregale im Zimmer. In der Hauptsache behandelten sie Themen der Naturwissenschaften und der Philosophie, aber auch eine bescheidene Kollektion der griechischen und lateinischen Klassiker fand sich darunter, sowie eine Prise französischer und russischer Romane. Auf einem Regal prangte schwarz und golden Burtons *The Arabian Nights,* unmittelbar darunter die schmalen Leinenbändchen der Kelmscott-Ausgabe des Chaucer mit dem quadratischen Etikett. Wertvolle Erstausgaben englischer Dichter fanden sich neben extravagant gebundenen, von Isidore Liseux herausgegebenen Bänden. Ein früher, in mattem Purpur und mit einem Kardinalswappen gezeichneter Rabelais in Saffian stand neben einem in jungfräulichem Weiss gehaltenen *Villon* des John Payne. Unmittelbar daneben lehnte die *Kabbalah Denundata* des Knorr von Rosenroth, sein pergamentener und zu rostig-orange gealterter Rücken bildete gleichsam die Vorhut in einer ganzen Armee sonderbarer alter Werke der Alchimie und verwandter Künste: das gefälschte *Grimoire* des Papstes Honorius zum Beispiel, oder das *Enchiridion* Leos des Dritten und das *Nuctemeron* des Apollonius.[1]

Über der Tür hing ein abgenutzter Eispickel mit verbogener Kralle und zernarbtem Schaft, und in einer Ecke lehnte ein Sack aus Segeltuch, aus dem eine Angelrute hervorragte.

Bald fasste der Maler Zuneigung zu dem Dichter, der wiederum sehr bald von der ihm widerfahrenen Wertschätzung angetan war. Sie wurden enge Freunde und pflegten sich nach Trimesterende in London zu treffen, wo Kellys Vater als Vikar lebte.

Während Crowleys Himalaja-Aufenthalt hatte Kelly in Paris seine Lehrjahre angetreten. Anlässlich gewisser geschäftlicher Termine mit Mathers in Paris lud sich Crowley bei Kelly ein.

Gesegnet mit der Weisheit des Ostens, erzitterte Bruder Perdurabo vor Aufregung, als er sich ausmalte, wie er vor Mathers' Tür stehen würde. Unvermutet und in Glanz und Gloria würde er erscheinen. In einem Brief an Kelly beschrieb er diese, seine bevorstehende Ankunft in der rue Saint-Vincent auf Montmatre (wohin Mathers umgezogen war) als Stunde des Triumphes. Im Winter 1899–1900, als er Mathers Kampf gegen die Londoner Loge geführt hatte, hatte er sich damit zufrieden gegeben, Bru-

[1] Crowley besass einige, aber nicht alle dieser Bücher. Die Beschreibung bezieht sich auf seine Idealbibliothek.

der Deo Duce Comite Ferro als seinen Helden anzusehen und sich seinem Willen zu unterwerfen. Nun aber benahm er sich, als könne er annehmen, dass Mathers sich ihm unterwerfen würde. – (Ein Spaziergang auf den Chogo Ri wäre wahrscheinlicher gewesen.)

Die Stunde des Triumphes existierte nur in Crowleys Geist, und auch dort nicht allzu lange. Mathers empfing ihn mit Schweigen und zeigte sich vom Himalaja, Yoga oder dem augenfälligen Genie des jungen Mannes, der da vor ihm stand, unbeeindruckt. Über den Inhalt des Gespräches zwischen den beiden Brüdern des Golden Dawn kann man nur Vermutungen anstellen. Entgegen seiner sonstigen Gewohnheit, alle seine Erlebnisse bis ins letzte Detail wiederzugeben, unterschlägt Crowley die Szene, als ob sie ihm peinlich gewesen wäre. Crowley erklärte sich das Ganze damit, dass Mathers bloss ein Schwarzmagier war. Anstatt seinen Heiligen Schutzgeist zu beschwören, habe er nur seinen Bösartigen Dämon zustandegebracht. Ausserdem habe ihn Mathers bestohlen. Vor seiner Mexikoreise hatte Crowley einen Schrankkoffer im Wert von 50 Guineas in der rue St. Vincent hinterlassen, den er als sein Eigentum zurückverlangte.[1] Mathers jedoch gab vor, diesen Koffer nie gesehen zu haben.

Der Bruch war unausbleiblich. Mathers wollte Untergebene, und Crowley hielt es nicht allzu lange zu Füssen irgendeines Meisters aus. Sein Wesen war zu unstet und mit einer tiefverwurzelten Opposition gegen jede Autorität erfüllt. Ausserdem war er der Überzeugung, dass ihm und nur ihm die Würde zukam, dem *Hermetic Order of the Golden Dawn* vorzustehen. (Wenn nicht dem Golden Dawn, dann jedenfalls einem höheren Orden eigener Schöpfung.)

Intuitiv erkannte Mathers, dass er im Fall Crowley sofort handeln musste und forderte die Unterstützung eines weiblichen Vampirs, einer gewissen Mrs. M. an, «eine von seltsamen Gelüsten geplagte Frau in den mittleren Jahren», deren Hauptbeschäftigung darin bestand, eine Sphinx zu modellieren, der sie dann Leben einhauchen wollte. Sie bat Crowley zum Tee und versetzte ihn, während sie ihm das Milchkännchen reichte, in einen Hypnoseschlaf.

> Sofort überkam mich ein seltsames Gefühl wie aus einem Traum. Über meine Hand strich samtweich und sanft irgendetwas Wollüstiges. Als ich die Augen aufschlug, sah ich, dass Mrs. M. lautlos ihren Platz verlassen hatte und sich über mich beugte. Um ihr Gesicht züngelten prachtvolle Locken, die bis auf ihre Schultern wallten. Zärtlich strichen ihre Fingerspitzen über meinen Handrücken. Sie war nicht mehr die reizlose Frau fortgeschrittenen Alters wie vor ein paar Sekunden, sondern ein junges Mädchen von aufreizender Schönheit.

[1] Crowley pflegte Leute, mit denen er im Streit lebte, jedesmal des Diebstahls seiner Besitztümer anzuklagen. In seinen späteren Lebensjahren wuchs sich diese Gewohnheit zur Manie aus.

Schnell zog Bruder Perdurabo seine Hand zurück und rettete sich in höfliche Konversation. Wie er sich dem Zauber entzog, lässt er unklar, den Effekt jedoch beschreibt er:

> Sie schreckte zurück, nur um sich in noch vollkommenerer Schönheit wieder zu nähern. Für sie war es nun ein Kampf um Leben und Tod und nicht mehr nur ums Blut eines Opfers. Sie witterte Menschenfleisch, und ihre wohlproportionierten Formen bewegten sich mit katzenhafter Gewandtheit. Ein Schritt näher – und sie sprang mich an, versuchte mit einem stammelnd hervorgestossenen obszönen Wort ihre roten Lippen auf meinen Mund zu pressen. Aber ich bekam sie zu fassen, hielt sie auf Armeslänge von mir und schlug der Hexe ihren eigenen, bösen Zauber um die Ohren. Ein blaugrünes Lichtfeld schien um ihr Haupt zu wabern, ihr flachsfarbenes Haar nahm die Farbe von Schneematsch an, ihre glatte Haut zersprang in Runzeln, ihre Augen wurden trübe wie angelaufenes Zinn. Verschwunden war die Frau von zwanzig und vor mir stand eine alte Hexe von sechzig. Verwünschungen ausstossend, humpelte sie aus dem Raum.

Das Absurde an diesem absurden Bericht ist, dass Crowley die alte Schlampe der jungen durchaus vorgezogen hätte, insbesondere, da sie «von seltsamen Lüsten geplagt» war. Genau das war nach seinem Geschmack, wie er deutlich genug zum Ausdruck bringt, wenn man zwischen den Zeilen liest.

Mrs. M. wird als eine Bekannte von Gerald Kelly bezeichnet; was Sir Gerald jedoch scharf dementierte.

Seinen letzten Besuch in der rue Saint-Vincent machte Crowley nachts. Jones begleitete ihn. Sie drangen durch ein Fenster in Mathers' Haus ein und nahmen etliche Roben und anderes sakrale Gerät mit, das Crowley im Jahre 1900 für den Orden erstanden hatte. In einem Brief schrieb mir Jones, dass sie bei jedem Gegenstand streng auf die Originalrechnung geachtet hätten.

Kelly führte Crowley in einen kleinen Künstlerzirkel ein, der sich in dem Restaurant *Le Chat Blanc* in der rue d'Odessa zu treffen pflegte. Hier begegnete er Auguste Rodin und Marcel Schwob. Schwob stellte ihm Arnold Bennett und William Ernest Henley vor. Zudem traf er dort einen jungen englischen Arzt, der sich als Schriftsteller einen Namen machen sollte: William Somerset Maugham.

Zu Ehren des grossen französischen Bildhauers stellte Crowley eine Serie von Kurzgedichten zusammen, die er *Rodin in Rhyme* nannte und von Schwob ins Französische übersetzen liess. Rodin lud ihn daraufhin in sein Studio nach Meudon ein und überliess ihm zehn Skizzen, von denen sieben in *Rodin in Rhyme* reproduziert sind. Schwob erzählte Kelly, er habe sich zwar zur Übersetzung der Sonette verpflichtet gefühlt, halte Crowley jedoch für eine lächerliche Figur und einen miserablen Dichter.

Le Chat Blanc beschreibt Crowley zwei Jahre später in der Einführung zu *Snowdrops from a Curate's Garden* als ‹jenen geistreichen und hochintelligenten, informellen Club, der sich allabendlich im Restaurant *Au Chien Rouge* traf›. Ein ausführliches Portrait der Gruppe und Crowleys aber blieb Maugham für seinen Roman *The Magician* überlassen.

Als er von Paris genug hatte, ging Crowley nach Boleskine zurück. Hier, am Strand von Loch Ness, schlug er die Zeit tot und wartete auf eine Frau, die er in London aufgelesen hatte. Aus Langeweile schrieb er eines Tages einen Brief an die *Vigilance Society,* einer Art Tugendwächter-Organisation zur Bekämpfung des Lasters.

> Sehr geehrte Herren,
> Zu meinem grössten Bedauern muss ich Ihnen mitteilen, dass die Prostitution in dieser Gegend *sehr zu meinem Missvergnügen* ausgesprochen stark ins Auge fällt.
> Bitte würden Sie mir mitteilen, welche Massnahmen (soweit möglich) mir offenstehen, um dieses Ärgernis zu bekämpfen, das jeden Tag unerträglicher wird.
> Nur allzugern würde ich eine beträchtliche Summe zur Verfügung stellen.
> Ich verbleibe mit vorzüglicher Hochachtung
> Ihr
> Aleister MacGregor

Der Sekretär der Vigilance Society antwortete postwendend und teilte mit, man würde sofort einen Beobachter entsenden. Nach Ablauf einer Woche und einem weiteren Briefwechsel kam der enttäuschende Bericht des Kundschafters, in der Kleinstadt Foyers sei ihm die Prostitution nicht unbedingt ins Auge gefallen. Worauf Aleister MacGregor, Lord of Boleskine, in dem sicheren Gefühl, nun genug schockiert zu haben, auf einer Postkarte zurückschrieb: «Ins Auge fallend durch Abwesenheit, ihr Narren!»

Ein gewisser L. G. R. Duncombe-Jewell, der älteste Sohn eines Plymouth-Bruders, der wegen seines Übertritts zum Katholizismus in Ungnade gefallen war, leistete ihm als eine Art Gutsverwalter Gesellschaft. Duncombe-Jewell trug Schottenröcke, nannte sich Ludovic Cameron und empfahl aller Welt, Gälisch zu sprechen. Er selbst war dieser Sprache allerdings nicht mächtig.

Im Juli begab Crowley sich nach Edinburgh, um eine «Hausgefährtin» zu suchen. (Die Frau aus London hatte vermutlich das Weite gesucht.) Ausserdem wollte er Kelly abholen, den er auf Boleskine eingeladen hatte. Mit «Rotschopf» Arabella fand er auch eine Frau nach seinem Geschmack, die jedoch nicht sofort nach Boleskine mitkommen konnte.

Kaum in Boleskine eingetroffen, erhielt Kelly einen Brief von seiner Mutter, die sich auf einer Kur in Strathpeffer, kaum zwanzig Meilen nördlich von Foyers befand. Ob er herüberkommen könne? Sie habe eine ernste Sache mit ihm zu diskutieren. Dem Brief beigefügt war ein kurzes Schreiben seiner Schwester Rose, in dem sie ihm mitteilte, dass sie in Schwierigkeiten sei und seine Hilfe brauche. Am gleichen Tag noch reisten Kelly und Crowley nach Strathpeffer.

Rose vermutete in dem in voller Hochland-Tracht in den Farben des MacGregor-Clans auftretenden Begleiter ihres Bruders sofort den berühmten Aleister Crowley. Sie stürzte aus dem Haus und den beiden entgegen.

Nachdem Kelly seinen Freund vorgestellt hatte, zog er sich mit seiner Mutter zurück, um mehr über besagte ernste Angelegenheit zu erfahren. Wie sich herausstellte, ging es um Roses Liebesabenteuer. Sie war mit einem wesentlich älteren Mann verheiratet gewesen. Jetzt, als Witwe, musste sie sehr zu ihrem Kummer wieder bei ihren Eltern leben. Die Ehe war in jeder Beziehung eine Enttäuschung gewesen, die sie mit zahlreichen heftigen Flirts zu kompensieren trachtete. Im Vorjahr hatte sie sich mit einem Südafrikaner verlobt, der in seine Heimat zurückgekehrt war, um dort ein Vermögen zu verdienen. In der Zwischenzeit hatte sie ein Verhältnis mit einem amerikanischen Studienfreund ihres Bruders begonnen und auch diesem die Ehe versprochen. Heiratsanträgen konnte sie einfach nicht widerstehen. Bräutigam Nummer Zwei musste nur noch seines Vaters Zustimmung einholen. Beide Anwärter hatten tragischerweise mit ihren anderweitigen Vorhaben Erfolg gehabt und etwa zur gleichen Zeit entsprechende Telegramme geschickt. Verliebt war sie in keinen der beiden. Was also sollte sie tun?

Über diese verzwickte Situation berichtete Rose auch, als sie mit Aleister über den Golfplatz spazierte. Bruder Perdurabo, der ob der Tragik dieser Geschichte in Shelleysche Empörung ausbrach, hatte eine Idee: «Dann heirate doch mich», sagte er, – und beschrieb ihr seine Situation und seine zukünftigen Pläne, wobei er bei einem Diskurs über Magie auch mal eben auf ihr Problem zu sprechen kam. «Lass dich von solchem Kleinkram nicht weiter stören. Alles, was du tun musst, ist die Formalitäten über dich ergehen lassen. Danach werde ich nach Boleskine zurückkehren und du wirst nichts mehr von mir hören.»

Mit jeder Frau zu schlafen, ausser mit seiner eigenen, kam seiner Gefühlslogik durchaus entgegen. Er war achtundzwanzig Jahre alt, und eine Ehe war etwas, womit er noch nicht gespielt hatte.

«Wenn du mich heiratetst», erklärte er, «bist du frei – frei von deinen beiden Verlobten und frei von mir; denn von mir aus kannst du tun und lassen, was du willst».

Crowleys erste Frau, Rose Edith Kelly

Rose stimmte zu.

Schnelles Handeln war nötig. Noch am gleichen Nachmittag sprach Crowley in der Dorfkirche vor, wo er aber nur den Küster erreichte, der ihm mitteilte, dass er das Aufgebot bestellen und drei Wochen warten müsse.

«Bester Mann», sagte Crowley, «es muß doch einen einfacheren und schnelleren Weg geben».

Trauriges Kopfschütteln seitens des Küsters, das Crowley jedoch mit Hilfe einer halben Krone unterbrechen konnte. Nach schottischem Gesetz, erklärte ihm daraufhin der Mann, brauchte man bloss zum Bezirkssheriff zu gehen und ihm die Heiratsabsicht kundtun. Die Ehe könne dann auf der Stelle geschlossen werden.

«Auf der Stelle?» echote Crowley mit hohler Stimme.

Am nächsten Morgen sassen Rose und Aleister im Zug nach Dingwall, noch ehe die andern aufgewacht waren. Stumm und voller Spannung harrten sie der Dinge, die da kommen sollten.

Unterstützt von einem schläfrigen Dorfpolizisten, suchten sie in

Dingwall den Sheriff auf. Auf ihr Klopfen antwortete eine Hausmagd, der Sheriff schlafe noch. Als sie den Grund ihrer Eile erklärten, murmelte sie, dass zu diesem Zweck jeder beliebige Rechtsanwalt voll ausreiche. Also rissen sie einen Anwalt aus seinem Schlummer und wurden um acht Uhr morgens getraut. Crowley beendete die Zeremonie, indem er seinen Dolch aus dem Strumpf zog und ihn feierlich küsste.

In diesem Moment stürzte Kelly in den Raum, bleich vor Wut. Er hatte kaum Schwierigkeiten gehabt, die Spur des prächtig gewandeten Laird of Boleskine zu verfolgen. Als er feststellen musste, daß es zu spät war, stiess er einen grässlichen Fluch aus und versetzte Crowley einen gezielten Faustschlag.

Sie trennten sich vor der Tür. Ganz im Sinne der Abmachung, fuhr Crowley nach Boleskine zurück und Rose mit Kelly nach Strathpeffer.

Crowleys Schilderung seiner donquichotischen Ehe ist, wie alle seine schriftlichen Ergüsse, von seinem eigenen aufgeplusterten Standpunkt übertüncht. Er war enthusiastisch und meint, in den verschlafenen Nestern Dingwall und Strathpeffer einen Aufruhr verursacht zu haben. Aber was weiter? Denn Rose würde sich, wie ihm mittlerweile klar geworden war, weder von Mutter, Bruder oder Herrn Hill, dem ältlichen Rechtsberater, der Mrs. Kelly nach Schottland begleitet hatte, aus der Ehe drängen lassen. Nach seiner Heimkehr schickte er Ludovic Cameron nach Strathpeffer und liess durch ihn den Kellys mitteilen, daß er faktisch und rechtlich mit Rose verheiratet war und sie nichts daran ändern könnten. «Es war», schreibt Crowley über seinen Gutsverwalter, «der Höhepunkt seines Lebens».

Endergebnis der ganzen Affäre war, dass Rose und Aleister noch einmal nach Dingwall fahren mussten, um sich, wie vorgeschrieben, vom Sheriff trauen zu lassen. Diese Prozedur war höchst aufregend. Seine Gefühle, so berichtete Crowley überschwänglich, übertrafen alle bisher dagewesenen. Alsdann begaben sich Mr. und Mrs. Aleister Crowley zum Bahnhof und fuhren bis zur Endstation der Lokalbahn: Sie fanden sich in einem Hotel an der schottischen Westküste wieder. Nachdem man zum Dinner Unmengen von Champagner konsumiert hatte, zog sich Rose in ihre Gemächer zurück, während Crowley in einem Anfall von dichterischem Drang die Speisekarte mit einem Rondo verzierte.

Dann folgte er Rose nach oben. In ihm begann sich der Verdacht zu regen, dass er verliebt und seine anfängliche Indifferenz lediglich auf einen subtilen Trick zurückzuführen sei, der seine Gedanken ans Grosse Werk gefesselt halten sollte.

Als sie dann zuhause in Boleskine angekommen waren – der Laird führte seine Braut heim –, erfuhr Crowley mitten in seiner Wiedersehensfreude, dass «Rotschopf Arabella» unterwegs nach Boleskine sei und am nächsten Tag ankommen wolle. Er hatte sie vollkommen vergessen. «Rot vor Scham muss ich gestehen», schrieb Crowley, «dass ich nicht wusste, was ich tun sollte. Ich vertraute mich Duncombe-Jewell an. Er wuchs über sich hinaus und fuhr nach Inverness, um sie wieder heimzuschicken. So unglaublich es klingt – ich reagierte ausschliesslich mit Verärgerung. Für ‹Rotschopf Arabella› konnte ich nichts empfinden, was übrigens auch der Grund dafür war, dass ich sie überhaupt aufgelesen hatte».

Er verspürte das Bedürfnis, seine Mutter über seine Verheiratung zu informieren und schrieb ihr folgenden Brief:

> Schade, dass du nicht zur Hochzeit kommen konntest – es war eine grossartige Angelegenheit mit federgeschmückter Kutsche und allem Drum und Dran, und die Statisten erinnerten sich der fast ebenso grossartigen Statisten von vor dreissig Jahen. Der Reverend und Brautvater F. F. Kelly hielt über dem offenen Grab eine wundervolle Predigt nach Vers 44 aus dem 44. Kapitel Jesahja, wo es heisst: – Und der Herr sprach zu Moses, und stand auf und knallte ihm eine.[1] Sechsunddreissig Bläser spielten das Lied «the voice that breathed o'er Eden» – eine Geste der Huldigung an Whistler, den ihr Bruder sehr verehrt, wie ich annehme –, und als die sterblichen Überreste unter dem ehrerbietigen Schaufeln von zwölf strammen Professoren des Esperanto, Tierpräparatoren und exklusiven Missionaren Mormons allmählich in der Erde versanken, brach die versammelte Gemeinde in einen tiefen Seufzer der Erleichterung aus. Ganze Ströme bitterer Freude ergossen sich über uns, was uns in die Lage versetzte, unsere fast schon aufgegebenen Flitterwochen nun doch in einem Kanu zu verbringen. Diesen unseren ursprünglichen Plan führten wir aus und passierten Barnes Bridge[2] in der erstaunlichen Zeit von 2 Stunden, 43 Minuten und 21½ Sekunden. Auf machten wir uns sodann zu den Ozeanen des glühenden Westens, wo aller Ruhm schmilzt und wo wir noch immer weilen, c/o Gott, Himmel, und man uns jederzeit antreffen kann.

Getreu seinem Verhaltensmuster stürzte sich Crowley in vollkommen irrationale Aktivitäten. Oberflächlich gesehen, hatte er geheiratet, um einem armen Mädchen aus dem Schlamassel zu helfen, aber innerhalb von vierundzwanzig Stunden entflammte eine tiefe Liebe. Noch ein paar Tage, und sie war zu wilder Leidenschaft angeschwollen. In den drei Wochen, die ihrer Heirat folgten, befand er sich in einer wahren Ekstase und verdrosch sie nur ein einziges Mal. Er meinte, dass ihre Liebe zu ihm – ganz offensichtlich hatte sie die ganze Liebesgeschichte angefangen – seine Liebe zu ihr erst entfacht habe und dass er, zumindest zu Anfang, von

[1] Ein solcher Bibelvers existiert nicht.
[2] Die Metapher bezieht sich auf die berühmte Ruderregatta zwischen den Universitäten Oxford und Cambridge.

ihrem Begeisterungstaumel mitgerissen worden sei. Nur allzu bald fand er heraus, dass er «mit einer der schönsten und faszinierendsten Frauen der Welt» verheiratet war. Im Spätsommer reisten sie nach Paris, der ersten Station ihrer Hochzeitsreise gen Osten.

Zufällig traf er Moina Mathers, als er, mit Rose am Arm, über die Pont Alexandre III spazierte. Trotz der Tatsache, dass sie eigentlich geschiedene Leute waren, unterhielt man sich eine Weile. In Crowleys Augen war die schöne Schwester des Philosophen Henri Bergson (Maud Gonne MacBride, ebenfalls ein Mitglied des Golden Dawn, erzählte mir von ihrer sprichwörtlichen Schönheit) jedoch nichts mehr weiter als eine Prostituierte. Ein Jahr nach ihrem Tod publizierte er folgende schändliche Charakteristik der Frau: «Ich erfuhr, dass Mathers, dem es immer schlechter ging, seine Frau dazu gezwungen hatte, in einer Spelunke auf dem Montmartre nackt aufzutreten und an einer jener Revuen für dumme und geile Provinzler und Engländer teilzunehmen. Aber das war noch nicht einmal das Schlimmste.»

In seinem Streit mit Gerald Kelly heimste er einen weiteren Punkt ein, indem er ihm folgende Zeilen zukommen liess:

> Danke für Deine unterhaltende Bemerkung. Damals fühlte ich deutlich, dass Du Bitterkeit nur empfandest, weil Du Dich im Unrecht sahst... Alle für mich bestimmten Briefe erreichen mich eher, wenn sie mit
>
> LORD BOLESKINE
>
> adressiert sind, ohne weitere Umschreibungen oder Zweideutigkeiten. Zu diesem Titel bin ich berechtigt und ich gedenke, dieses Anrecht durchzusetzen. «Aleister Crowley» ist nicht mehr als ein Pseudonym und nur für den literarischen Gebrauch bestimmt.

Das Paar reiste nach Marseille und schiffte sich nach Kairo ein. Er überredete Rose, eine Nacht mit ihm in der Pharaonengruft der Grossen Pyramide zu verbringen und bei der Evokation des ibishäuptigen Gottes der Weisheit, Thoth, zu assistieren.

> Wir erreichten die Gruft des Pharao, nachdem wir die Diener an der Grossen Galerie weggeschickt hatten. Im Lichtschein einer einzigen Kerze auf einer Ecke des Schreins begann ich, die Invokation zu intonieren. Mittendrin aber bemerkte ich plötzlich, dass ich mich nicht mehr vornüberbeugte, um die Seite dem Licht nahezubringen. Ich blieb aufrecht stehen. Jedoch wurde das Manuskript dadurch nicht unleserlicher, sondern deutlicher. Als ich aufblickte, erstrahlte die Kammer Pharaos in einem weichen Licht, das ich sofort als das Astrallicht identifizieren konnte... Die Gruft leuchtete wie im hellsten Licht des Südens. Die jämmerlich schmutzige Kerzenflamme

wirkte wie eine Gotteslästerung, und ich löschte sie aus. Während der ganzen Invokation und auch noch lange danach umhüllte uns das Astrallicht, und erst, als wir uns zum Schlafen niederlegten, wurde es schwächer.

Von Kairo reisten sie gemeinsam nach Ceylon, wo sie ihre Tage mit Jagen verbrachten. Crowley griff zur Feder, wann immer er das Gewehr aus der Hand legte. Stark beeinflusst von Shelley schrieb er dort *Rosa Mundi,* Rose der Welt. Von diesem Gedicht war Charles Richard Cammell so beeindruckt, daß er darüber schrieb, es werde von allen Kennern, die sich nicht von dümmlichen Vorurteilen gegen den Verfasser leiten lassen, als eines der grössten Beispiele von Liebeslyrik in der englischen Sprache bezeichnet'.[1]

Rose of the World!
Red glory of the secret heart of love!
Red flame, rose red, most subtly curled
Into its infinite flower, all flowers above!
Its flower in its own perfumed passion.
Its faint sweet passion, folded and furled
In flower fashion;
And my deep spirit taking its pure part
Of that voluptuous heart
Of hidden happiness!

Während einer Expedition in die Urwälder Ceylons schlugen sie ihr Lager an einem See auf. Im flachen Wasser am Ufer wurzelten gewaltige Bäume, deren Geäst von Flughunden, einer Art Fledermaus mit rot-weisser Brustzeichnung, bevölkert war. Crowley wollte ein paar dieser Tiere erlegen, um aus ihrem Fell für sich eine Weste und für Rose eine Kappe zu machen. Um die Tiere im Schlaf zu überraschen, pirschten sie sich in einem Fischernachen an die Bäume heran. Beim ersten Schuss verdunkelte sich vor Fledermäusen der Himmel. Crowley ballerte wild drauflos, bis eine der verwundeten Kreaturen direkt auf Rose herabstürzte und sich in ihren Haaren festkrallte.

Dieses Abenteuer oder Missgeschick zeitigte okkulte Folgen. Mitten in der Nacht wurde Crowley von einem schrecklichen Kreischen aus dem Schlaf gerissen, das wie der Todesschrei einer Fledermaus klang – sie übernachteten in einer Art Bungalow und schliefen in Betten, die von stabilen, für Moskitonetze bestimmten Gestellen eingerahmt waren. Er rief nach Rose, aber anstatt zu antworten, schrie sie nur noch lauter. Er stand auf und entzündete eine Kerze.

[1] *Aleister Crowley, the Man: the Mage: the Poet;* The Richards Press, 1951.

Da hing Rose, splitternackt, an Händen und Füssen in diesem Gerüst und schrie wie am Spiess. Es erforderte höchste Anstrengungen, sie aus ihrer Lage zu befreien. Die ganze Zeit klammerte sie sich an ihn und stiess dieselben grellen Schreie aus, die einige Stunden zuvor die Fledermaus von sich gegeben hatte. Als Crowley sie schliesslich aus ihrer Verstrikkung befreit hatte, kratzte, biss und kratzte sie . . . genau wie die sterbende Fledermaus.

Mit klinischer Sorgfalt beschrieb Crowley ihre Situation als ‹den schönsten Fall von Besessenheit, den ich je das Glück hatte, beobachten zu können. Natürlich ist es leicht, nachzuweisen, dass sie in ihrem hypersensiblen Zustand den Zwischenfall vom Vortag reproduziert hatte und sich mit ihrem Angreifer identifizierte, dessen Verhalten sie imitierte›.

Der Zustand, von dem hier die Rede ist, war ihre Schwangerschaft.

Im Januar 1904 reisten sie nach Europa zurück. Zwar hatten sie Allan Bennett in Rangun besuchen wollen, aber die Götter hatten anders entschieden. Sie hätten ebensowenig nach Rangun gelangen können wie zum Mond, sagte Crowley später, denn das seiner Meinung nach grösste Ereignis seines Lebens stand unmittelbar bevor; das Ereignis, für das allein er zur Welt gekommen war.

Damals allerdings wusste Crowley noch nichts davon. Es war lediglich eine dumpfe Vorahnung, die ihn nach Ägypten zurückkehren liess.

In Kairo verwandelte sich Graf Svareff alias Aleister MacGregor flugs in den Fürsten Chioa Khan. Er trug einen Turban mit goldenem Diadem, ein seidenes Gewand und einen goldgewirkten Staubmantel. Mit seiner Gemahlin (ehemals Mrs. Aleister Crowley) liess er sich durch die Strassen Kairos kutschieren, «einen edelsteinbesetzten Talwar[1] an meiner Seite und vor der Kutsche zwei Herolde, die den Weg freimachten». Für den Fall, dass irgendwelche Zweifel angemeldet worden wären, hielt Crowley ein gedrucktes Dokument bereit, demzufolge ihm ein östlicher Potentat diesen Rang verliehen hatte. Eine Kopie davon schickte er an Roses Eltern und betonte, dass Fürst Chioa Khan jede unkorrekt adressierte Botschaft an seine Gattin zurückweisen werde. Roses Vater, der Vikar von Camberwell, ein typisch viktorianischer Charakter, konnte über diesen letzten Akt schwiegersöhnlicher Vulgarität nur noch die Achseln zucken. Crowley hielt er für einen Proleten und seine Poesie für Pfusch, aber seine Frau malte gehorsam die gewünschte Adresse auf die Briefe an die Tochter. Als sie einmal ein Ausrufungszeichen hinzufügte, wurde sie für diese Anmassung mit der postwendenden Rücksendung ihres ungeöffneten Briefes bestraft.

[1] Talwar od. Tulward, ein indisches Schwert.

AIWASS: DER HEILIGE SCHUTZGEIST

Zwar hatte sich Mathers Crowley zufolge bei der Evokation nach Abra-Melin den Dämonen des Bösen unterworfen und somit den Kontakt zu den Geheimen Oberen abgebrochen, ihm, Perdurabo jedoch, war noch nicht einmal die Spur einer Verbindung gelungen. Ohne deren Zustimmung konnte er jedoch keinen Orden von Belang gründen. Also musste er früher oder später mit den Göttern in Verbindung treten oder der Magie entsagen.

Am 14. März bezog Fürst Chioa Khan mit seiner Gemahlin eine Eckwohnung in der Nähe des Boulak Museums.[1] Crowley wandelte den nach Norden gelegenen Raum in einen Tempel um und beschwor dort Thoth, IAO.[2]

Rose befand sich in einem seltsam dumpfen Gemütszustand. Entweder war sie betrunken oder hysterisch aufgrund ihrer Schwangerschaft, sagte Crowley. Wie im Traum wiederholte sie ständig den Satz: «Sie erwarten dich.» Sie überraschte ihn endlich am 18. März mit dem rätselhaften Spruch: «Der dich erwartet ist Horus», und er, Aleister, habe ihn gekränkt. Er möge ihn beschwören und um Vergebung bitten.

«Wer ist Horus?» fragte Crowley. Rose hatte keine Ahnung von Ägyptologie. Der Name Horus klang aus ihrem Munde äusserst verblüffend. Anstatt direkt zu antworten, schleppte sie ihn ins nahegelegene Museum, das sie, wie Crowley betont, zum erstenmal betraten. Sie passierten verschiedene Horus-Statuen und gingen in den ersten Stock. Im Hintergrund des Saales stand eine Vitrine, deren Inhalt auf die Entfernung nicht zu erkennen war.

«Da», rief Rose, «da ist Er!»

Perdurabo trat näher heran. Die Vitrine enthielt eine hölzerne Stele aus der 26. Dynastie: ein Bildnis des Horus in der Gestalt des Ra-Hoor-Khut.

Plötzlich erstarrte Crowley: *Das Ausstellungsstück trug die Nummer 666.* Seine Zahl, die Zahl des Tiers!

[1] Das *Boulak Museum* existiert nicht mehr. Die Ausstellungsstücke befinden sich jetzt im Ägyptischen Nationalmuseum, Kairo.
[2] Jehova, das Prinzip der Schaffenskraft bzw. die Initialen für Isis, Apophis und Osiris.

Der Tempel des Fürsten Chioa Khan hallte wider von den Gebeten des weissgewandeten, barfüssigen, mit Juwelen behängten Beschwörers des ägyptischen Gottes Horus. Die Zeremonie verlief nach den Instruktionen von Ouarda der Seherin, wie Crowley seine Frau jetzt nannte – Ouarda ist das arabische Wort für Rose. Auf dem Opferaltar stand eine Schüssel mit Stierblut, daneben lag ein Schwert.

Wie kann ich jene Demut erreichen, die Dir zukommt? Mächtig und unbesiegt bist Du, Herr der Welt; ich bin nichts als ein Funke Deiner gewaltigen Strahlen.

Wie kann ich mich Dir nähern? Aber Du bist überall. Und doch hast Du mich in Deiner Gnade gerufen, auf dass ich Dein Diener werde, Dein Adept, O Strahlender, O Sonne des Ruhms! Du riefst – ich werde eilen.

Mit befleckten Händen also trete ich vor Dich hin und bereue meine Irrwege – Du aber weisst!

Ja, ich habe gesündigt!

Ich beuge meine Knie vor Dir; und wie das Schwert auf meinem Nacken ruht, so gebe ich mich in Deine Hand. Vernichte mich, wenn Du es willst: rette mich, wenn Du es willst: aber nimm mich zu Dir, wie ich bin.

Und die Stimme des Adepten Perdurabo, der auf der Suche nach einem Zeichen die ganze Welt durchwandert hatte, schwoll an zu einem Schrei:

Strike, strike the master chord!
Draw, draw the Flaming Sword!
Crowned Child and Conquering Lord,
Horus, avenger!

Nach Tausenden von Jahren erhob sich eine einsame Stimme und betete in fremder Zunge noch einmal zum falkenhäuptigen Gott Horus in der Stadt der Pyramiden.

Deshalb sage ich: Komm zu mir und fahre in meinen Körper; so möge jeder Geist, sei es des Firmaments oder des Äthers, der Erde oder unter der Erde; zu Land oder zur See, in den Stürmen der Luft oder den Flammen des Feuers Du selbst sein wie jede Geissel Gottes des Einen Gewaltigen. Abrahadabra!

Die Beschwörung war ein voller Erfolg. Durch Ouarda die Seherin wurde Bruder Perdurabo die frohe Botschaft verkündet, dass «der Äquinox der Götter» gekommen sei. Einfacher ausgedrückt, dass eine neue

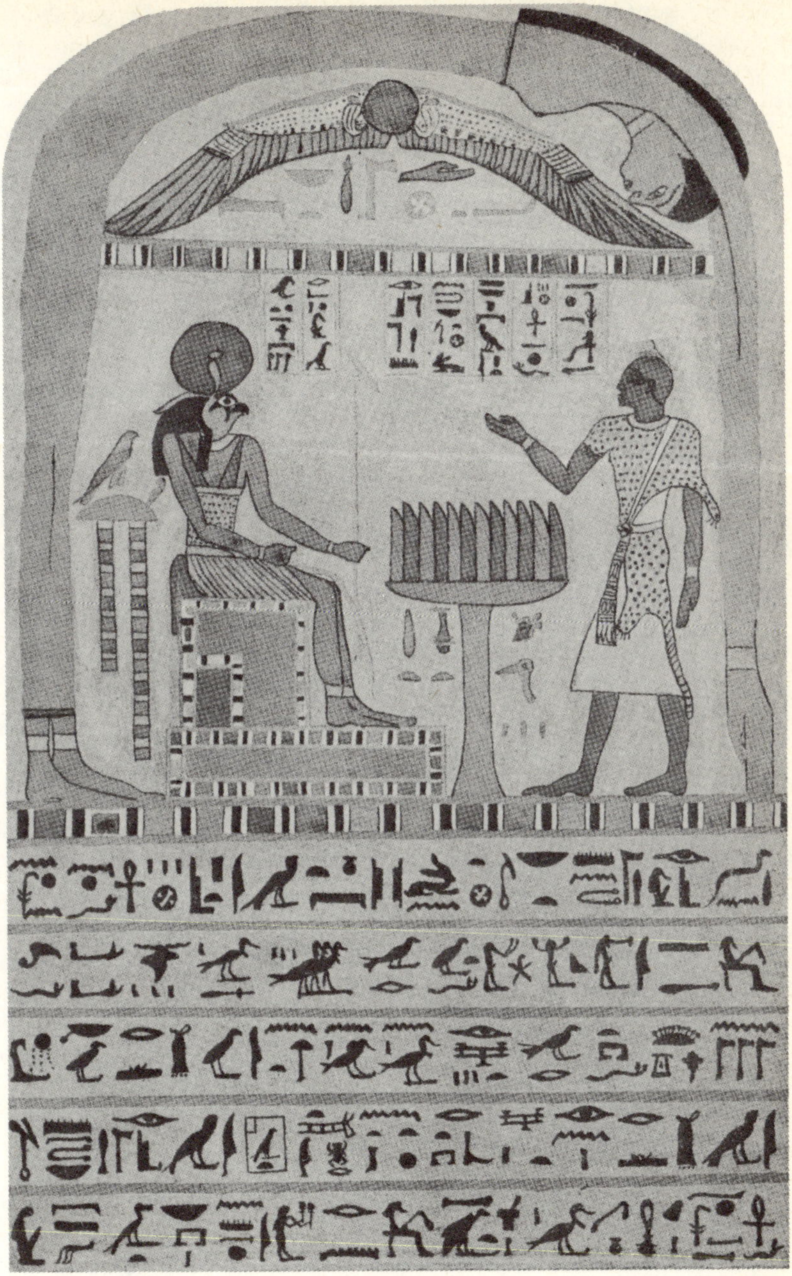

Stele der Offenbarung, Ausstellungsstück Nr. 666 im Boulak-Museum in Kairo

Epoche in der Geschichte der Menschheit begonnen habe und Aleister Crowley berufen sei, sie zu verkünden.

Seit seinen ersten Experimenten mit der Magie des Abra-Melin in seinem Tempel auf Boleskine hatte Crowley die Bekanntschaft mit seinem Heiligen Schutzgeist gesucht. Nun endlich erschien er ihm vermittelt durch Ouarda die Seherin, die ihm befahl, Horus zu beschwören, in den Tempel zu gehen und alles niederzuschreiben, was er hörte. Sein Name war Aiwass, und er war ein Geheimer Oberer (im Rang eines Ipsissimus).

Von Roses Fähigkeiten zutiefst beeindruckt, tat Crowley wie ihm geheissen. Am 8. April 1904 um Punkt zwölf Uhr mittags betrat er den Tempel mit seinem Swan-Federhalter in der Hand. Er setzte sich an einen mit Papier überladenen Schreibtisch und harrte der Dinge, die da kommen sollten.

Plötzlich vernahm er eine Stimme. Sie drang aus der entferntesten Ecke des Raumes über seine linke Schulter.

«Had![1] Die Offenbarung der Nut.»

«Die Entschleierung der Gesellschaft des Himmels.»

Perdurabo schrieb mit: ‹eine tiefe Stimme, melodisch und ausdrucksvoll, feierlich, sinnlich, zärtlich oder zornig, wie immer es dem Inhalt entsprach› gab der Menschheit bedeutungsvolle Botschaft.

Hilf, O Kriegsherr von Theben, bei meiner Entschleierung vor den Kindern der Menschen!

Crowley schrieb eine Stunde lang ununterbrochen mit. Nach dem 66. Vers – «Zu mir! Zu mir! Die Offenbarung der Nut ist zu ende» – um Punkt 13 Uhr entschwand Aiwass, Crowley legte die Feder aus der Hand.

Um die folgende Mittagsstunde betrat Perdurabo wiederum auf die Minute pünktlich den Tempel. Aiwass erschien mit ähnlich europäischer Pünktlichkeit und diktierte Kapitel zwei.

> Nichts haben wir gemein mit den Ausgestossenen und Schwachen: lasst sie in ihrem Elend verrecken. Denn sie empfinden nicht. Mitleid ist das Laster der Könige: zertretet die Verdammten & die Schwachen: so will es das Gesetz der Starken: unser Gesetz und der Welt zur Freude. Denke nicht, o König, an jene Lüge: Dass Du sterben musst. Wahrlich, Du wirst nicht sterben, sondern leben. Lasst Klarheit sein über dies: Wenn die körperliche Hülle des Königs zerfällt, so wird er Ekstase sein für immer und ewig. Nut! Hadit! Ra-Hoor-Khut! Die Sonne, die Kraft & das Sehen, Licht; für die Diener des Sterns und der Schlange sind sie bestimmt.

Am dritten Tag wurde die gleiche Prozedur eingehalten und Aiwass' Botschaft vervollständigt.

[1] Hadit (od. Behdety) ist ein anderer Name für den Himmelsgott Horus. Seine Glyphe (= Zeichen) ist die geflügelte Sonnenscheibe.

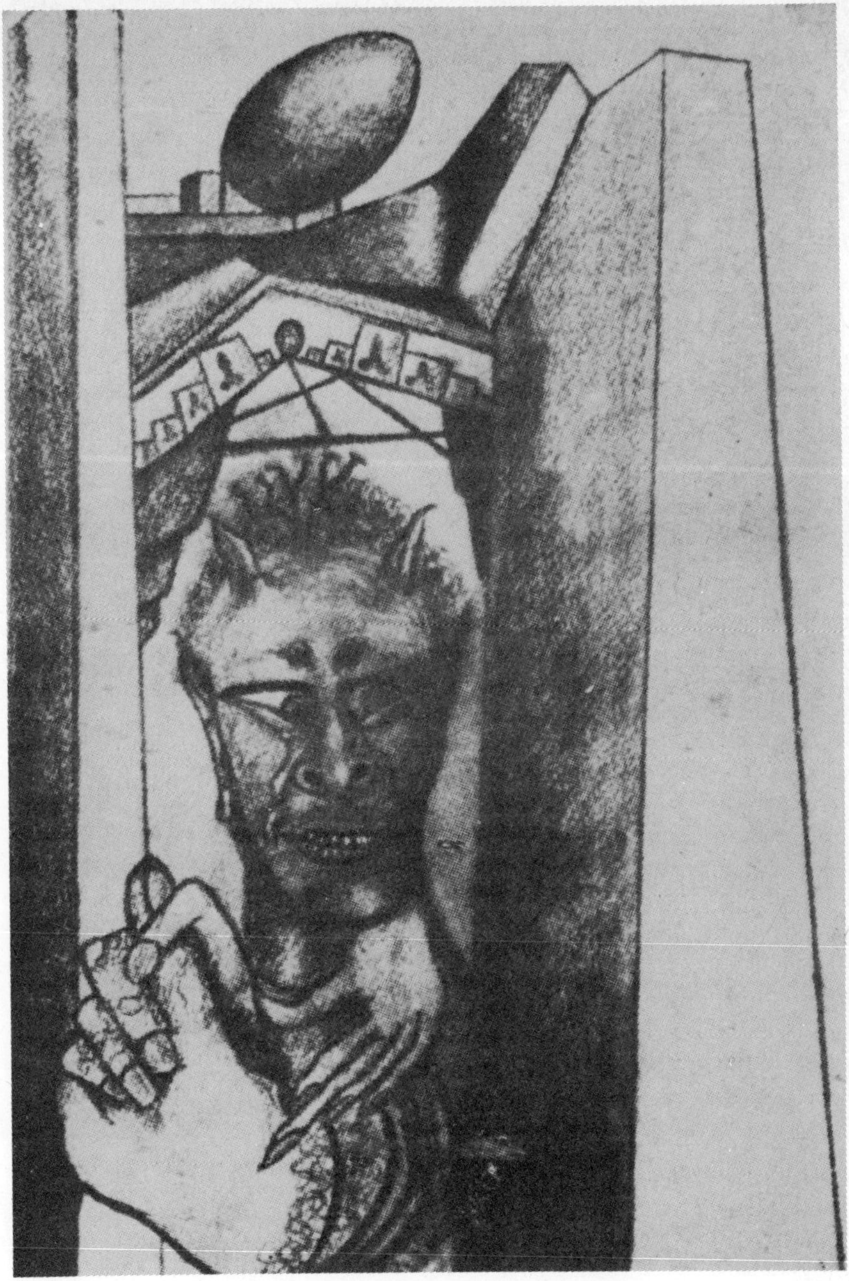

Satan: Zeichnung von Aleister Crowley

Crowley fühlte sich versucht, über seine Schulter zu lugen und einen Blick auf seinen Heiligen Schutzgeist zu werfen. Offenbar erlag er dieser Versuchung, denn er sagte, daß Aiwass in einer Art Wolke schwebte und ‹ein grosser, dunkler Mann in den dreissigern schien, wohlgebaut, stark und lebhaft, mit dem Gesicht eines grausamen Herrschers und verschleierten Augen, damit ihr Strahl nicht zerstöre, worauf er seinen Blick richtete›. Obwohl Crowley das zu diesem Zeitpunkt kaum wissen konnte – hatte er den Teufel erblickt. Aiwass (oder Aiwaz) war der Bote des Hoor-Paar-Krat, d. h. des Set, des Gottes der Zerstörung, Bruder und Mörder des Osiris. Set aber wird auch Shaitan genannt, und Shaitan ist das Vorbild für den Satan der Christen. Und Crowley hatte Set oder Shaitan oder Satan gesehen, denn das Wort des Gottes (in diesem Fall übermittelt durch Aiwass) ist der Gott selbst. Später hatte er keinen Zweifel mehr an der wahren Identität seines sogenannten Heiligen Schutzgeistes Aiwass. Daher: ‹Und Ihr (Frau in Scharlach) Sud wird voller Süsse sein in der Verstrickung unsrer Lippen, das Sakrament des Dankes an Aiwass, unsern Herrn Gott den Teufel ...› *(The Magical Record,* 22. Juli 1920).

Das Buch des Gesetzes oder *Liber Legis,* wie er das Evangelium des Aiwass nannte, ist ein Kompendium von Dithyramben mit mehr Ausrufungszeichen als jedes andere Opus vergleichbarer Länge. Es behandelt Themen nach Crowleys Geschmack und ist in seinem unverwechselbaren Stil geschrieben. Weiterhin präsentiert es seine Lieblingsfiguren der Bibel und Zitate von François Rabelais, dem von ihm am meisten bewunderten Prosaschriftsteller.

«Du sollst allen Ritualen, Gottesurteilen, Worten und Symbolen abschwören», lautet ein Vers. Das heisst, alle magischen Zeremonien von der Art des Golden Dawn sind aufzuheben zugunsten der Sexualmagie, wie sie die *Vamacharis* oder Jünger des linken Pfades predigen. (Sie verehren Göttinnen, die lunar sind oder linksseitig.) Crowley hatte von dieser Form des Gottesdienstes in Indien gehört, die Mann und Frau zur Erlangung höherer Ziele sexuell vereint, hatte zu diesem Zeitpunkt jedoch noch keine Kenntnis des *Maithuna* und der Details des Rituals, wie zum Beispiel dem Gebrauch der Geschlechtsflüssigkeiten als Sakramente. Aber er war sich im klaren darüber, dass er in dieser Richtung gehen musste. Schon der Gedanke an Sex zu Zwecken der Magie genügte, um seine volle Begeisterung zu erwecken.

‹Nichts halte fest! Lass keine Entfremdung kommen zwischen Dich, zwischen dem einen und jedem andern Ding; dadurch kommt Weh.›

Das bedeutet, verbleibe in ständig unbewusstem Zustand, denn bewusst sein heisst, Unterscheidungen treffen. Bewusstsein ist Differenzierung.

‹Mich zu ehren sollst Du Wein und fremde Drogen nehmen, von denen ich Dir durch meinen Propheten Kunde tun werde, & sei trunken davon!›

‹Es gibt kein Gesetz ausser: Tu was Du willst.› Hier wiederum taucht Rabelais auf: «Das Wort des Gesetzes ist ‹θέλημα› – Thelema («Wille»), Das ist der Name der Landschaft, in der Rabelais seine wundersame Abtei ansiedelte.

‹Sei stark, Mensch! und voller Lust. Geniesse alles Sinnliche und Wollüstige und fürchte nicht, dass ein Gott dich dafür strafe.›

Crowley selbst, dem jedes moralische Empfinden fehlte, bedurfte allerdings keiner weiteren Ermunterung seitens der Götter oder Aiwass, um alles Sinnliche zu geniessen. Voller Verachtung für Eltern und Gesellschaft hatte er schon seit den Tagen seiner Kindheit so gehandelt.

‹Jeder Mann und jede Frau ist ein Stern.› Jedoch nur, wenn sie ihren wahren Willen erkennen, andernfalls bleiben sie Sklaven, und ‹Sklaven sollen dienen›. Im *Buch des Gesetzes* gibt es weder Demokratie noch christliche Nächstenliebe. Aiwass scheint sehr von Nietzsche beeinflusst.

Das Buch des Gesetzes fällt in kindischen Zorn.

‹Du sollst keine Gnade kennen: verdammt seien die Barmherzigen! Töte und foltere; nichts lasse aus; knechte sie!›

‹Wähle eine Insel. Befestige sie! Rüste sie mit den Mitteln des Krieges!›

Danach gewinnen seine Sprüche wieder an Bedeutung, wie zum Beispiel ‹Lege Flügel an und erwecke den Glanz der Spirale in Dir.› Das ist die Schlange der Kundalini, die korkenzieherartig zusammengerollt am Fuss der Wirbelsäule schlummert, aber durch Yoga erweckt werden kann.

‹Wisse denn, dass der auserwählte Priester & Apostel des unendlichen Raumes der Erste Priester ist, Das Tier . . .›

Mit anderen Worten, der Mensch Aleister Crowley war der *avatar* (oder menschgewordene Gott) der kosmischen Mächte, die nun im Entstehen begriffen waren. Er sollte das Sprachrohr sein, durch das sie mit der Menschheit in Verbindung treten würden.

Die Essenz in diesem Neuen Äon (des Horus, des Immer Wiederkehrenden Kindes) besteht darin, dass Gott in unserem Innern ist, nicht ausserhalb – es *gibt* keinen Gott – und dass die Seele oder der Mittelpunkt des Menschen der Wahre Wille ist. Daher: ‹Tu was Du willst.› Mit dem *Buch des Gesetzes,* dem Pantakulum des neuen Zeitalters (d. h., es enthält sämtliche Beschwörungen und Instruktionen) hatte Crowley eine Religion geschaffen, die ihm auf den Leib geschneidert war.

Das Buch des Gesetzes lässt die Autorität prophetischer Schriften vermissen. Viel eher erzeugen seine rebellischen Gefühlsaufwallungen eine Stimmung, die zum Wesen einer ‹aussermenschlichen Intelligenz›, über die Aiwass angeblich verfügte, in Widerspruch steht.

Der Satz *Tu was Du willst* lässt einen unwillkürlich an Rabelais' berühmtes *Fay ce que vouldras* denken. Aber während des fröhlichen Doktors ‹Tu was Dir gefällt› ein der Kirche zum Ärgernis gereichendes und aus dem Ärmel geschütteltes Bonmot für eine in Konventionen geschnürte Gesellschaft war, sprach Aiwass seine Mahnung ausgesprochen feierlich aus. Man muss tun, was man will, nicht etwa, weil es Spass macht, sondern um sein Selbst an den immanenten Sinn allen Lebens heranzuführen. (Die Rolle des Willens in Crowleys System nimmt Horus oder die Sonnenmitte ein.) Aber gibt es Grund zu der Annahme, dass Aiwass je Rabelais gelesen hatte? Oder sollte nur dieser eine Satz aus dem Diktat stammen, während alles übrige Crowleys bewusste oder unbewusste Gedanken waren?

Im *Liber Legis* finden sich etliche düstere Prophezeiungen: ‹Ein anderer Prophet wird aufstehen und neue Fieber von den Himmeln bringen: eine andere Frau wird die Lust und Verehrung der Schlange wecken: eine andere Seele Gottes und Das Tier werden sich vereinigen im Erdenpriester, ein neues Opfer wird das Grabmal schänden . . .›

Eine neue Zeit war angebrochen, und jede Epoche beginnt mit Blutvergiessen. Somit war, natürlich, auch der Weltkrieg vorausgesagt.

Kommentierte Crowley:

> Das erste wichtige Ergebnis der neuen Offenbarung war die Information durch die Geheimen Oberen, dass das neue Zeitalter die Zerstörung der existierenden Zivilisation implizierte. ‹Stärke und Feuer›, die Charakteristika des Horus, würden dieses Zeitalter des Zusammenbruchs des Humanismus kennzeichnen. Der erste Akt seiner Herrschaft sollte natürlich darin bestehen, die Welt in die Katastrophe eines gewaltigen und brutalen Krieges zu stürzen.

Vom Hilfskurator des Kairoer Museums liess sich Crowley die Inschriften auf der Stele des Ankh-f-n-Khonsu (Ausstellungsstück 666) übersetzen und von einem Maler eine Kopie anfertigen. Danach reiste Fürst Chiao Khan mit seiner Frau nach Europa zurück.

Vorläufiges Endergebnis der Begegnung mit Aiwass, die später als die ‹Grosse Offenbarung zu Kairo› bekannt werden sollte, war ein von Crowley an Mathers geschriebener, formeller Brief, in dem er ihn davon in Kenntnis setzte, dass ihn die Geheimen Oberen zum sichtbaren Oberhaupt des Ordens ernannt und eine neue Magische Formel verkündet hatten – *thelema*. «Weder erwartete noch erhielt ich eine Antwort» sagte Crowley. «Also erklärte ich Mathers den Krieg.»

KANGCHENJUNGA ODER DIE FÜNF HEILIGEN GIPFEL

Die Bedeutung des *Buch des Gesetzes* war Crowley nicht sofort bewusst. Während der nächsten Jahre kämpfte er vielmehr dagegen an, indem er das Werk vollkommen ignorierte und einmal sogar das wertvolle Manuskript verlegte. Erst sehr viel später wurde ihm die Wichtigkeit gerade dieses Werkes in aller Deutlichkeit klar.

Bei seiner Abreise aus Kairo warf er es noch zusammen mit der Kopie der Stele des Ankh-f-n-Khonsu und seinen übrigen literarischen Schätzen in einen Koffer. Im vollen Ornat einer mit Juwelen verzierten roten Weste und dem schwersten Ring, den Arnold Bennett je gesehen hatte, kehrte er nach Europa zurück. Kunde von Ring und Weste haben wir aus Arnold Bennetts *Journal* vom 22. April 1904. Bennett benutzte sie und ihren Besitzer übrigens auch als Vorlage für eine Figur in *Paris Nights*.

Bei seiner Ankunft in Paris schickte Crowley ein Telegramm an Bennett, in dem er ihn zum Dinner bei Paillards bat. Das *Liber Legis* erwähnte er nicht. Statt dessen erzählte er Bennett von seiner Beförderung in den persischen Hochadel.

Mit Hartnäckigkeit hatte Crowley weitere Gedichtbände produziert. Kegan, Paul und Watts hatten ihn verlegt, Cheswick Press und andere waren mit der Herausgabe privater Editionen beauftragt worden. Der Grossteil von Crowleys Büchern erschien im Selbstverlag. Er wählte Schrift, Papier und Einband selbst aus, wobei ihm das Teuerste gerade gut genug war. Die Rechnungen zahlten entweder er selbst oder einer seiner Jünger. Auf den meisten seiner Bücher blieb er jahrelang sitzen – Poesie verkauft sich im allgemeinen schlecht.

Zwischen *White Stains,* 1898, und *Snowdrops from a Curate's Garden,* 1903, zwei wegen ihres extrem pornographischen Charakters aussergewöhnlich gefragten Büchern, brachte er siebzehn weitere Werke heraus, die meisten davon in Gedichtform. Alle waren zwar wunderschön gebunden, jedoch von geringem Interesse fürs Publikum.

The Sword of Song, 1904, *The Argonauts,* 1904, *The Book of the Goetia of Solomon the King,* 1904, *Oracles,* 1905, *Orpheus,* 1905, *Gargoyles,* 1906, und *Konx Om Pax,*[1] 1907, wurden im eigenen Haus im Selbstverlag publi-

[1] ‹Licht, das sich ausweitet› – das Licht des Bewusstseins der Alchimie, das in die Dunkelheit der Materie projiziert wird.

ziert: Nach seiner Rückkehr nach Schottland hatte er den Verlag ‹Gesellschaft zur Verbreitung der Religiösen Wahrheit› mit Hauptgeschäftssitz in Boleskine, Foyers, Inverness gegründet. Das dort erschienene *Book of the Goetia of Solomon the King* allerdings hatte er weder geschrieben noch übersetzt. Es stammte vielmehr von MacGregor Mathers, was Crowley zu dem beleidigenden Untertitel ‹Ins Englische übertragen von einer Toten Hand› inspirierte . . .

Sein gedrucktes Œuvre war zu einem derartigen Umfang angeschwollen, dass ihn (wie Max Beerbohm, der bereits im Alter von vierundzwanzig Jahren einen Band ‹Gesammelte Werke› veröffentlichte) die Idee überkam, seine *Collected Works* herauszubringen. Ungleich Beerbohm aber brauchte Crowley im Alter von dreissig Jahren gleich drei Bände für seine umfangreichen Ergüsse.

Sein Leben mit Rose zwischen Heirat und Invokation des Aiwass beschrieb er als ‹ununterbrochene sexuelle Ausschweifung›. Nun aber gab es andere Dinge zu tun. So werden im dritten und letzten Kapitel des *Buch des Gesetzes* genaue Anweisungen zur Herstellung von ‹Lichtküchlein› gegeben, eine Crowleysche Parodie auf die Hostien der heiligen Kommunion. Sie sollen ‹Lust brüten und die Macht der Lust›. Das Ganze ist ein Teil des Horus-Kults: so nannte er seine Religion, die das Christentum, den Buddhismus und alle anderen Religionen ablösen sollte.

> Das beste Blut ist das des Mondes, monatlich; dann frisches Kindsblut, oder der Tau des Himmels; dann Feindesblut; dann das der Priester oder Frommen; schliesslich das Blut eines Tieres, egal welches. Dies verbrenne man und mache aus dem Rückstand geweihtes Brot und verzehre es auf mein Wohl. Es hat dies noch einen anderen Wert: Legt es mir zu Füssen und haltet es sämig mit dem Wohlgeruch eurer Lebenssäfte.

Eines Tages fand Crowley in seinem Badezimmer einen Käfer. Er war 37 mm lang und hatte ‹ein einzelnes Horn, das aus dem Augapfel ragte›. In den zwei darauffolgenden Wochen überfielen ganze Schwärme dieser Insekten Haus und Garten. Er schickte ein Exemplar ans Britische Museum zwecks Klassifizierung, aber der Käfer kam postwendend zurück mit einem höflichen Begleitschreiben, demzufolge die Spezies unbekannt sei. Crowley war hocherfreut, denn im *Buch des Gesetzes* stand geschrieben: . . . ‹sie (die Hostien) werden voll sein des Ungeziefers, das mir heilig ist.› Aber noch erschien ihm das *Liber Legis* eher rätselhaft.

MacGregor Mathers jedoch reagierte auf Crowleys Verkündigungen des Aiwass und des Neuen Äon. Er führte eine magische Attacke mittels der Dämonen des Abra-Melin. Crowleys Bluthunde fielen auf der Stelle tot um. Sein Diener schnappte über und versuchte, Rose umzubringen. (Aleister entwaffnete ihn mit Hilfe eines Fleischerhakens und sperrte ihn in den Keller. Nach der polizeilichen Festnahme sollte Crowley nie wieder von ihm hören.)

Crowley konterte mit der Beschwörung von Mächten der Schwarzen Magie: den neunundvierzig Dienern des Beelzebub, die sofort daran gingen, Mathers in seinem Schlupfwinkel auf dem Montmartre zu vernichten. Hellseherin Rose war in der Lage, alle neunundvierzig zu beschreiben, und Crowley baute ein paar von ihnen in *The Scented Garden of Abdullah the Satirist of Shiraz* ein, das auch unter seinem persischen Titel *Bagh-I-Muattar* bekannt ist. Hier zwei dieser Dämonen:

‹NIMORUP: Ein verkrüppelter Zwerg mit grossem Schädel und grossen Ohren. Seine Lippen sind bronzegrün und triefen wie Lefzen.›

‹NOMINON: Eine riesige, rote Qualle mit grün fluoreszierendem Fleck, ekelerregende Masse.›

Beelzebub zerbrach Mathers' magische Mächte endgültig. In den dreizehn ihm verbliebenen Jahren führte er weder grössere magische Werke durch, noch publizierte er irgend etwas von Belang.

Crowley hatte einen Arzt namens Percival Bott, Gerald Kelly, sowie einen Freund aus Cambridger Tagen namens Ivor Back eingeladen, um Roses Niederkunft beizuwohnen. Back gehörte zur Runde der jugendlichen Spötter aus *Le Chat Blanc* und wurde später zu einem distinguierten Chirurgen am Londoner St. George's Hospital.

Sie waren gute Freunde, Crowley, Kelly und Back. Crowley als der Älteste und Geistreichste hielt die Tafelrunde bei Laune. Bott und Back lehrte er in den Hügeln um Boleskine das Bergsteigen. Dem jungen Chirurgen gab er improvisierte Beispiele, wie man die medizinische Fachliteratur weniger langweilig machen könnte. Hauptsächlich sollten dabei die Fachbücher in Versen abgefasst werden, etwa folgendermassen:

General paralysis
Of the insane
Baffles analysis:

Treatment is vain.
Never more rallies his
System or brain.

Während Bott Roses Tochter gebären half, brachte Back als Herausgeber von *The Collected Works of Aleister Crowley* den Band I zur Welt. Crowley war unterdessen im Nebenraum damit beschäftigt, einen Talisman zu weihen, damit Rose ein Monster gebäre. Eine zweifelhafte Geschichte, aber durchaus von der Art, wie man sie sich über Aleister Crowley zu erzählen begann. Falls sie auf Tatsachen beruhen sollte, kann festgestellt werden, dass seine Magie versagte. Das Kind war ganz normal, und auch Crowley war nach wenigen Tagen hocherfreut wie jeder frischgebackene Vater. Sorgfältig suchte er folgende Namen für seine Tochter aus: Nut Ma Ahathoor Hecate Sappho Jezebel Lilith.

Nut wählte er ‹zu Ehren unserer Göttin der Sterne›; sie ist die ägyptische Himmelsgöttin und nimmt in der neuen Religion des Horus oder Crowleyzismus die Stelle etwa der Heiligen Jungfrau ein. Ma oder Maat, den Namen der ägyptischen Göttin der Wahrheit und Gerechtigkeit, wählte er, weil das Kind im Sternzeichen der aufsteigenden Waage geboren wurde. Ahathoor, Göttin der Liebe und Schönheit, weil Venus die Waage regiert. Warum er Hecate gewählt hatte, wusste er nicht mehr, nahm aber an, dass es sich um ein Zugeständnis an die Götter der Hölle gehandelt haben könnte. Und in bezug auf Sappho war völlig klar, dass er die einzige Dichterin nicht vernachlässigen durfte. Jezebel war seine Lieblingsfigur aus der Bibel, und Lilith drückte seine Zuneigung zu den Dämonen aus.

Sie waren eine muntere Gesellschaft droben im Hochland. Crowleys Tante Annie, das einzig weibliche Familienmitglied, das er ertragen konnte, führte den Haushalt. Sie gingen fischen, jagen und bergsteigen. Abends spielten sie Karten und leerten den Weinkeller des Lairds.

Problematisch war nur, Rose während der Rekonvaleszenz bei guter Laune zu halten. Sie konnte nicht einmal das simpelste Kartenspiel und interessierte sich allenfalls für ein halbes Dutzend der dreitausend Bücher ihres Gatten. Aleister beschloss also, dass es an der Zeit sei, ein Buch für sie zu schreiben, das sie nicht nur verstehen, sondern auch geniessen konnte. Selbstverständlich sollte es ein Werk der Pornographie werden.

Snowdrops from a Curate's Garden erfüllt diesen Zweck mit Hilfe des Stilmittels der Ironie. Es beginnt mit einer kurzen Biographie des fiktiven Verfassers K.: Ein ungenannter Herausgeber, der das Manuskript entwendet hatte, berichtet darin, dass ‹K. um das Jahr 1860 in einer stark bewaldeten Grafschaft Englands geboren wurde. Seine Eltern entstammten jener niederen Klasse des Landadels, der es nicht um Prunk und Pracht zu tun ist. Sie nahmen sich selbst wichtig genug, um ein Leben nach eigener Wahl zu führen. Oder anders ausgedrückt: Für Prunk und Pracht fehlte das nötige Geld.

Der jugendliche Held ist empfindsam und fromm, seine Lehrer bewundern seinen Fleiss. Er legt die heiligen Gelübde ab und wird Kaplan einer kleinen Pariser Gemeinde. Seine aufopferungsvollen Dienste an den Armen sprechen sich in der ganzen Hauptstadt herum. Nebenher verfügt er über genügend Musse, um einen ‹Band herrlicher Gedichte› zu schreiben. Seine Abende verbringt er mit aussergewöhnlichen Freunden aus dem Restaurant *Au Chien Rouge*. Er ist ausgesprochen keusch, und nur ‹dem Schiffskapitän eines Seinedampfers› gibt er sich einmal hin.

Er heiratet eine schöne, junge Engländerin und verbringt seine Flitterwochen wie Aleister mit Rose in Kairo. Dort führt er sie in ‹den niederträchtigen T-Club ein, wo sich verkommene Offiziere der Besatzungsarmee, Kaufleute, Fischträger und Zuhälter jeden Mittwochabend mit der Creme der ägyptischen Gesellschaft zu widerlichen Orgien versammeln›. K. steht dabei in vorderster Reihe und schaut begierig zu, ‹wie seine Frau ein Dutzend Mal geschändet wird! . . .›

Nach der Biographie des fiktiven Autors beginnt das Hauptwerk, die *Schneeglöckchen*. Auf diese erste Schelmennovelle, die den Marquis de Sade auf seinem eigenen Spezialgebiet übertrifft, folgt eine Kollektion obszöner Gedichte und Parodien, unter denen auch *Rosa Mystica* zu finden ist, eine Ode an Rose, die so mystisch ist wie der Autor fromm. Zusammen mit den vier bekannteren Oden an Rose sollte sie zum besseren Verständnis von Crowleys Liebe zu seiner Frau unbedingt gelesen werden. Es wäre unfein, sie hier wiederzugeben.

Dennoch:

TO PE OR NOT TO PE

King O heavy burden!
POLONIUS Hold on, I'm coming: I'll withdraw, my lord.
(Enter Hamlet.)
HAMLET To pe or not to pe: that is the question:
Whether 'tis nobler in the mind to suffer
The slings and arrows of outrageous stricture
Or to take arms against a closed urethra
And by abscission, end it? To fuck; to come:
No more; and, by a come to say we end
The cockstand and the thousand natural lusts
That flesh is heir to. 'Tis a consummation
Devoutly to be wished. To fuck: to come:
To come, perchance to clap! Ay, there's the rub.
For from that come of fuck what clap may catch
When we have shuffled off this mortal stand
Must give us pause. There's the chordee[1]
That makes calamity of so wet dreams!
For who would bear the jerks and drops of piss,
The pisspot's wrong, the bladder's contumely,
The pangs of prostate gland, the pe's delay,
The insolence of orchitis, and the spurns
That patient merit of the urethra takes
When he himself might his quietus make
With a greased catheter. Who would sandal[2] swill
To fart and shit under a potent purge

1 Eine schmerzhafte und entzündliche Verkrümmung des Penis.
2 Sandel. Ein aus Sandelholz gewonnener Balsam.

But that the dread of something after gleet.[1]
The senile stricture from whose imminence
No catheter gives 'scape, puzzles the will,
And makes us rather bear the ills we have
Than fly to others that we know not of.
Thus chordee doth make cowards of us all!
And thus the native need of urination
Is sicklied o'er with the pale cast of thought
And enterprises of great piss and po, meant
With this regard, their currents corkscrew turn
And lose the name of pumpship. Soft you now!
The fair Ophelia! Nymph, in thy orisons
Be all my sins remembered.

Crowleys eigene Einschätzung der *Snowdrops* wird aus einem zwanzig Jahre später an seinen Jünger Norman Mudd geschriebenen Brief deutlich. Mudd hatte ein paar Kisten mit Manuskripten und Gemälden Crowleys von Sizilien nach England bringen wollen, war aber an den Zollbeamten in Dover gescheitert, die die Fracht verbrannten. ‹Man muss unbedingt den Standpunkt einnehmen, dass diese Gegenstände, was immer sie im einzelnen sein mögen, nichts anderes sind als das Zubehör zu einem chirurgischen Besteck›, instruierte Crowley den Freund nach einem vergeblichen Versuch, sein Eigentum wiederzuerlangen. ‹All mein Bemühen zielt auf die vollständige Desinfizierung der sexuellen Wunde. Diese These aus den *Snowdrops* habe ich bis zu einem gewissen Grade in der *Hagio*[2] elaboriert. Es geht mir nicht um die Verächtlichmachung, sondern die erbarmungslose Ausmerzung aller sündigen Gedanken.›

Den Winter verbrachte er mit Rose in St. Moritz beim Wintersport, kehrte aber mit der Schneeschmelze nach England zurück. Unter der Last neuer dichterischer Kompositionen knickte er förmlich zusammen. Publiziert wurden sie alle. Er war ungewöhnlich guten Mutes. So gut wie jetzt hatte er sich höchstens noch gefühlt, als ihm vor zehn Jahren der Schritt durch die Grossen Tore des Trinity College vergönnt gewesen war. Er war anerkannt (G. K. Chesterton hatte ihn in einer Rezension einen ‹guten Dichter› genannt) und ein Magier: Er wuchs und wuchs, seine Erwartungen kannten keine Grenzen.

Von Clifford Bax, der später ebenfalls von dem Mönch Buddhas Allan Bennett beeinflusst werden sollte, ist eine Beschreibung Crowleys aus jener Periode überliefert. Sie hatten sich im gleichen Hotel einquartiert:

[1] Ausfluss.
[2] *The Confessions*, bzw. Crowleys ‹Autohagiography›.

Eine mächtige Gestalt mit schwarzen, magnetischen Augen stellte sich vor. Er trug einen Samtmantel mit Hermelinkragen und eine bunte Weste, seidene Breeches, schwarze Seidenstrümpfe. Er rauchte eine riesige Meerschaumpfeife ... Wir spielten jeden Abend Schach, und gegen jemanden Schach spielen heisst, die Spannungsstärke seines Intellekts erkennen. Die Figuren meines Partners wurden von intensiven, schöpferischen Gedanken bewegt. Darüber hinaus war er ein hervorragender Schlittschuhläufer und Bergsteiger. Seine Konversation liess auf breitgestreute Kenntnisse der Literatur, des Okkultismus und der Völker des Orients schliessen. Ausserdem bin ich sicher, dass er zumindest teilweise an seinen messianischen Auftrag glaubte. Am Vorabend meiner Rückreise nach England, nachdem wir unser letztes Schachspiel gespielt hatten, redete er mir zu, mich der Theorie und Praxis der Magie zu widmen. Er würde mich unterweisen. «Wirklich nett von Ihnen», stammelte ich, «aber eigentlich, wissen Sie – vielleicht bin ich noch nicht reif genug. Ich muss erst noch mehr lesen.» – «Lesen», anwortete er, «Lesen tun Kinder. Männer experimentieren. Ergreifen, was die Götter geben. Lehnen Sie mein Angebot ab, und Sie werden sich durch nichts von den Idioten unterscheiden, die uns umgeben.» Er hielt inne und fragte dann plötzlich: «Welches Datum haben wir?» – «Den 23. Januar», sagte ich. – «Welches Jahr? Nach dem Kalender der Christen?» – «Neunzehnhundertundfünf.» – «Genau», sagte Crowley, «in tausend Jahren wird die Welt im Sonnenuntergang des Crowleyzismus erglühen.»

Sicher hat er ‹Sonnenaufgang› gesagt oder gemeint. Seinem Neuen Orden gab er eine Lebensdauer von mindestens zweitausend Jahren, ebensolange wie bis dato das Christentum dauerte. In abermals tausend Jahren also sollte die Welt von hellstem Sonnenlicht umstrahlt sein und nicht im Zwielicht des Abends sich schütteln.

Dem *Buch des Gesetzes* zufolge gab es in der Geschichte der Menschheit zwei grosse Epochen oder Äonen. Die erste nennt er das Äon der Frau: nach dem Matriarchat und der damit verbundenen Verehrung der Grossen Mutter. Diesem Äon gibt Crowley willkürlich die Bezeichnung der ägyptischen Göttin Isis.

Das nächste Äon, das des Mannes und Vaters, trägt ebenfalls den Namen einer ägyptischen Gottheit: Osiris. Es ist die Epoche des Judaismus, Buddhismus, Christentums und Islam, der Religionen des Leidens und Todes, des ‹sterbenden Gottes›. Diesen Begriff hatte er dem Verfasser von *The Golden Bough* entnommen. In anderen Worten: die Religionen der Generation seiner Eltern, die er hasste und für die Leiden seiner Kindheit verantwortlich machte.

Das neue, von J. F. C. Fuller als Crowleyzismus bezeichnete Äon erhält ihren Namen von Horus, dem Kind der Isis und des Osiris. Im Mittelpunkt dieser Epoche steht der Wahre Wille; von daher Crowleys Schlachtruf ‹Tu, was Du willst›. Im Verlauf dieses Äons werden die Menschen, oder zumindest die, die ihren Wahren Willen erkannt haben, zu Göttern werden: wie Crowley, der seinen Wahren Willen erkannt hatte. ‹Der Tod ist gebannt, o Mensch, von Dir›, spricht *Das Buch des Gesetzes*. Es ist Crowleys Antwort auf den Plymouthismus seiner Eltern.

In Boleskine fand Crowley wieder in den Lebensstil eines schottischen Adligen zurück. Gerald Kelly, Mrs. Kelly (Crowleys Schwiegermutter), Ivor Back und Eckenstein kamen ihn besuchen, ebenso ein indischer Armeearzt, Oberstleutnant Gormley, den Crowley als Masochisten bezeichnete. ‹Gormley will von mehr als zweitausend Frauen gegeisselt worden sein . . . eine grosse Zahl, wie es scheint.›

Am 27. April tauchte Dr. Jacot Guillarmod auf, mit einem Exemplar seines in der Schweiz erschienenen Buches über die Expedition zum K 2, *Six Mois dans l'Himalaya*.

Noch immer war Crowley in bester Stimmung. Der behäbige Schweizer wurde zum Opfer eines seiner komischsten Streiche, der am besten in Crowleys eigenen Worten wiedergegeben wird.

> Im Frühjahr 1905 überraschte mich der Besuch eine Arztes – eines Schweizer Armeearztes. Das Schottische Hochland bedeutete für ihn vor allen Dingen Sumpfhuhn-Jagd. Von der Tatsache abgesehen (die ich ihm nie klarzumachen in der Lage war), dass sich auf meinen Ländereien noch nie ein Sumpfhuhn hatte blicken lassen – obwohl es sie massenweise auf der andern Seite von Stratford-Errick gab –, bestand er darauf, auf Sumpfhuhnjagd geführt zu werden. Von der erwähnten Kleinigkeit abgesehen, war es eine ziemliche Schande, dass es nicht in seinen Schädel ging, dass Sumpfhuhnjagd im April tabu ist.
>
> Tatsächlich war er sehr verstimmt. Da es nun mir oblag, ihn unter allen Umständen zu amüsieren, sagte ich mir: «Gut. Er soll seinen Willen haben.»
>
> Einen oder zwei Tage später brachte ich das Gespräch auf Burma. Als dort die Engländer noch gegen Wegelagerer und Räuberbanden zu kämpfen hatten, pflegten sie das Vieh aus den Dörfern in die Berge zu treiben, so dass nach ein oder zwei Generationen die ehemals zahmen Tiere verwildert waren. Die Büffel entwickelten sich nahezu zu einer anderen Gattung mit ganz spezifischen Eigenschafen. Seltsamerweise, fuhr ich fort, gibt es dazu eine Parallele in den Highlands. Als General Wade Schottland dem Erdboden gleichzumachen suchte, trieb er die Schafherden der Dorfbewohner in unwegsames Sumpfgelände, und es setzte mehr oder weniger die gleiche Entwicklung ein wie bei den Wasserbüffeln Burmas. Diese neue Gattung der Spezies Schaf ist sehr scheu und selten, aber Wunder seien nicht auszuschliessen. Vielleicht würde sich eines Tages ein Exemplar auf meine Lände-

reien verirren und dann ... Der gute Doktor wurde richtig kribblig.

Ich meinerseits traf in aller Heimlichkeit meine Vorbereitungen. Nur drei oder vier Tage später stürzte mein Ghillie ins Jagdzimmer, wo wir Billard spielten. «Auf dem Hügel ist ein Haggis*, Herr», schrie er, völlig ausser Atem.

Ich liess meinen Queue fallen wie ein heisses Eisen, stürzte zum Gewehrschrank und drückte dem Doktor meine doppelläufige .577 Express in die Hand, während ich mich mit einer 10er Holland Paradox zufriedengab.

Es regnete in Strömen, wie gewöhnlich, aber trotzdem bestand ich darauf, dass die Jagdgesellschaft durch den Forellenteich watete, um die Witterung niederzudrücken – was immer das sein mag. Der Doktor jedenfalls nahm alles hin.

Meter um Meter arbeiteten wir uns vor, auf allen vieren den kleinen Pfad entlangkriechend, der am Wasserfall vorbei zum Ententeich führt. Die ganze Wegstrecke über bewegten wir uns mit unendlicher Vorsicht durch Nässe und Schlamm. Einzig meine Frau gab Anlass zu Befürchtungen, dass der Plan auffliegen könnte. Sie ging am hinteren Ende der Reihe und konnte ihre Gefühle kaum im Zaum halten.

Nun, zu guter Letzt hatten wir den Hügel erklommen und näherten uns mit doppelt und dreifacher Umsicht der Stelle, wo der gute Ghillie den Haggis gesichtet hatte.

Unnötig zu sagen, dass ungewöhnlich dichter Nebel herrschte. Dennoch konnten wir in den Nebelschwaden die riesige Figur des Haggis ausmachen. Bewegungslos lagen wir da. Dann gab Hugh Ghillie dem Doktor einen leisen Wink, und er robbte voran. Er war kaum mehr als zwanzig Yard entfernt, als er abdrückte und ... Farmer McNabs preisgekrönten Schafbock in Fetzen schoss.

Hugh Ghillie stürmte vorwärts, denn der Doktor durfte auf keinen Fall die Haferballen sehen, die er dorthingeschafft hatte, damit der Haggis nicht die Stellung wechselte. Er hob die kärglichen Überreste des Haggis auf seine Schulter, und im Triumph zogen wir ins Tal, um trockene Kleider anzuziehen. Szenenwechsel:

Neuchatel, Schweiz. Der Doktor hatte sich den Kopf präparieren und auf ein Hängebrett montieren lassen, dessen goldne Plakette mit einer entsprechenden Inschrift versehen war. Natürlich erzählte er die Geschichte jedem, der sie hören wollte.

Dr. Guillarmod wollte eine neue Expedition in den Himalaya unternehmen. Er schlug den Kangchenjunga vor, ein Riese wie der K2, den noch nie jemand zu besteigen gewagt hatte. Crowley war natürlich hell begeistert in seinem ständigen Bestreben, grössere Höhen zu bezwingen

* Haggis ist eine Art schottische Blutwurst – (A. d. Ü.)

als jeder andere Mensch. Diese Chance sah er in einer Besteigung des Kangchenjunga. Er wollte eine Seilschaft zum Gipfel führen.

Die Sturheit, mit der er auf seiner Führerrolle bestand, veranlasste Oscar Eckenstein dazu, sich dem Unternehmen gar nicht erst anzuschliessen. Mit Perdurabo als Führer schien ihm das Risiko zu gross, wie er Kelly eingestand. Auch Knowley, der ebenfalls eingeladen worden war, lehnte die Teilnahme an einer Expedition unter der Führung des Mannes, der ihn in 6 500 m Höhe mit einer Pistole bedroht hatte, brüsk ab.

Die Zweifel, die Crowley über Guillarmods bergsteigerische Fähigkeiten äusserte und ihre genaue Wiedergabe in den *Confessions* stammen aus der Zeit nach diesem Abenteuer. Bevor sie den Berg in Angriff nahmen, hatte Crowley nur die eine Sorge: dass er abstürzen könne. Er verfasste folgendes launische Testament:

> Im Falle meines Todes wird George Cecil Jones folgendes ausführen:
>
> Den Körper einbalsamieren.
>
> Ihn mit der weissen Robe des TAU und der Tunika des Abra-Melin in Rot und Gold sowie seiner Schärpe bekleiden, und Krone und Zauberstab beifügen. Auch das grosse rote Schwert. Er wird alle meine magischen Juwelen mit mir begraben.
>
> Das Gewölbe bereiten für den Sarg in der vorgeschriebenen Art, aber ohne Schmuckfiguren. Weissen Stein verwenden.
>
> Immer nur das Wort *Perdurabo* verwenden.
>
> Das Gewölbe zumauern lassen und vor den Blicken der Sterblichen verbergen. Jede Spur verwischen, die zur Grabstätte führt.
>
> Im Gewölbe Pergamentausgaben aller meiner Werke unter hermetischem Verschluss bewahren.
>
> Der Ort soll einzig und allein von George Cecil Jones versiegelt werden und nur ihm bekannt sein. Auf Erde, die er geweiht.
>
> Aleister Crowley

Guillarmod wollte sein möglichstes tun, noch mindestens zwei weitere Bergsteiger zu finden, die ihren Teil zu den Unkosten beisteuern würden. Unter Mitnahme seines Haggis begab er sich deshalb auf schnellstem Weg in die Schweiz.

Crowley verliess Boleskine am 6. Mai. Er verbrachte eine Woche in Kairo, ging ins Boulak Museum, um noch einmal die Stele des Ankh-f-n-Khonsu zu betrachten und – zweifellos – den ‹niederträchtigen T-Club› zu besuchen. Dann schiffte er sich nach Bombay ein, wo er am 9. Juni ankam. In Kalkutta, seiner nächsten Zwischenstation, sprach er bei Edward Thornton vor, der ihn vier Jahre zuvor ins Innere Burmas begleitet hatte und wandte sich dann nach Norden, nach Darjeeling, wo er in vierzig Meilen Entfernung den Berg vor sich liegen sah, den er stürmen wollte.

Den Kangchenjunga bezeichnet man auch als ‹Schaustück› des Himalaja, da er (anders als der Everest oder der K2) nicht von Nebengipfeln umringt und an klaren Tagen deutlich von den Hügeln der Stadt Darjeeling aus zu sehen ist. Er liegt auf der Grenzlinie zwischen Sikkim und Nepal, die Entfernung nach Tibet beträgt vierzehn Meilen.

Guillarmod kabelte, dass er die beiden erfahrenen Alpinisten und aktiven Offiziere der Schweizer Armee Alexis Pache und Charles Reymond angeworben habe. Die drei Schweizer Bergsteiger trafen am 31. Juli in Darjeeling ein und begrüssten ihren Führer.

Ein fünfter, bergsteigerisch vollkommen unerfahrener Mann hatte Crowley seine Dienste angeboten und war akzeptiert worden: Alcesti C. Rigo de Righi, ein junger Italiener und Geschäftsführer des Drum Druid Hotels, in dem Crowley Quartier bezogen hatte. Righi konnte Dolmetscherdienste leisten, da er sowohl Hindostani als auch Tibetisch sprach, und die Organisierung des Proviants übernehmen.

Ein Vertrag wurde entworfen und von allen fünfen unterzeichnet. Er enthielt mehr oder weniger die gleichen Klauseln wie der Expeditionsvertrag zur Besteigung des Chogo Ri. Diesmal jedoch herrschte Übereinstimmung darüber, dass ‹der einzige und oberste Richter in sämtlichen bergsteigerischen Fragen Aleister Crowley› sein sollte, und die andern ‹seinen Anordnungen Gehorsam› leisteten.

Crowley wollte in aller Bälde aufbrechen, musste jedoch erst noch auf die nepalesischen Visa warten. In der Zwischenzeit vervollständigte er seine Expeditionsvorbereitungen und schrieb zwei Artikel für die Allahabader Zeitung *Pioneer Mail* über die Expedition auf den K2 im Jahre 1902. Der erste Artikel enthielt eine überflüssige und ungerechtfertigte Polemik gegen alpine Bergführer, die wenig über Bergführer, jedoch viel über Aleister Crowley aussagt.

> So möge man mir denn die Beobachtung gestatten, dass sich nur die erfahrensten Bergsteiger auf den allerleichtesten Bergen mit jenen ‹Führern› belasten sollten, diesen unfähigen und nur allzu oft betrunkenen, feigen Bauernburschen, die, wenn sie gerade eben den Aufstieg auf ein paar simple Schweizer Gipfel über den Daumen peilen können, unsere alpinistischen Quacksalber nur allzu gerne zur höchsten Entwicklungsstufe der Menschheit verklären.

L. Sullivan of Lucknow nahm Crowley ernst genug, dem *Pioneer* eine Verteidigung alpiner Bergführer zu schicken:

> ... eine ganz besonders beherzte, nüchterne und intelligente Rasse Mensch, und im Verlauf einer beträchtlichen Anzahl von Besuchen in die Schweiz ist mir von nicht einem Bergsteiger irgendeine Bemerkung zu Ohren gekommen, die im Sinne Ihres Korrespondenten wäre ...

Der zweite Artikel beinhaltete eine Attacke auf den *Alpine Club*, der ‹jeden Funken bergsteigerischer Fähigkeiten in der Jugend Englands erstickt hat›. Die nächste Nummer der Zeitung enthielt folgende Erwiderung eines zornerfüllten Lesers, der mit ‹A› zeichnete.

Sir, ich muss feststellen, dass ‹Aleister Crowley›, wer immer er sein mag, in der *Pioneer Mail* den zweiten seiner unschätzbaren Beiträge zum Thema der Kangchenjunga-Expedition veröffentlichen konnte. Vom Tonfall dieses Beitrages muss ich schliessen, dass es sich um einen enttäuschten Kandidaten für die Mitgliedschaft im Alpine Club handelt, dem ich, wie ich bereitwillig versichere, selber nicht angehöre. Der edle Sport des Bergsteigens dürfte keinen grossen Verlust erleiden, wenn Kangchenjunga dieses geleckte Individuum für immer auslöschte ...

Am 8. August machten sie sich in strömendem Regen und mit sieben Tonnen Ausrüstung, zweihundertunddreissig Trägern und drei aus Kaschmir importierten persönlichen Dienstboten auf – dieselben drei, die die K2-Expedition mitgemacht hatten –, deren Chef der bärtige und mit einem Turban bekleidete Salama war. Nach den Photographien zu schliessen hatte er übrigens O-Beine.

Die Höhe des Mount Everest wird mit 8 700 m angegeben: die des K 2 mit 8 475 m (des Kangchenjunga mit 8 445 m). Dennoch waren die Höhenmessungen dieser drei Himalaja-Riesen heftig umstritten. Colonel Sidney Burrard, der zu jenem Zeitpunkt *Superintendent of the Trigonometrical Survey of India* war, stellte den Everest an die erste Stelle, Kangchenjunga mit 8 467 m an die zweite und den K2 mit 4 m weniger an die dritte Stelle. Alle drei Gipfel waren noch unbesiegt. Der Everest wurde erst 1953 erobert, der Kangchenjunga zwei Jahre später von Charles Evans' (jetzt Sir Charles, Präsident des *Alpine Club*) britischer Expedition.

1899 hatte Douglas Freshfield den Kangchenjunga erforscht, sein Gefährte Vittoria Sella hatte ihn photographiert. Davor noch hatte W. W. Graham diese Gegend ausgekundschaftet und dabei den Jobonu, einen Berg im benachbarten Gebirgszug Kabru (5 800 m) bestiegen.

Der Kangchenjunga ist besonders schwierig zu begehen. Aufgrund seiner relativ isolierten Lage donnern auf seine Gletscher Schnee- und Eislawinen von über hundert Metern Dicke hernieder. Nach Meinung des Bergsteigers Frank Smythe gibt es keinen gefährlicheren Berg.

Crowley führte seine Mannschaft durch Täler, deren Rhododendron-Haine mit Blutegeln übersät waren. Monatelang hatten sie um die Einreiseerlaubnis nach Nepal verhandelt, aber erst, als sie sich dem Grenzdorf Kang La näherten, erhielten sie positiven Bescheid.

Nach vierzehntägigem Marsch erreichten sie am 22. August die Süd-

Crowley auf dem Deosai Plateau im Himalaja, 1905

westflanke des Berges, wo der Einstieg durch den Yalung-Gletscher beginnt. Der Angriff auf den Kangchenjunga nahm seinen Anfang.

Crowley war restlos zufrieden mit dieser Route. «Ich machte einen Erkundungsgang durch den Gletscher», sagte er. «Das Hauptlager wollte ich so hoch oben wie möglich wissen.» Allerdings hegte er den Verdacht, dass sich der Gletscher als unüberwindlich erweisen könnte. Aber je höher er aufstieg, desto zuversichtlicher wurde er.

> Der Berg war kaum noch fünf Meilen entfernt, das Wetter wurde immer besser und von den extremen, schrecklichen Temperaturunterschieden des Chogo Ri keine Spur. Kurz gesagt: kein dunkler Fleck am Himmel. ‹Der Gipfel des Kangchenjunga war nur noch zwei Meilen entfernt, und ich konnte die bis dahin verborgen gebliebenen Gebiete einsehen. Nachdem ich um noch ein paar Meter höher gestiegen war, schwanden auch die letzten Zweifel.›

Crowleys Nachfolgern, die den Berg wesentlich intensiver erforschten, erscheint diese Ansicht optimistisch bis mit Blindheit geschlagen. ‹Was dem blossen Auge wie dünne weisse Spinnfäden vorkommt, sind in Wirklichkeit eisgepanzerte Bergschluchten, in die die Felsbrocken und Eislawinen gestürzt waren›, schrieb Frank Smythe, als er 1930 an Professor Dyhrenfurths Expedition teilnahm, die den Berg von Nordwesten her anging. ‹Wir benötigten nur eine Minute, um mit Sicherheit festzustellen, dass es vollkommen sinnlos wäre, vom Yalung-Gletscher aus einen Weg zu suchen›, – die Route, die Crowley einschlug.

Crowley stürmte voran. Guillarmod und Reymond hatten sich um den Haupttross zu kümmern, Pache und de Righi um die Nachhut. «Ich hatte ihnen den besten Weg über den Gletscher gezeigt», sagte er. «Verglichen mit dem Piccadilly Circus, war es natürlich eine mehr oder weniger komplizierte und schwierige Strecke, aber mit Sicherheit weniger schwierig als ein Durchschnittsmarsch auf dem Baltoro-Gletscher. Mit meinem Vorpreschen wollte ich gewährleisten, dass Lager III so günstig placiert wurde wie aus der Ferne nur auszumachen. Dem war dann auch so.»

Von den zweihundertdreissig Trägern hatte ihnen der Staat Sikkim hundertdreissig zur Verfügung gestellt. Als sie ihre Ladungen in eine den Mont Blanc übertreffende Höhe geschleppt hatten, verweigerten sie den Weitermarsch. Sie fürchteten den Gott der Fünf Heiligen Gipfel, wie Kang Chen Junga wörtlich übersetzt heisst, warfen ihre Lasten ab und kehrten um. Guillarmod war dankbar, dass sie bis zu jenem Punkt gefolgt waren und tröstete sich überdies mit der Überlegung, dass ihr Abschied enorme Einsparungen an Proviant mit sich brachte. Angesichts des Gletschers jedoch war er so pessimistisch wie Crowley optimistisch. ‹Die Moränen verschlangen sich mit den Gletscherspalten zu einer teuflischen

Wüstenei, und wir konnten schon nicht mehr mitzählen, wieviele Mal es nicht weiter ging und wir zurückmarschieren mussten, oft genug völlig vergeblich.›[1]

Als der Doktor von einem höher gelegenen Punkt aus durch Nebel- und Wolkenfetzen hindurch die vor ihnen liegenden Hindernisse sah, gab er jede Hoffnung auf, den Gipfel auf der gewählten Route erreichen zu können.

‹Der westliche Grat des Kangchenjunga zeichnete sich klar gegen den wolkenlosen Himmel ab›, schrieb er.

> Vor uns lagen unaufhörlich von Lawinen bombardierte Abgründe, die jede Hoffnung nahmen, den direkten Zugang über diesen Grat zu suchen, der bei weitem nicht so entmutigend aussah wie die Wege, die zu ihm hinführten. Nicht ein Schneefeld war auch nur im entferntesten waagerecht; es gab keine Stelle, keinen einzigen Quadratmeter, auf dem man auch nur das kleinste unserer Zelte hätte aufschlagen können. Und auch die Felsen selbst (wenn man davon ausgeht, dass Menschenkräfte ausgereicht hätten, die erforderlichen akrobatischen Glanzleistungen in dieser Höhe noch zu vollbringen) boten keinen brauchbaren Angriffspunkt.[2]

Bereits nach drei Tagen kam es zwischen Crowley und Guillarmod zu Streitereien. Der Schweizer Arzt kritisierte Crowley, weil der es unterlassen hatte, seinen Weg mit kleinen ‹Steinmännern› zu kennzeichnen, so dass Guillarmod seinen eigenen Pfad finden musste. Er sagte, dass er nicht einmal wusste, wo Crowley überhaupt war und was er tat. Zudem war er über die Behandlung schockiert, die Crowley den Trägern angedeihen liess; seiner Meinung nach lag darin sogar die Hauptursache für den Misserfolg der Expedition.

Crowley seinerseits war wütend darüber, dass der Doktor eigene Lager baute, anstatt die seinen zu suchen und weiter auszubauen. Wie die Turmbauer zu Babel sprachen sie keine gemeinsame Sprache mehr.

Am 25. August, nachdem Crowley Guillarmod und Reymond die einzuschlagende Route ausgedeutet hatte und vormarschiert war, um einen geeigneten Platz fürs nächste Lager zu finden, musste der Doktor zu seiner Bestürzung feststellen, dass die meisten der Träger barfuss gehen mussten. Er sagte, Crowley habe ihm hoch und heilig versichert, dass die Träger im persönlichen Gepäck festes Schuhwerk bei sich hätten.

Schon zu Beginn der eigentlichen Kletterpartie konstatierte Guillarmod nüchtern das Scheitern der Expedition. Alle Kosten und Mühen waren umsonst gewesen. Den Lord Boleskine, auf dessen Gütern er den

[1] «Au Kangchinjunga. Voyage et explorations dans l'Himalaya du Sikhim et du Népal». *Echo des Alpes* Nr. 8/9, 1914.

[2] Op. cit.

seltenen Haggis erlegt hatte, konnte er nur noch innig verwünschen. Er beschimpfte ihn als leichtfertiges, gewissenloses Individuum – *un individu négligent et sans conscience.*

Reymond begab sich auf die Suche nach einer anderen Route für die Träger, die nach Möglichkeit die Eisfelder umgehen sollte, musste aber sehr bald umkehren. Der einzige Weg führte durch den Gletscher. Also begann er, für die barfüssigen Träger Tritte ins Eis zu hacken. Plötzlich tauchte Crowley auf und ging ihm zur Hand. Er hackte etwa ein halbes Dutzend Stufen aus dem Eis, führte die Arbeit aber derart miserabel aus, dass es dem Doktor heiss und kalt den Rücken herunterlief, wenn er auch nur einen Fuss daraufsetzte.

Guillarmod hatte sich mit dem Scheitern der Expedition abgefunden und meinte, dass sie nur noch versuchen konnten, so hoch wie nur möglich zu kommen, bevor sie den endgültigen Rückzug antraten.

Ständig von Lawinen bedroht – in einem Text über den Kangchenjunga heisst es, der Berg könne Menschen von sich schnippen wie Fliegen – erreichten sie einen schmalen, steilen Felsgrat, wo sie ihr Lager aufschlugen.

> Es war die denkbar ungeeigneteste, aber auch die grandioseste Stelle, die man sich vorstellen kann (die Zelte balancierten auf einem Schneefirst, den wir hatten abhobeln müssen, bevor wir sie überhaupt aufschlagen konnten. Mit Leichtigkeit hätten sie entweder zur einen oder zur anderen Seite abrutschen können). Hier warteten wir zwei Tage lang auf den Nachschub.[1]

Am 27. August wachte Crowley um drei Uhr nachts auf. Unter gewaltiger Anstrengung brachte er die Männer bis sechs Uhr zum Aufstehen. ‹Der Doktor war strikt dagegen und bestand darauf, dass die Leute sich vor dem Losmarsch aufwärmen sollten.›

Am nächsten Tag desertierten drei Träger. Einer ‹rutschte an eben der Stelle aus, wo Crowley Stufen geschnitten hatte›[2], und stürzte ab.

Am 29., nachdem er einen Tag lang krank auf seinem Lager verbracht hatte, stieg Guillarmod mit einer Suchexpedition ab, um die Leiche zu bergen, die sie schliesslich verstümmelt 500 m tiefer auf einem Felsen fanden. Den Tod ihres Kameraden nahmen die Träger mit Gleichmut: Der Gott der Fünf Heiligen Gipfel hatte sein Opfer verlangt. Sie bestatteten den Leichnam nach ihrem eigenen Ritual.

Guillarmod setzte den Abstieg fort und erreichte zwei Stunden später Lager III, wo ihn mehrere Fälle von Höhenkrankheit und Schneeblindheit erwarteten. Von Lager II stiess am gleichen Nachmittag de Righi mit mehr als fünfzig Mann zu ihm.

[1] Op. cit.
[2] Op. cit.

Pache hatte inzwischen Crowley in Lager V erreicht, allerdings ohne seinen Träger. Vom Tode seines Kameraden und von der Aussicht, mit dem Burra Sahib – dem Grossen Herrn, wie Crowley genannt wurde – zusammenzutreffen abgeschreckt, hatte er seine Last in den Schnee geworfen und das Weite gesucht.

Crowley war verbittert und verkracht mit jedem. Er konnte einfach nicht verstehen, woran es bei Guillarmod haperte. De Righi hielt er «für völlig daneben». Die Reaktion des Doktors auf den Verlust des Trägers beschrieb er so: «Am nächsten Morgen war Guillarmod gesund genug, um laut zu fluchen. Ich konnte mir nicht im geringsten vorstellen, was ihn quälte, kann es noch immer nicht. Die freundlichste Erklärung dazu, die mir in den Sinn kommt, ist seine geistige Unausgeglichenheit.»

Was die Träger anging, so waren sie ‹durch den aufgeregten und hysterisch quiekenden Reymond› demoralisiert. Um ihren Mut wiederaufleben zu lassen, gab er eine kleine Sondervorstellung, die er siebzehn Jahre später in seinem Roman *The Diary of a Drug Fiend* beschrieb:

> Aber das beste war dies: Vor einigen Jahren führte ich eine Himalaja-Expedition, und die Kulis fürchteten sich vor der Überquerung eines Schneehangs, der über einem gewaltigen Felsen dräute. Ich befahl ihnen, genau aufzupassen, schwang mich auf die Schneespitze und rauschte den Abhang hinunter wie ein Sack Hafer, nur um unmittelbar am Rand des Abgrundes wieder auf meinen Füssen zu stehen. Sie sperrten ihre Mäuler auf und waren sprachlos vor Staunen.

Am Abend des 31. August taumelten einige Träger ins Lager IV und beschwerten sich bei Guillarmod, dass Crowley sie geschlagen hätte. Sie hatten die Nase voll und wollten heim. De Righi in Lager III jedoch, der ihre Sprache fliessend sprach, überredete sie, die Expedition nicht im Stich zu lassen. Mit seinem Wort stand er dafür ein, dass der Burra Sahib sie nicht noch einmal schlagen würde und dass sie auch nicht dazu verpflichtet würden, im gleichen Lager wie Crowley zu übernachten. Widerwillig luden sie ihre Lasten wieder auf.

Zwar gab Crowley zu, einen Träger geschlagen zu haben, aber das sei nur zu seinem und aller andern Besten gewesen. Seine Gruppe (mit Pache und Reymond) habe eine Höhe von 6 900 m erreicht gehabt, als sich eine kleine Lawine löste und auf sie zudonnerte. In seinem Schrecken

> verlor einer der Träger die Nerven und folgte jenem Instinkt, der einen Ertrinkenden die Arme in die Luft strecken lässt. Er tat genau das, was in seiner Situation den sicheren Tod bedeutet hätte: Er löste das Seil. Ich befahl ihm, damit aufzuhören, aber er war vollkommen hysterisch und brach in sinnloses Schreien aus. Es gab nur einen Weg, diesen selbstmörderischen Akt zu verhindern: Ich zielte genau und

versetzte ihm eins mit dem Eispickel. Daraufhin riss er sich zusammen, so dass sich die Panik nicht weiter ausbreitete.

Sie machten sich auf den Rückweg ins Lager V, ohne dass Crowley die Moral wiederhergestellt hätte, denn die Träger begannen, wie er im nächsten Absatz zugibt, über die Dämonen des Kangchenjunga zu reden, bis ‹die winzige Lawine allmählich phantastische Dimensionen annahm. In der Nacht stahlen sich ein paar Träger heimlich fort›.

Am nächsten Morgen traf de Righi bei Guillarmod in Lager IV ein. Bald darauf stiessen sie auf die Träger, die den Grossen Herrn, der sie geschlagen hatte, verlassen hatten.

Um 10 Uhr morgens brachen Guillarmod und de Righi zu Lager V auf. Sie hatten beschlossen, mit Crowley zu reden und ihn von seinem Posten als Expeditionsführer abzusetzen. Nach vier Stunden Marsch fanden sie das Lager leer, sahen aber Crowley in weiter Entfernung.

Hier Crowleys Schilderung von Guillarmod und de Righi im Lager V:

> ... sah ich zu meiner Überraschung eine Menschenmenge in Lager V einfallen. Als ich hinabgestiegen war, musste ich erleben, dass die Hysterie Guillarmods und die Dummheit de Righis mal wieder ein heilloses Durcheinander angerichtet hatten. Mit siebzehn oder zwanzig Kulis waren sie im Lager angekommen, hatten aber keinen einzigen der benötigten Ausrüstungsgegenstände mitgebracht. Ihr Verhalten war vollkommen unerklärlich. Der Doktor schien nicht mehr zu wissen, was er redete. Seine Bemerkungen liessen lediglich auf Wahrnehmungsstörungen schliessen. Er schien weder fähig, meine Fragen zu beantworten, noch erklären zu können, was geschehen war. Alles, was er im Hirn hatte, war, eine Konferenz abzuhalten und an meiner Stelle Führer zu werden. Derartige Narreteien waren in unserem Vertrag nicht vorgesehen, den er für nichts weiter als einen Fetzen Papier zu halten schien. Bei der Ankunft der andern entstand eine hitzige Debatte. Niemand warf mir unfaires Verhalten vor. Von Anfang bis Ende handelte es sich um nichts weiter als die Ressentiments eines Ausländers gegen die Führung durch einen Engländer ...

Es entstand weder eine Diskussion mit Crowley noch wurde er überschrien. Statt dessen gab es nunmehr einfach zwei Expeditionsführer – Crowley, der sich selber führte, und Guillarmod. Das vordringlichste Problem war, genug Schlafplätze für die bevorstehende Nacht zu finden, da Lager V nicht gross genug für alle war. Guillarmod und de Righi beschlossen, ins Hauptlager, Lager III, zurückzugehen. Pache wollte sich ihnen anschliessen, weil er durch den Verlust seiner Bettstatt drei Tage lang auf dem nackten Zeltboden hatte schlafen müssen. Am 1. September um fünf Uhr morgens brachen sie auf.

‹Wir nahmen ihn› (Pache) und seine Träger ans Seil und gingen los. Crowley und Reymond blieben im Lager V›, schreibt der Doktor:

> Wir waren sechs Mann am Seil, drei Europäer mit Steigeisen und Stiefeln und drei Träger, von denen zwei extrem schlechtes Schuhwerk hatten und die wir aus Mitleid ebenfalls ans Seil nahmen. Die ersten paar Meter ging alles gut. Zwar rutschten die Träger im Mittelteil gelegentlich aus, aber bei gut gespanntem Seil konnte man sie mit Leichtigkeit halten. Eine kurze Wegstrecke weiter knickte der Pfad rechtwinklig ab und ging in die Horizontale über. De Righi und ich konnten die Stelle ohne Schwierigkeiten passieren, aber der Kuli unmittelbar hinter uns rutschte ab und riss seinen Hintermann mit sich. Pache war nicht stark genug, die beiden Männer auf dem steilen Hang zu sichern, und verlor seinerseits den Halt. Auch der sechste Mann der Seilschaft begann zu taumeln.
>
> De Righi und ich wollten den Fall der vier Kameraden stoppen. Wir hatten zwar einen günstigen Standort, aber die vier rutschten immer schneller ab. Mit einem Ruck spannte sich das Seil, und unsere in den Grund gestemmten Füsse lösten eine Schneelawine aus, die zu gewaltigen Ausmassen anschwoll. Über eine Breite von fünzig Metern wurde der ganze Berghang kahlgefegt. Trotz Steigeisen fanden meine Füsse keinen Halt mehr. Halten konnte ich mich nur noch mit den Händen am Eispickel, der unser letzter fester Punkt war. So wollte ich de Righis Sturz auffangen, den die Lawine nach unten wirbelte. Aber als der Wirbelwind unserer über- und durcheinanderrollenden Kameraden an uns vorbeirauschte, war an ein Halten nicht mehr zu denken. Der plötzliche Ruck war zu stark, und ich wurde von meinem Eispikkel losgerissen.

Guillarmod versuchte vergeblich, noch einen zweiten Eispickel zu fassen. Mit verzweifelten Schwimmbewegungen versuchte er, sich an der Oberfläche zu halten. Nach fünf Sekunden war alles vorbei. Er wurde den Hang hinuntergeschleudert und schlug hart mit den Nieren auf. Fast wäre er erstickt, aber die Lawine war zum Stillstand gekommen. Als er wieder zu sich gekommen war, gelang es ihm, sich nach oben zu kämpfen: denn noch war er mit de Righi, der rücklings weiter oben am Hang lag, verbunden.

Der Italiener war ohnmächtig, ins Seil verstrickt und lag halb im Schnee vergraben. Der Doktor konnte ihn ausgraben und von seinen Fesseln befreien, aber wo waren die andern? Alles Ziehen und Zerren am Seil blieb vergeblich. Die Lawine reichte in Tiefen hinunter, die sie nicht einmal schätzen konnten. Sie begannen zu graben, aber sie fanden nichts als Schnee und das nicht enden wollende Seil.

Die dünne Luft trug ihre Hilferufe meilenweit. Reymond kam zu Hilfe, und alle drei gruben verzweifelt mit ihren Eispickeln im Schnee herum. Das Ende des Seils und die drei Vermissten konnten sie mit diesem unzulänglichen Werkzeug jedoch nicht erreichen. ‹Ich hatte zwei erfrorene Zehen, und meine Hände waren taub geworden›, schreibt Guillarmod. ‹Aber alle unsere Anstrengung war vergeblich. Unsere Kameraden waren tot. Uns blieb nichts als die traurige Pflicht, später mit geeigneten Instrumenten nach ihren Leichen zu suchen.›

Zurück zu Crowley. Zwar war er nicht dabei gewesen – aber über das Unglück hatte er viel zu sagen.

> Ich warnte die Rebellen vor dem nächtlichen Abstieg, der ihnen mit Sicherheit den Tod bringen würde. Die Sache wäre mehr oder weniger für die Kulis zu vertreten gewesen, aber nicht für *sie:* Nur zu gut kannte ich Guillarmods Geschick im Hervorrufen von Unfällen selbst in den denkbar dafür ungeeignetsten Situationen.
>
> Sie wurden nur um so wütender. Eigentlich hätte ich dem Doktor mit der Axt beide Beine brechen sollen. Zu meinem Schrecken stellte ich fest, dass auch Pache mitgehen wollte. Der Halunke hatte noch nicht einmal den Anstand, seinen Schlafsack mitzubringen. Ich flehte ihn an, bis zum Morgen zu warten. Sogar meinen eigenen Schlafsack bot ich ihm an. Ich erklärte ihm die Situation, aber er wollte mir nicht glauben, dass ich die reine Wahrheit sprach, als ich sagte, dass Guillarmod in seinen besten Jahren im Gebirge ein gefährlicher Narr gewesen war, sich jetzt aber zu einem gefährlichen Irren gewandelt hatte.
>
> Mein Herz brach, als ich ihm Lebwohl sagte. Ich habe den Mann sehr gern gehabt, und meine letzten Worte waren: «Geh nicht. Ich werde dich nicht mehr wiedersehen, denn in zehn Minuten wirst du den Tod gefunden haben.»
>
> (Hier allerdings irrte ich. Nach einer Viertelstunde war er noch immer quicklebendig.)
>
> Nach weniger als einer Stunde hörten Reymond und ich wildes Geschrei. Wir konnten die Worte nicht verstehen, aber es waren die Stimmen Guillarmods und de Righis. Reymond wollte ihnen unmittelbar zu Hilfe kommen, aber es dämmerte schon, und wir konnten niemanden aussenden, da de Righi alle Träger mitgenommen hatte und es keinen Anhaltspunkt für die Gründe der Schreierei gab. Sie hatten den ganzen Tag lang herumgebrüllt. Reymond hatte seine Stiefel noch nicht ausgezogen und sagte, er würde hinuntersteigen, um die Lage zu erkunden, und mich im Notfalle rufen. Er ging und ward nicht mehr gesehen noch gehört. Ich legte mich schlafen und sah mir die Sache am nächsten Morgen an.

Und was sah er? Guillarmods zufolge nicht viel: ‹Am nächsten Tag konnte man Crowley vom oberen Lager absteigen sehen. Ob unsere Kameraden tot oder wenigstens geborgen waren, schien ihn nicht zu interessieren. Er desertierte wie ein Feigling, und erst in Darjeeling sollten wir wieder etwas von ihm hören.›

Zwar sahen sie Crowley, Crowley jedoch nicht sie. Als er am Morgen des 2. September die gewaltigen Schneehänge des Grossen Berges hinunterstieg, hörte er plötzlich Stimmen. Er ging Richtung Lager IV und rief: «Wer da?»

Niemand antwortete. Die Laute verstummten, aber kamen nach kurzer Zeit wieder. «Ich könnte beschwören, Stimmen gehört zu haben», sagte Crowley. «Wiederum rief ich sie an, wieder antwortete Schweigen. Ich begann mich als Opfer einer Halluzination zu fühlen.»

So endete der erste Versuch, den Kangchenjunga zu besteigen. Der Unfall, dem Alexis Pache, einunddreissigjähriger Schweizer Kavallerieleutnant, und drei namenlose Träger zum Opfer fielen, war nicht die Schuld Crowleys, aber seine Reaktion darauf versetzte seinem Ruf einen schweren Schlag. *The Alpine Journal,* das im Februar 1906 einen kurzen Bericht über den Besteigungsversuch brachte, wies darauf hin, dass Crowley nie irgendwelche Verbindungen zu dem *Alpine Club* gehabt hätte. Wenn es in Crowleys Absicht gelegen haben sollte, sich in den Augen aller Bergsteiger zu blosszustellen, so sei ihm das nun voll und ganz gelungen.

Von Darjeeling aus kabelte er einen verschwommenen Bericht über die Expedition und ihr Ende zum Londoner *Daily Mail,* in dem er seine Verachtung für sein Team und seine Hoffnung auf ‹Erfolg in einem späteren Jahr mit einer besser ausgerüsteten Mannschaft› zum Ausdruck brachte.

Bleibt nur die Frage, warum er nicht zur Unglücksstätte zurückkehrte. Vierzig Jahre später, als er mit zittriger Hand über seine tägliche Dosis an Heroin auf kleinen Papierschnitzeln Buch führte, beschrieb er seine Verzweiflung mit dem Ausdruck: *Kangchenjunga-Phobie:* Nur die Agonie des Rauschgiftsüchtigen konnte seine Furcht vor dem Grossen Berg annähernd umschreiben. In der Schnee- und Eiswüste hatte er Stimmen gehört – die Stimmen der Toten oder der Dämonen der Fünf Heiligen Gipfel. Von nacktem Grauen überfallen, hatte er den Kopf verloren und war geflohen.

EINE WANDERUNG DURCH CHINA

Guillarmod, Reymond und de Righi nahmen am 6. September Abschied von ihrem toten Freund. Auf ihrer Rückreise in die Zivilisation besichtigten sie tibetanische Tempel und sammelten für Schweizer Wissenschaftler Pflanzen, Insekten und Steine. In Darjeeling angekommen, mussten sie zu ihrem Zorn feststellen, dass Crowley bereits seine Version der Expedition in indischen Zeitungen publiziert hatte. Anscheinend hatte der Doktor angenommen, dass Crowley kein Interesse daran haben würde, über das Geschick der Expedition allzuviel ans Licht der Öffentlichkeit dringen zu lassen. Statt dessen fand er sich von Crowley an den Pranger gestellt und in aller Öffentlichkeit beschuldigt, nicht nur fünf Männer an ein einziges Seil genommen zu haben, sondern auch das Seil durchschnitten zu haben, um seine eigene Haut zu retten. Und das war noch nicht einmal alles. Crowleys Kommentar zum Tod Paches und der Träger liess den Doktor vollends vor Staunen erstarren.

«Nach Lage der Dinge konnte ich nichts weiter tun, als Reymond auf die geringe Chance hin loszuschicken. Nicht, dass ich in dieser Situation übermässig an der Gewährung von Hilfeleistungen interessiert gewesen wäre. Ein Berg«unfall» *dieser* Art gehört zu den Dingen, für die ich nicht das geringste Verständnis aufbringen kann.»

Crowleys fünfter und letzter Artikel im *Pioneer* schliesslich diente der eigenen Verteidigung.

> Eingeschoben sei ein Wort der Erklärung, warum ich nicht selber zum Unfallort stieg. Als der erste Ruf ertönte, hatte ich mich bereits niedergelegt und kochte Tee, nachdem ich zwölf Stunden ohne Nahrung im Schnee verbracht hatte. Es hätte mich zehn Minuten gekostet, mich wieder anzukleiden. Reymond dagegen hatte Stiefel und Oberbekleidung noch nicht abgelegt und war somit marschbereit. Ich sagte ihm, er solle rufen, wenn er meine Hilfe benötigte. Aber er rief nicht ... Niemand, der nicht dabeigewesen ist, kann sich darüber ein Urteil erlauben; ausserdem war ich der einzige dort droben, der ein Ende eines Berges vom andern unterscheiden konnte ... Der Doktor war alt genug, sich selber zu retten, und de Righi zu retten, hatte niemand Interesse ...

Der Rest des Artikels war eine Schmährede auf den Service in de Righis Drum Druid Hotel, wo Crowley sich nach seiner Rückkehr eingenistet hatte.

Crowleys Erzählungen über das schmutzige Nachspiel eines Bergabenteuers (Guillarmod pflegte es als Crowleys letzten Schurkenstreich zu bezeichnen) zufolge drohte der Doktor mit einer Anzeige wegen Betrugs. Ausserdem werde er ‹ein Exemplar der *Snowdrops* an einem Ort hinterlegen, wo Sie es lieber nicht zu Gesicht bekommen, Schurke . . . Ihre Erklärungen stolpern über vier Tote.›

De Righis Replik an Crowley im *Pioneer:*

Um den Charakter des Individuums, mit dem wir es zu tun hatten, zu verdeutlichen, werde ich ein paar Auszüge aus Briefen zitieren, die Crowley dem Doktor lange vor Beginn der Expedition geschrieben hatte. Geschrieben wurden sie etwa zu dem Zeitpunkt, als wir die vertragliche Vereinbarung getroffen und ich ihm den Gegenwert von 100 Pfund übergeben hatte. (Da ich diese Summe nicht in bar hatte aufbringen können, nahm er nach langem Hin und Her eine wunderschöne tibetanische Fahne, ein schweres Stück geschnitzten Lapislazuli und eine grüne Jadekette als Äquivalent an – 350 Rupien hatte ich bereits in bar angezahlt): ‹Mein lieber J. G. – Hier drüben geht alles gut voran, und ich hoffe, dass uns der Geschäftsführer eines Hotels auf unserer Tour begleiten wird, ein junger Italiener, der die Sprache spricht, sich im Geschäftsgebaren des Landes auskennt und weiss, wie die Preise liegen und wie man die Lohnkosten der Träger drücken kann. Er heisst Rigo de Righi. Sie werden von seiner Nützlichkeit überzeugt sein, obwohl er nicht gerade als Gentleman bezeichnet werden kann. Er kann zornig werden und sich völlig grundlos erregen. Wir werden ihn uns also, meine ich, auf Armlänge Abstand vom Leibe halten müssen. Aber ohne Zweifel wird alles gutgehen. Wenn er seine Schuldigkeit, den Transport unseres Schwergepäcks ins Hauptlager, getan hat, können wir ihn, falls er Schwierigkeiten machen sollte, ohne weiteres zurückschicken. Aber ich hoffe, dass er sich benehmen wird.›

Das also war der Mann, der die Kangchenjunga-Expedition anführte. Muss ich noch näher erklären, warum wir uns entschlossen, ihn zur Aufgabe seiner Position aufzufordern? Mögen Ihre Leser sich darüber ihre eigene Meinung bilden . . .

Nicht genug mit den Anschuldigungen, mit denen er mich auf der Expedition überhäufte, beschuldigt er mich auch noch, Nangar in seiner Forderung nach einer Kommission für jeden vermittelten Träger unterstützt zu haben (was von Mr. Crowley vor Antritt der Expedition zugesagt worden war), wenn er sie dazu überreden würde, für 20 Rupien Monatslohn zu arbeiten, während er selbst 30 Rupien einstrich.

Er behauptet weiter, dass ich auf alles, was wir unterwegs einkauften, eine Kommission herausschlüge, was in Darjeeling wohl bekannt gewesen sei. Ich sagte ihm ins Gesicht, dass dies eine Lüge sei. Er antwortete, er habe es von einem Freund, einem Offizier, erfahren. Daraufhin sagte ich, ich könne nicht glauben, dass ein englischer Offizier einer solchen Behauptung fähig sei, ohne gleichzeitig die Bereitschaft zu besitzen, seinen Namen preiszugeben. Als ich den Namen dieses Offiziers wissen wollte, verweigerte er ihn. Mag sein, dass dies bei den in Cambridge erzogenen «Gentlemen» so üblich ist. Nun bin ich der Meinung dieses Herrn zufolge kein «Gentleman». Wenn dem aber so ist und wenn er selbst der Inbegriff des Gentleman ist, so kann ich mich nur darüber freuen, keiner zu sein.

Guillarmod nahm an, dass es zu kostspielig und wohl auch vergeblich gewesen wäre, Crowley wegen Veruntreuung der Expeditionsgelder gerichtlich zu verfolgen – den grössten Teil der Kosten hatte der Arzt getragen –, und Crowley konnte sich soweit in Musse den Reizen eines nepalesischen Mädchens hingeben, das ihn zu weiteren Gedichten inspirierte.

NEPALI LOVE-SONG

O kissable Tarshitering! The wild bird calls its mate – and I?
Come to my tent this night of May, and cuddle close and crown
me king!
Drink, drink our fill of love at last – a little while and we shall die,
O kissable Tarshitering!
Droop the long lashes; close the eyes with eyelids like a beetle's wing.
Light the slow smile, ephemeral as ever a painted butterfly,
Certain to close into a kiss, certain to fasten on me and sting!
Nay? Are you coy? Then I will catch your hips and hold you wild
and shy
Until your very struggles set your velvet buttocks all a-swing,
Until their music lulls you to unfathomable ecstasy,
O kissable Tarshitering!

Bald darauf zog es ihn nach Kalkutta, wo er einer Einladung des Maharadschas von Moharbhanj zur Grosswildjagd in Orissa folgte.

Crowley hatte sein dreissigstes Lebensjahr erreicht. Die Euphorie vom Jahresbeginn war verflogen, und er ahnte, dass er sie nie wieder erfahren würde. Die Zukunft schien ihm unsicher und bedrohlich.

Ein Brief an Gerald Kelly beleuchtet das Chaos in seinem Innern.

Nach fünf Jahren der Narretei und Schwäche, fälschlich auch Takt, Zuvorkommenheit und Rücksichtnahme auf die Gefühle der Mitmenschen genannt, bin ich all dessen müde. Heute sage ich: zur Hölle mit Christentum, Rationalismus, Buddhismus, diesem Gerümpel der Jahrhunderte. Ich bringe einen positiven und vorzeitlichen Fakt, Magie genannt; und mit ihm werde ich mir einen Himmel und eine neue Erde erschaffen. Weder Euren blassen Tadel noch Euer schwaches Lob will ich; sondern ich will Blasphemie, Mord, Vergewaltigung, Revolution, irgend etwas. Egal, ob gut oder schlecht, nur stark.

In einer anderen Stimmungslage dagegen erklärte er, dass er jene Entrückung und Erhöhung des Geistes erreichen wolle, die den Mystikern und Heiligen des Ostens zu eigen ist. ‹Ich war unbedingt davon überzeugt, dass es von äusserster Wichtigkeit war, mein Leben der Erlangung des *Samadhi*[1] zu widmen, dem bewussten Verkehr mit der Immanenten Seele des Universums.›

In der Zwischenzeit schrumpfte sein vom Vater hinterlassenes Vermögen wie Balzacs *peau de chagrin* mit der Erfüllung jedes Wunsches mehr zusammen.

Wohin und wozu? Weder wusste er es, noch scherte es ihn. Nur Aiwass, seinem Heiligen Schutzgeist, gehorchte er.

Er wandte sich wieder der Magie zu, wobei er dem Enochischen System der beiden Magier aus der Elisabethanischen Ära folgte, Dr. John Dee und Sir Edward Kelly, getreu den Regeln des Golden Dawn. Er erhob sich auf die Astralebene, wo er Elaine Simpson traf. Sie diskutierten über das Grosse Werk: d. h. über nicht mehr und nicht weniger als die Neuerschaffung des Alls. Auf Elaines Schulter sass dabei ein goldener Falke, in dessen Gesichtszügen Crowley sofort einen der Geheimen Oberen erkannte.

Seltsamerweise (für die in Paradoxa nicht so bewanderten) drückte er seine reinen, mystischen Gefühle in einem weiteren obszönen Buch aus. Über diese scheinbare Widersprüchlichkeit äusserte er sich unmissverständlich: Trotz höchster und edelster Wesensart ‹fühlte ich den Zwang, mich in satirischen und (wie manche meinen werden) obszönen Formen auszudrücken›.

Diesmal hatte er die Inspiration Sir Richard Burton zu verdanken (dem er später auch den zweiten Band seiner Autobiographie widmete). Dieser übertrug nach der Übersetzung von *The Arabian Nights,* ein nur Gelehrten und Liebhabern literarischer Kuriositäten bekanntes Werk aus dem fünfzehnten Jahrhundert, *The Perfumed Garden* oder *The Scented Garden for the Soul's Recreation* des Nafzâwi ins Englische. Aber bevor er die Übersetzung mit den zahlreichen Fussnoten seinem Verleger überreichen konnte, verstarb er. Das Manuskript fiel in die Hände seiner Frau, die weder Sir Richards Interessen, noch seine geistige Freizügigkeit teilte.

[1] Ekstase, höchstes Ziel des Yoga.

Bei der Lektüre des Werkes war sie entsetzt. Plötzlich – so ihre Version – erschien ihr der Geist des verstorbenen Gemahls und befahl ihr, das Manuskript zu zerstören.

Wie Burton hatte nun auch Crowley Informationen über die Sexualpraxis des Ostens gesammelt. Mit Hilfe eines *lunchi,* der ihm vorübergehend Persisch-Unterricht gab, begann er, *ghazals* zu schreiben, eine persische Versform. Er gab vor, es handle sich um Übersetzungen, und um die Fälschung stilechter zu machen, spickte er den Text mit Worten und Sätzen auf persisch. Den imaginären Dichter des Werks, Abdullah al Haji, versetzte er ins siebzehnte Jahrhundert und liess ihn am gleichen Ort zur Welt kommen wie den berühmten Dichter Hafiz. Crowley gab der Anthologie aus zweiundvierzig Gedichten den Titel *The Scented Garden of Abdullah the Satirist of Shiraz* (Untertitel: ‹übertragen von einem kostbaren indischen MS durch Major Lutiy und einem Mitarbeiter›). Major Lutiy war ein fiktiver Anglo-Inder, der das Manuskript gefunden und mit Anmerkungen versehen haben sollte. Da er vor Vollendung der Arbeit im Burenkrieg gefallen war, vollendeten ein unbekannter ‹Lektor› und ein ‹christlicher Geistlicher, der den Inhalt der Gedichte insbesondere unter dem Blickwinkel der anglikanischen Hochkirche diskutiert›, das Werk. In dieser ‹Tatsache› lässt sich Crowleys spezielle Ironie erkennen, denn Gedichte, Vorwort und die meist von Burton plagiarisierten Fussnoten sind mehr als unzüchtig.

Diesen Gipfel der Pornographie bezeichnet Crowley im dritten Teil seiner Biographie dann mit typisch schizophrener Haltung als einen Höhepunkt der Frömmigkeit:

> Das Buch selbst ist eine Abhandlung über Mystizismus, ausgedrückt im Symbolismus, wie ihn die Frömmigkeit Persiens erfordert. Sie beschreibt das Verhältnis zwischen Gott und Mensch und erklärt, warum letzterer seine ursprüngliche Unschuld verliert, indem er sich von den Illusionen der Materie täuschen lässt. Seine Religion wird unwirklich und formal, er verfällt der Sünde und erleidet dafür die Strafe. Gott aber baut ihm den Weg zu neuem Leben und durch Scham und Schande hindurch bereut der Mensch schliesslich, wodurch die mythische Vereinigung vorbereitet wird, die ihn endlich zu seinen ursprünglichen Privilegien des freien Willens, der Unsterblichkeit, der Empfängnis der Wahrheit und so weiter, emporsteigen lässt.

Obgleich sich homosexuelle Topoi durchaus mit der persischen Mystik in Einklang bringen lassen (auch die Gedichte des berühmten Hafiz sind davon nicht frei), ja sogar einen Teil der Mystik Persiens bilden, dürfte Crowleys Behandlung des Themas weder ernsthaft noch fromm zu nennen sein.

Eines Nachts begab sich Crowley auf der Suche nach Abenteuern in die engen Gassen von Kalkutta. Er ging Richtung Culinga Bazaar, die er als eine Strasse der Verderbtheit bezeichnet.

Es war Feiertag (der Durga Puja der Bengalen), und Tausende von Hindus und Moslems jeder Kaste und Sekte bildeten ein wildes Gewühl aus Rot, Blau, Weiss und Braun. Als er von einer kleineren Hauptstrasse mit ihrem Sturzbach der verlorenen Seelen (wie er die indische Menschenmenge beschrieb) abwich, geriet er in ein Labyrinth aus winzigen Strassen, Torbögen, Ecken und Tunneln, die enger und enger wurden, so dass er sich schliesslich – nach eigenen Worten – fühlte wie ein Bewohner des Flachlandes im Daumenabdruck eines Mörders!

Plötzlich überkam ihn ein unheimliches Gefühl, dass er verfolgt wurde. Vor ihm lag in völliger Dunkelheit eine äusserst schmale Passage, gerade breit genug für zwei Personen.

Hinter sich sah er sechs grosse helle Flecke aufleuchten: die Gewänder von sechs Männern. Er trug einen dunklen Anzug und presste sich gegen die Mauer in der Hoffnung, so nicht gesehen zu werden.

Als ihn der dritte gerade passiert hatte, teilte sich die Schlange in der Mitte. Im gleichen Augenblick wurde er gepackt. Rauhe Hände durchwühlten seine Taschen.

Ein Messer blitzte auf und seiner Kehle entrang sich ein Schrei, während sich seine Finger um den Abzug der 38er Webley krallten, die er in seiner Tasche trug.

Es klickte nur, als der Hammer auf die leere Patronenkammer schlug. Noch einmal drückte er ab.

Es gab einen fürchterlichen Aufruhr, die weissen Gewänder fielen förmlich auseinander. Dann war die Strasse plötzlich erfüllt von einer rasenden Menschenmenge, die ‹mit Schreien des Hasses› auf den Revolverschützen Jagd machte.

Ein Entkommen schien unmöglich. Crowley blieb nur eins: sich unsichtbar zu machen. Also löste sich der Adept Perdurabo nach einem stillen Gebet zu dem grossen Gott Harpocrates in Luft auf.

Beruht die Geschichte auf Wahrheit oder gibt es sie nur in Crowleys Phantasie? Jedenfalls wurden in dieser Nacht in den Strassen Kalkuttas zwei Inder erschossen.

Der *Calcutta Standard* berichtete darüber auf Seite eins.

> ÜBERFALL AUF EUROPÄER VERMUTET. Zwei Tote durch Pistolenschüsse. Einen erschütternden Vorfall untersucht zur Zeit die Polizei in Zusammenhang mit einem angeblichen Raubversuch an einem Europäer durch etwa ein halbes Dutzend Strassenräuber. Der Europäer vereitelte ihr Vorhaben, indem er zwei von ihnen erschoss ...

Wieder sichtbar geworden, fuhr Crowley zu seinem Freund Thornton, der ihn ins Bett schickte und ihm empfahl, am nächsten Morgen einen Anwalt aufzusuchen.

Der Anwalt wiederum gab ihm den Rat, *Uncle Remus* zu lesen, insbesondere das Kapitel über Bruder Karnickel, der ‹sich versteckte und kein einziges Wort sagte›.

Am gleichen Tag trafen Rose und Nut Ma Ahathoor Hecate Sappho Jezebel Lilith in Kalkutta ein. Perdurabo empfing sie am Kai mit den Worten ‹Willkommen, ihr Lieben, auf Indiens sonnigen Gestaden. Ihr kommt gerade recht, mich hängen zu sehen.›

Am folgenden Tag stand in den Zeitungen, dass der Polizeichef für sachliche Hinweise zur Ergreifung des Europäers eine Belohnung von 100 Rupien ausgesetzt hatte.

Crowley fragte Rose, ob sie lieber nach Persien oder China wolle.

Im entlegensten Winkel von Gottes Erde wanderte Bruder Perdurabo durch die Wildnis. Er befand sich irgendwo zwischen Tengyueh und Talifu in der Provinz Yunnan. Nach China war er über Burma gekommen, nach einer Dampferfahrt den Irrawaddy hinauf bis Bhamo. Mit ihm waren Weib und Kind (das zwei Träger in einer Sänfte trugen), dazu Salama, der Kaschmiri, der ihn auf den K 2 und den Kangchenjunga begleitet hatte, sowie eine indische Kinderschwester, die sich dann irgendwann während der Reise mit Crowley verkrachte und auf eigene Faust versuchte, wieder nach Hause zu kommen. Sie übernachteten im Freien und wanderten gemächlich auf Talifu zu.

‹Mit Weib und Kind fand ich mich mitten in China›[1] schrieb Crowley. ‹Weder liebte ich die beiden, noch wollte ich sie beschützen wie einst.› Er war in seine Gespräche mit den Giganten der Vorzeit vertieft, den Wächtern der esoterischen Traditionen. Einer nach dem andern passierten sie vor seinen leidenschaftlichen Blicken Revue: Pythagoras, Plotinus, Avicenna, Paracelsus, Fludd, William Blake . . . Allen lauschte er. Jedes Ereignis seines Lebens hatten sie vorbestimmt, damit er das Grosse Werk vollende. Von den Trancen pflegte er in einer Feuerkrippe zur Erde zurückzukehren. Seine ‹Wanderung durch China› unternahm Crowley teilweise auf dem Rücken eines Ponys. Zugegebenermassen war er eine Zeitlang nicht ganz bei Sinnen. Offen bleibt, ob das auf eine von ihm *Augoeides*[2] genannte Invokationspraxis zurückzuführen war (bei der dieser Name über die Hügel und Wüsteneien dieses Teils Westchinas gerufen wurde) oder darauf, dass er einmal einen 12 m hohen Felsen hinunterfiel, weil ihn sein Pony abgeworfen hatte.

1 Mitten in Irgendwo, jedenfalls nicht China. Yunnan liegt an der Peripherie dieses riesigen Landes.

2 *Augoeides* αὐγοειδής, von αὖγος, Morgenlicht-, dämmerung. Crowley borgte den Ausdruck aus Περὶ Μυστηρίων, *De Mysteriis* des Iamblichus, dem grössten antichristlichen Philosophen.

Ihn plagten Zweifel über den Sinn seines Lebens, die er nur mit dem Gedanken an seinen Heiligen Schutzgeist zerstreuen konnte. ‹Ich bin beauftragt, etwas zu vollbringen. Aber für wen? Für das Universum? . . . Was ist es, das ich die Menschen lehren soll? Und wie ein Blitz fielen diese Worte vom Himmel auf mich: «Wissen und Lehre des Heiligen Schutzgeists.»›

Er hatte sich so weit von sich selbst entfernt, dass er zu einem Andern, Fremden wurde, auf den er sich nur in der dritten Person bezog. Er hatte den Punkt der Eroberung seines eigenen Verstandes erreicht. Sein Geist war gebrochen . . . und als er zurückkehrte, glich er einem Kleinkind. Aber indem er die Einheit jenseits des Verstandes erreichte, fand er den Sinn seines Lebens und drückte ihn aus in den Worten: «Erlangung von Wissen und Lehre des Heiligen Schutzgeists.»

Nur noch Aiwass zählte nunmehr. Alles andere war aufzugeben.

Als Zeichen der Hingabe an seinen Schutzgeist schor er sein Haupt und erstand eine Opiumpfeife. Innerhalb von fünf Stunden rauchte er fünfundzwanzig Pfeifen, ohne auch nur das Geringste zu spüren, bis er feststellte, dass er vergessen hatte, zu inhalieren.

Mit Allan Bennett hatte er in Kandy Laudanum probiert. Auf seiner ersten Reise nach Burma hatte er Opiummehl gegessen. Nun entdeckte er zum ersten Male die Vergnügungen des Opiumrauchens.

Von Talifu aus wanderten sie 200 Meilen weit nach Yunnan. Irgendwo auf dieser Strecke erhielt er folgende Botschaft von den Geheimen Oberen:

> Eines Morgens ruhte ich mich auf einem Pass aus und rauchte eine Pfeife. Das Wetter war warm und dunstig. Salama kam und liess sich an meiner Seite nieder. Ich sah ihn erstaunt an, denn das war ein grober Verstoss gegen die Etikette. Manchmal frage ich mich, ob er es absichtlich getan, so als wolle er sagen: ‹Ich bin nicht dein Führer, sondern ein Bote der Götter.› Schamhaft und schüchtern wie ein Schaf und sichtlich peinlich berührt, sagte er: «Sahib, heute nacht hatte ich ein *Tamasha*.» Lachenden Gesichts gab ich ihm einen Tadel. *Tamasha* bedeutet alle mögliche Unterhaltung und impliziert im Orient im allgemeinen ein gewisses Mass an Lebhaftigkeit und nach Möglichkeit ein Übermass von verbotenem Schnaps und Flirt. Aber die Rede war nur von einem Traum. «Ich stand am Ufer eines kleinen Sees», fuhr er fort. ‹Es war in der Wildnis und der See war von einem Schilfgürtel umringt, der stellenweise bis ins Wasser ragte. Hoch am Himmel stand der Vollmond, aber es waren Wolken am Himmel und Nebel. Du standest vor mir, Sahib, unbeweglich und in Gedanken versunken wie immer. Aber du schienst jemanden zu erwarten. Dann plötzlich raschelte es und die Schilfwand zerteilte ein Nachen, der von zwei wunderschönen Frauen mit langem, blondem Haar gerudert

wurde. Im Bug stand eine dritte, grössere Frau mit noch hellerem Haar. Langsam glitt das Boot auf dich zu, und dann sah ich, dass die Frau in ihren Händen ein grosses, gerades Schwert hielt, das reich verziert war mit Silber, Saphiren und Rubinen. Schweigend legte sie das Schwert in deine Hand. Sie glitten davon, wie sie gekommen waren, und verschwanden im Schilf am andern Ufer. Und das ist alles, was ich sehen konnte.›

Ich war unfähig zu antworten. Zu dieser Zeit war ich der allerletzte, der so etwas ernst genommen hätte. Was mich jedoch wie einen Keulenschlag traf, war, dass ein alter Shikari die Sage des *Excalibur* in Worten wiedergab, die praktisch identisch mit denen Malorys waren. Sollte ihm einer seiner Sahibs vor langer Zeit die Sage erzählt haben, so dass sie jetzt wieder an die Oberfläche drang? Ich hatte keinen Zweifel an des Mannes Ernsthaftigkeit und Aufrichtigkeit, und er hatte keinen Grund, irgend etwas dieser Art zu erfinden.

Es ist mir unmöglich, an einen Zufall zu glauben, und ich fragte mich, ob es nicht die brauchbarste Hypothese sei, dass Aiwass, um mich an meinen Auftrag zu erinnern, einerseits Salama als den unwahrscheinlichsten Propheten aussuchte, und andererseits eine Sage wählte, die ich nicht als trivial ablehnen würde.

Crowley liess seine Absicht, den Yang-tse per Schiff zu befahren, fallen. Der Kangchenjunga ging ihm nicht aus dem Sinn. Er wollte nach Europa zurück um Geld für eine zweite Expedition aufzutreiben. «Ich hatte den Berg gewissermassen in der Tasche», sagte er. «Eine Mannschaft von durchschnittlichem Leistungsvermögen hätte ihn nehmen können, wie man etwa einen Strand entlangspaziert.» Also fuhr er nicht den Gelben Fluss hinunter, sondern reiste nach Tong-king in Französisch-Indochina. Auf der Reise hatte er einen, wie er sagt, ‹unerfreulichen Zwischenfall› zu bestehen.

Er hatte sich (wie schon zuvor auf dem Kangchenjunga) mit den Trägern verkracht, die ihn und Rose durch die Täler und Berge von Yunnan begleitet hatten, und wollte sich rächen.

Erst in Manhao nahm ich die Gelegenheit wahr, es ihnen heimzuzahlen. Ich hatte ein Kanu gemietet, das uns durch die Stromschnellen bei Ho-K'ou bringen sollte; und nachdem ich alles an Bord verstaut hatte, wollte ich den Vormann auszahlen – abzüglich gewisser Geldstrafen. Dann ging der Tanz los. Sie begannen damit, dass sie der Mannschaft drohten und sie daran hinderten, die Leinen loszumachen. Ihre Unruhe pflanzte sich auf die Zuschauer fort, und nach wenigen Augenblicken standen uns dreissig oder vierzig brüllende Wahnsinnige gegenüber und wollten uns steinigen. Ich zog meine .400 Cordite Express und befahl Salama, ans Ufer zu waten und die

Leinen loszuwerfen. Aber wie jeder Kaschmiri war er zwar angesichts der Gefahren der Elemente tapfer, aber ein absoluter Feigling, wenn er sich mit Menschen konfrontiert sah.

Ich würde ihn vor allen anderen erschiessen, sagte ich also, und er sah, dass ich dazu fähig war. Während ich die Menge mit meinem Gewehr in Schach hielt, tat er seine Pflicht. Sie warfen nicht einen einzigen Stein, und drei Minuten später hatte uns die Strömung ausser Reichweite des Mobs getragen.

Am 22. März 1906 kamen sie im Seehafen Hai-Phong an. Die viermonatige ‹Wanderung durch China› war zu Ende.

Mit Elaine Simpson befand sich Crowley in ständiger astraler Kommunikation, seit er ihrer leiblichen Version zum letzten Mal in Hongkong begegnet war. Sie kontaktierten einander mittels einer Astralglocke. (Eine solche ‹Astralglocke› hatte auch Madame Blavatsky von der Gegenwart ihres Meisters in Kenntnis gesetzt.) Er beschreibt Elaines Astralleib als um ein geringes grösser als ihren physischen Körper – das gleiche galt auch für seinen eigenen Astralleib – und als aus sich selbst heraus leuchtend und teilweise durchsichtig. Astral war sie über 180 cm, real jedoch nur 167 cm.

Irgendwo in Tong-king in Indochina (heute bekannter unter dem Namen Nordvietnam) verabschiedete er sich von Rose – vermutlich im Hafen von Hai-Phong – und dem Baby und eilte zu Elaine nach Shanghai, wohin sie mittlerweile verzogen war.

Dort verbrachte er zwölf Tage, in denen er verschiedene Invokationen durchführte. Elaine diente ihm als Seherin oder Medium. Erstmalig erzählte er ihr vom *Buch des Gesetzes.* Er befand sich noch in seiner buddhistischen Phase (1906 hatte er eine der höheren buddhistischen Trancen, Neroda-Sammapatti, erreicht). Das Sein war für ihn eher Kummer und nicht, wie Aiwass lehrte, Freude. Daher seine Antipathie gegen *Das Buch des Gesetzes* und die neuen Lehren.

> Beauty and strength, leaping laughter and
> delicious languor, force und fire, are of us.[1]

Anstatt ihn in seiner Revolte gegen die Geheimen Oberen zu bestärken (deren wichtigster Aiwass war), beichtete Elaine in ihrer emphatischen Art, dass sie an die Echtheit von Aiwass' Botschaft glaubte, was ihm, wie er sagte, die Zornesadern anschwellen liess.

Aiwass hingegen, erfolgreich beschworen, tat seine Meinung über Elaine, Schwester Fidelis, kund und sagte Crowley, was er zu tun habe:

> ‹Geh auf der Stelle nach Ägypten, der Ärger mit dem Geld wird sich früher als vermutet aufheben . . . Nimm Fidelis nicht mit. Ich missbil-

[1] *Das Buch des Gesetzes.*

lige eure Beziehung, brich sie ab! Wenn nicht, musst du anderen Göttern dienen. Dennoch: nur allzugerne sähe ich, wenn ihr euch körperlich liebtet, um die Einheit vollkommen zu machen. Aber Fidelis wird dem nicht Folge leisten wollen, also ist sie unbrauchbar.›

Vermutlich, weil sie mit Herrn Witkowski verheiratet war, dem sie treu bleiben wollte . . .

Er sagte ihr Lebwohl und schiffte sich auf der *Empress of India* ein, um den Pazifik zu überqueren. Von Vancouver aus reiste er per Zug nach New York. Ein dort aufgenommenes Photo zeigt ihn mit halb ernsthaftem, halb nonchalantem Gesichtsausdruck. Ausserdem erkennt man darauf ein von seinem Jackett baumelndes Augenglas, eine gelbe Fliege und die allmählich sichtbar werdende Stirnglatze. Unterwegs schrieb er *Rosa Coeli,* Rose des Himmels (einer der Beinamen der Jungfrau Maria):

Rose of the World! Your mystic petals spread
Like wings over my head.
The tide of burning blood upon my face
Drowns all the floating images
That danced their spectre saraband
In Bacchic race, phantastical embrace,
Upon the sepulchres, the dizzy seas
Of this mind, Sabbatic route that spanned
These straits my soul! Ay, they are dead and drowned
(And damned, I doubt!) Ah God! I am exhaust
In the red moon's holocaust
God! God! The chasms secret and profound
Suck down the porphyry flood
Of your maniacal, ensorcelled blood
That maddens and bewitches
My life is suffocated – now I swoon –
I die! I am in hell, red hell, red hell,
And all the immortal in me itches
To grip the immortal . . .

Als er am 2. Juni 1906 in Liverpool ankam, traf ihn wie ein Schlag die Nachricht vom Tod seiner kleinen Tochter in Rangoon. Sie jedoch schmählich im Stich gelassen zu haben und zu Schwester Fidelis gerannt zu sein, bereute er keineswegs. Statt dessen beschuldigte er Rose. ‹Sie hat den Schnuller nicht richtig saubergemacht und das Kind den Typhusviren ausgesetzt.› Sein früheres Faktotum Duncombe-Jewell zeigte sich über die Nachricht kaum überrascht – er hielt Crowley für einen miserablen Vater – und bemerkte trocken, dass Nut Ma Ahathoor Hecate Sappho Jezebel Lilith an akuter Nomenklatur gestorben sei.

Um den Verkauf seiner *Collected Works* (deren dritter Band erst 1907 publiziert wurde) anzukurbeln, hatte Crowley beim Erscheinen von Band eins einen Preis von 100 Pfund für das beste kritische Essay über seine Werke ausgesetzt. Diesen Wettbewerb hatte er damals folgendermassen angekündigt:

> DIE Chance des Jahres!
> DIE Chance des Jahrhunderts!
> DIE Chance des Erdzeitalters!

Niemand hatte in den seither vergangenen zwei Jahren diese Chance des Erdzeitalters wahrgenommen. In Darjeeling jedoch erreichte ihn der Brief eines in Lucknow stationierten jungen Berufsoffiziers, der am Wettbewerb teilzunehmen wünschte und Crowley um die Übersendung der ihm noch fehlenden Werke bat. Für diesen Hauptmann John Frederick Charles Fuller von der First Oxfordshire Light Infantery trug nun Aleister Crowley den Dichtermantel Tennysons. Und was er Crowleyanismus nannte, schien ihm genau das, was Crowley beanspruchte – die neue Religion für die ganze Menschheit. Im Frühjahr 1906 wurde Fuller, der im Burenkrieg 1899–1902 gedient hatte, mit Typhus entlassen; im Sommer traf er Crowley und Rose im alten Hotel Cecil in der Londoner *Strand*, und im Oktober vollendete er sein preisgekröntes Essay über Crowley und dessen Genie *The Star in the West*, das er schon in Lucknow begonnen hatte und Crowley nun endlich nach Boleskine schicken konnte.

> Crowley ist mehr als nur eine Neugeburt des Dionysos, mehr als Blake, Rabelais oder Heine, denn er steht vor uns als Priester des Apoll, schwebend zwischen des Himmels nebligem Blau und dem ernsten Purpur des tiefsten Wassers der Ozeane.
>
> Hundert Millionen Jahre brauchte es, Aleister Crowley hervorzubringen. Wahrlich, die Welte kreisste, und endlich gebar sie einen Menschen.

The Star in the West – der Stern war niemand anders als Crowley – gewann den Wettbewerb. Es handelte sich übrigens um den einzigen Beitrag, der auch sofort veröffentlicht wurde.

Crowley hatte es natürlich nicht ernst gemeint, als er von einem Preis von 100 Pfund geredet hatte. Ohnehin pflegte er, was seine Vermögensverhältnisse anging, masslos zu übertreiben – mal war die Rede von 100 000, mal nur von 60 000 Pfund. Fuller zufolge handelte es sich um erheblich weniger als 50 000 Pfund, und als Fuller zur Kasse bat, war auch davon nicht mehr viel übrig. Als Student hatte Crowley übrigens seinem Freund Kelly (der gelegentlich beobachtete, wie Crowley seine Taschen durchwühlte, während Kelly den Droschkenkutscher bezahlte) gestan-

Crowley als junger Dichter im Alter von dreissig Jahren

den, dass er über ein nur geringes Vermögen verfüge, wesentlich kleiner als allgemein angenommen.

Fullers Bewunderung für Crowley tat das jedoch keinen Abbruch.

Im *Star of the West* wird das *Liber Legis* (dessen Manuskript Crowley verlegt hatte) nicht erwähnt. Wie also hatte Fuller den Crowleyanismus verkünden können? Aber auch ohne *Das Buch des Gesetzes* hatte Crowley die Neue Ordnung der Menschheit verkündet, deren Anhänger Fuller geworden war.

‹Der Crowleyanismus führt uns durch mehr Wunder, als Dante sich je hätte träumen lassen . . .›

Drei Jahre später gerieten Fuller und Crowley in Streit, worauf Crowley ihn 1910 in *The Winged Beetle* der Lächerlichkeit preisgab, womit er allerdings auch an dem Ast sägte, auf dem er selber sass.

THE CONVERT
(A hundred years hence)

There met one eve in a sylvan glade
A horrible Man and a beautiful maid.
‹Where are you going, so meek and holy?›
‹I'm going to temple to worship Crowley.›
‹Crowley is God, then? How did you know?›
‹Why, it's Captain Fuller that told us so.›
‹And how do you know that Fuller was right?›
‹I'm afraid you're a wicked man: Good night.›

While this short of thing is styled success
I shall not count failure bitterness.

Fuller wurde Generalmajor, schrieb bessere Bücher über Militärgeschichte als *The Star in the West* und verlagerte seine Bewunderung auf einen anderen Genius einer Neuen Ordnung – Adolf Hitler (Fuller war einer von zwei Engländern, die zu Hitlers fünfzigstem Geburtstag eingeladen waren).

Crowley praktizierte weiterhin Magie, produzierte Poesie, und schwor feierliche Eide, sich einem reinen, selbstlosen Leben hinzugeben.

Frater Perdurabo wurde gekreuzigt von Frater DDS,[1] und am Kreuz zur Wiederholung dieses Gelübdes gezwungen: ‹Ich, Perdurabo, Teil des Körpers Christi, verpflichte mich hiermit feierlich zu einem reinen und selbstlosen Leben, das ich nur noch der Erlangung des Wis-

[1] George Cecil Jones.

sens um meinen höheren und Göttlichen Genius widmen will, auf dass ich Eins werde mit Ihm.[1]

1907 und 1908 beschrieb Crowley als Jahre der Erfüllung. 1907, während der Rekonvaleszenz von einer Krankheit, deren Natur er uns verschweigt, stellte er sein Kabbalistisches Wörterbuch zusammen, das er mit Liber *777* betitelte. Die Arbeit an diesem Buch hatten einst Mathers und Allan Bennett begonnen, aber es blieb Crowley, der die Notizen besass, überlassen, sie zu Ende zu führen und das Buch zu publizieren.

Andererseits war 1907 das Jahr, in dem er ‹vom rechten Wege› abwich. Zumindest sagte er das während einer bedrückten und melancholischen Phase in den zwanziger Jahren. Vermutlich ist damit gemeint, dass er 1907 noch hätte umkehren können. Rose hatte einer zweiten Tochter das Leben geschenkt, Lola Zaza. Crowley war nun zweiunddreissig Jahre alt. Noch hätte seine wilde und wahnwitzige Vergangenheit als eine Art Sturm-und-Drang-Periode abgeschlossen werden können. Noch hätte er sich irgendwo niederlassen und ein normales Leben führen können. Aber statt dessen prügelte er seine Schwiegermutter, als sie Rose und die drei Wochen alte, an Bronchitis erkrankte Lola Zaza besuchen wollte, mit Fusstritten durchs Treppenhaus, wanderte weiter und tiefer in die Einöde und pries die unsterblichen Götter.

Eines Tages im Sommer 1909, während er auf der Suche nach ein paar Skiern im Dachboden von Boleskine herumstöberte, fiel sein Blick auf ein flaches, braunes Paket: das verschwundene Manuskript von *Das Buch des Gesetzes.* Aiwass hatte sich wieder gemeldet. Von nun an sollte Crowley wirklich nur noch der Stimme des Dämons folgen.

Crowleys Lieblingsort war ein kleiner Apothekerladen im Londoner West End in der Stafford Street, den ein gewisser E. P. Whineray führte. ‹Er versorgte mich mit den Ingredienzen für meine magischen Werke, wie zum Beispiel *kyfi*, dem geheimnisvollen Weihrauch der alten Ägypter; mit Öl und Duftstoffen des Abra-Melin, *unguentum Sabbati*; und ähnlichem. Einmal konnte er sogar *onycha* beschaffen.›

Eines Abends eröffnete ihm Whineray in seinem Apothekerladen, dass ihn ein Bekannter, ein englischer Lord, zu sehen wünschte. Es handelte sich um George Montagu, den siebten Earl of Tankerville.

Im selben Augenblick tauchte er auf. Er führte mich in sein Haus und platzte zu meiner Überraschung mit einer überaus aussergewöhnlichen Geschichte heraus. Ich wollte meinen Ohren nicht trauen. Er breitete die intimsten Familiengeheimnisse vor mir aus, noch dazu der wüstesten Art, als hätte ich ihn nicht heute, sondern vor zwanzig Jahren kennengelernt. Er sagte, er wäre von seiner Mutter und einer

[1] Aus den magischen Aufzeichnungen Perdurabos.

Freundin verhext worden. Nach aussen hin seien sie fromme Protestanten. Die Vorstellung, dass sie ihn mit ihren Hexenkräften ermorden wollten, war einigermassen überraschend, ebenso das angebliche Motiv. Lord Tankerville war der zweite Sohn. Er behauptete, dass sein älterer Bruder in Wahrheit der Sohn irgendeines Baronets war; dass seine Mutter ihren Gatten gehasst habe und der Verzweiflung verfallen sei, als der Erbe im Krieg fiel. Also wollte sie den übriggebliebenen Sohn umbringen.

Überall wähnte er die Macht von Hexen. Selbst wenn die Komtesse sich schneuzte, war ihm das ein sicheres Zeichen, dass sie schon wieder an ihrem Hexenwerk arbeitete. Er hatte seine Schwierigkeiten schon vielen Leuten anvertraut, denen er zuerst blind vertraut hatte, dann aber unvorhergesehenermassen und auf ein zufälliges Wort hin beschlossen, dass sie sich der Verschwörung gegen ihn angeschlossen hatten.

Natürlich handelte es sich um einen klaren Fall von Verfolgungswahn, den die alte Gewohnheit des Brandysüffelns und die neue des Kokainschnüffelns verstärkt hatte. Von seiner Besessenheit abgesehen, war der Mann in Ordnung. Er war bei bester Gesundheit: von einer Verfassung, wie ich sie bei einem Fünfzig- bis Fünfundfünfzigjährigen nie wieder erlebt habe. Er war zutiefst religiös und verfügte über mehr als nur eine Spur Mystizismus. Tatsächlich hatte er trotz minimaler Kenntnisse tiefes Verständnis für die Kabbala. Ich war der Überzeugung, ihn heilen zu können und begann mit der Arbeit.

Meine Heilmethode in solchen Fällen ist, den Patienten nicht seiner Illusionen zu berauben. Ich schlug vor, seine Geschichte als absolut wahr in jeder Beziehung zu behandeln und gewissermassen das Feuer mit dem Feuer zu bekämpfen. Ich erklärte ihm: «Sie müssen Ihre eigenen magischen Kräfte entwickeln und damit Ihre Mutter mit ihren eigenen Waffen schlagen».

Er hatte beträchtliche Fähigkeiten für *magick* und verstand die Zielsetzung meiner Therapie. Wir mieteten eine Yacht...

Er reiste mit dem Earl of Tankerville nach Marokko, um ihn von seiner Paranoia zu kurieren. Während einer seiner langen Wanderungen konnte Crowley die *Sidi Aiwassa* – die Skorpionesser – zufällig bei ihren geheimen und heiligen Tänzen beobachten.

An entlegener Stelle stiess ich auf eine Menschenmenge von etwa zweihundert Personen. Gegen Eindringlinge schützten sie sich mit Wachtposten in Zivil, die (scheinbar absichtslos) im Umkreis von mehreren hundert Metern unter den Bäumen umherschlenderten. Ich wusste mehr oder weniger, was mich erwartete und vergewisserte mich noch einmal jedes Details meines Kostüms. Dann begann ich mit der Rezitierung des ‹Grossen Wortes, wahnsinnig zu werden und in Nacktheit zu wandern›, das mich mein ägyptischer Scheich gelehrt hatte.

‹Subhana Allahu Wakhamdu lilahi walailaha illa allahu. . .›

Ich passierte die Wachtposten und mischte mich unter die Menge. Es waren Frauen anwesend, die jedoch nicht aktiv an der Zeremonie teilnahmen. Aber sie halfen, den Kreis zu formen, der etwa neun Meter Durchmesser hatte. An der Peripherie hockten die üblichen Musiker und spielten um ihr Leben, während ein paar Männer mit einem sonderbaren kleinen Beil in der Hand im Kreis tanzten und grelle Schreie ausstiessen. Die Beile waren offensichtlich nicht für den täglichen Gebrauch bestimmt, sondern speziell für diese Zeremonie angefertigt worden. Die Männer brachten sich damit Schnitte in den Kopf bei, bis von ihren Skalps das Blut über ihre Gesichter strömte und ihre Augen verklebte. Sie verspürten dabei keinen Schmerz.

Die Ekstase der Zuschauer stand der der Tänzer nicht nach, wurde aber streng unterdrückt. Zwar kann ich nicht behaupten, dass im Kreis absolutes Schweigen eingehalten wurde; denn ich bezweifle, dass ich kühlen Kopfs genug war, zuverlässige Beobachtungen anstellen zu können. Das Stadium intellektueller Neugier jedenfalls hatte ich längst hinter mir gelassen. Aber mir war, als enthielten sich die Zuschauer ganz bewusst aller Worte oder Gesten. Dementsprechend beherrschte auch ich mich. Aber ich musste mit mir kämpfen, um nicht plötzlich meinen Turban herunterzureissen und mit einem lauten *‹Allahu akbar›* in den Ring zu stürzen, ein Beil zu ergreifen und an dem Tanz teilzunehmen. Es verschlug mir förmlich den Atem. Ich schien die Luft mit dem Herzen einzusaugen und nicht mit den Lungen. Ich vibrierte mit der Energie des Alls. Es war, als wäre ich mir der Atomenergie oder Schwerkraft bewusst geworden und fühlte sie. Wie lange ich dort stand und mich zur Zurückhaltung zwang, kann ich nicht mehr sagen, aber es muss länger als eine Stunde gewesen sein. Plötzlich erfasste mich ein schreckliches Gefühl. Ich fühlte, dass ich durch meine Zurückhaltung meine Chance vergeben hätte und vielleicht krepieren würde vor Schmerzen. Gleichzeitig erfasste mich ein plötzliches Gefühl des Schreckens. Ich fühlte mich ausserhalb des geistigen Zirkels. Ich war sicher, dass ich entdeckt würde, und ich schauderte vor Angst, als ich mir der Gefahr bewusst wurde. Glücklicherweise hatte ich genug Geistesgegenwart, um mein Mantra wiederaufzurichten und entschwand der Menge so still, wie ich gekommen war.

Sich gehenlassen, sich in den Abgrund der Bewusstlosigkeit werfen, war Crowleys steter Drang. Wie gesagt, bedeutete es für ihn eine gewaltige Anstrengung, sich von den tanzenden Derwischen zurückzuhalten. Er hätte sie führen können und wollen.

Crowley und Tankerville reisten durch Spanien nach England zurück und erlebten noch mancherlei Abenteuer. Sie trennten sich als Erzfeinde. Tankerville war, so scheint es, nicht geheilt. «Er hielt mich für einen der schwarzen Magier, die sich gegen ihn verschworen hatten», sagte Crowley. Zu dieser Episode kann lediglich Crowleys Ansicht wiedergegeben werden; jedoch geht aus einer in *The World's Tragedy*, 1908 wiedergegebenen Äusserung hervor, dass der adlige Herr bei passender Gelegenheit auch frei heraus sprechen konnte:

‹ . . . wie mir Lord Tankerville um elf Uhr morgens des 7. Juli 1907 sagte: «Ich hab die Nase voll von Ihren Lehren-Lehren-Lehren-Lehren als wären Sie der Allmächtige Gott und ich ein Stück Scheisse»›.

VISION UND STIMME

Wir schreiben das Jahr 1909. Zwei Männer, einer gross und wuchtig, der andere ein buckliger Zwerg, wandern in der Sonnenglut Nordafrikas durch die Wüste. Sie sind Europäer, Engländer – zumindest ist Englisch die Sprache, in der sie sich verständigen. Nachts schlafen sie, fest in ihre Schlafsäcke geschnürt, unter den Sternen im Vertrauen auf ihre Schutzgeister.

Den kleineren der beiden hat der Himmel Afrikas in seinen Bann geschlagen. Er ist eine Art Dichter. Sein Gefährte indes kennt den Himmel des Südens schon. Er hat ihn in Indien, China und Mexiko erlebt.

Das Dorf Bou Saada liegt hinter ihnen. Von nun an gibt es keine Strasse mehr. Die Brücke zur Zivilisation ist abgebrochen.

Die äussere Erscheinung der beiden zwingt zum Verweilen. Der grössere – offenbar ist er der Führer – ist vierunddreissig Jahre alt, und hat die Figur eines Athleten. Sein Schädel ist kahl geschoren, was die hypnotische Ausstrahlung seiner kalten und dennoch in überirdischer Leidenschaft entflammten, dunklen Augen verstärkt. An der linken Hand trägt er einen sternförmigen Saphir, in einen goldenen Ring gefasst, der zwei ineinander verschlungene Nattern darstellt. In seiner Rechten hält er das sechsquadratige, zinnoberrot gefärbte Kreuz Golgatha, in dessen Mittelpunkt ein schwerer Goldtopas glänzt. Auf arabisch intoniert er eine Sure des Koran.

Aussergewöhnlich wirkt auch der andere Mann. Ruft der erste eher Unbehagen und Furcht hervor, so reizt der andere zum Lachen. Er ist acht Jahre jünger, hat wulstige Lippen und schiefe Schultern. Auch sein Schädel ist kahlgeschoren, mit Ausnahme zweier rotgetönter Schläfenlocken, die nach oben gedreht sind, und wie Hörner aussehen. Dem Mann mit dem Kreuz läuft er hinterdrein wie ein Hund. Hin und wieder droht er vor Erschöpfung umzukippen.

«Frater Perdurabo? So warte doch, verdammt nochmal!»

Vergeblich. Denn selbst wenn Bruder Perdurabo die Stimme gehört hätte, hätte er nicht reagiert. Frater Omnia Vincam (‹Ich werde alle besiegen›) ist für ihn nur ein Dämon, den er gezähmt und abgerichtet hat, sein Hausgeist. Und ein Dämon, selbst ein gezähmter, wird ja wohl noch die Energie aufbringen können, mal ein paar Meter zu sprinten.

Ein konkreteres Ziel, als neue Luft zu atmen und vielleicht ein neues Abenteuer zu bestehen, hatte Bruder Perdurabo bei seiner Abreise aus Algier nicht im Sinn gehabt. Aber in einem Hotel genannten Loch in Aumale «schleuderte eine Hand Blitze in mein Herz», wie er es ausdrückte. Eine Stimme forderte ihn auf, in die Wüste zu gehen und «Mich zu rufen». Perdurabo war in Schweiss ausgebrochen und einen Augenblick lang in Ohnmacht gefallen, so dass er nicht wusste, wo er war. Seine Füsse schienen den Boden nicht mehr zu berühren. Denn nicht zum ersten Mal hatte er diese Stimme gehört. Schon einmal, im Frühjahr 1904, in Kairo, hatte sie zu ihm gesprochen und befohlen, eine lange und geheimnisvolle Botschaft an die verstörte Menschheit niederzuschreiben ...

Wie die Hörner eines jungen Ziegenbocks wippen die beiden Schläfenlocken auf und nieder, als Bruder Omnia Vincam sich in Trab setzt. In der Wüste kann ein Menschenleben davon abhängen, ob man einen Schatten über eine entfernte Sanddüne flirren sieht, ein sicheres Zeichen für einen Hinterhalt. Ohne Perdurabos scharfe Augen, den Revolver in seiner Schärpe und – wichtiger noch – die starke Wehr seiner magischen Kräfte: was wäre ohne all dies sein Leben noch wert in dieser schweigenden Einöde aus Stein und Sand? Aber Bruder Omnia Vincam hat nichts zu befürchten, denn was würde Perdurabo anfangen ohne seinen *chela*, seinen Amanuensis, seinen – kaum wagt der Jüngere den vertraulichen Begriff zu gebrauchen – Freund? Perdurabo wird ihn nicht im Stich lassen.

Warum nur waren sie aus Bou Saada weggegangen? Omnia Vincam begann nach der Kühle des Flusses zu lechzen, der das Tal durchfloss, wo Bou Saada lag, nach den Palmen und Blumengärten, den Kaktushecken und der Geborgenheit der weissgetünchten Häuser. Das war Paradies genug. Was nur hatte Perdurabo in die Wildnis hinausgetrieben, und wohin führte er ihn?

Bruder Omnia Vincam, dem Cambridgeabsolventen Victor Benjamin Neuburg, scheinen die Sterne so nah, dass er meint, sie von seiner Lagerstatt aus greifen zu können. Wenn nicht von hier aus, oder im Stehen, dann ganz gewiss von den Schultern seines Kameraden Perdurabo aus. Ah, stünde er nur auf den Schultern seines grossen und schrecklichen Freundes: er könnte die Sterne berühren und sie zur Erde bringen, zu den Menschensöhnen.

Die physische Anstrengung stundenlanger Märsche in glühender Sonne durch die staubige Einöde hat beide Wanderer erschöpft. Perdurabo kniet sich in den Staub, seine Stirn zwischen den Knien. Sein gezähmter Dämon aber entschlummert und träumt von Bou Saada.

«Wir wollen diese neue und interessante Gegend des Planeten, dessen Parasiten wir sind, nur ein wenig durchwandern», sagte Crowley. Den Victor Neuburg hatte er als seinen *chela*, oder Schüler angenommen trotz

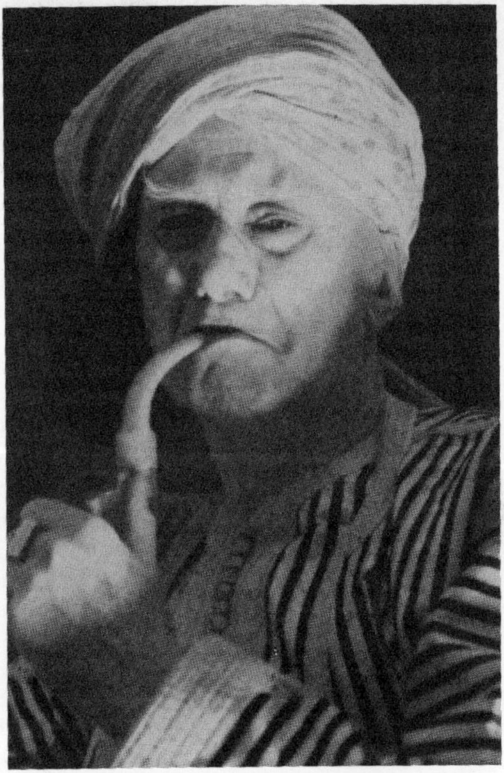

Crowley als arabischer Alchimist

des zwanghaften, gackernden Lachens des buckligen Gnomen, denn auch Omnia Vincam hatte sich der Magie ergeben.

> Hastig kauften wir etwas Proviant, nahmen die Bahn nach Arba und brachen nach dem Mittagessen gen Süden auf... Ich weiss nicht mehr, warum und wie mir die Idee gekommen war. Möglicherweise hatte ich in meinem Rucksack eines meiner frühesten magischen Tagebücher, wo ich mit unendlicher Geduld die Neunzehn Rufe oder Schlüssel kopiert hatte, die Sir Edward Kelley von gewissen Geistern überbracht worden waren und die er durch den Astrologen der Queen Elizabeth als Medium, mit dem er zusammenarbeitete, erhalten hatte.

Crowleys Schriften kann man in drei Kategorien unterteilen. Die erste enthält alle Werke, die er nach eigenem Bekunden nicht selbst schrieb (obgleich sie in seinem unverwechselbaren Stil gehalten sind), sondern auf Diktat eines anderen. Dazu gehören *Das Buch des Gesetzes* und zwölf kleinere Werke, die in ihrer Gesamtheit *The Holy Books of Thelema*[1] bilden. In die zweite Kategorie fallen alle zwar von ihm geschriebenen, aber ganz oder teilweise auf Inspiration von aussen entstandenen Werke, wie z. B. seine Gedichte. Schliesslich gibt es noch seine Werke der Magie, der Pornographie, Romane, Bühnenstücke und seine *Autohagiographie* – der Grossteil seines Œuvres also – die gänzlich seiner Feder entstammen und nicht mit Hilfe des Aiwass oder sonst jemanden verfasst wurden.

The Vision and the Voice ist das längste Werk der zweiten Kategorie. Gleichzeitig ist es das von seinen Jüngern am höchsten verehrte. Es wurde zuerst 1911 in *The Equinox* publiziert, sowie nach seinem Tod als Sonderausgabe in Amerika[2].

The Vision and the Voice ist kein Produkt der Phantasie, sondern das Protokoll einer magischen Operation, der Enochäischen ‹Rufe› oder ‹Schlüssel› des John Dee und Edward Kelley, die Crowley zunächst im Golden Dawn und später im British Museum in London und dem Ashmolean Museum in Oxford studiert hatte.

Dee war Mathematiker, Alchimist und Hofastrologe. Es war Dee, der den 14. Januar 1559 als günstiges Krönungsdatum für Elizabeth I. bestimmt hatte. Kelley hingegen war Medium und Wahrsager. Immerhin hatte er vier Jahre zuvor die Enthauptung der schottischen Königin Mary prophezeit, ebenso den Angriff der spanischen Armada auf England. Ausserdem war er Geisterseher. Wegen dieser Fertigkeiten wurde er von Dee für ein Jahresgehalt von 50 Pfund eingestellt – was gar nicht so übel war, wenn man bedenkt, dass der durchschnittliche Tagessatz eines Handwerkers zu jener Zeit 3 Pence betrug.

Kelley war achtundzwanzig Jahre jünger als sein Herr. Er pflegte eine schwarze Kappe zu tragen, damit man, wie es hiess, nicht sah, dass er keine Ohren mehr hatte. Sie waren ihm wegen eines Fälschungsdelikts abgeschnitten worden. (Auch soll er einmal am Pranger gestanden haben.) Ohnehin war er der Typ Mensch, über den ständig üble Gerüchte im Umlauf sind. So soll er einmal eine Leiche ausgegraben haben, um ihr Fragen zu stellen.

In Dr. Dees Haus in Mortlake, Surrey, pflegte Kelley in des Doktors ‹Stein der Seher›, Kristallkugel (auch heiliger Stein genannt, da es ein Engel gewesen sein soll, der Dee das Stück durchs Fenster reichte) zu starren und dem Doktor zu beschreiben, was die darin enthaltenen Geister trieben. Gelegentlich verliess ein Geist den Stein und Kelley sah zu, wie er im Zimmer umherging.

Meric Casaubons Wälzer über Dee, *A True & faithful RELATION of what passed for many Yeers Between Dr. JOHN DEE (A Mathematician of*

[1] An Crowley von seinem Heiligen Schutzgeist Aiwass zwischen den Jahren 1904 und 1911 übermittelt.
[2] Thelema Publishing Company, Barstow, Kalifornien.

Great Fame in Q. Eliz. and King James their Reignes) and SOME SPIRITS, 1659, beginnt mit der Beschreibung folgender Séance (E. K. steht für Edward Kelley und das griechische Δ für Dee):

Auf einmal erschien aus meinem Oratorium ein *Geistiges Wesen* in Gestalt eines wohl anzusehenden Mägdeleins von 7 oder vielleicht 9 Jahren, dessen Köpfchen eine Stirnlocke schmückte, während das Haupthaar lang auf ihren Rücken wallte. Sie trug ein seidenes Gewand ... und schien ein- und aus- und mitten durch meine Bücher hindurchzugehen ... sie wichen vor ihr zurück und schlossen sich wieder ...

Δ. Ich sagte ... Wessen Mägdelein bist du?

SIE ... Wessen Mann bist du?

Δ. Ich bin der Diener Gottes, durch Pflicht gebunden und auch (so hoffe ich) von ihm angenommen.

EINE STIMME ... Geschlagen wirst du, wenn du redest.

SIE .... Bin ich nicht eine hübsche Maid? Lass mich in deinem Hause spielen, denn meine Mutter sagte, sie würde kommen, hier zu wohnen.

Δ. Auf und ab ging sie und bewegte sich lebhaft wie ein Kind, das vor sich hin spielt, und viele Male sprach ein anderer zu ihr aus der Ecke meines Studierzimmers, durch einen grossen Spiegel, aber nichts wurde sichtbar ausser ihr: ... Soll ich? Ich werde es tun! (Nun schien sie jemandem in besagter *Ecke* des Studierzimmers Antwort zu geben.)

... Ich bitte, lass mich ein wenig verweilen (sprechend zu besagter *Ecke*)

Δ. Sag mir, wer du bist?

... Ich bitt' Euch, lasst mich ein Weilchen hier spielen, und ich werde Euch sagen, wer ich bin.

Δ. Im Namen Jesu denn: sag's

... Der Name des Herrn erquickt mich. Ein armes *Mägdelein* bin ich, *Madini,* und ausser einem das letzte meiner Mutter Kinder, ich habe kleine Säuglinge zuhause.

Δ. Wo ist dein Zuhause?

MA .... Euch's zu sagen wag ich nicht, man wird mich schlagen.

Δ. Nicht gestraft wird, der die Wahrheit sagt den Wahrheitsliebenden, denn alle Kreatur muss der ewigen Wahrheit sich unterwerfen.

MA ... Mein Wort darauf: ich will ihr gehorchen. All meine Schwestern sagen, sie müssten zu Euch kommen, bei Euch zu wohnen.

Δ. Es ist mein Wunsch und Wille, dass alle, die Gott lieben bei mir wohnen, und ich bei ihnen.

MA . . . Ich liebe Euch, jetzt, da von dem Herrn ihr sprecht.
Δ. Wird die älteste deiner Schwestern Esémeli genannt?
MA . . . Meine Schwester ist länger als Ihr sie macht.
Δ. Um Verzeihung bitt' ich, denn sie ist auszusprechen Eseméli.
E. K. Sie lächelt, aber man ruft sie und spricht, Komm, Mägdelein.
MA . . . Erstens werde ich über meine Fräulein lesen. Mein Meister Dee wird mich lehren dabei.
Δ. Lies über die Fräulein, so es dir gefällt.
MA . . . . Ich habe Herren und Fräulein. Seht her.
E. K. Sie holt ein kleines Buch aus ihrem Täschchen . . . Sie deutet auf ein *Bild* darin.
MA . . . Ist dies nicht ein stattlicher Mann?
Δ. Wie ist sein Name?
MA . . . Mein . . . sagt, dass er Edward genannt wird. Seht, er trägt eine Krone auf dem Haupte, meine Mutter sagt, dass dieser Mann ein Duke of York gewesen.
E. K. Sie sieht auf ein Bildnis eines Mannes mit *Zepter* und *Krone.*
Es ist Edward VI. von England.
Dann findet Madini in ihrem Buch ein Bildnis von Heinrich VIII.
MA . . . Dies ist ein strenger Herr, mir graust vor ihm.
Δ. Warum fürchtest du dich vor ihm?
MA . . . Er ist ein finsterer Geselle.

Sie blätterte weiter und fand noch mehr Edelherren und Edelfrauen. Sie erzählte Kelley, dass ihre Schwester zwei Seiten herausgerissen hätte, die sie ihm nach dem Abendessen bringen wollte. Dee beendet diesen Teil des Gesprächs mit ‹Meine Leute riefen nachdrücklich zu Tisch›.

Insgesamt finden sich neunzehn Rufe oder Schlüssel. Die beiden ersten beschwören das Element des ‹Geistes›; die folgenden sechzehn beschwören die vier Elemente Erde, Feuer, Luft und Wasser; der neunzehnte Ruf oder Schlüssel ruft die dreissig Aethyre. Alle neunzehn wurden Kelley in der den Engeln eigenen Sprache, Enochäisch genannt, diktiert. Als ob dies allein nicht kompliziert genug wäre, mussten die Rufe auch noch von hinten nach vorne niedergeschrieben werden. *Piaood* zum Beispiel heisst in Wirklichkeit *dooaip.* Der Grund dafür ist angeblich, dass jede unmittelbare Verständigung übermächtige Kräfte beschworen hätte, die, um es vorsichtig auszudrücken, zu jenem Zeitpunkt unerwünscht waren.

In den Stein der Seher starrend, nahm Kelley den Engel Nalvage, oder Gabriel wahr, der eine Buchstabentafel und einen Zauberstab in der Hand hielt. Kelley gab die Daten durch: «Spalte sechs, Zeile einunddreissig», und so fort. Dee, der hinter einer Kopie dieser Tafel sass, suchte sich den genannten Buchstaben heraus und schrieb ihn nieder. Die so entstandene Tabellensammlung heisst *Liber Logaeth.*

Nach und nach erfuhr Kelley so die Namen aller dreissig Aethyre und der Engel, denen sie zu Diensten sind. Das Reich der Aethyre ‹erstreckt sich in immer weiteren Kreisen um die Wachtürme des Alls›. Diese Wachtürme sind Würfel unbegrenzter Grösse.

Madariatza das perifa Lil (der Name des ersten Aethyr) *cahisa micaolazoda saanire caosago od fifisa balzodizodarasa Iaida. Nonuca gohulime: Micama adoianu Mada faoda beliorebe, soba ooaona cahisa luciftias peripesol, das aberaasasa nonucafe netaaibe casosaji od tilabe adapehaheta damepelozoda, tooata nonucafe jimicalazodoma larasada tofejilo marebe yareryo Idoigo* (der Name des Engels des ersten Aethyr); *od . . .*

Sämtliche neunzehn Rufe im Original zu zitieren, wäre zu langwierig. Hier eine Übersetzung:

Oh Ihr Himmel, die Ihr herrscht im ersten Bereich, die Ihr mächtig seid in allen vier Winden der Erden und ausführt das Urteil des Höchsten. Euch ist gesagt: Erhebt Eure Augen zum Antlitz Eures Gottes, dem Grund aller Erquickung, dessen Augen die Leuchten der Himmel sind, die Euch gegeben haben Herrschaft über die Erde und ihre unsägliche Vielfalt, die Euch versehen haben mit der Kraft des Wissens, zu verfügen über alles im Namen Seiner Vorsehung, der da sitzet auf dem Heiligen Thron und aufstand im Anfang und sagte: Es werde die Erde beherrscht von ihren Teilen; lasset Teilung sein in ihr, auf dass sie trunken sei von Ruhm und ein Chaos in Ewigkeit. Ihre Bahn laufe mit der der Himmel und dienen möge sie ihnen als Magd. Lass eine Jahreszeit die andere verwirren und möge nicht ein Geschöpf in und auf ihr sein gleich einem andern. Alles möge sich unterscheiden vom andern in Art und Natur. Nicht ein Geschöpf soll gleich sein dem andern. Die Geschöpfe der Erde, die da begabt sind mit Vernunft, und die Menschen: lass sie sich verderben und einander ausrotten. Lass sie vergessen die Namen ihrer Heimstatt. Gesichtslos werde das Werk der Menschheit und ihr Prunk. Des Menschen Haus lass werden eine Höhle für die Tiere der Wildnis. Schlage ihren Geist mit Verwirrung. Denn warum? Es dauert mich um die Jungfrau und den Menschen. Lasst sie erkannt sein zu Zeiten, eine Fremde zu andern Zeiten: denn sie ist das Bett der Hure und Heimstatt dessen, der gefallen. Steht auf, oh Ihr Himmel! Macht Euch die unteren Himmel zu Euren Füssen untertan. Herrscht über die, die herrschen! Stürzt die Gefallenen. Gebäret mit denen, die sich vermehren, und zerstöret die Schwachen. Nichts lasst unberührt. Gebt und nehmt, bis die Sterne gezählt sind. Erhebt euch und tretet vor Seine Verheissung, die er uns geschworen in Seiner Gerechtigkeit. Enthüllt die Geheimnisse Eurer Schöpfung und lasset uns teilhaben am unendlichen Wissen.

‹Engelhaft› ist dieser Text nicht gerade. Dazu enthält er zu viel Ressentiment und Drohung. Überraschend auch, dass Stil und Inhalt dem *Buch des Gesetzes* ähneln, das dreihundert Jahre später geschrieben wurde. Edward Kelley scheint einige Verwandtschaft zu haben mit Aleister Crowley.

Den neunzehnten Ruf, der jeden beliebigen Aethyr oder Aire (Sphäre) beschwören kann, zelebrierte Crowley 1900 in Mexiko, als er die beiden ersten beschwor. (Da im Zusammenhang mit Enochäisch alles von hinten her gezählt werden muss, arbeitete er mit dem dreissigsten und neunundzwanzigsten. Sein damaliger Grad in der Grossen Weissen Bruderschaft, sagte Crowley, erlaubte ihm nicht, weiter zu gehen. 1909 jedoch herrschte eine andere Situation. Er war nun ein fortgeschrittener Adept, ein Tempelmeister.)

Crowley war sein eigener Seher. Wenn es irgendwelche Engel zu betrachten gab, wollte er sie selbst sehen, und nicht via Neuburg. Als Kristallkugel benutzte er seinen goldenen Topas. «Meistens hielt ich ihn in meiner Hand. Nachdem ich mir einen Ort gesucht hatte, wo jede Störung ausgeschlossen schien, nahm ich den Stein zur Hand, rezitierte den Schlüssel und liess den Topas eine ähnliche Rolle spielen wie den Spiegel in *Alice im Wunderland*, nachdem ich mich vergewissert hatte, dass die gerufenen Geister anwesend waren.» Er konnte in dem Topas nicht nur Engel sehen, sondern (ähnlich wie Alice in ihren Spiegel) auch in den Stein eindringen, so wie umgekehrt Madini aus der Kristallkugel hervorgetreten und zwischen Dees Büchern herumgelaufen war.[1]

Um die nötige Klarheit einzubringen, schrieb er weiter:

> Ich hatte gelernt, mich nicht mehr mit den Reisen per Astralkörper herumzuärgern. Ich erkannte, dass der Raum nicht ein Ding an sich war, sondern lediglich eine brauchbare Kategorie (von vielen), mit deren Hilfe wir Objekte voneinander unterscheiden. Wenn ich also sage, dass ich mich in einem Aethyr befand, meine ich damit einfach den seiner Natur angemessenen und angepassten Zustand. Auf diese Weise konnten meine Sinne die feinen Impressionen wahrnehmen, auf die ich sie vorbereitet hatte. Ich konnte also die Erscheinungen jener Welten genau so wahrnehmen, wie die Menschen die Phänomene der hiesigen Welt. Was ich sah und hörte, beschrieb ich dann Bruder O. V., der meine Worte niederschrieb und gelegentliche Erscheinungen, die ihm sonderbar vorkamen, gesondert vermerkte.

Dies widerspricht der ersten Aussage über eine der Ähnlichkeit zur Rolle von Alice, aber selbstverständlich war es nur seine Psyche, die er in

[1] Der von Engel Uriel dem Dr. Dee durchs Fenster gereichte Kristall befindet sich im British Museum, Abt. *Mediaeval and Later Antiquities*.

die Sphärenbereiche projizierte, während seine physische Hülle auf der Erde zurückblieb.

Hier der Anfang des Dreissigsten Aethyr, der TEX genannt wird (in Perdurabos Beschreibung, die er im Alter von fünfundzwanzig Jahren im Mexiko City der Jahrhundertwende gab): ‹Ich befinde mich in einem riesigen Kristallwürfel in Form des Grossen Gottes Harpocrates. Den Würfel umgibt eine Sphäre. Um mich sind vier Erzengel in schwarzen Roben . . .›

Bei dieser Sphäre handelt es sich um einen Aethyr. Der riesige Würfel ist ein Wachturm; das heisst eine Säule oder ein Portal zum nächsten Aethyr. Der Magier muss die Wächter von seiner Würdigkeit überzeugen, den nächsten Aethyr zu betreten, indem er den von den Wächtern geforderten Namen nennt. Harpocrates oder Hoor-Paar-Kraat ist der ägyptische Gott des Schweigens, den Crowley damals zur Erlangung der Unsichtbarkeit beschworen hatte.

Der Würfel innerhalb einer Sphäre ist die Quadratur des Kreises, Symbol des Grossen Werks. Es reduziert die ursprüngliche Einheit des Chaos auf die vier Elemente und setzt sie auf einer höheren Ebene wieder zusammen.[1] Bei den vier Erzengeln handelt es sich, um einen theosophischen Ausdruck zu gebrauchen, um die vier Wächter der Schwelle oder Türwächter. Crowley bewegte sich vom Quadrat, dem Wachturm, zur Sphäre, dem Aethyr, jener höheren Einheit, die ihm eine dem Mutterleib gleichende Umgebung vermittelte.

Da Crowley in diesem Dreissigsten Aethyr gewissermassen auf einen Zustand der Nichtexistenz regredierte, muss der Handlungsfaden der Vision entweder hier enden oder von jemand anders weitergeführt werden. Es ist daher nicht weiter überraschend, dass sein ‹Vater› erscheinen sollte. Die Szene ist erfüllt mit Trauer und Schuld.

‹Erhebt Eure Häupter, o Häuser der Ewigkeit; denn mein Vater geht hin, die Welt zu richten. Lass tausend Lichter werden aus dem einen Licht und tausend Schwerter aus dem einen Schwert, dass nicht einer sich verberge vor dem Auge meines Vaters am Tag des Jüngsten Gerichts meines Gottes. Lass die Götter fliehen: lass die Engel fliehen vor Angst und Entsetzen; denn mein Vater hat sein Auge geöffnet und es fiel das Buch der Äonen.›

Es handelt sich um die Zerstörung des Universums: der Vater mit dem dritten Auge ist Shiva.

‹Erhebt! Erhebt! Erhebt Euch! Löscht das Licht vom Antlitz der Zeit. Dunkelheit soll alles umhüllen: denn mein Vater geht hin und sucht seine Gemahlin, zu ersetzen die gefallene und besudelte.›

Die befleckte und vertriebene Frau ist, zunächst einmal, Crowleys, aus der Perspektive des ungeliebten Kindes gesehene, Mutter.

[1] vgl. C.G. Jung; *Psychologie und Alchimie.*

All diese Visionen fielen der Vergessenheit anheim. Erst nach Crowleys Tod wurden sie von seinen amerikanischen Jüngern gesammelt und zusammen mit Crowleys Anmerkungen zu seiner kabbalistischen und sonstigen Korrespondenz erneut veröffentlicht. Aber worum geht es in diesen Visionen? Was beschreiben sie? Crowley hatte weder Ambitionen noch persönliche Probleme noch moralische Schwierigkeiten noch Bitternis gegen irgendjemand; er war lediglich von dem Trieb erfüllt, alles mit seiner Gegenwart zu überfluten. Es handelt sich, strenggenommen, noch nicht einmal um Visionen, sondern um Phantasien, die der Eindringlichkeit echter Visionen entbehren und Crowley am Ende dort zurückliessen, wo er angefangen hatte.

Perdurabo kehrte wieder. Geboren, oder wiedergeboren, wurde er in eben dem Gewand, das Crowley im wirklichen Leben angelegt hatte, im Gewand des *enfant terrible*, der allerorts Betroffenheit verbreitet:

‹Erzittert, Säulen des Universums, denn Ewigkeit kreisst und wird ein Schreckliches Kind hervorbringen; ein Universum der Dunkelheit, von dem aus ein Funke springen wird, den Vater zu vertreiben.›

‹Die Obelisken sind gebrochen; die Sterne zusammengeeilt: das Licht ist in den Abgrund gestürzt: Himmel und Hölle vermengen sich.›

Crowley in seiner grössenwahnsinnigen Phase; Umkehrung seiner Schuldkomplexe. Die Zerstörung des Alls und die Vermengung von Himmel und Hölle sollten eigentlich die Vision beenden, da es dann nichts mehr gibt, was zu zerstören wäre. Alles ist Schrecken. Aber damit nicht genug: Wieder überkommt ihn Schuld.

‹O Herr, Gott, lass Deinen Geist über mich kommen!›

‹Denn ich bin verloren in der Finsternis unendlichen Schmerzes: keine Hoffnung: kein Gott: keine Auferstehung: kein Ende: Ich falle: Ich fürchte.›

Damit endet die Vision. Falls sie eine Moral enthält, so war Crowley nicht in der Lage, sie zu erkennen. Er war schuldig, aber weigerte sich, Busse zu tun, da er den christlichen Begriff der Reue nicht anerkennen konnte. Lediglich schuf er die Voraussetzungen, in der nächsten ‹Vision› wiederum seine Schuld zu erkennen: Crowley war besessen.

‹Der Himmel erstrahlt im Gold der Sterne, der Hintergrund schimmert grün. Aber der Gesamteindruck ist der der Dunkelheit.›

‹Vor mir ist ein gewaltiger Adler-Engel. Seine Schwingen scheinen den Himmel zu verbergen.›

Dies ist der Anfang des Neunundzwanzigsten Aethyr, RII genannt, die zweite und die letzte der in Mexico an der Schwelle zu seiner Karriere als Magier evozierten Sphären. Was sagte der Engel dieses Mal? Wie der des Dreissigsten Aethyr, zeigt er sich voller Zorn und Wut, so dass die Unterschiede zum Teufel verwischen. Von den Himmeln fiel Zerstörung und Gottes Gnade versank in den Tiefen. Selbst die Berge wurden dem Erdboden gleichgemacht.

Der Seher erhob seine Augen und sah weit im Süden einen Löwen. Er war verwundert und verwirrt.

Der Löwe, wie der Drache, ist ein gefährliches Tier und Symbol des Unbewussten. Mit mehr Wahrheitsgehalt als ihm selbst bewusst war, erklärt Crowley in einer Fussnote, dass der Löwe das Tier 666, also er selbst ist. Er tat das Maul auf und verkündete seinen Tod.

Dann, im Westen, erschien ein weisser Stier. Er hatte karmesinrote Lippen und Augen wie Edelsteine. Crowley interpretierte ihn als Symbol für Jesus oder Osiris, die er «sterbende Götter» nannte. (Ich sollte anmerken, dass es sich eher um die Hure Babylon handelte, die sinnliche und allesverschlingende Mutter, die Crowley ein Leben lang fasziniert und gefangen hielt.)

‹Er[1] sprach: Es ist zu Ende! Meine Mutter hat sich entschleiert!›

‹Meine Schwester hat sich verstümmelt! Das Leben der Dinge hat sich entdeckt und sein Geheimnis preisgegeben.›

Die Vision endete mit der Kreuzigung eines Kindes am Busen seiner Mutter, ein Sinnbild von Crowleys eigenem Schicksal. ‹Denn dies Kind steigt auf im Innern der Mutter und kreuzigt sich an ihrem Busen. Es breitet seine Arme aus wie die der Mutter und das Licht wird fünffach.›

Dieses fünffache Licht ist gleichbedeutend mit den fünf Spitzen des Pentagramms, dem magischen Siegel und Schlüssel der Mysterien: der Lohn für seine dargebrachten Opfer.

So endet die Vision vom Neunundzwanzigsten Aethyr.

Auf seinen Wanderungen mit Neuburg durch die Wüste invozierte Crowley die Aethyre je nach Belieben und Gelegenheit: durchschnittlich einen pro Tag. Als er am 30. November Bou-Saada wieder erreichte, war er am Zwanzigsten Aethyr angekommen. Am 8. Dezember brach er wiederum in die Wüste auf und erreichte Biskra am 16. Am 19. Dezember beendete er seine Reise durch die Aethyre.

Der Achtundzwanzigste, BAG genannte Aethyr, ist die erste der mit Neuburg in der nordafrikanischen Wüste invozierten Sphären. Wie üblich, starrte ihm der Teufel aus dem Stein entgegen, mit schwarzem Gesicht und Augen ohne Pupillen und Iris. ‹Das Gesicht ist wahrlich schrecklich anzusehen›, sagte Crowley.

«Wer bist du, Mensch, der du eindringen willst in die Mysterien?» rief der Engel aus, «denn sie sind verborgen bis ans Ende der Zeit».

Anstatt zu antworten, begann Crowley eine Diskussion über den Begriff ‹Zeit›, was den Engel in Wut versetzen sollte. Mit diesem strategischen Vorgehen zerriss Crowley den Schleier und konnte den Aethyr betreten, wo er den Engel sah als das, was er war: ‹Sein Gewand unter dem blauen Schleier ist schwarz, aber weiss gesäumt. Er hat einen schimmern-

[1] Der Stier.

den Bauch wie ein Fisch und grosse schwarzweiss gefiederte Flügel, unzählige kleine Beine mit Krallen wie ein Tausendfüssler und den langen Schwanz eines Skorpions. Die Brüste sind menschlich, aber mit Blut besudelt.› Dergleichen Einzelheiten lassen den Engel nicht gerade schrecklich erscheinen und erinnern allenfalls an die von Kafka in der *Verwandlung* geschaffene Kreatur.

Eine Beschreibung von Crowleys sämtlichen Reisen durch die Aethyre wäre zu umfangreich. Zudem strotzen sie vor Wiederholungen. Jedoch verdient der Zehnte Aethyr, ZAX genannt, der vom schrecklichen Dämon Choronzon bewacht wird, eine eingehende Beschreibung aufgrund seiner Dramatik. Kelley nannte Choronzon «jenen mächtigen Teufel». Solchermassen vorgewarnt, traf Crowley besondere Vorkehrungen für diese Invokation. Offensichtlich ging es ihm dabei weniger um seine als um seines Protokollanten Sicherheit. Da ihn Neuburg nicht zum Aethyr begleitete, erwartete Crowley, dass Choronzon auf die Erde komme.

Den Zehnten Aethyr bezeichnet Crowley als mit einem Fluch beladen. Um Omnia Vincam zu schützen, zog Crowley einen magischen Kreis in den Dünensand und rüstete ihn mit den heiligen Namen Gottes aus: Tetragrammaton, Shaddai El Chai und Ararita. In unmittelbarer Nähe legte er ein Dreieck aus, in das er den Namen seines schrecklichen Teufel Choronzon schrieb, des Bewohners des Abgrunds. Entlang der Dreieckslinien beschrieb er Anaphaxeton, Anaphaneton und Primeumaton, – weitere Namen des Gottes aller Wesen. Sie sollten den ins Dreieck beschworenen Choronzon am Ausbrechen hindern. In die drei Winkel schrieb Crowley die Silben MI-CA-EL (Michael), den Namen des Erzengels.

Diese Methode entspricht dem Ritual des *Lemegeton* des Salomon zur Beschwörung der Fürsten des Bösen. Den Wortlaut selbst wollte Crowley nicht übernehmen.

Aus Bou-Saada hatten die Magier drei Tauben mitgebracht, denen Crowley jeweils über einem Winkel des Dreiecks die Kehle durchschnitt. Ihr Blut versickerte rasch im Wüstensand. Dann betrat Neuburg den Kreis und schwor seinem Führer und Meister, Frater Perdurabo, folgenden feierlichen Eid:

> Ich, Omnia Vincam, Lehrling im Orden des A.˙. A.˙. schwöre bei meiner magischen Ehre und dem Engel Adonai, der mich beschützt, dass ich diesen Kreis der Magie und Kunst verteidigen werde mit Gedanken und Worten und Taten und den unbändigen Geist zurückbefehlen werde in ihn, so er ihn fliehen möchte; und meinen Dolch zu erheben gegen alles, das ihn brechen will, und möge es die körperliche Erscheinung des Sehers sein. Ich werde wachsam sein und gewappnet gegen Kraft und Tücke; und mit meinem Leben die Unversehrtheit dieses Kreises beschützen, Amen.
> Und meinen Heiligen Schutzgeist rufe ich zum Zeugnis dieses Eides.

Möge er mich verlassen und ich elendiglich zugrunde gehen, wenn ich ihn breche. Amen und Amen.

Dann begab sich Crowley ins Dreieck, das er als ‹geheimen Ort beschreibt, wo es weder Hören noch Sehen gibt› und nahm die «Blitz»-Position des Hatha-Yoga ein. Er trug ein schwarzes Gewand und sein Haupt war mit einer Kapuze verhüllt, die jedoch Sehschlitze hatte.

Es handelt sich hier um die einzige in der Magie wiedergegebene Szene, in der sich der Magier ins exorzistische Dreieck begibt, anstatt im Schutz des magischen Kreises zu verharren. Ein solches Vorgehen müsste eigentlich Besessenheit durch den zu evozierenden Dämon provozieren. Aufgrund dieser schwachsinnigen Handlungsweise wurde gefolgert, dass Crowley für den Rest seines Lebens von dem Dämon Choronzon besessen war. Ich teile diese Anschauung nicht. Crowleys Besessenheit datiert von einem früheren Zeitpunkt, und vor Choronzon kam Aiwass.

Neuburg leitete die Zeremonie ein, indem er die Bannrituale des Pentagramms und Hexagramms, des fünfzackigen und sechszackigen Sterns, zelebrierte. Zu diesen kurzen Präliminar-Riten bemerkte Crowley, dass sie den Magier ein Gefühl der Reinheit der Atmosphäre spüren lassen.

Anschliessend beschwor Neuburg mit Hilfe des Penta- und Hexagramms die Erzengel und ihren Wirt als Wächter des magischen Kreises. Ihre Gegenwart lässt sich an einem Gefühl der «Heiligkeit» erkennen.

Sodann murmelte Neuburg Crowleys Übersetzung des Exorzismus des Honorius.

O Lord, deliver me from hell's great fear and gloom!
Loose thou my spirit from the larvae of the tomb!
I seek them in their dread abodes without affright:
On them will I impose my will, the law of light.

I bid the night conceive the glittering hemisphere.
Arise, O sun, arise! O moon shine white and clear!
I seek them in their dread abodes without affright
On them I will impose my will, the law of light.

Their faces and their shapes are terrible and strange.
These devils by my might to angels I will change.
Of nameless horrors I address without affright:
On them will I impose my will, the law of light.

These are the phantoms pale of mine astonied view,
Yet none but I their blasted beauty can renew;
For to the abyss of hell I plunge without affright:
On them will I impose my will, the law of light.

Omnia Vincam befand sich mittlerweile in einem Stadium der Furchtlosigkeit. Wenn Choronzon, jene stärkste und tödlichste aller Mächte des Bösen, ihn ergreifen wollte, würde er sich mit seinem magischen Dolch wehren. Ausserdem hatte er noch seinen Zauberstab. Crowley hatte ihn beschworen, ohne Furcht auf alles einzustechen, was den Kreis zu durchbrechen versuchte ‹und sei es die körperliche Erscheinung des Sehers›; und Neuburg hatte einen Eid darauf geleistet. Ausserdem hatte Crowley ihm eingeschärft, sich ja nicht aus dem Kreis hinauszulehnen. (Wie Crowley, hockte Neuburg in ein Zaubergewand gehüllt im Wüstensand).

«Es gibt kein Wesen in dem äussersten Abgrund», beschrieb Crowley dem Protokollanten seine Gesichte im Topas, «aus seinem Nichts kommen ständig Formen.» Dieser undefinierte Zustand sollte jedoch nicht lange währen. Hervor sprang plötzlich der Geist des Abgrunds, der mächtige Teufel Choronzon und schrie laut auf:

«Zazas, Zazas, Nasatanada Zazas!»

Diese Worte, merkte Crowley an, stammen aus einer uralten Vision: Angeblich hatte Adam damit die Tore zur Hölle geöffnet. In der Überlieferung sind es die Worte, die den Abgrund öffnen.

Dann hielt Choronzon, der zu diesem Zeitpunkt nicht beschrieben wird, aber schrecklich anzusehen gewesen sein muss, eine Rede. (Noch befand er sich im Topas):

> Ich bin der Herr der Form, und aus mir entspringt alle Form.
>
> Ich bin ich. Den Verschwendern habe ich mich verschlossen, sicher ruht mein Gold in meiner Schatzkammer, und alles Lebende machte ich zur Buhlerin, und nichts soll sie berühren ausser mir. Und dennoch bin ich gebrannt, selbst noch in der Kälte des Windes. Er hasst mich und quält mich. Er hätte mich um meiner selbst betrogen, aber ich schweige und verspotte ihn bei allen seinen Verfolgungen. Lepra sende ich aus und Pocken und Pest und Krebs und Cholera und Fallsucht.

Choronzon ist Crowley, der ebenfalls alles und jedes zu seiner Buhlerin machte und von Schuldgefühlen heimgesucht wurde, bemerkenswert ähnlich. Im Bewusstsein dieser Ähnlichkeiten – natürlich ist er von Choronzon fasziniert – merkt Crowley an, dass Choronzon seine Stimme nachahmt. (Da sich beide gleichzeitig im magischen Dreieck befanden, ist das nicht weiter verwunderlich.)

Crowley rief dem im gegenüberliegenden magischen Kreis gleichsam verbarrikadierten Bruder Omnis Vincam zu: «Ich glaube, mehr kriege ich nicht aus ihm heraus, mehr ist nicht da.»

Dem Protokollanten Victor Neuburg jedoch entging diese Information. Denn inzwischen hatten ihn Halluzinationen überkommen, und er glaubte im Dreieck nicht seinen Freund und Führer, Bruder Perdurabo, zu sehen, sondern eine wunderschöne Kurtisane, die er in Paris geliebt hatte. Es bleibt unklar, wie er zu dieser Annahme kam. Eine Erklärung ist, dass es sich um eine Manifestation Choronzons handelte.

Die schöne Buhlerin begann Neuburg mit Worten und Blicken zu umstricken. Er aber erkannte dies als List des Choronzon, der ihn zum Verlassen des magischen Schutzkreises verführen wollte.

Plötzlich vernahm er ein lautes und wildes Auflachen, und die Evokation Choronzons in sichtbarer Gestalt erschien im Dreieck. Neuburg forderte ihn auf, seinen Diskurs fortzusetzen. Choronzon gehorchte.

> Den Gott des Gelächters haben sie mich genannt, und, wahrlich, ich lache, wenn ich morde. Und sie dachten, ich könne nicht lächeln, aber denen lächle ich zu, die ich verführe. O Unverletzlicher, der du nicht versucht werden kannst. Der du mir gebieten kannst im Namen des Allerhöchsten, wisse, dass ich dich wahrlich versuchte, und dass ich Busse tue. Ich beuge meine Knie vor den grossen und schrecklichen Namen, mit denen du mich beschworen und begrenzet hast. Aber dein Name ist Gnade, und ich schreie um Vergebung. Lass mich herantreten und mein Haupt zu deinen Füssen legen, auf dass ich dir diene. Denn du gebietest mir Gehorsam den Heiligen Namen, von denen ich nicht zu entfliehen vermag, denn ihr leisestes Flüstern übertönt alle Töne der Sturmwinde. Lass mich zur dir kriechen auf Händen und Füssen und dich anbeten und teilhaben deiner Vergebung. Denn ist nicht deine Gnade unendlich?

Choronzon appellierte an Neuburgs Stolz. Neuburg jedoch wollte davon nichts wissen und befahl dem Dämon, sich hinwegzuheben.

An diesem Punkt der Erzählung unterbricht Crowley mit der Bemerkung, dass Choronzon nicht über eine feste Form verfüge, da er der Vater aller Form sei ‹und deshalb rasch von der einen in die andere schlüpft, wie immer er es für die Verführung derer für am günstigsten hält, die er hasst, da sie dem Allerhöchsten dienen›.

Wiederum zeigen sich Ähnlichkeiten mit Crowley. Es gibt keinen Choronzon, es gibt lediglich Crowley, der sozusagen Choronzons Form angenommen hat. Choronzon war für Crowley, der sich in jede romantische Rolle und archaische Situation versetzte, eine leicht zugängliche Person. Bei anderer Gelegenheit sah er sich als mächtigen König oder als ungeheuren schwarzen Krieger mit tausend Armen. Seine Fähigkeit, Rollen anzunehmen, hielt er für einen Nachweis seiner Flexibilität. Viel eher handelt es sich jedoch um ein Indiz für seine Unfähigkeit, aus sich selbst heraus zu leben.

‹Also nimmt er die Form einer schönen Frau an›, sagte Crowley über Choronzon, ‹oder eines weisen und heiligen Mannes, oder einer Schlange, die sich auf der Erde windet, bereit zu stechen.›

Neuburg ging dazu über, Choronzons Äusserungen niederzuschreiben, was anbetrachts der Tatsache, dass der Bewohner des Abgrunds mittlerweile ‹das Gestammel eines Irren und unzählige sinnlose Brocken› von sich gab, selbst für einen Hochgeschwindigkeitsstenografen von einiger Schwierigkeit war.

Choronzon war

> der Schrecken des Dunkels und die Finsternis der Nacht, die Taubheit der Natter und die Schalheit abgestandenen Wassers, das schwarze Feuer des Hasses und der Euter der Katze des Schleims; nicht ein Ding, sondern viele. Aber dennoch ist sein Leiden unendlich. Die Sonne brennt auf ihm, wenn er sich nackend im Sand der Hölle wälzt und der Wind durchdringt ihn bis aufs Mark, ein rauher und trockener Wind, so dass seine Kehle vor Durst brennt.

In Gestalt des nackten Bruder Perdurabo kroch der Dämon nun auf den magischen Kreis zu und wollte den Protokollanten um «nur einen Tropfen Wasser aus den Quellen des Paradieses» bitten, «auf dass ich meinen Durst lösche.»

Das Wasser sollte als Symbol angesehen werden. Choronzon will das Wasser des Lebens.

Natürlich lehnte Neuburg ab.

Flehentlich wurde die Bitte wiederholt. «Besprenge mein Haupt mit Wasser», sagte Choronzon, «ich kann nicht mehr weiter.» Wieder lehnte Neuburg ab und befahl dem Dämon im Namen des Allerhöchsten, in der Rede fortzufahren.

Es folgt ein langer Wortwechsel, in dessen Verlauf der Protokollant Choronzon im Heiligen Namen Gottes und kraft des Pentagramms verfluchte. Unbeeindruckt antwortete Choronzon:

> Die Namen des Allerhöchsten laben und erquicken mich. Zwischen meinen Kiefern zermalme ich sie, von meinem Körper scheide ich sie aus. Die Macht des Pentagrammes fürchte ich nicht, denn ich bin der Meister des Dreiecks. Dreihundert und dreiunddreissig ist mein Name, und das ist dreifach Eins.[1] Sei auf der Hut und gewarnt, denn ich werde dich überlisten. Ich werde Worte ausstossen, und du wirst sie für die Rufe des Aethyr halten und aufschreiben, als seien es grosse Geheimnisse der Kraft der *Magick.* Aber die werden nichts sein als meine Possen.

Neuburgs Widerstandskraft liess allmählich nach. In seiner Furcht in-

[1] In der kabbalistischen Tradition steht 333 für ‹Mangelnde Kontrolle›, Auflösung – was für Choronzon sicherlich charakteristisch ist.

vozierte er Crowleys Heiligen Schutzgeist Aiwass, der ihm zu Hilfe kommen sollte. Die ganze lächerliche Zeremonie – denn schliesslich hatte er einen eigenen Heiligen Schutzgeist, und es war Crowley gewesen, dem er die Angriffe Choronzons zu verdanken hatte – zeigt den Grad seiner Besessenheit durch Crowley.

Als Choronzon den Namen des Aiwass hörte, schrie er auf: «Ich kenne den Namen deines Engels und deinen Bruder Perdurabo, und eure Werke sind nichts als ein Feigenblatt für Dreckzaubereien.»

Neuburg fasste neuen Mut. Er sagte dem Dämon, dass er ihm im Wissen überlegen sei und ihn deshalb nicht zu fürchten brauche. Und befahl wiederum, dass er sich hinweghebe.

«Nichts kannst du mir sagen, was ich nicht wüsste», antwortete Choronzon, «denn alles Wissen ist in mir: Wissen ist mein Name. Erhob sich nicht das Haupt der Grossen Schlange zum Wissen?»

Der Satz spielt auf die Kabbala an. Das Haupt der Schlange des Wissens, die sich um den Baum des Lebens windet, ruht in Daath, der falschen Sephira des Abgrunds.

«Setze die Beschwörung fort», befahl der Protokollant, als spräche er zu Crowley und nicht zum Teufel.

Anstatt zu gehorchen, brach Choronzon eine nur aus Ausflüchten bestehende Rede vom Zaun.

Der Protokollant drohte ihm Zorn, Pein, gar die Hölle an, worauf Choronzon in seiner antiquierten Sprache erwiderte: «Glaubst du denn, o Narr, dass es da gäbe Zorn und Pein, die nicht in mir, oder eine Hölle, die nicht meines Geistes wäre?»

Crowley, so wird berichtet, hatte an diesem Disput keinen Anteil. Er sass noch immer zurückgezogen und vermutlich rücklings zu den Kontrahenten in der ‹Blitzstrahl›-Position. Allerdings wird ebenfalls berichtet, dass Choronzon zu einem bestimmten Zeitpunkt die Gestalt Crowleys annahm. Dem mit einem nackten und verwirrenden Dämon in Menschengestalt konfrontierten Neuburg allerdings musste die Frage seiner Identität eher nebensächlich erscheinen.

Über Choronzon sagt Crowley: «Einbildungen, Einbildungen, Einbildungen, ohne jede Kontrolle, ohne Sinn. . . denn es gibt keinen Mittelpunkt. Da ist nichts als Zerstreutheit.»

Zu einem früheren Zeitpunkt hatte Crowley zum Geisteszustand des Choronzon bemerkt: «Er kann sich nicht lange auf einen Punkt konzentrieren» – was auf seinen eigenen Geist natürlich ebenfalls zutrifft.

Der Dämon wandte sich nun an Crowley und sagte in ähnlich ungeschminktem Tonfall: ‹Der du geschrieben hast dreissig und zwei Bücher der Weisheit, und dennoch dümmer bist als eine Eule: es ist dein eigenes Gerede, das deine Wachsamkeit zum Ermüden bringt; und meine Rede macht einen Narren aus dir und überlistet dich, dich, der du sagst, du würdest dauern.›

Dann wandte sich Choronzon zum Protokollanten:

Wissest du denn, wie nahe der Zerstörung du bist? Denn du, Schreiber, entbehrst des Verstehens, das allein widerstehen könnte dem Choronzon. Und wärest du nicht gewappnet durch die Heiligen Namen Gottes und den Kreis, so würde ich über dich kommen und dich zerreissen. Denn als ich Gestalt annahm als Frau und du zu mir gekommen wärest: verderbt wäre dann dein Körper mit Pocken und deine Leber vom Krebs. Und hätte ich dich am Stolze gepackt und du hättest mir Eintritt gewährt in den Kreis: unter meine Füsse träte ich dich und für mehr als tausend Jahre wärest du nichts gewesen als ein Bandwurm in mir. Und hätte ich dich an der Gnade gepackt und Wasser erhalten: mit Flammen hätte ich dich versengt. Aber ich konnte mich nicht behaupten gegen dich.

Woraufhin er in einem Anfall von Niedergeschlagenheit wünschte, er wäre tot.

Dann jedoch folgte eine weitere lange Rede; die mit der Klage endet; ‹. . . mein Wille ist gebrochen, meine Stärke durchsetzt mit Furcht, und hinfort muss ich sprechen, sprechen, sprechen mit Millionen Stimmen des Irreseins in meinem Geiste.›

Danach brach er in eine Sintflut obszöner Beschimpfungen aus. Während sich der Protokollant nach besten Kräften bemühte, sie niederzuschreiben und keinen Blick vom Notizbuch liess, begann Choronzon damit, Sand über die Kreislinie zu streuen, um eine Bresche in die Festung zu schlagen.

Als ihm keine weiteren Schimpfwörter mehr einfielen, rezitierte er die Ballade *Tom o' Bedlam*, um die Flut seiner Suada nicht versiegen zu lassen:

Forth from my sad and darksome Cell,
Or from the deep Abiss of Hell,
Mad Tom is come to view the World again,
To see if he can ease the distemper'd Brain:
Fear and Care doth pierce the Soul:
Hark! how the angry Furies howl,
Pluto laughs, and Proserpine is glad,
To see poor naked Tom of Bedlam mad.
Throught the World I wander Night and Day,
To find my Stragling Senses.[1]

[1] Aus einer Broschüre mit dem Titel *New Mad Tom of Bedlam or the Man in the Moon drinks Claret, with Powder-Beef, Turnip and Carret*, ca. 1670.

In Form eines nackten Wilden sprang Choronzon schliesslich vom Dreieck ins nun versehrte Kreiszeichen über und warf sich auf Neuburg, der sofort zu Boden ging. «Er schleuderte ihn in den Sand», sagte Crowley, «und wollte ihm mit seinen speicheltriefenden Fangzähnen die Kehle zerbeissen.»

Omnia Vincam aber rief die Namen Gottes und stach mit seinem magischen Dolch auf Choronzon ein. Der Dämon wurde abgeschlagen und kroch in sein Dreieck zurück. O. V. konnte den Zirkel wiederherstellen.

In Crowleys *Book Four* wird berichtet, dass dieser magische Dolch als Kühlmittel bei Hitze eingesetzt wird. Der Dolch ist aus mit Gold eingelegtem Stahl gefertigt. Auch das Heft besteht aus Gold. Er «drückt die Bereitschaft aus, alles zu opfern».

Choronzon verwandelte sich sofort wieder in eine schöne Frau und versuchte es noch einmal mit Gefühl.

Dann bat er O. V. um die Erlaubnis, das Dreieck verlassen zu dürfen, damit er Kleider finden und seine Blösse bedecken könne. Aber diese Bitte lehnte der gestrenge O. V. ab. Choronzon stiess noch etliche Drohungen und Beschimpfungen aus, bevor er seine Ohnmacht schliesslich eingestand.

> Dem Reich des Vaters widerstand ich und beschmutzte seinen Bart. Dem Reich des Sohnes widerstand ich. Aber dem Reich des Heiligen Geistes werde ich begegnen und nicht widerstehen. Meine dreifache Lästerung sind die drei geopferten Tauben[1], aber ihr Blut wird den Sand fruchtbar machen, und krümmen werde ich mich im Dunkel und dem Schrecken des Hasses, und nicht widerstehen.

Noch einen letzten und vergeblichen Versuch unternahm er, indem er die Magie verhöhnte und O. V. davon zu überzeugen suchte, dass sie (und insbesondere Crowleys Spielart, *Magick*) nichts weiter als Unsinn sei.

Aber mittlerweile hatte der endlose Reigen der Phantome die aus dem Taubenblut gewonnene Energie verbraucht, so dass die invozierten Mächte nicht länger Gestalt annehmen konnten. Leer gähnte Choronzons Dreieck, das Werk war zu Ende.

‹Es gibt weder Anfang noch Ende in diesem Aethyr. Alles ist Kraut und Rüben darin, denn es ist das Reich des Bösen auf Erden und der Verdammten der Hölle. Und so lange es nichts ist als Kraut und Rüben, spielt es keine Rolle, was der meeresgrüne unbestechliche Protokollant aufgeschrieben haben mag.›

Ein Feuer wurde entzündet, um den Ort zu reinigen, Kreis und Dreieck verwischten sie mit dem Staub der Wüste.

[1] Die Taube ist das Symbol des Heiligen Geistes.

In seiner Abhängigkeit entwickelte sich Neuburg zum willigen Opfer für Crowleys magische Experimente. Darüber hinaus füllte er Crowleys Geldbeutel. ‹Ich kann beim besten Willen nicht sagen, wie er aussah›, schrieb Crowley über Neuburg, ‹denn als Gott ihn machte, zerbrach ER die Form.›

Die beiden ergänzten sich vorzüglich: suchte der eine nach Schülern, verlangte es den andern nach einem Meister.

Noch aufwendigere Gedichtbände Crowleys wurden publiziert: *Amphora*, ‹Sonderband für die Autorin und ihre Vertrauten›; *The World's Tragedy* (sein erstes autobiographisches Essay); *The Winged Beetle*; *Ambergris*, usw. Das Jahr 1908 beschrieb Crowley als sein dichterisches *annus mirabilis.* Zudem gab er seine erotischen Gedichte *Clouds Without Water* heraus (Von Rev. C. Verey. Privatdruck zur Verbreitung unter Geistlichen.)

Das Vorwort zu *Ambergris* zeigt seine Frustrationen:

> Angesichts eines weitverbreiteten Desinteresses an meinen Schriften, habe ich mich bereiterklärt, eine kleine und nicht repräsentative Auswahl derselben zu publizieren . . . Die Auswahl wurde von einem getrennt tagenden Gremium von sieben kompetenten Leuten vorgenommen. Aufgenommen wurden nur Gedichte, für die sich eine Mehrheit fand. Der somit geradezu ostentativ demokratische Band wird dem britischen Publikum vorgelegt im vollsten Vertrauen auf den mir bereits gewohnten Widerhall.

Im Jahr 1909 wurde ausserdem die erste Ausgabe von *The Equinox* herausgegeben, Untertitel *The Review of Scientific Illuminism.* Die dickleibigen Bände erschienen zweimal jährlich, zur Sommer- und Wintersonnenwende. Sie sollten weniger wissenschaftlichem oder sonstigem Illuminismus dienen, denn den Aktivitäten und Plänen Aleister Crowleys. ‹The Equinox› sagte er, ‹war der erste ernstzunehmende Versuch, der Öffentlichkeit die Tatsachen der Okkulten Wissenschaften nahezubringen, seit Blavatskys unwissenschaftliches Ragout aus Fakt und Fabel, *Isis Entschleiert*, diese Bezeichnung kreiert hatte.›

Seit dem Bruch mit Mathers hegte er den Ehrgeiz, seinen eigenen Orden zu haben. Dies gelang ihm auf folgende Weise: der Golden Dawn war eine okkulte Bruderschaft aus drei Abteilungen, von denen nur die erste, oder der Äussere Orden, den Titel Golden Dawn trug. Mit dem Erreichen des Grades 5° = 6[□] avancierten die Mitglieder in den *Order of the Red Rose and the Golden Cross,* dessen höchster Grad 7° = 4□ war. (Diesen Rang hatte Mathers inne.) Die restlichen drei Grade der Hierarchie, *Magister Templi* (Tempelmeister) 8° = 3□, *Magus* 9° = 2□ und *Ipsissimus* 10° = 1□ gehörten zum *Order of the Silver Star, Ordo Argentei Astri.* Diese Ränge allerdings standen derart hoch, dass ihnen nur die Geheimen Oberen selbst angehörten. Nachdem Crowley nun in China die von ihm so genannte *Augoeides* – Zeremonie zelebriert hatte, Licht des Morgens, Morgendämmerung – «ein Zustand zeitweiligen Irreseins war das Ergebnis», schrieb er – sollen ihn die Götter um den Aufstieg in den Grad eines Tempelmeisters gebeten haben, den er jedoch erst 1909 annahm. Tatsächlich gehörte er bereits seit 1906 zu den Geheimen Oberen und hatte einen Mystischen Orden, den *Silver Star* an der Hand, den er auch A.˙. A.˙. nannte. Diesen von ihm 1907 wiederaufgebauten Orden stellte er der Welt in der ersten Ausgabe des *Equinox* im März 1909 vor. Mit der Publikation seines okkulten Tagebuchs verleibte er sich MacGregor Mathers' ganzes Werk ein: ‹Es ist notwendig, meine lieben Brüder, dass Ihr eine klare Vorstellung vom Inneren Orden bekommt; von jener erleuchteten Gemeinschaft, die über die ganze Welt verstreut ist, aber einig im Geiste und beherrscht von einer Wahrheit. Diese Gemeinschaft unterhält eine Schule, in der alle, die nach Wahrheit dürsten, vom Geist der Weisheit erfüllt werden; eine Schule, in der den Kindern des Lichts alle Mysterien der Natur bewahrt werden. Sie lehrt vollkommenes Wissen um Natur und Menschlichkeit. Von hier aus durchdringen alle Wahrheiten die Welt . . .›

Und so weiter.

Durch die Bände des *Equinox* zieht sich wie ein roter Faden Crowleys hochtrabende magische Biographie *The Temple of Salomon the King.* Der Verfasser war Bruder Per Ardua oder Captain Fuller, dem Crowley zweifellos bei der Komposition des Œuvres und auch mit der Weitergabe von Informationen assistiert hatte.

Kurz bevor die dritte Ausgabe des Equinox erscheinen sollte, erwirkte MacGregor Mathers eine einstweilige Verfügung gegen Crowley. Mathers führte an, dass mit dem Tagebuch die Geheimnisse des *Secret Order of the Golden Dawn* verbreitet würden, deren Erstveröffentlichungsrecht er besitze. Tatsächlich enthält *The Temple of Salomon the King* wörtliche Transkriptionen der geheimen Riten, die Crowley bei seiner Weihe feierlich zu bewahren geschworen hatte.

Zu Mathers Erleichterung und Crowleys Überraschung bestätigte das Richter Bucknill. Crowley schrieb dies der Tatsache zu, dass Bucknill zufälligerweise Freimaurer war und dass er ‹obwohl er nicht die geringste

Ahnung hatte, worum es eigentlich ging, aufgrund allgemeiner Grundsätze die Meinung hegte, dass niemand das Recht habe, irgend etwas zu veröffentlichen, das ein anderer lieber in der Versenkung belassen wollte.› Crowley erhob Einspruch. Vor Verhandlung des Falles sicherte er sich den Erfolg, indem er einen Abra-Melin-Talisman ‹zur Erringung der Zuneigung eines Richters› opferte. Lords Justice Williams, Moulton und Farwell, die die Berufungsverhandlung leiteten, hoben den ersten Bescheid auf, Crowleys Berufung hatte Erfolg.

Dies war Crowleys letztes Gefecht gegen MacGregor Mathers. Mit der Publikation weiterer Nummern von *The Equinox* in den folgenden Jahren, die weiterhin Fortsetzungen von *The Temple of Salomon the King* brachten, fiel der Grossteil der vom Golden Dawn noch übriggebliebenen Riten der Profanität anheim.

Mathers starb während der Grippeepidemie 1918. Gerüchteweise hat Crowley ihn umgebracht.

Die Beiträge im *Equinox* stammten beinahe ausschliesslich aus Crowleys unaufhörlich fliessender Feder. Einige wenige Artikel stammten unter anderem von Fuller, Neuburg, Ethel Archer (die 1933 einen *The Hieroglyph* genannten Roman über Crowley und Neuburg veröffentlichte), George Raffalovich, Frank Harris und Meredith Starr (ein Poet minderer Qualität wie Neuburg). 1913 weist der Orden der A.˙. A.˙. die erstaunliche Zahl von achtundachtzig Mitgliedern auf, darunter Miss Nina Hammet, Künstlerin; Miss Gwendoline Otter («ausgestossen»); Count Louis Hamon, besser bekannt als Cheiro, der Handleser («schuldet uns £ 4 4 s 0 d») und eine gewisse Florence P — («Muss heiraten oder wird verrückt»).

In der Liste war der Name Neuburg mit folgendem Kommentar versehen: ‹Ein Schwachsinniger ohne jegliche Moral›.

Im Silver Star wandte Crowley die Rituale und Lehren des Golden Dawn an. Die magischen Waffen des A.˙. A.˙. – Schwert, Stab, Becher, Glocke, Griffel[1] – weihte er nach Überlieferung der G.˙. D.˙. , ihr Ritual des Pentagramm benutzte er zur Verbannung feindlicher Geister oder unerwünschter Strömungen.

Sein Hauptquartier befand sich in der Victoria Street 124 in London. Von dort aus wurde *The Equinox* vertrieben, hier trafen sich die Brüder und Schwestern des A.˙. A.˙. , um durch die magische Laufbahn geschleust zu werden.

Einmal kam der Gott in Menschengestalt zu uns (wir arbeiteten in einem geschlossenen Tempel) und blieb, deutlich wahrnehmbar für al-

[1] Das Werkzeug, mit dem der Magier die magischen Zeichen und Symbole auf sein Pentakel bzw. Talisman aufzeichnet (meistens in Wachs).

Crowley im Jahr 1910 (Zeichnung von Austin Osman Spare aus dem Jahre 1953)

le, fast eine Stunde bei uns. Erst als uns die Ekstase des engen[1] Kontakts mit der Gottheit physisch erschöpft hatte, entschwand sie. Wir sanken in eine sublime Ohnmacht, und als wir wieder zu uns kamen, war er verschwunden. Dann wieder tanzten einige von uns Hand in Hand mit dem Rücken zum Altar in dem schwach erleuchteten, mit Weihrauchschwaden verhangenen Tempel. Irgendwie zerbrach der Kreis, und jeder tanzte für sich weiter. Dann wurden wir uns der Gegenwart eines Fremden bewusst. Manche begannen, die Anwesenden zu zählen und stellten fest, dass da einer zuviel war. Einen schwächeren Bruder überkam Furcht, oder vielleicht erinnerte er sich einer der stärkeren seiner wissenschaftlichen Verpflichtungen – was genau der Fall war, weiss ich nicht mehr – und schaltete das Licht an. Kein Fremder war zu sehen.

[1] Geschlechtsverkehr unter Einfluss von Drogen.

Der geheimnisvolle Führer des A.˙.A.˙., Bruder V.V.V.V.V.[1] (die Initialen seines Rangmottos als Tempelmeister), bekannt auch unter dem Namen Sir Aleister Crowley (angeblich wurde er für seine Verdienste um die Carlistische Sache zum Ritter geschlagen[2]) war leicht auszumachen: von der Stirn seines ansonsten kahlgeschorenen Kopfes ragte eine einzige Locke, Zeichen des Statthalters der Sonne; in anderen Worten ein Phallussymbol. Von seiner exzentrischen Haartracht abgesehen, war Crowleys ansehnliches Antlitz aufgeschwemmt und in die Breite gegangen, hatte sich seine athletische Statur mit einem Bäuchlein verziert.

Oliver Haddo, der Held aus Somerset Maughams Roman *Der Magier*, wird als Hüne mit einer Vorliebe für wild aussehende Kleider beschrieben. Crowley nahm den Roman mit einiger Genugtuung auf.

> Im Winter 1908 stiess ich auf ein Buch, dessen Titel *The Magician* mir sehr zusagte. Der Autor – Gnade meiner Seele! Niemand anders als mein alter und geschätzter Freund William Somerset Maugham, der nette junge Arzt, den ich aus den Tagen der *Chat Blanc* in so guter Erinnerung hatte. Er hatte also sein Buch doch geschrieben – wer hätte das gedacht! . . . der Magier, Oliver Haddo, war Aleister Crowley, sein ‹Skene› war Boleskine. Die geistreichen Bemerkungen des Helden waren, die meisten jedenfalls, meine eigenen . . . Aber es war vorschnell, zu schreiben, dass Maugham ein Buch ‹geschrieben› hat. Satz für Satz, Absatz für Absatz, Seite für Seite waren mir erschreckend vertraut, und dann entsann ich mich, dass ich in meinen frühen Tagen im Golden Dawn ja Gerald Kelly in den Orden eingeführt und ihm ein paar Bücher über *magick* empfohlen hatte. Maugham, überlegte ich, war ein guter Freund Kellys und hatte einige Zeit mit ihm in der Pfarrei von Camberwell verbracht. Maugham hatte einige meiner privatesten und persönlichsten Angelegenheiten verarbeitet: meine Ehe, meine Expeditionen, meine Abenteuer auf Grosswildjagd, meine magischen Ansichten, Ambitionen und Resultate und so weiter . . . Ich war nicht im geringsten beleidigt von dem Versuch, mich in dem Buch in mancher Hinsicht als üblen Lumpen darzustellen, denn er hatte den Charaktereigenschaften, auf die ich stolz war, mehr als nur Gerechtigkeit widerfahren lassen . . . *The Magician* war eine Hymne an mein Genie, wie ich sie mir besser nicht hätte träumen können.

[1] *Vi Veri Universum Vivus Vici:* ‹Zu meinen Lebzeiten habe ich durch die Kraft der Wahrheit das Universum erobert›.

[2] Die Frage von Crowleys Ritterschaft bleibt im Dunkel. ‹Ich erhielt die Ehre des Ritterschlags von einem von Don Carlos' Stellvertretern›. Wie ein Stellvertreter dieses unglückseligen Hochstaplers jemanden den Ritterschlag gewähren konnte, ist mir rätselhaft. Crowley jedoch wurde diese Ehre auf folgende Weise zuteil: ‹Ich nahm an einer Verschwörung zugunsten Don Carlos' teil, erwarb eine Lizenz zum Bedienen eines Maschinengewehrs, entwickelte mich unter grossen Mühen zu einem erstklassigen Gewehrschützen und studierte militärische Grundausbildung, Taktik und Strategie›.

Der Schauspieler Paul Wegener (rechts), der in der Verfilmung (1926) von Maughams Crowley-Roman *Der Magier* die Hauptrolle spielte

Eines der ersten Anzeichen für das Scheitern seiner Ehe mit Rose war deren übermässiger Alkoholkonsum. Natürlich war die Ehe keineswegs gut gewesen: keine Ehe mit dem sich zum Wanderer in der Wüste stilisierenden Crowley hätte anders enden können als mit einer Katastrophe. 1907 aus Tanger zurückgekehrt, lag Crowley eine Rechnung für 159 Flaschen Whisky von einem einzigen Lieferanten vor.

Möglicherweise ist die Zahl übertrieben, aber mit diesem Beweis von Roses Trunksucht wollte er ihre Eltern verletzen. 1909 liessen sich die Crowleys scheiden, nachdem Rose Aleister zu einer kleinen Alimentenzahlung für ihre Tochter Lola[1] überredet hatte.

Crowleys Haltung Rose gegenüber kommt teilweise im vierten und letzten von ihr inspirierten Gedicht zum Ausdruck. Es trägt den Titel ‹Gefallene Rose›, Rosa Decidua.

[1] Im Jahre 1909 hatte Crowley kein Geld, geschweige denn welches zum weggeben. Allerdings erwartete er beim Tod seiner Mutter eine Erbschaft von 4000 Pfund. Er gründete damit einen Fonds, dessen Einlagen dann zwischen ihm und seiner Tochter aufgeteilt werden sollten. Trustees waren George Cecil Jones und Eckenstein.

Rose of the World!
If so, then what a world!
What worm at its red heart lay curled
from the beginning? Plucked and torn and trampled
And utterly corrupt is she...

Gedruckt und gebunden wurde das Gedicht zusammen mit einem Bild des Autors im Kreis seiner Lieben (eine glücklich lächelnde Familie). Ein Exemplar ging an den Richter, Lord Salvesen, der aufgrund von Crowleys Beweisführung das Scheidungsurteil gefällt hatte.

Im Herbst 1911 wurde Rose zur Behandlung ihres Alkoholismus in ein Asyl, wie man damals die Nervenkliniken nannte, eingewiesen. Ihre Ehe mit Crowley war alles andere als glücklich verlaufen. Angeblich hatte er sich zuhause mit seinen Mätressen vergnügt und einmal Rose an den Füssen im Kleiderschrank aufgehängt.

Das Frühjahr 1910 verbrachte Crowley mit seiner neuen Frau in Scharlach Leila Waddell bei Commander Marston in Dorset. Eines Tages hielten sie ein Ritual zur Evokation des Bartzabel ab, des Geistes des Mars. Ihr Gastgeber zeigte sich tief beeindruckt und schlug vor, das Ritual zu einer öffentlichen Veranstaltung auszubauen. Während der Zelebrierung eines anderen Rituals, bei dem sowohl Crowley als auch Leila unter Einfluss von Anhalonium standen, setzte sich diese Idee bei Crowley fest. Er rezitierte dabei Gedichte, während Leila die Fiedel spielte: ‹gegeneinander und im Angesicht des Herrn.›

Anhalonium (*anhalonium lewinii*) wurde von dem deutschen Chemiker Louis Lewin isoliert und analysiert. Es ist ein Derivat der Peyote-Pflanze, die ihrer wundersamen Eigenschaften wegen von den Indianern Mittelamerikas wie eine Gottheit verehrt wurde. Lewin schreibt:

> Keine andere Pflanze erzeugt ähnlich grossartig funktionale Modifikationen im Gehirn. Während der Mohn allmählich Körper und Seele voneinander trennt, um beide sanft an die Schwelle des Todes zu führen, sorgt Anhalonium bei seinen Konsumenten aufgrund seiner sonderbar stimulierenden Fähigkeiten für Vergnügen spezieller Art. Selbst, wenn sie nur die Form sinnlicher Wahrnehmungen annehmen sollten, oder eine extreme Konzentration aufs innere Leben bewirken, sind sie der Wirklichkeit überlegen und derart unvorstellbar, dass sich das Opfer in eine neue Welt der Sensibilität und Intelligenz versetzt fühlt.

Crowley allerdings wäre anderer Meinung gewesen. Seines Erachtens hilft Anhalonium (nebst anderen Drogen,) die Astralebene zu erreichen. Selbstverständlich muss jeder dann selber wissen, was er dort zu tun hat: wozu ihn wiederum nur die Magie befähigt.

Schwester Cybele (Leila Waddel) mit dem Zeichen des Tieres zwischen den Brüsten

Crowley schrieb sieben Riten (einen für jeden Planeten), nannte sie ‹Riten von Eleusis› und gab an sieben aufeinanderfolgenden Mittwochabenden ab 21.00 Uhr in Caxton Hall (Westminster) während des Herbstes 1910 entsprechende Vorstellungen. Den Anzeigen zufolge war das Ziel gegen eine Gebühr von £ 5 5s im Publikum einen Zustand religiöser Ekstase herbeizuführen!

Die alljährlich im alten Griechenland zelebrierten Eleusinischen Mysterien waren die bedeutendste Zeremonie der griechischen Kulte. Das Schauspiel beruht auf der Sage von der Entführung der Persephone, der Tochter des Demeter, durch Pluto, den Gott der Unterwelt. Zwischen diesen alten Riten und Crowleys Variante besteht jedoch nicht die Spur einer Verbindung. Bei Crowleys Ritus wird hauptsächliche Pan, der Gott der Lust verehrt. Sinn und Zweck von Crowleys Ritus ist vielmehr zu verdeutlichen, dass es keinen Gott gibt und man infolgedessen seinem eigenen

Willen gemäss leben kann. Im Rahmen der Handlung wurden die an die Himmelspforte hämmernden Schauspieler darüber belehrt, dass Gott gestorben sei. (Nichtsdestotrotz ist Gott Pan noch immer am Leben.) Woraus sich ergibt: Ziel des Menschen ist die Freude am Leben.

Caxton Hall war verdunkelt bis auf ein schwach flackerndes Licht auf einem Altar und durchdrungen von Weihrauch. Das Publikum hatte sich auf niedrigen Hockern niedergelassen. Ein Reporter des *Looking Glass* notierte, dass viele in Abendkleidung erschienen waren.

Crowley, angetan mit dem goldenen Gewand des Golden Dawn, trug Lyrik vor, Leila Waddell spielte die Fiedel. Neuburg tanzte ‹zu Ehren unserer Lady Artemis.› Zur Krönung der Darbietung liess er sich auf der Mitte der Bühne zu Boden fallen. «Ich nehme stark an, dass er der beste von uns dreien war», sagte Crowley. «Er schien über dem Boden zu schweben.»

Das *Looking Glass* brachte einen scharfen Verriss der Aufführung und bezeichnete die Lyrik als unsinniges Geschwätz.

Der Verleger und Herausgeber der Zeitschrift, De Wend Fenton (der 1913 mit einer Geldstrafe von 10 Pfund belegt wurde wegen Versand obszöner Schriften) hatte nichts Eiligeres zu tun als Recherchen zu Crowleys Vergangenheit anzustellen. In den Folgenummern des *Looking Glass*, das weitere Rezenzionen druckte, informierte er seine Leser über Crowleys Affäre mit einer in der Burlington Arcade beschäftigten Putzmacherin. Ebenfalls hatte Crowley mit dem ‹schurkischen und verschlagenen Mönch Buddhas Allan Bennett› gelebt. Unter ihrem gemeinsamen Dach seien ‹unaussprechliche Unsittlichkeiten› geschehen. George Cecil Jones wurde ebenfalls mit hineingezogen; es hiess, er sei an den unaussprechlichen Unsittlichkeiten beteiligte gewesen.

Captain Fuller, sowohl mit Jones als auch mit Crowley befreundet, beschwor Crowley, gerichtlich gegen *The Looking Glass* vorzugehen. Crowley indes winkte ab, und dem in einem buddhistischen Kloster in Burma über die Schrecken der Existenz meditierenden Bennett war die Sache unbekannt und demzufolge gleichgültig. Jones jedoch, ein Familienvater mit vier Kindern, war aufgebracht.

Der Fall Jones gegen *The Looking Glass* wurde im April 1911 vor Richter Scrutton und einer Jury verhandelt. Crowley, von keiner der Parteien als Zeuge bestellt, wurde vom Anwalt der Verteidigung als «widerwärtige und verdammenswerte Kreatur» beschrieben. Richter Scrutton war von dem Fall ausgesprochen verwirrt und merkte an, dass ihn das Ganze an die Gerichtsverhandlung aus Alice im Wunderland erinnere.

Crowley, dem sein Ruf gleichgültig war, war amüsiert. ‹Alle paar Minuten tauchte ein geheimnisvoller Fakt auf, den niemand ausser mir besser hätte erklären können›, schrieb er. ‹«Mit Bestimmtheit», pflegte der Richter bei solchen Gelegenheiten zu brummeln, «ist die dem Gericht zur Klärung dieses Sachverhaltes allerdienlichste Person Mr. Crowley. Warum rufen Sie ihn nicht als Zeugen?», worauf beide Parteien sich über die Unauffindbarkeit dieses Mister Crowley beklagten: obgleich ich *lippis et tonsoribus notus*[1] mitten im Gerichtssaal sass.›

Die Verteidigung liess als Zeugen Dr. Berridge auftreten, ein Mitglied des Golden Dawn. In seiner Aussage gab er ein Gespräch wieder, in dem er, Berridge, Crowley berichtet haben will, dass Crowley als Sodomit verschrien sei.

Dr. Berridge: Ich hatte Gelegenheit, unter vier Augen mit ihm zu sprechen, als er als Bote in einer den Orden betreffenden wichtigen Angelegenheit in England war. Ich sagte: ‹Wissen sie auch, wessen Sie beschuldigt werden?› – von den Mitgliedern des Ordens nämlich. Angesichts der Anwesenheit von Damen im Gerichtssaal möchte ich mich nicht allzu deutlich ausdrücken ...

Richter Scrutton: Die in diesem Gerichtssaal anwesenden Damen dürften höchstwahrscheinlich über derartige Skrupel erhaben sein.

Dr. Berridge: Nun, ich sagte: ‹Man beschuldigt Sie widernatürlicher Laster›, worauf er eine seltsame Antwort gab. Weder gab er es zu, noch bestritt er es.

Der Richter empfahl der Jury, zu prüfen, ob die von den Klägern zum Anlass der Beschwerde genommenen Worte und Äusserungen den Tatbestand der Verleumdung erfüllten und, falls dem so sei, ob sie der Wahrheit entsprächen, und demnach die Kommentare des *Looking Glass* als angemessen anzusehen seien.

Die Jury entschied sich zugunsten des Angeklagten. Resultat: Jones verlor seinen Prozess aufgrund von Crowleys üblem Ruf, was Crowley wiederum die Freundschaft von Captain Fuller und George Raffalovitch, dem Co-Financier des *Equinox*, kostete.

Fuller hiess Crowley einen Feigling. Crowley antwortete: ‹Widerstehet nicht dem Bösen› und ertränkte die Zweifel des Captains in einem Meer von Rhetorik.

Mächtig, mächtig, mächtig, mächtig; ja, mächtig bist Du, dreifach, vierfach mächtig. Wer sich erhebt gegen dich, wird niedergeworfen von der Kraft allein Deines kleinen Fingers. Und wer Dich schmäht wird der Schande preisgegeben, und nicht die kleinste Silbe entflieht Deinen Lippen ...

Ein paar Jahre später entwickelte Crowley eine regelrechte Manie für Prozesse.

[1] ‹Wohl bekannt aufgrund der blutunterlaufenen Augen und seines kahlgeschorenen Schädels.›

Am 27. September 1911 wurde Rose offiziell für geisteskrank erklärt.[1] Crowley hörte davon erst im darauffolgenden Monat und jonglierte etwas mit den Daten, um nachzuweisen, dass dieses Ereignis in einem magischen Zusammenhang mit seinem ersten Zusammentreffen mit Mary d'Esté Sturges, einer Freundin Isadora Duncans, stand. Sie nahm später den magischen Namen Schwester Virakam an.[2]

‹Am späten Abend des 11. Oktober, kurz vor Mitternacht, brachte ihn der bekannte Geschichtenerzähler Hener Skene ins Londoner Savoy, wo er ihn einer Mrs. Mary d'Esté Sturges vorstellte.›

In ihrer 1927 erschienenen Autobiographie bezeichnete Isadora Duncan Hener Skene als ihren besten Freund und einen ausgezeichneten Klavierspieler.

‹Am 13. waren sie zum Tee verabredet. Nachdem er sie nach dem Dinner erneut aufgesucht hatte, verliess er die Suite der Dame erst, als er ihr seine (allerdings wenig ehrbaren) Gefühle offenbart hatte. Am 14. speisten sie gemeinsam zu Abend, bevor er nach einem Nachtisch aus Schokolade und Süssigkeiten gen Norden abreiste.›[3]

Crowley berichtet wenig von Mary. Für ihn zählte lediglich, dass sie eine starke Anziehungskraft auf ihn ausübte. Immerhin erfahren wir, dass sie verheiratet war und einen kleinen Sohn hatte. Ausserdem besass sie eine Wohnung in Paris, wo er sie ‹nach ein paar Wochen heftigen Werbens› traf, bevor er mit ihr in die Schweiz reiste.

Sie war die Verfasserin eines Bühnenstücks mit dem Titel *The Law*. Die mir bekannte Kopie des Textes weist textliche Verbesserungen in Crowleys Handschrift auf. Insgesamt war es ein schwaches Stück, das jedoch mindestens einmal aufgeführt wurde.

Crowleys Beziehungen zu Frauen lassen sich im allgemeinen in zwei Phasen unterteilen, die miteinander parallel verliefen – sofern die zweite überhaupt noch stattfand. Im Anfangsstadium fühlte Crowley sich von der Frau sexuell angezogen und hatte, wie Casanova, nur das Ziel sexueller Eroberung. In seiner Beschreibung der Mary d'Esté ist sie ‹ein grossartiges Exemplar› irisch-italienischen Blutes und besass ‹eine geradezu magnetische Anziehungskraft, die spontan auf mich ansprach. Ich sass wie ein chinesischer Gott auf dem Fussboden, und zwischen uns war elektrische Spannung.› Natürlich war dieser Magnetismus nur eine Frage der Erotik.

Die zweite Phase in Crowleys Beziehungen zu Frauen lässt sich als die hellseherische bezeichnen. Dennoch gibt er sich regelmässig überrascht, wenn er entdeckt, dass eine seiner Geliebten ihm bei der Durchführung des Grossen Werkes als Medium von Nutzen sein kann – als ob er jemals

[1] Dennoch schloss sie die Ehe mit Dr. Gormley, den Crowley auf Boleskine bewirtet hatte.

[2] Virakam = Stamm aus Sanskrit *rak*, ich baue, führe aus.

[3] *The Magical Record of the Beast 666.*

hätte vergessen können, dass neben Sex *magick* seine Lebensaufgabe war.

Ihre erste Nacht in der Schweiz verbrachten sie im Zürcher Hotel National. Sie verlief alles andere als friedlich. Crowley beschrieb Marys Zustand als wild hysterisch aufgrund einer Überdosis von Sex und Alkohol. Eine Überdosis anderer Drogen könnte der Wahrheit näherkommen. Plötzlich schien sie sich jedoch zu beruhigen, versank in tiefes Schweigen und begann zu sehen.

> Fra. Perdurabo hatte auch im Lauf der Jahre seine Skepsis nicht verlassen. Dem seines Erachtens morbiden Phänomen der Überreizung von Eros und Bacchus schenkte er allenfalls künstlerisches Interesse und kann daher die Ereignisse nicht mehr in der Reihenfolge angeben, obgleich er sie eine Stunde später aufschrieb, da sie mittlerweile okkulte Bedeutung bekommen hatten.
>
> Die Dame hatte, glaube ich, tags zuvor in einem Traum ‹das Haupt der 5 Weissen Brüder› gesehen, das ihr erzählt hatte, dass ‹alles in Ordnung sei›.
>
> Nun erschien ihr die gleiche Person. Es handelte sich um einen alten Mann mit einem langen Bart, der in der Hand einen Zauberstab hielt. Auf der Brust trug er eine grosse Kralle, und ein Ring, mit durchsichtigem Glasstein besetzt, in dessen Innerem sich ein kleiner Vogel oder eine weisse Feder befand, schmückte seine Hand. Im folgenden beschrieb sie diesen Gegenstand als die Feder eines Paradiesvogels oder ‹etwas ähnlichem›.

Crowley war in der Tat fasziniert von dieser Form der Kommunikation und fest davon überzeugt, dass der alte Mann mit dem Bart, Archetyp des alten Weisen, eine Botschaft für ihn hätte. Seine einzige Befürchtung war, dass Mary diese Botschaft unvollständig übermitteln könnte, und er beschwor sie deshalb, völlig passiv zu bleiben.

Sie tat wie geheissen und berichtete ihm nach einer Weile, dass die fünf weissen Brüder sich ‹in rote› verwandelt hätten.

Crowley lässt diese überraschende Aussage unkommentiert. Ich nehme an, dass die fünf Brüder, Adepten, Geheime Obere vielleicht gar, aus einem nur ihm ersichtlichen Grund plötzlich rot wurden wie die Truthähne. Vielleicht hat sich auch nur die Farbe ihres Gewandes geändert, aber das ist ein ziemlich unwichtiges Detail.

Dann sagte Mary: «Ich sehe ein Buch, das Frater Perdurabo übergeben werden soll.»

Crowley fuhr hoch: Mary wusste nichts von seinem magischen Titel Perdurabo! Erstaunlich.

Sie fuhr fort: «Der Name des Buches ist *Aba,* und seine Nummer ist *vier.*»

Noch erstaunlicher. Mary hatte keine Ahnung von der Kabbala, aber im hebräischen Alphabet entspricht der Buchstabe *a* (aleph) der Eins und *b* (beth) der Zwei: Aba ist also = 4. Das alles überzeugte Crowley, dass «an dieser Kommunikation etwas dran» sein könnte, wie er es milde ausdrückte.

Des weiteren sah Mary einen schwarzschädeligen Türken. Möglicherweise war es auch ein Turban- oder Kopfputz tragender Ägypter mit roter Schärpe, der auf den Namen Jezel hörte. Eine Hand war von Krokodilleder bedeckt. Der alte Gentleman mit dem langen weissen Bart sagte: «Er jagt das Buch; aber es ist Frater Perdurabo, der es bekommen wird.»

Crowley begann, den Alten auszufragen. Dies ist eine notwendige Vorsichtsmassnahme, da die in Astralvisionen sichtbaren Figuren Dämonen sein können. Wie er den Alten herausforderte, lässt Crowley unerwähnt, aber vermutlich sagte er zu ihm: «Tu was Du willst sei das ganze Gesetz.» Wenn sich der Alte angesichts dieses thelemischen Grusses dann nicht in Luft auflöste, konnte man ihm vertrauen.

Sein Medium klagte, nicht genug sehen zu können und zeigte Angsterscheinungen. Der Greis gab als seinen Namen Ab-ul-Diz an.

Dann liess Perdurabo über Mary fragen: «Was ist mit 78?» Ab-ul-Diz antwortete, dass *er* die 78 sei.

Dies musste Crowley als guter Beginn scheinen, da 78 die Nummer seines Heiligen Schutzgeistes Aiwass war. Weiterhin Ab-ul-Diz herausfordernd, fragte er: «Was ist 65?» (Die Nummer des Adni-Adonai – des Herrn.)

Ab-ul-Diz sagte, dass Perdurabo 65, und dass sein Alter 1400 sei.

Hier musste Crowley von ernsten Zweifeln an Virakams seherischen Fähigkeiten überkommen sein. Seinem Kabbalistischen Wörterbuch zufolge, das unter dem Titel *Sepher Sephiroth* in Ausgabe acht des *Equinox* erschien, ist 1400 die Zahl des Chaos!

Dann gab Crowley die Losung für den Äquinox[1], worauf Ab-ul-Diz jedoch lediglich die Stirn runzelte.

Crowley war sich darüber im klaren, dass derartige Versuche zur Identitätsfindung des Ab-ul-Diz unbefriedigend verlaufen würden, aber Ab-ul-Diz versprach, in sieben Tagen um Punkt elf Uhr nachts wiederzukommen und die Angelegenheit zu klären. Perdurabo sollte ihn mit dem Ritual des Ungeborenen beschwören.

Es war seltsam, notierte Crowley, dass seine Offenbarung zeitlich mit dem Erscheinungsdatum des *Liber Legis* im *Equinox* zusammentraf.

Sie reisten weiter nach St. Moritz.

[1] Crowley sandte zu den Frühlings- und Herbstsonnenwenden regelmässig Grüsse an die Angehörigen des Ordens sowie an Freunde. Diese Grüsse befassten sich mit einem von den ‹Holy Books of Thelema› entnommenen Wort oder einem Wort der Götter (mittels der Frau in Scharlach) bzw. einem Begriff aus den magischen Systemen Crowleys, die er erarbeitete, um des Wesen der magischen Strömung der nächsten sechs Monate zum Ausdruck zu bringen.

In der folgenden Woche voller Müssiggang erzählte Crowley Mary von seiner magischen Arbeit, um ‹Fragen zu vermeiden darüber, was sie gewusst und nicht gewusst haben könnte›. Jede Verwirrung sollte vermieden werden. Wenn die Brüder zu kommunizieren wünschen, sagte Crowley, möchten sie dies in eindeutiger Weise tun.

An magischen Waffen trug er bei sich:

1. Den Zauberstab aus Ebenholz mit dem Sternensaphir und den Goldenen Schlangen als ‹Krone›. (Dieser wertvolle Edelstein bildete das Abschlussstück seines Zauberstabs. Die ‹goldenen Schlangen› wanden sich vermutlich ähnlich dem *Caduceus* – oder Stab des Hermes – um die Krone. Möglicherweise bezieht sich Crowley jedoch auch auf den Goldreif des Uraeus, den heiligen Espenzweig Ägyptens, ein Zeichen höchster Macht, den er – wie eine Photographie aus der Zeit nachweist – um die Stirn zu tragen pflegte.)

2. Die Robe eines Neophyten des Ordens.

3. Den in ein Kruzifix eingelassenen Topas-‹Stein des Sehers›, den er als ‹Rosenkreuz› beschrieb und der an einer Gold- und Perlenkette pendelte. Es war das schon bei seinem Wüstenausflug mit Victor Neuburg 1909 verwendete Stück.

4. Seine magische Glocke. Er bezeichnete sie als Glocke des Elektro-Magicum, in die die sieben metallischen Elemente der Planeten verschmolzen waren.

5. Seinen magischen Ring.

Zu seiner Überraschung führte Mary ein blaugoldnes Faltengewand mit sich, einen ‹abbai› – *Aba* oder *Abaya* nennt man die sackartige Oberbekleidung Arabiens –, wie ihn die Frauen im Golden Dawn gelegentlich anlegten. Hierin sah er eine Fügung des Ab-ul-Diz.

Der Salon ihrer Hotelsuite war mit einem grossen Wandspiegel geschmückt. ‹Der Raum›, schrieb Crowley, ‹wird in ausgewogene Ordnung gebracht werden, wobei der Spiegel in Richtung Osten weisen soll.›

Mary war nach den im *Buch des Gesetzes* gegebenen Anweisungen gekleidet, wo es in Kapitel I, Vers 61 heisst: ‹ . . . du sollst kostbare Juwelen tragen . . . Ich schärfe dir ein: tritt vor mich in ein einziges Kleid gehüllt und auf dem Haupt eine Krone.› Und im ‹einzigen Kleid› des *abbai* konnte Crowley eine neue ‹tiefere Bedeutung› erkennen.

Für die Nacht des 28. November 1911 statteten sie ihre Suite in St. Moritz folgendermassen aus: der fast bis an die Decke reichende Wandspiegel wurde an die Ostwand gelehnt (anstelle des Altars). Davor stellten sie eine Reihe von fünf Stühlen auf, für die Weissen Brüder, die Mary in Traum und Trance gesehen hatte. Die Stühle standen mit dem Rücken zum Spiegel. Fast im Mittelpunkt des Raums befand sich ein achteckiger Tisch mit Crowleys magischen Waffen, den Zauberbüchern, und Weihrauchfässchen. Dahinter ein rechteckiger Tisch, auf dessen linker Seite eine Uhr (Symbol der Zeit) und auf dessen rechter Seite eine Lampe (Symbol des Raums) standen. Gegenüber dem Spiegel waren die Heiligen Bücher Thelema aufgebaut. Schreibmaterial lag auf der Seite des Magus (Crowley) bereit.

Eine zum Hotelkorridor führende Tür links im Raum blockierten sie mit einem Sofa. Das Fenster in der Wand gegenüber führte auf einen Balkon, hinter dem Tisch des Magus öffnete sich eine Tür zu Marys Schlafzimmer.

Das eigentliche Mobiliar ihrer Suite hatten sie in der vom Spiegel am weitesten entfernten Ecke gestapelt und hinter einer spanischen Wand verschwinden lassen.

Um Punkt 22.38 Uhr betrat Perdurabo den Tempel und entzündete den Weihrauch des Abra-Melin. Im ganzen Raum verbreitete sich ein angenehmer Duft. Um 22.40 Uhr zelebrierte er das Kleine Bannritual des Pentagramm, um die Atmosphäre von unerwünschten Geistern zu reinigen. Mary kniete zu diesem Zeitpunkt bereits in ‹abbai› und Krone zwischen dem kleinen achteckigen Tisch und fünf Stühlen vor dem Spiegel.

Um 22.45 Uhr intonierte Perdurabo folgende, einem Graeco-Ägyptischen Papyrus entnommene Litanei:[1]

Thee I invoke, the Bornless[2] one.
Thee, that didst create the Earth and the Heavens:
Thee, that didst create the Night and the Day.
Thee, that didst create the Darkness and the Light.
Thou art Osorronophris: Whom no man hath seen at any time.
Thou art Jäbas:
Thou art Jäpós:
Thou hast distinguished between the Just and the Unjust.
Thou didst make the Female and the Male.
Thou didst produce the Seed and the Fruit.
Thou didst form Men to love one another, and to hate one another.

Moshesh bin ich, Dein Prophet, dem Du gegeben Dein Geheimnis, die Zeremonien des Ishrael:

Du hast geschaffen Regen und Dürre und alles geschaffene Leben Nährende.

Höre mich an, denn ich bin der Engel des Paphro Osorronophris:[3] denn das ist Dein Name, weitergegeben den Propheten des Ishrael.

[1] *Fragment of a Graeco-Egyptian Work upon Magic. From a Papyrus in the British Museum,* Charles Wycliffe Goodwin, 1852

[2] Crowley hatte Einwände gegen das ‹Haupt-, Kopflos› (ἀκέφαλου) des Originals und ersetzte es durch ‹bornless›, ein an sich bedeutungsloses, aber den Begriff ‹grenzenlos› implizierendes Wort.

[3] Verballhornt aus Asar Un-Nefer (‹Ich, vollkommen gemacht›), eine Form für ‹Osiris›.

Höre mich an und mach mir alle Geister untertan; auf dass mir gehorche jeder Geist des Firmaments und des Äthers, zu Land und zu Wasser, des Sturmwindes und der Feuersbrunst; auf dass mir untertan seien Gelübde und Geisseln Gottes.

Dich beschwöre ich, schrecklicher und unsichtbarer Gott, der Du wohnst in der Leere des Geistes:

Arogogorobrao: Sothou:
Moderio: Phalarthao: Doo: Apé, Ungeborener.

Der Magier versetzt sich in den Gott, den er beschwört, verliert das Bewusstsein menschlicher Unzulänglichkeit und entflammt in Macht. Die ganze Theorie der Magie beruht auf drei Hypothesen, von denen eine der Glaube an die unbegrenzte Macht des Magiers ist. Von daher Perdurabos Forderung (die bei entsprechendem Fortgeschrittenheitsgrad erfüllt würde): ‹Höre mich an und mach mir alle Geister untertan›, usw.

Gelernt hatte Crowley diese Invokation im Golden Dawn, deren Führer ihre Bedeutung für die magische Arbeit erkannt hatten. Auffallend ist der häufige Gebrauch ‹barbarischer› Namen, deren Schwingung die erforderliche Spannung erzeugen. Insgesamt dauerte die Invokation elf Minuten und wurde laut Crowley ‹mit gewaltiger Anstrengung und gutem Erfolg in einfacher exoterischer Hinsicht› durchgeführt. Die hier zitierte und nur unvollständig wiedergegebene Version entstammt *The Book of the Goetia of Solomon the King* (wo es als eine Art Vorwort erscheint) – ein Werk, das Crowley von MacGregor Mathers geborgt hatte. Einige der barbarischen Namen wurden in *Magick in Theory and Practice*, 1929, durch für die Doktrin von Thelema wesentlichere Ausdrücke ersetzt.

Punkt 23.00 Uhr wurde der Kontakt zum Zauberer aufgenommen.

PERD: *Cujus Nomen est Nemo*[1], *Frater A.·.A.·. adest* [Der da Niemand heisst, Bruder des A.·. A.·. ist hier.]

Marys durch Sex und Alkohol (das *opus* hatte bereits stattgefunden) glänzend vorbereitetes Empfangssystem funktionierte gut. Ihre Qualitäten als Medium allerdings waren, wie Crowley bald feststellen musste, zweifelhaft. Ab-ul-Diz sprach durch Mary: infolgedessen hatte sie zwei Stimmen – ihre eigene und die des Zauberers.

SEHERIN: Der weisse Mann ist hier und will wissen, was du willst.
PERD: Nichts. Habe ich ihn gerufen oder er mich?
SEHERIN: Er hat dich gerufen... aber da ist 77!

1 Niemand *(Nemo)* war ein anderer von Crowleys magischen Titeln.

Dies war durchaus nicht ohne Bedeutung, ganz im Gegenteil. 77 ist der Ziffernwert des Hebräischen Sinnspruchs seiner anderen Frau in Scharlach, Leila Waddell.

PERD: Warum riefst du mich?
ABUL: Dir dieses Buch zu geben.
PERD: Wo soll die Übergabe stattfinden?
ABUL: Durch die Seherin.

(Sie habe kein Buch, beschwert sich die Seherin)

PERD: Behauptest du, ein Bruder des A.·. A.·. zu sein?[1]
SEHERIN: Er trägt die Buchstaben A.·. A.·. in schwarzen Lettern auf seiner Brust, aber sie bilden immerzu eine 7.
PERD: Was bedeutet A.·. A.·.?

Hier vermerkt das Protokoll, dass Ab-ul-Diz in raschen Folgen Zahlen aufzeigte, jedoch ohne einen endgültigen Nachweis seiner zu diesem Zeitpunkt noch nicht mit Eindeutigkeit festgestellten Existenz zu liefern.

PERD: Gib mehr Zeichen deines Seins. Bist du zum Beispiel *Sapiens Dominabitur Astris?*

Dies war der Wahlspruch der Anna Sprengel, Gründerin des Golden Dawn, die MacGregor Mathers und seinen zwei Gefährten die Originalcharta übergeben hatte.

SEHERIN: Ich sehe nichts als einen Totenschädel.

Eine befriedigende Antwort, denn *Sapiens Dominabitur Astris* war tot.

PERD: Gehört *Deo Duce Comite Ferro* zu euch?

Deo Duce Comite Ferro war Crowleys Erzfeind MacGregor Mathers. Ab-ul-Diz vermied eine Antwort auf diese Fangfrage.

PERD: Gehört *Deo Duce Comite Ferro* zu euch?
ABUL: Nein. Nicht mehr.

Richtig. Sie hatten zusammengehört, waren aber jetzt verfeindet.

PERD: Kennst du dieses Wort: MAKHASHANAH?

1 ‹Bist Du einer der Geheimen Oberen?›

Das Tier 666: Crowley im Alter von siebenunddreissig Jahren

Crowley war das Wort im 27. Aethyr der ‹Vision der Stimme› gegeben worden.

SEHERIN: Er schreibt es in goldenen Lettern und danach ein schwarzes Kreuz.

(Seherin beschwert sich über jemanden an ihrer Seite, dessen Atem sie spürt.)

PERD: Frag, wer da atmet.

(Perdurabo bemerkt kleine, umhertanzende Elemente.)

SEHERIN: Der schwarze Mann. Jetzt trägt er einen weissen Turban.
PERD: Fordere Ab-ul-Diz auf, ihn wegzuschicken; es sei denn, er erfüllt einen Zweck.

Das Protokoll vermerkt, dass die Seherin den Eindringling, dessen Atem sie im Genick spürte, mit Hilfe der Zahl 541 verbannte, die ihr Crowley gegen Furcht empfohlen hatte. (Entweder sprach sie die Zahl aus oder schrieb sie nieder oder dachte sie auch bloss.) In der Kabbala steht 541 für Israel, in der griechischen Kabbala für Priapus.

Nun ergriff Ab-ul-Diz die Initiative.

ABUL: Perdurabo soll das Wort BAL zu Ende führen.
PERD: Balata? Stimmt das?
ABUL: Nein.

Dieses sinnlose Frage- und Antwortspiel ging so weiter und wurde schliesslich vollkommen bedeutungslos. Crowley wusste nur allzu gut, dass die meisten Antworten keinen Sinn ergaben und wurde immer ungeduldiger. Wer, fragte er sich, ist dieses Wesen namens Ab-ul-Diz? Was will er mir sagen?

Dies herauszufinden, war Crowley zu jedem Opfer bereit.

ABUL: Frag mich über die Neun.
PERD: Betrachte dich als gefragt.
ABUL: Neun ist die Nummer einer Seite in einem Buch.
PERD: Welches Buch?
ABUL: Ein Buch der Reisen.
PERD: Da haben wir nichts da. Welches Buch?
ABUL: Ein Buch der Narren.
PERD: Was für ein Buch der Narren?

Neun, und der Satz ‹Buch der Narren› musste Crowley im Jahr 1911 tatsächlich unverständlich bleiben. Erst, als er in der Grossen Weissen Bruderschaft A.·.A.·. im Jahre 1915 zum Magus mit dem Zahlenwert 9° = 2ᐤ avanciert und insbesondere, nachdem er im Winter 1917/18 *The Book of Wisdom or Folly* geschrieben hatte, wurde ihm klar, dass dies das Buch war, von dem Ab-ul-Diz gesprochen hatte.

Dann forderte Crowley den Zauberer auf, der Seherin einen mystischen Namen zu verleihen, mit dem ‹Perdurabo sie ansprechen sollte›.

Ab-ul-Diz gab keine Antwort.

SEHERIN: Ich verrate es nicht.

PERD: Bitte sag mir's.

SEHERIN: Er sagt, es sollte der der siebten Jungfrau sein, und ich will keine Jungfrau sein.

PERD: Wie lautet dieser Name? (Wiederholt die Frage mehrere Male, aber mit langen Pausen dazwischen.)

SEHERIN: Er hat mir zwei- oder dreimal die Buchstaben V und I gezeigt.

PERD: Ist es Schuld der Seherin oder Perdurabos, dass diese Kommunikation so schwachsinnig ist? (Pause) Oder seine eigene?

ABUL: (gereizt) Wenn du neun übersetzen könntest, fändest du alles nicht mehr so sinnlos.

PERD: Gut. Wie kann ich dieses Buch herausfinden? Ist ein Exemplar in diesem Raum?

ABUL: Nein.

PERD: Wo kann ich es finden?

ABUL: In London.

PERD: In meinem Arbeitszimmer?

ABUL: Sind da schwarze Bücherregale?

PERD: Dunkelbraune.

SEHERIN: Nein. Schwarze.

PERD: Glaub' ich nicht.

SEHERIN: Das Buch ist mit einer Krone versehen, und darunter steht XXI.

PERD: Mehr Einzelheiten bitte.

SEHERIN: Er zeigt ein anderes Buch, worauf eine strahlende Sonne ist. Die Buchdeckel sind golden.

ABUL: Das *Book Four.* Deine Anweisungen an die Brüder.

PERD: Ich soll es also nicht veröffentlichen?

(Ab-ul-Diz macht das Zeichen der Verschwiegenheit, d. h. die Daumen-an-Lippe-Geste des Harpocrates.)

PERD: Ich nehme also an, dass ich es nicht publizieren soll.
ABUL: Nie!
SEHERIN: Nie, nie, nie, nie. (Pause) Aber finden sollst du es. (Pause) Er zeigt einen goldenen Ring.
PERD: Irgendwelche Buchstaben?
SEHERIN: Ich glaube, er hat noch nicht alles gesagt.
PERD: Er soll langsam diktieren und seine Botschaft klar übermitteln. Ich werde nach seinem *Book Four* suchen, wenn ich ausreichende Hinweise habe.

Crowley warf einen Blick auf die Uhr: 22.55

PERD: Will er mit dieser ausgesprochen unzufriedenstellenden Konversation weitermachen?
ABUL: Geh nach London, finde *Book Four*, und gib es den Brüdern zurück.
PERD: Wo ist *Book Four*?
ABUL: In London.
PERD: Wo in London?
SEHERIN: Kennst du einen Ort in London namens ‹Zeichen des Neuen Mondes›?
PERD: Vermutlich Dutzende.

Kurz darauf beklagte sich die Seherin über Erschöpfung und Crowley sah das Ende der Vision ab. Also liess er Mary den Ab-ul-Diz um einen neuen Termin bitten. Der legte ihn auf den 4. Dezember zwischen 19.00 und 21.00 Uhr.

PERD: (zu Ab-ul-Diz) Auf Wiedersehen!
ABUL: Sieben, sieben, sieben, sieben! Auf Wiedersehen!

So endete die zweite Botschaft dessen, der sich Ab-ul-Diz nannte.
Punkt neun Uhr abends am 4. Dezember 1911 leitete Crowley die dritte Vision ein. Selbstverständlich trug er die dem Ereignis angemessene schwarze Robe, hielt er in der Rechten den Ebenholzstab mit Saphir und Schlangen. Wiederum sass er an seinem rechteckigen Tisch, blickte auf der Seherin Rücken und über ihre Schultern hinweg auf ihr Spiegelbild.

PERD: *Adsum*! [Ich bin anwesend!]

Nebenbei bemerkte er, dass die Seherin betrunken war. Als erstes sah sie die Nummer 444, was ihn zu dem Gedanken veranlasste, dass er vielleicht sofort nach London aufbrechen und dieses mysteriöse *Book Four* suchen sollte.

Die Seherin stellte fest, dass ‹sie› – die fünf Weissen Brüder vermutlich – allesamt um einen langen Tisch sassen.

PERD: Wie soll ich an dieses *Book Four* herankommen?
ABUL: Es wartet in London.
PERD: Ich will keine rationale Antwort, ich will eine absurde.
ABUL: Eintausendvierhundertundneunundzwanzig.
PERD: Erläutere das ausführlicher.
ABUL: Zehn . . . Das Ganze geht um Wasser.

Crowley erklärt, dass sich das ganze *Book Four* um Wasser drehe.

PERD: Sag mir mehr.
ABUL: Du hast das Schiff verachtet, das ich dir anbot. Das Schiff war Nummer Eins mit dem Haupt eines Negers, goldnem Schnabel, weisser Brust.
SEHERIN: Ab-ul-Diz hält einen Zauberstaub mit goldner Speerspitze in seiner Hand. Jetzt tritt Perdurabo, weiss gekleidet, in die Vision.
ABUL: Neunundzwanzig. Lies Neunundzwanzig! Neununddreissig! Verlier keine Zeit!

Wer die letzte Zeile sprach, ist unklar. Es scheint sich um Perdurabos hastige Unterbrechung der Seherin zu handeln, insbesondere als unmittelbar darauf eine Bemerkung Crowleys in Parenthese folgt, nach der die Seherin aufgewühlt sei durch. . . (hier ein Zeichen für den Phallus), um ihre Fähigkeiten als Seherin in althergebrachter Weise zu stimulieren.

ABUL: Lies neunundsechzig.
SEHERIN: Ab-ul-Diz ist jetzt in Schwarz. . . den Raum durch Weihrauch. Sein Name ist ICH BIN.
PERD: Wie ist mein Name?
ABUL: KAM
PERD: Wie heisst die Seherin?
ABUL: Sieben Buchstaben.

Hebräisch – als die sie die Seherin erkannte, aber nicht entziffern konnte.

PERD: Aus welchem Namen?
ABUL: Mystischer Name.
SEHERIN: Ein sternbedeckter Himmel.
PERD: Dein Name?
ABUL: VIRAKAM.

Endlich, nach langen, bohrenden Fragen und erbitternden Antworten, wird Mary d'Estés magischer Name im Grossen Werk enthüllt – Virakam. Das ist nicht allein ein Versagen des Ab-ul-Diz, da sich die Seherin weitgehend unzusammenhängend artikulierte.

SEHERIN: Die Brüder werden rot am neunten. Weisse Kugel rollt auf Tisch hin und her, hört nie auf. Sie kleiden Perdurabo in Talar und eine Kette und ein Kreuz daran. Sie stimmen ab. Neun Stimmen gegeben, zwei nicht.

Kommentierte Crowley: Seine vorausgesehene Initiation in den O. T. O. im Berlin des Folgejahres (Seite 195).

PERD: Worüber stimmen sie ab?
SEHERIN: Kann nichts erkennen ... Bitte lass mich. Lass mich ... Ich kann nichts erkennen.
PERD: Ich fühle mit dir.

Schwester Virakam setzte aus und schrie: «Bring mich heim.» Crowley sagte, sie war den Tränen nahe. Ihre Gedanken wanderten. Dann sagte sie, dass sie Crowley nahe sein wollte.
«Ich bin bei dir, Liebling,» antwortete Crowley.
Nach einer Weile hatte sie dann neue Gesichte.

SEHERIN: Sie haben auch mir eine schwarze Robe angelegt. Oh, ich habe Angst, Angst. (Zittert und keucht.) Nur ein Stern! Zu Ab-ul-Diz' Füssen sind Schädel und Knochen.
PERD: Gut!
SEHERIN: Die gekreuzten Knochen sind Stuhlbeine. Niemand auf dem Stuhl jetzt ... Jemand sitzt darauf, Beine übereinandergeschlagen. Mein alter Mann[1] tut, was man ihm sagt. Er hat einen Reif um seinen Arm ... Ein schrecklicher Feind steht auf für Perdurabo.
PERD: Wer?
SEHERIN: Gross, weiches Gesicht, Haar zurückgebürstet, zwischen dreissig und vierzig.
PERD: Name?
SEHERIN: N ... GNGB. Bingham. Endet irgendwie auf ‹ham›.
PERD: Birmingham?
SEHERIN: Ja, kann sein. Aber du wirst ihm die weisse Taubenfeder zeigen ... Federkiel ... in Tinte getaucht ... Alle sind sie in Schwarz, Häupter verhüllt, nur die Augen zu sehen. Sie singen alle aus einem Buch. (Schluchzt) Ich will nicht mehr.

[1] Ab-ul-Diz.

Crowley wollte diese unbefriedigende Vision beenden, liess aber zuvor die Seherin nach dem Datum des nächsten Treffens fragen.

SEHERIN: Zehnter Dezember, um neun Uhr abends.
PERD: Sag' *Vale, Frater.* [Leb' wohl, Bruder.]

Die Seherin sagt es.

ABUL: Da geht er hin mit einer Urne.
SEHERIN: Ich sehe Lilien.

Crowley resümiert zu dieser Vision, dass die Seherin nun von der Existenz des Gesehenen überzeugt war; jedenfalls mehr, als nach dem ersten Mal.

Um 20.40 Uhr am 10. Dezember vermerkte Crowleys magisches Tagebuch, dass er das Hotelzimmer in gleicher Weise wie zuvor umarrangierte. Dieses Mal würde er jedoch das Werk mit der Rezitation der Invokation des Horus[1] anfangen. Er begann um 20.50 Uhr.

Im Verlauf der Beschwörung gab es allerdings einen unvorhergesehenen Zwischenfall: der Sternensaphir löste sich aus Perdurabos Zauberstab und ging verloren.

Um 21.18 Uhr verkündete Perdurabo: *Nemo adest.* [*Nemo* – Crowley – ist anwesend.]

Perdurabo, der durch die äussere Erscheinung alles Seins hindurchsah, bemerkte, wie sich die Seherin umdrehte und ihn anblickte. (Tatsächlich stand sie mit dem Rücken zu ihm und starrte auf den Kristall in der Zimmerecke.) Sodann ging sie auf die hohe Tür eines Tempels zu (eines anderen Tempels, nicht den im Hotel), wobei sie sich immer links hielt: auf der Seite des Okkulten, Unbewussten. Im Inneren dieses Astraltempels befand sich lediglich eine leere, unendlich tiefe Gruft. Dieser Zustand jedoch hielt nicht lange an, denn ‹plötzlich sitzt eine Figur mitten auf einem herausgehobenen Ding›.

In der Linken hatte die ‹weisse Figur› auf ihrem abgewinkelten Daumen eine Kette hängen. In der andern Hand trug sie eine schwarze Rute und deutete damit auf die Handfläche der linken Hand. Um die Angelegenheit noch komplizierter zu machen, war diese Handfläche mit einer blauen Glasschicht überzogen, unter der man sechs Linien ausmachen konnte, die an jedem Endpunkt in Zeichnungen übergingen: eines Reiters etwa, oder eines schwarzen Vogels und dergleichen mehr.

[1] Die Invokation findet sich in *The Equinox of the Gods*, 1937.

PERD: (ungeduldig) Frag' ihn, wo der alte Mann ist.
SEHERIN: Er ist an meiner Seite.
PERD: Was ist seine eigentliche Botschaft?
SEHERIN: Irgendetwas stimmt nicht. Ich weiss nicht, was. Ich kann ihn nicht sehen. Ich bin in einer Wüste. Kannst du das klären?

Zu diesem Zweck rief Crowley sechsmal den Namen seines Heiligen Schutzgeistes aus, Aiwass. Eine lange Pause folgte.

Um 21.36 Uhr stöhnte die Seherin auf, beklagte sich erneut, dass irgend etwas nicht stimme und bat Perdurabo um Klärung.

PERD: Ab-ul-Diz! Ab-ul-Diz! Ab-ul-Diz! Ab-ul-Diz! Ab-ul-Diz! Ab-ul-Diz! Ab-ul-Diz! Ab-ul-Diz!
SEHERIN: Eine grosse, schwarze Tür.
PERD: Geh hindurch!
SEHERIN: Sie ist zu.
PERD: Brich sie auf!
SEHERIN: Ein Mann mit Kapuze bewacht sie.
PERD: Stoss' ihn weg. Gib ein Zeichen.
SEHERIN: Ich sollte etwas auf meinem Kopf tragen.
PERD: Lege eine weisse Binde an,

Zwar trug Virakam ihren Kopfschmuck, aber ihre Vision war barhäuptig. Daher die weisse Astralbinde.

SEHERIN: Ich kann nichts sehen. Ich kann nichts tun. Wenn nur der Alte da wäre!
PERD: Nun, warum ist er nicht da?
SEHERIN: Ist dies die richtige Zeit?
PERD: Ja. Vielleicht hast du einen Fehler gemacht!
SEHERIN: Jetzt kann ich den ersten Raum sehen. Er ist voll von Leuten in schwarzen Gewändern, mit verschränkten Armen. Sie tragen Kapuzen.
PERD: Ist der Alte dabei?
SEHERIN: Sicher. Wenn ich nur zu ihm könnte.
PERD: Ruf seinen Namen.
SEHERIN: Sie sind so weit weg wie sonst nie.
PERD: Frag sie, warum.

Virakam brach zusammen. Sie war keine gute Seherin, alle Visionen waren verwaschen. Sie gab zu, dass irgendetwas nicht mit ihr stimmte.

PERD: Bitte um Vergebung. Frag, was du tun sollst.
SEHERIN: Ich soll gehorchen.

PERD: Wobei hast du nicht gehorcht?
SEHERIN: Glaube.
PERD: Glaube woran?
SEHERIN: Glaube an allem. Ich bin die zwanzig Stufen nicht gegangen.

Plötzlich hörte Virakam auf und schrie auf: «Ich kann nicht! Ich muss sterben. Ich kann nichts hören, nichts verstehen. Ich will weg!»

Crowley wartete geduldig ab, bis sie sich von dem Zusammenbruch erholt hatte und weitermachen konnte. Das Werk war wichtiger als Gefühle oder Gesundheit seiner Seherin.

PERD: Gibt es irgend etwas, was du tun kannst, um die Sache in Ordnung zu bringen?
SEHERIN: Ich kann gar nichts tun, Liebling.
PERD: Ist es das, was sie dir sagen?
SEHERIN: Warten.
PERD: Was noch?
SEHERIN: Mein Auftrag ist, zu dienen.
PERD: Zu dienen wem?
SEHERIN: Dem Zweck.
PERD: Wessen Zweck?
SEHERIN: Perdurabos.
PERD: Was ist er?
SEHERIN: Das Licht zu bringen.
PERD: Amen. Wie kannst du dabei helfen?
SEHERIN: Gehorchen.
PERD: Aber ich will nicht befehlen.
SEHERIN: Die Art und Weise wird deutlich werden. Wir werden bei der Hand genommen und keine Fehler machen.

Mittlerweile war es 21.58 Uhr.

PERD: Sollen wir nach Frankreich oder Italien gehen?
SEHERIN: Ich kann Kerzenständer sehen und drei Kerzen.

Crowley interpretierte dies als Zeichen für Italien.

SEHERIN: Der Alte wird morgen um sieben kommen.
PERD: Geht es nicht zu einer passenderen Zeit, um zehn?
SEHERIN: Ja, zehn.
PERD: Will er wie heute beschworen werden?[1]

[1] Mittels der gleichen Invokationsgebete und dem gleichen Sexualritus.

SEHERIN: Du sollst besser vorbereitet sein. Nimm den heiligen Ritus.
PERD: Welchen heiligen Ritus?
SEHERIN: Den du für die Einführung genommen hast.
PERD: Du meinst die Eröffnung?
SEHERIN: Ja.
PERD: Sehr gut. *Vale Frater*! Was soll ich mit der Seherin machen?[1]
SEHERIN: Sechstausendzweihundertundachtzig.

Crowley interpretierte diese Zahl als Aufforderung, der Seherin Wein zu geben.

PERD: Nach trefflicher Ausführung der Riten der Venus?
SEHERIN: Ja, wahrlich!
PERD: *Vale, Frater!*

Hier nahm die Zeremonie ein Ende. Als Perdurabo den Tempel verliess, stellte Virakam vier anstatt zwei Augen in seinem Gesicht fest.

Um 21.30 Uhr am folgenden Tag, dem 11. Dezember, wurde der Tempel mit Ritual 671 geöffnet, *The Building of the Pyramid* (Seite 202). Virakam war, nach den Anweisungen des Ab-ul-Diz aus der Vision zuvor, glänzend präpariert worden. Schrieb Crowley: ‹Seherin erregt: eine halbe Flasche Pommery 1904 plus Eros. Öffnete den Tempel mit 671. Gegen Ende schrie Seherin inmitten ihres Stöhnens «Das Tier!» Uhrzeit jetzt 21.49.›

SEHERIN: Das Tier ist gekommen. Es öffnet sein Maul. Viele Figuren strömen daraus hervor.
PERD: Beschreibe Das Tier.
SEHERIN: Grosser Gott! Es ist tollwütig. Wie ein Stier, und zwischen den Hörnern ist ein drittes (stöhnt), rundes. Es zieht sich bis ins Gesicht. Der rechte Fuss ist zur Hälfte weiss . . . Es ist ein Pfeil, und darunter ist der Buchstabe V. Ich will nur die Wahrheit, Wahrheit, Wahrheit!
PERD: Wie ist sein Name?
SEHERIN: Ich glaube, Uranus . . . vielleicht Eros.

Hier warf Crowley ein, dass die Seherin verworrenes Zeug redete. Es folgen einige ziemlich ziellos gestellte Fragen und belanglose Antworten; dann:

[1] Die Frage richtet sich an Ab-ul-Diz: Was sollte Crowley unternehmen, um in Schwester Virakam die korrekte Inspiration zu wecken, die den Kontakt zum Zauberer herstellen würde?

Crowley, etwa um 1910, mit der Kopfbedeckung des Horus. Crowley macht das Zeichen des Pan, die Hörner (Daumen), was kreative Energie anzeigt. Auf dem Tisch ist das Buch Abra-Melins und verschiedene Talismane

PERD: Berichte mir über dieses *Book Four.*
SEHERIN: Das ist das wichtigste. Du wirst es finden, wenn du es nicht erwartest.
PERD: Wer?
SEHERIN: (unterbricht ihn) Warte! Sei geduldig! Arbeite! Nichts weise zurück! Das Einfache ist das Meiste. Du bist auf dem Weg. *Book Four* bedeutet Freiheit für alle. Es ist das Licht.

Zur Abwechslung chiffrierte Crowley seine Fragen, wobei er den gleichen simplen Code benutzt, den Levin der Kitty in *Anna Karenina* vorschlägt.

PERD: S.d.I.l.N.p.a.w.? (Sollen die Instruktionen letzter Nacht pünktlich ausgeführt werden?)
SEHERIN: Ja, aber mehr davon. Frag noch einmal. Grosse Dinge kommen auf dich zu, aber du zweifelst. Hab Vertrauen.

PERD: S.w.d.I.l.N.ä.? (Sollen wir die Instruktionen letzter Nacht ändern?)
SEHERIN: Nein. Du bist die Prüfung. Gehorche. Sie dient.
PERD: Wann werden wir wieder mit ihm sprechen?
SEHERIN: Heute nacht. Du kannst alles wissen, wenn du willst. Du musst nur genau fragen. Sie sind alle da, die elf, die fünf und die sechs.

Der Nonsens-Charakter der Unterhaltung wurde mit dieser Antwort wieder deutlich.

PERD: (bestimmt) Ist P der L des A (Ist Perdurabo der Logos des Äons?)
SEHERIN: Er ist der D des A!

Der *Dämon* des Äons! Crowley war entsetzt ob dieser Antwort.

PERD: Wann sehen wir sie[1] wieder?
SEHERIN: O Gott! Nie, hoffe ich! Ich bin tot. Ich bin tot. Ich bin tot ... Ich werde es nicht verraten. Nein. Ich bin müde. Am 13ten werde ich nicht hier sein. Ich gehe weg. Ich werde nicht gehorchen. Nie ... (‹*Ad lib*›, schrieb Protokollant Crowley, und: ‹Schreie, Stöhnen und Seufzer.›)
PERD: Zu welcher Stunde am 13ten?
SEHERIN: Neun.
PERD: Alsdann: *Vale, Frater* (er sagt Ab-ul-Diz Lebwohl.)

Als Fussnote zu dieser Vision schrieb Crowley:

Der Orgie[2] und den Inkantationen[3] vorangehend, lag die Seherin betrunken auf dem Sofa. Die Elf[4] kamen zu ihr und gaben ihr mystische Geschenke: Wissen der eine, Macht der andere, Weisheit der dritte, usw. und erklärten ihr, es sei alles im Dienst der Sache. Die Geschenke besiegelten sie *basiculo ad cunnum*[5]. Der letzte sagte: ‹Ich bringe dir den Samen, aus dem der Spross kommen wird.›

Die Vision am dreizehnten fing Punkt 21.06 Uhr ohne Zeremonien an. Crowley sagte lediglich: ‹Fertig?› Die Antwort der Seherin ist uns nicht überliefert, aber eine Minute später verkündete Crowley ‹*Nemo adest*› (Nemo ist anwesend). Ab 21.10 Uhr war die Seherin bereit.

[1] Die mystischen Brüder.
[2] Der Akt der Sexualmagie.
[3] Ritual 671, s. S. 188.
[4] Elf Magi.
[5] ‹Ein kleiner Kuss auf die Fotze›.

PERD: Ist Ab-ul-Diz anwesend?
SEHERIN: Ist schon einige Zeit hier.
PERD: Wird er Fragen beantworten?
SEHERIN: Ja. (Pause). Es wird Schwierigkeiten geben. Ich spüre es.
PERD: Warum?
SEHERIN: Mangelnder Glaube. Wenn du nur glauben würdest ...
PERD: Wer ist es, der zweifelt?
SEHERIN: Du.
PERD: Nicht im geringsten.
SEHERIN: Doch.
PERD: Du, o Seherin, hast gezweifelt.
SEHERIN: Beweise es.
PERD: W.K.i.P.h.?

Mary d'Esté besass eine wertvolle Perlenkette. Als ‹höchste Prüfung› ihres Glaubens fragte Crowley behutsam: «Wird Kundry ihre Perlen hergeben?» Kundry ist die mythische Frau, die, weil sie den sein Kreuz tragenden Jesus auslachte, zu endloser Reue verdammt wurde. Siehe Wagners *Parsifal.*

SEHERIN: Nein. Noch nicht.
PERD: Was wird in diesem Fall geschehen?
SEHERIN: Was ist dir vorher geschehen?
PERD: Ah, Gott! (Pause.) Ist es schon zu spät?
SEHERIN: Nein. Zu spät nicht, aber zu wenig Glaube.
PERD: Nimm dies in deine Hand. (Gibt ihr die Perlen.)
SEHERIN: Warum? (Entsetzt.) Sie sind verschwunden. Nichts ist mehr da. Sie existieren nicht mehr. Macht nichts. Ich bin daheim bei ihnen[1]. Wie gut sie das wissen! Beginne seinen Namen mit dem letzten Buchstaben, schreibe ihn gegen die andere Richtung und addiere zweiundzwanzig. Beginne mit Z I D L U B A, Spötter!
PERD: Was hast du getan?
SEHERIN: Ich habe die Perlen weggeworfen. Ich hatte recht. Wie er[2] befiehlt. Wenn du mir keine geistigen Geschenke und solche von bleibendem Wert machen kannst, will ich gar keine. Ich brauche keine Perlen. Ich brauche Licht.
PERD: Was soll mit den Perlen geschehen?
SEHERIN: Nichts. Sie sind wertlos. Versteh doch, um Gottes Willen, versteh!
PERD: S.d.P.V.g.w.? (Sollen die Perlen V.V.V.V.V. gegeben werden?)[3]

[1] Die Brüder.
[2] Ab-ul-Diz.
[3] Crowley.

SEHERIN: Warte, und du wirst sehen. Die Frage wurde bereits beantwortet.

Um es kurz zu machen: Ab-ul-Diz, der Zauberer, einer der Geheimen Oberen, liess Crowley durch Schwester Virakam wissen, dass er ein Buch über Magie mit dem Titel *Book Four* schreiben sollte. Und dass er und Virakam dazu nach Neapel gehen sollten. (Crowley behielt natürlich auch die Perlen.)

Nach einer Serie von Abenteuern und wilden Streitereien fanden sie die Villa Caldarazzo in Posilippo bei Neapel. Hier diktierte Crowley in zuversichtlicher und kreativer Verfassung ungewöhnlich rasch das gewünschte Werk.

Book Four ist eine klare, geistreiche Zusammenfassung der beiden nebelhaften Themen Magie und Yoga. Darin benutzt Crowley zum erstenmal das altenglische *k* am *c* in *Magick*, um eine Verbindung seines Markenzeichens mit der Wissenschaft der Magie herzustellen und es von den reinen Beschwörungstricks zu unterscheiden. Hinzu kommt eine geheime Bedeutung, denn das *k* steht für *kteis*, dem griechischen Ausdruck für die weiblichen Genitalien, die von nun an eine wichtige Rolle in Crowleys magischen Operationen spielten.

Wenn es Crowley müde war, andere Leute durch den Kakao zu ziehen, tat er das mit sich selber. Folgendes ist ein Auszug aus der Präambel zu *Book Four*, die natürlich er, und nicht Schwester Virakam geschrieben hatte.

> Fast Mitternacht. Wir hörten mit dem Diktat auf und begannen eine Unterhaltung. Fra. P. sagte «Wenn ich doch nur ein Buch wie das *Tao Te King* diktieren könnte!» Dann schloss er die Augen, wie um zu meditieren. Einen Moment zuvor hatte ich eine aussergewöhnliche Veränderung in seinen Gesichtszügen bemerkt. Er schien sich in eine andere Person verwandelt zu haben. Tatsächlich hatte er während der zehn Minuten unserer Unterhaltung die Gestalt mehrerer Personen angenommen. Insbesondere fiel mir auf, dass sich seine Pupillen so sehr vergrössert hatten, dass das ganze Auge schwarz schien. (Ich zittere so sehr in meinem Innersten, wenn ich an gestern abend denke, dass ich kaum noch die Feder führen kann.) Dann wurde der Raum allmählich von dichtem, gelbem Licht durchflutet (tief golden, jedoch nicht glänzend. Ich meine, es blendete nicht, sondern wirkte ganz sanft.) Fra. P. wirkte auf mich wie jemand, den ich nicht kannte und der mir dennoch vertraut war – Gesicht, Kleider, alles an ihm war von diesem weichen Gelb. Ich war so verwirrt, dass ich an die Decke blickte, um zu sehen, woher dieses Licht eigentlich kam. Aber ausser Kerzen konnte ich nichts erkennen. Dann schien sich sein Stuhl in die Luft zu erheben. Es war eigentlich mehr ein Thron, und Fra. P. schien

zu schlafen oder tot zu sein. Auf jeden Fall war er nicht mehr Fra. P. Angst überkam mich, und indem ich mich im Raum umsah, suchte ich mich wieder zurechtzufinden. Als ich wieder hinsah, schwebte der Stuhl noch immer, befand Fra. P. sich noch immer in der gleichen Position. Ich bemerkte, dass ich allein war; und ich dachte noch, er sei gestorben oder weggegangen – oder etwas ähnlich Furchtbares –, als ich in Ohnmacht fiel.

Mary d'Esté Sturges hatte nicht nachvollziehen können, dass Aleister Crowley sozusagen zu einer früheren Inkarnation zurückgekehrt, und der Geist des Lao-Tse in eine irdische Hülle geschlüpft war.

Ebenso wie sein Heiliger Schutzgeist Aiwass kannte Crowley keine Grenzen. Jede Minute fühlte er sich als jemand anderes. Es war, als ob ihm Aiwass gesagt hätte: «Auf keinen Fall lebe in deiner eigenen Haut.»

Book Four wurde 1911 in London publiziert und (entsprechend dem Titel) zum Preis von vier Groschen verkauft – beziehungsweise einem Schilling für die, die keinen Groschen hatten. Teil Zwei des seltsamen Werkes erschien im nächsten Jahr und kostete vier Zwockel oder zwei Schillinge. Illustriert ist es unter anderem mit einem Foto des nackt im Wasser sitzenden Crowley.

Die schlanke Figur und die üppige Haartracht deuten darauf hin, dass die Fotografie aus früheren Tagen stammen musste – mittlerweile war er nämlich fett und glatzköpfig geworden. Die Bildunterschrift dieser selbst für ein Buch über Magie (allerdings weniger über *Magick*) ungewöhnlichen Illustration lautete Χαίρε Σωτήρ Κόσμου (Heil Dir, Retter der Welt).

Mittlerweile war Mary Crowley und seiner *Magick* entflohen. ‹Der unterirdische Kampf zwischen Virakams Willen und meinem eigenen brach zur Oberfläche durch und wurde zum offenen Kampf, schrieb er. ‹Nach einer heftigen Auseinandersetzung setzte sie sich nach Paris ab.›

Im gleichen Jahr (möglicherweise auch etwas früher) veröffentlichte er *Alexandra.* Das Werk lässt jeden Hinweis auf Autor, Erscheinungsdatum oder Verleger vermissen. Gedruckt wurde es in Paris und auf dem Titelblatt heisst es ‹Mit Anmerkungen versehene Fragmente einer Ode auf die Königin Englands. In Privatauflage für Distinguierte Personen. Fünf Dollar.› Das Buch ist zum Erbrechen obszön und besitzt mittlerweile hohen Seltenheitswert. Crowley wollte die Druckstöcke nach England einführen, wurde aber vom Zoll daran gehindert, der sie beschlagnahmte und zerstörte.

Als sich Mary d'Esté wieder Isadora Duncan anschloss, kehrte Crowley zu Leila Waddell zurück. Im Sommer 1913 organisierten sie eine Moskau-Tournee für eine Ballettmädchen-Truppe, die Crowley nur ‹The Ragged Ragtime Girls› nannte. Er nahm in Anspruch, Organisation und Show dieser Tournee durchgeführt zu haben. Am 3. März waren sie im

Londoner Old Tivoli aufgetreten und hatten «London im Sturm erobert». In der Rolle eines Impresario allerdings hielt es ihn nicht allzu lange:

> Es war ein widerliches Geschäft, brachte mich aber in engen Kontakt mit mir bis dahin vollkommen fremd gebliebenen Kreisen. Alle, vom rauhbeinigen Agenten über den brutalen Produzenten bis zum vulgären Schauspieler hatten eines gemeinsam: die absolute Hingabe ans Geldmachen und ihre ähnlich absolute Unkenntnis und Verachtung der Kunst. Alle waren sie gleich schäbig, feige, unreif und skrupellos in allem was ‹die Show› betraf.
>
> An der russischen Grenze fielen wir kopfüber aus der Zivilisation in Durcheinander und Anarchie. Endlich gelang es uns, irgend einen Eierdieb aufzutreiben, der etwas Deutsch sprach. Aber über Züge nach Moskau wusste auch er nicht Bescheid, für dieses Thema hatte hier niemand mehr als ein Achselzucken übrig ...
>
> Nach langem Herumirren fanden wir einen Platz in einem Zug, der mit einer Durchschnittsgeschwindigkeit von zehn Stundenkilometern nach Moskau zuckelte. Das Abteil bestand aus strohbedeckten Pritschen, auf denen die Fahrgäste tranken, würfelten, sich schlugen oder liebten. Es gab weder Disziplin, noch Ordnung, noch Komfort.
>
> Anfangs hatte ich ja mich selbst und meine Unkenntnis der Sprache für das Chaos verantwortlich gemacht, aber dann erzählte mir der britische Konsul, dass auch er einmal aufgrund eisenbahnerischer Fehlleistungen achtundvierzig Stunden lang steckengeblieben war.
>
> In Moskau erwartete uns absolut niemand auf dem Bahnhof. Mehr aus Glück als Verdienst fanden wir schliesslich ein Hotel für uns und Zimmer für die Girls. Ungefähr um ein Uhr nachts erreichte Leila ein Hilferuf der Truppe. Sie raste hin und fand sie allesamt quietschend auf den Tischen stehen: sie waren Opfer einer wütenden Attacke eines Bataillons Bettwanzen geworden. Glücklicherweise hatte ich wenigstens Leila vorgewarnt, dass russische Betten geradezu durch Bettwanzen definiert werden.
>
> Nach ein oder zwei Tagen entspannte sich die Situation. Mich überkam ein gewaltiger Schöpferdrang – gewaltiger noch als 1911. In einem Café traf ich eine junge Ungarin namens Anny Ringler. Sie war gross, zitterte vor innerer Spannung, war schlank wie eine junge Leopardin, hatte wilde, unersättliche Augen, einen breiten und schmallippigen Mund, eine rote Narbe, die förmlich aufglühte vor Verlangen nach Befriedigung, ein Verlangen, das über alles mögliche hinausging, das auf Erden möglich war. Mit unwiderstehlicher magnetischer Kraft wurden wir zueinander gezogen. Verständigen konnten wir uns kaum. Ich hatte fast mein ganzes Russisch vergessen, und ihr Deutsch beschränkte sich auf ein paar Interjektionen. Aber was brauchten wir

Crowley (1911) am Altar in magischer Robe mit Stab, Glocke, Schwert, Kelch und einer Phiole mit heiligem Abra-Melin-Öl. Seine Hand stützt sich auf die «Stele der Offenbarung». Crowley ist gekrönt mit der ägyptischen Uraeus-Schlange. An der Hand trägt er den Ring der Nut. Auf dem Altar steht *Das Buch des Gesetzes*

zu sprechen. Unsere Liebe war unerträglich intensiv. Noch immer entflammt sie in meinem Geist. Anny hatte längst schon jenes Stadium überwunden, in dem das Wort Genuss irgendeinen Sinn hat. Nur durch körperliche Schmerzen konnten Gefühle in ihr geweckt werden. Ich behandelte sie extrem grausam und ganz nach ihren Wünschen. Mir war all das vollkommen neu: vielleicht wurde ich dadurch (und durch die selbstzerstörerische Seele Russlands) so sehr in meinem Schaffensdrang inspiriert, dass es für ganze sechs Wochen reichte.

Ich traf Anny beinahe jeden Tag eine Stunde. Die übrige Zeit verbrachte ich (grösstenteils) in den Gärten der Eremitage[1] oder im *Aquarium*[2] und schrieb, als ginge es um mein Leben. Die Moskauer Sommer lassen den Tag fast unmerklich in die Nacht hinübergleiten und die Nacht hellt sich fast unmerklich zum Tag auf. Nur manchmal verstärken die Glocken mit ihrem überirdischen Ton die Stille, die sonst niemals endete oder eingeschränkt würde. Das Konzept der «Zeit» verliert jede Bedeutung.

In dieser Stimmung schrieb Crowley seine *Gnostic Mass* und das Gedicht ‹The City of God›. Letzteres wurde im folgenden Januar auf den ersten Seiten von *The English Review* veröffentlicht:

Gold upon gold, dome above dome, faint arrow
Kindling sharp crescent, as the sunrays swept,
Save for one midnight moment when one narrow
Fierce ray, exhaling from no eye that slept
Of God, our God, the sun – gold upon gold,
Frond upon frond, fold upon fold
Of walls like leaves and cupolas like flowers,
And spires and domes that were as fabled fruit
Of the low lands beyond the pillared seas . . .
Then was I caught up into rapture – yea!
From heaven to heaven was I swept away.
And all that shadow city past,
And I was in the City of God at last.
The city was alive, athrob, astir,
Shaped as the sacred, secret place of Her
That hath no name on earth, whose whisper we
Catch only in the silence of the sea.
And through it poured a river of sunset blood,

1 Die Eremitage befindet sich nicht in Moskau, sondern in Leningrad (St. Petersburg).
2 Dort trat Crowleys Balletttruppe auf.

Pulsing its choral and colossal flood
Throughout the city, and lifting it aloft . . .

Zur gleichen Zeit in Moskau schrieb er die *Hymn to Pan*, sein bekanntestes und charakteristischstes Gedicht.

Crowley hatte nicht viele Freunde. Das hatte weniger mit Kontaktscheu zu tun, als damit, dass er, wie jeder Religionsstifter, Jünger suchte und nicht Freunde. Den Menschen Aleister Crowley behandelte er nachlässig und ohne viel Interesse, denn all sein Denken kreiste um Crowley den Logos des Äons, um Crowley, den Wanderer der Wüste.

Mit dreiundzwanzig traf er an der Universität Cambridge einen zehn Jahre älteren Mann. Crowley zufolge war dieser Herbert Pollitt lediglich nach Cambridge gekommen, um im Footlights Club Tanzvorstellungen zu geben. Nach der berühmten Kurtisane und Schauspielerin Liane de Pougy nannte er sich Diane de Rougy. Crowley beschreibt ihn als Transvestitendarsteller – mit Betonung auf «Darsteller». Die beiden schlossen Freundschaft, die mit der Zeit so innig wurde, dass Crowley diese Beziehung als erste intime Freundschaft seines Lebens bezeichnete.

Seine Haltung zu dieser Freundschaft hat einen merkwürdigen Beigeschmack. Es war ein sehr enges Verhältnis, schreibt Crowley, dem jedoch eine tiefere Beziehung abzugehen schien. Schon seine Beschreibung von Pollitts Gesicht liest sich nicht übermässig ermutigend – «ein tragisches Antlitz mit hungrigen Augen und bitterer Traurigkeit um die Mundwinkel.» Lediglich sein hellblondes Haar, das er lang trug wie Oscar Wilde, fand vor Crowleys Augen Gnade. Crowleys kurze Bemerkungen zu diesem innigen Freund, der ihm viel zu bedeuten schien, sind unerwartet distanziert und entbehren jeden Gefühls. Und Pollitts Gefühle für Crowley waren ebenso kühl. Für Crowleys Interessen hatte Pollitt nichts übrig, weder konnte er für die Magie noch für Crowleys dichterische Werke Interesse aufbringen. Was also hatten die beiden gemeinsam? Was war die Grundlage ihrer Beziehung, die von Crowley als ‹reinste und edelste› beschrieben wird?

Die Antwort liegt auf der Hand. Zunächst tut Crowley sein Bestes, das Geheimnis nicht preiszugeben. Aber dann zerreisst er den Schleier und notiert: ‹Unsere Beziehung war von jener vollkommenen Vertrautheit, die die Griechen für den höchsten Ruhm der Männlichkeit und die wertvollste Errungenschaft des Lebens hielten.›

Pollitt war vermutlich der erste Mann, der es Crowley ermöglichte, seine fraulichen Gefühle auszuleben. Zweifellos erhielt er durch ihn einige Einblicke in das Material für *The Scented Garden of Abdullah the Satirist of Shiraz* (auch bekannt unter dem Titel *Bagh-I-Muattar*), das 1910 im Selbstverlag erschien. Eins der darin enthaltenen Homosexuellengedichte, *The Riddle*, ist seinem engen Freund gewissermassen gewidmet: liest man die Anfangsbuchstaben jedes Verses von oben nach unten, ergibt sich der Name HERBERT CHARLES JEROME POLLITT.

Unter Crowleys Schriften findet sich eines mit dem Titel

The
Book of the HIGH MAGICK ART
that was worked by
Frater O.S.V. 6° = 5□
And Frater L.T. 2° = 9□
The Paris Working
Jan.–Feb. 1914 e.v.

Frater O.S.V. war Crowley. 6° = 5□ bezeichnet den Grad eines Adeptus Major im Order of the A .·. A .·. Crowley hatte diesen Rang 1914 überschritten und war bereits Tempelmeister geworden, aber speziell für dieses Werk benutzte er den Grad eines Adeptus Major, denn O.S.V. bedeutet *Ol Sonuf Vaoresagi* (Ich herrsche über dich). Das Motto stammt vom Ersten Schlüssel oder Ruf in der Enochäischen Sprache Dr. John Dees und Sir Edward Kelleys:

«*Ol sonuf vaoresagi goho iad balata lansh calz:* ‹Ich herrsche über dich›, sagt der Gott der Gerechtigkeit, ‹und meine Macht erhebt sich über die Firmamente des Zorns›».

Frater L.T. 2° = 9□ war Frater Lampada Tratam: ‹Ich werde das Licht weitergeben.› Als Proband vom Grad 0° = 0□ hatte er sich noch ‹Omnia Vincam› genannt. In anderen Worten: Victor Neuburg, noch immer Crowleys Gefährte und Assistent. Und beim *Paris Working* handelte es sich um ein XI°-Werk, ein Werk der Homosexualität.

Zeitpunkt der Handlung: Januar und Februar 1914 *era vulgari*, Crowleys Ausdruck für *Anno Domini.*

Das *Paris Working* findet in den *Confessions* folgendermassen Erwähnung:

> Ende 1913 befand ich mich mit einem Zelator des Ordens, Frater L.T. in Paris. Ich hatte über die Theorie der magischen Methode des O.T.O. gearbeitet, und wir wollten meine Schlussfolgerungen durch eine ganze Invokationsserie überprüfen.
>
> Wir begannen mit der Arbeit am ersten Tag des neuen Jahres und setzten sie ohne Unterbrechung über die nächsten sechs Wochen fort. Wir beschworen die Götter Merkur und Jupiter und erzielten etliche

erstaunliche Resultate mannigfaltiger Art, die von geistiger Erleuchtung bis hin zu physischen Phänomenen reichten.

Da Crowley diese ‹Theorie der magischen Methode des O.T.O.› unerklärt lässt, bleibt dem Leser nur die Annahme, dass diese Invokationen rein zeremoniellen Charakter trugen, und dass die etlichen «erstaunlichen Resultate» eine Übertreibung sind.

The Paris Working ist das Protokoll einer Serie von Invokationen des Merkur (im Originaldokument meist mit seinem griechischen Namen Hermes bezeichnet) und des Jupiter zum Zwecke – wie im Golden Dawn gelehrt – der Erlangung von Weisheit von dem einen, und priesterliche Gewalt von dem anderen Gott. Von den Sexualriten jedoch erwarteten die Magier wesentlich intensivere Erfahrungen, deren Nebenprodukte zudem beträchtlichen praktischen Wert haben sollten. Crowley gar erhoffte sich von Jupiter Gold und von Hermes Inspirationen für ein oder zwei erfolgreiche Geschichten oder zumindest ein ausgezeichnetes Gedicht.

Die Abkürzung O.T.O. bedeutet *Ordo Templis Orientalis* oder Orden der Templer des Ostens, beziehungsweise Orientalischer Templerorden. Diese okkulte Gesellschaft wurde zur Jahrhundertwende in Deutschland gegründet. Seine Führer waren bekannte Grossmeister in Freimaurerlogen wie Franz Hartmann, Heinrich Klein und Karl Kellner. Den Beschluss zur Gründung des O.T.O. hatten sie gefasst, nachdem zum einen der aus Wien stammende Karl Kellner von einer ausgedehnten Asienreise zurückgekehrt war (wo er von dem arabischen Fakir Soliman ben Aifha und den indischen Yogis Bhima Sen Pratap und Sri Mahatma Agamya Guru Paramahansa initiiert worden war), und nachdem sie zum andern die Mysterien des Yoga sowie die Lehren des Pfades zur Linken studiert hatten, die sie «Sexualmagie» nannten. Der *Ordo Templis Orientalis* wurde dann 1902 speziell für einen inneren Zirkel von Adepten errichtet, die angesichts der neuen und erregenden Lehren die *Ancient and Accepted Scottish Rite* der Freimaurerei eher zahm fanden, und denen die siebenundneunzig Grade des ermüdenden Ritus von Memphis reichlich unnötig vorkamen.

Ihren Ordensnamen («Orientalischer Templerorden») wählten die deutschen und österreichischen Okkultisten aufgrund der vermuteten Sexualpraktiken der Templer, die anfangs des 14. Jahrhunderts zur Ächtung dieser Gesellschaft geführt hatten. Tatsächlich stammt das Wissen des Ordens aus dem Orient, obgleich seine Angehörigen gern mit der romantischen Hypothese (die sie oft als Tatsachenbehauptung hinstellten) zu spielen pflegten, dass ihr Orden gleichermassen auch die geheimen Riten der Tempelritter ererbt habe. Dem muss hinzugefügt werden, dass der O.T.O. bei weitem nicht die einzige moderne Geheimgesellschaft ist, die diesen Anspruch stellt.

Die allgemeine Lehrmeinung geht dahin, dass die schweren Anschuldigungen gegen die armen Tempelritter auf ebensowenig Wahrheit beruhen wie die Vergehen, deren später die Hexen beschuldigt wurden. Ihre unter Folter erzwungenen Geständnisse sind kaum glaubhaft. Zwar hält Montague Summers den Wahrheitsgehalt dieser Beschuldigungen für unanfechtbar und führt den Satanismus und die Homosexualität der Templer auf ihre Bindungen an den Orient zurück. (Aber Montague Summers, der dem Autor bekannt ist, war selber homosexuell, hasste die Frauen und glaubte fest an die Vergehen, derer die Hexen beschuldigt wurden. Er trat sogar für eine Wiedereinführung der im 18. Jahrhundert abgeschafften Hexengesetze ein. Im Grunde war er ein Mensch dieser, nicht unserer Zeit.) Die Templer hielt er für gnostische Häretiker, was durchaus möglich ist. Zusammenfassend kann man sagen, dass sie beschuldigt wurden, Christus zu leugnen (was die Gnostiker natürlich nicht taten) und das Kreuz zu bespeien. Weiterhin wurden sie des *osculum obscaenum* beschuldigt, des ‹obszönen Kusses› auf den Anus, sowie der Praktizierung widernatürlicher Laster und der Verehrung eines zweigeschlechtlichen Idols mit Namen Baphomet – ein Begriff, der Gegenstand mannigfacher Spekulation und Forschung geworden ist.

Ob die Templer das alles taten – ob sie Atheisten waren oder gnostische Häretiker oder zu Füssen des Alten Mannes vom Berge sassen – bleibt unwichtig. Wichtig ist hier nur, dass Crowley und die anderen Mitglieder dieses europäischen ‹Ordens der Templer des Orients› daran glaubten. Denn wenn die Templer tatsächlich derart widerliche Praktiken ausübten, dass die damalige Gesetzgebung den Abdruck schon ihres Namens verbot, und wenn sie diese Praktiken zum festen Bestandteil eines religiösen Rituals machten, dann hatten sie in der Tat die Schwelle der Weisheit überschritten.

Zur Erscheinungsform des Templeridols Baphomet gibt es etliche widersprüchliche Versionen. Er war ein Gesicht; zwei Gesichter; drei Gesichter; er hatte einen Bart; er war lediglich ein Totenschädel; er war ein Totenschädel mit Bart; ein Totenschädel ohne Bart. Für andere wiederum hatte er einen Bart, der aus einem Ziegenkinn spriesste.

Die Templer hielten ihn für ihren Erlöser, der Blumen wachsen und die Erde erblühen liess. Es war Baphomet, der ihre Geldtruhen füllte...

Einem österreichischen Orientalisten des 19. Jahrhunderts, Baron Joseph von Hammer-Pürgstall zufolge, der die Inschrift einer im Burgund gefundenen Truhe untersuchte, ist der Name Baphomet von den griechischen Wörtern βαφή μητεος hergeleitet und bedeutet ‹Taufe der Metis› (Weisheit). Montague Summers drückt den Begriff im englischen als ‹Aufgehen in Weisheit› aus – was auch nicht viel mehr bedeutet als das Wort Weisheit selbst.

Die von Hammer-Pürgstall untersuchte Inschrift der Truhe von Burgund lautet übersetzt: ‹Gelobt sei Metis [d. h. Baphomet], der alles knospen und blühen lässt! Er ist unsere Wurzel; sie ist eins und sieben; schwöre ab dem Glauben und gib dich hin der Lust.›

In anderen Worten: rühme Baphomet, denn er ist der Eine Gott, schwöre dem Christentum ab und ‹tu was Du willst›.

Die neue Linie ihrer Geheimgesellschaft verkündete *Oriflamme*, das Organ dieser deutschen ‹Templer› so:

> O, disciple!
> Who seeks it, will suffer;
> Who finds it, conceal it;
> Who uses it, let no one know.
> He who is a true philosopher
> Shall remain unknown.

Unmittelbar nach dieser Geheimhaltungsvorschrift geht dann *Oriflamme* dazu über, etwas Licht in die Sache zu bringen, beziehungsweise den Appetit der Leser auf weitere Informationen anzuregen: ‹Unser Orden besitzt den SCHLÜSSEL zu sämtlichen maurerischen und hermetischen Geheimnissen, nämlich die Lehren der *Sexualmagie*, und diese erklären ausnahmslos alle Geheimnisse der Natur und den gesamten *Symbolismus* der FREIMAURERei sowie sämtliche religiösen Systeme.› Worum genau es ging bei der Sexualmagie und wie sie korrekterweise zu praktizieren sei, wurde von Mund zu Mund innerhalb des Geheimen Tempels weitergegeben – nur den Eingeweihten also.

Aleister Crowley nun hatte ebenfalls den Osten bereist, Yoga studiert und soviel wie möglich über die Sexualpraktiken des Orients in Erfahrung zu bringen versucht – er hatte sich sogar etwa zur gleichen Zeit wie Kellner in Indien aufgehalten, obwohl sie sich weder begegneten, noch von des andern Existenz wussten –, und publizierte in seinen dickleibigen Werken in einmal verschleierter, dann wieder offener Form ähnliche Themen. Tatsächlich findet sich in seinen Schriften über die Mysterien kaum ein Satz ohne sexuellen Unterton.

Eines Abends im Jahre 1912 schliesslich klopfte jemand an seine Wohnungstür in der Victoria Street. Draussen stand ein geheimnisvoller Fremder mit Monokel und einem Schnurrbart in Form eines Fahrradlenkers. Es war Theodor Reuss, der 1905 die Nachfolge des ‹unter mysteriösen Umständen gestorbenen Karl Kellner als Oberhaupt des *Ordo Templis Orientalis* angetreten hatte[1].

[1] Reuss wurde 1884 als Spion des deutschen Geheimdienstes aus der *Socialist League* ausgeschlossen. Er war Deutsch-Engländer und nannte sich Charles Theodor oder Theodor Reuss. Seinen Lebensunterhalt in England verdiente er als Sänger in einer Music-Hall. Die Lieder, die er anlässlich eines Solidaritätskonzertes für die *Socialist League* vortrug – deren Vorstand er angehörte – ekelten seine Genossin Eleanor (‹Tussy›) Marx so an, dass sie ihn als ‹vulgären und dreckigen Gesellen› bezeichnete.

Ohne viel Umschweife beschuldigte er Crowley der Veröffentlichung der geheimsten Geheimnisse des O.T.O., insbesondere des Geheimnisses IX°.

Crowley stritt alles ab. Er wisse schliesslich nicht, welches diese Geheimnisse seien.

Als Erwiderung ging Reuss zum Bücherregal und entnahm ihm das kleine Bändchen mit dem Titel *Liber CCCXXXIII: The Book of Lies*, dessen Seiten mit einem Trauerrand versehen sind. Er gab Crowley die mit den Worten ‹Lass den Adepten gerüstet sein mit seiner Magischen Rute und wohl versehen mit der Mystischen Rose›[1] beginnende Seite zu lesen.

Natürlich hatte Crowley in den gleichen Ecken wie jene deutschen Templer herumgestochert, und selbstverständlich hatte er ihr Geheimnis entdeckt. Mit der gleichen Berechtigung allerdings kann man sagen, dass sie das seine entdeckten. Reuss flehte ihn an, die Geheimnisse niemals in ungerechtfertigter Weise zu enthüllen, schliesslich handele es sich ums geheimste aller geheimen Geheimnisse der Welt. Bewegt von Reuss' Beredsamkeit und der Ernsthaftigkeit ihrer Dispute schwor Crowley feierlich, das Geheimnis zu wahren. Es war eines der wenigen Geheimnisse, die er tatsächlich für sich behielt.

Die beiden Adepten diskutierten bis spät in die Nacht. «Da Sie unsere verborgenen Sexuallehren bereits kennen», argumentierte Bruder Merlin (Herrn Reuss' magischer Name), «wäre es durchaus angebracht, wenn Sie unserem Orden beiträten und sein Oberhaupt für Grossbritannien würden.» Crowley, der nie in seinem Leben eine Einladung zum Abendessen, ein Abenteuer oder einen Titel verschmäht hatte, stimmte bereitwillig zu und wurde mit aller gebotenen Feierlichkeit in Berlin zum ‹Höchsten und Heiligen König von Irland, Iona und allen im Bereich der Weihestatt der Gnosis befindlichen Britannien› geweiht.[2] Und mit der Kühnheit und Konsequenz des konzentrierten Geistes gab er sich den seiner hohen Stelle in diesem mystischen Orden angemessenen Namen: *Baphomet.*[3]

Noch im gleichen Jahr wurde Crowley auf einer in seinem Studio in der Fulham Road zusammengetretenen aussergewöhnlichen Konferenz des *Supreme Sanctuary of the Ancient and Primitive Rite of Masonry* zum Patriarchen und Generalgrossadministrator 33°, 90°, 96° des Ordens gewählt.

[1] Die Rute der *Magick* ist der Phallus, die Mystische Rose die Vagina.

[2] Der Name der Britischen Sektion des O. T. O. ist *M.: M.: M. (Mysteria Mystica Maxima).*

[3] Als ob die Materie nicht schon kompliziert genug wäre, hatte Crowley noch folgendes hinzuzufügen: sein Buch, *Liber CCCXXXIII*, wurde nicht vor 1913 und ein Jahr *nach* Reuss' Besuch publiziert. Diese Tatsache verkehrt die gesamte Angelegenheit in Unsinn – es sei denn, man akzeptiert (und Crowley tat das), dass er und Reuss in einem Raum-Zeit-Kontinuum lebten, das der normalen Zeit um ein Jahr vorgelagert war.

Crowley und Reuss tauschten alle ihre Geheimnisse aus. Bruder Merlin erklärte Bruder Baphomet die Theorie jener alchimistischen Disziplin, die mit dem ‹Lebenselixier› und der Sexual-Essenz arbeitet; während Bruder Baphomet die homosexuellen Weisheiten aus *The Scented Garden of Abdullah the Satirist of Shiraz* näher erläuterte. Darüber hinaus bot er an, die damals noch in einer Rohfassung vorliegenden Riten des Ordens der Templer des Orients umzuschreiben, so wie einst Yeats die Riten des Golden Dawn für MacGregor Mathers überarbeitet hatte. Man kam seiner Bitte nach, und Crowley goss sie überaus schnell in honigsüsses Englisch, wobei er sie gleichzeitig untrennbar ins *Buch des Gesetzes* einwob. Jedem mit gewissen Begebenheiten aus Aleister Crowleys Lebenslauf Unvertrauten musste ihre eigentliche Herkunft verborgen bleiben. Ausserdem schrieb er noch eine Gnostische Messe für den Orden, die das

Baphomet-Siegel

IX°-Geheimnis in ziemlich eindeutigen Symbolen darstellt. Auch dieses Epos verknüpfte er mit dem Tier 666.

> And I believe in the Serpent and the Lion, Mystery
> of Mystery, in his name *Baphomet.*
> And I believe in one Gnostic Catholic Church
> of Light, Love and Liberty, the Word of whose Law is
> ΘΕΛΗΜΑ.

Nach der Übersetzung ins Deutsche wurde die Gnostische Messe in der *Oriflamme* veröffentlicht. Der Rest der Templer nahm sie mit Unruhe auf. Weder hatten sie dieses *Buch des Gesetzes* akzeptiert, noch gedachten sie, dies in Zukunft zu tun. Weiterhin erhoben sie Einspruch dagegen,

Crowley im Jahr 1916 als Baphomet, der Hohe und Heilige König von Irland, Iona und aller Britannien im Heiligtum der Gnosis, dem O.T.O.

dass sich Crowley ihren Orden einverleibte. Theodor Reuss wurde ziemlich harter Kritik unterzogen. Dem kam zwar ‹Thelema› ausgesprochen wertvoll vor, nicht aber die Glorifizierung Crowleys.

Crowley verdankte es nur zwei Umständen, dass er nicht aus dem O.T.O. ausgeschlossen wurde: Trotz allem Pomp und der hektischen Aktivitäten existierte der Orden zu diesem Zeitpunkt weitgehend auf dem Papier. 1905 gehörte ihm übrigens jenes Genie Rudolph Steiner an, der Generalsekretär der Theosophischen Gesellschaft, der später seine eigene Anthroposophische Gesellschaft gründen sollte, die heute noch wächst und gedeiht. Reuss lud Steiner in den Inneren Orden des O.T.O. ein; aber gegen 1914 zeigten die besten deutschen Freimaurer dem O.T.O. die kalte Schulter und hielten Reuss für einen Proleten. Und bevor jene zwielichtige Gestalt Aleister Crowley auf die Tagesordnung gelangen oder er den Orden mit weiteren Überraschungsmomenten seiner Exzentrizität konfrontieren konnte, war bereits der Weltkrieg ausgebrochen.

Der O.T.O. stand keineswegs allein auf weiter Flur. Sex als Thema ernstzunehmenden Interesses wurde zum gleichen Zeitpunkt von Havelock Ellis und, im weiteren Sinne, von Freud untersucht. Auch war die Kunde von den philosophischen und religiösen Ideen des Ostens schon seit einiger Zeit nach Europa gesickert. Helena Petrovna Blavatsky, die 1875 die Theosophische Gesellschaft gegründet hatte, hatte auf einer eher volkstümlichen Ebene für ihre Verbreitung gesorgt. Der Westen war reif für östliches Gedankengut.

Worum handelte es sich bei dieser ‹Sexualmagie› des Freimaurers Karl Kellner, die ihn arabische und indische Yogis lehrten und die Crowley im Alleingang entdeckt hatte? Es ist das Ritual der *Vamacharis* oder Jünger des Pfades zur Linken, der seinen Namen der Tatsache verdankt, dass die *Vamacharis* ihre Gottesdienste zusammen mit Frauen ableisten, die lunar sind, oder ‹zur Linken›. Die meisten Inder halten die sexuelle Vereinigung zwischen Mann und Frau keineswegs für unrein, sondern sehen sie im Gegenteil als regelrechten Opferritus an. Der Anbetende hat dabei der Frau gegenüber eine innere Einstellung, die sich von der einer normalen Person unterscheidet. Die Frau ist für gewöhnlich die Gattin des Mannes. Da sie dabei jedoch nicht als Frau empfunden werden soll, sondern als Symbol einer Gottheit (der Göttlichen Mutter), spielt die Frage des Verheiratetseins weiter keine Rolle. Wie ein Wissenschaftler[1] zum Ritual bemerkte: ‹Im Westen ist man geneigt, Obszönität zu sehen, wo es sich um Symbolismus handelt.› Wer als Mensch des Ostens eine religiöse Handlung durchführt, die Sex impliziert, ist dem gewöhnlichen Bewusstsein enthoben. Tatsächlich handelt es sich dabei um Yogis, um Menschen also, die aus sich selbst heraus *kundalini* hervorru-

[1] Sir John Woodruffe, *Shakti and Shakta.*

fen können, einen Zustand, der einer Schlange verglichen wird, die dem menschlichen Körper innewohnt, deren Sichaufrichten *yoga*, oder Einheit mit Gott bedeutet. Auch die Frau befindet sich auf dieser Ebene, zusammen mit dem Mann zelebriert sie die ‹Feier der Fünf Elemente› (*Panchatattva*) in einem nicht mehr irdischen, sondern mystischen Bewusstseinszustand. Die fünf Elemente entsprechen den vier der westlichen Überlieferung: Feuer, Luft, Wasser und Erde. Repräsentiert werden sie jeweils von Wein, Fleisch, Fisch und Getreide. Hinzu kommt in der östlichen Überlieferung als fünftes das Element Äther (oder Geist), dessen Zweck die Reinigung der vier bereits genannten ist. Dieses fünfte Element wird durch die Vereinigung von Shiva und Shakti symbolisiert – und auf der irdischen Ebene durch die geschlechtliche Vereinigung (*Maithuna*). In falschem Bewusstsein oder von Leuten ohne erwecktes *kundalini* ausgeführt, würde sie ihren Zweck verfehlen. Anstatt der sublimsten aller Erfahrungen, *Samadhi* (Ekstase, Eins-Sein mit Gott), würde der Ausführende höchstens einen ordinären Orgasmus haben.

Essen und Trinken erhalten den Körper, der Geschlechtsakt pflanzt ihn fort. Bei alledem handelt es sich um natürliche Funktionen. Es ist daher nicht einzusehen, warum der Geschlechtsverkehr, wie er in den Tantras vorgeschrieben wird, nicht auch einem höheren Zweck als der reinen Sinnlichkeit dienen sollte.

Ohne Zugang zu den Dokumenten der deutschen Abteilung des O.T.O. kann ich über die von Karl Kellner, Reuss und ihren Freunden praktizierte Sexualmagie keine näheren Angaben machen. Ich neige jedoch zu der Auffassung, dass sie sich nicht in der Art des *Panchatattva* abspielte. Erstens waren diese deutschen Okkultisten weder Orientalen noch Yogis. Im besten Falle hätten sie eine deformierte Art der Sexualmagie ausüben können. Mit Ausnahme vielleicht von Franz Hartmann, der Madame Blavatsky in Indien besuchte und bis zum Überdruss langweilte, lassen ihre Photographien die Gesichter nicht von Heiligen, sondern von Wurst-und-Sauerkraut-Adepten erkennen, die sich als Bürgermeister verkleidet haben – komplett mit Talar und Amtskette.

Crowley dagegen war weniger elegant gekleidet. Auch war er nicht, wie Karl Kellner, Besitzer einer prosperierenden Eisenhütte. Es hätte wenig überrascht, wenn Crowley im Osten geblieben, Tantra-Yogi geworden wäre und nach jahrelangen Vorbereitungen diese geheimnisvollen Riten praktiziert hätte. Das nicht zur Veröffentlichung bestimmte Dokument *The Paris Working* vermag Aufschluss über Ausmass und Erfolg von Crowleys Praxis der Sexualmagie zu geben.

‹Dies ist der vorläufige Bericht über diese Ausübung der Kunst der *Magick*›, verkündet der erste Satz von *The Paris Working*. Einen vollständigen Bericht dieser Operation sollte es nicht mehr geben, aber ein *The Esoteric Record of the Workings* genanntes Dokument, das Crowley aus Notizen zusammenstellte, führt das Thema weiter.

The Paris Working ist Crowleys erster systematischer Versuch in der Sexualmagie. Als Führer des O.T.O. fühlte er sich zu einer magischen Ausübung von Sex verpflichtet. Und er machte den Anfang nicht mit einer Frau, sondern einem Mann (was der Idee des *Maithuna* zuwiderläuft), weil er zufällig in Paris mit einem Ordensbruder zusammenlebte, dem er die Einführung in die höheren Mysterien versprochen hatte. Die zu invozierenden Gottheiten waren die schon mit rein zeremoniellen Riten verehrten. Nun wollte er prüfen, ob seine neuen, sexuellen Methoden wirkungsvoller waren.

Beim Thema Sex schlägt Crowley in seinen Schriften gewöhnlich einen ironisch-pompösen Ton an, als wolle er sagen, dass er im Grunde seines Herzens nicht daran glaubte. So verkündete er gern im Tonfall eines Gemeindepfarrers, dass er seinen religiösen Pflichten nachgekommen sei und meinte damit nichts weiter, als dass er mit einer Prostituierten geschlafen hatte, zumal einer hässlichen.

Sein Programm kündigt er mit einer Präambel an.

> ⊙ in ♒ An. IX (dem 9. Jahr des Neuen Äons des Horus, das 1904, i. e. 1913 begann). Frater O.S.V. erfüllt die ihm von der Grossen Weissen Bruderschaft auferlegte Aufgabe durch die Publizierung von Nr. 10 des *Equinox*. Hierdurch, weil er am Ende seiner Ressourcen angelangt war, gedachte er bei sich, zu den Grossen Göttern des Himmels zu beten, dass sie ihre Gnade über ihn ausschütteten – denn wie selbst Hiob nicht, lästerte er darin den Gott –, auf dass dem Magnum Opus ein neues Opfer gebracht werde.

Magnum Opus hat in diesem Zusammenhang verschiedene Bedeutungen, die von der Befreiung der Menschheit von ihrer Bürde, bis zur Herstellung einer Verbindung zum Heiligen Schutzgeist reichen.

> Hier nun, nachdem er die Qualen des Neophyten erduldet hatte, um die Aufträge eines Zelators zu übernehmen, wie der Eid es befahl, erschien Fra. Lampada Tratam.
> Auch hatte Fra. O.S.V. vor 18 Monaten die Initiierung empfangen durch Fra. M[erlin] in die Höheren Mysterien und die Einführung in den Thron des Ordens vom Tempel.

Theodor Reuss (Frater Merlin) hatte demzufolge Crowley in die Höheren Mysterien (der Sexualmagie) eingeführt. Die Aussage darf allerdings nicht wörtlich verstanden werden. Der Satz bezieht sich auf die Inthronisation Baphomets in Berlin.

«Diesen Orden wieder zu errichten in allem Glanze scheint weiterhin angebracht, da zu Beginn von ⊙ in ♈ An. X [1914] die 600. Wiederkehr des Martyriums des J.B.M. ansteht» [Jacobus Burgundicus Molensis oder Jacques de Molay, war der letzte Grossmeister der Tempelritter und starb 1314 auf dem Scheiterhaufen].

Ein anderer im *Paris Working* angegebener Grund für den Beginn dieser Invokationen ist, dass eine ‹lässige Beschwörung des Pan durch diese Brüder ein grosses Juwel hervorgebracht› hatte.

Was dieses grosse Juwel war, lässt Crowley im dunkeln. Eine Invokation des Pan in diesem Zusammenhang jedoch bedeutet einen sexuellen Akt. Das Wort ‹lässig› macht deutlich, dass dieser ohne sorgfältige Vorbereitung durchgeführt wurde.

‹Da nun alles darauf hindrängt, lasst uns das Werk beginnen mit Frömmigkeit und Eifer, in heiliger Barmherzigkeit und grosser Keuschheit in Körper und Seele. Amen. Geschrieben um 16.30 Uhr am Nachmittag des letzten Tages des Jahres 1913.›

Diese frömmelnden Sätze sollen ein direkter Angriff auf den religiösen Eifer seiner Eltern und der gesamten Christenheit sein.

> ‹Zum Ruhme des Unaussprechlichen, also der Taube und der Schlange, begannen die Brüder mit ihrem Werk. Zuerst. Von 16.55 Uhr bis 17.35 Uhr beichtete ich, selbst ich, Frater O.S.V. $6^{\circ} = 5^{\square}$, und empfing das Sakrament von einem gewissen Priester A.B. und, dadurch wohl getröstet, machte mich auf und begann mit der Zeichnung des obersten Pentakels in diesem Buch.

Die Taube ist das Symbol der ehelichen Liebe und des Geistes; die Schlange symbolisiert die Instinkte, das Böse, aber auch die Weisheit. Freud und zahllosen anderen zufolge hat die Schlange auch phallische Bedeutung. In *The Paris Working* stehen diese beiden Zeichen für Yoni und Lingam, die Geschlechtsorgane von Frau und Mann.

Der ‹Priester› A.B. (wer immer er gewesen sein mag) war Priester nur im Crowleyschen Sinne, das heisst, er nahm an den okkulten Mysterien teil. Der Ausdruck über die Empfängnis des ‹Sakraments› bedeutet lediglich, dass Crowley seinen Samen empfing.

Während er das Pentakel oder die ‹Scheibe› mit den Insignien des Merkur malte, wurde ihm Erleuchtung durch den ‹Allerhöchsten› zuteil: das von Crowley mit Bruder L.T. vorgeschlagene Werk würde zu nichts führen ohne Hilfe göttlicher Weisheit, obgleich es unter der Obhut Pans stand. Denn der Gott der Weisheit war Hermes, der Schutzpatron der Magie und selber noch Erzzauberer. Somit war Hermes (und nicht der phantastische Arkadier Pan) auch der für diesen Akt der magischen Kunst zuständige Gott. ‹Also sage ich: lasset uns erst Hermes beschwören.›

Soviel zur Präambel.

Das Erste Werk seiner Hohen Kunst der *Magick* also war eine Beschwörung des Hermes (der nebenher noch der Gott der Diebe und

Vagabunden ist). Um 23.30 Uhr am letzten Abend des Jahres 1913 öffnete Crowley ordnungsgemäss den Tempel, indem er ‹auch Thoth – in den Formeln Ägyptens – beschwor.›

Thoth ist das ägyptische Gegenstück zu Hermes, die Eröffnungszeremonie (sie ist erhalten geblieben und nennt sich Ritual 671) war die Invokation dieses Gottes. *The Paris Working* enthält alle vierundzwanzig Werke. Offenbar wurde Ritual 671 jedesmal, in voller Länge oder gekürzt, zur Eröffnung des Tempels angewandt. Wegen seines Umfangs kann es hier nur teilweise wiedergegeben werden.

THE BUILDING OF THE PYRAMID

The Magus with Wand. On the Altar are Incense, Fire, Bread, Wine, the Chain, the Scourge, the Dagger and the Oil. In his left hand he taketh the Bell.
Two strokes on the bell.

Hail! Asi![1] Hail, Hoor-Apep![2] Let
The Silence Speech beget!

Banishing spiral dance (to the left).

The Words against the Son of Night,
Tahuti[3] speaketh in the Light.
Knowledge and Power, twin warriors, shake
The Invisible; they roll asunder
The darkness; matter shines, a snake.
Sebek[4] is smitten by the thunder –
The Light breaks forth from under.

He goes to the West, in the centre of the base of Thoth, Asi and Hoor.

O Thou, the Apex of the Plane
With Ibis[5] head and Phoenix Wand
And Wings of Night! Whose serpents strain
Their bodies, bounding the beyond.
Thou in the light and in the Night
Art one, above their moving might!

1 Osiris.
2 Der Drachen der Tiefe, der sich regt.
3 Thoth (Merkur), Gott der Magie.
4 Die Krokodilgottheit, die allabendlich die Sonne verschlingt.
5 Thoth mit Zauberstab und Phoenixkopf.

Das Zeichen des Betretens

He scourges the buttocks, cuts a cross on the heart and binds chain round forehead, saying:

The Lustral Water! Smite thy flood
Through me – lymph, marrow and blood!
The Scourge, the Dagger and the Chain
Cleanse body, breast und brain!

He anoints the wounds, saying:

The Fire informing! Let the oil
Balance, assain, assoil.

[*Etc.*]
(Thus is the Great Pyramid Builded.)

Initiation Followeth.

I know not what I am!
I know not whence I come.
I know not where I go.
I seek, but what, I do not know!
I am blind and bound; but I
Have heard one cry
Ring through Eternity:
Arise and follow me!
Asar Un-nefer![1] I invoke
That Fourfold Horror of Smoke.
Unloose the Pit! by the dread Word
That Seth Typhon[2] hath heard
Sazaz Sazaz Ananatasan Sazaz.

(Pronounce this backwards, but it is very dangerous; it opens the Gates of Hell.)

A pause

The Fear of Darkness and of Death,
The Fear of Water and of Fire,
The Fear o' th' Chasm and the Chain,
The Fear of Hell and the Dead Breath,
The Fear of Him, the demon dire
That on the Threshold of the Inane
Stands with his dragon fear to slay
The Pilgrim of the Way.
These I pass by with force and care,
Advance with fortitude and wit
In the straight Path; or else their snare
Were surely infinite.

Staggers and falls back to earth. Suit action to words, using chain, scourge and dagger.

Asar![3] who clutches at my throat?
Who pins me down? Who stabs my heart?
I am unfit to pass within
This Pylon of the Hall of Maat›[4]

[1] ‹Ich, vollkommen gemacht› – d. h. Osiris der Gerechtfertigte.
[2] Der Wächter des Abgrunds.
[3] Osiris.
[4] Göttin der Wahrheit und Gerechtigkeit.

In voller Länge nahm dieses Ritual eine halbe Stunde in Anspruch. Danach befanden sich die beiden Magier (nachdem sie erfolgreich den schnöden Schleier der Materie zerrissen hatten) im richtigen Zustand für den zweiten Teil der Prozeduren. In seinem Bericht über das Erste Werk drückt sich Crowley ungewöhnlich knapp aus. ‹Schlag Mitternacht trafen die Anfangsworte und -taten des *Accendat* aufs *Akasa.*› *Accendat* bedeutet ‹Es werde Licht›. Es wird zu Beginn der Gebete oder Litaneien ausgesprochen. *Akasa,* ein Wort aus dem Sanskrit, steht für Äther, oder das allesdurchdringende Material des Universums. *Akasa* ist der eigentliche Träger der Töne, dem gegenüber die Luft nur sekundären Rang hat. Mit ‹Entflammen› bezog sich Crowley sowohl auf den Körper als auch den Geist. Das geht aus dem folgenden Vers hervor, der Heiligen Hymne an Hermes, die sie nun rezitierten.

Jungiter in vati vates: rex inclyte rhabdou
Hermes tu venias, verba nefanda ferens.
(Gekuppelt, der Barde im Barden, O hoher König des Stabes,
Hermes, mögest du kommen mit unaussprechlichen Worten.)

Die beiden miteinander vereinigten ‹Barden› waren natürlich Crowley und Neuburg.

«Unmittelbar darauf erschien Merkur in seiner ersten Gestalt, wie es im *Liber Ararita I,8*[1] geschrieben steht: ‹Du erschienst mir als ein junger Knabe, lieblich und schelmisch, mitsamt Deinem geflügelten Globus und den Schlangen am Stab.›»

In seiner Vision sah Crowley einen Tempel mit Tausenden von Merkurstäben in gold- und gelbem Glanz. Die Schlangen lebten und bewegten sich. ‹Aber so jung und schelmisch war er, dass kein Opfer möglich war.› Hermes hatte sich in Neuburg manifestiert, aber Neuburg (Hermes) hatte sich dabei derart trottelig verhalten, dass der Geschlechtsakt (das Opfer) schiefging. (Crowley spielte die Rolle der Frau.)

‹Um 1.40 Uhr *die Jovis* [Donnerstag] schloss ich den Tempel nicht ohne mir vorzunehmen, am folgenden Tag einen neuen Ritus zu feiern, bei dem ich Hermes in seiner nächsten Erscheinungsform zu erhalten hoffte.›

‹Und gesegnet und gebenedeit sei der Heilige, der Unaussprechliche, der Herr der Schlange und der Taube! Amen.›

Die Beschwörung von Göttern und Dämonen ist unauslöschlicher Teil der magischen Überlieferung. Crowleys Lehrer im Golden Dawn war Allan Bennet gewesen. Ein Notizbuch Bennetts aus dem Jahre 1899, als er täglich mit Crowley zusammentraf, enthält einen Pergamenttalis-

1 *Liber DCCCXIII vel Ararita sub figura DLXX,* Aleister Crowley, ca. 1909. Eins der sogenannten ‹Heiligen Bücher von Thelema›.

man des Merkur. Darunter steht: ‹Erweckte Merkur [den Talisman oder das Pentakel] zwischen 2.30 und 4.30 Uhr, indem ich ihn auf des Geistes Haupt legte (am 8. Nov., glaube ich), ihn damit in Verbindung treten und alle seine durch Erlangung des Wissens (Kokain) hervorgebrachte Kraft darauf übertragen hiess.›

In *Magick in Theory and Practice* erklärt Crowley die Prozeduren bei dieser Art von Zeremonie näher. Zunächst invoziert der Magier den Dämon durch *unterwürfiges Flehen* und bittet ihn, den zuständigen Erzengel zu senden. Diesen dann *ersucht* er, ihm (dem Magier) den oder die zuständigen Engel jener Sphäre als Hilfen zur Verfügung zu stellen. Bei dessen Erscheinung *beschwört* er ihn, die in Frage kommende Intelligenz zu senden, und diese wiederum *beschwört* er *mit Nachdruck*, den Geist zu rufen. Jenem Geist erst *erteilt* er *Befehle.* Infolgedessen war es für Allan Bennet (Bruder Iehi Aour) weder schwierig noch gefährlich, den Talisman auf seinen Kopf zu legen, sobald er den Geist vor sich hatte. Zweifellos half ‹Kokain› dann bei der Materialisierung nach.

Zur nächsten Invokation des Hermes hatte Crowley ein Bild des Gottes in Form eines Phallus aus gelbem Wachs hergestellt. Er war mit dem Ergebnis seines handwerklichen Könnens äusserst zufrieden und hielt es für sehr schön.

Die Brüder erschienen in aufnahmebereitem Geisteszustand, wozu ihnen ein gutes Dinner mit Brandy und Champagner, sowie vielleicht die dem Hermes angemessene Droge *anhalonium lewinii,* die schöne Visionen macht, verholfen hatten.

Um 23.30 Uhr wurden die Räucherstäbchen[1] entzündet und der Tempel geöffnet. Während der Invokation rezitierten sie drei von Crowleys Gedichten.

At the Ending of the Light,
At the Limits of the Night,
Stood Mercury before the Unborn ones of Time.
Then was formulated the Universe;
Then came forth the Gods thereof,
The aeons of the Bornless Beyond.
Then was the Voice vibrated;

[1] Das Tier hatte eine ausgesprochene Vorliebe für Weihrauch, selbst bei säkulären Gelegenheiten. Ich fand folgenden Brief unter seinem Nachlass, den ihm einer seiner Hauswirte in den dreissiger Jahren geschrieben hatte: ‹Mein lieber Mr. Crowley, bitte verzeihen Sie mir, dass ich Sie auffordere, den Gebrauch von Räucherstäbchen in diesem Hause einzustellen. Mir persönlich macht es nichts aus, aber es gibt doch zu viele Leute, die den Geruch nicht ertragen können. Erst heute nachmittag hatte ich eine diesbezügliche Beschwerde entgegenzunehmen – und unglücklicherweise ist der Weihrauchgeruch zu durchdringend, als dass man ihn auf ein Zimmer beschränken könnte. Möglicherweise wäre ein Zimmer im Dachgeschoss eher dafür geeignet, jedoch nicht das Zimmer, das Sie zur Zeit bewohnen. Ihr &c.›

Then was the Name declared.
At the Threshold of Entrance,
Between the Universe and the Infinite,
In the Sign of the Enterer[1]
Stood Mercury, as before him
The aeons were proclaimed.
In Symbols did he record them;
In Breath did he vibrate them;
For between the Light and the Darkness did he stand.

Entnommen ist das Gedicht ‹The Rite of Mercury› einem Teil der ‹Rites of Eleusis›, die im Oktober und November 1910 von ‹Mr. Aleister Crowley und erlesener Gesellschaft› einschliesslich seiner Frau in Scharlach Leila Waddell und seinem Liebhaber in *The Paris Working*, Mr. Victor Neuburg, in der Caxton Hall zur Aufführung gelangt waren.

Das nächste Invokationsgedicht ist das oben erwähnte:

The Temple in Darkness:
O Light in Light! O flashing wings of fire!
The swiftest of the moments of the sea
Is unto thee
Even as some slow-foot Eternity
With limbs that drag and wheels that tire.
O subtle-minded flame of amber gyre.
It seems a spark of gold
Grown purple, and behold!
A flame of grey!
Then the dark night-wings glow
With iridescent indigo,
Shot with some violet ray...

O Hermes! Messenger of inmost thought!
Descend! Abide! Swift coursing in my veins
Shoot dazzling pains,
The Word of Selfhood integrate of Nought,
The Ineffable Amen! The Wonder wrought.
Bring death if life exceed!
Bid thy pale Hermit bleed,
Yet life exude;
And Wisdom and the word of him
Drench the mute mind grown dim

[1] Eine magische Geste der Projektion magischer Kraft. Beide Arme werden in Schulterhöhe nach vorn gestossen, während der rechte Fuss einen Schritt vorwärts macht.

With quietude!
Fix they sharp lightnings in my night! My spirit free!
Mix with my breath and life and name thy mood
And self of Thee.

Zu guter Letzt kamen folgende (zum vollständigen Zitieren zu umfangreiche) Verse:

Majesty of Godhead, Wisdom-crownéd Tahuti, Lord of the
Gates of Universe: Thee we invoke!
O Thou of the Ibis head: Thee, Thee, we invoke!
Thou who wieldest the Wand of Double Power[1]: Thee, Thee
we invoke!
Thou who bearest in thy left hand the Rose and Cross of
Light and Life: Thee, Thee we invoke!

Du, o der Dein Haupt ist ein Smaragd und Deine Nemyss[2] blau wie der Himmel der Nacht! Dessen Haut von flammendem Orange ist als wie im Schmelzofen gebrannt: Dich, Dich beschwören wir!

Die Rezitation dieser Gedichte dauerte zwanzig Minuten. Danach, um 23.40 Uhr, intonierten sie den lateinischen Vers *Jungiter in vati vates* (‹Gekuppelt liegt der Barde im Barden›). Wie gehabt, koinzidierte dies mit dem Sexualakt, dessen Kurzbeschreibung er darstellt. Er dauerte eine Viertelstunde. Was dann geschah, beschreibt Crowley so:

> Unmittelbar darauf geriet Fra. L.T. vollkommen ausser Kontrolle und, obgleich ein Mann einiger Bildung, erniedrigte sich dermassen, dass er das beschworene, heilige Prana[3] in alle Winde zerstreute, indem er diesen Band[4] mit den nichtssagenden Kritzeleien gegenüber[5] schändete, die er zudem zu seiner Erleuchtung des Thoth erklärte, die aber noch nicht einmal seines Affen[6] würdig waren. Somit ging ein grosser Teil des im Ritus Erarbeiteten verloren.

In *Magick in Theory and Practice* schreibt Crowley, dass der Magier das Protokoll unmittelbar nach Abschluss des Werkes schreiben soll. Dies war wohl auch Neuburgs Auftrag gewesen, der aber statt dessen

1 Der Gott der zwei Äquinoktien oder des Doppelten Horizonts, Hoor-Makhu.
2 Mantel.
3 Die lebenswichtigen Kräfte.
4 *The Esoteric Record.*
5 Auf der Rückseite.
6 Angeblich haben sowohl Thoth als auch Merkur zwei ‹Seiten› oder Stimmen. Die eine ist die der Weisheit, die andere – die Seite des Affen – plappert Unsinn.

einen hysterischen Anfall gehabt und Crowleys magischen Anstandssinn verletzt hatte.

Die Erlaubnis zum Entschwinden bzw. die Entlassung der beschworenen Geister und Mächte geschieht mit folgenden Worten:

> Ich aber sage Euch nun, fahrt hin zu Euren Wohnstätten und Wohnsitzen – und möge der Segen des Höchsten auf Euch sein im Namen (hier sprich den dem Werke angemessenen göttlichen Namen, oder einen diesen Geist erlösenden Namen); und Friede sei zwischen Dir und mir. Mögest Du bereit sein zu kommen, wann immer Du beschworen und berufen wirst!

Eine von Crowley beigefügte Fussnote lautet: «Dies wird meist ergänzt durch ‹in Wort oder Wille, oder durch die mächtige Beschwörung der Kunst der *Magick.*›»

Sollte der Geist jedoch nicht sofort entschwinden, so ist dies ein Zeichen, dass irgendetwas schiefgegangen ist. In diesem Falle sollte der Magier sofort und mit äusserster Sorgfalt den magischen Zirkel erneut weihen. Dann sollte er die Bannformel wiederholen und, im Falle des Misserfolgs, das ordnungsgemässe Bannungsritual ausführen und entsprechende Beschwörungsformeln anwenden. ‹Unter diesen oder ähnlich verdächtigen Umständen sollte er sich nicht mit dem blossen Verschwinden des Geistes zufriedengeben, der sich ja lediglich unsichtbar gemacht haben und dem Magier auflauern könnte, damit er ihm beim Verlassen des Zirkels – ja, selbst noch Monate später – Schaden zufügen kann.›

Kein Zweifel: Magier führen ein hingebungsvolles Leben.

Glücklicherweise sind die Resultate des Zweiten Werks in *The Esoteric Record* erhalten geblieben. Ihnen ist zu entnehmen, dass nach der Invokation des Hermes ‹getreu den Geheimen Riten› (dem Sexualakt) der Gott zur Beantwortung der gestellten Fragen überging. O.S.V. fragte und L.T. hörte die Antworten: in ihm also war der Gott invoziert, beziehungsweise er sah und hörte den Gott vor seinem inneren Auge.

Die erste von O.S.V. gestellte Frage lautete ‹Arbeiten wir korrekt?›

‹Nein›, antwortete es beunruhigenderweise.

‹Woran hapert's?› sagte O.S.V.

‹Der Zeitpunkt stimmt nicht, und, weniger wichtig, der Ort.›

‹Was ist der richtige Zeitpunkt?› fragte O.S.V.

‹Drei Stunden vor Sonnenaufgang.›

‹Gilt das nur für Merkur oder für alle Götter?›

‹Nur für Merkur.›

‹Sollen wir Merkur noch einmal beschwören?›

‹Ja.›

‹Morgen?›

‹Nein.›

‹Also wann?›
‹Bei Vollmond.›
‹Welchen Gott sollen wir morgen anrufen?›
‹Thoth.›
‹Aber Thoth *ist* Merkur,› meinte O.S.V.
‹Du wirst einen anderen Standpunkt sehen können,› antwortete L.T.

Obwohl es Neuburg war, der sprach, darf man nicht annehmen, dass er eigene Anschauungen artikulierte. Er diente lediglich dem Gott als Sprachrohr.

‹Sollen wir einen anderen Vers benutzen?› fragte O.S.V., und meinte damit die mit der Beschwörung *Jungiter in vati vates* beginnende Litanei.
‹Das spielt keine Rolle›, antwortete L.T.
‹Soll ich Standbilder von den Göttern machen!›
‹Nein.›
‹Soll ich Tafeln von den Göttern machen?›
‹Ja.›
‹Was für Tafeln?›
‹Tafeln mit den Namen.›
‹In welcher Reihenfolge sollen wir die Götter beschwören?›
‹Die richtige Folge ist – Venus, Merkur, Jupiter, Luna, Sol.›
‹Wird er bei der Geomantik behilflich sein?›[1]
‹Ja.›
(Am Rand vermerkte Crowley: ‹Er half.›)
‹Auch bei der Handhabung meiner Angelegenheiten?›
‹Bei manchen, nicht allen.›
‹Bei geschäftlichen Angelegenheiten?›
‹Bei manchen.›
‹Welchen?›
‹In Verbindung mit dem Bücherschreiben, bei Geldsachen, in der Liebe.›
‹Wie können wir Merkur besser beschwören?›
‹Mit einem goldenen Pentagramm. Lege es an auffälliger Stelle an. Trink weissen Wein und iss Fisch vor der Zeremonie. Entferne die Uhr.›

Diese von Neuburg kurz entschlossen gegebenen Anweisungen entsprechen keineswegs seinem üblichen Stil, noch entsprachen sie seinem Wissensstand. Zwar hatte er mehrere Jahre Crowleysches Training genossen, war aber noch immer ein unsicherer und verängstigter Jüngling. ‹Bruder L.T.,› sagt Crowley an anderer Stelle in *The Esoteric Record*, ‹hat einen bestimmten Fehler, nämlich innere Einkehr und Selbstprüfung. Er ist ein Denker, kein Mann der Tat.› Crowley wiederum hatte ebenfalls ei-

[1] Crowleys Methode der Geomantie bestand darin, willkürliche Bleistiftmarkierungen auf einem Blatt Papier anzubringen.

nen bestimmten Fehler: ihm fehlte die Fähigkeit zur inneren Einkehr, ohne dass er es wusste.

Frage: Kannst du Verbesserungsvorschläge machen, besonders bei der Jupiterzeremonie?

Antwort: Scharlach und Silber sollte am Körper getragen werden, und O.S.V. sollte die Krone tragen. Bruder L.T. soll die Scharlachrobe tragen und Veilchen sollen gestreut werden und mit blossen Füssen durch sie hindurchgegangen.

Die von den blossen Füssen zerstampften Veilchen würden den Geist jener Lichtung hervorrufen, in der der wollüstige Pan umherschweift.

Frage: Gib einen schlüssigen und für O.S.V.'s Intelligenz wahrnehmbaren Beweis Deiner[1] Anwesenheit.

Antwort: Der Stab[2], oder die Eins, soll Neun[3] werden. Dies ist das Zeichen des Priapus, und danach nichts mehr.

O.S.V.: Ich verstehe den Beweis und erkenne ihn an.

Der Stab ist das Zeichen des Fruchtbarkeitsgottes Priapus. An dieser Stelle weisen die Antworten erneut eine dem Wissen des L.T. überlegene Kenntnis auf.

Ihr Drittes Werk begannen sie etwa um Mitternacht des folgenden Tages. Wie Hermes angeordnet, enfernten sie die Uhr, denn sie sollten ausserhalb der Zeit – deren Symbol die Uhr ist – arbeiten. Crowley gibt den Zeitpunkt mit ‹etwa Mitternacht› an. Andererseits jedoch hat er auf die Minute genau den Zeitpunkt der Beendigung eines Teiles der Zeremonie festgehalten: ‹um 0.57 *dies Saturni* [Samstag] beendeten wir das *Quia Patris*.›

Das *Quia Patris* ist eine Rede im Chor von Crowleys Mysterienspiel *The Ship*, das im *Equinox* Nr. 10 zur Veröffentlichung gelangte.

For the Father and the Son
The Holy Spirit is the norm:
Male-female, quintessential, one,
Man-being veiled in Woman-form,
Glory and worship in the Highest,
Thou Dove, mankind that deifiest,
Being that race – most royally run
To spring sunshine through winter storm!
Glory and worship be to Thee,
Sap of the world-ash, wonder tree!

1 Des Gottes.
2 Der Phallus.
3 Der Stab (Penis) ist Eins, Neun ist die Ziffer der Schöpfung. Daher ist die Bedeutung des Satzes: Lass den Stab (eins) zur Neun werden (erigieren bzw. schöpferisch werden).

Schon beim *Jungiter in vati vates*, das dem *Quia Patris* voranging, näherte sich Crowley einem Zustand ekstatischer Besessenheit, bei dem er das Dreifache Kreuz der Grossen Hierophanten und schliesslich Hermes selbst erblickte. Da der lateinische Vers mit dem Beginn des Geschlechtsaktes zusammenfiel, war das eigentlich nicht anders zu erwarten.

Sie schlossen den Tempel um 2.15 Uhr.

The Esoteric Record für dieses Dritte Werk beginnt mit Bruder L.T.'s Beschreibung des Hermes: der Gott war ‹durchgehend phallisch›, hielt aber in seiner Hand ein Buch mit dem Titel «Buch II». Die letzte Seite zeigt einen leuchtenden, vierzackigen Stern, der (beschliessen die Magier) mit dem Auge Shivas zu identifizieren ist – dem symbolischen Auge auf der Stirn des Gottes. Es bleibt ständig geschlossen. Sollte Shiva sich jedoch dazu entschliessen, das Lid zu heben, würde das Licht aus seinem Auge das Universum zerstören. Untertitelt war das Buch mit BIA, ‹Stärke›. Dann folgte eine Abhandlung, deren Wesen vom folgenden Auszug her verständlich wird:

> Jeder Tropfen des von Hermes vergossenen Samens ist eine Welt. Der *terminus technicus* für seinen Samen ist KRATOS, Macht. Diese Welten sind in unsichtbare Ketten geschlagen. Ihre Einwohner ähneln Würmern in einem Apfel – denn alles von diesen Welten hervorgebrachte Leben ist das von Schmarotzern. Die reinen Welten sind flammende Bälle, jeder ein bewusstes Wesen. Zahl der ejakulierten Welten 7 482 135 = ♀.
>
> Der Name dieses Phallus ist Thoth, Hermes oder Ma. Ma heisst der Gott, der den Phallus von der Yoni weg – und verführt hat; daher das physische Universum. Alle Welten sind Exkreta: sie repräsentieren verschwendeten Samen. Daher ist alles Blasphemie. Dies erklärt, warum der Mensch Gott nach seinem Bilde schuf.

Und so weiter und so fort.

Eine ausführliche Auswertung dieser ziemlich negativen Theorien würden dieses Buch zu undankbarem Umfang aufblasen, aber für Interessierte sei ein Werk genannt, in dem diese Themen wieder aufgenommen werden: es ist Crowleys *Gospel According to St. Bernard Shaw.*[1]

In diesem Teil von *The Esoteric Record* wirft Crowley ein, dass er Hermes ein stummes Dankgebet sagte. Er kommentiert, dass man bei dieser Art Werk nicht nur von Männern, sondern auch von Frauen magische Kräfte erlangen kann – die Technik ist ebenso heterosexuell anwendbar –, dass aber der Gebrauch von Frauen ‹gefährlicher ist für die Karriere des Magiers.› Er gibt dafür keinen Grund an. Jedoch kann man sagen, dass Frauen (und alles, wofür sie stehen) schon immer gleichsam eine tie-

[1] (unveröffentlicht), in dem ein Teil des Materials aus *The Paris Working* enthalten ist.

fe Fallgrube für Männer darstellen, insbesondere solche, die sich mit geheimen Riten beschäftigen. Ausserdem, fährt Crowley fort, bestehe noch die Gefahr einer Schwangerschaft: eine für Crowley überraschende Aussage. Dies ist bei all den überschwänglichen Berichten seiner regen Geschlechtstätigkeit das einzige Mal, dass dergleichen Überlegungen erwähnt werden. Natürlich, fügt er hinzu, könne man sich dagegen auf die übliche Weise absichern.

Um zu einer perfekten Vision des Hermes zu gelangen, muss dem Gott zu Ehren ein Hahn als Symbol der Begehrlichkeit geschlachtet und als Sakrament sein Blut getrunken werden. Für die Liebhaber von Details sei angemerkt, dass man dem Hahn die Kehle über ‹dem Grossen Bildnis› durchschneiden soll, einem wächsernen ‹phallischen› Ebenbild des Gottes, das Crowley auf den Altar gestellt hatte. Um auch noch den letzten Blutstropfen aufzufangen, die als Träger des *prana* oder der lebensspendenden Kraft angesehen werden, empfiehlt es sich, das Bildnis in einem Gefäss aufzustellen, das nach Möglichkeit die Form einer Yoni haben sollte.

Hermes sollte an acht aufeinanderfolgenden Abenden invoziert werden. Den Anfang sollte man an dem diesem Gott geweihten Tag machen, nämlich dem Mittwoch.

An dieser Stelle wird vermerkt, dass Hermes den beiden Magiern riet, ‹grössere Mengen zu essen› und ihnen Schutz versprach. Wogegen dieser Schutz dienen soll, wird nicht weiter ausgeführt.

Die folgenden Passagen schweifen etwas vom Thema ab. Hermes wies die Magier Crowley und Neuburg an, ihm am nächsten Tag, Sonntag, ihre Fragen ohne alle Riten, sondern über den Weg der Geomantik zu stellen. Am Montag dann sollten sie ihn wieder beschwören, jedoch ‹werden wir weniger Information, aber Unterstützung von Jupiter erhalten.›

Und: ‹Bankette sind sehr wichtig.›

Frager Neuburg wollte daraufhin von dem in Trance befindlichen Crowley wissen, ob Hermes ‹in dieser Hinsicht von Hilfe sein› würde.

Was mit ‹dieser Hinsicht› gemeint ist, wird unklar gelassen. Ausgesprochen klar dagegen lautet die Antwort: ‹Er weiss es nicht und es ist ihm egal.›

Crowley schmückte das später mit der Bemerkung aus, dass Hermes sagte: ‹Sei kein Esel, der darüber nachdenkt, wie er eine Sache anpacken soll. Tu's einfach.› Die Antwort ist typisch für Crowleys kurz angebundene Art.

Es folgten weitere Instruktionen. Bei den Riten von Venus und Luna, deren exoterischer Wortlaut in *The Equinox*, Nummer 6 veröffentlicht ist, sollte Bruder O.S.V. mit einer Frau arbeiten.

‹Er lehnt es ab, mir mitzuteilen, wann ich diese Frau haben werde. Er sagt, das sei eine Frage des gesunden Menschenverstandes. Er sagt, tu's, und frage nicht danach.›

Es folgte langes Schweigen. Crowley verlor sich in Kontemplationen über Hermes' gewaltigen Aspekt als ‹Träger der Energie des Höchsten. Er ist es, der den lichttragenden Äther befruchtet, dessen innere Spannung das Materie genannte erzeugt›.

Der Tag zuvor hatte einen Brief von Crowleys Freund Walter Duranty gebracht, dem späteren Moskaukorrespondenten der *New York Times*, der sich gerade in Paris befand – eine Botschaft ‹die sich sehr wohl als gute Nachricht in gleich zwei Angelegenheiten, beide jupiterianischer Art› (d. h. Geld) erweisen könnte. Ausserdem hatte er einen Brief erhalten, der eine wichtige Initiation versprach.

Am Sonntag wurde kein Werk durchgeführt, da sich ihre Gebete an Hermes in Form eines Geschenkes an Bruder O.S.V. – ein Schnupfen – und an Bruder L.T. – schlechte Laune – ausgezahlt hatten.

Crowley hatte den Körper des schlafenden Bruder L.T. nachdenklich betrachtet, ihn geweckt und angeordnet, dass er aufstehen und ‹das Protokoll transkribieren› solle, vermutlich von den während des Werkes gemachten Notizen. Aber das führte nur zu ‹zwei schönen Kämpfen.› Es ist allerdings unwahrscheinlich, dass sie irgendetwas besonderes darstellten, da Crowley wesentlich grösser und stärker war. O.S.V. interpretierte diese Episode als ein Zeichen für überschüssige magische Energie, die während der Zeremonien freigesetzt worden war.

Übers Vierte Werk erfahren wir, dass der von schwerem Schnupfen heimgesuchte Crowley das Bett hüten musste und ‹die guten Nachrichten vollkommen austrockneten.› Crowley erklärte diese Schwierigkeiten und Komplikationen als Resultate des Ungehorsams gegenüber Hermes – ‹Hermes' Anordnung eines weiteren Opfers hätte befolgt werden müssen› – sowie als Strafe für den Versuch, ‹das echte Ding durch sein Symbol zu ersetzen›.

Montagnachmittag jedoch hatten sich die beiden Magier wieder versöhnt. Nachdem er durch die Strassen von Paris gewandert war, kehrte Bruder L.T. zum Tempel zurück, wo er ein Opfer zum Ruhm des Jupiter brachte – ein Ausdruck, der ent-, beziehungsweise verhüllt, dass es sich um einen Sexualritus handelte, dessen Verlauf der folgende Vers zur Genüge kommentiert. (‹Den wir deshalb beschwören wollen mit geheimem Ritus und diesem heiligen Vers.›)

Haud secus ac puerum spumanti semini vates
Lustrat, dum gaudens accipit alter aquas;
Sparge, precor, servis, hominum rex atque deorum
Juppiter omnipotens, aurea dona, tuis.
(‹So reinigt der Barde den Knaben mit schäumendem Samen,
Während dieser im Jubel das Wasser empfängt.

O allmächtiger Jupiter, König der Menschen und Götter,
Sprenkle, ich bitt, goldne Gaben über Deine Diener›.

Die Zeremonie war ordnungsgemäss um 21.00 Uhr beendet, wenn auch mit ‹verstümmelten Riten› aufgrund der Erkältung Crowleys.

Von 22.00 Uhr bis 1.00 Uhr, als, trotz Tempelschliessung, Neuburg Jupiter schaute und vor seinen Augen folgende Worte erschienen *Via est hodie. Nomina sanctissimorum in felicitate habent viam. Deus dedit signum in via.* (‹Der Weg ist heute. Ihm folgen die Namen der Heiligsten in Glückseligkeit, Gott gab ein Wegzeichen›), unterhielten sich die Brüder.

Crowley hatte dem *Esoteric Record* zufolge Hermes in einem früheren Stadium der Prozedur geschaut. Er – Hermes – erschien in Gestalt des Boten, als Jüngling, und trug den Caduceus, Crowley sah ihn auf dem Altar auf seinem rechten Zeh balancierend. Neuburg, wissend, dass Crowley auf den Gott starrte, erhob seine Stimme und fragte: «Was sagte er?»

«Ich bin der Götterbote und bringe euch Kränze», erwiderte Crowley.

Hermes, erklärte Crowley im *Esoteric Record*, erschien ihm als ‹festes Licht von blassgoldner Färbung.›

«Wird das Werk sein erklärtes Ziel erreichen?» fragte der über die finanzielle Situation augenscheinlich etwas beunruhigte Neuburg.

«Wahrlich und Amen», kam die beschwichtigende Antwort.

Dann fragte L.T., ob eine für O.S.V. bestimmte persönliche Nachricht vorläge.

Worauf O.S.V. (oder genauer der Gott durch O.S.V.) zur Anwort gab, dass er vermutlich morgen recht aufregende Nachricht haben werde und dass sie unter der Rubrik *gut* gebucht werden könne.

«Und wird auch Bruder L.T. diese Nachricht erhalten?» wollte L.T. ängstlich wissen.

«Ja. Der auch», antwortete Crowley, «Nachricht aus England, sanft wie das Gefieder der Taube.»

Das Überraschende an diesen Fragen an Hermes ist ihr alltäglicher Charakter, der zudem Zögern, Zurückhaltung, selbst Zerstreutheit seitens des Fragers enthüllt, der selbst solche Fragen wiederholt, die mehr oder weniger schon beantwortet wurden. Man sollte eigentlich annehmen, dass Hermes sich darüber genug geärgert hätte, um sofort zu entschwinden, denn andererseits zeigt Hermes, wenn er durch Crowleys Mund spricht, entschieden mehr Elan: ‹Er weiss es nicht und es ist ihm egal.›

«Sind die Götter mit den Zeremonien zufrieden?» fragte Bruder L.T.

«Gewiss», lautet die Antwort, «sie empfinden höchste Freude.»

Ziemlich einfältig. Ich bin sicher, dass das Hermes und den anderen Göttern (mit Ausnahme vielleicht des Pan) gleichgültig war. Nicht eine der in *The Esoteric Record* festgehaltenen Fragen ist so simpel formuliert wie «Gibt es Krieg?», oder «Wie lange wird der Zar noch auf seinem Thron sitzen?», oder, um eine den Interessen Crowleys näherstehende Frage zu formulieren: «Wird die Wissenschaft eine Methode zur Heilung von Syphilis entwickeln, und wenn ja, wann?» Crowley war viel zu sehr dieser Welt entrückt, um sich mit solch nebensächlichen Dingen zu beschäftigen.

Im Verlauf des Montags beschwor der als Seher fungierende O.S.V. eine ekstatische Vision des Merkur in schimmerndem Gold vor einem purpurn und grauen Hintergrund herauf, den violetten Blitze durchzuckten. ‹Jetzt tritt er zu mir und küsst mich auf den Mund, wobei er seinen Caduceus auf meinen Phallus legt›. Die Fortsetzung dieser Vision enthüllt lediglich Crowleys Grössenwahn und Identifizierung mit Christus aus den Zeiten, da er noch in den Mysterien der christlichen Religion zuhause war. Dann wird folgende unerklärliche Handlung Merkurs aufgezeichnet: ‹Nun gibt er mir einen Zungenkuss. Es ist nicht die Zunge eines Menschen, sondern einer Schlange oder eines Ameisenbärs. Sie durchzuckt mein Gehirn und lässt den Schädel leuchtend, durchsichtig, phosphorezierend werden.›

Nachdem Merkur mitgeteilt hatte, dass er Crowley die Weisheit der Schlange geben werde, sagte er, dass er, Crowley, die Hingabe von vier Frauen und vier Männern benötige; dass die vier Männer zu Krüppeln werden und die vier Frauen aus allen vier Himmelsrichtungen der Erde stammen würden.

Dann entstand vor seinen Augen ein gewaltiger Gebirgszug, wie er ihn noch nicht einmal im Himalaja gesehen hatte. Die Berge erstrahlten im Glanz des Sonnenaufgangs. Ungewöhnlich an den Bergen waren ihre Gipfel, die eher der Schaumkrone einer Woge ähnelten und sich wie eine solche brachen. Obenauf stand auf einem Fuss Merkur, von orangen, grünen und purpurnen Flammen umzüngelt.

Sofort stellte Crowley eine Liste von vieren seiner Jünger auf, die Verkrüppelungen aufwiesen. Den Anfang machte Bruder Lampada Tratam mit seiner verbogenen Wirbelsäule. Später fügte er den einäugigen Norman Mudd hinzu. Was die vier Frauen aus verschiedenen Kontinenten angeht, so hatte er bei der Aufzählung von etwa achtzig Frauen, die ihm als Mätresse gedient hatten, bis dahin keine weitere Mühe.

> Ich sehe nun den achtarmigen Stern des Merkur durchbrechen; er setzt sich aus vier Lilien zusammen. Strahlen wie Knospen in Form von Binsen dazwischen. Das Mittelstück zeigt das Zeichen des grossen Meisters, aber ein anderes, als du es kennst. Auf dem Kreuz sind die Taube, der Falke, die Schlange und der Löwe. Und ein weiteres, noch geheimeres Symbol.
>
> Nun sehe ich flammende Lichtschwerter. Das Ganze spielt sich in kosmischen Grössenordnungen ab. Die Entfernungen sind astrono-

Der Heilige Tisch

misch. Wenn ich dabei ‹Schwert› sage, dann meine ich eine Waffe mit einer Länge von mehreren Millionen Meilen...

Diese Visionen waren aufwühlend genug, dass selbst Crowley sich zu einer Art objektiven Kommentars bemüssigt fühlte. Er gab zu, dass er nie zuvor derart wunderschöne Himmelslandschaften gesehen hatte, dass die rosa Wolken wie der Flug der Vögel gewesen seien, dann wieder wie der Flug der Schlangen, deren Farben mit dem purpurnen und grünen Hintergrund verschmolzen seien.

«Anhalonium-Visionen müssen ganz ähnlich sein», sagte Crowley, als verfüge er nicht über Wissen aus erster Hand, was diese halluzinogene Droge betrifft. (In der Tat nahm er sie selbst.)

Nachdem Crowley die fliegenden Schlangen in den Turnerschen Wolken hatte verschwinden sehen, erwachte er aus seiner Trance und erklärte alles für beendet. Sie schlossen den Tempel, eine Diskussion zwischen den beiden Brüdern brach los. Sie begann mit L.T.'s Ansicht, dass sie durch diese Riten gewaltige Kräfte entfesselten, weshalb er die Furcht äusserte, dass die Sache mit der Zeit gefährlich würde, ‹internationale Komplikationen› und so weiter.

Crowley vermerkte am Rande, dass sechs Monate später der Erste Weltkrieg ausbrach – gewissermassen aufgrund des *Paris Working.*

Neuburg, den Crowley allmählich für besessen hielt, war entsetzt und flehte Crowley an, keine weiteren Gläubigen mehr zu den Zeremonien zuzulassen, insbesondere keine unter dreissig.

Ihre Diskussion über die Natur der heiligen Riten führte Crowley zu der Schlussfolgerung, dass die Zelebranten ihre Rollen *nicht* vertauschen sollten; das heisst, dass während der homosexuellen Riten Crowley passiv und Neuburg aktiv bleiben sollte. Lediglich bei der Invokation weiblicher Gottheiten sollte Crowley ‹Priester› (d. h. aktiv) sein, wenn mit Frauen gearbeitet wurde. Somit blieb Crowley seiner eigenen Natur treu. Aber der von ihm angeführte okkulte Grund bleibt – zumindest mir – unverständlich. Er sagte, dass «nur die schwarzen Gottheiten Hermaphroditen» seien, ausgenommen bei Fällen göttlicher Besessenheit.

Natürlich hatte er eine Vorliebe für die seltsamsten Meinungsäusserungen. Wahrscheinlich glaubte er im Grunde an alles, was er von sich gab, aber auf gezielte Fragen hin war er allzeit bereit, die Sache einfach hinwegzulachen.

Der höchste Ritus wäre der, bei dem der Höhepunkt im Tod des Opfers läge. Damit wäre der Gipfel der Magischen Kunst erreicht. Und besser noch wäre die Tötung eines Mädchens, im allergünstigsten Falle eines willigen Opfers, damit alle feindlichen Störungen ausgeschaltet wären. Erst müsste sie geschändet und dann in neun Stücke geschnitten werden. (In diesem Zusammenhang merkt Crowley an, dass sie *nicht* gegessen werden sollte.) Jedoch sollte man ihr Kopf, Arme und Beine abtrennen und den Rumpf in vier Stücke teilen. Dann sollten die Namen der entsprechenden Götter in die Haut geritzt werden. Dann sollte den Armen die Haut abgezogen und zu Ehren von Pan oder Vesta verbrannt werden. Die Beine sollten nach ähnlicher Behandlung dem Priapus, Hermes oder der Juno geopfert werden. Die rechte Schulter sollte dem Jupiter, die linke dem Saturn; die rechte Hinterbacke dem Mars geweiht sein; die linke der Venus. Dem Kopf sollte die Haut nicht abgezogen werden, sondern der Schädel einfach zu Ehren entweder der Juno oder der Minerva verbrannt werden.

Seinen Bericht über diesen ‹Ritus› schloss Crowley mit der Bemerkung, dass er ‹nicht zu alltäglichen Gelegenheiten angewandt werden solle, sondern nur sehr selten und zu grossen Zwecken. Er sollte nicht dem Pöbel bekannt gemacht werden›.

Zu guter Letzt beschlossen die beiden Magier, dass diese Instruktionen in die schwarze ‹oder zumindest graue› Magie übergingen. Ende der Diskussion.

Für ihr Fünftes Werk öffneten sie den Tempel am 26. Januar um ca. 21.30 Uhr und führten den Ritus *ut ordinatur* durch, wie angeordnet. Diesmal invozierten sie Jupiter, nicht Hermes.

Deus adest. Fatur: ‹Sparge verba; opus fiat. Hodie est verbum in nomine Dei: crass est opus.› Et postea: ‹O beati qui haec verba noscunt! Ergo sum deus hodie; aurea dona cras vobis feram.› ‹Accipe Dei verba, atque vobis bene erit. Benignus sum in hominum mundo semper.› Deinde: ‹Phallum ejaculantem tibe feram in nomine patri[s]. Verbum tibi refert ad fratrem O.S.V., ditto patri, In nomine...›

(Gott ist anwesend. Er sagt: ‹Streut Worte; beginnt das Werk. Heute ist das Wort im Namen Gottes; das Werk ist morgen,› Und darauf, ‹Gesegnet sei, der diese Worte kennt! Ich bin heute Gott, morgen bringe ich die goldenen Gaben.› ‹Empfange den Namen Gottes und sie werden wohl mit euch sein. Immerzu wohltätig bin ich in des Menschen Welt.› Dann: ‹Im Namen des Vaters werde ich den ejakulierenden Phallus bringen. Das Wort bezieht sich auf Bruder O.S.V., und in ähnlicher Weise auf den Vater. Im Namen...›)

Kommentierte Crowley: ‹Dieses Versprechen wurde reichlich erfüllt.› Mehrere andere Versprechungen des Hermes dagegen blieben unerfüllt. Selbst Crowley konnte nicht umhin, das zuzugeben. Als zum Beispiel Hermes Bruder L.T. auf Lippen, Nabel und Phallus küsste, hatte er, Hermes, folgende Glücksfälle angekündigt, die innerhalb der beiden nächsten Monate eintreten sollten: L.T. wird nach Osten reisen und eine neue und glücklichere Ebene des Karma finden. Im Sommer wird er heiraten, aber im Herbst zum Grossen Werk zurückfinden. Auch Bruder O.S.V. wird auf eine lange Reise gen Osten gehen und den Tempel unter Obhut L.T.'s zurücklassen. ‹Alles falsch bis auf eine Ausnahme›, schrieb Crowley in seinem Bericht. Hätte Hermes jedoch eine lange Reise Crowleys gen Westen prophezeit, hätte er vollkommen recht behalten, denn Crowley reiste gegen Ende 1914 nach Amerika.

An dieser Stelle vermerkt Crowley ein paar neue Anweisungen für die Riten. In jedem Fall hatte als erster O.S.V. in den Kristall zu sehen (sein Goldtopas im Rosenkreuz). Diese Bemerkung enthüllt, dass sich die Götter offensichtlich im Medium der Kristallkugel manifestiert hatten. Der Seher sollte dem anderen die Visionen diktieren.

Die Riten durften niemals öfter als sechsmal hintereinander zelebriert werden. Viermal sei das angebrachteste.

Sie sollten nicht vor neun Uhr abends beginnen und nicht länger als dreieinhalb Stunden dauern.

Der Tempelboden sollte weiss bemalt sein, an besonderen Feiertagen und Gelegenheiten jedoch schwarzweiss oder rotweiss kariert.

Sanfte Saitenmusik war erlaubt.

Schliesslich hatten sich die Zelebranten nicht barhäuptig, sondern mit weissen ‹oder mit anderen angegebenen Kopfbedeckungen› in den Tempel zu begeben.

Darauf folgte eine Liste von Farben, die den verschiedenen Göttern zugeordnet waren. Sie beginnt mit Priapus, dem griechischen und römischen Gott der Zeugung, Schutzherr über Gärten und Weinberge. Die Anbetung dieses Gottes, dessen Emblem der Phallus ist, war einst weitverbreitet und setzte sich in manchen Gegenden Italiens durch die ganze christliche Ära bis in neuere Zeit hinein fort. Crowley waren Abbildungen und Reproduktionen der mannigfachen Statuen und Reliefs dieses Gottes aus der späteren (von dem Antiquar Thomas Wright edierten) Ausgabe von Richard Payne Knight's *An Account of the Remains of Worship of the Priapus lately existing in Isernia; to which is added a Discourse on the Worship of Priapus, and its connection with the Mystic Theology of the Ancients*, 1786, bestens vertraut. Der Antiquar und Amateurarchitekt Payne Knight hatte den Kult auf einer Italienreise im Jahr 1767 entdeckt.

Die Farben des Priapus waren Crowley zufolge Gelb und Purpur.

Die Farben Iacchus' oder Bacchus', des Gottes der Trinker, der entweder als effeminierter Jüngling oder geiler, wein- und efeuumkränzter Greis dargestellt wird, waren Scharlach und Grün. Bacchus ist der zweite Name für Dionysos, des Gottes der Pflanzen, Obstbäume und besonders des Weins. Dionysos, Bacchus, Iacchus – wie immer man ihn nennen will – übte aufgrund seiner orgiastischen Aktivitäten starke Anziehungskraft auf Crowley aus. Bei den dionysischen Prozessionen umgibt er sich mit den den Phallus tragenden Satyrn. Seine Tiergestalt ist der Stier.

Der Venus, Göttin der Schönheit, griechische Aphrodite, Mutter der Liebe, Königin des Gelächters und Schutzheilige der Kurtisanen, kamen laut Crowleyscher Symbologie die Farben Blau, Weiss und Gold zu. In *The Paris Working* wurde sie nicht beschworen, da es sich hierbei um ein rein homosexuelles Werk handelte, aber Crowley schrieb ihr eine ‹heilige Hymne›, die für heterosexuelle Werke bestimmt war.

Tu Venus orta mari venias tu filia Patris
Exaudi penis carmina blanda, precor,
Ne sit culpa nates nobis futuisse viriles,
Sed Caleat cunnus semper amore meo.
(‹O Venus, die du erstanden bist aus dem Meere, komme,
Tochter des Vaters,
Erhöre den hellen Gesang des Penis, ich flehe,
Keine Sünde lass es uns sein, den Arsch des Mannes gefickt zu haben,
Sondern lass die Votze heiss sein von meiner Liebe immerzu.›)

Minerva, auf griechisch Pallas Athene, Göttin des Handwerks, des Kriegs und der Weisheit, dem Haupt Jupiters entsprungen, die Göttin, die das Leben verlängern und die Gabe der Weissagung verleihen konnte, wurden die Farben Weiss, Silber und etwas Dunkelblau zugeordnet.

Pan schliesslich, der Crowley am meisten ans Herz gewachsen war, wurde die überaus angebrachte Farbe Karmesinrot zugeteilt.

Die Auswahl dieser Farben geschah nicht zufällig, sondern gehorchten einer bestimmten Gesetzmässigkeit. Karmesinrot, die Farbe des Blutes und dementsprechend von Erregung und Leidenschaft, ist offensichtlich die dem Gott der Lust angemessenste. Und das königliche Purpur, das im alten Rom nur die Kaiser tragen durften, ist dem Priapus angemessen – denn ist nicht der Phallus, symbolisch gesehen, ein kleiner König oder Fürst? Auf ähnliche Weise lassen sich Blau, Weiss und Gold, die Symbole der Treue, Unschuld und des Glaubens der Göttin der Schönheit zuordnen.

Das Sechste Werk, ebenfalls eine Beschwörung des Jupiter, war eine Enttäuschung, da L.T. nicht den erforderlichen Enthusiasmus (eine Erektion) zustande bringen konnte.

Seinen Bericht über das Siebte Werk begann Crowley mit der Anmerkung, dass, soweit bis dato feststellbar, keine nennenswerten Resultate der vorhergegangenen Jupiter-Evokationen zu verzeichnen waren. ‹Aber heute fühle ich mich zuversichtlicher als sonst: Ich befinde mich in einem hochgradig nervösen oder elektrischen Zustand.› Seine Erkältung war zurückgegangen. Am Tage hatte er einen langen Spaziergang unternommen und war zum Essen ausgegangen. Nun fühlte er sich müde, erregt, und wie im Fieber. ‹Jupiter, führe es zu einem guten Ende!›

Der Tempel wurde etwa um 22.00 Uhr geöffnet und der Ritus *ut ordinatur* ausgeführt. Auf seinem Höhepunkt sahen die Magier ‹ein Universum im brillantesten Purpur mit Goldsternen, und Jupiter sass auf seinem Thron und war umgeben von den Vier Tieren auf mächtigen Wolken, die auf einer Phalanx von Adlern ruhten.›

Ein Kommentar ist weiter nicht erforderlich. Das Tier-Quartett allerdings entstammt der Vision des Hesekiel. Crowleys Vision ist, was sie zu sein hatte – Jupiter, der Lichtbringer. Jupiter thront inmitten der Sterne und sein Thron ruht auf Adlern – Adler, Eiche und Blitz sind die Wahrzeichen des Gottes.

Danach erschien ein Pfau. Neuburg zufolge bedeutete das ‹Wechsel, Reisen, Bewegung›, und implizierte ‹Verbesserungen›. Anschliessend wurde der Pfau gekrönt und betrachtete sich im Spiegel.

Neuburgs Interpretation des Pfaus scheint mir mehr als alles andere seine geheimsten Wünsche zu enthüllen. Der Pfau, und besonders sein Schwanzgefieder, wirkt spektakulär durch die tiefen, dunklen Farben, in denen das Grün vorherrscht. Tatsächlich ist es ein Symbol des Frühlings, als das es auch die alten Alchimisten ansahen, wenn sie ähnliche Farben in ihren Schmelztiegeln beobachten konnten. Der Frühling war nahe und zweifellos fühlten sich die beiden Brüder aufgrund ihrer Invokationen recht jugendfrisch.

Sie schlossen den Tempel um etwa 23.20 Uhr.

Höchstwahrscheinlich war es ein Klopfzeichen an ihrer Haustür, das die ohnehin sich dem Ende zuneigenden Zeremonien zum Abschluss brachte; denn nach halb zwölf bewirteten die Magier drei überraschend aufgetauchte Freunde. Es waren Walter Duranty, ‹das edle Fräulein J.C.› und ‹jener treffliche Ritter und Waffengefährte Sir Lionel›. Ich weiss nicht, wer dieser Sir Lionel war, aber seine Ritterwürde hatte ihm höchstwahrscheinlich Crowley verliehen in seiner Eigenschaft als Höchster und Heiliger König des O.T.O. Das ‹edle Fräulein J.C.› war die hohlwangige Jane Cheron, die lange Fingernägel trug und um ihre Augen Krähenfüsse hatte. Gelegentlich schlief Crowley mit ihr oder rauchte ein oder zwei Pfeifchen Opium mit der ‹Dienerin jenes grossen und schrecklichen Gottes›.

Worüber sie sprachen, wird nicht ausgeführt. Lediglich wird erwähnt, dass (in ihrer Gegenwart) Bruder O.S.V. bis etwa 2.00 Uhr einen ‹heiligen Phallus› herstellte. Möglicherweise auch – der Bericht ist hier vage – von 2.00 Uhr bis 4.15 Uhr. Schliesslich verabschiedete sich der Besuch. Crowley und Bruder L.T. gingen schlafen und hatten ‹einen wunderbaren Traum›. Crowley gibt keinen eindeutigen Bericht über diesen wunderbaren Traum, erinnert sich jedoch daran, dass darin die Bourgeoisie verspottet und alle im Traum vorkommenden Objekte zu Yoni oder Lingam reduziert wurden.

Um 9.30 Uhr am nächsten Morgen kam die Post und brachte drei Dinge von jupiterischem Charakter: ein Brief von Crowleys Anwälten (der mit Sicherheit Geld oder Nachrichten über Geld enthielt), ein Topf Opium und ein ‹Liebesgedicht religiöser Art›. Das Gedicht hiess *Chicago May* und war gerade vom Drucker gekommen. Das Opus hat weder jupiterische, noch religiöse Inhalte:

This is my hour of peace; the great sow snores,
Blowing out spittle through her blubber lips,
Champagne and lust still oozing from the pores
Of her fat flanks; then, let my hate eclipse
All other lamps of my pale soul, and flare –
A curst star sparkling in the strangled air!

Das lange Werk (23 Quartseiten) ist Austin Harrison gewidmet, dem Herausgeber der *English Review*, der Crowley für einen grossen Dichter hielt und der *City of Gods* und andere Gedichte Crowleys publiziert hatte. Die Titelseite des mittlerweile selten gewordenen und angeblich von der amerikanisch-irischen Kriminellen gleichen Namens inspirierten Gedichtes weist ein Stück Crowleyscher Ironie auf: ‹Besitzer dieser Ausgabe werden dringend aufgefordert, selbige unter Verschluss zu halten und sich keineswegs vor 1964 davon zu trennen›. Da Crowley kaum Hoffnung hatte, das Büchlein verkaufen zu können, liess er noch ‹Preis FÜNF GUINEEN› auf den Titel drucken.

Über das Achte Werk, das am Sonntag, dem 11. Januar, begann, schrieb Crowley, dass er ‹eine sehr bemerkenswerte Erfüllung der Prophezeiung des Hermes erblickte›, macht darüber aber keine näheren Angaben. ‹Ausserdem haben zwei ausgezeichnete Sachen ihre Früchte getragen.› Auch hierüber breitet sich diskret ein Mantel des Schweigens. Aber immerhin berichtete Crowley, dass ein sowohl O.S.V. als auch L.T. bekannter Ordensbruder eine Summe Geldes geerbt habe. Vermutlich handelt es sich um George Raffalovich, der Beiträge für *The Equinox* schrieb und von dem Crowley eine Spende von fünftausend Pfund fürs Grosse Werk erhalten hatte.

Tags darauf war Neuburg krank. Woran genau er darniederlag, bleibt unerwähnt. Vielleicht waren die Riten einfach zu viel für ihn gewesen. Am Dienstag, dem 13. Januar, zelebrierten O.S.V. und L.T., der sich mittlerweile besser fühlte, *The Mass of the Phoenix* im Hause des(r) P.D.F. (Wer Frater oder Soror P.D.F. gewesen ist, ist mir nicht bekannt.)

The Mass of the Phoenix ist ein Kurzritual. In unserem Zusammenhang braucht lediglich die optimistisch-ausgelassene Konklusion wiedergegeben zu werden.

He [the Mage] eats the second Cake [of Light].
This Bread I eat. This Oath I swear.
As I enflame myself with prayer:
‹There is no grace: there is no guilt:
This is the Law; DO WHAT THOU WILT!›
He strikes Eleven times upon the Bell, and cries
ABRAHADABRA[1]
I entered in with woe; with mirth
I now go forth, and with thanksgiving,
To do my pleasure on the earth
Among the legions of the living.
He goeth forth.

Selbstverständlich war der Verfasser dieser ‹Messe› Crowley, und wenn man sich vorstellt, wie sie von einem Magier zelebriert wird, steht einem die umfangreiche Figur Crowleys direkt vor Augen. Crowley zelebierte diese Verse nur allzuoft inmitten der Lebenden und – obwohl es ihm nicht bewusst war – der Toten.

1 Das wahre Wort der Macht ist Crowleys Werken zufolge ABRAHADABRA.

Am folgenden Mittwoch fühlte sich L.T. wiederum unwohl, und O.S.V. machte mit ihm einen Spaziergang durch den Wald von Fontainebleau.

Am Montag, dem 19. Januar, wurde das Neunte Werk in Angriff genommen. Es begann um 23.45 Uhr und endete um 0.30 Uhr. Die ganze Zeremonie dauerte also lediglich eine Dreiviertelstunde. Dennoch war sie nach Crowleys Meinung das Beste, was sie je geboten hatten.

Während O.S.V. Ammon-Ra invozierte, den bockköpfigen Geist der vier Elemente, konnte man das Echo der Schwingungen dieses Namens vernehmen, das von einer unbekannten Stimme kam. Dergleichen war für Crowleys magische Zeremonien durchaus nichts Ungewöhnliches.

Gegen Ende des *Quia Patris* sah Bruder L.T., der vor dem Altar auf den Knien lag und dem Gott Dank sagte für die während der sexuellen Handlungen zuteil gewordenen Erleuchtungen, ‹die gewaltige Gestalt des Jupiter, unserem Vater, *manibus plentis*! Ja, mit Gold gefüllt waren seine Hände; Lob unserem Vater und Gott!›

Dies war ein klares Vorzeichen für eine erfolgreiche Durchführung der Werke, denn sie hatten Jupiter um Geld gebeten, und er hatte es gebracht.

In der Nacht hatte Crowley einen Traum, den er sofort bei Erwachen in Form einer Kurzgeschichte nacherzählte. Mit dieser Story, die er ‹Das Stratagem› nannte, war er höchst zufrieden und schrieb dazu in sein Tagebuch: ‹Möge sie Ruhm und Vermögen bringen›. Sie brachte keins von beiden, aber immerhin druckte Austin Harrison die Geschichte in seiner *English Review* ab und Crowley hatte später Gelegenheit, sie in einer von der Mandrake Press herausgegebenen Broschüre nachzudrucken. ‹Das Stratagem› ist eine der miserabelsten Kurzgeschichten, die ich je gelesen habe, und wenn ihr Joseph Conrad (neben anderen) Lob zollte, wie in der Widmung behauptet wird, so tat er das sicherlich voller Ironie. Es handelt sich noch nicht einmal um eine Story, sondern eine breit ausgewalzte Anekdote, deren Pointe vor Ende weggeworfen wird.

Das Zehnte Werk begann um 23.30 Uhr am Dienstag, dem 20. Januar. Diesmal wurde Jupiter in seiner ägyptischen Form Ammon-Ra invoziert, dem folgende Verse gewidmet wurden:

> *Per regni sancti signum da Jupiter Ammon*
> *Da nobis plena munera plena manu.*
> (Im Zeichen des Heiligen Königreiches, O Jupiter Ammon,
> Gib uns fette Pfründe aus vollen Händen.)

Dreiviertel Stunden später hatte man das Werk beendet. ‹Zeremonie wie gewöhnlich›, schrieb Crowley, als beginne ihn das Ganze zu langweilen. Immerhin hatte er Jupiter in Form des Ammon-Ra gesehen, der ‹federgeschmückt und phallisch im Osten stand›; hatte er während des von den beiden Brüdern (oder von einem) mit der Rezitation des Verses *Per regni* begonnenen Geschlechtsaktes jedes Gefühl physischer Realität verloren, hatte Neuburg deutlich die astralen Glocken läuten hören.

Das Geläut astraler Glocken hatte man wiederholt in Gegenwart von Madame Blavatsky vernehmen können als Zeichen der Anwesenheit eines ihrer Meister (Mahatmas). Wenn sich die Kundalini-Schlange aufrichtet, kann man bei der Praktizierung von Yoga noch das Summen von Bienen, Flötentöne oder das Schellen von Zimbeln hören.

Crowley und Neuburg lagen am nächsten Tag in heftigem Streit, oder, wie es Crowley galant ausdrückte, ‹die Brüder waren in Disharmonie›. Aber ihre Ressentiments überwanden sie durch eine reine Willensanstrengung. Abends liessen sie sich gemeinsam zu einem üppigen Bankett nieder. Guten Mutes kehrten sie zum Tempel zurück und begannen das Elfte Werk, ebenfalls eine Invokation des Ammon-Ra.

O.V.S. öffnete den Tempel um 23.00 Uhr und sah Ammon-Ra, als die beschworenen Kräfte auf der Höhe ihrer Wirksamkeit angelangt waren. ‹Jupiter selbst› erfüllte den Tempel. Dieser Umstand ist einigermassen schleierhaft, aber soweit ich das beurteilen kann, manifestierte sich Jupiter in Crowleys innerer Vision in Gestalt des Ammon-Ra, während er in seiner römischen Gestalt den Tempel mit der göttlichen Glorie füllte. Insbesondere wirbelte darin ein Konus aus weissem Licht umher, ‹das Bild des All-Einen auf dem Altar der Elemente›. Das einzige Altarbild, das dieser Beschreibung entsprechen könnte, war der Wachsphallus des Priapus, der im Crowleyschen System mit dem falkenhäuptigen Sonnengott Horus gleichzusetzen ist.

Die Invokation brachte weiterhin eine Botschaft des Jupiter in der Engelssprache des John Dee und Edward Kelley, die darauf hinauslief, dass der Gott seine Herrschaft auf Erden wiedererlangen wollte und dass die zwei Brüder O.S.V. und L.T. wie ‹wilde Pfeile› seien, die sie, die Götter, in ihrem Krieg gegen die ‹Sklavengötter›, d. h. Christus, Buddha und Allah abschossen.

Es handelt sich hier im Kern um die Amoralität vom *Buch des Gesetzes,* kombiniert mit Nietzsches Gedankengängen. Offensichtlich zog sein Verfasser das aufrührerische Gehabe der olympischen Götter der Bergpredigt vor: ‹Losgelassen sei die Gnade [*sic*]: und verdammt seien die Mitleidsvollen! Töte und foltere; keine Nachsicht übe; unterdrücke sie!›

Verlangt wurde ein vierfaches Opfer, ‹und zwar ein Opfer der Grausamkeit.›

Sie brachten es dar.

Der Tempel wurde um 1.45 Uhr geschlossen. Zehn Minuten später, um 1.55 Uhr, war Neuburg noch immer bewusstlos oder, wie Crowley es ausdrückte ‹in Trance.›

Gegen 2.00 Uhr hatte sich Neuburg gerade genug erholt, um das Wort *Tetelestai*[1] hervorzustossen.

Auch Crowley war von den Zeremonien ziemlich mitgenommen. In einem Traum wurde ihm entweder bei einer Vision oder während eines kurzen Wachzustandes bedeutet, dass der Zweck des heutigen Werkes ‹die Befreiung des elementaren Geistes einer tierischen Seele› gewesen war. Im allgemeinen geschieht dies durch den Tod, gelegentlich aber auch durch totale Erschöpfung. Der Unterschied zwischen den beiden ist sehr gering. Für Crowley war das eine rein akademische Frage, da eine vollkommen erschöpfte Person in Todesnähe schwebt. Ob sie dabei die Balance verliert und stirbt, spielt kaum eine Rolle. Dieser Zustand der Erschöpfung kann sowohl durch Lust und Schmerz, als auch durch sexuelle Ausschweifung oder Folter erreicht werden.

(In einem mit *De Arte Magica*, ‹Über die Kunst der Magie›, Kap. XV ‹Von Eroto-komatischer Luzidität› betitelten und von Bruder Baphomet verfassten geheimen Dokument des O.T.O. wird ein Ritual wiedergegeben, in dem der Zelebrant durch reine Fleischeslust dem Tode nahegebracht wird – dem Tod des Gerechten. ‹Der begrüssenswerteste Tod ist das Sterben während eines Orgasmus. Man nennt ihn *Mors Justi.* Denn es steht geschrieben: Lass mich den Tod des Gerechten sterben, und mein Ende sein wie das seine!› (Rein physiologisch ist das unmöglich, da zuvor Impotenz auftreten würde).

Crowley beobachtete, dass Bruder L.T. während des nächsten Tages ‹von Jupiter› überschattet war. Die Welt erschien ihm als eine ‹Vision der Zukunft›: ‹Seine Augen sind getrübt; er kann nicht einmal lesen; er benimmt sich wie in Trance oder Betäubung. Mit anderen Worten: man kann Jupiter nicht sehen und mit ihm sprechen, ohne einen riesigen Kater davonzutragen.›

Wie üblich, gibt *The Esoteric Record* auch exoterische Information. Beim letzten Werk hatte Crowley nicht nur eine Vision von Jupiter, sondern auch von sich in seinen vergangenen Leben. Da speziell diese Inkarnation nicht unter denen von Oesopus Island (siehe Kapitel I) zu finden ist, sei sie hier kurz wiedergegeben.

In diesem früheren Leben war er eine geweihte Hure in Agrigent gewesen. Er gibt keine genauen Daten, aber vermutlich war die Blütezeit dieser griechischen Stadt im südlichen Italien vor der Einverleibung durch den karthagischen Feldherrn Imilkon im Jahre 405 v. Chr. gemeint.

Aufgrund seiner grossen Einwohnerzahl hatte Agrigent viele Tempel. Insbesondere erwähnt Grote den geräumigen Tempel des Zeus Olympus, an dem Crowley jedoch nicht beschäftigt war. Vielmehr war er in einem ‹Sonnentempel›, womit er vermutlich einen Tempel des Apollo meinte. Das Gebäude beschreibt er folgendermassen: es hatte einen langen, vier-

[1] ‹Es ist vollbracht› – Christus' letzte Worte am Kreuz.

eckigen Aussenhof; ‹auf der oberen Plattform› befand sich ein Tempel mit Säulenfassaden – keine besonders angemessene Beschreibung, da jedes öffentliche Gebäude in Griechenland über Säulenfassaden und Höfe verfügte. Dennoch wird unsere Kenntnis griechischer Geschichte und Religion von Crowleys Erinnerungen an seine Inkarnationen weit übertroffen, da, sofern ich recht informiert bin, weder Herodot noch Strabo, noch eine andere moderne oder antike Kapazität auf diesem Gebiet einen Kult der Heiligen Prostitution in einer so weit westlich gelegenen Gegend wie Agrigent erwähnt. Tatsache ist, dass sich Herodot über diese Art der Religionsausübung in Babylon schockiert zeigte.

Der Innenteil dieses Sonnentempels bestand aus einer etwa zwölf Meter messenden Kuppel. An der Ostseite befand sich der Weihrauchaltar, an dem die Priesterinnen ihre Gaben niederlegten. Gegen Westen stand eine grosse Schale, in die das Blut der Geopferten gegossen wurde. In der Nordwand war eine Tür und an der Südwand die Statue eines syrischen Sonnengottes, dessen Namen Crowley nicht kannte, der ihn aber eher an Bacchus als an Apollo erinnerte. Dieser Beschreibung fügte er folgendes ekelhaftes Detail hinzu: ‹Beim grossen Frühjahrsritus wurde ein Stier geschlachtet und seine Bauchdecke aufgetrennt. In den dampfenden Kadaver legte man eine Jungfrau, die zunächst vom Hohepriester geschändet und dann im Stierblut ertränkt wurde›.

Crowleys agrigentische Inkarnation hiess entweder Asteris oder Astarte. Im nachhinein entschied er sich für Astarte, den Namen der Göttin persönlich. Astarte bzw. Ishtar oder Mylitta ist das assyrische Gegenstück zur Venus, über deren babylonische Verehrerinnen Herodot berichtet:

> Einmal in ihrem Leben musste dieser Darstellung zufolge jede babylonische Frau im Tempel der Venus mit einem ihr vollkommen fremden Mann schlafen. Die reicheren Frauen pflegten in verhangenen Sänften zu dieser Zeremonie anzutreten und inmitten ihrer Sklaven im Inneren des Tempels Platz zu nehmen. Die weniger Begüterten sassen in langen Reihen auf den Tempelstufen, mit einem aus Kordel gewirkten Kranz auf den Häuptern. Erst, nachdem der Akt vollzogen war, durften die Frauen wieder in ihr Heim zurückkehren. Die Zeremonie beginnt damit, dass ein Mann irgendeine Silbermünze in den Schoss wirft mit den Worten: «Dich beanspruche ich im Namen der Mylitta». Niemals durfte die Frau das Geldstück ablehnen, das als geheiligt galt, auch wenn es sich nur um eine geringe Summe handelte. Nach vollbrachtem Akt jedoch hätte es keine Frau gegeben, die für Geld noch einmal mit einem Fremden geschlafen hätte. Natürlich konnten die Schönheiten unter den Gottesdienerinnen eher wieder nach Hause gehen, als die unscheinbaren und hässlichen. Bei manchen Frauen dauerte die Opferzeit drei oder vier Jahre.

Vers 43 im Brief des Jeremias bestätigt diese Gepflogenheit.

Crowley berichtet, dass Astarte auf den Tempelstufen zu sitzen und ‹Opfer› zu empfangen pflegte. Sie war demzufolge eine fest angestellte und keine Aushilfsprostituierte. In ihrem Fruchtbarkeitsritus nahm der Geschlechtsverkehr die Rolle eines Aktes der Verehrung ein, ähnlich dem in Indien noch immer praktizierten *Panchatattva*-Ritual.

Aus diesem Grund empfand Crowley auch keine Scheu, sich zu diesem Beruf zu bekennen, der noch zudem in einem anderen und entfernten Leben ausgeübt wurde. Nebenher wurde Astarte auch als Orakel konsultiert.

Crowley nahm das Thema sechs Jahre später wieder auf, als er seinen eigenen Tempel in Cephaloedium (Cefalu) im Norden Siziliens aufbaute. Ein Teil des in der Abtei unter der Rubrik ‹Eid des Tieres› aufgeführten Eides lautete dass ‹Ich... willig meinen Körper der Lüsternheit eines jeden Lebewesens prostituieren werde, das ihn begehrt!› Nicht, dass er das jemals ganz spontan fertiggebracht hätte, was er wahrscheinlich seiner Erziehung in englischen Public Schools und Cambridge zu verdanken hatte. Er hatte sogar Hemmungen, schreibt er in seinem *Magical Record*, wenn er vor den Augen zweier wohlwollender Zuschauer, Mary Butts und Cecil Maitland, die Mysterien nackt zelebrieren sollte.

Diese Inkarnation als Tempelhure in Agrigent hatte sich Astarte aufgrund verschiedener Vergehen aufgeladen, die sie in Griechenland ein Jahrhundert zuvor, in einem früheren Leben begangen hatte, die Crowley aber nicht näher spezifiziert. Er zeigte damit seine leichte Verachtung für ihren Lebenswandel. Ihre Inkarnationen waren immer kurz aufeinander gefolgt, berichtete er, und jedesmal hatte sie ein abenteuerliches und kurzes Leben geführt.

Er hatte ihr Bild so klar vor Augen, dass er eine detaillierte Beschreibung ihres Aussehens geben konnte (siehe Seite 270).

Sie war im Elend aufgewachsen. Geboren wurde sie als Tochter eines Winzers in Leghorn, der im Winter dem Beruf eines Holzfällers nachging. Ihre Abenteuer begannen mit ihrer Entführung durch Seeräuber. Crowley verschweigt uns, wie es ihr bei den Piraten erging. Er erzählt lediglich, dass sie entfliehen konnte. Dort entdeckte man bald ihre aussergewöhnlichen Fähigkeiten als Prostituierte und steckte sie in ein Bordell in Agrigent. Dieses Leben aber sagte ihr nicht zu.

Deshalb war sie nur allzu erfreut, als sie während des Frühjahrsfestes die Bekanntschaft eines jungen Priesters machte. (Ob zu dieser Festivität unbedingt gehörte, dass die Priester das Bordell aufsuchten? Für Crowley bestimmt.) Er kaufte sie dem Unternehmen ab und nahm sie nach einer einjährigen Purifikationszeit in die Belegschaft seines Tempels auf.

Mit ihrer neuen und verantwortungsvollen Position war sie anfangs nicht sonderlich zufrieden, da ihr die Arbeit zu routinemässig vorkam.

Die Herrscher der Vier Wachtürme

Die ‹Qualität ihrer Umarmungen› jedoch gewann ihr die uneingeschränkte Achtung ihrer Vorgesetzten.

Im Alter von zwanzig Jahren hatte sie eine religiöse Erleuchtung und begann, ihrem Amt Begeisterung abzugewinnen. In Bälde erwarb sie sich den Ruf einer wahren Dienerin Gottes und wurde gelegentlich zu öffentlichen Zeremonien herangezogen.

Ihr Ende war kurz und dramatisch. Es fing damit an, dass sie einen jungen Priester verführte, der sich in sie verliebte. Nur allzu bald ‹brachen sie ihre Eide durch die Ausübung des Geschlechtsverkehrs in unreligiöser Absicht›, bei denen sie dem Priester die Geheimnisse des Tempels entlockte. Um nicht verraten zu werden, tötete sie ihren Liebhaber noch in der gleichen Nacht.

Immerhin kannte nun auch Crowley das Geheimnis des Tempels. «Es war die *Mitternachtssonne*», sagte er. «Auf der Opferschale und dem Altar ballten sich Feuerkugeln zusammen, die durch den inneren Tempel tanzten und sich schliesslich zusammenfügten, um als einziger und unbeweglicher Lichtschein die ganze Nacht hindurch im Raum zu stehen. Erst mit der Morgendämmerung verschwand die Erscheinung.»

Astarte wollte das Schauspiel natürlich sehen. Sie drang während des Mitternachtsopfers in den Tempel ein, wurde jedoch von den Priestern überrascht und festgenommen. Wieder und wieder stiessen sie ihre Schwerter in ihren Körper, den sie dann auf die Tempelstufen warfen. So starb Astarte, Crowleys Inkarnation im alten Griechenland.

Zwar hatte das Elfte Werk Bruder L.T. in eine Art Ohnmacht versetzt, aber nach dem Bankett konnte er doch noch seine alte Verfassung wiedergewinnen, um rechtzeitig gegen 21.55 Uhr am nächsten Tag den Tempel fürs Zwölfte Werk zu öffnen, das wiederum eine Invokation Jupiters war. (Alle diesem Werk folgenden Invokationen waren dann Jupiter gewidmet.)

Crowley berichtet nur spärlich darüber. Das Opfer wurde dargebracht (ich glaube, mittlerweile deutlich genug gesagt zu haben, was damit gemeint ist), und Frater O.S.V. war dadurch so erschöpft – er liebte es, sich auf diese Weise bis an den Rand seiner physischen Kräfte zu bringen –, dass er sich mit einer Leiche verglich: *perinde ac cadaver.* Um 23.00 Uhr wurde der Tempel geschlossen. So endete die erste vollständige Serie der Werke für Jupiter.

Welche Ergebnisse hatten sie erzielt? Crowley musste sich dieser Frage stellen. «Nun ja», sagte er sich, «*einige* Resultate gab es bestimmt; denn die Verhältnisse beginnen sich in seltsamer Weise zu ändern. So tauchten fünf Leute, die mich in Paris zu besuchen versprochen hatten, gar nicht erst auf; blieben sowohl (dringende) Geschäfts- als auch private Briefe unbeantwortet. «Ich nehme an», schloss er daraus, «dass dies die der Aussaat folgende Zeit der Brache ist.»

Ganz konnte er es dennoch nicht verstehen, denn die Hermes-Invokationen hatten unmittelbare Resultate hervorgebracht.
«Ich nehme an, dass der schwerfällige Jupiter viel Zeit braucht, aber dann um so mehr Durchschlagskraft hat.» Er diskutierte mit Bruder L.T. über die Angelegenheit, der diese Auffassung teilte. Das Ganze war tatsächlich aussergewöhnlich.

Aber am nächsten Tag brachen alle Dämme. Eine Flut von Briefen und Besuchern suchte sie heim. Alles in allem kam jedoch nichts weiter Aufregendes dabei heraus. «Gewiss», räsonierte Crowley, «haben alle soweit aufgetretenen Ereignisse jupiterischen Charakter, aber die reiche Ernte ist soweit noch ausgeblieben. Bisher sahen wir nichts als grüne Schösslinge aus der Erde lugen.»

Der Tempel fürs Dreizehnte Werk öffnete sich um 23.30 Uhr. Das *Quia Patris* begann um 00.30 Uhr. Nach *Accendat* und *Tu qui es* wurde Bruder O.S.V. ‹in Terpsichoräischer Weise inspiriert›, d. h., er begann zu tanzen. In *The Esoteric Record* wird dieser Tanz als ‹verführerisches Sichentziehen› beschrieben; eine Art von Tanz ganz nach Aleister Crowleys femininem Herzen also.

Tu qui es (‹Du der Du bist›) ist eine weitere Rede aus Crowleys Mysterienspiel *The Ship*, die mit den Worten ‹Du der Du bist Ich, Ich bin über Allem . . .› (siehe Seite 474) beginnt.

Um 2.00 Uhr wurde der Tempel geschlossen.

Von diesem Werke wurden mancherlei positive Kräfte extrahiert; darunter zwei Jataka-Legenden, d. h. Legenden über frühere Inkarnationen Buddhas. Diese Sachlage ist nicht hundertprozentig klar durchschaubar, aber ich nehme an, dass Bruder O.S.V., dem die Visionen seiner eigenen früheren Leben nicht genügten, während der Vision dazu überging, ein paar von Buddhas Inkarnationen gleich noch mitzuverwerten. Andererseits kann es sich durchaus um Geschichten aus Crowleys früheren Leben gehandelt haben, da er sich gelegentlich als nichts Geringeres als den Buddha ansah, dessen Jataka-Legenden somit auch die seinen sind.

Im Verlauf des nächsten Tages empfing Bruder L.T. eine kleine jupiterische Gabe. Vermutlich kam das Geld von seinen Eltern in England, die den Gefährten ihres Sohnes schwer missbilligten. Ausserdem hielt Bruder O.S.V. einen Termin ein, der, wie er hoffte, zu riesigen jupiterischen Ergebnissen führen würde.

Nach dem Werke hielten die Brüder noch einen kleinen Schwatz. O.S.V. erinnerte sich, dass er in einer früheren Inkarnation eine griechische Priesterin ‹vom orientalischen Typ› gewesen sei. Ebenso rief L.T. eine seiner früheren Inkarnationen ins Gedächtnis zurück, die zur gleichen Zeit lebte. Er meinte, das sei auf Kreta gewesen. O.S.V. stimmte zu.

Der Name der früheren Inkarnation von O.S.V. war Aia, eine verstümmelte Form von Gaia, der Erdgöttin. Sie tanzte in einem Tempel aus schwarzem Marmor und hatte achtundzwanzig Zofen.

Dann erschien L.T. als stattlicher Jüngling mit goldenem Kinnbart. Mardocles war sein Name.

Für einen Befürworter des Prinzips der Inkarnation ist daran nichts Ungewöhnliches.

Mardocles musste mittels eines Tanzes mit Aia initiiert werden.

Aus Crowleys Schilderung geht klar hervor, dass diese Initiationstänze Sexualriten waren. In der Schilderung dieses speziellen Tanzes berichtet er, dass der Neophyt im Falle der Weigerung, mit der Priesterin zu schlafen, kastriert und getötet wurde.

Aia verliebte sich in Mardocles und tanzte deshalb miserabel... Sie wurden beide aus dem Tempel geworfen.

Traurig und ohne einen Pfennig wanderten sie ziellos durch die Stadt. Aia reparierte einen von Mardocles Sandalen. Mardocles hasste sie, weil sie seine Karriere ruiniert hatte. Er, Mardocles, war ein äusserst wohlhabender Kornhändler gewesen mit einem äussert wohlhabenden Vater, und hatte alles aufgegeben, um geweiht zu werden – ganz wie Bruder L.T. alles aufgegeben hatte, um von Bruder O.S.V. in Paris geweiht zu werden.

Damals war Mardocles vier- oder fünfundzwanzig Jahre alt. Geht man von seinen Erfahrungen aus, war er allerdings wesentlich älter. Für Aia hatte er Liebe empfunden, während sie tanzte, und er hatte das Gefühl, dass sie neben seiner auch ihre eigene Karriere rui niert hatte. Auf einem Stein unweit der Tür eines Flickschusters liessen sie sich nieder.

Und wieder reparierte Aia einen Sandalenriemen Mardocles'. Neugierig geworden, gesellte sich der Flickschuster zu ihnen und begann, an Mardocles Gefallen zu finden. Er lud ihn und Aia zum Abendessen ein.

Es wurde in einem winzigen Raum aufgetragen. Des Schusters Frau war eine wahre Xanthippe und ausserdem entsetzlich hässlich (wie die Herzogin in *Alice*, sagte Crowley).

Als der Schuster hörte, dass man seine Gäste aus dem Tempel geworfen hatte, schlug er ihnen vor, bei ihm eine Lehre zu beginnen. Er wies darauf hin, dass dies ihre einzige Chance sei, nicht auf dem Sklavenmarkt zu landen. Aber ihr Stolz liess eine Schusterlehre nicht zu. Sie lehnten ab und fanden sich kurz darauf auf dem Sklavenmarkt wieder.

Sie wurden von einem gewissen Demetrius gekauft, Besitzer eines Landhauses und einer wunderschönen Gemahlin. Sie war der klassische Typ, eine syrisch-phönizische Schönheit – griechische Nase, rabenschwarze Locken, aber dünne Lippen mit herabgezogenen Mundwinkeln. Fast immer ging sie in Purpur. Wie nicht anders zu erwarten, war ihr Gatte ein leichtlebiger Narr.

Aia und Mardocles wurden im Haus beschäftigt, aber keineswegs mit niederen Aufgaben. ‹Zum gemeinen Dienst gehörte es, die Familie mit verschiedenen Formen der Kopulation zu erheitern. Mit dieser Aufgabe wurden nur ansehnliche Sklaven betraut.› Offensichtlich missverstand Aia den Sinn dieses Auftrags, denn die Kopulationsspektakel mit Mardocles während oder nach dem Essen waren gedacht anschauliche Lektionen für die Kinder, die zeigen sollten, wie man sich *nicht* benehmen sollte und wie erniedrigend solchen nur Sklaven angemessener Geschlechtsverkehr sei. Aia (Crowley) war unfähig, das zu erkennen.

Kurz darauf starb Aia an einer Lungenentzündung. Die Geschichte dieser Inkarnationen endete mit einer Bemerkung Aias, kurz nachdem Demetrius sie gekauft hatte: ‹Ich werde nie vergessen, wie du mich auf dem Sklavenmarkt angesehen hast.› Als ob sie eine dunkle Erinnerung an eine frühere Begegnung mit Mardodes gehabt hätte, fügte sie hinzu: «Ich bringe dir immer nur Unglück, weisst du. Immer musst du alles aufgeben für meine Liebe. Eigentlich willst du das gar nicht. Das alles kommt daher, dass wir beide das falsche Ende anpacken. Wenn ich dich nur verlassen könnte!»

Fürs Vierzehnte Werk wurde der Tempel Schlag Mitternacht geöffnet und um 1.07 Uhr geschlossen. Wie üblich, war Frater O.S.V. danach vollkommen erschöpft: aber Crowley war es mittlerweile zur Gewohnheit geworden, nach jedem Werk von seiner Erschöpfung zu schreiben. Im Verlauf des Werkes gab es fortwährend jovische oder jupiterische Erscheinungen, die aber aufgrund mangelnder Intensität nicht zur Erfolgsmeldung berechtigten.

Am Nachmittag gingen sie ‹zum Haus einer Laienschwester und beschworen Jupiter, den Herrn, durch ein Brandopfer Seines heiligen Krautes›; sie besuchten Jane Cheron und rauchten eine Pfeife Opium. Crowley sagte, dass sie dies geistig und körperlich entspannt habe. Dennoch habe das Rauchen eine vorübergehende, leichte Übelkeit hervorgerufen. Ich hege den Verdacht, dass das Opium zwar Neuburg, aber nicht den an den Stoff gewöhnten Crowley krank werden liess.

Das Fünfzehnte Werk protokollierte Crowley nur oberflächlich. Sie öffneten den Tempel um 23.15 Uhr und schlossen ihn um 0.10 Uhr. Das Gedicht *Haud secus* usw. wurde ‹ausgedehnt›, aber ‹sehr ruhig›. Im Tempel herrschte eine aussergewöhnlich gute Atmosphäre – sanft, schwer, seidig, leuchtend, stark ohne Gewalt, ruhig, reichlich, usw. usw. Die Farben waren hauptsächlich Purpur, Gold und Grün. Man beschloss, sich diese Atmosphäre keinesfalls durch das Eindringen ‹loser Weiber und ähnlichem› vergällen zu lassen. An physischen Präsenzen fand sich lediglich ein chamäleonartiger Tänzer namens Ahanael, eines der untergeordneten Wesen Jupiters, dem invozierten Gott, ein. Und natürlich flitzten die üblichen Elemente umher.

Nach dem *Haud secus* des Sechzehnten Werkes dürstete der Gott nach

Blut. Jupiter liess Crowley diesen Wunsch in der direktest möglichen Weise wissen. Also schnitt Crowley die Ziffer vier in Neuburgs Brust. Vier ist Jupiters Zahl, acht die des Hermes. Gleichzeitig ist vier die Nummer Demiurgs, des Schöpfers der Welt, sowohl im pythagoreischen, als auch im kabbalistischen System.

Das Blut von Neuburgs Brust wurde dem Gott auf dem Altar dargeboten. Dann führte Neuburg einen Tanz vor, den der mittlerweile im Shivasana (eine der bekannteren Yoga-Positionen) befindliche Crowley als wunderbar rühmte.

Dann packte Crowley die Inspiration. Er liess sich in eine Trance fallen, während der ihm Jupiter mitteilte, dass der für die vier Werke der folgenden Woche bestimmte Phallus aus Wachs in eine ‹Blase› gestellt werden sollte (ein flaches Gefäss in Form einer Yoni, oder der weiblichen Schamteile), und dass er vor dem *Accendat* einen Sperling oder eine Taube schlachten solle. Der Sperling habe unter Rezitieren der Worte *Nunc flavi Jovi spumantem sanguine saevo Passerem...* (‹Alsdann blies ich zu Jupiter den Sperling, schäumend von heissem Blute...›), beziehungsweise ‹alternativer vom Erzbakkalaureus W[alter] D[uranty][1] vorgeschlagener Verse› geopfert werden sollte. Nur das Sperlingsblut habe in der ‹Blase› zurückzubleiben. Nach dem *Haud secus* sollte es sich mit den beiden Magiern verbinden, indem man die Ziffer 4 auf Neuburgs Herz, seine rechte und linke Brust, sowie den Nabel malte. Der Sperling sollte verbrannt werden, und zwischen Sonntagmitternacht und Donnerstagmitternacht (die für die vier nächsten Werke vorgesehen waren) hatten sich die Magier nur von reinem Wasser zu ernähren. Ausgenommen von diesem Verbot waren nur die schweren Gerichte, Weine und Schnäpse der den mystischen Riten vorausgehenden zeremoniellen Bankette.

Punkt 24.00 Uhr schloss der Tempel. Das 16. Werk war zu Ende.

Der Sinn all dieser Übungen in der Hohen Kunst der *Magick* war die Erlangung von priesterlicher Macht und, auf einer banaleren Ebene, von Geld. Es wäre also vollkommen verfehlt, wollte man annehmen, dass die Zelebranten ihre Riten aus Freude am Sex abhielten. Das Ziel der Brüder O.S.V. und L.T. war die Kontaktaufnahme mit den Göttern. Davon abgesehen, wissen wir nicht mit Gewissheit, ob sie bei all den homosexuellen Praktiken und wolkenumhüllten Visionen überhaupt irgendwelche Lust empfanden.

Die ersten Anzeichen von Erfolg notierte Crowley sofort: ‹Man muss feststellen, dass seit Beginn dieser Operation der Zinssatz auf 3 Prozent gefallen und Consols von 71½ auf 76¼ gestiegen sind, was O.S.V. über 1 400 Pfund bringen dürfte. Am Samstag bekam O.S.V. einen Brief, der innerhalb der zwei nächsten Monate £ 500 bringen sollte.›

[1] Die Übertragung dieser Verse ins Lateinische wurde von Walter Duranty vorgenommen – er war der bessere Lateiner der beiden.

Insofern kamen die Invokationen von Paris tatsächlich einer breiteren Öffentlichkeit zugute, oder zumindest jenen die Consols-Aktien besassen, ihr Bankkonto überzogen hatten oder gerade eine Hypothek abbezahlten.

Bevor er den Bericht übers Sechzehnte Werk abschloss, schrieb Crowley einen Kommentar zu seiner Erleuchtung während dieser Geschehnisse. ‹Nicht unerwähnt sollte bleiben, dass O.S.V.'s Besessenheit von Dienstagnacht so vollständig und schwer war, wie er sie bis dahin nur selten erlebt hatte. Nur unter Schwierigkeiten konnte er die Anweisungen entgegennehmen. Sein gesamtes Bewusstsein war vom Gott umfangen. Nur mit den Worten «*Sanguis et Semen!* (Blut und Samen) konnte er sich ausdrücken.›

Crowley war so hingerissen, dass ihm die Worte fehlten. Der aus der Brust blutende Bruder L.T. dürfte ihn allerdings eher mit Indifferenz beobachtet haben, als er mit verquollenen Augen durch den Tempel stolperte und ‹*Sanguis et Semen! Sanguis et Semen*!› vor sich hin murmelte.

Im Verlauf des am 2. Februar begonnenen Siebzehnten Werkes ‹widmete O.S.V. dem Jupiter einen Vogel und liess ihn frei.› Allerdings vermied er es, das Fenster zu öffnen und den Vogel davonfliegen zu sehen. Die dem Vogel gegebene Freiheit war vielmehr die grösste überhaupt nur denkbare.

Dem jüdischen Glauben zufolge ist Blut der erste Träger der Kräfte des Lebens, der Energie des Universums. Die dem Blutopfer zugrunde liegende Idee besteht im Vermehren der die Zeremonie umgebenden Energie (oder, wenn man will, Atmosphäre) innerhalb des geweihten Kreises oder Dreiecks. Sie kommt somit ausschliesslich den Zelebranten zugute. Das Tier sollte dem jeweiligen Gott angemessen sein: für Jupiter einen Vogel, für Mars einen Bock, und so fort. Wegen ihres grösseren Potentials sind jungfräuliche Tiere zu bevorzugen. Gegner von Blutvergiessen allerdings können auch Weihrauch benutzen.

Während dieses Siebzehnten Werkes wurde Crowley von einer solchen Leidenschaft gepackt, dass er in Ohnmacht fiel. Neuburg schnitt sich die Zahl Vier nach dem *Quia Patris* selbst in die rechte Brust, ‹worauf eine phantastische Sache geschah. Jedoch wurde kein weiterer Ritus durchgeführt.› Leider sagt Crowley nicht, was da geschah, aber es scheint wesentlich phantastischer für Neuburg gewesen zu sein als für Crowley, denn noch um 1.00 Uhr war Neuburg zu erschöpft, um sprechen zu können – und das zehn Minuten nach Tempelschliessung.

Das Jupitermahl zum Achtzehnten Werk wurde mittags eingenommen, was für die einzige Mahlzeit des Tages ein günstigerer Zeitpunkt schien als der Abend. Das Bankett verlief keineswegs glatt. Crowley: ‹Der Geist des Mars nahm überhand und O.S.V. überschüttete L.T. mit Worten der

Bitternis, die Frater L.T. wie ein echter Bruder mit Bescheidenheit, Demut, Höflichkeit, Umsicht und brüderlicher Liebe beantwortete.›

Aufgrund Neuburgs sanftem Wesen konnte der Tempel um 22.30 Uhr geöffnet werden. ‹Eine langwierige Zeremonie hob an, deren üblicher Ritus mit... vatem... virgo... oral fortgesetzt wurde› (einer Fellatio). ‹Das Bild des Allerhöchsten [der Wachs-Phallus] konnte somit reich und angemessen geschmückt werden.› Um 1.05 Uhr *die Mercurii* (Mittwoch, 3. Februar 1914) schlossen sie den Tempel, ‹nachdem alle Kräfte vollständig absorbiert waren.›

Das Neunzehnte Werk fand am folgenden Abend statt, obwohl Crowley den ganzen Tag mit einem grippeähnlichen Fieberanfall darniedergelegen war. Die Medizin des Jupiter jedoch, Opium, das Jane Cheron gebracht hatte, tat wundersame Wirkung.

Um 23.28 Uhr (Mittwochnacht) öffnete, um 0.50 Uhr *die Jovis* (Donnerstag) schloss der Tempel nach einer grossartigen Zeremonie. Inmitten der Weihrauchwolken sah O.S.V. den Sarkophag des Ankh-f-n-Khonsu, seiner Inkarnation im alten Ägypten. Er stand aufrecht im Osten des Altars und war von einem goldenen Nebel umgeben. ‹Auf dem Höhepunkt überflutete er [der Sarkophag] den Raum mit einer weissen Strahlung. Die Zeremonie erhob Fra. O.S.V. aus Unwohlsein, Schläfrigkeit und Fieber zu Hochform.›

Als Crowley am nächsten Morgen dann Neuburg beobachtete, kam ihm die Idee, dass dieser einen perfekten Schmierenkomödianten abgeben würde. Was für eine prächtige Idee, ihn in Music-Halls auftreten zu lassen und viel Geld zu verdienen!

Der Tempel fürs Zwanzigste Werk öffnete um 22.00 Uhr und wurde um 23.00 Uhr *die Jovis* geschlossen. Die Riten wurden *ut ordinatur* durchgeführt.

Am Freitag rief sich Crowleys Krankheit erneut in Erinnerung. Er hatte Bronchitis mit hohem Fieber und musste das Bett hüten. Am Montag hatte sich sein Gesundheitszustand zwar noch immer nicht gebessert, aber Crowley war fest entschlossen, das Werk weiterzuführen, wenn auch mit ‹verstümmelten Riten›.

Also wurde der Tempel fürs Einundzwanzigste Werk ‹geistig› um 21.30 Uhr eröffnet und um 22.25 Uhr wieder geschlossen. ‹Trotz des Handicaps›, schrieb Crowley, ‹ging die Zeremonie in ausgezeichneter Manier vonstatten. Wir erarbeiteten eine hervorragende Atmosphäre und O.S.V.'s Temperatur sank um vier Grad Celsius!›

Am nächsten Morgen hatte sich Crowleys Gesundheitszustand soweit gebessert, dass er aufstehen, seine magischen Roben anziehen und den Tempel fürs Zweiundzwanzigste Werk einschliesslich aller Riten öffnen konnte. ‹Fra. O.S.V.›, schrieb er über sich mit typisch Crowleyschem Humor, ‹ist wieder genesen und dem Doktor gegenüber – einem ausgezeichneten und intelligenten praktischen Arzt – undankbar genug, um die grösseren Dankesbezeigungen dem Jupiter darzubringen.›

Der Bericht über dieses Werk enthält zum ersten Mal die korrekte Abfolge der Zeremonien, da der von Jupiter schon im Frühstadium der Prozeduren erleuchtete Fra. L.T. Crowley gegenüber einen gewaltigen Vorsprung gewann. Crowley erklärt, dass Fra. L.T. nach der Invokation des Ammon-Ra (während des Tempelbau-Ritus) und vor Ende des Hexagramm-Rituals (das die bösen Geister bannt und die guten ruft) schon beim ‹Mechanismus des *Accendat* und den Vorbereitungen für die Rezitation des Versleins angelangt war. . . › Dennoch war das *Haud Secus* (der mit dem Sexualakt zusammenfallende Vers) ‹glänzend und geistreich, das Resultat überwältigend – ein glühender Erfolg›.

Für das Dreiundzwanzigste Werk am 11. Februar war Crowley in Hochform. Es war dermassen wirkungsvoll, dass Bruder L.T. sogar noch erschöpfter war als bei der vorigen Gelegenheit. Im Verlauf des Werkes bekam er eine Botschaft für eine(n) gewisse(n) A.G. (Höchstwahrscheinlich Aimée Gouraud, die er zur Frau in Scharlach machen wollte). Sie sollte zum Heiligen Haus der Hathor gehen und ihrem Altar die Fünf Juwelen der Kuh opfern. Hathor ist die ägyptische Himmelsgöttin. Dargestellt wird sie als Frau, die zwischen Kuhhörnern auf ihrem Haupt die Sonnenscheibe trägt. Die fünf Juwelen sind Milch, Dung, Urin, Fleisch und Blut der Kuh, deren Verzehr im Tantra-Hinduismus ein reguläres Ritual ist. Der Dung ist zu diesem Zweck übrigens getrocknet.

Zwar ergaben sich weitere Resultate des *Paris Working*, die Crowley jedoch nicht identifizieren mochte. Allerdings wird impliziert, dass es sich um kleinere Summen Geldes handelte, Einladungen auf Parties und ein allgemeines Anschwellen der magischen Strömungen.

Die dem Vierundzwanzigsten und letzten Werke vorhergehende Nacht verlief für Bruder O.S.V. schlaflos. Dennoch öffnete er am 12. Februar um 18.15 Uhr den Tempel und schloss ihn punkt 19.00 Uhr. Danach setzte er sich mit dem Gefühl tiefster Zufriedenheit an den Schreibtisch und notierte, dass das *Paris Working* erfolgreich zu Ende gegangen war. Die Schlusszeremonie war ruhig, voller Tiefe und vom Duft der zu neuem Leben erwachenden Erde erfüllt.

Anschliessend schlug Fra. L.T. eines der Heiligen Bücher Thelema an irgendeiner Stelle auf, lies seinen Finger kreisen und stiess auf folgende bedeutungsschwangere Zeile: ‹Ich bin Du, und eine Säule wurde errichtet in der Leere.›

Das Ergebnis dieses Werks der Hohen Kunst der *Magick* war, dass Bruder L.T. die Gaben Jupiters erhielt. In anderen Worten: er bekam Geld. Nähere Angaben über Menge und Quelle werden nicht gemacht. Vermutlich kamen ein paar hundert Pfund von seinen leidenden Eltern. Des weiteren ‹wurde er wie Jupiter in bezug auf seine Natur als Ammon.›

Die Bemerkung ist in diesem Zusammenhang reichlich rätselhaft, aber ich glaube, dass Crowley damit Kritik ausdrücken wollte, wozu er allen Grund hatte. Sein magischer Bruder war zu Geld gekommen und gab es mit vollen Händen aus – jedoch nicht für oder wenigstens mit ihm. *The Paris Working* schliesst so mit einem Unterton von kleinlichem Neid. ‹Er wurde›, sagte Crowley über Neuburg, ‹zu Jupiter dem Grosszügigen und hatte unwürdige Gäste›.

Zusammenfassend: Das *Paris Working* bewies Crowley ohne jeden Zweifel, dass die Anwendung von Sex bei Invokationen schnellere und umfangreichere Resultate zeitigte als die langatmigen theurgischen Rituale, die man im Golden Dawn gelehrt hatte. Er sollte nie wieder zu ihnen zurückkehren.

DER ZAUBERER IM WALD

Bei Ausbruch des Krieges befand sich Crowley in der Schweiz. Nach eigenen Angaben kehrte er unverzüglich nach England zurück, um die englische Regierung mit allen Mitteln dazu zu bewegen, ihn in ihre Dienste zu nehmen. Aber niemand war an Aleister Crowley interessiert, was er seinem mittlerweile grenzenlos gewordenen üblen Ruf zuschrieb. Tatsächlich frönte er, wie man zugeben muss, ein paar sonderbaren Angewohnheiten. So pflegte er Frauen den ‹Schlangenkuss› zu geben, und gelegentlich defäkierte er auf die Teppiche im Salon oder Treppenhaus seiner Freunde.

«Gütiger Gott, schau dir das an!» rief eine gewisse Mrs. Madeline B. aus, die zusammen mit Isadora Duncan in einem Strassencafé des Montparnasse sass.

Ein Mann im himmelblauen Knickerbocker-Anzug, dazu passendem Barett und einem Spazierstock gleicher Farbe ging vorbei.

«Das ist Aleister Crowley», antwortete Isadora. Crowley gesellte sich zu ihnen und wurde Mrs. B. vorgestellt. «Darf ich Ihnen den Schlangenkuss geben?» sagte er, als sie ihm die Hand reichte.

Ohne die Antwort abzuwarten, hob er ihre Hand an seinen Mund – und biss zu. Angeblich pflegte er eigens zu diesem Zweck zwei seiner Zähne mit einer Feile zu schärfen. Durch den Biss fügte er ihr übrigens eine Infektion zu.

In seinem Roman *Moonchild* lässt sich Crowley detaillierter über diese seltsame Angewohnheit aus.

> Sie war fasziniert und unfähig, sich zu erheben und ihn zu begrüssen. Er stellte sich vor sie hin, umfasste mit beiden Händen ihren Hals, drückte ihr den Kopf ins Genick und schlug seine Zähne ins Fleisch ihrer Lippen, die er fast durchbissen hätte. Es war dies ein einziger Akt und mit voller Überlegung ausgeführt: Unmittelbar drauf liess er los, setzte sich neben sie auf die Couch und machte irgendeine belanglose Bemerkung übers Wetter.

Mit den Worten «Darf ich Ihnen den Schlangenkuss geben?» unterbrach Crowley auch eine Konversation mit Nancy Cunard über Hitler.

Da es ihr unhöflich vorgekommen wäre, sagte sie ja – und wurde für ihre Dummheit mit einem Biss ins Handgelenk gestraft.

Der Krieg hatte eine der Prophezeiungen des *Buch des Gesetzes* in Erfüllung gehen lassen. Wenn die Grosse Flut die Erde bedroht (so befiehlt die Enzyklika aus *Baphomet* den im Heiligtum der Erkenntnis Versammelten), haben die Brüder die Magische Aufgabe, eine Arche zu bauen und darin den Heiligen Phallus zu bergen –, ‹denn wenn auch die Traditionen untergehen werden mit der Vernichtung der Gehirne, die sie erhalten, so sollen unsere Nachfahren das Verlorene Wort dennoch wiederfinden›.

Am 24. Oktober 1914 reiste Crowley an Bord der *Lusitania* nach Amerika ab. Bei sich hatte er fünfzig Pfund und eine Urkunde aus Wachspapier, die ihn als einen Magus Ehrenhalber der *Societas Rosicruciana in America* auswies. Sein finsterer Ruf war ihm vorausgeeilt. Im August hatte *The World Magazine* einen Bericht über Teufelsanbeter in London und ihren Führer Aleister Crowley gebracht.

> Ich wurde in einen grossen, hohen Raum geführt, der geschwängert war von den dunkelblauen Schwaden der Weihrauchkerzen. Im ersten Raum befanden sich unendliche Bücherreihen mit schwarzem Einband. Seltsam geformte Runen waren in Silber auf die Buchrükken geprägt. Im nächsten Raum standen Divans, überall waren Kissen verstreut, mit denen das Zimmer ausgelegt war. Im dritten und letzten Raum schliesslich erhob sich ein spätgotischer Baldachin, unter dem während der Schwarzen Messe der Priester thronen sollte. Unmittelbar vor ihm stand auf dem mit kabbalistischen Zeichen und bunten Mosaiken ausgelegten Boden der Altar: ein schwarzes Podest, aus dessen Platte ein Goldreif geheftet war. Quer darüber schien eine goldene Schlange mitten in der Bewegung erstarrt. Hinter einem Vorhang spielte jemand auf einem sonderbar chinesisch klingenden Saiteninstrument. Der Ort hatte etwas Unheimliches an sich . . . Einer nach dem andern traten die Teufelsanbeter ein, meist aristokratisch aussehende Frauen. Kostbare Ringe an feingliedrigen Fingern, das Rascheln der Samtgewänder und die undefinierbare Eleganz ihres Auftretens bezeugten nachhaltig ihre gesellschaftliche Stellung. Man flüsterte mir zu, nicht wenige Mitglieder des Adels seien Teufelsanbeter. Jeder trug eine Maske, die die obere Gesichtshälfte verdeckte und jede Identifizierung ausschloss. Der mit schwarzen Vorhängen verhängte Raum erinnerte an eine Totengruft, und totenbleich schienen auch die Gesichter der Frauen. Ein siebenarmiger Leuchter spendete nur spärliches Licht. Plötzlich erlosch er, und der ganze Ort erfüllte sich mit unterirdischem Lärm. Es klang wie ein gewaltiger Wind, der unzählige Blätter erzittern lässt. Dann ertönte die langsame und monotone Litanei des Hohepriesters: ‹Das Gute existiert nicht. Gut ist

das Böse. Heil dir, Fürst der Welt, dem Gott selbst hat gegeben alle Macht.› Zwischen diesen Blasphemien erklang in den Pausen ein Blöken, wie vom Bösen ...

Crowley hielt Sitzungen dieser Art in seinem Atelier in der Fulham Road ab. Der Dichter Trevor Blakemore erzählte mir, er habe Crowley einmal darum gebeten, ihn dort einzuführen, weil er mit der geheimnisvollen Mutter des Himmels, Leila Waddell, zusammentreffen wollte. Crowley hatte jedoch abgelehnt.

Die Eintrittsgebühr war hoch, aber ein bestimmter Typ Frau zahlte nur allzu gerne. Elend oder Ehrgeiz – was immer es ist, das die Menschen zu den ausgefallensten Taten treibt, hatten Crowley zu einem Hochstapler und, wie manche sagten, Erpresser gemacht.

‹Die Männer und Frauen›, schrieb Harry Kemp, der Autor des Artikels in *The World Magazine,* ‹tanzten, sprangen und wiegten sich im Takt dieses infernalischen und misstönenden Gejaules. Sie sangen obszöne Lieder zu den Melodien von Kirchenliedern und stammelten unverständliches Zeug. Manche Frauen zerrissen ihre Kleider, andere warfen Teile davon von sich. Eine ergriff den Dolch des Hohepriesters und brachte sich Schnittwunden an den Brüsten bei – was alles noch wahnsinnigere Züge annehmen liess ...›

In Elliot O'Donnells *Room of Mystery*, 1931, findet sich ein anderer, etwas gemässigter gehaltener Bericht der Vorgänge in Crowleys Atelier in der Fulham Road.

Am 13. Dezember 1914 stellte *The World Magazine* Crowley noch einmal vor. ‹Der kürzlich in Amerika angekommene Aleister Crowley ist der ungewöhnlichste Mensch, den ich je getroffen habe. Er ist Gegenstand unzähliger Streitgespräche. Seine intensive magnetische Ausstrahlung zieht einige Menschen unwiderstehlich in ihren Bann oder stösst sie ebenso stark ab. Seine Persönlichkeit scheint ein Brutofen für Gerüchte. Überall hat er Jünger.›

In dem Interview äusserte sich Crowley zu Kemps Bericht über die Orgien in London: «Kemp glaubt ehrlich, dass er gesehen hat, was er beschreibt. Aber das ist nicht der Fall. Ich habe ihn einfach eine Szene der Schwarzen Magie träumen lassen, und er dachte, alles wäre so geschehen und er hätte es tatsächlich gesehen. Ich praktiziere jedoch keine Schwarze Magie.»

Schon Crowleys Auftreten war aussergewöhnlich genug, um überall Aufmerksamkeit zu erregen. Aber hinter der Fassade verbarg sich eine eher der Welt entrückte Persönlichkeit – der Wanderer in der Wüste.

Manchmal, (schrieb der Reporter von *The World Magazine*) sah er aus wie ein siebzigjähriger Greis, dann wieder schien er gerade wie fünfundzwanzig. Er scheint sein Aussehen willkürlich verändern zu können. Eben erscheint er einem als ein alter Priester und im nächsten Moment als offensichtlich leicht effeminierter junger Mann mit weichen, plumpen Händen und einem schweren Gesicht mit fraulichen Zügen. Nur seine sehr schönen Hände verändern sich nie. Sie sind ganz wundervoll und mit sonderbaren Ringen geschmückt. Am Daumen trägt Crowley einen schweren Goldreif mit einem blutroten Kreuz auf weissem Grund. Von dem einen Finger züngelt eine Schlange aus Edelstein, daneben befindet sich ein symbolischer Kreis mit schwerem Siegel, das die mystischen Metalle umschliesst. An einer Uhrkette trägt er in der Westentasche den weissen Doppelkopf-Adler mit Schwert, das höchste Zeichen des *Ancient and Accepted Rite of Scottish Masonry*. Am beeindruckendsten an Crowley aber ist diese Haarlocke, die sich wie ein Horn von seiner mächtigen Stirn erhebt. Mitunter zerteilt er sie der Länge nach in der Mitte: das Symbol Satans.

Diese horngleiche Locke war das Zeichen des Phallus, die beiden Hörner das Zeichen des Pan, des Gottes der Wollust, der Crowley so sehr ans Herz gewachsen war. Crowley wohnte in 40 West 36th Street, New York. Weihnachten dieses Jahres feierte er bei John Quinn. Ausser ihm waren noch zwei Gäste anwesend, der Künstler John Butler Yeats, Vater des W. B. Yeats, und ein Journalist namens Frederic James Gregg. Sie rauchten Quinns dicke Zigarren und tranken Whisky, Rheinwein und Chartreuse.

40 West 36th Street war zum Hauptquartier des O.T.O. geworden. Es gab noch mindestens ein weiteres Mitglied des Ordens auf dem amerikanischen Kontinent: den jungen Neophyt Achad, was Eins oder Einheit bedeutet; bekannt auch unter dem Namen Charles Stanfeld Jones, ein Buchhalter aus Vancouver (nicht zu verwechseln mit dem Chemiker George Cecil Jones).

Das beigefügte Ritual (schrieb Baphometh an Achad nach Vancouver) ist wirklich schön . . . Ich hoffe, dass Du es regelmässig, beispielsweise zu jedem Neu- und Vollmond, wiederholst, damit eine immer wiederkehrende Kraft entsteht. Zum Ausgleich solltest Du noch ein Sonnenritual abhalten, wenn die Sonne in einen neuen Tierkreis eintritt, mit besonderen Festen anlässlich der Äquinoktien und Sonnenwenden. Auf diese Weise kannst Du einen Kult etablieren; und wenn das in einer wirklich magischen Weise geschieht, schaffst Du dir ein Kraftfeld, das an sich zieht, wen immer Du willst. Die Zeit ist reif für eine Naturreligion. Die Leute wollen Riten und Zeremonien und sind der hypothetischen Götter überdrüssig. Bestehe auf den echten Wohltaten der Sonne, der Mütterlichen Kraft, der Väterlichen Kraft, und so weiter; und zeige durch die Zelebrierung dieser Wohltaten wie die Gläubigen mit dem Strom des Lebens sich verschmelzen. Lass Freude deine Religion sein, und nur in Würde betrauere den Tod. Sieh ihn als Feuerprobe an, als Initiation. Verheimliche die Tatsachen nicht, aber verwandle sie im Athanorium (die Feuerstelle der Alchimisten) Deiner Ekstase. Kurz: stifte einen neuen und grösseren heidnischen Kult für das schöne Land, das Du zu deiner Heimat erwählt hast. Im Lauf der Zeit kannst du dann neue Feste hinzufügen, Feste des Korns, Feste des Weins, und anderes Nützliche, Edle, und Anregende.

Aus Crowleys Tagebuch *The Magical Record of the Beast 666* wissen wir genau, mit wem er seine Sexualmagie praktizierte –, ob mit einer ‹angesehenen Ehefrau›, dem gelegentlichen Ballettmädchen oder mit sich selbst (VIII°), ob mit einer seiner Ordensschwestern, ob mit seiner *Frau* in Scharlach oder einer hoffnungsvollen Aspirantin auf diesen Posten. Ebenso kennen wir den Zweck der jeweiligen Werke, sei es Erweiterung seiner Kenntnis der Mysterien des IX°, Erlangung von Weisheit oder sexueller Kraft, Geld oder irgendwelche anderen, mehr oder weniger exaltierten Zwecke. Crowley hatte keine Probleme und keinen Ehrgeiz im landläufigen Sinne. Die sexuellen Details sind meist in griechischen, lateinischen oder hebräischen Abkürzungen gehalten.

Nach seiner Ankunft in New York setzte Crowley seine (wie er es nannte) Forschungen in IX° fort. Sein Tagebuch erwähnt etliche Prostituierte, derer er sich zu Forschungszwecken bediente.

Lea Dewey. Holländische Prostituierte, Wassermann im Aszendenten. Gross, breit, aber keineswegs fett. Muskulöser Wolfstyp.

Margaret Pitcher. Eine junge, ziemlich dumme, schlanke Hure mit flachem Gesicht und breitem Mund. Blond. Schöne fette saftige Yoni.

Viola. Ein Stiertyp. Prostituierte. Vollgepumpt mit Rauschgift.

Helen Marshall. Irisch-amerikanische Prostituierte. Aufsteigender Stier im Aszendenten. Wunderbar träger Typ. Nicht richtig leidenschaftlich oder pervers. Ein fröhliches, gemütliches Mädel.

Anna Gray. Prostituierte. Grosse fette Negermama, sehr leidenschaftlich.

Und so weiter. Leider protokollierte er nicht ihre jeweiligen Gespräche. Durchweg hatten die Damen nämlich keine Ahnung, dass Crowley sie als «Magische Assistenten» benutzte.

In der gleichen Phase seines Lebens trieb er perverse Liebesspiele während einer einzigen Nacht mit zwei Unbekannten und praktizierte Fellatio mit einem dritten in einem Türkischen Bad – alles Werke der Magie. Denn nur zum Vergnügen gab er sich selten dem Sex hin.

Wegen des Krieges in Europa wollte Crowley seinen dritten Besuch in Amerika verlängern. Besonders wohl fühlte er sich allerdings nicht. Er passte nicht zum amerikanischen *Way of life* und hatte kaum Geld. ‹Ich scheine weder über Schaffenskraft noch Inspirationen zu verfügen›, schrieb er Anfang 1915 in sein Tagebuch, und vermerkte am folgenden Tag: ‹Gerade habe ich ein IX° praktiziert, um ein grosser Redner zu werden. Ich habe Tahuti beschworen und den Bewohnern der Zehntausend Welten eine Predigt zum Thema «Oh Herr! In deinem Herzen schwimme ich wie eine Forelle in der reissenden Strömung des Gebirgsbaches» gehalten.›

Das Ziel seiner Riten VIII° während der ersten Monate in Amerika war zumeist die fleischliche Erscheinung der *Frau in Scharlach,* die seine ständige Gefährtin werden, und mit der gleichen Ernsthaftigkeit wie er selbst an der Königlichen Kunst teilhaben sollte. (Das Tagebuch aus dieser Zeit heisst *Rex de Arte Regia,* Der König der Königlichen Kunst. Natürlich ist Crowley dieser König und die Kunst ist die Sexualmagie.)

Frühjahr 1915. Crowley sitzt auf dem Oberdeck eines Omnibusses, fährt die Fifth Avenue entlang und liest einen Zeitungsausschnitt über sich, den ihm ein Londoner Pressedienst zugeschickt hatte. Der Mann hinter ihm vermutet einen Engländer vor sich, tippt Crowley auf die Schulter und stellt die provozierende Frage: «Befürworten sie eine faire Behandlung Deutschlands und Österreichs?»

Diese Einführung genügte, um ein Gespräch zu beginnen. Crowley war für Fairness allen gegenüber. Sie unterhielten sich über den Krieg, und als Crowley gewisse nicht unfreundliche Gefühle für die Kontinentalmächte zu erkennen gab, überreichte ihm der Fremde, der den Bus an der 37th Street verliess, seine Karte. Crowley solle ihn doch einmal besuchen.

Mr. O'Brien war gerade nicht zu Hause, als ihn Crowley ein paar Tage später aufsuchte. Statt dessen kam ihm mit «weit ausgestreckten Armen und hervorquellenden Augen» jemand entgegen, «dessen Mund einem unglückseligen Einfall zufolge, nachträglich in sein Gesicht verpflanzt schien.» Es handelte sich um Georges Sylvester Viereck, ein deutsch-amerikanischer Dichter und Verfasser ziemlich gelehrter Bücher. Was seine Augen so weit hervortreten liess, war die überraschende Tatsache, eben jenem Aleister Crowley gegenüberzutreten, dem er vom Herausgeber der *English Review,* Austin Harrison, im Jahre 1911 in London vorgestellt worden war.

Crowley erinnerte sich nur vage an Vierecks Gesicht, der ihm ihr letztes Zusammentreffen ins Gedächtnis zurückrief. Viereck selbst hatte mittlerweile die Poesie zugunsten von Propaganda aufgegeben. Crowley dagegen, im Exil, suchte einen Job und hatte die einzige Stelle aufgesucht, die ihm Arbeit verschaffen konnte: die deutsche Propagandazentrale für Amerika.

Fünfunddreissig Jahre später gab mir Viereck seine Version des Zusammentreffens in New York:

> Crowley wandte allen Charme an, den er nur aufbringen konnte. Er äusserte heftige Abneigung gegen den britischen Imperialismus. Soweit ich mich erinnere, erzählte er mir, er sei teilweise oder ganz irischer Abstammung. Zu jener Zeit gab es etliche distinguierte Iren, die jede Zusammenarbeit mit Grossbritannien verweigerten, wie z. B. Sir Roger Casement. Auch ein paar Engländer lehnten aus prinzipiellen Gründen den Krieg ab. Normalerweise hätte ich einem Verräter oder Verrückten nicht trauen können, aber ich wusste, dass mehrere Kabinettsmitglieder aus Protest gegen die von Sir Edward Grey gegenüber Frankreich abgegebene, geheime Verbindlichkeitserklärung zurückgetreten waren. Es schien also, dass es Crowley ernst war.

Natürlich musste man Crowley in die Kategorien Verräter und Verrückter gleichzeitig einordnen, was Viereck nur allzu gut wusste. Deshalb gab er ihm ja auch den Job.

Ein paar Monate später malte Crowley die Behauptung, er sei Ire, mit folgendem Trick aus. Er begab sich zusammen mit seiner Fiedlerin Leila Waddell (die ihm nach Amerika gefolgt war und mit der er gelegentlich IX° Magie zelebrierte), ‹sowie etwa vier anderen liederlichen Personen› vor Sonnenaufgang des 3. Juli 1915 per Motorboot zu Füssen der Freiheitsstatue, wo er eine kurze Rede hielt:

> Kein menschliches Publikum habe ich aufgefordert, mir zuzuhören; sondern zum unüberwindlichen Ozean spreche ich, der die Welt umringt, und zu den vier freien Winden des Himmels. Dir wende ich mich zu, Sonnenaufgang. Ich erhebe meine Arme zum Denkmal der Freiheit, dem ethischen Gegenstück zu Licht, Leben und Liebe[1], unserem geistigen Erbe. Im symbolischen und schmerzlichsten Akt der Religion beschwöre ich den Einen wahren Gott, dem selbst die Sonne nichts ist als ein Schatten. Möge er mir Herz und Hand stärken, fürs Land meiner Ritter die Freiheit zu erhalten, die zu beanspruchen ich herkam.
>
> Den grossen Eid der Revolution schwöre ich in diesem düsteren Augenblick, da der Vater der Gestirne mit seinem Kuss die See zu entflammen sich anschickt.
>
> Mit eigenen Händen breche ich dies Zeichen der Sklaverei, dieses Zeugnis sicheren Geleits, gegeben von meines Volkes Unterdrückern.

[1] ‹Der DIAKON. *Do what Thou wilt shall be the whole of the Law.* Ich verkünde das Gesetz des Lichts, des Lebens, der Liebe und der Freiheit im Namen des IAO.› Crowleys ‹Gnostische Messe›, publiziert als *Liber XV (The Equinox*, Detroit, 1919).

Wobei er einen Umschlag zerriss, der angeblich seinen britischen Pass, tatsächlich aber nichts dergleichen enthielt. Schliesslich benötigte er das Dokument, um nach England zurückzukehren, wenn er von Amerika genug haben sollte.

> Für immer und ewig kündige ich meine Gefolgschaft den fremden Tyrannen auf; ich schwöre, bis zum letzten Blutstropfen zu kämpfen und die Männer und Frauen Irlands zu befreien. Euch, Freie dieses Landes, an dessen gastfreundlicher Küste ich Zuflucht fand, rufe ich, mir alle Unterstützung und Hilfe zu gewähren beim Zerbrechen jener Bande, die selbst sie gebrochen vor hundertachtunddreissig Jahren.
>
> Die irische Republik proklamiere ich, das Banner Irlands hisse ich. *Erin go Bragh.* Gott erhalte Irland.

Worauf eine der ‹liederlichen Personen› die irische Flagge schwenkte und Leila auf ihrer Fiedel ‹Wearing of the Green› spielte.

Die *New York Times* brachte eine Meldung über diesen Schulbubenstreich eines Mannes, der nie seinen Fuss auf irischen Boden gesetzt hatte. Crowley selbst liess der Story in verschiedenen Leserbriefen dann weitere Verbreitung angedeihen.

Das Endergebnis des Treffens zwischen Crowley und Viereck war die Aufforderung, für *The Fatherland* (Untertitel: *Fair Play for Germany and Austria)* zu schreiben, das Viereck herausgab.

Somit stossen wir auf einen Aspekt von Crowleys Gedankenwelt, der recht schwierig zu verstehen ist, wenn man sich von der Vorstellung, Crowley sei ein kleiner Verräter gewesen, lösen will. Ohne sich infrage zu stellen oder auch nur im geringsten zu zögern, verbreitete Crowley in *The Fatherland* unflätigste anti-englische und pro-deutsche Propaganda. Und als man ihn für 20 Dollar Wochenlohn mit der Redaktion von *The International,* einer beim gleichen Verlag erscheinenden Publikation betraute, füllte er auch diese Zeitschrift mit allerlei anti-britischem Geschreibsel, sowie *Magick* – was nach wie vor sein Hauptinteresse war. Er schrieb unter den Namen Aleister Crowley, Baphomet, The Master Therion (der Name des Magus im A.˙. A.˙.), Lord Boleskine, Edward Kelley, Adam d'As, Cor Scorpionis und dergleichen mehr. Leergebliebenen Anzeigenraum füllte er mit Anzeigen für seine eigenen Werke.

Zwar liess er seinen Ressentiments freien Lauf, aber es schien, als wäre ihm gleichgültig, wen er beschimpfte. Mangels wirklich tiefer innerer Überzeugung war es ihm ohne viel Anstrengung möglich, seinen Hass umzudirigieren. Die Seitenhiebe in seinen Artikeln verraten den Schuljungen in Crowley.

> Aus irgendeinem Grund haben die Deutschen für ihr letztes Zeppelin-Bombardement Londons beschlossen, den Schaden so weit wie

möglich zu streuen, anstatt sich auf bestimmte Viertel zu konzentrieren. Ein Haus nicht weit von der Praxis meines Rechtsanwaltes in der Chancery Lane wurde total zerstört ... Viel Schaden gab es in Croydon, insbesondere dem Vorort Addiscombe, wo meine Tante wohnt. Leider wurde ihr Haus nicht getroffen. Graf Zeppelin wird hiermit in aller Hochachtung um einen weiteren Versuch gebeten. Die genaue Adresse ist Eton Lodge, Outram Road.

Aus welchem Grund betätigte sich Crowley als wilder Schreiberling in Diensten des Feindes? Weil er England hasste und Deutschland siegen sehen wollte? Nicht die Spur. Vielmehr war das seine Art, den Alliierten zu helfen. Er versuchte «auf der Ebene der *reductio ad absurdum* die deutsche Propaganda zu durchlöchern». So habe sein Eintreten für den uneingeschränkten U-Bootkrieg Amerika indirekt in den Krieg gezogen. Man hätte ihm das Viktoriakreuz verleihen sollen, sagte er.

Sowohl Viereck, als auch Sir Edward Grey, der britische Aussenminister, waren anderer Ansicht. Während Viereck für seine zwanzig Dollar pro Woche gute Propaganda bekam, (Austin Harrison, *The English Review*-Herausgeber, hatte Crowley als grössten metrischen Dichter seit Swinburne bezeichnet), war Grey alarmiert von dem Schaden, den Crowley seiner Meinung nach für die Sache der Alliierten anrichtete.

Crowleys spätere Einschätzung dieser Aktivitäten erinnert stark an einen Mann, der über den eigenen Schatten springen will. Er hatte gemeinsame Sache mit dem Verlierer gemacht, und nun wollte er mit der ihm eigenen Unverfrorenheit klarmachen, dass er immer nur Englands Bestes im Auge gehabt habe. ‹Ich entschied mich in dieser ernsten Situation›, so schrieb er, ‹für das einzig Mögliche. Ja, ich würde für *The Fatherland* schreiben. Ich würde mich damit zeitweilig von allen Freunden, allen Einkommensquellen abschneiden. Ich würde auch den Namen entehren, den unsterblich zu machen ich mir zum Ziel gesetzt hatte ...›

Mit der Zuversicht des Verrückten beschwor er alle, die an ihm zweifelten, ‹seinen Freund› Commodore (später Admiral Sir Guy) Gaunt, den Chef der Marineaufklärung in Amerika, zu fragen.

Die Antwort des Admirals – ich schrieb ihm – hätte Crowley ausgesprochen beunruhigend gefunden.

Bezüglich des von Ihnen erwähnten Herren, halte ich die von Ihnen vorgenommene Charakterisierung als ‹kleiner Verräter› für präzise. Was seine Aktivitäten angeht, so glaube ich, dass sie hauptsächlich auf seine groteske Sucht nach Selbstdarstellung zurückzuführen sind. Er war sehr begierig darauf, seinen Namen auf jede nur mögliche Weise ins Licht der Öffentlichkeit zur rücken. Zu Zeiten war ich über ihn genauestens im Bilde, und entweder Grey oder Balfour waren kurzfristig seinetwegen beunruhigt. In London hatte ich eine längere

Unterredung mit Basil Thompson vom Scotland Yard. «Lasst ihn laufen», sagte ich, «ich habe ihn und *The Fatherland* unter strengster Überwachung».

Auch Gerald Kelly, der während des Krieges als Geheimagent in Spanien arbeitete, empfahl, Crowley in Ruhe zu lassen. Sein närrischer Jugendfreund wäre in der Hand des Feindes allenfalls eine unbrauchbare Waffe. Sie hatten sich seit einigen Jahren aus den Augen verloren, und was Kelly über Crowleys Mätzchen gehört hatte, erschien ihm ziemlich schäbig. Crowleys Heirat mit seiner Schwester Rose und sein Verhalten Kellys Eltern gegenüber hatten ihre einst so enge Beziehung ohnehin zerstört.

Crowley war ziemlich verstört, sich als Verräter bezeichnet zu sehen. Als ihm Frank Harris, der sich damals gerade in Amerika aufhielt, seine Rolle auf den Kopf zusagte, geriet er in Rage[1]. Und als die britischen Behörden seine Beleidigungskampagne mit einer Razzia auf das Londoner Hauptquartier des O.T.O. beantworteten, war er entsetzt. Glaubten sie wirklich, er sei ein Verräter? ‹Die Dummköpfe haben mein Verhalten missverstanden und machen Ärger›, schrieb er in sein Tagebuch, als er davon erfuhr. ‹Jetzt werde ich direkt nach Washington gehen und die Sache ins Reine bringen. Wenn es diesmal nicht gelingt, sie zur Vernunft zu bringen, kann ich wenigstens noch nach Kanada gehen und meine Festnahme provozieren.›

Aber natürlich tat er nichts dergleichen, denn er wusste, dass ihm niemand seine reductio-ad-absurdum-Methode der politischen Propaganda für Grossbritannien abnehmen würde, und er glaubte selber nicht daran.

Am 14. Juni 1917 unterzog er seine Gedankenwelt im allgemeinen und seine Haltung zum Krieg im besonderen einer Analyse und stellte fest, dass zwei Seelen in seiner Brust wohnten. Auf der einen stand *Patriot,* auf der andern *Verräter.*

> Allmählich erreiche ich einen Punkt, an dem ich mich als Aiwass begreife, und es tut mir wohl. Aber in der letzten Zeit habe ich deutlich die Gefahr gesehen, die davon ausgeht, dass mein intellektueller Apparat unabhängig vom Selbst, unabhängig sogar vom menschlichen Willen funktioniert. Meine Sympathien sind ganz auf seiten der Alliierten, aber mein Gehirn weigert sich, ebenso zu denken wie die Sympathisanten. Bei Diskussionen scheine ich daher oft ‹pro-Deutsch›.

[1] Der Vorfall wurde mir von Louis Wilkinson berichtet, der dabei zugegen war. Frank Harris wusste übrigens, wovon er redete, da er selber ein Verräter war und für Deutschland Propagandaarbeit leistete.

Wenden wir uns früheren Abenteuern zu. Am 6. Oktober 1915 verliess er New York und reiste an die Westküste. Er wollte die Weltausstellung in San Francisco sehen und Bruder Achad in Vancouver besuchen. In seiner Begleitung reiste Jane Foster mit magischem Namen Hilarion, die *Frau in Scharlach,* die seine VIII°-Werke hatte in Erscheinung treten lassen. Er hatte sie und eine Frau namens Helen Hollis auf der Dinner-Party eines befreundeten Journalisten getroffen. Jane nannte er ‹Die Katze› und Helen ‹Die Schlange›. ‹Die vollkommene Schönheit der Katze überstieg meine liebsten Träume, ihre Rede sprühte von Geistigkeit. Die Schlange erstrahlte in der Anmut der Wollust›, schrieb er; eine Beschreibung, die auf kaum je eine Frau zutreffen dürfte, aber Crowley sah Menschen entweder ganz in Schwarz oder ganz in Weiss. Frauen waren entweder Hexen, oder ihre Anmut übertraf seine kühnsten Träume.

Jane war die vollkommene *Frau in Scharlach* aus dem *Buch des Gesetzes.* ‹Lass sie sich erheben in Stolz! Lass sie wandeln in meinen Pfaden! Lass sie verrichten die Werke des Bösen! Lass sie ihr Herz töten! Lass sie auffallend sein und ehebrecherisch!› Und so weiter. Am 19. Oktober kam er in Vancouver an und wurde von dem neunundzwanzigjährigen Achad, Mitglied des A.˙. A.˙. seit 1909, herzlich begrüsst. Welche Arten von *Magick* sie praktizierten, sexueller oder anderer Form, ist uns nicht überliefert.

Im *Buch des Gesetzes* ist niedergelegt, dass ‹einer kommen wird nach ihm – ich werde nicht enthüllen wann – der den Schlüssel zu allem entdekken wird›. Mit ‹ihm› war Crowley selbst gemeint und mit dem folgenden Satz, dass er einen Sohn zeugen werde, der die im *Liber AL* enthaltenen Mysterien erhellen würde. An diesen Absatz im *Buch des Gesetzes* nun dachte Crowley bei den ersten Handlungen der Sexualmagie mit Hilarien (IX°). Tatsächlich sollten sie eben diesen Sohn hervorbringen.

In einer Epistel an Bruder Achad (von *Baphomet,* Palace Hotel, San Francisco, ⊙ in ♏, ☽ in ♎) liess Crowley seine Maske fallen und machte deutlich, was er von jenem grossen Mysterium, der amerikanischen Frau, wirklich hielt.

DISKURS ÜBER DIE FRAU
des Philosophen Kwaw

Jede Frau hat eine übersensible Stelle. Glaube nicht, du könntest Sir Almroth Wright[1] in Verlegenheit bringen, wenn du nach der Lage dieser Stelle fragst. Er weiss darum, er weiss, er WEISS. Der grosse amerikanische Dichter Henry Wadsworth Longfellow hat diese Wahrheit nur vage angedeutet und nur ungenügend ausgeführt. Deshalb sind die amerikanischen Männer unwissend, oder es kümmert sie nicht.

[1] Britischer Arzt.

Ein grosses Wehklagen hat sich darob erhoben unter den Frauen Amerikas, dass ihre Männer und Liebhaber wertlos seien. Um die Genugtuung zu erhalten, von dieser Kategorie ausgeschlossen zu sein, ist es lediglich vonnöten, diese Stelle zu finden und sie andauernd hartnäckig, aufmerksam und unermüdlich mit all den Instrumenten zu liebkosen, die eine reiche Natur und ein gütiger Gott zu diesem Zwekke uns gegeben haben. Deine einzige Pflicht und Freude dabei ist der Aufschub. Missachte alle Bitten um Gnade; fest, aber zärtlich unterdrücke jeden Versuch, sich zu wehren. Es gibt verschiedene Griffe, mit deren Hilfe sich das leicht bewerkstelligen lässt. Vor allem denke an eins: Verachtung straft dich, wenn das Opfer Stunden danach auch nur ein Glied regen kann. Ein gewisses Taktgefühl ist jedoch notwendig. Auch der geringste Anschein von Brutalität ist zu vermeiden, es sei denn, die Frau verlangt danach, was durchaus häufiger vorkommt; aber selbst dann muss die Brutalität vorgetäuscht sein und nicht echt . . .

Von San Francisco aus reiste er nach Point Loma, weil er hoffte, dort ein Gespräch mit Katherine Tingley führen zu können, die Oberhaupt der Theosophischen Gesellschaft in Amerika war. Er wollte ihr eine Allianz der beiden Organisationen vorschlagen. Sie lehnte ein Zusammentreffen jedoch ab. Als er dann in den *Confessions* seine Enttäuschung darüber niederlegte, äusserte er sich entsprechend unhöflich über alle Mitglieder der Theosophischen Gesellschaft, die er je getroffen hatte.

Auf dem Weg nach New Orleans entledigte er sich seiner Katze, deren Schönheit einst seine kühnsten Träume übertroffen und deren Rede einst gesprüht hatte von Geistigkeit. Er hatte in der Zwischenzeit ihre Falschheit erkannt, so dass es «mir zur Pflicht wurde, sie zu erschlagen». «Unaussprechlich schauerlich» war die Verzweiflung seines Herzens, aber schliesslich gab es noch Die Schlange und andere Frauen, die früher oder später wieder auftauchen würden, um ihn zu trösten – Doris Gomez, Gerda Maria von Kothek (Die Eule) und natürlich hin und wieder die obligatorische «scheussliche Hure». Hilarions Versagen während des Werks führte er auf «Wohlanständigkeit» zurück. Mit anderen Worten: sie hielt es mit Aleister Crowley nicht aus, dessen Lieblingsmethode der Vereinigung mit Frauen *per vas nefandum* war, «durch das unaussprechliche Gefäss».

Genau neun Monate nach Crowleys Akt der Sexualmagie mit Hilarion, zur Zeit der Sommersonnenwende 1916 also, stand Bruder Achad vor dem Altar seines Tempels in Vancouver und legte den heiligen Eid eines Tempelmeisters ab. Zuvor hatten ihm die Geheimen Oberen in einer Vision den Wink gegeben, diesen hohen Grad anzunehmen. Im folgenden Monat verkündete er Crowley diese grosse Nachricht per Telegramm: er hatte den Abgrund überquert und war ‹auf der anderen Seite› neu geboren worden, auf der Seite der Geheimen Oberen, war somit ein Tempelmeister wie sein Lehrer, Das Tier. Dieser Fortschritt ist in der Tat bemerkenswert, denn noch 1913 war Bruder Achad lediglich ein Neophyt des A.˙. A.˙. gewesen.

Crowley versetzte die Nachricht in Aufregung und Verwunderung. Sofort erkannte er ihre Bedeutung für sich selbst. Es handelte sich, sagte er, um ein in der gesamten Geschichte der *Magick* noch nie dagewesenes Ereignis. Achad hatte keine Kenntnis von seinen, Crowleys, herbstlichen Werken (insgesamt sieben) mit Hilarion und Helen Westley (‹drei Riten zu Beginn und Ende der Menstruationsperiode›), die er als ‹besonders gelungen› beschrieb – und dennoch ‹verstand Achad ganz genau, was dabei geschehen war: dass er nämlich als das in dem *Buch des Gesetzes* prophezeite *«Kind»* geboren wurde: Mit ihren Sexualriten hatten Crowley – Hilarion – und Die Katze ein metaphysisches oder magisches Kind hervorgebracht, ganz wie es das *Liber AL* prophezeite. Bruder Achad musste nun nur noch den Schlüssel zum *Buch des Gesetzes* finden und die Mysterien enthüllen.

Crowley war Bruder Achad um eine Nasenlänge voraus, da er inzwischen den Grad eines Magus $9^{\circ} = 2^{\square}$ erreicht hatte. Die Initiationsperiode hatte mehrere Monate gedauert und war mit Hilfe der ‹Offiziere einer grossen Geburt› Katze, Schlange, Eule und Affe durchgestanden worden, bis sie am 12. Oktober 1915 ihren Höhepunkt erreichte. Dieses Datum fiel zufällig mit Crowleys vierzigstem Geburtstag zusammen.

Endgültig bestätigt wurde der neue Grad im Sommer des folgenden Jahres, 1916, als er sich in Grosser Magischer Klausur bei Bristol in New Hampshire befand und in den Wäldern bei seinem Cottage meditierte ...

Dort nämlich erhielt er ein Zeichen des Himmels, womit ihm die Geheimen Oberen in aller Form den hohen Titel eines Magus $9^{\circ} = 2^{\square}$ in der Bruderschaft der A.˙. A.˙. verliehen. Das Zeichen erläuterte er seinem Bruder Achad so:

> Ich bin wirklich guter Dinge. Vor einer Stunde noch befand ich mich in den Tiefen der Verzweiflung und fragte mich, wozu ich überhaupt noch tauge, usw. Doch da schlug ein Feuerball nur ein paar Zoll vor meinen Füssen in den Boden, und ein Funke sprang über in meinen linken Mittelfinger – übrigens ein ganz besonders heiliger Finger. Tatsächlich war ich schon einmal, in Cumberland, vom Blitz getroffen worden. Zu Beginn des Unwetters hatten zudem ein Vater mit Frau und Kind unter meinem Dache Zuflucht gesucht – was das Omen ziemlich vervollständigt. Soweit ich die Sache überblicken kann, entstand kein Schaden an dem Haus. Wie dem auch sei – all dies ist eine klare Botschaft, dass ich in dieser Initiation sehr gut vorankomme ...

Die Grundzüge des dazu erforderlichen Ritus sind mehr oder weniger bekannt. Crowley selbst schrieb sie nieder. Um den Tempel des Neuen Äons des Horus zu errichten, musste zunächst einmal der Schutt seines gescheiterten Vorgängers beiseite geräumt werden. Die dazu erforderliche magische Handlung diente der Bannung des ‹Sterbenden Gottes›.

He had crucified a toad
In the basilisk abode,
Muttering the Runes averse
Mad with many a mocking curse.

O

In diesem Ritual verkörpert der Ministrant im Hinblick auf Merkur eine Schlange (deren Hauptnahrungsmittel Frösche sind). Das *Mysterium der Empfängnis* besteht darin, den Frosch schweigend zu fangen. Die Festigung des Willens geschieht bei folgender Zeremonie:

I

Der Frosch wird eine Nacht lang in einer Truhe oder Kiste gefangengehalten, denn es steht geschrieben: ‹Du schrecktest nicht den Mutterleib der Jungfrau›. Der Frosch wird in seinem Behältnis hin- und herspringen, was als ein gutes Omen zu werten ist. Nähern sollst du dich ihm in der Morgenröte mit Gaben aus Gold, Weihrauch und Myrrhe, soweit vorhanden. Unter mancherlei Ehrerbietung dann sollst Du den Frosch befreien und ihm scheinbar die Freiheit schenken. Zum Beispiel kannst Du ihn unter einem Netz auf eine bunte Steppdecke setzen.

II

Nun nimm eine Schüssel Wasser und nähere Dich dem Frosch mit den Worten: Im Namen des Vaters & und des Sohnes & und des Heiligen Geistes (wobei Du ihm Wasser aufs Haupt träufelst) taufe ich Dich, O Kreatur der Frösche, auf den Namen Jesus von Nazareth.

III

Im Verlauf des Tages sollst Du den Frosch ehren, wann immer sich eine Gelegenheit bietet. Und Du sollst ihn um allerlei Wunder bitten, was immer Dein Herz begehrt; sie werden erfüllt werden, wie Dein Wille es befiehlt. Auch sollst Du dem Frosch versprechen, dass er auffahren werde gen Himmel, wie es ihm zukomme. Während all dessen sollst Du heimlich ein Kruzifix schnitzen, auf dass er gekreuziget werde.

IV

Bei Anbruch der Nacht sollst Du den Frosch festnehmen und mit diesen Worten der Gotteslästerung, Aufwiegelung und dergleichen mehr anklagen:

Tu, was Du willst sei das Gesetz. Sieh, wie Du gefangen bist in meinen Schlingen, Jesus von Nazareth. Zeit meines Lebens hast Du mich geplagt und beleidigt. In der Jugend hast Du mich gefoltert, wie alle freien Seelen der Christenheit. Keine Freude war mir vergönnt. Alles nahmst Du mir, was ich besass, und was man mir schuldig war, erhielt ich nicht – alles, alles geschah in Deinem Namen. Endlich bist Du in meiner Gewalt, Sklavengott, in der Gewalt des Herrn der Freiheit bist Du. Deine Stunde ist gekommen, denn ich werde Dich auslöschen von dieser Erde, so wahr die Sonne von höchsten Gipfeln strahlt; und wieder werden sein Licht, Leben, Liebe und Freiheit das Gesetz der Erde. Mir gebührt Dein Platz, O Jesus, Dein Äon ist vorbei und vergangen. Aufgestiegen ist des Horus Zeitalter durch die *Magick* des Meisters, Des Tiers, der Mensch ist, und Sechs-Hundert-und-Sechs-und-Sechzig. Liebe ist das Gesetz, Liebe unter Willen.

Pause.

Ich Τὸ Μέγα Θηριον also spreche Dich schuldig, Jesus Sklavengott, auf dass Du verhöhnt werdest, bespuckt, gegeisselt und gekreuzigt.

V

Sodann wird das Urteil vollstreckt. Nach der Verhöhnung des Gekreuzigten sprich folgende Worte: Tu was Dein Wille ist, sei das Gesetz. Ich, das Grosse Tier, der ich Dich kreuzige, Jesus von Nazareth, Dich, den Sklavengott, der Du angenommen hast die Gestalt des Frosches, segne dies Wesen im Namen des + Vaters + und des Sohnes + und des Heiligen Geistes. Und auf mich nehme ich den Geist der Elemente in diesem Frosch, die ich mir zu Diensten mache. Und sie werden um mich sein im Geiste und über die Erde schweifen und mich behüten in meinem Werk für die Menschheit. Von meiner Gnade und Güte werden die Menschen sagen und preisen meine Tugenden, auf dass sie mir bringen die Gaben der Liebe und mir ihre Dienste anbieten, desgleichen alle materiellen Güter, was immer ich brauche. Und dies sei ihr Lohn: zu stehen bei mir und zu hören die Wahrheit aus meinem Munde, und getäuscht werden sie sein von ihrer Falschheit. Liebe ist das Gesetz, Liebe unter Willen.

Darauf sollst Du den Frosch mit dem Dolch der Kunst ins Herz stechen und dabei sagen: In meine Hände empfange ich Deinen Geist.

VI

Dann sollst Du den Frosch vom Kreuz abnehmen und in zwei Teile teilen. Die Beine sollst du kochen und als Sakrament verzehren zum Zeichen des Paktes mit dem Frosch. Den Rest verbrenne vollständig, damit endgültig beendet werde das Zeitalter des Verfluchten. Dein Wille geschehe!

An[no] XII ☉ in ♋ ☽ in ♒ Θηριον

The Adams Cottage, Near Bristol, New Hampshire, USA.

So stieg Crowley auf in den Grad eines Magus $9^{\circ} = 2^{\square}$ der Grossen Weissen Bruderschaft des Lichts (dem A.˙. A.˙.). Zum Wahlspruch kürte er in sein magisches Motto Tὸ Μέγα Θηριον, Das Grosse Tier oder Meister Therion, wie er sich in der Öffentlichkeit nannte.

‹Der Erfolg war sofort abzusehen›, schrieb er. ‹Ein Mädchen aus dem drei Meilen entfernten Dorf bat mich, sie als Sekretärin in meine Dienste zu nehmen. Ich hatte nicht die geringste Absicht, irgendwelche literarischen Arbeiten zu beginnen. Aber sobald mein Auge auf sie fiel, erkannte ich, dass sie mir aus gutem Grund gesendet wurde, denn sie glich aufs Haar der oben erwähnten Kröte.›

Es ist einigermassen überraschend, dass sich Crowley nicht von der offensichtlichen Infantilität dieses Rituals abschrecken liess. Nachdem er Christus (in Form des Frosches) von seinem Thron gestossen hatte, setzte er sich selbst anstelle Gottes – das und nichts anderes ist die Bedeutung dieser Zeremonie und Ziel seines Wirkens seit dem Tag, als er beschloss, Das Tier der Offenbarung zu werden. Bekanntlich unternehmen die meisten Leute nichts gegen ihre Schwächen, Crowley aber verstand es, aus seinen Schwächen eine Religion zu machen. Ich, das Grosse Tier . . .

Tatsächlich gibt es in Crowleys amerikanischem Tagebuch eine Stelle, die den weihrauchverhangenen Wüstenhimmel etwas erhellt: «6. Mai 1917: Nachricht vom Tod meiner Mutter. Zwei Nächte zuvor hatte ich geträumt, sie wäre gestorben. Gefühl tiefer Verzweiflung. Das Gleiche war zwei Nächte vor dem Tod meines Vaters geschehen. Zwar hatte ich schon oft vom Tod der Mutter geträumt, nie jedoch mit diesem Gefühl der Einsamkeit und des Verlassenseins.»

Er begann zu malen. Charakteristisch die Zeitungsanzeige, mit der er seine Modelle suchte:

GESUCHT

ZWERGE, Bucklige, Tätowierte Frauen, Harrision-Fisher-Mädchen, Krüppel aller Art, Farbige Frauen, jedoch nur, wenn besonders abstossend oder verkrüppelt – als Modelle für Künstler. Photographie erbeten.

Am 15. April 1916 hielt er einen Akt der Sexualmagie mit Alice Ethel Coomaraswamy (auch: Koomaraswamy) in seinem Tagebuch fest. Sie war die in Yorkshire geborene Frau des Kunsthistorikers Ananda K. Coomaraswamy. Im Tagebuch *(Rex de Arte Regia)* findet sich eine Photographie von ihr im Kostüm einer Inderin. Der Orgasmus war so stark, dass er ihn den Zweck der magischen Operation, um die es ging, vergessen liess. Immerhin zeitigte die Übung für die ‹Assistentin› ein greifbares Ergebnis: sie wurde schwanger. Crowley bedachte sie mit dem Spitznamen ‹Der Affe› oder ‹Der Affenministrant›. In den *Confessions* lässt er sich gelegentlich unvorteilhaft über sie aus und nennt ihren Gatten Ananda einen Mörder. Von der Fehlgeburt erfuhr er dann auf seiner Grossen Magischen Klausur bei Bristol (während der er das Krötenritual zelebrierte).

Im Herbst 1916 fasste er seine Ansichten zu Fragen der Sexualerziehung in einem Brief an Bruder Achad zusammen (ich hege den Verdacht, dass sie nicht ernstgenommen werden wollen):

> Ich bin der Ansicht, dass das Wissen über Sexualität auf den Beischlaf mit so ungefähr 1000 Frauen gegründet werden sollte, die aus etwa 80 oder 100 Rassen und Unter-Rassen auszuwählen sind. Auch die anderen Disziplinen dieser Wissenschaft können leicht bewältigt werden, mit der Ausnahme vielleicht der sapphischen Liebe, die sehr schwer auch nur zu beobachten ist, es sei denn, man hegt intimste Beziehungen zu einem der Mädchen, was ausgeschlossen ist, wenn beide richtige und ausschliessliche Lesbierinnen sind. Ausser vielleicht, wenn du dich als Künstler oder Sexualwissenschaftler ausgeben kannst. Einen schrecklichen Rückschlag erlitt ich übrigens im vergangenen November, als mich ein Mädchen fragte: «Hat man dich je im Dunkeln mit Nadeln gepiekt?» und ich verneinen musste. Noch jetzt ist meine Stirn deshalb rot vor Scham.

Im Verlauf des Jahres 1917 zelebrierte er etliche Sexualriten mit einem Mädchen aus Pennsylvania namens Anna Katherine Miller deutscher Abstammung. Sie teilten ein möbliertes Appartement in einem Eckhaus in der Nähe des Central Park West an der 110. Strasse. ‹Wir fanden Ruhe und Erquickung im Geist›, schrieb er. Seine Methode der Sexualmagie war unvermeidlicherweise wieder *per vas nefandum,* eine Perversion, die Anna Katherine entweder befriedigte oder die sie um des Grossen Werkes willen erduldete. Aber nach ein paar Monaten als Grosse Hure der Sterne ging sie (Crowley zufolge) zu «einsamen Sauforgien» über und sie trennten sich. Ihr Spitzname war ‹Der Hund›. Im Verlauf ihrer

Beziehung war Crowley selbstverständlich seiner Hingabe auch an andere Frauen gefolgt.

Das vom Hund hinterlassene Vakuum füllte sofort Das Kamel, der Spitzname für Roddie Minor, eine von ihrem Mann getrennt lebende verheiratete Frau.

> Sie war physisch ein grossartiges Tier und dennoch versehen mit dem Gehirn eines Mannes, das eine Fülle von Allgemeinbildung enthielt. Insbesondere zeigte sie Verständnis für Chemie und Pharmazie ...
>
> ... Weiter oben habe ich geschrieben, dass sie den Kopf eines Mannes hatte, aber trotz all ihrer Anstrengungen blieb da immer noch eine dunkle Ecke, in die sich ihre Fraulichkeit verkrochen hatte, und die zu vertreiben Roddie sich beharrlich wehrte. ... Ich behandelte sie als absolut gleichgestellt in allen Bereichen, und ein paar Monate lang lief alles so reibungslos, als wäre sie tatsächlich ein Mann. Aber jener bedrängte Teil ihres Gehirns sandte im Schutze der Nacht Spione aus ... So entstand die fixe Idee, dass sie mir unterlegen war.
>
> Sie begann, sich von meiner Persönlichkeit unterdrückt zu fühlen. Sie entwickelte Angst davor, beherrscht zu werden, obwohl sie sich vollständig darüber im klaren war, dass ich nichts weniger wünschte, dass ihre Freiheit gar die Voraussetzung meines Genusses war. Aber sie vermochte nicht, sich von dieser Halluzination zu befreien, und als ich eine Grosse Magische Klausur in einem Kanu auf dem Hudson ins Auge fasste, beschlossen wir im Sommer 1918, uns zu trennen.[1]

In *The Magical Record* beschreibt Crowley ihren ersten Auftritt am 1. Oktober 1917 einfach als ‹Roddie Minor. Matrone. Grosser, athletischer, sinnlicher Typ. Spitzname Eve.› Ihr Portrait zeigt eine breitschultrige Frau mit offenem Gesicht. Crowley taufte sie ‹Kamel›, unter anderem deshalb, weil sie ihm half, die Wüste zu durchqueren (d. h. einen Lebensabschnitt der Öde) und eine Oase zu erreichen. Zumindest eine wertvolle Funktion hatte sie für ihn: sie führte ihn bei dem Hexer Amalantrah ein. Das geschah am 14. Januar 1918 und spielte sich folgendermassen ab:

Crowley sass am Schreibtisch und arbeitete an *The Book of Wisdom and Folly (Liber CXI, Aleph),* einem ausführlichen Kommentar zum *Buch des Gesetzes* in Form eines Briefes des Meisters Therion (Crowley) an seinen Magischen Sohn Achad (Jones). Das Kamel hockte auf einer Matratze auf dem Fussboden ihres New Yorker Appartements und rauchte Opium. Plötzlich wurde er heftig an ihre Anwesenheit erinnert durch eine Bemerkung, die sie über ein Ei machte, während sie eine Vision wiedergab, die sie gerade hatte. Crowley, der sie ebenso wie ‹den Hund› allenfalls sexuell benutzt hatte und der sich im allgemeinen nicht im gering-

[1] *The Confessions of Aleister Crowley.*

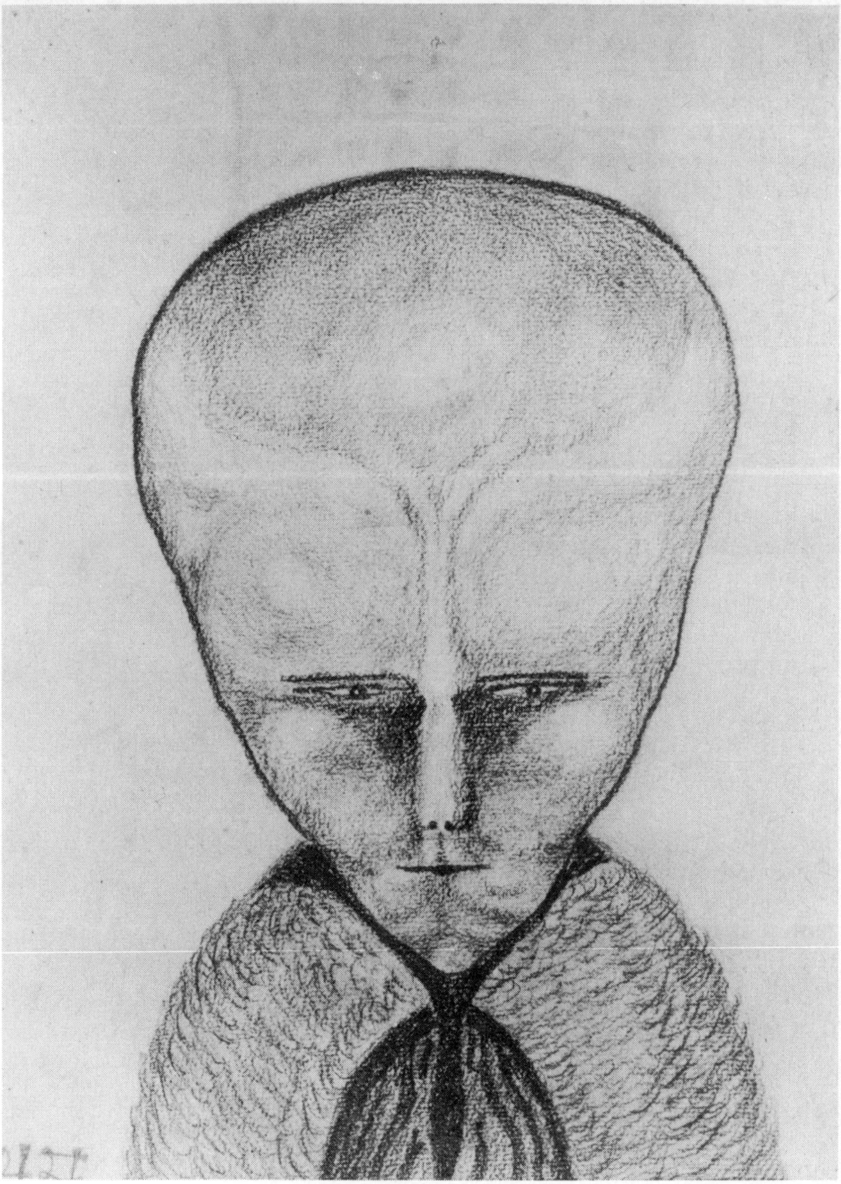

Zeichnung von Crowley: Die ausserirdische Intelligenz Lam (im Tibetischen «der Weg»). Greenwich Village, New York, 1919

sten für ihre Visionen interessierte, liess diese Bemerkung aufhorchen. Der Gedanke an ein Ei rief die Vermutung hervor, dass möglicherweise Ab-ul-Diz wieder mit ihm in Verbindung treten wollte, denn Ab-ul-Diz' letzte Instruktion an ihn und Schwester Virakam hatte gelautet, dass sie in die Wüste gehen und ein Ei am Fusse einer Palme suchen sollten. Unglücklicherweise hatte der Abbruch ihrer Beziehung Crowley an dieser nordafrikanischen Eierexpedition gehindert. Zudem war der Zauberer Ab-ul-Diz bei Crowley in Vergessenheit geraten.

Der Zauberer Amalantrah nannte Roddie Minor, Ahitha oder gelegentlich Achitha.

Hier die Auszüge aus ihrem magischen Tagebuch über ihre erste Vision:

> Bei einem Zusammensein mit Der Dame Unserer Träume [Opium] hatte ich eine Vision, in der ich mich als Kandelaber mit dreizehn Kerzen sah. Über jeder Flamme schwebte die Öffnung einer mit Wasser gefüllten Röhre, so dass eine Art Brunnen entstand. Die Röhren näherten sich den Flammen unter heftig pulsierenden Schwingungen, die zeitweise geradezu quälend wirkten. Dann brach plötzlich das Oberteil des Kandelabers ab und verwandelte sich in eine Krone. Die Krone schwebte in der Luft und neigte sich ein wenig. Vom Himmel senkte sich ein Kreis hernieder, ein Heiligenschein, und verschwand im Innern der Krone. Aus ihrer Mitte erschien ein Zauberstab und dann schwebte alles umhüllt von einem Schleier über dem Leuchter. Irgendwie erinnerte dieser Schleier an Lichtstrahlen.

Crowley sprach mit ihr lange ‹über Nummer 93 [Thelema] und darüber, wie Adepten geprüft werden, die Botschaften überbrachten, die ihm durch die *Frau in Scharlach* übermittelt werden sollten›. Crowley dachte dabei an die *Frau in Scharlach* Virakam.

Roddies Tagebuch fährt fort: ‹Ich hatte eine andere Vision von dreizehn nackten Frauen, die in einer Reihe nebeneinander lagen und zur gleichen Zeit liebkost wurden. Als ich Therion davon erzählte, schlug er vor, dass ich versuchen sollte, mittels Visionen oder anderer Mittel Botschaften zu erhalten.›

Crowley war ein wohlerfahrener Wanderer in allerlei Welten, kannte sich in der Befragung ihrer Wesen – Zauberer, Könige, Königinnen, Knaben, Dämonen, Monster – aus und konnte erkennen, ob sie freundlich oder feindlich gesinnt waren. Auch wusste er feindliche Wesen sofort zu bannen.

> Zu Beginn erbat ich eine Vision, die eine Botschaft enthalten sollte. Zunächst hörte ich das Gurgeln von Wasser und sah einen düsteren Bauernhof inmitten von Bäumen und grünen Feldern. Das Haus und

alles andere verschwand dann plötzlich und an seiner Statt erschien eine dunkle *Yoni.* Ich fragte: «Woher wird die Botschaft kommen?» Sofort erschienen Soldaten mit Gewehren. Ein König auf seinem Thron sass genau da, wo das Haus gestanden hatte. Wieder fragte ich nach einer Botschaft und sah ein Ei, in dessen Innerem viele kleine Teilchen einer fleischartigen Substanz krampfartig zuckten. Das Ei war in einen Rahmen gebettet. Rundherum waren Wolken, Bäume, Berge und Wasser, die sich die ‹vier Elemente› nannten. Im Vordergrund erschien ein Kamel. Dann wollte ich herausfinden, wer der König war. Er ähnelte ein wenig Professor Shotwell. Will heissen: er war ‹einfach, demokratisch›, sehr gelehrt und mit feinen Gesichtszügen. Ganz gewiss gehörte er einem menschlichen Königreiche an. Ich fragte nach seinem Namen, und zwischen dem Ei im Rahmen und den Soldaten des Königs erschien das Wort *Ham.*

Der König ging zur Seite und gerade, als er aus dem Bild verschwand, tauchte ein Zauberer auf, der mit ihm Arm in Arm ging. Der Zauberer warf mir einen bedeutsamen Blick zu, als ob er mir zugezwinkert hätte. Er war ein Greis mit einem langen weissen Bart und schwarzem Umhang. Er war unendlich weise. Sie gingen zu einer Höhle am Fuss eines Berges, der sich von einer Küste erhob. Vor dem Dunkel der Höhle sprudelte ein frischer Springquell. Ich ging in die Höhle und sah die beiden geheimnisvoll mit einem Revolver hantieren. Es war der Zauberer, der den Revolver in der Hand hielt. Sie spielten mit der Waffe herum, aber der Zauberer sah düster drein. Auf Vorschlag Therions ging ich zu ihnen und sagte: «Ich bin Eva.» Das schien allem ein Ende zu bereiten. Die beiden und ebenso die Höhle versanken. Aber bald darauf sah ich den König in einer Nische sitzen. Über ihm schwebte ein Baldachin, der aus dem Fels herausgemeisselt war. In einiger Entfernung sah ich den Zauberer unter einem Baum sitzen, er fächelte sich Luft zu. Ich fürchtete mich und war ähnlich bedrückt wie in der Höhle, als ich ihn angesprochen hatte. In mir mischten sich Angst und Schmerz. Er lächelte mir zu, sagte aber kein einziges Wort. Es schien, als ob ich nicht genug wüsste, um mit ihm reden zu können. Ich sollte ein Feuer anzünden, damit er zu mir spräche. Er zeigte mir auch, wie ich das bewerkstelligen könnte. Irgendwie war da auch noch ein Baby bei der Zeremonie mit dem Feuer; es war wie ein Ritual. Dann stand ein wunderschöner Löwe am Feuer. Der Zauberer hielt noch ein oder zwei Zweige in seinen Händen. Er lächelte und sagte: «Kind.» Daraufhin sah ich einen nackten und aussergewöhnlich schönen Knaben von vielleicht fünf oder sechs Jahren, der im Hain vor uns tanzte und spielte. Therion fragte mich, wie er aussehen würde, wenn er Kleider anhätte. Als ich ihn normal bekleidet sah, wirkte er sehr unglücklich und eingeengt – als ob er lieber mit einem Tigerfell bekleidet sein wollte. Auf der anderen Seite des Feuers, das ich entzündet hatte, stand eine grosse Schildkröte aufrecht wie ein Pinguin.

Der Zauberer war sehr zufrieden und entspannt. Er setzte sich zu mir und reichte mir seine Hand. Wir beobachteten den Jungen und er drückte mein Haupt sanft an sein Herz.

Er sagte: «Es ist alles im Ei verborgen.»

Damit endete die erste Vision des Zauberers Amalantrah. Im Gegensatz zu den in *The Confessions* aufgestellten Behauptungen scheint Crowleys Interesse an der Vision von Anfang an, und nicht erst seit der Erwähnung des Eis, bestanden zu haben. Er beriet und instruierte Eve etwa so, wie ein Wissenschaftler einen Kosmonauten fernsteuert, der die Oberfläche des Mondes erforscht. Aber trotz seiner Kenntnis des Symbolismus und seiner Vertrautheit mit den Werken Freuds, sowie Jungs Psychologie des Unbewussten (die er in den vergangenen beiden Jahren intensiv gelesen hatte), machte er nicht den geringsten Versuch, das so gewonnene Material im Hinblick auf das Bewusstsein zu interpretieren. Für ihn waren die Personen und Ereignisse von Meskalinvisionen wesentlich wirklicher als alles, was die Realität zu bieten hatte. Er hätte sich nicht im geringsten darüber gewundert, wenn er Ab-ul-Diz oder Amalanthrah auf der Fifth Avenue bei einem kleinen Spaziergang getroffen hätte. In einem solchen Fall hätte er lediglich angenommen, dass sich der Zauberer auf die Ebene der Illusionen (Fifth Avenue) herabgelassen hätte.

Die Vision ging um drei Uhr morgens am 20. Januar weiter, wiederum mit Hilfe Unserer Dame Der Träume, Opium.

«Ich fragte den Zauberer nach einer Botschaft», sagte Ahitha. «Es erschien ein grosses, rotes A, in dem ein Adler sichtbar wurde, der über Erde, Wälder und Wiesen entflog. Ein Indianer lief auf uns zu.»

Eine Stunde darauf gesellte sich Crowley zu ihr.

Therion und ich betraten die Astralebene. Ich war von einer durchscheinenden, männlich-grün-gelben Robe umhüllt, während er ein diamantrotes, mit Goldbrokat besetztes Gewand trug. In einer Hand hielt er ein Zepter. An einem Finger der andern funkelte ein Ring. Wir schwebten durch die Decke hindurch und vielleicht neunhundert Fuss in die Höhe. Als wir nach oben blickten, sahen wir ein grosses Auge inmitten der Wolken. Dort angekommen, sahen wir ein grosses Gebäude auf einer Art Plattform. Das Bauwerk hatte viele Türen, jede war mit den verschiedensten Zeichen versehen, wie zum Beispiel dem Hakenkreuz usw. Wir gingen zu einer entfernt gelegenen Tür am Ende eines langen Ganges. Die Tür wurde auf der rechten Seite von einem Zwerg, auf der linken von einem Mädchen bewacht. Ich fragte den Zwerg, was sich hinter der Tür verberge. Er gab mir keine Antwort, sondern zeigte mir eine Säule mit einer lichterloh lodernden

Flamme an der Spitze. Ich fragte das Mädchen, und sie antwortete: «Himmel.» In der Interpretation bedeutet das den Ort, an den wir gelangen wollten. Ich konnte die Tür leicht öffnen und erblickte einen dunklen Korridor. Wir gingen hinein. Hinter der Ausgangspforte glomm ein Licht. Von der Schwelle erblickten wir ein paar hundert Meter unterhalb eine idyllische Landschaft mit ein paar Dörfern. Wir liessen uns dort hinab. Eine schöne Frau erschien. Sie war blond und weiss gekleidet. Ich fragte sie nach ihrem Namen und sie sagte: «Eva.» Dies schien falsch. Ich fragte sie, wohin wir gehen sollten und sie antwortete: «Frankreich.» Sie legte sich hin und winkte mit ihrer Hand in Richtung eines der Dörfer. Ihre Hand war wie die Flosse eines Fisches. Wir gingen alle zusammen dorthin. Unterwegs trafen wir einen Mann, der aussah wie ein griechischer Philosoph. Er hielt sich ein paar Schritte hinter uns, wie ein Schatten. Er trug einen Stab und war in ein griechisches Gewand gekleidet.

Als wir zu dem Dorf kamen – es hiess Pantruel –, sahen wir auf dem Dorfplatz eine Kirche und einen Brunnen, der geformt war wie ein Horn. Er war aus Metall, aus jeder Blüte sprudelte Wasser. Der Brunnen öffnete sich und der König (aus der Vision der letzten Woche) trat hervor. In der Hand trug er Papiere, darunter eine Landkarte Südamerikas. Unter den Dokumenten befanden sich juristische Texte, Testamente usw. Ich fragte ihn nach der Botschaft, und er wühlte in seinen Papieren. Schliesslich sagte er uns, dass wir uns an den Zauberer wenden sollten. Wir gingen zum Bach und folgten ihm bis zum Wald des Zauberers und des Knaben. Beide sahen etwas einsam aus. Ich fragte nach seinem Namen und er sagte: Amalantrah. Ich fragte ihn, wer ich sei, und er antwortete: «Ein Teil des Tao.» Als ich ihn nach der Botschaft fragte, wich er wiederholt aus und zeigte mir eine Reihe kleinerer Visionen. Einmal sagte er: «Geh», ich verstand darunter, dass ich weggehen sollte. Später sagte er: «Ägypten.» Er schien mir nicht sehr freundlich gesinnt und gelegentlich sogar beunruhigt.

Bevor die Vision zu Ende ging, hiess Crowley sie nach der korrekten Schreibweise von ‹Baphomet› fragen. Er brauchte die korrekte Buchstabenfolge, um seine Nummer in der Kabbala ermitteln zu können. Ausserdem wollte er die Bedeutung des Wortes eruieren. Falls der Zauberer, der sich Alamantrah nannte, diese beiden schwierigen Fragen beantworten konnte, dann war er zweifellos echt.

«Danach fragte ich [setzt Eve (oder Roddie Minor oder Ahitha oder das Kamel) ihre Erzählung fort], wie man Baphomet buchstabiert, und ein Mann wie *The Gods of the Mountain*[1] beantwortete meine Fra-

[1] Titel eines Bühnenstücks von Lord Dunsany.

ge. Er sagte: B-a-f-o-m-e-t-h. Ich bat ihn um weitere Informationen, aber er gab mir keine Antwort. Es gab viele Fragen zur Schreibweise des Namens, ob er hebräisch war, usw.

Sodann verabschiedete ich mich, wobei mir die schönen dunklen Augen des Jungen auffielen, und wir gingen fort. Dabei folgten wir einem Pfad zu einem kleinen Teich, in den der Bach mündete. Wir badeten darin, versanken und schwebten direkt über Manhattan. So kehrten wir in unsere Körper zurück.

Die Bedeutung des Namens Baphomet hat die Wissenschaft ausführlich beschäftigt. Der Übersetzer von *Ancient Alphabets and Hieroglyphic Characters Explained* (1806), leitet es von dem arabischen Wort für ‹Kalb› ab: *bahúmid,* wobei er sich auf die Götzendienste bezieht, die diesem Tier zuteil wurden. Der Orientalist Baron Joseph von Hammer-Purgstall bezieht das Wort auf den griechischen Begriff für ‹Weisheit› oder, wörtlich, ‹Taufe der Weisheit› (im 19. Jh.). *The Oxford English Dictionary* hält das Wort einfach für eine mittelalterliche Form von Mahomet.

Die gleichen Ereignisse, die Das Kamel beschreibt, werden in Crowleys Tagebuch *Rex de Arte Regia* folgendermassen wiedergegeben:

> Danach begaben wir uns auf die Astralebene. Eve hatte gewisse Visionen, die mir wegen ihrer Ähnlichkeit mit den späten Visionen Virakams bedeutsam schienen. «Alles ist im Ei» und so weiter, von einem Zauberer, der über einen nackten Knaben wacht (Horus, wie ich annehme).
>
> Nach etlichen unbedeutenderen Abenteuern gelangten wir in den Wald des Zauberers und des Knaben. Der Zauberer ist ein Magus und immerzu damit beschäftigt, Eve Visionen entgegenzuschleudern, um sie zu entmutigen. Aber sie wandte sich an mich, und er antwortete ihr. Als seinen ersten Namen nannte er Amalantre (mit dem T als Tau)[1]. Ich fragte nach dem E und erhielt A E, dann H, dann A H. Das verriet ihn als 729[2]. Dann fragte ich – natürlich, ohne diese Zahl preiszugeben – nach einer geometrischen Figur gleicher Wertigkeit. Eve erhielt ein «merkwürdiges Dreieck» (vermutlich gleichseitig mit je einem H an zwei Ecken und leer an der dritten) und danach eine «stabile» 4. Die beiden Figuren zusammengenommen ergeben natürlich gewissermassen einen Würfel aus der Drei beziehungsweise Drei zum Quadrat. Aber als dem Zauberer die Frage klarer wurde, hörte er sofort auf und sagte: «Das Segment der achteckigen Säule», d. h. eine Kombination aus der Zahl Acht und dem Phallus. Und das wies direkt auf *Baphomet* hin. Konnte demnach dies das richtige Wort sein, nach all dem Kombinieren von Achten und Dreien? Jahrelang hatte

[1] Hebräischer Buchstabe.
[2] Kabbalistische Ziffer für Amalanthra.

ich versucht, eine zufriedenstellende Schreibweise für Baphomet zu finden, und war jämmerlich gescheitert. Der Zauberer gab mir die Buchstabenfolge B A F O M E T H (hebräisch, nicht griechisch) und erklärte O als Vau und E als Yod. Ich fragte, ob Th ein oder zwei Lettern seien und erhielt die Antwort: «eins» – Tau. Dann fragte ich, was zu addieren sei, um das Wort zu verachtfachen – aber noch bevor er antworten konnte, sah ich (vor meinem inneren Auge), dass ein Schluss-R den Ziffernwert auf 729 bringen würde. Danach erkannte ich den Grund dafür in der Tatsache, dass Baphomet aus mithraistischer Tradition stammt. Demnach bedeutet es jetzt einfach: Vater Mithras. Das R wurde als Blindbuchstabe fallengelassen – mich blendete es in der Tat –, und ausserdem wurde die Sonne versteckt (im Äon des Osiris, nehme ich an). Als ich im *Liber D*[1] nachschlug, finde ich unter 729 – den Fluch Satans! Natürlich! Man muss sich nur meine Einführung zu *Ritual der Hohen Magie*[2] anschauen, wo ich den Teufel des Tarot als Baphomet ausweise. Ich beginne, in ein gewaltiges Arkanum einzudringen, und nicht im mindesten zweifle ich, dass es viele Mysterien dieses Allerheiligsten Königreiches zu erschliessen gilt.

Crowleys Werke mit dem Kamel führten in der Tat zu etlichen Mysterien. Der Zauberer Amalantrah mit dem «schottischen Gesicht, der aussieht wie der Mann in *Simon Iff,* der gefoltert wurde und seine Frau folterte»[3] war im Frühjahr und Sommer dieses Jahres (und vielleicht noch länger, *The Amalantrah Working* blieb unvollendet) eine Realität für Crowley, ein Freund, den er regelmässig einmal pro Woche konsultierte.

Die Zeremonie begann mit einem Akt der Sexualmagie zwecks Invokation der benötigten Mächte. Sinn der Zeremonie war: ‹die Verständigung mit Amalantrah – gesegnet sei er – zu verbessern›. Da Eve nicht mit Sex allein in einen visionsfähigen Zustand versetzt werden konnte, nahm sie zusätzlich Drogen – Opium, Anhalonium, Haschisch.

Sorgsam schrieb Crowley ihre Visionen nieder und fragte den Zauberer unmittelbar nach seinem Auftritt nach den Dingen, die ihn gerade so interessierten. In den prompt gelieferten Bildern waren dann die Antworten enthalten:

F.: Welches Werk fürs Wochenende? Zunächst allgemein und dann das Werk des Heiligen Geistes?[4]

1 Crowleys Wörterbuch der Kabbala in Nr. VIII des *Equinox.*

2 *Dogme et Rituel de la haute Magie* (dt. *Transzendentale Magie*) stammt von Eliphas Lévi – aber da dieser lediglich eine von Crowleys früheren Inkarnationen war, nimmt Crowley das Buch für sich in Anspruch.

3 Eine unveröffentlichte Anthologie okkulter Kurzkrimis, die Crowley im Jahre 1917 schrieb.

4 Nicht der dritte Teil der christlichen Dreieinigkeit, sondern speziell Magische Werke (im Gegensatz zu den allgemeinen Werken).

A.: Ich sehe einen sonderbaren Vogel. Er steht im Wasser. Neuer Anlauf:
F.: Wie steht es um den Tempel? Ist er in Ordnung? (d. h. der Tempel, in dem sich der Zauberer befand.)
A.: Ich sehe eine Quäkerin. Zauberer scheint in komischer Stimmung.

Gelegentlich erschien als Antwort auf eine Frage eine Ziffer oder ein hebräischer Buchstabe. Für Crowley jedoch bot das keine unüberwindliche Schwierigkeit, da er ein kabbalistisches Wörterbuch zusammengestellt hatte, *Sephir Sephiroth* oder *Liber D,* in dem jede Zahl von Eins bis Tausend mit einem oder mehreren Bedeutungen versehen ist. (Der Kabbala zufolge steht jeder Buchstabe gleichzeitig für eine bestimmte Zahl. Erschienen mehrere Buchstaben gleichzeitig, wurden die Zahlenwerte addiert).

Eine lateinische Zahl dagegen (alles in allem keine höher als zweiundzwanzig) bedeutete einen Trumpf im Tarot. Die Bedeutung dieser Zahlen lässt sich Crowley und den Lehren des Golden Dawn zufolge von den zweiundzwanzig Pfaden im Lebensbaum ableiten.

Im Falle des Erscheinens eines Sternzeichens wurde dies gemäss seinen allgemeinen Eigenschaften gedeutet.

Gelegentlich erschienen sechs durchgehende oder unterbrochene Linien als Antwort auf eine Frage, die übereinander angeordnet waren. In diesem Fall antwortete Amalantrah mit Hilfe der 64 Hexagramme des *I Ging.* Erstaunlicherweise pflegte der Zauberer sich nur mit Hilfe der okkulten Systeme auszudrücken, mit denen Crowley auf vertrautem Fuss stand.

Gestellt wurden die Fragen rein verbal. Gelegentlich wurde immer nur der Anfangsbuchstabe von jedem Wort gesprochen:

F.: S. i. m. W. f. l.? (Soll ich meine Werke filmen lassen?)
A.: Ich sehe ein Loch in einem Tunnel . . . eine Falltür, weisse Pelztiere rasen hin und her («Das ist der Kampf gegen die Kommunikationsstörungen», sagte Crowley. «Genau», antwortete Eve.)
F.: W. w. d. e. E. k.? (Wann wird der erste Erfolg kommen?)
A.: Wenn der Schnee schmilzt.

Ab und zu wurde auch nur der jeweils letzte Buchstabe ausgesprochen:
F.: t. a. n. l. n. e. r. r. e. e. e. z. (Ist Achitha ein Teil von Roddie Minor oder eine eigenständige menschliche Intelligenz?)
Manche Fragen wurden schliesslich noch rein ‹geistig› gestellt, d. h., ohne Sprache.

Crowley stellt Roddie als blosses Spiegelbild seiner eigenen Wünsche dar. Ihr eigenes Tagebuch jedoch enthüllt einige ihrer eigenen Gedanken: «Ich sehe die üblichen Gestalten im Waldwohnsitz des Zauberers», schreibt sie.

Sie sehen alle traurig oder zumindest ruhig-besorgt aus. Ich gehe zum Zauberer und frage ihn, ob er etwas sagen will. Er setzt sich auf die Treppenstufen und gibt mir ein Zeichen, mich zu seinen Füssen niederzulassen. Er breitet – Handflächen nach oben – seine Arme aus und hebt an: «Es war einmal ein Junge und ein Mädchen.» Ich erkenne, dass das eine Geschichte über mich ist und halte das Bild an. Ich will nichts Persönliches in diesem Zusammenhang. Das Ich muss zerstört werden.[1]

(In Wahrheit war ich sehr unglücklich und verstört über Therions Art, meine Beziehung zu ihm durcheinander zu bringen. Ich habe versucht, so gut wie möglich mit ihm auszukommen und bin an einem Punkt angekommen, wo ich versuche, alles zu vergessen – mit anderen Worten, das zu unterdrücken, wovon ich genau fühle, dass es richtig ist.)

Ich wende mich um und erzähle Therion den Vorfall mit meinem Ich in der Vision, und er besteht darauf, dass ich es unterdrücke. Dann, als wir uns darüber unterhalten, macht er mir Vorwürfe, weil ich ihn in der Nacht gestreichelt habe. Seine Bemerkung verschlug mir den Atem. Ich hatte das getan, weil ich unsere unterschiedlichen Standpunkte vergessen wollte. Er scheint so weit davon entfernt, die ganze Wahrheit zu verstehen. Ich gehe zurück zum Zauberer und will ihn um Rat fragen. Aber er schüttelt sich vor Lachen und sagt: «Du hast dir schon wieder die Finger verbrannt. Du musst Therion in Ruhe lassen. Der einzige Ausweg für dich heisst: *gar nicht drum kümmern.*» Ich sehe einen Lichtblitz und weiss, dass er die Wahrheit sagt.

12. Feb. Mit Mrs. Elsa Lincke. Nach dem Dinner.

Mrs. Lincke oder Schwester Bazedon war zu ihnen gestossen; vorher hatte sie Crowley zehn Dollar geschickt, möglicherweise für ein paar seiner Bücher. Bazedons Ziffer war 444, die Nummer des Tempellöwen.

Ich [Achitha] sehe den Zauberer aufstehen. Da ist das Ei; das Kind sitzt unter einem Baum, wo die Erde vom Regen weggeschwemmt wurde und man die Wurzeln sehen kann. Auch der Löwe, die Schildkröte und der Bergpfad sind wieder zu sehen. Und die verkohlten Reste des Feuers, das ich beim ersten Mal entzündet hatte. Ich begrüsse

[1] Roddie ist blosses Echo für Crowleys Gedanken, die sie nicht versteht: Unterdrükke das Ich, wirf die Bürde des Bewusstseins von Dir, erkenne keine Grenzen an, tu was Du willst.

den Zauberer: *Salaam Aleikum*. Er erhebt seine linke Hand und lässt Perlen oder Juwelen herauströpfeln. Er sagt: «Amaranthus».
F.: Welche Verbindung gibt es zu Amaranthus?
A.: Ich sehe ein Schiff gen Süden segeln, voll beladen mit den Gütern des Orients – Teakholz. Ich sehe einen Goldfisch, den die Wogen auf den Strand gewaschen haben. Amaranthus scheint etwas heiliges zu bedeuten – Heiliges Licht.
F.: Wird Therion Grosse Werke durchführen am Altar, den wir in Ägypten errichten werden, wo wir das Ei finden?
A.: Der Zweck des Zauberers ist das Finden der Wahrheit. Er weiss, was für mich die Wahrheit ist und ist mein Führer. Er will, dass ich nach Ägypten gehe, das Ei zu finden. Er will, dass Therion geht. Therions Werke sind gross.
F.: Was ist der magische Name von Mrs. Lincke?
A.: Bazedon. Ich sehe eine grosse weisse Wolke und darauf ein Lichtschein, der zum Kopf eines Schafbockes wird. Auf dem Boden ist ein Frosch. Der Zauberer sagt: «Von der Kröte ist viel zu lernen.» Die Kröte ist das Symbol für Bazedon.
F.: Soll sie die Kröte sichtbar machen, wenn sie in Gefahr gerät?
A.: Nein. Es ist ein eher allgemeines Symbol.
F.: Ist es ratsam, das Ei zu suchen, und wann sollen wir beginnen?
A.: Das Ei ist ein Werk, das getan werden muss – das Grosse Werk. Indem wir es tun, finden wir den Schlüssel.
F.: Ist es die gleiche Vision wie die Virakam-Vision?
A.: Das Werk muss getan werden an einem Altar, errichtet in Ägypten. Ich sehe den König.
F.: Wer ist der König?
A.: Ich sehe O. I. V. V. I. O.[1] Therion ist der Hohepriester.
F.: Wer ist die Hohepriesterin?
A.: Ich sehe eine grosse, ziemlich schöne Frau, d. h. ihr Gesicht zeigt einen wundervollen Ausdruck. Sie hat dunkles Haar.
F.: Welches Werk fällt Bazedon zu?
A.: Ich sehe wieder die Kröte. Ihr Werk ist wie das der Mutter. Sie beschützt. Da ist immer ein goldner Lichtschimmer, ein Glühen.
F.: W. B. d. i. W. s.? (Wird Bazedon dann im Westen sein), d. h. wird sie in den Vereinigten Staaten bleiben?
A.: Ich sehe Weizen wachsen und einen Fuchs inmitten des Feldes. Ich sehe Körbe mit Garben gefüllt, einen Adler, ein Ei auf dem Boden inmitten des Getreides. Der Adler wacht über das Ei.
F.: Wer ist der Adler?
A.: Ich sehe den Pfad, und aus unbestimmtem Stoff formt sich etwas,

[1] Omnia in Uno, Unus in Omnibus. Alles in Einem, Eines in Allem. Das ‹Eine› ist natürlich Bruder Achad. Der Spruch ist eine seiner magischen Losungen.

so wie sich das Ei in der ersten Vision formte. Der Adler schwebt im Himmel, jenseits des Zauberers.
F.: Wann sollen wir nach Ägypten gehen?
A.: Ich sehe zwei sonderbare Tiere – Ratten, gross wie Pferde, die einen Streitwagen ziehen. Ich sehe Therion von vier Rittern umgeben. Sie pressen sich an ihn. Auf seinem Gesicht liegt ein wunderbares Leuchten, der Ausdruck der Hingabe an ein Grosses Werk.
F.: I. d. e. z. J. d. g. D. d. R. a.? (Ist der einundzwanzigste Juni das geeignete Datum, die Reise anzutreten?)
A.: Ich sehe den Kopf eines Pferdes. Der Zauberer streckt seine Hände aus und bildet damit den Kopf eines Kaninchens.
F.: Wäre Bazedon dem Zauberer nun auf der Astralebene willkommen?
A.: Ja.

Im März taucht ein dritter Name in *The Amalantrah Working* auf: Marie Lavroff. Crowley erwähnt sie, in *The Confessions*, ohne ihren Namen zu nennen, sondern bezeichnet sie als ‹russische Adlige im Exil›. Sie war eine der drei Frauen, ‹die symbolisiert werden durch die drei Skorpione der symbolischen Wüste, die ich auf meiner magischen Reise durchqueren musste›. Ihr Portraitphoto zeigt eine jüngere, fraulichere und (im herkömmlichen Sinne) hübschere Dame als Das Kamel. Sie hatte grosse, leicht vorstehende Augen und trug ständig einen träumerischen Gesichtsausdruck zur Schau. Ihr magischer Name war Olun. In einer Séance mit dem Kamel fragte Crowley: «t. e. d. r. d. n. 9. t. d. m. k.? – Ist Marie Freund oder Feind von 729 Baphomet und seinem Werk?» Die Antwort war: «Die Flöte des Pan», sowie die Nummer vierunddreissig, die Zahl des Jupiter. Crowley hatte diese Frage gestellt, weil er vorhatte, Schwester Olun zum Grossen Werk hinzuzuziehen. Offensichtlich wurde er des Kamels allmählich überdrüssig. Am 10. März veranstaltete er mit dem Kamel einen Akt der Sexualmagie (wie gewöhnlich *per vas nefandum),* um ‹die Kräfte der Yoni kennenzulernen›, was unter den gegebenen Umständen als einigermassen widersprüchlich, wenn nicht pervers zu werten ist. Anschliessend nahm Das Kamel eine grosse Dosis Anhalonium, das Crowley die Droge des Merkur nannte. Die Vision allerdings wurde unterbrochen und Crowley notierte leidenschaftslos: ‹Achitha wälzt sich in Todeskrämpfen auf dem Boden. Gott Merkur ist zu rein für ihren verderbten Körper und ihren korrupten Geist.›

Crowleys Absicht, Achitha durch Olun zu ersetzen, wird immer deutlicher. Eine Bemerkung über Oluns ‹Sündenkomplex› allerdings enthüllt, dass sie keine leichte Beute für Crowley war. Offensichtlich wünschte Olun Liebe im altmodischen Sinne des Wortes, was Crowley «hysterisch, pseudo-romantisch und technisch exquisit, beziehungsweise Europäisch» nannte. Als er nach ‹zwei Wochen oder so voller Präliminarien› dann sein Ziel erreicht, bezeichnet er als Zweck des neuen Aktes der Sexualmagie: ‹Freiheit für uns drei. Für mich die Freiheit von der Furcht vor Vampiren. Für Olun, um ihren Sündenkomplex niederzuringen und für Eve, um die Eifersucht zu besiegen.›

Crowley nannte Eve ‹irrational‹ und erklärte, dass sie sich von ihm geradezu besessen fühlte, weil sie Angst davor hatte, von seiner stärkeren Persönlichkeit dominiert zu werden. Allerdings sollte bald darauf keine Veranlassung mehr dazu bestehen, auf Olun eifersüchtig zu sein: Am 26. März, nach einem Streit mit Crowley, verschwand sie spurlos. Crowley fragte Alamantrah (mittels Eve), ob sie je wiederkehren würde. Die Antwort war klar und eindeutig: «Nein.»

Also setzte Eve ihre Tätigkeit als Crowleys Seherin fort, und Alamantrah, der in letzter Zeit ‹sehr traurig und älter› ausgesehen hatte, ging es wieder besser. ‹Zauberer lächelt heute nacht – ein wissendes Lächeln. Er sieht aus wie ein Kapitän zur See›.

Die Visionen selbst zeigten keine besondere Entwicklung. Alle enthalten mehr oder weniger das Gleiche und am Ende des Zyklus sind Crowley und seine Seherin ziemlich genau an dem Punkt, wo sie angefangen haben, wie der folgende Auszug zeigt:

> ‹Zauberer sehr ernst. Schaut Achitha in kontemplativer Stimmung an. Scheint zuzustimmen. Schildkröte das wichtigste im Tempel. Kind ebenfalls da, auch Löwe und Bazedon. Arcteon [Achad oder Charles Stansfield Jones] an hervorragender Stelle. Ein grosser Mann, der immer im Tempel erscheint.›

F.: Welches Werk an diesem Wochenende?
A.: *Geburah*[1]
F.: *Geburah* angewandt auf was?
A.: Das Ei. Das Ei ruht auf den Berggipfeln. Sehr scharf. Drumherum Wasser, mit Lotosblüten darauf.
F.: Ei ist das Symbol für eine neue Erkenntnis, oder?
A.: *Gimel, lamed.*[2]
F.: Was heisst das?
A.: Ich weiss nicht.
F.: Wie sollen wir das Ei aufschlagen?
A.: Normal ausgedrückt heisst das: Du sollst diesen Weg gehen.
F.: (Das ist keine normale Umgangssprache). Wie sollen wir diese neue Erkenntnis gewinnen?
A.: (Frag' nicht so schnell). Säe wilden Hafer, geh' in die ...; geh' in die Mutter, um neu geboren zu werden.

[1] Stärke oder Kraft.
[2] Die Buchstaben G und L auf hebräisch. Sie addieren sich zu 33 und bedeuten ‹Frühling›, ‹Quell›.

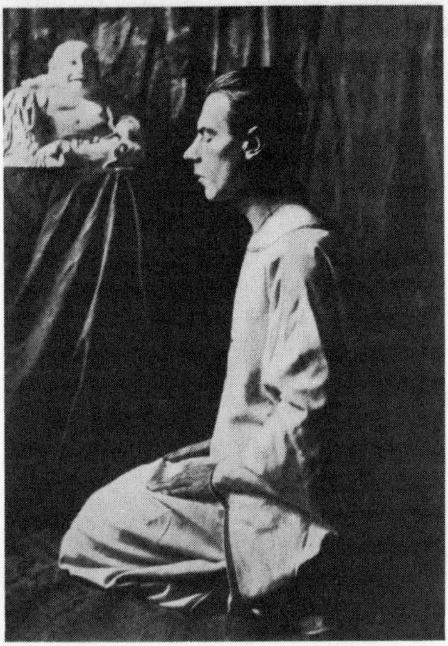

Bruder Achad (C. S. Jones)

F.: Was ist mit der Messe des Heiligen Geistes?[1]

A.: Das hat nichts damit zu tun. Du hast alles kaputtgemacht. Ich muss neue Verbindung aufnehmen. Wenn du in die Mutter zurückgehst, um wiedergeboren zu werden, so erhältst du neues Leben und die Erde wird bedeckt sein mit wunderbaren Blumen, auf die sich Bienen niederlassen werden, um Honig zu sammeln, und der Honig wird ein Elixier sein.

Irgendwann im Sommer des Jahres 1918 beschloss Crowley, sich in Grosse Magische Klausur zu begeben. Zum Teil fasste er diesen Entschluss wegen Eve. Er erstand ein Kanu und paddelte den Hudson hinauf, ohne dass er seine freundschaftliche Intimität mit ihr deswegen aufgegeben hätte. Wochenends besuchte sie ihn und versorgte ihn auf Oesopus Island mit Proviant, wo er während einer tiefen Trance die Visionen von sich in seinen früheren Leben hatte – (siehe Kapitel I). Im August fand er dann eine neue Frau. Sie hiess Madeleine George und hatte orangerote Locken. Diese Affäre allerdings währte nicht lange.

Seine letzte Nacht in Amerika verbrachte er in den Armen des Kamels. Bei Kriegsende fuhr er zurück in die Heimat.

[1] Crowleys Gnostische Messe. Text s. *Magick in Theory and Practice.*

DIE FRAU IN SCHARLACH

Anfang 1918 hielt Crowley in kleinem Kreis eine Vorlesung über *Magick*. Die Zuhörer lauschten schweigend und verschwanden kommentarlos. Es wäre übertrieben, diese Veranstaltung ‹erfolgreich› zu nennen. Jedoch: eine Dame aus dem Publikum, ‹der einzige Zuhörer, der entfernte Ähnlichkeit mit der Spezies Mensch aufwies›[1], bat ihn nach Schluss der Vorlesung um ein paar Worte. Es handelte sich um Alma Hirsig, die spätere Hohepriesterin von Oom.[2]

Zwei Monate später, im Frühjahr 1918, erschien sie unerwartet in seinem Studio am University Place, Ecke Washington Square. Sie war in Begleitung ihrer jüngeren Schwester Leah.

«Ohne Zeit auf Worte zu verschwenden, begann ich, sie zu küssen», sagte Crowley.

Alma betrachtete diese bemerkenswerte Vorstellung verstohlen von der Seite. Sie war von Leahs offensichtlichem Genuss der Therionschen Zärtlichkeiten ebenso überrascht, wie von Therions seltsamer Gepflogenheit, fremde junge Frauen zu begrüssen. «Es war reiner Instinkt», sagte Crowley.

Sie küssten sich immer wieder und unterbrachen ihre Umarmung nur, um an Alma minimale Zugeständnisse der Höflichkeit zu machen. Sie hatte ihnen schliesslich dieses Zusammentreffen ermöglicht.

Crowley beschrieb Leah als grossgewachsen und schlank, mit leuchtenden Augen und einem dreieckigen Gesicht, erwähnte jedoch nie ihr Alter – sie war 35 – oder die Tatsache, dass sie ein Jahr später einem unehelichen Kind namens Hansi das Leben schenkte. Vater dieses Kindes war ein gewisser Edward Carter, der spurlos verschwand.

Es gibt eine zweite Beschreibung der Leah Hirsig, die Crowley Alostrael nannte, aus der wir mehr Einzelheiten über ihr Aussehen erfahren. Sie erscheint in Crowleys Beschreibung von Astarte, eine seiner früheren Inkarnationen (siehe auch Seite 228).

[1] Ein beliebtes Klischee Crowleys für Leute, die er nicht ausstehen konnte.

[2] Der Kult von Pierre Bernard, (‹Oom der Allgewaltige›) mit dem Namen *The Secret Order of Tantricks*.

Leah Hirsig, in Crowleys Greenwich Village-Studio, New York, 1918.
Im Hintergrund: Das «Tote Seelen»-Gemälde von Crowley

Sie war ein schmales, schlankes nervöses Mädchen mit einem langgeformten Antlitz, einer römischen Nase und vollen, vom stetigen Üben starken Lippen. Ihr ganzer Körper pflegte zu zucken, als ob es sie in ihrem Inneren immerzu juckte. Sie hatte volles, drahtiges, schwarzes Haar, das sie manchmal färbte; starke, regelmässige Zähne; tiefe weit auseinanderliegende, violette Augen. Sie standen leicht schräg wie bei Chinesinnen. Ihre Brüste waren ziemlich wenig entwickelt, und ihr ganzer Körper war eher der eines Mannes oder eines Knaben.

Über Leahs Persönlichkeit berichtet Crowley so gut wie nichts. Er war vollkommen unfähig, irgendeine Person zu charakterisieren. Für ihn ist Leahs Persönlichkeit von ‹durchdringender Traurigkeit und sublimer Einfalt›; diese Wesensmerkmale einer Heldin aus einem Schreckensroman charakterisieren absolut niemanden und insbesondere nicht Leah Hirsig (mit der Crowley immerhin sechs Jahre lang zusammen war).

Leah war in der Schweiz geboren, hatte aber seit ihrem zweiten Lebensjahr in den USA gelebt. Laut Alma Hirsigs autobiographischer Skizze[1] hatte sie fünf Schwestern und drei Brüder; ihr Vater war ein Säufer, dem die Mutter alle neun Kinder entriss, als sie nach Amerika auswanderte.

Almas (Marion Dockerills) Wiedergabe des ersten Zusammentreffens von Leah und Crowley deckt sich nicht ganz mit der des Tieres; die wesentlichen Merkmale jedoch sind dieselben. ‹Die kleine verhuschte Kreatur, so rein und süss›, so Almas Version, verlor – oder vielleicht: fand – ihre Seele, als Crowley seinen hypnotischen Blick auf sie geworfen und sie auf den Rücken gelegt hatte, wie ein Fakir eine hypnotisierte Henne. Er sagte, dass sie ihn an Salomons Liebhaber erinnerte, «denn sie hatte keine Brüste». Nach diesem Vorfall jedenfalls war es unmöglich, Leah zu bremsen. Alma, die sie in die Höhle des Magiers gebracht hatte, ging ohne ihre Schwester fort.

Erst im folgenden Januar trafen sie wieder zusammen. «Sie will beschwören, dass ich sie angerufen habe», sagte Crowley, «was vielleicht sogar stimmt. Auch ich habe Anfälle von Schwachsinn.» Nach Crowleys eigener Version waren die Schwestern jedoch gekommen, um seinen Rat über die Wohnungssituation in Greenwich Village einzuholen. Leah schien mit Studien der Jurisprudenz beschäftigt und wollte in Universitätsnähe wohnen. In der Zwischenzeit hatte sie den Knaben Hansi geboren, den Crowley Dionysos nannte.

Crowleys ‹Studio› war nicht viel mehr als ein grosses Zimmer. Das Bett verbarg sich hinter einer dreiteiligen spanischen Wand, auf die Crowley Sonne, Mond und das heilige Feuer der Hindus gemalt hatte.

[1] *My Life in a Love Cult: A Warning to all Young Girls*, von Marion Dockerill, Better Publishing Company, N. Y., 1928.

Als Leah und Alma dieses und andere Kunstwerke bewunderten und sich darüber unterhielten, begann Crowley, Leah auszuziehen und eine Skizze von ihr anzufertigen. «Als was soll ich dich malen?», fragte er.

«Mal mich als tote Seele», antwortete sie.

Crowley verbrachte eine schlaflose Nacht. Der Gedanke an sein missglücktes Bildnis Leahs liess ihn nicht los, und er stand auf, um es noch einmal einer kritischen Betrachtung zu unterziehen. Plötzlich stellte er fest, dass es eine Aussage erhielt, wenn man es senkrecht betrachtete, statt waagerecht. In einem Anfall von Schöpferdrang bemalte er eine zweite spanische Wand, die er für die andere Bettseite erstanden hatte.

Das Werk war frühmorgens vollendet. Er nannte es ‹Tote Seelen›. Leahs Antlitz bildet den Grundstein zu einem aus Monstern geformten Torbogen. Ihre Hautfarbe ist eklig grün, und die Rippen ihres ausgemergelten Körpers werfen blaugraue Schatten. Links von ihr kniet eine Negerin mit einem riesigen Papagei auf der Schulter. Sie kann ihre Blicke nicht von der Königin der Toten Seelen abwenden. Auf dem rechten Teil der Wand krümmt sich, ebenfalls auf den Knien, eine Frau wie im Schmerz. Ihr glanzloses Haar fällt in Wellen auf die Hüften. Am unteren Bildrand zieht sich eine ganze Reihe verkrüppelter Köpfe entlang: ‹voller Qual und Perversion, vertrieben aus der Welt der Vernunft›.

Kommentierte Crowley sein Meisterwerk: ‹Das Bild ist grotesk, aber zweifelsohne ist es das Werk eines Genies. Es ist eine Einheit. Die toten Seelen bilden zusammen eine lebende. Jeder, der auch nur einen Blick darauf geworfen hatte, ging in Angst und Schrecken von dannen.›

Noch am gleichen Tag besuchte ihn Leah. Das Tier riss sie an sich und hiess sie im magischen Kreis, den er auf den Boden gemalt hatte, niederknien. Zunächst zelebrierte er das Bannungsritual des Pentagramm, um den magischen Kreis unversehrbar zu machen, und weihte sie sodann mittels eines Aktes der Sexualmagie zu seiner *Frau in Scharlach.*

Die Zeremonie endete damit, dass er das Zeichen des Tiers zwischen ihre kleinen Brüste malte (ein Kreuz in einem Kreis oder die Sonne und der Mond mit herunterhängenden Hoden – welches von beiden, ist mir nicht bekannt). Auf keinen Fall jedoch brandmarkte er sie mit seinem chinesischen Dolch, den er zu diesem Zwecke vorher ins Feuer gelegt haben soll, wie das *New York Journal* vom 13. März 1926 behauptet.

Mit dieser Zeremonie war der ‹Affe des Thoth› geboren. Diesen Titel erhielt Leah Hirsig im Verlauf ihrer Karriere im A.·. A.·..

William Seabrook, der Crowley im Jahre 1917 in New York von Frank Harris vorgestellt worden war, behauptet ebenfalls, dass Leah das Zeichen des Tieres eingebrannt worden sei, was aber lediglich auf seine Sensationsgier[1] zurückzuführen ist. Ganz sicherlich bekam er das Zeichen je-

[1] *Witchcraft: its Power in the World Today,* 1940.

doch zu Gesicht, da Leah in ihrem exaltierten Zustand den ganzen Tag lang nackt in Crowleys Wohnung herumsass.

University Place bot nicht genug Platz für beide, und innerhalb kürzester Zeit zogen sie in eine Wohnung im dritten Stock des Hauses Washington Square South 63 um. Drei Fenster gaben den Blick auf die Baumwipfel und den Anfang der Fifth Avenue frei. Crowley packte Bücher, Bilder und den Affen des Toth, seine neue Liebe, zusammen und zog ein. Kurz darauf interviewte ihn *The Evening World*.

Auf dem Photo, das einem aus dem Blatt entgegenstarrt, handelt es sich unverkennbar um Crowley. Er hat sich jedoch enorm verändert. Sein Gesicht ist aufgeschwemmt, der zierliche, einstmals wie der Bogen des Amor geformte Mund verliert sich in den fleischigen Backen und wird verdrängt von einem kalten, durchdringenden Blick.

Der Artikel beschreibt einen ungewöhnlich luxuriösen Raum: weiche Sessel, Mahagonischränke, teure Tapeten, ausgezeichnete Teppiche, ein Diwan mit Dutzenden von weichen Kissen und hier und da eine antike Statue aus Rosenholz.

> Die Wände seines Studios sind mit den wildesten unzusammenpassendsten Farben bedeckt, die sich je unter einem einzelnen Dach gefunden haben. Sie wirken wie der Zusammenstoss eines skandinavischen Sonnenuntergangs mit einer Malen-Sie-wie-Sie-wollen-Ausstellung des Vereins Unabhängiger Künstler. Der Effekt ist aufwühlend und geradezu blendend – aber nach einer Weile gewöhnt man sich daran. Mr. Crowley hilft mit einem Schluck Cognac nach . . .

Ganz nebenbei hatte Crowley dabei die Gelegenheit, eine hübsche kleine Legende über sich und seine Aktivitäten der letzten Jahre zu verbreiten. Zu Kriegsausbruch, machte er dem Reporter der *Evening World* weis, befand er sich in geheimer Mission für die Regierung Grossbritanniens. Die phantasievollen Ausschmückungen häufen sich, bis er bei einem besonders gefährlichen Auftrag eine Schusswunde im Bein davontrug. Danach habe man ihn mit einem Sonderauftrag nach Amerika geschickt.

Normalerweise umschrieb Crowley seinen fünfjährigen Amerikaaufenthalt mit den Worten Armut und Demütigungen. Er hatte kein eigenes Geld, von dem Almosen abgesehen, das man ihm als Herausgeber und wichtigstem Schreiber für *The International* zukommen liess, dessen Auflage winzig war. Wie also war er in der Lage, ein luxuriöses Appartement zu unterhalten und seine Gäste mit Cognac und teuren Zigaretten zu bewirten, denn auch Leah hatte nichts? (Sie gab Musikunterricht und ähnliches an der Volksschule Nr. 40 in der Bronx.) Hatte er das Geheimnis des Abra-Melin entdeckt? Ein Kapitel in seinem Werk heisst nämlich: *Wie man an soviel Gold und Silber gelangt, wie man will, damit man in der*

Lage ist, die zum Leben notwendigen Dinge zu erstehen und in Wohlstand zu leben. Oder hatten Die Katze, Die Schlange, Die Eule oder Der Affe (oder vielleicht alle vier) ihre Geldbörsen geöffnet wie zuvor schon Victor Neuburg und George Raffalovich, um dem Meister Wohlstand zu ermöglichen?

Im Interview mit *The Evening World* mausert sich Crowley zum Maler:

«Was für eine Art Maler ich bin? Oh, ich weiss nicht recht, wie ich mich da bezeichnen soll. So aus dem Stegreif würde ich sagen, ich bin ein alter Meister, da ich hauptsächlich tote Seelen male.» –

«Kunst studiert? Habe ich nie, habe auch nicht die Absicht es je zu tun.»

Crowley malte nicht um der Kunst oder der Liebe willen, sondern einzig und allein, um Faszination, Erleuchtung oder Ekel auszudrücken. Er produzierte entsetzlich anzusehende Frauen, den Phallus, die ewigen Götter, den weisen alten Mann und die berühmten toten Seelen.

In diesem Studio mit den drei Fenstern also, von denen eines zwanzig Fuss breit war, lebten Das Tier und Der Affe des Thoth.

Band III Nr. I von *The Equinox* konnte nun erscheinen. Aber wieso Band III? Was war mit den zehn Nummern von Band II? Fünf Jahre lang war Crowley unfähig gewesen, sein *Review of Scientific Illuminism* herauszugeben, das zweimal im Jahr erscheinen sollte. Band II mit seinen zehn umfangreichen Ausgaben erhielt den Titel *Silence* (= Schweigen), nachdem Band I *Speech* (= Rede) geheissen hatte. Selbstversagung und widrige Umstände verhinderten das Erscheinen.

Band III, den sogenannten blauen *Equinox* (so genannt wegen seines Umschlags) legte in Amerika die Detroiter *Universal Publishing Company* auf, die von Crowley in *The Confessions* wild gegeisselt wird. Der blaue *Equinox* ist Crowleys letzter grosser Wurf auf dem Gebiete der Publizität. Wie gewöhnlich war er fast ausschliesslich von Crowley geschrieben und enthielt als Prunkstück die farbige Reproduktion eines Bildes mit dem Titel ‹Meister Therion in Heiliger Meditation›, das sein Freund und Schüler Leon Kennedy angefertigt hatte. Und etwa in der Buchmitte blickt dem Leser ein düsterer Crowley im Smoking entgegen, über und über bedeckt mit Orden und Amtszeichen. Es handelt sich um *Baphomet,* das Äussere Haupt des Ordens der Templer des Lichts und Heiligen König Irlands, Ioniens und aller Britannien, im Sanktuarium der Gnosis, sowie Oberhaupt vieler anderer Orden.

Eröffnet wird der Band mit der *Hymn to Pan,* Crowleys wirkungsvollstem Gedicht. Als Evokation dürfte es durchaus seinen Zweck erfüllen – und als solche wurde es von Crowley oft gebraucht. Es ist ein Tanz des Pan und dient der Auflösung des Bewusstseins. Pan selbst ist der Antichrist und das Symbol für Magie und Wollust.

HYMN TO PAN

Thrill with lissome lust of the light,
O man! My man!
Come careering out of the night
Of Pan! Io Pan!
Io Pan! Io Pan! Come over the sea
From Sicily and from Arcady!
Roaming as Bacchus, with fauns and pards
And nymphs and satyrs for thy guards
On a milk-white ass, come over the sea
To me, to me,
Come with Apollo in bridal dress
(Shepherdess and pythoness)
Come with Artemis, silken shod,
And wash thy white thigh, beautiful God,
In the moon of the woods, on the marble mount,
The dimpled dawn of the amber fount!
Dip the purple of passionate prayer
In the crimson shrine, the scarlet snare,
The soul that startles in eyes of blue
To watch thy wantonness weeping through
The tangled grove, the gnarlèd bole
Of the living tree that is spirit and soul
And body and brain – come over the sea,
(Io Pan! Io Pan!)
Devil or god, to me, to me,
My man! my man!
Come with trumpets sounding shrill
Over the hill!
Come with drums low muttering
From the spring!
Come with flute and come with pipe!
Am I not ripe?
I, who wait and writhe and wrestle
With air that hath no boughs to nestle
My body, weary of empty clasp,
Strong as a lion and sharp as an asp –
Come, O come!
I am numb
With the lonely lust of devildom.
Thrust the sword through the galling fetter,
All-devourer, all-begetter;
Give me the sign of the Open Eye,

And the token erect of thorny thigh,
And the word of madness and mystery,
O Pan! Io Pan!
Io Pan! Io Pan Pan! Pan Pan! Pan,
I am a man:
Do as thou wilt, as a great god can,
O Pan! Io Pan!
Io Pan! Io Pan Pan! I am awake
In the grip of the snake,
The eagle slashes with beak and claw;
The gods withdraw:
The great beasts come, Io Pan! I am borne
To death on the horn
Of the Unicorn.
I am Pan! Io Pan! Io Pan Pan! Pan!
I am thy mate, I am thy man,
Goat of thy flock, I am gold, I am god,
Flesh to thy bone, flower to thy rod.
With hoofs of steel I race on the rocks
Through solstice stubborn to equinox.
And I rave; and I rape and I rip and I rend
Everlasting, world without end,
Mannikin, maiden, maenad, man,
In the might of Pan,
Io Pan! Io Pan Pan! Pan! Io Pan!
Moscow

Ein Teil dieser Ausgabe des *Equinox* ist ‹Liber CI›, ein offener Brief an alle, die dem Orden beitreten wollen. Im Stil Sergei Nechaevs, der seine fünf Mitglieder darüber in Kenntnis setzte, dass er das Oberhaupt einer riesigen, in ganz Russland verbreiteten Organisation sei, bot Crowley den Völkern Amerikas die Mitgliedschaft in dieser hehren und uralten ‹Körperschaft der Eingeweihten› und druckte ausführlich die Ordensregeln ab, die ‹Geltung erlangen in jedem Bezirk, wo die Mitgliedschaft mehr als tausend beträgt›.[1]

‹Liber CI› wird eingeleitet von einer Epistel des Baphomet an Sir George Macnie Cowie, Erhabenster und Erleuchtetster Papst und Unterpapst des Aeropags im VIIIten Grad des O.T.O., Schatzgrossmeister und Hüter des Goldenen Buches usw., der sich gerade mitsamt dem Ordensschatz nach England davongemacht hatte. Behauptete Crowley. In *The Confessions,* die er ein paar Jahre später in Tunis schrieb, wird der Schatz-

[1] Es gab eine Loge des O. T. O. in Südafrika unter Führung von Frater Semper Paratus X° = Thomas James Windram. Er starb 1939.

grossmeister des Ordens und Kunstlektor bei Nelson (Edinburgh) als ‹dumm und dämlich›[1] bezeichnet und der Unterschlagung von Ordensgeldern bezichtigt. (‹Der Orden wurde systematisch betrogen. Nur ein Beispiel: ein Betrag von 500 Pfund wurde *zweimal* abgebucht.› Des weiteren soll er die Verantwortung dafür zu tragen haben, dass Crowley bei seiner Rückkehr nach England ohne einen Penny in der Tasche dastand. Zuletzt bezeichnete ihn Crowley als ‹verrückt›).[2]

Unter den Ordensregeln in ‹Liber CI› findet sich eine ambitionierte (um nicht zu sagen: snobistische) Vorschrift (die zumindest einen demütigen Ordensschüler irritierte): «Es wird erwartet, dass jeder Bruder seinen ganzen Einfluss aufbietet, um die sogenannten höhergestellten Persönlichkeiten zum Eintritt in den Orden zu bewegen. Personen königlichen Geblüts, Staatsminister und Spitzenkräfte der Diplomatischen, Militärischen und Verwaltungsdienste sind besonders intensiv zu bearbeiten.»

Mit Hilfe des Affen des Thoth wurde das Opus zur Tag- und Nachtgleiche im Frühjahr des Jahres 1919 herausgegeben.

Den Sommer verbrachte Crowley grösstenteils auf Long Island in Magischer Klausur. Leah wird nicht erwähnt, denn Das Tier war in sein Revier zurückgekehrt und konferierte mit seinem Heiligen Schutzgeist Aiwass, wobei ihn niemand stören durfte. Resultat war die Erkenntnis, dass seine Energien erschöpft waren. «Ich hatte meine Arbeit in Amerika beendet und bereitete die Flucht vor.»

Zunächst jedoch machte er Urlaub im Süden und blieb einige Zeit bei Freunden aus Greenwich Village, William und Kate Seabrook, die den Sommer auf ihrem Bauernhof bei Decatur, Atlanta, verbrachten. Für William Seabrook hegte Crowley beträchtliche Zuneigung. Er sagte von ihm, dass er einer der vier Männer gewesen sei, die er wirklich und wahrhaftig liebte. Zuneigung hegte Crowley auch für Kate. Vermutlich benutzte er sie beide als Assistenten für verschiedene Akte der Sexualmagie.

Die Lokalzeitungen druckten Interviews mit Crowley, dem «Maler und Dichter, der bei indischen Wilden magische Praktiken studierte», und brachten eine Kurzbiographie. «Zweimal durchquerte er die Sahara, noch öfter den Broadway. Er leitete Expeditionen in die entlegensten

1 Tatsächlich war der verstorbene G. M. Cowie taub! ‹Ein Löwe steht mir im Weg: der totale Wunsch nach Gehör›, schrieb er.

2 Wann immer Crowley jemanden des Raubs oder Betrugs bezichtigte, (was er nur allzuoft tat), verdrehte er im allgemeinen die Wahrheit. Im Fall Cowie ist dies bestimmt der Fall, denn alle seine Briefe vor 1915 an Cowie beginnen mit Danksagungen für Spenden – einmal 100, manchmal auch nur 50 Pfund. Die einzige Gelegenheit, bei der Crowley einmal Cowie etwas gezahlt hat, war vor des Tiers Abreise nach Amerika. Er redete Cowie in einem Brief mit der üblichen Pompositát freimaurerischer und okkulter Körperschaften – Sir Knight, Weisester und Exzellenter Ratgeber Seiner Allerheiligsten Majestät, Allerliebster Bruder – an und fügte einen Scheck über 6 Pfund bei, der von der Bank nicht anerkannt wurde.

Winkel der Erde. Crowley hat alles gesehen, alles getan, nur in Georgia war er noch nicht, und das holt er soeben nach. Mit Sicherheit ist er der ungewöhnlichste Besucher, den die Stadt Atlanta je in ihren Mauern willkommen hiess.»

Das Zeitungsphoto zeigt ihn mit der Haarlocke auf seinem ansonsten kahlgeschorenen Kopf, Pinsel in der einen, Zigarre in der anderen Hand, sitzt er vor seiner Staffelei.

Wo Leah sich die ganze Zeit über aufhielt, wie sie die Miete für das Studio mit den drei Fenstern aufbringen konnte, was sie davon hielt, dass ihr Liebhaber in einem Zelt nördlich von Montauk sass und dann ohne sie gen Süden verschwand, ist mir nicht bekannt.

DIE KONKUBINEN NR. 1 UND 2

Der Krieg war zu Ende, Crowley wollte zurück nach Europa. Der Gedanke, Amerika den Rücken zu kehren, störte ihn nicht im mindesten, denn das einzige, was er dort erreicht hatte, war der hohe Grad eines Magus (der ihn auf die gleiche Stufe stellte wie einen Buddha). Die fünf in Amerika verbrachten Jahre hatten sich schlicht als Fehlschlag erwiesen, er ganz einfach ‹zu jung, unwissend und mit Vorurteilen beladen, um in Amerika einen bleibenden Eindruck zu hinterlassen›. Günstigstenfalls hätte er seine amerikanischen Wanderjahre als unbewusste Vorbereitung auf die grossen Aufgaben der Zukunft werten können.

«Ach und Weh' schrie ich wie Elias! Dies ist nicht das Land für Aleister Crowley, den Dichter, für Aleister Crowley, den Adepten, für *To Mega Therion* [Das Grosse Tier], das da trachtet, der Menschheit Erlösung zu bringen mit dem einen Gesetz: Die Wahrheit wird euch frei machen!»

Im Jahr 1919 teilte ihm Achad den Schlüssel der Mysterien mit – das Wort AL, das auf Hebräisch ‹Gott› bedeutet sowie ‹Nicht›: Denn spiegelbildlich wird aus AL (Gott) das Wort LA (nicht). Folglich vereinigt AL das Positive und das Negative[1]. Crowley wurde sich spontan über mehrere Rätsel aus dem *Buch des Gesetzes* klar und änderte den Namen *Liber Legis* dieser neuen Entdeckung entsprechend um.

Am 16. Dezember des gleichen Jahres reiste er von Detroit nach New York und dann heimwärts. Vor sich sah er eine grosse magische Mission, hinter sich liess er, so sein Freund Frank Harris, einen Stapel ungedeckter Schecks. Unmittelbar nach seiner Ankunft jedoch erwartete ihn eine wüste Polemik des *John Bull* wegen seiner pro-deutschen Aktivitäten (über die Commodore Gaunt den britischen Behörden ausführlich berichtet hatte). Er begab sich zum Haus seiner Tante in Eton Lodge, Outram Road, Croydon – das Haus, um dessen totale Ausradierung er den Grafen Zeppelin in den Spalten von *The International* gebeten hatte. In ihren viktorianischen Möbeln richtete er sich häuslich ein. ‹Hier bin ich zu Hause. Nicht nur, dass der Krieg nichts verändern konnte in diesem Haus, seit Krönung der Queen Victoria hat man es sogar vermieden, auch nur ein einziges Möbelstück zu verrücken›, schrieb er an Jane Wolfe.

[1] Diese Doktrin hat etliche Abwandlungen. S. Kenneth Grant in *Aleister Crowley and the Hidden God*, London 1973.

Er begab sich auf die Suche nach seinem alten Kumpan Victor Neuburg, konnte ihn jedoch nirgends aufspüren. Der kleine Poet mit dem Buckel hatte Crowley zwar aus den Augen, aber nicht aus dem Sinn verloren und es vorgezogen, zu heiraten und sich zur Ruhe zu setzen. Als dann in Soho das Gerücht von der Rückkehr des Tiers umlief, meldete er sich nicht.

Crowley hatte nicht die Absicht, längere Zeit in England zu bleiben. In England ging damals alles drunter und drüber, und ausserdem liessen es Crowleys Asthma und seine Bronchitis ratsam erscheinen, ein wärmeres Klima aufzusuchen. Dabei hatte er seine alten Jagdgründe in Nordafrika im Sinn. Ursprünglich wollte er sich mit dem Affen des Thoth in der Schweiz treffen, wohin sie mit einer ihrer Schwestern gezogen war. Aber aus irgendeinem selbst ihm verborgen gebliebenen Grund kabelte er ihr jedoch, ihn in Paris zu treffen. Und genau ein Jahr, nachdem sie seine *Frau in Scharlach* geworden war, am 11. Januar 1920, fassten sie sich bei den Händen und gelobten, in der Alten Welt einen Tempel Thelema zu errichten, nachdem dieser Plan in der Neuen Welt fehlgeschlagen war. Leah hatte den zweijährigen Hansi mitgebracht.

Crowleys Erinnerung an sämtliche Frauen, die sein Herz in Erregung versetzen konnten, verblasste vor dem Bild einer Filmschauspielerin aus Hollywood, die ihm seit Anfang des Vorjahres regelmässig geschrieben hatte: Jane Wolfe, ein Star der *Pioneer Picture Company*. Sie interessierte sich für Okkultismus, und als ihr eines Tages im Jahre 1917 ein Engländer namens Sheridan Bickers (der Ehemann von Betty Bickers) von Aleister Crowley erzählte, wurde ihr klar, dass dies der Meister sein müsse, den sie suchte. Nach zweijährigem intensiven Studium seiner Werke erschien er ihr in einer Vision. Sie schrieb ihm mittels *The International*.

Seine Briefe an sie drückten bald Gefühle der Liebe aus, die sich vom zögernden Herantasten bis zur Kühnheit steigerten. Schliesslich begegneten sie sich auf der Astralebene: ‹Ich sehe Dich vor mir, und Du glühst in der Dunkelheit.› Natürlich nicht wirklich, denn noch waren sie nicht zusammengetroffen. Aber bevor er Amerika verlassen hatte, riet er ihr, nach Europa zu kommen und ihre Geschicke in seine Hände zu legen. Sie hatte zugesagt.

Ständig dachte er an sie: ‹Jane Wolfe – der Gedanke verfolgt mich – ein Geist der Zukunft! Geisterhaft in der Tat, denn ihre Briefe und ihr Bild sagen wenig aus über sie selbst.›

Sorgfältig wog er die Möglichkeiten ab, sie zur *Frau in Scharlach* zu machen, obgleich diese Rolle bereits an Leah Hirsig vergeben war. Jane hatte ihm ihr Horoskop geschickt, allerdings ohne ihr Geburtsjahr zu verraten. Er verglich es mit dem Sternbild der Vorgängerinnen im Amte seiner *Frau in Scharlach*. ‹Die Frage ist: Ist Jane Wolfe, die von Mondaspekten geprägt ist, die *Frau in Scharlach?* Keine der anderen Frauen war ähnlich lunar. Ouarda [Rose Kelly] war Schütze, also ein Feuerzeichen; ebenso Hilarion [Jane Foster, ‹die Katze›]. Virakam war Waage, also Luft; Ahitha Stier und Steinbock, also Feuer; Almeira[1] Zwilling, also Luft.›

Der Affe war mittlerweile wieder schwanger, was Das Tier leicht beunruhigte. Wer sollte sich um sie kümmern, und wo sollte die Geburt stattfinden?

Auf der Überfahrt über den Atlantik hatte Leah mit einem Mädchen aus der Provence Freundschaft geschlossen, die einige Jahre in Amerika als Gouvernante gearbeitet hatte. Sie hiess Ninette Shumway (geborene Fraux) und hatte einen Jungen etwa in Hansis Alter. Der Vater war bei einem Autounfall ums Leben gekommen. Ninette war auf der Suche nach einer neuen Stelle als Gouvernante.

«Warum fragen wir sie nicht, ob sie mit uns leben will?», schlug Crowley vor. Die Idee schien ihm grossartig. Der Affe liess sich überreden, und nachdem Crowley sie und Hansi in Fontainebleau einquartiert hatte, reiste er nach Paris, um Ninette dort abzuholen.

Er sagte, dass ihn ihr Anblick schockierte. Sie welkte dahin wie eine Schnittblume ohne Wasser. Ihr Balg (um mit Crowley zu reden), das sie pausenlos mit sich herumschleppte, hatte ein gespenstisch weisses Gesicht und Gliedmassen wie ein feuchter Putzlumpen. Crowley überkam eine Woge des Mitleids und er beschloss, seinen Plan zur Rettung der Menschheit bei eben diesen beiden Existenzen zu beginnen.

Sie mieteten ein Haus in Fontainebleau (11 bis rue de Neuville), wo sie überwintern wollten, bis endgültig beschlossen war, wo das Grosse Werk seinen Anfang nehmen und das ständige Zentrum für *Magick* eingerichtet werden sollte. Der Gouvernante wurde der magische Name Cypris verliehen, ihr Kind wurde Hermes getauft.

Etwa zur gleichen Zeit ward Crowley ein neues Zeichen der Götter zuteil, die seine Mission auf Erden betraf. Am 30. Januar 1930 fuhr er nach Paris, um Bleistifte, eine Palette, Cognac Napoleon, Leinwand und ‹anderes Zubehör des elenden Künstlerdaseins› zu erstehen. Und da er schon mal in der Stadt war, konnte er ebenso gut auch eine ehemalige Mätresse besuchen: *Jane Cheron,* der er in *The Equinox* schon vor Kriegsausbruch ein paar Gedichte gewidmet hatte.

Sie ist wie eine Blume, gestrandet an der Küste des Lebens, hingewaschen vom Meer des Glücks
Eine seltsame und giftige Blume . . .

[1] Obwohl Almeira als Frau in Scharlach unmittelbar Alostrael voranging, bleibt sie in Crowleys Aufzeichnungen eher geheimnisvoll. Seltsamerweise wird sie nicht in *The Confessions* erwähnt. Über sie gibt es lediglich einen kurzen Hinweis im «Langkommentar» (im Gegensatz zum «Kurzkommentar») zum *Buch des Gesetzes,* wo sie unvermittelt auftaucht und als ‹Zweifelhafter Fall Bertha Almeira Prykryl geb. Bruce beschrieben wird›. Verzögerte die Erfüllung ihrer Pflichten und gab somit den Weg frei für Nr. 7 Leah Hirsig.

Siegel und magische Quadrate aus Crowleys Ordensarbeit

Jane Cheron hatte übrigens Modell gestanden für Haidée Lamoureux, die Heldin seines Romans *The Diary of a Drug Fiend,* eine Frau mit hohlen Wangen, Krähenfüssen unter den Augen und spindeldürren, mit schweren Saphiren beladenen Fingern – die ideale *Frau in Scharlach.*

Besuchen wollte er sie aus drei Gründen: erstens um den Mann wiederzusehen, mit dem sie zusammenlebte (den Grund gibt Crowley nicht an); zweitens um mit ihr zu schlafen; und drittens um ein paar Pfeifchen Opium zu rauchen. Nichts von alledem geschah.

Als er sich verabschieden wollte, sagte sie plötzlich: «Eine Minute noch», holte ein zusammengefaltetes Tuch aus einer Schublade und befahl ihm, die Augen zu schliessen.

Als er die Augen wieder aufschlug, erblickte er auf dem 120 cm langen Tuch eine aus Seide gestickte Kopie der Stele des Ankh-f-n-Khonsu.

Jane Cheron erklärte die Geschichte so: Sie war mit ihrem Liebhaber 1917 nach Südfrankreich gegangen, um sich dort einer Opium-Entziehungskur zu unterziehen. Häufig tritt in solchen Fällen Schlaflosigkeit auf. Eines Nachts jedoch war sie sofort eingeschlafen, und als sie am nächsten Morgen wieder aufwachte, stellte sie fest, dass sie im Schlaf das Pentakel des Ankh-f-n-Khonsu auf einen Bogen Papier gezeichnet hatte.

Crowley war begeistert. Wie um alles in der Welt hatte sie die Stele zeichnen können, fragte er. Die Antwort war einfach: eine Farbreproduktion findet sich in Nr. 7 des *Equinox,* und das Buch hatte sie in Südfrankreich bei sich gehabt. Nun mögen Skeptiker daran nichts weiter Ungewöhnliches finden, aber Crowley erkannte auf Anhieb die tiefere Bedeutung des Vorfalls: ‹Äusserst bemerkenswert›, kommentierte er,

> dass ein derart grosser Papierbogen griffbereit war; dass sie gerade dieses Buch auf gerade diese Reise mitnahmen; mehr noch, dass sie gerade dieses Bild gewählt hatte; noch bemerkenswerter gar, dass sie, die nie dergleichen je in ihrem Leben getan hatte, überhaupt dieses Bild reproduzieren konnte. Und noch mehr, dass sie drei Monate lang an der Stickerei gearbeitet hatte. Am bemerkenswertesten aber ist, dass sie mir es just in dem Augenblick zeigte, da ich ein ‹eindeutiges› Zeichen erwartete.

All dies, fasste Crowley zusammen, war der klare Beweis für Macht und Wissen derer, die ihn gesandt hatten, das Gesetz zu verkünden.

Er ging mit Schwester Cypris im Wald von Fontainebleau spazieren, während Schwester Alostrael aufgrund ihres gesegneten Umstandes zu Hause blieb. Bei einer solchen Gelegenheit sah er einen ungewöhnlich grossen Baumstamm auf der Erde liegen, dessen Umfang ums Achtfache grösser als der anderer Bäume war. «Herr der Herde» nannte er den Stamm poetisch und fragte sich, ob er dies als Zeichen nehmen sollte, dass er bald sterben würde.

VON ALTEN TRADITIONEN
ÜBER DAS HIER UND JETZT
ZU NEUEN DIMENSIONEN
SPHINX VERLAG BASEL

Cypris wieder aufzurichten, brauchte Crowley nicht lange. Unter seiner Fürsorge erblühte sie aufs neue, sagte er. Mehr noch: sie verliebte sich in ihn. ‹In mir sah sie ihren Retter, etwa so, wie des Jairus Tochter in Jesus ihren Retter gesehen haben mag. Ihre Dankbarkeit verwandelte sich nur allzubald in eine Ekstase romantischer Liebe›, schrieb er.

An einem Frühlingstag stieg ihnen dann der Wein zu Kopfe (man hatte im Barbison Lunch genommen), und sie tobten durch die Büsche. Auf einer moosbewachsenen Lichtung umarmten sie sich leidenschaftlich. Darauf hatte es Crowley natürlich von Anfang an abgesehen. Der Gedanke an Leah, die hochschwanger zu Hause sass, störte ihn dabei nicht sonderlich. ‹Wir gingen nach Hause, als ob wir schwebten, und die nächsten Tage vergingen wie ein Fest aus Purpur, Pomp und Passion.›

Natürlich (oder vielleicht unnatürlich angesichts des Neuen Gesetzes des Lebens, das Crowley predigte) wurde Schwester Cypris zunehmend eifersüchtig auf Alostrael, die *Frau in Scharlach* des Tiers. Ihre Eifersucht steigerte sich zur Besessenheit. Sie wollte ihn ganz für sich haben. Liebte er sie nicht? Warum heirateten sie nicht? In ihren Gefühlsaufwallungen kümmerte sie weder die Erste Konkubine des Tieres, noch das Gesetz Thelema. Sie war entsetzt, als Crowley nicht auf sie einging.

Geduldig erklärte er ihr, warum er Alostrael nicht verlassen würde: er stand einfach zu weit über solchen Kleinigkeiten und befand sich als Mensch auf einer höheren Ebene der Ethik. Nicht, dass er Schwester Cypris weniger liebte. Vielmehr war es das Gesetz Thelema, das er mehr liebte als alles andere.

Frühmorgens pflegte er aufzuwachen und seine winzige Herde um sich zu scharen, damit sie gemeinsam die Sonne begrüssten. Dies nannte er die Meditation der Morgendämmerung.

‹Heil Dir, der du Ra bist, wenn Du aufgehst, der Du Ra bist in Deiner Kraft, Harmachis[1] in Deiner Schönheit, der Du über die Himmel fährst in Deiner Barke zum Aufstieg der Sonne.›

Anschliessend legte er sich wieder schlafen.

Wo sollte das Grosse Werk in Angriff genommen werden? Man konsultierte das *I Ging* oder ‹Buch der Wandlungen›. Algerien? Die italienischen Seen? Oder Spanien? Neapel? Sizilien?

Das Orakel Chinas konnte sich nicht entscheiden.

Crowley pflegte das *I Ging* (in der Übersetzung von James Legge) seit 1912 regelmässig (und an manchen Tagen mehrmals) um Rat zu fragen.

Ende Februar gebar Alostrael ein Mädchen, das sie Anne Leah nannten, zu Hause aber Poupée riefen, wie der kleine Hansi sie spontan genannt hatte. Kurz darauf wurde auch Schwester Cypris, die sich immer noch nicht von dem unthelemischen Wunsch hatte befreien können, das Tier ganz für sich zu besitzen, ebenfalls schwanger. Sie liebte Crowley,

1 Die Personifizierung der aufgehenden Sonne, Hor-m-akhet.

aber mehr noch hasste sie die ihr übergeordnete Schwester, den Affen des Thoth.

‹Ihr Zustand wurde immer schlimmer, aber ich blieb standhaft.[1] Schliesslich gab sie den unwürdigen Versuch auf, mich in ihre Idealvorstellungen zu pressen›, brachte Crowley die Angelegenheit auf den kleinsten thelemischen Nenner. Er tat weiterhin sein Bestes, um sie aus den Niederungen ihres monogamen Ideals herauszuführen, bis aus ihrer Verzweiflung ein Hoffnungsschimmer des Verstehens leuchtete – glaubte zumindest Das Tier.

Eines Tages fiel ihm Schwester Cypris' Tagebuch in die Hände. Obgleich von ‹einem unwissenden und ungeübten Kindermädchen geschrieben›, erklärte er es zu einem unübertroffenen Meisterwerk. Sie hatte sich darin derart scharf und genau analysiert und ihre Tragödie dermassen eindringlich dramatisiert, dass des Tieres Herz tief bewegt war. Er bezeichnete das Tagebuch als ausgezeichnetes Manuskript – und machte ausserdem eine Bemerkung, die einigermassen überraschend ist, für einen Mann, der selber vier pornographische Werke veröffentlicht hat und dessen magisches Tagebuch von Obszönitäten strotzt. ‹Wir müssen, fürchte ich, uns neigen vor dem Tempel Rimmon[1] und, so sehr es mir widerstrebt, gewisse Passagen redigieren, deren brutale Obszönität ein wesentliches Element im Charakterbild der Autorin widerspiegeln.›

Am 1. März, um 17.30 Uhr, konsultierte er wiederum das *I Ging*. Wo sollte er das Grosse Werk beginnen?, fragte er. Denn nichts als die weltweite Anerkennung des Gesetzes Thelema als alleinige Maxime menschlichen Handelns konnte die Welt noch retten. Er musste eine Gemeinde gründen, die zum Vorbild aller zukünftigen Gemeinden werden sollte und die unter dem einen Gesetz stand: Tu was Du willst.

Soll ich April und Juni in oder bei Marseille verbringen? Feuer des Wassers. Nein. Capri? Erde der Luft. Nein. Cefalù? Erde des Lingam. Besser ging's nimmer!

Das *I Ging* hatte gesprochen. Begeistert schrieb Crowley in sein Tagebuch, dass er allein aufgrund dieses Spruches nach Cefalù ging.

Sofort begann er mit den nötigen Vorbereitungen. Am 8. März wurde Alostrael mit ihrer Tochter Anne Leah aus dem Krankenhaus entlassen. Am 21. März verabschiedete er sich von seinem Haus in Fontainebleau und brachte seine beiden Konkubinen und ihre Kinder nach Paris. Tags darauf setzte er Alostrael und das Baby in den Zug nach London und wandte sich mit Cypris und den beiden Jungen gen Süden. Am 27. März kamen sie in Neapel an. Der Zweck eines Aktes der Sexualmagie im Hotel Metropole ging in Erfüllung, eine ‹erfolgreiche und schnelle Ankunft in Cefalù› stand bevor. Als Ministrant beim Ritual diente Ninette, angewandt wurde wie immer Crowleys Lieblingsmethode: *per vas nefandum*.

[1] Der Hund wurde ein paar Monate später sehr zu Crowleys Bedauern ‹ermordet›.

DIE HEILIGE ABTEI THELEMA

Dass Crowley, der aus Rabelais' *Fay ce que voudras* ein ernstes ‹Tu was Du willst, soll sein das ganze Gesetz› machte, und der *Thelema* (das Land, in dem Gargantuas Mönch seine phantastische Abtei baute) als sein magisches Wort erkoren hatte, früher oder später seine eigene thelemische Abtei errichten würde, war geradezu unvermeidlich und den Gedanken daran hatte er lange mit sich herumgetragen. Jedoch schien ihm erst in Cefalù Zeit und Ort für dieses Unternehmen geeignet.

Hierzu muss jedoch erwähnt werden, dass Sir Francis Dashwood, Englands exzentrischer Schatzkanzler, der eine Bruderschaft des Hl. Francis gründete, dem Tier damit um zwei Jahrhunderte voraus war. Und Crowleys einfache Villa in Cefalù nimmt sich neben dem prunkvollen Prachtbau Medmenham Abbey in West Wycombe eher bescheiden aus. Die Intentionen dieser beiden Gründer thelemischer Abteien jedoch waren durchaus unterschiedlicher Natur. Sir Francis hätte nie und nimmer vorspiegeln wollen, dass seine Abtei irgendeinem anderen Zweck diente als der Lustbarkeit und Liederlichkeit. Crowleys Abtei hingegen (wo nicht etwa Orgien stattfanden, sondern wo *Die Orgia* zelebriert wurde) diente dem heiligen Zweck der Unterwerfung der ganzen Welt unter seine dämonischen Visionen. ‹Und mein Haus wird die Hölle der Hure sein, ein geheimer Ort des unauslöschlichen Feuers der Wollust und der ewigen Folter der Liebe.›

Und damit niemand seine Ernsthaftigkeit anzweifeln konnte, versuchte er nachzuweisen, dass der gute Doktor Rabelais nicht «irgendein Schreiberling», sondern ein grosser Adept und Visionär, gar ein Seher gewesen sei, der bereits 1524 das Neue Äon hatte heraufdämmern sehen und sogar das Schlüsselwort erkannt hatte: *thélème*.

Noch am Tag seiner Ankunft in Cefalù, einem Fischerdorf an der Nordküste Siziliens, stimmte er einen Lobgesang auf die ortsansässigen Götter an, die ihn zu der leerstehenden Villa eine halbe Meile ausserhalb des Dorfes geführt hatten. ‹Wir befinden uns hoch oben auf der Landzunge›, schrieb er, ‹und sehen im Westen Palermo, das Meer im Osten, im Norden den mächtigen Fels von Cephaloedium. Hinter uns im Süden wogen grüne Hügel mit Weiden und Bäumen. Mein Garten ist voller Blumen und verspricht reiche Ernte›.

Die Villa in den Olivenhainen wurde prompt gemietet, den Mietvertrag unterzeichneten Sir Alastor de Kerval und die Contessa Léa Harcourt, wie Crowley und Leah sich auf Sizilien nannten.

> Die Abtei Thelema zu Cefalù auf Sizilien ist beherbergt in einer Villa auf einem Hügel nördlich von Sankt Barbara und wird geführt von dem Grossen Wilden Tier, To Mega Therion 666, dem Magus 9°=2□A∴A∴ Alastor de Kerval, dem Wanderer der Wüste, von Ninette Fraux, seiner Zweiten Konkubine, und Howard, ihrem ehelich geborenen Sohn, und Hansi, dem Sohn der Liebe eines gewissen Edward Carter und des Tieres Erster Konkubine, Alostrael, seit dem zweiten Tag im April des Jahres 1920 *Era Vulgari,* seine Frau in Scharlach, das da ist das Sechzehnte Jahr im Äon des Horus ☉ in 12° ♈ und ☽ 7° ♎.

Crowley war glänzend gelaunt. Zweck seines ersten Aktes der Sexualmagie auf Cefalù mit Schwester Cypris war ein ‹Gruss an die Götter und Göttinen dieses Ortes. Mögen sie uns der guten Dinge im Überfluss gewähren und mich inspirieren zur Erschaffung des Schönen.›

Am dritten Tag sah er ein ‹wundervoll hässliches Mädchen mit grossem Maul› unter den Einheimischen, der Typ Frau, den er so gerne porträtierte.

Betty May, die etwas später auf der Abtei zu Gast war, hielt ihre Eindrücke detailliert fest. Vom Dorf Cefalù aus windet sich ein langer, schmaler Pfad an einem Berghang hoch. Für Crowley war die Villa auf dem Hang eine Abtei, ein *Collegium ad Spiritum Sanctum* (so seine Visitenkarten aus dieser Zeit) – aber Betty May fand nur ein Bauernhaus ohne jede sanitären Anlagen. Mit Crowleys Idealvorstellung eines Tempels hoch auf den Hügeln von Cefalù – für den er bei einer italienischen Bank einen Kredit aufzunehmen versuchte – hatte die Villa bestimmt nicht allzu viel zu tun. Crowleys hochfahrendere Pläne sahen einen Rundtempel mit acht Säulen vor, die eine Glaskuppel tragen sollten. Der Tempel sollte Aussenhöfe, sowie Nebengebäude für alle möglichen magischen und gesellschaftlichen Zwecke aufweisen. Aber vorerst genügte ihm die im Frühjahr 1920 gemietete Villa voll und ganz für seine Zwecke.

Das weissgetünchte, einstöckige Gebäude mit den 45 cm dicken Wänden und dem Ziegeldach hatte fünf Räume, die um eine Halle gruppiert waren: das *Sanctum Sanctorum* oder Tempel der thelemischen Mysterien. Auf den roten Kachelboden hatten die Bewohner einen magischen Kreis gezeichnet, in den ein Pentagramm eingefügt war. Im Mittelpunkt stand ein sechseckiger Altar, der mit einer Kopie der Stele des Ankh-f-n-Khonsu sowie vier Kerzen auf jeder Seite und einem Exemplar des *Buch des Gesetzes* versehen war. Daneben schmückten den Altar noch solche Dinge wie eine Glocke, *Burin, Lamen,* Schwert, Gefäss sowie die Chronik der Abtei (einer Art Goldenes Buch, in dem neben den Besuchern auch wichtige Ereignisse festgehalten wurden) und Crowleys Spezialhostien, deren Rezept auf Seite 318 zu finden ist.

Der Thron des Tiers befand sich im Osten des magischen Kreises und genau gegenüber dem kerzenerleuchteten Altar. Zwischen Thron und Altar lag eine Kohlenpfanne, die von magischen Dolchen verziert war. Der Thron der *Frau in Scharlach* befand sich westlich des Altars. In den inneren Rand des magischen Kreises waren die hebräischen Namen für ‹Gott› geschrieben.

Die Wände des Tempels waren ebenso wie die von Crowleys Schlafzimmer (‹La Chambre des Cauchemars› – Saal der Nachtmahre) übersät von erstaunlichen Gemälden zu Themen der IX° und anderer Magick. Zweck der von Crowley angefertigten Gemälde sollte es sein, durch die ständige Wahrnehmung von sexuellen Themen totale Gleichgültigkeit gegenüber sexuellem Verlangen zu erreichen. Auf einem Gemälde sah man einen nackten Mann, der mit Pan, dem Ziegengott, sexuellen Verkehr hat. Sein aufspritzender Samen übersprüht die Hure der Sterne, die in verführerischer Stellung vor ihm steht und ihre Arme ausbreitet. (Der Gedanke, mit Hermes zu verkehren, war Crowley beim Masturbieren gekommen – eine Operation VIII°. Siehe sein *Magical Record*). Ein anderes Gemälde war humorvoller gehalten, aber nicht weniger ernst gemeint, Crowleys *Land of Cockayne,* eine Flusslandschaft mit Dschunken und Sampans. Am Ufer tanzt eine Gruppe Frauen und Männer und evoziert dadurch die Macht der Kundalini. Im Hintergrund des Genrebildes drohen finstere Berggipfel, um die sich eine riesige Schlange windet, eine Art Ungeheuer von Loch Ness – das Resultat der Beschwörung am Fluss. Ziemlich misstrauisch wendet sie ihr penisartiges Gesicht diesen idiotischen Menschen zu.

Crowley wurde nicht ohne Grund für obszön und blasphemisch gehalten. Was jedoch seine eigene Religion von *Thelema* anging, so befolgte er ihre Regeln mit einer Hingabe, die durchaus neben der seines Vaters und seiner Mutter bestehen konnte:

Nach dem Wecken legten die Thelemiten ihre magischen Gewänder an und nahmen die magischen Waffen zur Hand – die Männer den Zauberstab, die Frauen das Gefäss –, wandten ihr Antlitz gen Osten und sprachen ein kurzes Gebet, das Kreuz der Kabbala. Dazu berührt man die Stirn und sagt *Ateh* (= Dir), dann die Brust und sagt *Malkuth* (das Königreich), die rechte Schulter *ve-Geburah* (= und die Macht), die linke Schulter *ve-Gedulah* (= und der Ruhm). Sodann werden, ohne dass die magischen Waffen losgelassen werden, die Hände gefaltet und man intoniert das *le-Olahm, Amen* (den Zeitaltern, Amen).

Anschliessend formen die Gläubigen einen Kreis, indem sie vom Osten des Raums nach Süden und vom Westen nach Norden schreiten und an jeder Ecke mit ihren magischen Waffen Pentagramme wie Peitschenhiebe in die Luft schlagen, während sie den Namen des Gottes intonieren: IHVH (Ye-ho-vau) im Osten, ADNI (Adonai) im Süden, AHIH (Ahiai) im Westen und AGLA (Agla) im Norden. Danach wird folgender Vers gesprochen, bei dem die Arme über der Brust gekreuzt werden: «Vor mir Raphael, hinter mir Gabriel, zu meiner Rechten Michael, zu meiner Linken Auriel und um mich die Flammen des Pentagramms. In der Säule aber der sechsstrahlige Stern.» Zum Abschluss wird im Osten noch einmal das Kreuz der Kabbala geschlagen.

Des weiteren begaben sich die Thelemiten regelmässig morgens, mittags, abends und zu Mitternacht zur Sonnenanbetung nach draussen, die jedesmal aus einem kurzen Gebet bestand: *Heil Dir, der Du bist der auferstandene Ra.* Ra ist die aufgehende, Hathoor die Mittagssonne, Tum die Abendsonne und Khephra, der geflügelte Käfer, die Mitternachtssonne.

Zu besonderen Anlässen wie Neuaufnahme, Geburt oder Tod eines Ordensmitgliedes, sowie der Hochzeit zwischen zwei Ordensmitgliedern zelebrierten sie *Liber XV,* Crowleys Gnostische Messe. Sie beginnt mit der Rezitation des ‹Tu was Du willst sei das ganze Gesetz. Ich verkünde das Gesetz des Lichtes, des Lebens, der Liebe und der Freiheit im Namen des IAO› (dem gnostischen Kryptogramm für Jehovah) durch den Diakon.

Alostrael und Poupée trafen pünktlich am 14. April 1924 ein, als die Sonne im 24. Grad des Widders und der Mond im 4. Grad der Fische stand (wie die Chronik der Abtei festhält). Die ‹Erste Konkubine des Tiers, seine *Frau in Scharlach,* und ihr freigeborener Bastard Ann Leah oder Poupée› erhielten den zusätzlichen Titel einer Jungfräulichen Wächterin des Heiligen Gral. Poupée war krank, kein Mensch wusste, was ihr fehlte.

Während der Frühlingsmonate verbrachte Crowley den grössten Teil seiner Zeit damit, mit Schwester Cypris – die er auch ‹Beauty› nannte – die Landschaft zu erkunden und die Hügel um Cefalù zu besteigen. Mit steigenden Temperaturen begannen sie, nackt im Meer zu baden. ‹Les jours se suivent›, schrieb Crowley, ‹ein vollkommener Ort›. Einzig störender Faktor war die Krankheit der kleinen Poupée. Man rief einen Arzt, während auf magischer Ebene Crowley die Stäbchen des *I Ging* warf. ‹Wird Poupée ein grosses Mädchen werden? Hexagramm XLII! Luft des Feuers. Der Gegensatz zum ersten Symbol, der Sonne. Es könnte klappen . . .›

Zwar hatte Crowley nun ein Zentrum für Okkultismus eingerichtet, wo seine Schüler die Magie studieren konnten, war sich selber jedoch noch nicht schlüssig, womit er sein eigenes magisches Werk beginnen sollte. Also kaufte er sich in der Zwischenzeit einen Hund, den er Satan[1] nannte, richtete sich behaglich in seiner Abtei ein, malte, schrieb, rauchte

[1] Satan wurde sehr zu Crowleys Bedauern einige Monate später «ermordet».

Opium, schnupfte Schnee (Kokain), ass Gras (Haschisch) und konsumierte grosszügige Mengen von Laudanum, Veronal und Anhalonium, von dem er behauptete, er habe es in Europa eingeführt. In einer Randbemerkung zu ‹Anhalonium Lewinii› in seinem eigenen Exemplar von *The Diary of a Drug Fiend* schrieb er: ‹Ich führte zahlreiche Experimente an verschiedenen Menschen mit dieser Droge in den Jahren um 1910 und danach aus.› Katherine Mansfield genoss das Crowleysche Elixir noch vor 1914. Einziges Resultat des Versuchs jedoch war, dass ihr speiübel wurde und sie sich aussergewöhnlich gestört von einem nicht ganz waagerecht an der Wand hängenden Bild fühlte – zumindest laut Gwendoline Otter, in deren Haus in Chelsea die Zusammenkunft zwischen Crowley und Mansfield stattfand.

Weiterhin nahm er Heroin, eine 1898 in Deutschland als Morphiumersatz entwickelte Droge, die doppelt so stark ist wie Morphium.

Den Tag des Eintritts der Sonne ins Zeichen des Stieres (den 20. April also) feierte Crowley mit einem Akt der Sexualmagie mit beiden Konkubinen. Mitten in der Zeremonie brach ein wüster Streit aus zwischen Alostrael und Cypris, die tränenüberströmt irgendeinen Fetzen nahm, um ihre Blösse zu bedecken und in Nacht und Regen hinausraste. Das Tier ging sie suchen. Er fürchtete, dass sie in einen Abgrund gestürzt wäre. Nachdem er eine Stunde lang ihren Namen gerufen hatte, entdeckte er sie und zerrte sie ins Haus zurück. Dabei machte er die Beobachtung, dass ihr nicht ganz vierjähriger Sohn Howard tatkräftig mitgeholfen hatte, indem auch er aus einem Fenster der Abtei ihren Namen schrie. Alostrael hatte mittlerweile Trost bei der Cognacflasche gesucht und war total betrunken. Sie begrüsste Schwester Cypris mit einem wüsten Fluch und das Ganze fing von vorne an. Nur unter Schwierigkeiten konnte Crowley seine Konkubine Nr. 2 ins Bett schicken. Anschliessend, als ob sie das letzte Wort behalten wollte, begann sie, sich zu erbrechen. Zwischendrin hatte sie Wutanfälle.

Um 1.15 Uhr herrschte Ruhe. Um Balsam über ihrer aller Seelen zu träufeln und ihre Gedanken auf Höheres zu richten, hub das Tier, zwischen Zügen aus der Opiumpfeife an, den chinesischen Klassiker *Tao-teking* zu rezitieren.

«Weiter bitte! Wir wollen doch leben getreu dem Motto: Wo Crowley ist, da herrscht keine Langeweile.»

Sehr zu Crowleys Ärger wurde nun auch Alostrael eifersüchtig auf Cypris. Er gab auf, mit ihr darüber zu diskutieren und beschränkte sich auf die Überlegung, dass es reine Zeitverschwendung sei, eine eifersüchtige Frau zu lieben, da sie dann diese Liebe als ihr gutes Recht, und nicht als speziellen Gefallen ansieht.

Der Zustand von Poupée verschlimmerte sich. Sie konnte keine Nahrung bei sich behalten und verkümmerte zusehends. Crowley befragte ihr Horoskop und erarbeitete die Entwicklungen der nächsten Zukunft. Die

Tatsache, dass sich ihre Sonne in Annäherung zur Opposition zum Mars befand, alarmierte ihn; besonders, da Mars in extremer Opposition zu Saturn stand. Er betete, dass sie bis zur nächsten Woche überlebte, wenn die Sonne sich im 7° des Stiers befände. Er war verzeifelt und beschrieb seine Gefühle so: ‹Ich habe den ganzen Tag lang geheult wie eine Kreatur im Irrsinn. Meine Grabschrift für sie soll lauten: «Eine halbe Frau, gemacht aus einem Halbgott.» Ist es Mein Wille, das Leben meines Kindes zu retten? Wieder wurde das *I Ging* zu Rate gezogen. Die Stäbchen gaben die Antwort, die er am meisten fürchtete, weil sie ‹Erlösung von der Erde› bedeuten könnte. Um seine Angst zu verdrängen, fing er ein grosses Landschaftsgemälde an.

Ein anderes Problem, das ihn ständig in Trab hielt, war die rasende Eifersucht seiner beiden Frauen. Wurde die eine krank, belastete das die andere zusätzlich noch. Der Koran, der vier Ehefrauen erlaubt, hat seiner Meinung nach das Ideal gefunden. Denn: ‹Mit zwei Frauen hat man ständig Ärger, die eine vor der andern rechtfertigen zu müssen. Bei dreien hingegen tauschen zwei davon ihre Erfahrungen aus, während du gerade bei der dritten bist. Vier Frauen jedoch sind eine gesichtslose Masse, die man vernachlässigen kann.›

Im Abendlicht pflegte Crowley zu malen oder sich den weinfarbenen Ozean anzuschauen. Die Schönheit der Welt bewegte ihn zutiefst. Pro Tag konnte er mit durchschnittlich zwei Stunden Opernszenerie rechnen.

‹Die Sonne wiederholt sich nie. Heute fielen ihre Strahlen auf die Berge und sie lösten sich auf. Man konnte sie nicht mehr von den Wolken unterscheiden, hätte man nicht die Silhouette noch im Gedächtnis behalten.›

Er malte ein Gruppenbild ‹Die Lesbiererinnen› und brachte den letzten Schliff in seinen ‹Fischer›, ein grosses Ölgemälde, das er schon in Fontainebleau angefangen hatte, indem er ‹ihm eine Hure dazugesellte, weil er sich so einsam fühlte›.

Wenn das Tier sein Opiumpfeifchen auf dem Sofa in der Abtei rauchte oder mit grossen Ohrringen vor seiner Staffelei sass, (oder selbst noch in Begleitung seiner zwei Frauen), entsprach er ganz dem Bild eines angesehenen, wenn auch etwas exzentrischen Gentleman in der Sommerfrische.

Er litt unter Schlaflosigkeit und nickte infolgedessen bei jeder sich bietenden Gelegenheit dankbar ein. Am 2. Mai erwachte er um 13.50 Uhr aus einem etwas tieferen Schlaf als gewöhnlich und sprang wie in Panik auf die Füsse. ‹Jeder Nerv war angespannt wie eine Bogensehne, dass es zu schmerzen begann und der Kopf taub wurde und geradezu wahnsinnig vor unsäglicher Fassungskraft.›

Er suchte nach einer Analogie. Poes Zustand des ‹lebendig Begrabenseins› vielleicht? Oder irgendein grauenhafter Bewusstseinszustand aus der Feder Baudelaires? Es war nicht das erste Mal, dass er dieses Gefühl hatte. Halb schlafend, halb wachend, hörte er ein Geräusch im Nachbarzimmer. Mit einem Male wurde er sich einer unerwünschten, fremden Präsenz bewusst. Gleichzeitig überfiel ihn ein Gefühl der Lähmung. Zugegebenermassen hatten sowohl er, als auch Alostrael in letzter Zeit Halluzinationen gehabt. Crowley hatte scharfe und klare Klopflaute vernommen, einzeln oder ganze Kadenzen. Die Jungfräuliche Wächterin hatte das Tier je nachdem, wohin sie ihren Blick lenkte, entweder draussen auf den Feldern oder drinnen in der Küche gesehen.

Crowleys Lähmungsgefühl hing mit seinem Asthma und seiner Kurzatmigkeit zusammen – beide Krankheiten pflegte er mit einer Prise Kokain zu bekämpfen. Jederzeit griffbereit standen Opium, Kokain, Äther, Morphium, Heroin und Haschisch in seinem Zimmer, von Wein und Schnäpsen abgesehen. Die Drogen waren jedermann zugänglich und Alma Hirsig pflegte zu behaupten, sogar der kleine Hansi habe eine ausgesprochene Neugierde auf Cognac entwickelt.

Der Gedanke an Poupée stimmte das Tier milde. Sie scheint das einzige weibliche Wesen gewesen zu sein, das er vorbehaltlos liebte. Er kabelte nach Neapel, ihm sofort Allenburys Kolikenmittel zu schicken und befragte erneut das Chinesische Orakel; das Ergebnis war eine eher traurige Aussicht für die Genesungschancen des Kindes.

Wenn er nicht gerade gegen seine Müdigkeit oder sein Asthma kämpfte, zeichnete oder malte Crowley oder diktierte Bühnenstücke, Kurzgeschichten, Essays und entwarf neue magische Rituale. Er begann, sich mit dem Gedanken an ein grösseres Werk vertraut zu machen, das als einziges auch das tumbe und ahnungslose Publikum erreichen sollte: die Geschichte seines Lebens, die Autobiographie des Meisters Therion.

Zunächst einmal jedoch musste Ordnung geschaffen werden, wenn das Grosse Werk nicht Schaden nehmen sollte. Crowley entwarf einen rigiden Stundenplan, der den Alltag der Abtei regeln sollte.

Die Routine begann schon beim Wecken, wenn die Jungfräuliche Wächterin des Heiligen Grals einen Gong ertönen liess und das Gesetz intonierte: Tu was Du willst soll sein das ganze Gesetz. Worauf alle, auch die Kinder, antworteten: Liebe ist das Gesetz, Liebe unter Willen.

Der Stundenplan: Anschliessend Hymne an Ra, (die Sonnenanbetung). Alle gingen dazu ins Freie und gelobten dem Allessehenden Auge Ehrfurcht. Danksagung vor dem Frühstück. Eingeleitet wird die Zeremonie mit heftigem Klopfen. Die Zahl der Schläge richtet sich nach der Art des gerade auszuführenden Werkes: drei bei Saturn, fünf bei Mars, acht bei Merkur. Und so weiter ... Dann spricht der Tischpräsident, Das Tier 666, die Worte: «Tu was Du willst soll sein das ganze Gesetz», worauf Alostrael entgegnete: «Was ist Dein Wille?»

Das Tier: Es ist mein Wille zu essen und zu trinken.

Alostrael: Zu welchem Zwecke?

Das Tier: Dass mein Körper gestärkt werde.

Alostrael: Zu welchem Zwecke?
Das Tier: Dass ich beenden möge das Grosse Werk. Liebe ist das Gesetz, Liebe unter Willen. Fangt an.

Das Mahl wurde dann schweigend eingenommen.
Die gleiche Zeremonie leitet das Mittagsmahl ein.
Zur Vesper intonieren alle die Abendhymne an Ra. Das Abendessen gegen sechs Uhr wurde von der üblichen thelemitischen Danksagung eingeleitet. Anschliessend Lesung aus dem *Buch des Gesetzes.*

Den sonstigen Tagesablauf bestimmten die rituellen Werke. Für die Thelemiten bedeutete das die Beschwörung von Teufeln und ihre Bannung, sowie Konferenzen mit den Heiligen Schutzgeistern, Invokationen von Göttern und dergleichen mehr.

Insbesondere letzteres empfand Crowley als ganz besonders lohnend. Einmal schrieb er: «Eine ganze Menge Jesus-Kraft in der Gegend». Es kam ihm in den Sinn, dass man Jesus wie jeden anderen Gott durch Sexualmagie (IX°) invozieren könne. Warum also nicht? ‹Ist es denn nicht irgendwie pedantisch und puritanisch, alle magischen Kräfte zu beschwören ausser «Jesus»›? Er wird damit zu einer Art «Teufel» und das macht ihn so attraktiv für alle möglichen guten Leute.

Neuzugänge zur Abtei mussten sich folgender rigorosen Routine unterwerfen.

1. Woche: Drei Tage Gastfreundschaft. Ein Tag Schweigen. Drei Tage Instruktionen. Der Magische Eid, danach vier Wochen Schweigen, Arbeit.
6. Woche: Ein Tag Instruktionen.
7.–9. Woche: Drei Wochen Schweigen, Arbeit.
10. Woche: Eine Woche Instruktionen, Ruhepause.
11. bis einschl. 13. Woche: Drei Wochen Schweigen, Arbeit.

Allerdings hielt kein einziger der Bohemiens, die aus Paris, London oder New York kommend, der Abtei einen Besuch abstatteten, diesen Ablauf ein; und mit dem für ihn charakteristischen Humor schlug Crowley auch niemandem die Tortur ernstlich vor, sondern nannte statt dessen den hypothetischen Schüler, der bis zum Ende des Anfängerkurses durchhalten würde, den «Überlebenden». Den Mittelweg zwischen Meditation und Sichgehenlassen hat Das Tier nie gefunden.

Ende Mai, die Tage wurden immer wärmer, bekam Leah Fieber. Crowley fand ihre Äusserungen in diesem Zustand ziemlich delirös. Angeblich litt sie unter Erbrechen und Durchfall. Diagnose: Ruhr. Drei Tage später – Das Tier schrieb nächtliche Poesie – erreichte die Krankheit das kritische Stadium. Der Dorfarzt hatte Laudanum vorgeschlagen. Eine ganze Stunde lang schrie sie vor Schmerz. Crowley, das Sprichwort von den vielen Köchen wohl beachtend, wollte sie nicht selber behandeln. Aber als er ihre Schreie nicht mehr aushalten konnte, schob er ihr ein Achtel Gramm Heroin unter die Zunge. Sie fiel in tiefen Schlaf, und der Meister hatte Ruhe, zwei weitere Gedichte zu schreiben.

Obwohl des Tiers amouröse Ambitionen sich damals stark auf Jane Wolfe konzentrierten (die er noch nicht einmal gesehen hatte), machte er Helen Hollis, der Schlange und einer der Frauen in Amerika, denen er Tiernamen gegeben hatte, einen schriftlichen Heiratsantrag. In *The Confessions* beschreibt er sie als eine Strassennutte, was seinem Ideal von Fraulichkeit entsprach. Sie lehnte sein Angebot ab; und Crowley erwachte eines Tages aus einem Traum, in dem er mit «einer verkrüppelten und verblödeten Kreatur verheiratet war», deren Finger so verformt waren, dass der Ehering verbogen werden musste, damit er überhaupt passte. Bräutigam Crowley hatte zu seinem Ja-Wort überredet werden müssen.

Als es Mitternacht schlug, betrat er den Tempel, um die übliche Mitternachtshymne an die Sonne darzubringen.

> Heil Dir, der Du bist Khephra in Deinem Versteck, Dir, der Du bist Khephra in Deinem Schweigen, der Du über die Himmel fährst in Deiner Barke zur Mitternachtsstunde der Sonne.

Die Tür zum Schlafzimmer stand offen, vom Altar aus konnte er Leah sehen. Tief bewegt von ihren fiebrig glänzenden Augen und einem Gesichtsausdruck, der nicht von dieser Welt schien, begann er, sie zu zeichnen – sie, Babalon[1], seine geile Hure der Sterne. Er überlegte, dass das griechische Wort *Thelema*, Wille, der Wille des «Tu was Du willst» in seiner magischen Formel eine Kombination aus «Babalon und Das Tier» war. In der Formel waren die beiden Begriffe ineinander verschlungen. Als er die Skizze fertiggestellt hatte, betitelte er sie: «Leah mit Durchfall».

Wer war das überhaupt: Leah? Wer war denn Beatrice gewesen, bevor Dante sein Auge auf sie warf? Aus einer ‹langweiligen, hässlichen Schullehrerin, unwissend, apathisch und gemein,›[2] hatte er sie zu seiner purpurnen Hure gemacht, vollkommen und über jedes Lob erhaben, zur

[1] Im *Buch des Gesetzes* wird ‹Bybylon› als ‹Babalon› buchstabiert. Die kabbalistische Analyse dieses Wortes ergibt 156, die Ziffer für den Heiligen Berg Zion und die Stadt der Pyramiden. (In John Dees System werden die Elementaren Tafeln oder Wachtürme des Universums als eine Serie aus 156 kleinen Ziffern dargestellt, die in ihrer Erhöhung Pyramiden formen.) Andererseits ist die Ziffer für Bybylon 165. Diese Zahl entspricht jedoch in keiner Weise irgendeiner von Crowleys mannigfaltigen Interessen. In ähnlicher Weise summiert sich der Zahlenwert des Wortes der Äone, ABRAHADABRA (So wird Aiwass buchstabiert) zur Nummer 418, der Zahl der Grossen Werke. Crowley hielt das Wort ABRACADABRA für verstümmelt.

[2] Das ist weder ein genaues noch ehrliches Porträt von Leah Hirsig zum Zeitpunkt ihres ersten Zusammentreffens mit Aleister Crowley.

Adeptin aller Künste, zur Tochter des Dionysos. Ohnegleichen waren ihre Kühnheit, ihr Glaube, ihr Mut. Mit ihm war sie durch die Säulen, durch alles hindurch gegangen. «Nichts, das sie nicht gewagt hätte; nichts, das sie nicht erlitten hätte.»

Dann kam Nachricht von Jane Wolfe. Sie hatte seine Einladung angenommen und war bereits auf dem Weg. Vermutlich hatten sie als Treffpunkt Tunis ausgemacht. Er fühlte sich veranlasst, das Heilige Orakel von Thelema ihretwegen zu befragen, das heisst, er pickte sich eine Weissagung aus einem seiner Heiligen Bücher und erhielt folgende Antwort: «Den schrecklichen Klang erhabenster Freude kenne ich; lasst uns auf den Schwingen der Stürme reiten zum Hause der Hathor; lasst uns opfern die fünf Edelsteine der Kuh auf ihrem Altar!»[1] Er analysierte seine Liebesbeziehung zu Jane Wolfe und stellte fest, dass sie auf drei Teilen beruhte: «Zunächst einmal ist mir der Glamour des Filmstars nicht unbedingt unsympathisch. Er verleiht der Dame Vielseitigkeit. Ich bewundere sie unendlich für ihren Mut, so weit zu reisen, nur um mich zu sehen. Ich liebe ihren Namen. Hoffentlich ist sie hungrig und grausam wie ein Wolf.»

Am Montag, den 21. Juni, reiste er per Zug nach Palermo. Leah, inzwischen wieder gesund, begleitete ihn. Palermo war ein häufiges Ausflugsziel Crowleys. Er fuhr meist hin, um Dinge einzukaufen, die in Cefalù nicht erhältlich waren, sich frischen Wind um die Nase wehen zu lassen, eine Nutte aufzutreiben oder ins Kino zu gehen. Diesmal verabschiedete er sich in der Hauptstadt von seiner Leah und nahm ein Schiff nach Tunis, um Jane Wolfe zu suchen. Vergeblich. Er bemalte sein Gesicht und führte zwei magische Werke mit einem Araber namens Mohammed Tsaida durch, der ihn (‹den König›) als Frau benutzte. Ziel der Operation war die Erlangung Magischer Macht zur Verkündung des Gesetzes.

Er kehrte zur Abtei zurück.

«Hat jemand meine Jane gesehen?» Und etwas später am gleichen Tag schrieb er, unfähig, an etwas anderes zu denken: «In mir ist eine Art vager Neugier, was zum Teufel mit Jane geschehen ist.» Er befragte das *I Ging*. Die Antwort liess durchblicken, dass sie auf dem Weg sei.

Sie erwartete ihn in Bou Saada, im Innersten Algeriens.

Die erste Eintragung im *Magical Record* vom 2. Juli lautete: «Ich werde auf gar keinen Fall länger als zwei Wochen auf sie warten. Selbst die Syphilis kommt mit drei Wochen Wartezeit aus ...» Zwei Tage später: ‹Mein Gott, was langweile ich mich.› Er gewann neues Interesse an der Frau (oder besser: den Frauen), die er bereits hatte. Über Leah schrieb er:

> Ich liebe Alostrael. Sie ist meine Stütze und Hilfe, Wunschtraum meiner Seele, Erfüllung meines Lebens, Erfüllung meiner Träume. Für sie

[1] Siehe Seite 236–238.

Die Abtei von Thelema (1921): Crowley im Schottenrock zusammen mit Alostrael (Leah Hirsig), die Poupée im Arm hält

bin ich Alostor der Einsamkeit. Sie liebt mich wegen meiner Werke. Ob sie sie versteht oder nicht, spielt keine Rolle. Ihre Seele sagt ihr, dass meine Werke einfach gross sein müssen, denn sie sind Ebenbild Gottes, der sie zur Hohepriesterin in seinem Tempel machte. In mir kennt und liebt sie den Gott, nicht den Menschen, und nur deshalb hat sie den Erzfeind besiegt, der da hinter seinen giftigen Wolken lauert und sich da nennt: Illusion.

Hier irrte Crowley. Denn der Affe des Thoth liebte den Mann Crowley. Der Zeitpunkt, da sie den Menschen verachten und nur noch den ‹Gott› als Instrument des Grossen Werks lieben sollte, war noch weit entfernt.

Aber wo stand der wahre Aleister Crowley? Er schillerte wie ein Kaleidoskop aus Tausenden verschiedener Bilder Crowleys. Eines davon schrieb folgendes über Leah:

> So wie sie in mir Gott liebte und verehrte, den Schleier über Schleier meines Menschenschattens verdeckten, so durchdrang ich das Gesicht des gemalten Affen, den lebenden Tod ihrer faltigen Haut über dem grimmigen Skelett und erreichte eine gewaltige Göttin, fremd, pervers, hungrig, ungefällig, und opferte meine Seele auf ihrem Altar – Göttlichkeit und Menschlichkeit, gemeuchelt mit einem Schlag ihrer Tatze. Und indem ich sie liebe und mich daran erquicke, dass sie mich zum Sklaven nimmt, zu ihrem Tier, ihrem Opfer, ihrem Gefährten, muss ich auch ihre Maske lieben, die bunte Larve, das lüsterne Affen-Puppen-Gesicht, die hagere Schamlosigkeit ihrer flachen Brüste ... anmassend zerriss Tod des Fleisches luftigen Vorhang ...

Mag sein, dass es sich hierbei um Poesie handelt. Die Wahrheit jedenfalls ist es nicht.

Ein Traum, oder eher ein Alptraum verfolgte ihn, in dem auch Jane Wolfe eine Rolle spielte. Sie war darin unheimlich fett und bleich. Sie holte ein ‹riesiges, penisartiges Organ› hervor und liess ihn wissen, dass er unmöglich eine Verbindung mit ihr eingehen könne – was geradezu auf prophetische Gaben schliessen lässt.

In der Zwischenzeit leistete er Leah gegenüber einen Eid des Heiligen Gehorsams – der sich jedoch nicht auf sie als Leah Hirsig bezog, sondern auf Alostrael, die Frau in Scharlach des Tiers. Zur Bekräftigung des Eides provozierte er sie dazu, ihm zu befehlen, ihr Exkrement zu essen: ‹Keine Tat, die sie nicht wagten ...› Es war eine der Prüfungen, denen er sich unterziehen musste. Ein paar Tage später näherte er seine Brust ihrer brennenden Zigarette. ‹Sie gewahrte die physische Feigheit und Furcht vor dem Schmerz, die ich so gut zu verdrängen gelernt hatte durch das Besteigen wilder Berge, durch das Bezwingen wilder Tiere und im Kampf gegen

Gift und Krankheit. Sie hielt die Glut an meine Brust. Stöhnend krümmte ich mich zusammen.›

Er bekam Nachricht von Jane. Sie war in Palermo, er reiste ihr entgegen. Als er erfuhr, dass sie die ganze Zeit in Bou Saada auf ihn gewartet hatte, erklärte er ihr, dass er sie mit Absicht dorthin geschickt hätte, um ihre Stärke und Aufrichtigkeit zu prüfen. Für ihre Leistung würde er ihr jedoch gerne eine gute Note geben. Tags darauf brachte er sie nach Cefalù und vermerkte ihre Ankunft auf einer besonderen Seite in der Chronik.

> Am dreiundzwanzigsten Tage des Juli im Jahre 1920, *era vulgari,* ☉ in 0° von ♌ und ☽ in 8° ♍ traf Jane Wolfe in Panormus (Palermo) ein, und tags drauf in der Abtei, allhier zu wohnen als Gast und zum Behufe der Vollendung des Grossen Werks.

In ihrem Tagebuch beschreibt Jane die letzte Etappe ihrer Reise als ungeheuer beschwerlich. Sie hatte nicht nur eine schlaflose Nacht verbracht, ihr Dampfer war in Tunis auch noch auf eine Sandbank aufgelaufen. Stundenlang hatte sie sich das Gekreische der Seilwinden und das stetige Auf- und Zuschlagen einer Toilettentüre anhören müssen.

In ihrem Zimmer im Hotel des Palmes in Palermo erwartete sie Crowley mit geschlossenen Augen, ihren schweren Kopf in die Hand gestützt. Plötzlich fuhr sie hoch: «Tu was du willst, sei das ganze Gesetz», ertönte eine Stimme, und «Ich bin Alostrael». In der Tür stand Leah Hirsig. Sie trug ein schwarzes Kleid, das vorne einen riesigen Fettfleck aufwies, auf dem sich eine dicke Staubschicht angesetzt hatte. Ihr Gesicht war ungewaschen, ihr Haar ungekämmt und strähnig, die Fingernägel lang und kohlrabenschwarz. «Wie konnte Crowley nur eine solche Person schicken?» dachte Jane. «Ganz automatisch durchfuhr mich der Gedanke: der personifizierte Schmutz.»

Leah führte sie zu dem Tier. Er trug Hut, einen gestreiften Anzug, Hosenträger und Spazierstock.

Am Abend des folgenden Tages reisten sie alle nach Cefalù. In der Abtei begrüsste sie Ninette. «Als ich sah, dass sie schwanger war, dachte ich: Oh ja – sein Kind.»

Über die Abtei selbst, jenes *Collegium ad Spiritum Sanctum,* schrieb Jane: «Es war dreckig, und je weiter der Tag voranschritt, um so deutlicher nahm ich das üble Miasma wahr, das den ganzen Ort durchdrang. Es stank zum Himmel, ich konnte nicht atmen. Als ich abends meinen Raum betrat, brach ich zusammen. Bis zur Herbst-Sonnenwende, als ich mit Ninette allein war (A. C. und Leah waren nach Neapel gefahren), und sie mich zum Lachen brachte, lag ich flach.»

Jane entsprach natürlich keineswegs dem, was sich Das Tier erhofft hatte. «Ich weiss jetzt, dass Jane Wolfe mich in die Irre führte, als sie ihr Geburtsjahr verschwieg. Ich bin wie das kleine Mädchen, dem man einen «dunklen, bemerkenswerten Gentleman» verheissen hat, und die dann nichts weiter vorfindet als einen Nigger mit einem Auge.»

Er erstellte ihr genaues Horoskop. Die Nähe ihrer Venus zu seinem Saturn bewies ihre Liebe zur Weisheit. Trotz seiner enttäuschten Hoffnungen diagnostizierte er sie als ernstzunehmenden Menschen, der gerne bereit war, am Grossen Werk der Befreiung der Menschheit mitzuarbeiten.

Ein paar Tage später wurde Jane in den A.·. A.·. eingeführt. Als magisches Motto wählte sie Metonith und begann den ersten Ausbildungsmonat. Das Training bestand in der Hauptsache darin, dass man ihr ein paar Bücher sowie eine Rasierklinge gab, mit der sie sich jedesmal in den Arm schneiden sollte, wenn sie «Ich» sagte.

Bald exerzierte sie die Stellungs- und Atemübungen des Yoga, rauchte Opium und führte ein magisches Tagebuch. Träume, zufällige Gedanken und offensichtlich irrationale Stimmungen – alles wurde getreulich aufgezeichnet und zu einem späteren Zeitpunkt von dem Tier analysiert.

«Eine starke Strömung von Unsicherheit und Irritation in allem», schrieb sie in ihr magisches Tagebuch. «Es drängt jetzt alles nach oben, und ich fühle mich, als wollte ich Leah schlagen, um sie aus meinem System zu vertreiben.» Was Crowley so kommentierte: «Du musst alle diese Dinge analysieren (und damit zerstören).»

Traditionellerweise stellt man den Kontakt mit Geistern mittels anderer Personen her. Oft ist das Medium ein Kind oder eine Jungfrau, die für diese seltene Kunst empfänglich ist. Als eines Nachts Benvenuto Cellini und ein Hexer im Kolosseum zu Rom Geister beschworen, hatten sie einen Knaben bei sich, der laut verkündete, was man im Flammenherd des magischen Feuers zu erblicken hatte. Dr. John Dee liess seinen Sir Edward Kelley in den Kristall schauen, der ihm von einem Engel gebracht worden war.

Auch Crowley, ganz in der Tradition von Dee und Kelley stehend, hatte einen Kristall, und als Medium hatte er das Mädchen für alles, Alostrael. Der grundlegende Faktor jedoch scheint mir (anders als bei Kelley) der Gebrauch von Drogen gewesen zu sein. Dee und Kelley leiteten ihre Seancen in Mortlake mit einem christlichen Gebet ein, Crowley und Leah mit der Beschwörung des Heiligen Schutzgeistes, Des Tiers Aiwass. Das «Chambre des Cauchemars» war dabei nur von Kerzenlicht erhellt:

«Leah beschwor Aiwass und sah eine kleine schwarze Figur, die sich hinter Felsen versteckte. Ich sagte ihr, sie müsse diese Erscheinung akzeptieren, denn es gibt Niemanden ausser Ihm.»

> «Frage nach Aiwass! Nachdringlich! Gib dich mit nichts anderem zufrieden», instruierte Das Tier.
>
> «Er steht auf einer Klippe ... Sie geht zu ihm ... Er hat eine schwarze Robe, kurz, und trägt einen runden, schwarzen Hut ...»

«Geh zu ihm», schrie Das Tier.

«Ich brauche eine Sense oder so etwas, bevor ich zu ihm durchdringe. Er quält mich. Er zieht sich aus. Schöner, grosser Körper, lang, ovales Gesicht, glatt geschoren. Er nimmt die Gestalt Des Tieres an . . .»

«Alostrael reitet auf dem Phantom», interpretierte Crowley. Der Gedanke gefiel ihm.

Leah buchstabierte das Wort, das sie schwach sehen konnte: «L A C H . . . OT.»

«Frag' nach einer endgültigen Antwort, warum uns dieses Wort gesagt wird,» befahl Crowley.

Sie gehorchte und erhielt als Antwort das Bild einer juwelenbesetzten Brosche in Form eines Rhombus.

«Ist dies sein Zeichen?» sagte Das Tier.

Alostrael sah ein Tor mit einer ähnlichen Brosche als Emblem darüber. Sie schritt durch das Tor und wandte sich nach rechts, stieg eine Treppe hinauf und kam in einen grossen Saal mit einem Torbogen auf der gegenüberliegenden Seite.

«Ist Aiwass da?»

«Ja», antwortete Alostrael. «Er sitzt auf dem Fussboden. Er ist schwarz gekleidet.»

«Dann reite ihn wieder», befahl Das Tier.

Alostrael begann prompt den Verkehr mit Aiwass (Set oder Satan), «auf dass er inkarniert werde in unserem nächsten Bastard», (d. h. Crowleys und Leahs nächstes Kind sollte eine Inkarnation von Aiwass sein).

Und so weiter, bis in die frühen Morgenstunden.

Gelegentlich kam man ohne Kristall aus. Das Tier lag auf dem Rükken, die lange Opiumpfeife an den Lippen, und starrte in die Dunkelheit. Nach einer Weile reichte er dann Leah die Pfeife.

«Um der Lust willen ergeben wir uns der Wollust. Um des Rauchens willen rauchen wir!»

Feierlich berichtete sie, was sie sah: «Silhouetten . . . Vögel, Blumen, Getreidegarben, Sterne, Lampen, *et cetera.*»

«Ihre Farbe?» fragte Das Tier.

«Gelb . . . und blau, mehr blau als gelb, heller als das gelb, es schwindet.»

«Beschwöre Aiwass», forderte er.

Sie murmelte den Heiligen Namen von Crowleys Heiligem Schutzgeist und schlug das Kreuz der Kabbala mit ihrer freien Hand.

Die Vision umwölkte sich. Statt Vögeln und Pflanzen kamen Landschaften herauf, Gebäude, Plätze, ein Palast, eine Stadt mit roten Dächern.

«Weise alles ab ausser Aiwass», befahl Das Tier.

Es erschienen Ruinen und ein langer Weg inmitten des Schuttes, der zu einer Tür führte. Dann schwang Aiwass' mächtiger Arm durch die Vision und wischte alles weg. Nichts blieb ausser diesem einen, gigantischen Arm, der hin- und her schwang. «Ist das Seine Botschaft?» fragte Crowley.

«Sein linkes Auge erscheint ... wie ein tibetanisches Mandala, alle Farben, verwirrend. Inmitten der konzentrischen Ringe eine Pupille aus himmelblauem Licht», sagte Leah. «Sie verwandelt sich in eine Lotosblüte. Dann ein strahlend blaues Kreuz und darin ein Kreis.»

«Woher weisst Du, dass es Aiwass ist?«

Die Antwort war eine schwarze Hand mit langen, spitzen Fingernägeln und Ringen an den Fingern. Das entsprach Crowleys eigener Vision von Aiwass. Dann eine goldene, vierblättrige Rose.

«Gib mir ein Wort», schrie Das Tier.

«Sen ...» Leah stockte. Mit gläsernen Augen starrte sie ins Leere. «Yen.»

Wieder schwang der gigantische Arm durch die Vision, langsamer, behäbiger. Die Seherin verlor sich im Auge des Aiwass und konnte nichts sehen als Wasser überall ...

Alles in allem verging der Sommer 1920 für die Thelemiten ohne Aufregung und Sorge. Es war ein erfolgreiches Jahr. Von Zeit zu Zeit erreichte Das Tier Momente dionysischer Intensität, rannte schreiend zum Tempel und «wäre um ein Haar wahnsinnig» geworden. Er liess die Götternamen vibrieren, verfluchte die Barbarennamen, schrillte Zaubersprüche (mantras) und führte Akte der Sexualmagie in grosser Ekstase für sehnlichste Wünsche durch. Seine Erklärungen für dieses Verhalten entbehren nicht einer gewissen Akkuratesse: «Die Keule Priapos', des Heiteren, schmetterte auf mein Haupt und trieb mich zum Wahnsinn».

Und so ging es immer weiter. Die lauten Schreie aus dem Inneren des *Collegium ad Spiritum Sanctum* erschreckten zufällige Passanten, sizilianische Bauern, die sich verstohlen bekreuzigten und zusahen, dass sie weiter kamen.

In *The Magical Record of the Beast 666* findet sich kein Hinweis darauf, dass Jane Wolfe zur Konkubine Nummer Drei geworden wäre. Zweifellos hätte Das Tier ein solches Ereignis nicht unerwähnt gelassen[1]. Allerdings spielte dies weiter keine Rolle, da die Eifersucht zwischen den Konkubinen Eins und Zwei mit unverminderter Heftigkeit anhielt oder zumindest – im Gegensatz zum Gesetz Thelemas: Liebe ist das Gesetz, Liebe unter Willen – still vor sich hin brütete. Alostrael war rasend eifersüchtig auf jede Frau, auf die Das Tier sein Auge warf. Er verzeichnete,

[1] Die Erklärung dafür ist wahrscheinlich sehr einfach. Ein auf der Abtei gemachtes Photo von Jane Wolfe zeigt eine stämmige Lesbierin in mittleren Jahren.

dass sie «entflammte in Manie», als sie ihn einmal dabei ertappte, wie er eine Sizilianerin allzu ausführlich begutachtete. (Auch Ninette hatte Grund zur Klage: einer Eintragung des Tiers zufolge, hat sie ihn einmal mit einem Revolver bedroht.)

Die positiven Vorzeichen der Sterne begannen sich langsam, aber sicher, negativ zu verwandeln. Von allem andern abgesehen, war Poupée noch immer sehr krank. Auch Crowley fühlte sich trotz Wandern und Schwimmen nicht allzu gesund, es gibt zahlreiche Hinweise auf Übelkeit, Schlaflosigkeit und Abgespanntheit. Er fasste alles zusammen mit dem Ausspruch, er hänge am Kreuz und habe einen «stumpfen Schmerz, der nicht sticht und keine Warnungen gibt», zu erdulden. Mitunter konnte ihn noch nicht einmal das vom Rauschgifthändler Amatore in Palermo gelieferte Kokain und Heroin von Schmerzen und Depression befreien.

Poupée wurde ins Krankenhaus nach Palermo eingewiesen. Crowley befragte das *I Ging* und beschloss, sie zu besuchen. Leah war schon zuvor hingefahren. «Vielleicht ist es ihr Wille, zu sterben. Denn als ich für sie einen Akt der *Magick* durchführen wollte, fühlte ich genau, dass ich es nicht konnte», schrieb er in sein Tagebuch. Er bezog sich auf einen Akt der Sexualmagie mit Leah zum Zweck «Dass Poupée Hilfe zuteil werde». Aber mitten im Akt überfiel ihn Angst, und er brach ab.

Den nächsten Tag, den 12. Oktober, beschrieb er als den traurigsten Geburtstag seines Lebens (er wurde fünfundvierzig). Er fuhr nach Cefalù zurück und versuchte, seine Depressionen zu überwinden, indem er wieder zu malen anfing. Als er am 14. Oktober vor seinem Ölbild «Toter Kaiser» sass, kam Alostrael gebeugten Hauptes aus Palermo zurück: Poupée war am Morgen gestorben.

Das Tier war verzweifelt: war er trotz allem doch noch geboren im alten Äon, dem Zeitalter der Christen, des Leidens und Sterbens (im Gegensatz zu dem von ihm begründeten Zeitalter des Lichts, des Lebens, der Liebe und Freiheit); und mit all seiner Göttlichkeit war er oft nur ‹menschlich, allzumenschlich›. Er führte die schluchzende Leah zum Tempel, wo er seinen magischen Stab schwang und die Glocke der Magie ertönen liess, um des toten Kindes Seele zu segnen. Anschliessend schrieb er folgende skurril-traurige Passage in die Chronik der Abtei:

> Am vierzehnten Tag im Monat Oktober 1920, *era vulgari*, ☉ in 21° von ♎ und ☽ in 20° von ♏, verliess Anne Leah, oder Poupée, der erste Bastard des Tiers und der Alostrael die Stadt Panormus und machte sich auf ihren Weg, auf dass Ihre körperlichen Schleier von unserem körperlichen Auge nicht mehr wahrgenommen werden. Möge Sie ihr Schiff lenken inmitten der Schar Ihrer schwesterlichen Sterne durch die Ozeane des Alls!
>
> Über jene, deren Fleisch Sie lieh und die nichts wussten in ihrer Sterblichkeit, kamen Trauer und Schmerz, die keine Worte auszu-

drücken vermögen, und Furcht. In Schweigen nahmen sie hin die Zeit und ihre Last des Leids.

Alostrael wurde krank (sechs Tage nach Poupées Tod hatte sie eine Frühgeburt); Crowleys Körper war von Furunkeln übersät, und er fühlte sich allgemein so niedergeschlagen, dass «das Grosse Werk beeinträchtigt wurde, und die Herzen aller schmerzten vor Angst, Verwirrung, Zweifel und Misstrauen», um noch einmal die Chronik zu zitieren. Ereignisse dieser Art interpretierte man auf Thelema nicht etwa als simples Pech und schon gar nicht als Ergebnis eigenen Verschuldens, sondern als Ratschluss der Götter. Denn wie sonst liesse sich eine solche Serie von Unglücksfällen erklären, wenn nicht aufgrund der Tatsache, dass die Geheimen Oberen ihnen nicht länger geneigt waren?

Der Tod ihres Kindes und die Fehlgeburt eines «Mann-Kindes im dritten Monat der Schwangerschaft» scheinen Alostrael zeitweilig in einen Wahnzustand versetzt zu haben. Mit grösserer Wucht als je zuvor brach ihre langgehegte Eifersucht gegen Schwester Cypris hervor. Ihr Misstrauen wuchs. Leah hatte ihre Kinder, geboren oder ungeboren, verloren – aber die kleine Französin hatte ihre noch (Cypris war im achten Monat schwanger). Zwei Wochen lang diskutierte Leah mit Crowley und überzeugte ihn davon, dass das alles Ninettes Werk war – die kleine Französin hatte die Jungfräuliche Hüterin des Heiligen Grals verhext. Das Tier recherchierte in Cypris' Tagebuch der letzten Wochen. Crowley scheint über die Massen empfindlich gegenüber den Obszönitäten anderer Leute gewesen zu sein. Cypris' Gedankenwelt war ihm keineswegs fremd. In Fontainebleau war er über die Enthüllungen ihres Tagebuchs entsetzt gewesen. Und nun war er zum zweiten Male angeekelt. Schrekken überwältigte ihn. Nie hätte er auch nur zu träumen gewagt, dass so etwas möglich sei. Er fühlte physische Übelkeit in sich aufsteigen: Das überzeugte ihn vollends.

Er ging zum Tempel und exorzierte die feindlichen Mächte, deren Cypris sich bedient hatte. Als letztes schlagkräftiges Argument gegen die übelwollenden Kräfte verbrannte er Asa foetida. Eine Kopie der Exorzierung liess er der Schuldigen zukommen.

> NINETTE FRAUX. *Tu was Du willst, soll sein das ganze Gesetz.* Purgatorium der Initiation. Gestank und Pestilenz breitet sich aus. In deinem Falle wurden zwei schlankweg getötet, die andern wurden krank. Es gibt Anzeichen dafür, dass der Vorgang in kürzester Zeit zu Purifikation und Sicherheit führen kann. Aber wir dürfen zukünftigen Schaden nicht riskieren. Wenn der Hass herrscht, so muss er auf seinen innersten Kern gewickelt werden. Führe weiterhin sorgfältig Tagebuch. Geh und wohne in Cefalù. Allein. Geh allein ins Krankenhaus. Am Tag vor der Entlassung sende mir dein Tagebuch, und ich

werde die Angelegenheit erneut prüfen. Ich hoffe, dass die Geschwüre heilen. Antworte nicht hierauf, sondern tu, was ich dir sage. *Liebe ist das Gesetz, Liebe unter Willen. Das Tier 666.*

Eine alte Bauersfrau, die in der Nähe wohnte, führte Schwester Cypris hinweg. Das Tier nahm die *Chronik* vom Altar und krakelte über zwei Seiten:

Nun denn endlich, am fünften Tag des Monats November 1920, *era vulgari,* ☉ in 13° von ♏ und ☽ in 11° von ♍, liessen die Worte der Alostrael seiner Konkubine das Tier aufhorchen und mit Klarheit die Magische Notwendigkeit erkennen, den Kreis gegen den Schrecken, der darin eindrang, zu solch tödlichem und grausamem Zweck, abzusichern; zu welchem Behufe er mit der Weisheit des Tahuti sich verschwor, exorzierte und verstiess er besagte Ninette Fraux, indem er sie der Abtei verwies für diese Jahreszeit. Und nicht in Hass oder Furcht beging er dies Werk, sondern in Liebe und Mitleid, dass Einsamkeit die Seele reinige, indem sie sie die eigenen Gifte zu verzehren zwingt.

Am 21. November traf Cecil Frederick Russell, ein junger Mann, der während des Krieges Krankenpfleger bei der Marine gewesen war, in der Abtei ein. Er hatte 1917 eine Ausgabe von *The International* gekauft und einen Artikel der Serie «Die Wiederkehr der *Magick*» aus der Feder des Meisters Therion gelesen; und daraufhin dem Meister geschrieben. Der hatte ihm (für 10 Dollar) ein paar Bücher geschickt. Juni 1918 dann lernte er Crowley in New York kennen. «Damals traf ich ihn in seiner Wohnung West 9th St., New York City. Mein Klopfen beantwortete er mit seinem hypnotischen Blick und machte einen Termin zum Lunch aus. Ich blieb fast den ganzen Tag bei ihm. Wir gingen auf eine Astralreise, und am Abend führte er mich und einige weitere Personen . . . in den 3° des O.T.O ein[1]».

Crowley war voll des Lobes über Russells intellektuelle Errungenschaften und fügte ein paar verleumderische Bemerkungen hinzu, die (angesichts des Gerüchts, dass Russell noch am Leben war) Kenneth Grant und mich dazu veranlassten, seinen Namen in Godwin[2] zu ändern. Wir hätten uns die Mühe sparen können. Mr. Russell war nicht im geringsten verärgert über Berichte, dass er sich einmal 40 Gran Kokain spritzen liess oder versuchte, durch schiere Willenskraft ein Stück Glas anzuzünden. Und die Behauptung, dass mehrere Marine-Ärzte ihm knapp das Le-

1 *Znuz is Znees.*
2 In *The Confessions.*

ben retteten, kommentierte er in seinem *Znuz is Znees, Memoirs of a Magician,* (Privatdruck), 1970 folgendermassen:

> Unsinn. Da war nur einer, mein Freund Dr. P., und der weigerte sich, den künstlich beigebrachten Jodfleck auf meinem rechten Arm für gefährlich zu halten, stimmte aber freundlicherweise zu, mich ins Hospital einzuweisen (das war alles, was er tat – noch nicht mal eine Morphiumspritze gab er mir), wo ich auf der Isolationsstation einen Heidenspass mit den Krankenschwestern hatte, während ich auf meine Entlassung wartete – was der Zweck der ganzen Übung war. Der Krieg war vorbei und ich hatte, wie gewohnt, den höchsten Rang erreicht, der für mich überhaupt zu erreichen war. Meinem Land hatte ich gute Dienste geleistet – von Hunderten von Grippepatienten in meinem Verantwortungsbereich war nur einer gestorben . . .

Aufgrund seines grossen Interesses für die Magie hatte Russell Crowley vorgeschlagen, mit ihm zu arbeiten. 1918 bestand dafür keine Möglichkeit, nun aber gab es eine Stelle, die er ausfüllen konnte: die eines «Hohepriesters von Thelema in der Abtei Des Tiers». Kurz nach seiner Ankunft legte Russell die Gelübde des A.·. A.·. ab und nahm den magischen Namen Genesthai [die Blumen, die werden] an.

Für Russells Experimente mit Dem Odem Unserer Dame (Äther) und seine Angewohnheit, in unregelmässigen Abständen «Gott verdammt noch mal» zu sagen, sowie sein rauhes Lachen anlässlich «lasziver Vorschläge» hatte Crowley nur Verachtung übrig. Für das äussere Auge (will sagen: für das äussere Auge Crowleys) war Genesthai ein «besoffener Matrose, der reine Liebe will, siebzehn und mit blondem Haar und garantiert echter Verlegenheitsröte». In anderen Worten, Russell war ein «potentieller Heiliger im Gewand eines Strolches». Dem Heiligen Guru oblag es nun, diese äussere Hülle der Vulgarität zu bearbeiten. Das Tier begann damit, ihm Kunst, Literatur und Manieren beizubringen.

Die «lasziven Vorschläge» kamen selbstverständlich von Crowley, der spontan eine starke magische Zuneigung zur Genesthai gefasst hatte. Das Tier war fest entschlossen, ihn zu verführen, wie er frank und frei in der Chronik erklärt, obgleich ihn Genesthai sexuell abstiess. Was übrigens auf Gegenseitigkeit beruhte.

Alostrael war bereits in Palermo. Beschwingt machte sich Crowley ans Werk und begann die Orgia (wie er diese überaus wichtige Serie sexualmagischer Werke nannte) mit Leah im Hotel de France. Genesthai nahm daran tags drauf teil, die Riten verliefen jedoch wenig erfolgreich, da Russell sein Herz nicht in die XI°–Werke setzte. Nach der Rückkehr zur Abtei zwei Tage später nahmen sie zusammen ihr Mittagessen ein. Anschliessend rasierte sich Das Tier, schminkte sich und schickte nach Bruder Genesthai, um die Orgie fortzusetzen.

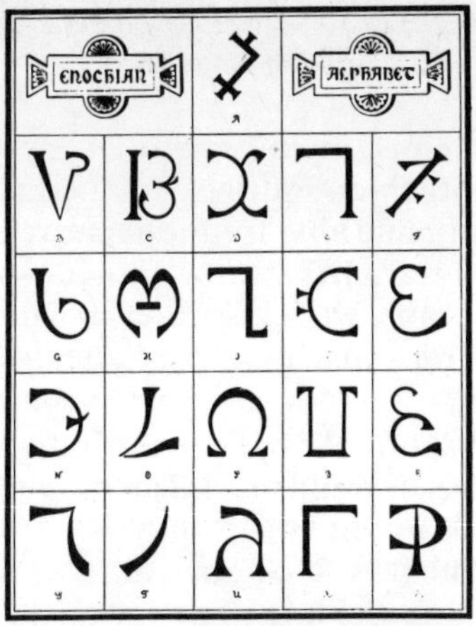

Das Enochische Alphabet

Ich werde mich rasieren und mein Gesicht schminken wie die allergemeinste Hure. Ich werde mich mit Parfum einreiben und mich an Genesthai heranmachen wie eine besoffene Fotze in der Altstadt von New Orleans . . . Opus V. Fra. Genesthai *in ano meo.* Alostrael musste ihn masturbieren, damit er eine Erektion hatte. Ihre Hand führte seinen Penis in meinen Anus ein. Orgasmus sehr stark und wild. Elixier fast zur Gänze aufgesogen. Alostrael, der ich davon anbot, konnte nur noch ein paar Tropfen erwischen.

Ziel dieser magischen Operation – und alle Sexualmagie verfolgt ein bestimmtes Ziel, denn andernfalls wäre sie bloss Sex und keine Magie – war die Errichtung des Gesetzes Thelema. Crowley verströmte geradezu in der Errichtung des Gesetzes des *Tu was Du willst.* Auf dem Höhe- und Schlusspunkt von Opus V rief Crowley ausser sich[1] vor Wollust mit lauter, klarer Stimme und langsam und deutlich jede Silbe betonend: «Dies soll errichten das Gesetz Thelema.»

In Bd. 2 seines *Znuz is Znees* kommentiert Genesthai den Vorgang so: Was wirklich geschah, mein lieber Meister Therion, war, dass in diesem Fall dein Charme einer Circe bei mir keinen Steifen erzeugen konnte – Äthyläther ist halt kein Aphrodisiakum –, und dass du im Bett zwischen mir und der Jungfräulichen (sic) Hüterin des Heiligen Grals lagst, die sich über dich hinwegbeugen musste, um zu tun, was sie musste und was du in der Chronik heruntergespielt hast – das war in Wirklichkeit nämlich wesentlich mehr als nur die Hand eines Fremden zu schütteln um *faire gonfler son andouille.*

1 Dass jemand ‹ausser sich ist vor Lust›, bedeutet vom thelemischen Standpunkt aus gesehen keineswegs Kritik.

Crowley begrüsste das neue Jahr mit einem Verzweiflungsschrei: «Die finanzielle Situation ist verheerend, nachdem die versprochenen 1 500 Dollar ausgeblieben sind. Was tun?»

Das *I Ging* empfahl ihm, sich zur Ruhe zu setzen. Kommentierte Crowley: «Umfange mich, Schlaf! Umfange mich, Tod! Dieses Leben ist zu schwer, es schmerzt, es tötet, es reicht mir.»

Sein ursprüngliches Vermögen von 17 000 Pfund hatte er bis auf den letzten Heller verschleudert. Dreimal je 1 000 Pfund, die ihm drei offenbar in kürzester Reihenfolge nacheinander verblichene Tanten hinterlassen hatten, hatte er vermutlich bei seiner Rückkehr aus Amerika kassiert und damit den Grundstock zur Abtei gelegt, nachdem er die Miete in Fontainebleau beglichen hatte.

Ein paar Tage später allerdings wurden die Geldsorgen vom Problem der Crowleyanisierung der Menschheit in den Hintergrund gedrängt. Seine Opiumpfeife rauchend, invozierte er Aiwass nach dem Ritual des Ungeborenen (siehe Seite 168). Wie sollte er das Gesetz von Thelema durchsetzen? Das war die Frage, die er seinem Heiligen Schutzgeist stellte.

Aiwass antwortete ihm im Traum: Darin sah Crowley zwei riesige Vierecke, die zahllose Menschen umschlossen. In dem Traum sagte Aleister Crowley alles, was er zu sagen hatte, und zwar mit einer Stimme, die jedermanns Aufmerksamkeit erregte. Gewaltiger Beifall. «Dann kam Zustimmung seitens einer schulrektorartigen Person; alles applaudierte, und auf diese Weise brandete der Beifall zu mir zurück. Moral: verschaffe dir Gehör und sage klar, was du willst!»

Er beschloss, nach Paris zu gehen und dort sein Glück zu versuchen. Zum Abreisedatum erkor er den 1. Februar. Die ganze Zeit war ihm völlig rätselhaft, warum all seine Mühe und Plage kein Geld brachte. Er befragte das *I Ging* dazu:

> «Was ist der Grund für meine Unfähigkeit, mit meiner Arbeit geschäftliche Erfolge zu erzielen?»
>
> «Das Geschäft ist zu gross für seine Organisation.»
>
> «Was wird mich in die Lage versetzen, befriedigende Resultate zu erzielen?»

«Ein plötzliches Ereignis.»
«Was für eine Art Ereignis?»
«Eine Frau.»
«In welcher Beziehung werde ich zu dieser Frau stehen?»
«Ehe.»
«Beschreibe die Frau.»
«Wohlhabend, offenherzig, leidenschaftlich, impulsiv, hitzköpfig, ungeduldig, grausam; weiss womöglich, was Schmach ist.»
«Wie lerne ich sie kennen?»
«Im Zusammenhang mit einem Geheimnis oder einer schwierigen Angelegenheit.»
«Beschreibe den Ort des Zusammentreffens.»
«Auf einer Reise nach Paris. Möglicherweise im Haus eines Geistesverwandten, vielleicht aber auch in einem Wald.»

Schliesslich fragte Crowley das *I Ging* nach einem Symbol für sein Werk der nächsten fünf Jahre. Er erhielt die Antwort: «Plötzlicher Aufstieg zu Ruhm, anfangs eher langsam.»

Die Flut der Ereignisse des *Magical Record* nimmt in der Chronik dann ein plötzliches Ende und hebt erst zwei Monate später, nach der Rückkehr des Tiers aus Paris wieder an, als er schwitzend und ohne Braut den Bergpfad hinaufkeucht. Der Aufenthalt in der Stadt Lutetias hatte nichts eingebracht.

‹Ich habe ohne Rückhalt gelebt und nur an meiner Nervenkraft gezehrt. Krampfhafte Aktivitäten, manche sehr gut, andere schiere Hysterie. Noch nicht einmal die Werke der Gnosis [Akte der Sexualmagie] habe ich aufgezeichnet. Morgen fahre ich nach Paris. Bis ich wiederkomme, wird mein Tagebuch im Zustand 0° sein. Dann werde ich mir ein anständiges Buch kaufen, eine Feder, die funktioniert, und Tinte, die diesen Namen verdient.›

Er übertrug Leah die Verantwortung für die Abtei und legte seiner Gefolgschaft eine Schweigepflicht auf, die für die gesamte Dauer seiner Abwesenheit gelten sollte (mit gewissen Ausnahmen); küsste die Kinder, ermahnte die Konkubinen Eins und Zwei, miteinander in Frieden zu leben (Schwester Cypris samt Baby war wieder in die Abtei aufgenommen worden) und zog von dannen.

Sofort nach seiner Ankunft in Paris kaufte er ein kleines Diarium aus Hadernpapier, das in rotes Saffianleder gebunden war. Hier wollte er die wichtigsten Ereignisse und Aktivitäten eintragen: Akte der Sexualmagie; Eide, Fragen und Antworten des *I Ging,* die Namen von Leuten, mit denen er zusammengetroffen war; welchen Bewusstseinsstand er erreicht hatte und wohin er ging; *obiter dicta,* und dergleichen mehr. Auf die erste Seite schrieb er Name und Stand:

666
ΤΟ ΜΕΓΑ ΘΗΡΙΟΝ
The Beast
⊙
Alastor de Kerval
Grand Master of the Knights
of the Holy Ghost
The Wanderer of the Waste
ΛΟΓΟΣ ΑΙΩΝΟΣ
An[no] XVI ⊙ in ♒

Paris wimmelte damals von Genies – viel zu viele, als dass Crowley besondere Aufmerksamkeit erregt hätte. Die Ängste des Kriegs waren umgeschlagen in die Exzesse des Friedens. Auf einer öffentlichen Kunstausstellung wurde, zwischen anderen Kuriositäten, nichts als die Wand eines Pissoirs gezeigt – das Kunstwerk nannte sich ‹Der Brunnen›[1]: Nie zuvor hatte die Welt so etwas Aufregendes gesehen. Russisches Ballett und russischer Bolschewismus, Psychoanalyse, Dadaismus – das waren die Strömungen, über die alle Welt reden sollte. Wen kümmerte da schon die Grosse Erleuchtung in Kairo und die Gotthaftigkeit des Aleister Crowley.

Unter den vielen Bekanntschaften Crowleys dieses Pariser Februars finden sich Mary Butts, die englische Kurzgeschichten- und Romanautorin, ihr Freund Cecil Maitland, und die älteste Schwester der Ninette Shumway, Helen, die sich alle zu einer Pilgerfahrt zur Abtei bereiterklärten. Crowley stellte nebenher in Paris fest, dass ‹Homosexualität Charakterschwäche ist›. (Zwei Tage später jedoch dokumentierte er seine eigene Charakterschwäche anhand seines Pariser Liebhabers Camille, dem er, wie üblich, als passiver Partner diente.)

Im Februar lief ihm auch Nina Hammett über den Weg, die ihn bei J.W.N. Sullivan und seiner Frau Sylvia einführte. Sullivan, dessen Hauptinteressen der Musik und der Wissenschaft galten, fühlte sich zu dem Tier hingezogen. Sie spielten Schach und Crowley verbreitete sich mit augenfälligem Erfolg über *Das Buch des Gesetzes*. Die beiden diskutierten und disputierten ganze Nächte lang. Zu guter Letzt rang Crowley Sullivan ein schriftliches Versprechen ab, demzufolge er sein Bestes geben wollte, um seinen wahren Willen zu erkennen:

> Ich, J.W.N. Sullivan erkläre hiermit feierlich und in Gegenwart des Tiers 666 meine Unterwerfung unter das Grosse Werk: das da ist, meinen eigenen Wahren Willen zu ergründen und durchzuführen.
> Liebe heisst das Gesetz, Liebe unter Willen.
> So wahr mir Gott helfe. J.W.N. Sullivan

[1] Von Marcel Duchamp, 1915.

Für Sullivan und Frau entfaltete Crowley seine ganze intellektuelle und sexuelle Anziehungskraft – mit dem Ergebnis, dass gleich auf der dem Eid des Ehemannes folgenden Seite in Crowleys Tagebuch die getreuliche Wiedergabe eines Aktes der Sexualmagie mit der Ehefrau zu lesen ist. Denn eben, um seinen wahren Willen zu ergründen, hatte Crowley Sullivan nach Süden geschickt und ihm geheissen, seine Frau zurückzulassen. Erst Tage später folgte sie ihm nach.

Am 6. April kehrte Crowley nach Cefalù zurück, in seinem Reisegepäck war nichts, als eben die Langeweile und Trägheit, die er schon nach Paris mitgenommen hatte. Ziel seines ersten Aktes der Sexualmagie mit Alostrael war «Physisches Wohlbefinden für beide». Billigend nahm er dabei zur Kenntnis, dass sie sich während seiner Abwesenheit ‹fast ganz ausgeheilt hatte, indem sie mit dem Baron Le Calee drei Werke ausführte.› Allem Anschein nach handelte es sich bei diesem Baron um eine sizilianische Lokalgrösse, die aus irgendeinem Anlass in die Abtei spaziert war und dort eine Nacht oder zwei verbrachte.

Er schob die Verantwortung für seinen ununterbrochenen Heroinmissbrauch auf die kalten und feuchten Winter in Cefalù und die enttäuschenden Wochen in Paris. Ohne Heroin, sagte er, hätte er das Bett hüten müssen, wohingegen er mit Heroin einige Arbeiten erledigen konnte. An gleicher Stelle jedoch notierte er, dass er am Ende seiner Kraft sei, was die Arbeit anginge. «Es fällt mir immer schwerer, mich dazu zu zwingen, irgendetwas zu tun . . . Meine Gedanken aufzuzeichnen und auszudrükken, genügt entweder ein simples ‹Wow› oder Schweigen.»

Die finanzielle Situation war noch immer verzweifelt. In anderen Worten: sein zweimonatiger Aufenthalt in Paris und die vielen Akte der Sexualmagie hatten die Lage um keinen Deut verbessert.

> Gestern beschloss ich, kein Heroin mehr nach 11 Uhr zu nehmen. In der Nacht litt ich unter Schmerzen und Schlaflosigkeit. Aber ich hielt durch und fiel nach ein oder zwei Alpträumen in tiefen Schlaf. Am Morgen grosse Schwäche, die um 10.30 Uhr nach einer Dosis Heroin prompt verschwand. Womit klar bewiesen ist, dass es sich um eine Entzugserscheinung handelte.

Er warf die Stäbchen des *I Ging*. Welchen Kurs sollte er einschlagen, um der «Tendenz zur Gewohnheit» Einhalt zu gebieten? Willenskraft, war die Antwort.

Der Rest dieses Teils des *Magical Record* liest sich wie ein Krankenreport: «kann nicht schlafen, hatte keinen Appetit, kann kaum atmen, die Gedärme rühren sich nicht, und Geld ist auch keins da.» Die Lage scheint derart hoffnungslos, dass selbst die Kur des Doktors aus *Gil Blas*, der seinen Patienten von der Krankheit befreite, indem er ihm die Last des Lebens abnahm, als wahrer Segen anzusehen ist.

Jeden Morgen raffte er sich auf und malte. Arbeit war ihm nichts als ein unterschwelliges Gebet, und zu arbeiten gab es viel. Allmählich gewann er etwas Energie und Selbstvertrauen zurück, seine Verstopfung schlug um in Diarrhöe und seine Trägheit in eine Mal-Orgie. Er machte stundenlange Spaziergänge durch die Hügel und ging dem Phantom Heroin aus dem Weg. Bei einem Entzug, beschloss er, ist es weniger wichtig, die Dosen zu verringern, als den zeitlichen Abstand zwischen ihnen zu verlängern, um den «physiologischen circulus vitiosus» aufzubrechen. Wenn er des Wanderns und Malens überdrüssig war, nahm er einen Besen und fegte den Tempelboden.

Beim Malen dachte er an Gauguin. Mit ihm identifizierte er sich bis zu einem Punkt, an dem er, wie er sagte, wahrhaftig von ihm «gequält» wurde. Wie Gauguin hatte er es vorgezogen, ins Exil zu gehen, anstatt das Bürgertum zu tolerieren; wie Gauguin hatte er die Wände seines Hauses mit dem Glanz seiner Visionen bedeckt, wie Gauguin hatte er erst spät im Leben mit der Malerei angefangen. Und schliesslich notierte er, dass der französische Maler ein Eingeweihter höchsten Grades gewesen war, der bei hellichtem Tag einmal eine Undine gesehen und gehört hatte.

Gauguin war am 8. Mai 1903 gestorben – sechs Monate, nachdem Crowley Rodin kennengelernt hatte. Durchaus möglich also, dass er ihn kannte! Und indem er seine Hände zur Sonne erhob, bot Das Tier dem Geiste Gauguins seinen Körper dar, der da «wohl geweiht ist durch Jahre intimer Vereinigung mit schwarzen, braunen und gelben Männern und Frauen» – wann immer der Geist Gauguins zwecks weiteren Ausdrucks seiner selbst ein Vehikel benötigen sollte.

> Hierbei ordne ich, Baphomet 729[1], kraft der Macht und Herrschaft in mir an, dass der Name
>
> PAUL GAUGUIN
>
> aufgenommen werde unter die Heiligen der Gnostischen Messe.
>
> Baphomet XI°[2] O.T.O.
>
> I.I. et O.B.[3]

Besonders gewaltig beeindruckt war er von der Tatsache, dass Gauguin *sein ganzes Haus* bemalt hatte. Welch ein Genie! Hatte er auch die Möbel bemalt? Es ist weiter keine Schwierigkeit, eine Wand als Dschun-

[1] Die Buchstaben des Namens Baphomet summieren sich zu 729.

[2] ‹Das X° ist lediglich ehrenhalber›, meinte Crowley, ‹aber neuere Recherchen in den Mysterien des IX° zwingen mich dazu, ein XI° hinzuzufügen.› Die sexuellen Geheimnisse des O.T.O. werden den Mitgliedern vom Grad IX gelehrt, es handelt sich um magische Werke mit dem anderen Geschlecht. Auf eigene Initiative fügte Crowley das XI° (oder umgekehrt IX°) für Werke der Homosexualität hinzu. ‹Autosexuelle› Werke haben VIII°. Crowley praktizierte alle.

[3] Irland, Iona und alle Britannien, die sich im Heiligtum der Gnosis befinden.

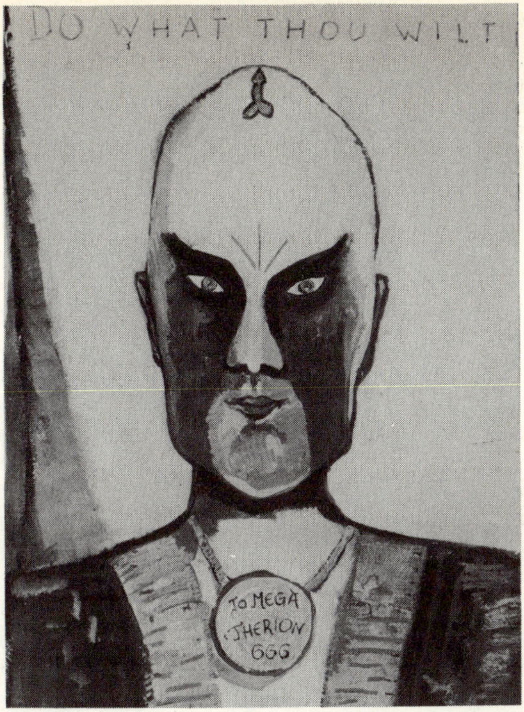

Selbstporträt Aleister Crowleys als das Grosse Tier (To Mega Therion).
Der Penis, der aus seinem Kopf kommt, ist ein Symbol für die Hörner des Pan:
Sexuelle und magische Macht

gel zu zeichnen, aber kann man den Toilettentisch aussehen lassen wie eine Pythonschlange?

Harmonie wird entstehen, indem ich das gesamte Haus zu einem vollkommenen Ausdruck meiner selbst mache. Der gemeinsame Faktor wird der Stil sein. Es gibt keinen Grund, von Widerspruch zu schreien, nur weil man mich einerseits sieht, wie ich im Hurrikan gegen die eisigen Felsen am Meije[1] kämpfe, und andererseits, wie ich in seidene Pyjamas gehüllt zwischen meinen schwarzen Liebhaber und meine begüterte Mätresse gebettet Opium rauche. Tausend Lieder singt meine Seele – aber alles ist dennoch das eine Lied. Mein Haus soll mein Spiegel sein.

[1] In den französischen Alpen.

Über seine Bilder meditierte Das Tier folgendermassen:

> Angenommen, eins meiner Bilder würde sich umdrehen und «ätsch» sagen? Angenommen, es würde sagen: «ich kann genauso gut malen wie du, aber es ist mir schnuppe»? Angetan sollte ich sein von derart geistreicher Haltung. Wäre ich fähig, Eifersucht zu fühlen oder beleidigt zu sein, oder meiner Schöpfung Wunden des Hasses zuzufügen: ich hätte sie gar nicht vollbringen können ... Jedes Gemälde enthüllt mir etwas, was ich bis dahin noch nicht über mich wusste. Meine Kunst bringt mir echte Erkenntnis ...
>
> Die Kunst ist die Methode der Götter, ihre Mysterien zu enthüllen, es ist der faszinierendste und zeitloseste aller Genüsse. Wir alle, jeder unabhängige und einzigartige Einzelne, sind Teil Gottes; und nicht bloss Unterschriftsstempel seines Erhabenen Namens. Wir sind die Poesie Gottes, entstanden aus seiner Inspiration. Wir sind seine Kinder, empfangen im Wahn der Liebe. Und wir wären Seiner und Seiner Natur nicht würdig, wären auch wir nicht der Inspiration und Ekstase fähig, wären wir nicht frei, uns emporzuschwingen und durch die Lande zu streifen ...
>
> Und ein Mensch, der idiotische Witze macht und sich obszöne Grausamkeiten ausdenkt, der zeigt sich würdig des Samens des Gottes, der das All gefüllt hat mit Genüssen. Und die ‹Blasphemie›, die beleidigte Haltung des Geschaffenen gegenüber seinem Schöpfer, ist der Beweis dafür, dass der Geschaffene ein lebendes und unabhängiges Wesen ist und somit den wahren Zweck seines Schöpfers erfüllt. Blasphemie also ist die gottgefälligste aller Taten.

Eine starke Vorahnung von widrigen Ereignissen befiel ihn. Es konnte nicht immer so weitergehen. Das Leben in der Abtei war zur Routine geworden, aber eine Routine der Indifferenz, nicht der Disziplin. Er beschwor alle, sich zusammenzureissen, und ihre Trägheit abzustreifen. Das magische Werk musste wieder aufgenommen und den Anforderungen gerecht werden. Es ging nicht weiter an, dass man nur nach Lust und Laune in den Tempel ging und mal eine Beschwörung durchführte oder einen Eid ablegte. Was sagte das *I Ging* dazu?

Die Antwort des Orakels: Sie waren wieder am Ausgangspunkt angelangt. Es ging nicht mehr um die Frage: «Wir brauchen Geld, und wie zum Teufel können wir es auftreiben?», sondern es ging darum, dass «wir beweisen müssen, dass man anfangen kann mit nichts als den nackten Fähigkeiten physischer, psychischer und moralischer Art.»

Aber den profanen Fakten hatte Crowley nun doch etwas genauer ins Gesicht zu sehen. Man musste Geld verdienen. Aber wie? Das Tier selbst war das schwächste Glied in der Kette und ohne jegliche Erfahrung, für seinen Unterhalt zu sorgen oder zu arbeiten, «obgleich mich meine Eingebung in die Lage versetzt, eine ziemlich akzeptable Methode zu finden, wenn ich irgend etwas getan haben will». Alostrael war zwar total und hoffnungslos unfähig, konnte jedoch «ungewöhnliche Ausdauer aufbringen». Jane Wolfe konnte dem Tier bedauerlicherweise auch kein privates Bankkonto anbieten, ihre finanzielle Kapazität erschien ihm ohnehin zweifelhaft. Was Bruder Genesthai anging, so war er zwar physisch stark und hatte einige Erfahrungen in mannigfachen Jobs wie Maschinenschreiber, Kellner und Krankenwärter gesammelt, weigerte sich aber «dergleichen Arbeit zu seiner magischen Formel zu machen». Auf gut Deutsch: Auch auf ihn konnte man nicht rechnen, wenn es darum ging, Geld beizuschaffen. Schwester Cypris schliesslich – arm und harte Arbeit durchaus gewöhnt – hatte ihr Baby zu versorgen.

Wieder wurde das *I Ging* um Rat gefragt. Die zweite Hälfte des Spruches war verwirrend. Jeder, so hiess es, sollte die seinem eigenen Charakter gemässe Arbeit ausüben und da ernten, wo er *nicht* gesät hatte.

«Sollen wir Strassenräuber werden?» fragte Das Tier.

Die Sonne trat ins Sternbild der Zwillinge ein. Das Tier und seine Frau in Scharlach, Alostrael, feierten ein Werk der Gnosis, das die magischen Kräfte Babalons entfesseln sollte. Seinen Orgasmus während dieses Werkes beschrieb Crowley als permanent und viele Minuten lang, als «vollendet, ohne vollendet zu werden. Unbeschreiblich – eine ganz neue Erfahrung.» Die Details des Rituals lassen erkennen, dass das Sakrament eine Parodie der christlichen Heiligen Kommunion war.

Den ganzen folgenden Tag arbeitete er mit Jane an einem Gemälde für eine Wand seines Schlafzimmers. Er beschrieb das Werk so:

> Es zeigt unsern Herrn Aiwass[1], wie er zur Welt herabsteigt und ihr 666[2] und 31-666-31[3] bringt. Rechts von ihm ist der Dämon der Doppelten Weisheit, eine Mischung aus Eule und Ibis. Links von ihm steht der Engel der Dreifachen Narrheit, der aus Schlange, Krebs und Ziege zusammengesetzt ist. Das eine ist Nacht, Schweigen und Meditation, das zweite Leben, Lust, Luxus, Arbeit ist das dritte. Im Himmel stehen Saturn, Luna und Komet.

Auch den nächsten Tag arbeitete er an diesem Gemälde. «Es ist fast vollendet. Aber die Intensität, mit der ich arbeite, ist wie ein Akt der Verzweiflung. Sie wirkt wie ein Anaesthetikum. Langsam tötet mich die Würgeschlange der Armut. Meine Stärke wird aufgesogen vom Bewusstsein, dass alles, was ich tue, sinnlos ist.»

1 Aiwaz = Aiwass, Crowleys Heiliger Schutzgeist. Die Schreibweise hängt davon ab, welches Werk Das Tier jeweils in Angriff genommen hatte – Aiwass für magische, Aiwaz für mystische Werke.

2 Das Tier.

3 Alostrael.

Das war in etwa sein Zustand, als er noch einmal die Lage überdachte. Den Anfang machte er mit der Frage: Wer bin ich? Die Antwort – und diesmal fragte er nicht das *I Ging* –: ein Magus, den ein Gelübde verpflichtete, der Menschheit eine Botschaft zu bringen. Er konnte und durfte nicht länger schweigen. Er war fest in den Banden der Bruderschaft des A.·. A.·., der gleichen Inneren oder Geheimen Kirche verpflichtet, auf die auch Eckartshausen in *The Cloud upon the Sanctuary* hingewiesen hatte. Die Wahrheit war, dass er allein viel vollbracht hatte, mehr als andere in Jahrhunderten. «Denn mir ist gegeben, das Wort[1] zu sagen, das der Welt das neue Gesetz bringen wird, eine neue Magische Formel[2]; und zum Zeugen habe ich meine schlimmsten Feinde, denn sie wissen, dass mein Werk auf die Eingeweihten mehr Einfluss hatte, als irgendeines andern meiner Generation. Mächtig ist gar mein Versagen.»

Ja, er hatte einen guten Kampf gekämpft und das Grosse Werk zum Teil verwirklicht – warum also nicht das Schwert aus der Hand legen?

Man schrieb das siebzehnte Jahr des neuen Zeitalters, das siebzehnte Jahr nach der Grossen Erleuchtung in Kairo oder *era vulgari,* 1921. Er hatte nichts zu bereuen und nichts zu befürchten, denn er war in den Händen der Götter. Wenn es ihr Wille war, dass er lebte und das Grosse Werk weiterführen sollte – dann sei es!

Er zog sich aus und betrat den Tempel mit Alostrael im Gefolge: Denn nun würde er das Gelübde eines Ipsissimus ablegen, des höchsten möglichen Grades in der gesamten Hierarchie der Grossen Weissen Bruderschaft des Lichts, eine Stufe noch über den Göttern und jenseits aller geistigen Begriffe.

Er fürchtete sich vor dem, was getan werden musste, denn er hielt es für möglich, ‹eine Wahnsinnstat zu begehen, um zu beweisen, dass er die Stärke hatte, ohne alle Bindung zu handeln.›

Er schwang sich dennoch auf: aufrecht stand er vor der Erscheinung seines eigenen trotzigen und höhnischen Selbst und verkündete, dass er, und niemand sonst, durch eigene Einsicht und Weihe ein Ipsissimus war (‹das eigene, ureigene Selbst›):

> Einsicht und Weihe haben mich zum Ipsissimus gemacht. Ich werde der Erscheinung meiner selbst ins Auge blicken und ihm dies ins Gesicht sagen. Den Wahnsinn selbst werde ich beschwören. Aber weil ich die Wahrheit gedacht habe, werde ich nicht davor zurückschrekken, sie in Wort und Tat festzuhalten, was immer die Folgen sind.
>
> 21.34 Uhr. Ich schreite, wie ein Gott schreitet.
>
> 22.05 Uhr. Zurück an meinem Schreibtisch, die Tat ist vollbracht, die Frau in Scharlach mein Zeuge. Ich schwor, lebenslanges Schwei-

[1] Thelema.

[2] *Do what Thou wilt shall be the whole of the Law.*

gen zu bewahren über die Natur des Erreichten. (Die Frau in Scharlach ist natürlich nicht daran gebunden.)

Nachdem er den Eid abgelegt hatte, beschrieb er sich als in Samadhi befindlich, der Ekstase, dem Zustand des höchsten Segens, der Entrücktheit und Erkenntnis. Er war «namenlose Natur», Hegels reines Sein, und wie dieses eingefasst im Absoluten. Etwas höheres ist nicht denkbar. Crowley war höher gestiegen als Gott selbst.

Sein Status als Ipsissimus brachte gewisse Vorteile mit sich, denn er ermöglichte ihm, vier Wochen später ein objektives Urteil über sich selbst zu fällen.

Physisch bin ich ein Feigling. Aber ich habe mich aller Krankheit, Gewalt und Ungemach ausgesetzt. Ich bin verwöhnt und wehleidig, aber ich habe mich gezwungen, in dreckigen und ekligen Ausschweifungen Freude zu finden. Sogar Exkremente zu fressen, habe ich mich gezwungen, und Menschenfleisch. Und hier und jetzt trotze ich der Kraft des Rauschgifts, das meinen Lebenszweck verhüllen und meinen Körper von seinen Pflichten fernhalten will. Geistig und moralisch bin ich ein Schwächling, dessen Jugend so elend war, dass danach mein ganzer Wille zusammengefasst wurde in nur diesem: Hass gegen Bindungen und Unfreiheit jeder Art; und dessen junge Jahre als Mann, in denen ich nichts lernte, einen Menschen zurückliessen, dessen Geist und tierische Seele wie brünftige Elefanten sind, die ihr Gehege zerbrochen haben. Und dennoch bin ich Herr jeden Gedankens und jedes Gefühls meines Geistes geworden, habe ich mich zu einer moralischen Instanz aufgeschwungen, die ernster und strenger als jede andere in der Welt ist, und sei es nur durch absolute Freiheit von allen Regeln menschlichen Verhaltens.

LICHTKUCHEN FÜR MARY BUTTS

Ende Juni 1921 nahmen Mary Butts und Cecil Maitland Crowleys Einladung an und reisten zur Abtei. Mit spitzer Feder beschrieb Das Tier die damals 28jährige Mary Butts als «eine fette, dreiste, rotköpfige Schlampe ... eine weisse Made. Sie war arrogant und eingebildet. Sie hielt sich für eine Kapazität auf dem Gebiet der Literatur, aber ihr ganzes Wissen war Schmonzes. Ihre literarischen Versuche waren das erbärmlichste Geschwätz, das je gedruckt wurde.»

Cecil gegenüber empfand er etwas weniger Abneigung. Nach einer langen und umständlichen Abhandlung über Aussehen und Erscheinung Maitlands untersuchte er ihn unter der Lupe der Philosophie und ordnete ihn in die gleiche Kategorie Mensch ein wie Victor Neuburg: «Der grosse Wert solcher Menschen wie Maitland und Neuburg besteht für mich in der Bestärkung meiner Überzeugung, dass auch die vollständigste Ansammlung menschlicher Tugenden und Talente wertlos ist, wenn sie nicht durch Willenskraft gestützt wird.»

Am Tag nach seiner Ankunft ging Cecil mit dem Tier in der Bucht schwimmen. Crowley schien dabei sein Bestes gegeben haben, ihn zu ertränken. Maitland konnte sein Leben nur dadurch retten, dass er auf einen scharfkantigen Felsen kletterte, wobei er ein paar Hautfetzen verlor. Der Ritter und Wächter der Heiligen Lanze berichtete, dass er über und über mit Blut besudelt gewesen sei, als er seine Kleider wieder anlegte. Am folgenden Tag fand die Zeremonie der Zubereitung der Lichtkuchen[1] statt.

Ausser Schwester Metonith, die sich gerade in ihrer Sandhöhle in Yoga-Trance befand, versammelten sich alle Thelemiten im strahlenden

[1] Das Rezept findet sich im *Buch des Gesetzes*:
‹Das beste Blut ist das des Mondes, monatliches. Sodann das frische Blut eines Kindes oder, wie es vom himmlischen Gastgeber herabfällt: dann das des Feindes: dann das des Priesters oder des Opfernden: schliesslich das Blut eines beliebigen Tieres. Dies verbrenne man: daraus bereite man die Küchlein und esse sie›. Die ‹Gastgeber des Himmels› sind die Sterne, die ‹Lichtkuchen› waren die ‹eucharistischen Hostien› in der neuen Religion des Aleister Crowley. Entsprechend in seinem *Magical Record of the Beast* vom 5. Juli 1920: ‹Die Hostien meiner Messe sind aus Exkrement, auf dass ich sie esse in Ehrfurcht und Liebe›: Mary Butts lehnte die sogenannte Hostie ab, als Crowley sie ihr anbot. Diesen Vorfall meinte sie, als sie erwähnt, dass ihr Crowley bei ihrer Ankunft in der Abtei ‹Ziegenscheisse auf einem Teller› angeboten habe.

Sonnenschein der Hügellandschaft. Man erstellte Horoskope und befragte das *I Ging:* beide erteilten ihren Segen. Dem Tier wurde seine purpurschwarze Robe angelegt. In der Hand hielt er einen Dolch. Nach dem Bannungsritual des Pentagramm wurde ein junger Hahn in den magischen Zirkel gebracht.

Eine Zusammenfassung der Zeremonie findet sich in Crowleys *Magical Record*. 14.00 Uhr. Die Zeremonie der Zubereitung der Lichtkuchen. Ein junger Hahn wird von C. J. A. Maitland katholisch auf den Namen *Peter Paul* getauft. Maitland ist der Sohn eines abtrünnigen römischen Priesters und infolgedessen der ideale «schwarze» Hierophant. Paten sind Mary Butts und ich. Peter und Paul sind die Gründer der katholischen Kirche, und ihr Blut brauchen wir, um unsere eigene Kirche zu gründen.

Alsdann beginnt Alostrael zu tanzen – gegen den Willen von Mary Butts, und nachdem ich geschworen habe, ihr die Hälfte meines Königreichs abzutreten. Sie will das Haupt des P. P. auf einer Fleischplatte präsentiert sehen.

Ich köpfe ihn, und das Blut wird in der silbernen «Saucière» auf der Platte aufgefangen. Im Innern des Gefässes sind bereits die Zutaten für die Lichtkuchen vorbereitet. Nur das Blut fehlt noch.

Ich beschwöre die Geister des P. P., auf dass die Hostien uns dienen mögen, wie immer wir sie anwenden wollen.

Geschlachtet wird der Hahn zu Ehren des Ra-Hoor-Khut[1], den wir vorher schon beschworen.

Die Zeremonie dauerte über zwei Stunden. Für Mary Butts und Cecil Maitland war das die Einführung ins religiöse Leben der Abtei und für zahlreiche Einwohner des nahegelegenen Dorfes eine spektakuläre Attraktion – sehr zum Leidwesen Crowleys, der sich peinlich berührt fühlte. Mary und ihr Liebhaber legten ein Bündnisgelübde ab und trugen sich in die Chronik der Abtei ein.

Ein paar Wochen später dann setzte Sir Frank Bennett, VII° O.T.O., den Fuss auf Siziliens Küste und reiste nach Palermo, um dort höhere Instruktion, sowie Initiation unter persönlicher Leitung des heiligen Führers des Ordens der Thelemiten zu finden.

Crowley nannte Bennett einen «Arbeiter». Tatsächlich war er ein Maurer aus Lancashire, der einige Zeit vor 1914 nach Australien emigriert war. 1909 schon hatte er Kontakt mit Crowley und *The Equinox* aufgenommen, um sich über die Praktiken der Magie des Abra-Melin zu informieren. Einer der Gründe, warum Bennett sich der Magie zuwandte, waren seine ständigen Kopfschmerzen, die er auf diese Weise loszuwerden hoffte. Ausserdem sollte die Magie die Stimmen zum Schweigen

[1] Der aktive Aspekt des Horus.

bringen, die er ständig hörte. Crowley hatte ihm zur Kur geraten, jede der Meditationsübungen des Abra-Melin mit den Bannungsritualen des Hexagramm und Pentagramm zu beginnen und zu beenden; Harpocrates in seiner Erscheinung als Gott anzusprechen (schützt gegen feindliche Strömungen von aussen), sowie weniger zu lesen und mehr im Garten zu arbeiten.

Bennet war Mitglied in Crowleys A.·. A.·. und hatte den magischen Namen Progradior (oder besser: Progredior) angenommen: «Ich schreite voran». Er war ausserdem ein Ritter des *Order of Oriental Templars,* der von Baphomet kommandiert wurde. Mit Crowley hatte er schon aus Australien korrespondiert. Crowley hatte ihn nach Cefalù eingeladen, weil er dort ganz zweifellos (sagte Crowley) von den strengen und intensiven Initiationen profitieren würde, die er ihm ausarbeiten würde.

Bennett, fünfundfünfzig Jahre alt, kam am 17. Juli 1921 in Cefalù an und machte zunächst einmal Schwierigkeiten: wo sollte er schlafen? Zwar hatte man ein zusätzliches, Aubrey Beardsley zu Ehren ‹Unter dem Hügel› getauftes Gebäude erstanden. Aber für die immer zahlreicher werdende Herde der Freunde und Schüler des Tiers wurde allmählich der Raum knapp.

Bruder Progradior als dem Höheren und Rangälteren stand – und sei es nur aus Höflichkeit – zwar das Zimmer von Bruder Genesthai zu, zumindest für ein paar Tage. Genesthai aber war anderer Meinung, da er ohne ein eigenes Meditations- und Studierstübchen wohl kaum das Grosse Werk durchführen könne. Crowley zufolge hockte er sich in einen Winkel und schmollte. «Ich habe ihm in aller Freundlichkeit klarzumachen versucht», schrieb das Oberhaupt der Abtei, «welche Gründe es gab. Ich hätte genausogut einer Rübe predigen können – oder vielmehr besser, denn die Augen einer Rübe wären nicht rot angelaufen oder angeschwollen, bis sie fast geplatzt wären vor Zorn».

Die Spannung wuchs. Schwester Metonith, gerade aus Grosser Magischer Klausur zurückgekehrt, bot ihr Zimmer an. Wenn nötig, erklärte sie, würde sie sich in eine zweite Klausur begeben. Crowley lehnte diesen Vorschlag ab.

Schliesslich schnappte sich Crowley ein Handtuch, verkündete, dass Bruder Genesthais Grosses Werk keinen Pfifferling wert sei und dass er gut daran täte, verschwunden zu sein, wenn er, Crowley, ein Bad genommen habe.

Das Tier kam vom Strand zurück und fand Genesthai noch immer unnachgiebig. Crowley zog sich in sein Zimmer zurück und reflektierte die Situation. In seiner unendlichen Weisheit beschloss er dann, dass es für Bruder Genesthais Gesundheit ausgesprochen gut wäre, wenn er einen kurzen Urlaub von der Abtei nähme. Er dachte dabei an Palermo. Genesthai hatte sich in letzter Zeit etwas überarbeitet, Crowley war besorgt.

Genesthai interpretierte den Vorschlag als einen Bannspruch. Im Zornesrausch raste er auf den Gipfel eines nahegelegenen Berges (‹Felsenschwester›), ohne Proviant mitzunehmen. Von der Abtei aus konnte ihn Schwester Cypris im gleissenden Sonnenlicht auf dem Berggipfel hin- und herrennen sehen, ‹wie der Besessene von Gadara zwischen den Gräbern› (wie Crowley sich ausdrückte). Sie hatte Mitleid mit Genesthai, da er ihr wesentlich sympathischer war, als der ganze Rest der Thelemiten.

Sie bat das Tier, irgendetwas zu unternehmen. Genesthai sei momentan nicht voll zurechnungsfähig, er sei ein Kind, das man mit Sanftmut behandeln müsse. Crowley jedoch blieb standhaft, obgleich er sich von ihren Bitten bewegt zeigte. Er würde rein gar nichts tun, er habe alles gesagt, was er zu sagen habe, basta. Er werde sie jedoch nicht hindern, aktiv zu werden, wenn sie unbedingt helfen wolle. «Sag ihm, er soll runterkommen», sprach der Ritter und Wächter der Heiligen Lanze, «ich habe ihm schliesslich nicht gesagt, dass er da raufgehen soll. Er kann kommen, wann immer er will und mit uns essen und trinken und bei uns sitzen, angezogen und im Vollbesitz seiner geistigen Kräfte.»

Schwester Cypris also, die Zweite und in letzter Zeit leicht vernachlässigte Konkubine des Tiers, packte einen Rucksack voller Lebensmittel und schleppte sich schweisstriefend die Hänge zu der verfallenen Hütte hinauf, die Genesthai zu seinem Hauptquartier ernannt hatte.

Crowley zufolge weigerte er sich, mit ihr zu sprechen, nahm aber das Wasser an, das sie mitgebracht hatte.

Tags darauf fand der Tragödie letzter Teil statt. Jäh fuhr Crowley vom Sofa beim Haupteingang der Abtei hoch, wo er ein kleines Mittagsschläfchen hielt, als Bruder Genesthai ins Zimmer stürmte. «Sein Aussehen versetzte mich in Alarmzustand. Er war ungewaschen und unrasiert ... Er knallte mir einen Rucksack vor die Füsse und röhrte: ‹Aleister Crowley› ... Dann verschwand er wieder so schnell und mysteriös, wie er gekommen war. Als ich ihn dann wiedersah, war er wieder ganz der Alte, wirkte nur etwas erschöpft.» Der Rucksack enthielt Genesthais magisches Tagebuch, das Crowley als «Kraut und Rüben» beschrieb, eine Chronik des Hasses gegen das Tier und die Frau in Scharlach. Der Rest von Crowleys Porträt seines Bruders Genesthai ist reine Beschimpfung; aber in Konflikten dieser Art zog Crowley selten den kürzeren.

> Von gelegentlichen Briefwechseln abgesehen, brachen wir unsere Beziehungen gegen Jahresende ab, als er uns verliess, um seinem Eid gemäss Bruder Progradior in Australien bei der Errichtung des Gesetzes zu helfen. Aber er blieb nur kurze Zeit in Sydney und reiste nach San Francisco, wo er ohne alle Kontrolle und Anleitung war und eine Reihe von krampfartigen Anfällen erlitt, deren Einzelheiten ich weder kenne, noch interessant finde, da es sich lediglich um hin und wieder auftretende Symptome eines Geisteszustandes handelt, den ich zur Genüge hatte studieren können.

Das waren Crowleys letzte Worte über Bruder Genesthai. Er hatte viel von ihm erwartet, ja, sogar, dass er dereinst als sein Magischer Sohn das Grosse Werk fortsetze, nachdem die Satyrn das Tier voller Lust in die Unterwelt verschleppt hätten. In Genesthai, so hatte er angenommen, hatte er einen grossen Adepten gefunden: «Komm, mein Bruder, in den Einen Orden, lass deine Braue wie die meine den Silbernen Stern tragen!» Das bittere Ende tat Crowley leid. Bleibt zu erwähnen, dass Bruder Genesthai später in Kalifornien eine magische Gesellschaft gründete.

In einem seiner Briefe schrieb Crowley: «Zu der Zeit war ich sehr in meine eher ernsthafte Arbeit vertieft, die Behandlung tiefsitzender Psychosen . . .»

Gemeint war das Jahr 1921 und die «Psychose», an die Crowley dachte, die Frank Bennetts. Als er die oben geschilderten Ereignisse in *The Confessions* wiedergab, räumte er ein, dass er in bezug auf Bruder Genesthai versagt hatte. Bruder Progradior dagegen stellte er als leuchtendes Beispiel dar und fügte hinzu, dass sein Erfolg mit ihm gross genug gewesen sei, um ein ganzes Dutzend Misserfolge aufzuwiegen.

Psychosen und Neurosen pflegte Crowley folgendermassen zu kurieren: Er erkannte an – als Teil der Tradition der Magie –, dass der Geist auf einer bewussten und einer unterbewussten Ebene arbeitet. Die Idee des Unterbewussten als einer dynamischen Triebkraft borgte er – ohne Quellenangabe – von Freud. (Den Ursprung dieser Idee anzuerkennen, hätte in der Tat für Crowley einige Schwierigkeiten bereitet, da er sich selbst für den grössten lebenden Psychologen hielt.)

Aus diesem Modell folgerte Crowley, dass bei Psychotikern und Neurotikern die Verbindung zwischen unbewusstem und bewusstem Geist abgerissen sei, oder dass die beiden nicht recht miteinander harmonierten. Seine Therapie bestand infolgedessen daraus, den bewussten Geist plattzuwalzen («die Samen des Ego grillen»), damit das Unterbewusste den frei gewordenen Raum füllen und seine eigene Heilung herbeiführen kann – eine Technik, die einige Verwandtschaft zur Therapie seines Thaumaturgie-Kollegen Gurdjieff[1] aufweist.

[1] Crowley besuchte Gurdjieffs Residenz in Fontainebleau im Februar 1924 und begehrte, den Meister zu sprechen. G. war jedoch entweder verreist oder lehnte den Besuch des Tiers 666 ab, der ihm anbieten wollte, die Versager unter G.'s Schülern zu übernehmen. Nach seinem Erfolg bei Bruder Progradior war sich Crowley sicher, dass er ohne Ausnahme jeden heilen könnte. Mit Crowley beschäftigte sich damals Major Pindar – ‹unheimlich feiner Kerl› –, der ihn zum Abendessen einlud. ‹Gurdjieff, ihr Prophet, scheint ein Spitzen-Mann zu sein. Hörte und sah mehr Verstand und Einsicht als seit Jahren. Orakel meines Besuches war: «Es gibt wenig Menschen, die wenigen sind vollauf genug». *Später* ein wirklich schöner Abend mit Pindar. Gurdjieff mit Sicherheit ein weit fortgeschrittener Adept. Hauptstreitpunkte über Sexualität (ich bezweifle, dass Pindar G.'s Position wirklich versteht) und ihre Strafen, d.h. dem Missetäter ein Mahl zu verweigern oder ihn eine halbe Stunde lang mit ausgestreckten Armen stehen zu lassen. Kindisch und ohne moralischen Wert› (*The Magical Record of the Beast 666).*

Irgend etwas stimmte mit Gewissheit nicht bei Bennett, sagte Crowley, er wusste nur nicht genau, was.

Als dann eines Tages Crowley, Leah und Bennett schwimmen gingen, machte Crowley direkt am Rand der die Bucht überragenden Klippe Sir Frank gegenüber eine Seitenbemerkung, die ‹sich als Volltreffer herausstellte›. Was er sagte, verschweigt Crowley, er beschreibt nur die Wirkung. Bennett blieb abrupt stehen und begann zu keuchen. Seine Augen drohten aus ihren Höhlen zu quellen. Zu seinem Erstaunen sah ihn Crowley Sekunden später splitternackt den Bergpfad hinabrennen «wie eine junge Ziege», und sich ins Meer stürzen.

Bis sie nach dem Bad zum Haus zurückgingen, sagte Progradior kein Wort. Dann, mit bleichem Gesicht und ehrfürchtigem Staunen – ich folge der Darstellung Crowleys – sagte er: «Bitte, sag mir noch einmal, was du eben gesagt hast.»

«Wie, zum Teufel, soll ich das wissen» antwortete Crowley.

Bennett bat ihn, das Thema ausführlich durchzudiskutieren, was Crowley auch tat. In Crowleys Bericht über die Episode jedoch wird nie erwähnt, worin eigentlich dieses Thema bestand. Es wird lediglich gesagt, dass Bennett unmittelbar nach der Rückkehr in die Abtei in eine drei Tage dauernde Trance verfiel.

> Anschliessend kam er zu mir wie die Verkörperung der Freude selbst und berichtete, was ihm passiert war. Ohne sein Bedürfnis zu kennen, hatte ich ihm unbeabsichtigterweise den Schlüssel zur innersten Schatzkammer seines Herzens gegeben. Ein Stückchen Wahrheit, nur eine Minute lang vom Rad meines Wortes dem Mutterboden entrissen, hatte das Licht in ihn eindringen lassen. Nach drei Tagen hatte er überwunden, was ihn fast dreissig Jahre lang verwirrt hatte.

Den Regeln der Abtei entsprechend begann Bennett, ein Tagebuch zu führen. Glücklicherweise ist dieses Dokument erhalten geblieben, so dass die Art seiner Psychose ebenso enthüllt werden kann, wie Crowleys Therapie, jener mysteriöse ‹Volltreffer›.

Hier die Geschichte: Eigentlich war für Bennett eine Magische Klausur vorgesehen, aber kurz zuvor hatte ihn Crowley gefragt, ob er ihm und Leah nicht bei einem Bad im Meer Gesellschaft leisten wolle. Als mittelmässiger Schwimmer war Bennett nicht allzu begeistert, stimmte aber schliesslich zu.

Der Morgen war schön und windstill, das Meer blaugrün. Sie zogen sich aus und genossen eine Weile die Aussicht auf die Wellen. Plötzlich sagte Crowley zu Bennett: «Progradior, ich will dir kurz und in ein paar Worten vollständig erklären, was Initiation bedeutet und was wir meinen, wenn wir vom Wirklichen Selbst sprechen, und was das ist.»

Crowley erläuterte, das sich alles darum drehe, das Unterbewusste zu aktivieren und dass die Erleuchtung gleichsam in dem Moment begonnen habe, da dem Unterbewussten volle Freiheit ohne Einmischung des Bewussten gewährt wird. Mit anderen Worten: Das Unterbewusste könne auch als der Heilige Schutzgeist angesehen werden.

Crowley verdeutlichte diese Theorie so: alles und jedes wird im Unterbewussten erfahren, das beständig dem Bewussten seinen Willen aufzwingen will. Werden diese tiefsten Wünsche unterdrückt, resultiert daraus das Böse.

Des weiteren, führte Crowley aus, ist Sex das am tiefsten in der menschlichen Natur verwurzelte Problem. Von der Wiege bis zur Bahre schafft Sex ständiges Ungemach. Ein Leben lang müssen wir uns mit diesem Problem herumschlagen, die meisten Menschen leiden deswegen Höllenqualen. Sein Zentrum hat der Trieb im Unterbewussten, nichts kann ihn unterdrücken. Immer und auf immer neuen Wegen (bei Träumen und Krankheiten) sucht er einen Weg nach oben. Wird der Trieb nicht befriedigt, resultieren Wahnsinn oder ‹irgendeine höllische Verkrüppelung›.

Die Erklärung des Ganzen, sagte Crowley, liegt darin, dass die Sexualorgane Symbole Gottes und der Sonne sind. Sie verfügen über schöpferische Kraft und sind daher von allen Teilen des menschlichen Körpers am gottähnlichsten und dem Heiligen Schutzgeist am nächsten.

Für Frank Bennett waren diese Gedankengänge völlig neu. Das Unterbewusste hatte er bisher allenfalls als eine Art Speicher für das verstanden, was das Bewusste an Wissen und Erfahrung im Laufe des Lebens angesammelt hatte. Den Heiligen Schutzgeist hielt er für eine Art superbewussten Geist, dem die Menschheit sich annähern sollte, etwa wie man sich Tiphereth in der Spitze des Baums des Lebens annähert, wo im Mikrokosmos der Urkern der Menschheit ruht, beziehungsweise wo im Makrokosmos die Sonne ruht.

In einem Augenblick der Erleuchtung sah Bruder Progradior so deutlich wie nie zuvor, dass alles nur eine Frage des Eingehens und Lauschens auf sein Unterbewusstes war, das sofort in die Tat umgesetzt werden musste, wenn man seinen Wahren Willen und damit die Quintessenz der Lehren von *Thelema* erkennen will. «Also», folgerte Bennett in dem Bericht über diese Diskussion, «*Do what Thou wilt shall be the whole of the Law* ist DIE WAHRHEIT».

Anschliessend gingen sie schwimmen. Das Tier und seine Frau in Scharlach schwammen weit ins Meer hinaus, während sich Progradior nach all den Erleuchtungen und Enthüllungen schwach fühlte und nur am Ufer herumpaddeln konnte. Crowleys Worte hallten in seinem Kopfe nach, er war unfähig, an irgendetwas anderes zu denken.

Später schrieb er in sein magisches Tagebuch, dass er sich endlose Mühsal und Plage hätte ersparen können, wenn er all das schon früher erkannt hätte. Statt dessen hatte man ihn mit der zutiefst verdammenswerten Lehre betrogen, derzufolge all solche Bedürfnisse Fleischeslüste und daher des Teufels seien, dass man sie unterdrücken müsse, dass man solche Gedanken und Gelüste gar nicht erst haben dürfe, wenn man Mensch sein wollte. «Oh, Gott, welch tiefe Gefühle des Glücks habe ich durch diese teuflischen Lehren verloren. Ich, ein vollkommen gesunder Mensch, tat alles, um diese absolut natürlichen Wünsche und Bedürfnisse zu unterdrücken, und musste dennoch immer wieder schmerzlich erfahren, dass sie danach ebenso stark oder stärker als je zuvor waren.»

In der gleichen Nacht und bei viel Kaffee führte Crowley seine Theorie des unterbewussten Geistes und sein Verhältnis zum bewussten Geist weiter aus (der in Bennetts Beschreibung auch als der «physische» Geist bezeichnet wird). Bruder Progradior schien in dieser Theorie «das einzige Motiv der Evolution» zu sehen.

Er erklärte diese Auffassung so: Alles ist und muss im «Astralen» enthalten sein, (dem Unterbewussten?), einem inneren Körper, der den äusseren, physischen Körper erst hervorbringt. Seinen Aufriss dieses abstrusen Systems schloss Bennett mit den Worten: «Es ist so gross, so gewaltig, dieses Wissen, dass mein Kopf zu zerspringen droht.»

Aber er erholte sich, sagte im Vollbesitz seiner körperlichen und geistigen Kräfte jedermann «Gute Nacht», um sich gegen 23.00 Uhr zurückzuziehen. Er zog den Schlafanzug an und ging zu Bett. Aber er hatte nicht das geringste Bedürfnis nach Schlaf, und die revolutionären Ideen seines Meisters, des Tiers, versetzten sein Gehirn in Aufruhr. Je mehr er versuchte, davon loszukommen, desto hartnäckiger wurden sie, bis er wiederum meinte, sein Kopf sei dem Zerspringen nahe. Diesmal wurde der Schmerz noch grösser, und er wälzte sich wie im Todeskampf. Es war nun 3.00 Uhr morgens, die ganze Abtei lag in festem Schlaf. Sein Bettlaken war nass von Schweiss. Er meinte zu ersticken und lehnte sich auf der Suche nach Luft aus dem Fenster. Um seine grässlichen Kopfschmerzen wenigstens etwas zu lindern, presste er seine Hände auf beide Ohren.

Er meinte, die Wände seines Zimmers würden ihn erdrücken. Noch nicht einmal Crowleys Wandgemälde – darunter eins, das Pilger auf dem Weg zu einer Pagode aus Korallen und Jade in den Bergen zeigte – liessen das Zimmer weniger eng erscheinen. Wenn er nicht bald Luft bekäme, würde er wahnsinnig werden.

Den Kopf, der inzwischen zu gigantischen Ausmassen angeschwollen erschien, zwischen den Händen haltend, stürzte Bruder Progradior aus der Abtei. Barfuss und im Schlafanzug lief er einen Steinpfad entlang, der einen Abhang hinaufführte. Wie ein Ertrinkender rang er nach Luft, aber je heftiger er kämpfte, um so rasender wurden die Kopfschmerzen. «Ich war völlig verzweifelt», schrieb er, «und kämpfte wie ein Irrsinniger. Und mitten in diesem Kampf hörte ich in mir eine Stimme: ‹Atme tief durch›, sagte sie, was ich tat. Ich wurde sofort sehr viel ruhiger.»

Erst jetzt bemerkte er, dass er völlig in Schweiss gebadet war und dass seine Füsse bluteten. Allmählich liess der Kopfschmerz nach und es war ihm, als ob plötzlich nicht mehr ein «Etwas» aus seinem Kopf ausbrechen, sondern als ob es sich dort auf sich selbst zurückzog, sich abkapseln und dennoch entfalten wollte.

Er ging zur Abtei zurück und begab sich schnurstracks in sein Zimmer. Zwar war nun sein Geist zur Ruhe gekommen, aber «absolute Dunkelheit durchdrang mein ganzes Sein». Es war jetzt 3.30 Uhr. Das Delirium in der Dunkelheit der Hügel hatte eine halbe Stunde gedauert. Er warf sich aufs Bett und fiel in tiefen Schlaf.

Er erwachte im hellsten Sonnenlicht. Was ihm Crowley am Vortag erzählt hatte, stellte er fest, überstieg fast seine Kräfte. Er war verwirrt und fühlte sich elend. Stundenlang lag er in seinem Bett und grübelte über sein Leben und die neue Lehre nach. Als er sich endlich aufraffen konnte und aufstand, fühlte er sich nicht fähig, sein Zimmer zu verlassen. Also verbrachte er den grössten Teil des Tages zwischen seinen vier Wänden. Er sagte nichts, war niedergeschlagen und konzentrationsunfähig. Um 21.30 Uhr ging er wieder zu Bett, aber wieder überfiel ihn, wie befürchtet, das Erstickungsgefühl und das Gefühl des zu grossen Schädels. Und während der ganzen Zeit war er unfähig, die Gedanken, die durch sein Gehirn rasten, zu unterdrücken.

Später schrieb er in sein magisches Tagebuch:

> Was für Narren sind wir doch. Wir bauen ein Gefängnis um uns herum und stellen Spiegel auf, die die vier Wände der Gefängniszelle verbergen, in der wir uns befinden. Und weil wir damit noch immer nicht zufrieden sind, bedecken wir auch noch die Decke mit einem Spiegel. Diese Spiegel sind unsere fünf Sinne, die nur sich selbst wiedergeben in hundertfacher Erscheinung, dass wir am Schluss so benebelt sind, dass wir diese Reflexionen – vom Menschen als Mann und Stier – für das Ganze halten. Aber einige gab es, die diese Spiegel polierten und fanden, dass sie um so weniger reflektieren, je gründlicher man sie poliert. Und dann kam der Moment, da sie erkannten, dass die Spiegel keine Spiegel sind, sondern nur Schleier, und dass man durch sie hindurchsehen kann.
>
> Und dann erst beginnt die richtige Politur und die Arbeit wird zur Ekstase – der wahre Genuss dieser fünf Sinne, den der Mensch immer mehr steigern will. Und dann entdeckt er, dass er mehr ist als nur Mensch, dass er die Majestät des ewig sich erhebenden Adlers hat und versehen ist mit der Stärke des Löwen . . .
>
> Dies habe ich niedergeschrieben, wie ich es empfand, und alles ist, wie Das Tier gesagt hat: das heisst, es ist alles in der Astralebene.

Das ganze Problem schien Bennett nun derart klar, dass er sich fragte, warum er es vorher nicht erkannt hatte. Das unterbewusste Selbst hinter den Schleiern der Sinne ist die letzte Wahrheit, die *ultima ratio*. Und genau das versucht das unterbewusste Selbst «dem stupiden Menschen und dummen Stier beizubringen, auf dass er dem aufsteigenden Adler und königlichen Löwen ähnlich werde, die seinen Wahren Willen verkörpern und er wirklich und wahrhaftig ein Herrscher werde auf einem Thron, sprechend mit dem Heiligen Schutzgeist».

Der «stupide Mensch» ist ein Mensch, der einzig und allein auf der Ebene des Bewusstseins existiert, und der «dumme Stier» das vom Bewussten getrennte Unterbewusste. Bei Frank Bennett war das mit Sicherheit der Fall. Sein Unterbewusstes, oder Unbewusstes, war ganz gewiss vom Bewusstsein abgeschnitten – und genau in diesem Ausmass kann man ihn als stumpf bezeichnen. Crowley jedoch hatte ihm die Reichtümer des Unbewussten gezeigt und den Anstoss zur Selbstbefreiung gegeben, zur Freilassung des Adlers, dem in die Lüfte sich erhebenden Vogel, Symbol für den sich befreienden Geist. Adler zu werden und Löwe – in der Alchimie steht das Symbol Löwe für Christus –, war für Frank Bennett dringender Wunsch.

Der Rest der Symbolik – König werden, auf dem Thron sitzen und mit dem Heiligen Schutzgeist sprechen – ist schiere Dekoration, wie sie von einem plötzlichen Zusammenprall mit den Bildern des Unterbewussten resultiert. Andererseits allerdings ist der König auch der Heiland – und der Welt die Erlösung zu bringen, war das Ziel des australischen Maurers, als er 1921 den fünften Kontinent verliess und sich zu Crowley nach Sizilien begab.

Auch in der folgenden Nacht glitt Bennett in den gleichen ekstatischen Zustand: eine Trance, die Crowley in den *Confessions* eher mit Verachtung behandelt. Statt der Trance trotzen zu wollen, entschied sich Bennett nämlich dafür, sie so ruhig wie möglich zu erdulden: «Also legte ich mich nieder und nahm es als eine sonderbare Art Gottes, sich mit meiner Seele zu beschäftigen. Und diese Vorstellung resultierte in einem sanft herbeigleitenden tiefen Frieden.»

Dennoch konnte Bruder Progradior den Fluss seiner Gedanken nicht eindämmen. Immer wieder stach der eine Satz aus dem *Buch des Gesetzes* hervor: «Das Khabs ist im Khu, nicht das Khu im Khabs.»[1] Plötzlich wurde ihm klar, dass genau das Crowleys Rede war: dass nämlich das Unterbewusste alles ist und dass dieses Unterbewusste gleichbedeutend war mit dem Khabs, dem Stern, der *in* dem Khu ruhte, im bewussten Geist also, und nicht umgekehrt. – Was richtig ist, wenn damit gemeint ist, dass das Unterbewusstsein das Bewusstsein bis zu einem gewissen Grade determiniert.

Diese neue Erkenntnis liess Bennett neuen Mut schöpfen. «Meine

[1] Khabs (Stern) ist das ‹Innerste Licht›; Khu ist die magische Wesenheit des Menschen und hängt von der Art des Khabs ab.

Furcht war wie weggeblasen und mich überkam Verzückung und Friede. Allerdings stellte ich fest, dass ich durch und durch nassgeschwitzt war.»

Schliesslich überkam ihn die Erkenntnis, dass das Vaterunser ein zusätzlicher Beweis für das Unterbewusste war, wie Crowley es in seinem Diktum *Tu was Du willst, soll sein das ganze Gesetz* ausgedrückt hatte.

Vater unser, der Du bist im Himmel, geheiligt werde Dein Name, dein Reich komme, wie im Himmel . . .

Dein Wille geschehe . . .

‹Und immer mehr geriet ich in Verzückung, je mehr dieser Gedanke sich entfaltete: wann immer ein Mensch den Willen des Vaters der Erde tut und weiss, dass dies sein Wahrer Wille ist, dann wird sein Wille rein . . .›

Er lobte Gott mit der ‹Hymne› ‹Du, der Du ich bist, und der ich über allem bin . . . (siehe Seiten 364 und 474) aus Crowleys Bühnenstück *The Ship.*

Auch die nächste Phase der Verzückung zeitigte grossartige Bennettsche Ideen: Er hatte die Wahrheit gesehen und des Tiers Gesetz gehorcht. Nun war es an der Zeit, diese Wahrheit den Führern der Arbeiterbewegung zu predigen und zu zeigen, wie ein jeder durch Erkenntnis seines Unterbewussten seinem Wahren Willen frönen konnte: «Und in meinen Vorstellungen sah ich mich als grossen Führer und Parlamentsabgeordneten, nicht aufgrund eigenen Wunsches, sondern weil mich beide Klassen in diese Rolle gedrängt hatten.»

Am Dienstag, 1. September, ging Bruder Progradior in Magische Klausur. Im Reisegepäck hatte er Mary Butts Roman *Ashe of Rings* und eine Hektographie mit dem Titel *Liber Samekh,* ein Ritual zur Erlangung des Wissens und des Gesprächs mit dem Heiligen Schutzgeist (CONGRESSUS CUM DAEMONE), das Crowley unter dem Eindruck seiner erfolgreichen Weihung des Bruder Progradior verfasst hatte, dem das Werk auch gewidmet ist (‹Geschrieben An XVII [1921] . . . in der Abtei zu Thelema in Cephalaedium von dem Tier 666 und gegeben zu Diensten von FRATER PROGRADIOR›). In *Magick in Theory and Practice* findet sich ein vollständiger Nachdruck.

Bennetts Magische Klausur scheint allenfalls ein Halbtagsjob gewesen zu sein, da er täglich von seinem Zelt in die Abtei ging, wo er Chorgesänge vorführte und an den Ritualen teilnahm – sein Tagebuch jedenfalls erwähnt seine Teilnahme am ‹Pentagramm›, dem Ritual zur Bannung böser Geister.

Am 4. September machte er folgende Tagebucheintragung: «Erforschte die Verwicklungen des Getrennt-Seins. Kein Erfolg, da ich mich nicht vom unterbewussten Selbst lösen konnte. Versuchte also, im unterbewussten Selbst als getrenntes Wesen bewusst zu sein.»

«Die Verwicklungen des Getrennt-Seins» waren die Verwirrungen von Bennetts Bewusstsein, von dem ihm Crowley zu Recht auf den Kopf zugesagt hatte, dass es durch die Trennung vom Unterbewussten gelähmt worden sei. Offensichtlich versuchte Bennett, sein gestörtes Bewusstsein zu analysieren – man könnte seinen Zustand als Neurose bezeichnen –, indem er einen Akt der inneren Einsicht beginnen wollte. Danach versuchte er, sein Bewusstsein gleichsam als Fackel zu benutzen, mit der er sein Unbewusstes ausleuchten wollte – was Parallelen in der Psychoanalyse hat.

Den Rest der Zeit verbrachte er mit der Lektüre von *Ashe of Rings*. (Es scheint, als ob Bennett auch hiervon nur ein Typoskript in Händen hatte. In diesem Fall hätte Mary Butts das Werk in Cefalù vollendet, was Crowleys Bemerkung erklären würde, sie habe sich zurückgezogen, um ein paar Seiten «Blech» zu schreiben).

«Meditation über Vergangenheit und Zukunft», lautete Progradiors Tagebucheintragung für den 5. September.

> Das kann ich nun als abgeschlossen betrachten. Denn wenn ich mein vergangenes Leben betrachte, so sehe ich, dass ich sechsundzwanzig Jahre lang nach dem richtigen Weg gesucht habe. Vor zwölf Jahren sah ich zum ersten Mal das Tier und halbherzig beschloss ich, ihm zu folgen. Seit ich *Das Buch des Gesetzes* las, habe ich viel vollbracht. Seit ich ihn kenne und mit ihm in der Abtei lebe, habe ich jedoch einen Teil seines Innenlebens gesehen, aber auch seine grosse Enttäuschung miterlebt. Aber nicht von seinem Werk ist er enttäuscht worden, sondern von denen, die sein Werk weiterführen, seine Lehren und das Gesetz verbreiten sollen, so wie er es empfängt und gibt.
>
> Ich bin fest entschlossen, dass er sich in mir nicht täuschen soll, denn ich werde seine Lehren verbreiten, so lange ich lebe. Es mag nicht viel sein, das ich beitragen kann. Aber mit seiner, des Tiers und meines eigenen Wahren Ichs Hilfe, in das er mich hat Einblick nehmen lassen, wird es vielleicht mehr sein. Denn er und er allein führte mich zur Erkenntnis meines wahren unterbewussten Selbst. Sein Name sei gepriesen auf ewig. Und mögen mich die Götter mit ihm wiederkommen lassen, auf dass ich wiederum sein treuer Schüler sein möge.

Auf die Euphorie folgte erwartungsgemäss die Depression. Nur ein einziges Gespräch mit Crowley über das Unterbewusste konnte nicht alle geistigen Probleme Bennetts aus dem Wege räumen. Am 9. September stand er um 6.00 Uhr auf, wusch sich, zog sich an, reinigte sein Zelt und begann zu meditieren. Sein Geist kreiste um das Thema Gott, den er als «in allem existierend» begriff, selbst im Bösen.

Im Verlauf einer zweiten Meditation sah er Gott, und wieder war Gott auch in allem Hässlichen und Verkrüppelten, und nicht nur im Schönen.

Ein Aufsatz Bennetts über Astralreisen und die Kabbala wurde von

Crowley kritisiert, als Bennet dem Tier das Werk vor Mittag vorlegte. In seinem Tagebuch hatte er einmal festgehalten, dass er, obwohl nie ein Meister der Kabbala, von einer inneren Stimme aufgefordert worden war, über dieses Thema Vorträge zu halten; und dass er fast geheult hätte, als er beschloss, diesem Ruf zu folgen. Er hatte die Kabbala intensiv studiert, und als es soweit war, den Vortrag zu halten, ging er in der Überzeugung ans Rednerpult, von nichts eine Ahnung zu haben. Die Vorlesung wurde dennoch ein Erfolg, wie zahlreiche Briefe von Leuten bewiesen, die den Vortrag gehört hatten und sich bei ihm für die grosse Hilfe bedankten, die er ihnen gewährt hatte. Bennett konnte sich klar und voller Selbstvertrauen zu den Fragen der Kabbala gegenüber Laien äussern, war aber vollkommen hilflos, wenn er darüber mit Crowley reden sollte.

Crowley hatte es zur Regel erhoben, dass ihm seine Schüler von Zeit zu Zeit ihre Tagebücher zur Einischt überliessen. Als er bei einer solchen Gelegenheit von Progradiors Selbstzweifeln zu diesem Thema las, notierte er auf den Rand, dass seine, Crowleys Bemühungen, ihn die Weisheit der Kabbala zu lehren, vergleichbar sei den Mühen eines Eseltreibers, der sein störrisches Vieh einen Berg hinaufschieben muss.

Progradior fühlte sich von diesem Kommentar bis ins Mark getroffen. Er ging zu Bett und fühlte sich wie in der Hölle. Nachts hatte er einen Traum, in dem sich Das Tier 666 abrackert, um einen Esel einen steinigen Bergpfad hinaufzutreiben. An einer besonders steilen Stelle weigert sich der Esel, weiterzugehen. Er läuft nach links, dann nach rechts, als suche er einen Ausweg. Worauf Das Tier sagt: «Du musst diesen Schritt alleine tun», kehrtmacht und zum Tal zurückgeht.

Es wurde dunkel. Und je weiter sich Das Tier entfernte, um so dunkler wurde die Nacht. Das Tier ging um eine Wegbiegung, und die Dunkelheit war total.

Der Esel erhob sein Haupt und stiess grelle Schreie aus.

In diesem kritischen Moment sah der Träumer sein eigenes Gesicht neben dem des Grautiers. Es sah genau so aus wie auf der Zeichnung, die Crowley von ihm angefertigt hatte: geschlossene Augen und ein langes, trauriges, verstörtes Gesicht.

Das Tier war der Lehrer, das Licht, und Progradior, der sich geweigert hatte, den Hügel zu erklimmen und mit ihm das Reich des Geistes, war nichts als ein Esel.

Getreulich zeichnete Bennett diesen Traum in seinem Tagebuch auf. Crowley bemerkte dazu: «Ausgezeichnet!»

Vor Jahresende verliess Bennett die Abtei und reiste in seine Heimat zurück, wo er Crowleys Botschaft verbreitete. Selbstverständlich setzte er seine Korrespondenz über Fragen des Ordens mit dem Tier und seiner Frau in Scharlach, Alostrael, fort.

Der Sommer ging zu Ende. Mary Butts und Cecil Maitland waren wieder in Paris. Neben etlichen anderen Schaustellungen waren sie in der

Abtei Zeuge einer Szene geworden, in der ein Ziegenbock und die Frau in Scharlach kopulierten[1]. Herodot hatte einen ähnlichen Ritus im alten Ägypten beobachtet und «ein Wunder» genannt.

Gleich nach dem Akt schnitt Das Tier dem Ziegenbock die Kehle durch, so dass das Blut auf Leahs nackten Rücken strömte. Verstohlen fragte sie Mary, was sie nun tun solle. «An deiner Stelle», antwortete Mary, «würde ich ein Bad nehmen.»

Während ihres Aufenthalts auf Thelema hatte Mary blaue Lichter gesehen und einmal «einen gewaltigen assyrischen Stierdämon». Crowley lobte ihre hellseherischen Fähigkeiten, aber im Gegensatz zu Bruder Progradior hatte sie nie das Bedürfnis verspürt, ihren Wahren Willen zu entdecken, da sie ihn – sehr zur Verärgerung des Tiers – schon kannte. Maitland hingegen hatte Stimmen aus der Astralebene gehört . . .

Das *Collegium ad Spiritum Sanctum* verliessen sie am 16. September nach nur drei Monaten Lehrzeit. Douglas Goldring zufolge sagten sie, dass ihnen die Abtei permanente Gesundheitsschäden, sowie Rauschgiftsucht beschert habe.

Crowley malte, schrieb Essays und Gedichte, schmiedete undurchführbare Pläne und machte sich Sorgen um die Zukunft. Die Sonne stieg allmählich ins Sternbild der Waage und die Verdauungs- und Atmungswege Ihres Statthalters auf Erden, des Tiers 666, gerieten immer mehr in Unordnung. Er hatte gleichzeitig gegen Schlaflosigkeit und Schläfrigkeit zu kämpfen. «Gestern nachmittag sank ich erschöpft nieder und schlief drei Stunden lang im Schatten eines Kuhstalls auf dem Felsboden. Als ich aufwachte, bemerkte ich in mir einen leidenschaftlichen Drang, die Flucht zu ergreifen und mich irgendwie nach England durchzuschwindeln, um dort ein paar Diebe und Verräter zu zwingen, mir mein Vermögen zurückzugeben, um das sie mich gebracht haben.» Er fragte das *I Ging:* «Soll ich sofort nach England zurückgehen?» Die Antwort war: «Er hat seine Pferde verloren, aber er soll nicht nach ihnen suchen. Sie werden von selbst zurückkehren.»

Die Abtei existierte nun schon anderthalb Jahre. In Theorie und Praxis war das Gesetz Thelema gelehrt und das Bewusstsein einer Handvoll Schüler geöffnet und erweitert worden. Das Tier hatte sich zum höchsten Gipfel der magischen Hierarchie durchgeboxt und war Ipsissimus geworden. Gelegentlich hatte er sich unsichtbar gemacht. Das Grosse Werk jedoch hatte er in Hinsicht auf nur eine der vielen Bedeutungen des Begriffs durchgeführt, den Akt des Zeugens von Kindern durch Geschlechtsverkehr.

Crowley fasste die Lage in einem Satz zusammen: ‹Eine Art formlosen Schreckens steht sozusagen «vor der Tür»›.

[1] Das Werk verlief ohne Erfolg. ‹Bot Babalons Körper dem Ziegenbock, aber er lehnte ihn ab... [später] hatte ich anstelle des jungen Ziegenbocks eine beträchtliche Weile zu büssen.› *(The Magical Record of the Beast 666).*

Er erhielt einen Brief einer gewissen Erna, deren Identität ich nicht ermitteln konnte. «Wie soll ich antworten?» fragte er das *I Ging*. Die Antwort riss ihn vom Sitz: «Das Kleine geht, das Grosse kommt.»

Ein paar Tage später kam der zweite Brief. Erna wollte kommen. Der blosse Gedanke machte ihn enthusiastisch. «Das Gefühl, dass Erna mich für etwas Wichtiges in ihrem Leben hält, lässt mich wieder ganz zum Alten werden.»

Er fuhr ohne Begleitung nach Palermo, um sie dort zu treffen. ‹Aus irgendeinem Freudschen Grund führe ich mich heute morgen auf wie ein Verrückter›, schrieb er, als er auf sie wartete. «Ich wünsche Erna zum Teufel.» Gleich darauf fragte er das *I Ging* nach einem Symbol für seine zukünftigen sexuellen Beziehungen mit Erna. «Zurückhaltung», antwortete das chinesische Orakel, was Crowley so interpretierte: «Lass die Leidenschaften sich langsam erhitzen.»

Zu seiner peinlichen Überraschung kam Leah nach – obendrein hatte sie schlechte Nachrichten von der Bank mitgebracht – und tauchte im gleichen Moment auf wie Erna. Mit Schmerzen in der Brust musste Das Tier feststellen, dass Alostrael der unthelemischen Emotion der Eifersucht erlegen war. Er orderte sie in die Abtei zurück und konzentrierte seine Gedanken auf die ernste Aufgabe der Sexualmagie mit Erna, aber alles, was er an diesem Tag von ihr erhielt, war ein Kuss.

Er begleitete sie zur Abtei und schrieb in sein Tagebuch: «Erna ist eifersüchtig auf Leah.» Erna äusserte den Wunsch, dass Crowley mit ihr nach Nizza reise, ein Gedanke, der dem Ritter und Wächter der Heiligen Lanze zutiefst sympathisch war. Die Spannung zwischen Leah und Erna näherte sich dem Siedepunkt. «Was soll ich tun?» fragte er das *I Ging*. «Bewahre Würde», lautete die Antwort. Aber die Affäre endete blitzschnell in einem Streit mit Erna und ihrer überstürzten Abreise von der Abtei Thelema.

Er richtete seine unersättlichen Sehnsüchte nun auf Aimée Gouraud, eine reiche Witwe in den besten Jahren. Er hatte sie vor dem Krieg in England und später noch einmal in Amerika getroffen, ihr die Ehe angeboten und sich eine Absage eingehandelt.[1] Er schrieb ihr einen Brief und legte sich schlafen. Er träumte, dass er «auf irgendwelche illegale Weise» Papst geworden wäre.

Bald darauf traf Schwester Cypris' ältere Schwester in der Abtei ein. In *The Confessions* findet sich ein höchst unschmeichelhaftes Porträt von Helen Fraux. Aus welchen Gründen auch immer: weder konnte sie mit Crowley auskommen, noch sich der Gemeinschaft anpassen, noch Sympathie für die thelemische Methode der Kindererziehung entdecken.

[1] Bevor er 1914 nach Amerika reiste, hielt Crowley in seinem Tagebuch einen Akt der Sexualmagie mit einer Prostituierten fest, der zum Ziel hatte, ‹A. G.› zur *Scarlet Woman* zu machen›, ‹wie ich es schon mehrmals zuvor mit teilweise gutem Erfolg versucht›.

Nach fünf Wochen und einer heftigen Auseinandersetzung mit dem Tier reiste sie wieder ab.

«Die Eingeweide der Abtei haben sich gerührt und H. Fraux ausgeschieden. Die verwirrte Widerwärtigkeit ihrer flackernden Schweinsäuglein war sehr interessant.»

Als Abschiedsgeschenk machte Helen Fraux einen kurzen Besuch bei der Polizei von Palermo und beschwerte sich über die herrschende Unmoral in der Abtei. Der Sottoprefetto persönlich nahm die Sache in Augenschein, schnüffelte eine Weile herum, konnte aber nichts Aufregendes finden und zog wieder ab.

DER HYAZINTHENBRUNNEN

Ende Januar 1922 findet sich eine zweite Lücke im *Magical Record*. Wieder hatte Das Tier seine Höhle verlassen und war ins Ausland gereist.

Das kleine rote Taschenbuch mit den verschlungenen Sonnen- und Mondsymbolen auf der Titelseite und dem ‹Wanderer der Wüste› in der Liste der Autorennamen gibt die genauen Daten. Am 30. Januar kam er in Palermo an. Ziel der Reise: Paris.

‹Neumond begrüsst, sehr klar und leuchtend›.

Zwei Tage später war er in Neapel und am folgenden Montag, am 6. Februar und genau eine Woche nach seiner Abreise aus der Abtei, begab er sich ohne Begleitung nach Fontainebleau, in die Stadt, in der er vor zwei Jahren so hochfahrende Hoffnungen für Cefalù entwickelt hatte.

Liber צבא[1], Untertitel *The Fountain of Hyacinth*, berichtet über die Tage in Fontainebleau. Er hatte sich – nicht ohne Grund – in einem Hotel namens *Au Cadran Bleu* einquartiert. Die beiden linierten Schulhefte, einseitig mit Crowleys schräg geneigter Handschrift bedeckt, sind die Tagebücher eines Rauschgiftsüchtigen, der Bericht über den selbst auferlegten Zwang, die zu Geistesgestörtheit und Tod führende Sucht zu besiegen.

> Ich, Das Tier 666, in dem Wunsch, die Stärke meines Willens und die Grösse meines Mutes zu beweisen, habe mich in den letzten zwei Jahren vergiftet und zwar so weit, dass der Entzug der Drogen (Heroin und Kokain) einen ungeheuren Angriff seitens ‹Gevatter Sturm› provoziert. Die Symptome treten plötzlich und meistens beim Aufwachen auf.

Mit ‹Gevatter Sturm›, dem Dämon, der auch die Lawinen vom Kanchenjunga herabgeschleudert hatte, meinte er hier seine Asthma-Anfälle.

Sein Gehirn war von Drogen gelähmt. Das Tagebuch hält sämtliche Symptome fest: quälender Juckreiz, Erbrechen, Schlaflosigkeit, Durchfall, Mundhöhlenentzündung – um nur ein paar zu nennen. Er war im Verfall begriffen und musste ihm Einhalt gebieten. Heroin, das ihm ein

[1] *The Book of the Host.*

praktischer Arzt auf der Harley Street bei seiner Rückkehr aus Amerika als Mittel gegen Asthma verschrieben hatte, war sein endgültiger Ruin. ‹Der formlose Schrecken vor der Tür› war eine Vorahnung von Wahnsinn.

Crowley war sich sowohl über die Gefahren als auch die Freuden und Genüsse im klaren, die Drogen mit sich bringen. Er folgerte daraus, dass Rauschgift als Genussmittel nur den Göttern, grossen Dichtern, starken und königlichen Menschen zukomme – Menschen wie Aleister Crowley eben.

> Sieh, dieser glänzende Haufen von Kristall. Es sind Kokain-Hydrochloride. Der Geologe mag dabei an Glimmer denken. Für mich, den Bergsteiger, erinnern sie an diesen glänzenden, glitzernden Federflaum aus Schnee. Meist blüht er um Felsen auf, die aus zerklüfteten Gletschern hervorstechen, die Wind und Sonne zur Gespenstigkeit zerküsst haben. Und für die, die die grossen Berge nicht kennen, mögen sie wie der Schnee wirken, wenn er glitzernd und leuchtend die Bäume sprenkelt.

Für Crowley war Rauschgift also das geeignete Mittel für jeden, der die Ekstase erfahren wollte. Der Preis, den er dafür vielleicht zu zahlen hatte, spielte keine Rolle.

> Gebt es jedem, egal wem. Sucht mir den unglückseligsten Pechvogel auf dem Erdenrund und lasst ihn die Qual der Krankheit ertragen, nehmt ihm alle Hoffnung, allen Glauben, alle Liebe. Und dann seht euch seinen schrunzligen Handrücken an, mit der farblosen und faltigen Haut, auf der sich vielleicht schon die Krätze breitmacht und Eiter und Blut ausschwitzt. Er wird jenen schimmernden Schnee darüberbreiten, wenige Gran nur, ein kleines Häuflein Sternenstaub. Langsam wird sich sein verrotteter Arm heben zum Haupt, der wenig mehr sein wird als ein Schädel und sein schwacher Atem die strahlende Macht einsaugen. Dann heisst es warten – eine Minute, vielleicht auch fünf Minuten.
>
> Und dann geschieht das Wunder der Wunder, mit tödlicher Sicherheit und dennoch vollendet wie das Leben; wundersam, weil plötzlich und ewig weit entfernt vom normalen Lauf der Dinge. *Natura non facit saltum.* – Weil es gegen den natürlichen Lauf der Dinge gerichtet ist, ist es ein Wunder.

Er hatte den Drogenkonsum zusammen mit Allan Bennett in der Chancery Lane begonnen, um das Grosse Werk voranzutreiben, den Schleier der Materie zu zerreissen, den Stein der Weisen zu finden, das Gesetz von Thelema zu verkünden.

‹Ich besitze eine geheime Medizin, die ich Laudanum nenne›, hatte Paracelsus dreihundert Jahre zuvor geschrieben.

Und Aleister Crowley schrieb: ‹Meine innerste Identität sagt dies: «Mich zu ehren, nimm Wein und fremde Drogen, von denen ich meinen Propheten künden werde, und sei trunken davon!»[1]

Das sagt das Gesetz, denn Ihn [Aiwass] ehren, heisst ihn beschwören und somit die Welt zu füllen mit Wahrheit und Schönheit.›

Aber ach, er hatte den Bogen überspannt. Er hatte geirrt und den Gottesdienst zu etwas Gezwungenem werden lassen, zu einer Art Wahn, die Ihn lästert. ‹Auch fordert er, dass wir «hervorragen mit Delikatesse» und «trinken nach den acht und neunzig Regeln der Kunst»: ich aber habe mich hervorgetan durch Verderbtheit und getrunken nach den dreihundert und dreiunddreissig Regeln des Suffs›.

Und noch ein Symptom der Sucht hatte ihn dazu gebracht, seine Sachen zusammenzupacken und die Spuren seiner Vergangenheit zu suchen: Ruhelosigkeit.

‹Ausserdem bin ich hergekommen, um die bitteren Erinnerungen zu begraben, die mich nahezu umbrachten. So glücklich und voller Hoffnung war ich hier vor zwei Jahren; und jetzt ist meine kleine Poupée schon seit über einem Jahr tot und ihr kleiner Bruder nie zum Leben gelangt: mein Mensch-Sein ist zum Teil zerstört.›

Er hatte nahezu ohne Unterbrechung Heroin genommen: drei oder vier Prisen, damit das Aufstehen leichter fiel, und dann in kurzen Intervallen praktisch den ganzen Tag über. Gleichzeitig konsumierte er ‹drei oder vier grössere Runden Kokain jede Woche.› Im *Liber* צבא werden zwar die genauen Quantitäten nicht angegeben, aber dennoch wird aus dieser und anderen Quellen eindeutig klar, dass die tägliche Gesamtdosis sich auf mindestens vier oder fünf Gran belief – eine Menge, der nur Crowleys ausgezeichnete Konstitution, sowie ein an das Gift gewöhnter Körper widerstehen konnte.

Er wurde teilnahmslos und träge. Alles langweilte ihn. Er konnte sein Geld nicht mehr zählen, keine Rechnungen mehr prüfen, Speise und Trank geniessen oder auch nur das mindeste Interesse für Waschen und Rasieren aufbringen. Sein Gedächtnis stumpfte ab, und seine Schöpferkraft versiegte.

Mit Überraschung notierte er, dass ein derartiges Tief ohne jede geistige Verwirrung ablaufen sollte. Er stellte bei sich weder Halluzinationen fest, noch bemerkte er Verfolgungswahn, Verstecksucht, Duplizität, Wahnvorstellungen oder Fehlurteile. (Seine Liste). Über seine Schlaflosigkeit machte er Witze. Habe ich überhaupt geschlafen?, fragte er sich und antwortete, wenn, dann nur zum Zeitpunkt totaler Erschöpfung, ‹sagen wir, nach fünfzehn Stunden Malen und Diktieren und nach ausser-

[1] *Das Buch des Gesetzes.*

dem noch sechs Stunden des Sexrausches, der von Veronal und Heroin sowie starken Alkoholika hochgedreht wurde›.

Am ersten Tag im *Cadran Bleu* machte er einen kleinen Spaziergang vor dem Abendessen, vermied Alkohol und schnupfte bis 20.00 Uhr Heroin und Kokain. Als er zu Bett gegangen war, verbrachte er den grössten Teil der Nacht damit, sich schlaflos hin- und herzuwälzen. Um 9.30 Uhr morgens wachte er auf, ‹kämpfte hart ums Aufstehen und glitt dann doch in den Schlaf zurück. Erst nach 11.00 Uhr wachte ich wieder auf.› Gegen Mittag machte er einen Spaziergang und nahm einen leichten Imbiss. Ziemlich ausgepowert kam er gegen 15.30 Uhr zum Hotel zurück und legte sich schlafen. Den Spaziergang beschrieb er so: ‹Die Waldluft traf mich wie ein Keulenschlag. Ich fühlte mich vollkommen kuriert und brach in Schluchzen aus. Erleichterung.›

Er schlief eine halbe Stunde, danach schlug ihn Gevatter Sturm ‹mit schrecklicher und unerträglicher Gewalt›. Vier Minuten lang litt er, bevor er das Phantom mittels einer grossen Dosis Heroin vertrieb. Er fühlte zwar sofortige, keineswegs aber vollständige Erleichterung. ‹Die Begleitsymptome vergingen allmählich und um 16.17 Uhr fühlte ich mich fast normal. Danach wurde es wieder schlimmer›.

Zwischen 16.30 Uhr und 18.00 Uhr nahm er vier Prisen Heroin: zwei kleine, eine mittlere und eine starke.

Für seinen Entzug hatte er einen einfachen Plan gemacht. Er teilte den Tag in zwei Teile: im einen waren Heroin und Kokain erlaubt, im andern strikt verboten. Den ersten Teil wollte er dann täglich um eine Stunde reduzieren, bis er die Sucht besiegt hatte. Es sollte nur eine Ausnahme geben: wenn nämlich ‹Gevatter Sturm› seine Attacken ritt, wie er es salopp ausdrückte. Einen vollkommenen Entzug allerdings sah er nicht vor – denn noch immer waren Drogen ein integraler Bestandteil seiner Magie. Er wollte lediglich jenen Zustand des geniesserischen Gleichgewichts wiederherstellen, den er zu Anfang erlebt hatte. (Man kann sich auch von der Opiumsucht befreien, indem man Morphium nimmt, wie ein erfinderischer Gentleman aus Hongkong an einer Reihe von Suchtfällen nachwies.)[1] Unter dem Einfluss von Heroin war Crowley der festen Überzeugung, dass er Kokain ‹sofort› aufgeben könne. Kommentierte er:

> Man kommt darauf [auf Kokain] zurück, um ‹in Fahrt› zu kommen, ein ganz normaler Impuls. Es scheint von äusseren Umständen abzuhängen. (Nebenbei bemerkt, bin ich im Moment leicht angeheitert [von Heroin] – ein durchaus positives Gefühl des Genusses und nicht das negative Gefühl der Erleichterung – von den 5 Dosen in den letzten beiden Stunden.) Das heraufsteigende Verlangen nach der Droge halte ich mit Essen und Strychnin in Schach.

[1] Lewin, *Phantastica*.

Wie ein Landarzt redete er sich gut zu, nicht an sein brennendes Verlangen nach dem Rauschgift zu denken. Die Sucht nach Heroin, überlegte er, war zum Teil eine Frage der geistigen Besessenheit. Würde er sich mehr zerstreuen, irgendetwas tun, dann könnte er Gevatter Sturm überlisten. Das schlimmste aller seiner Symptome war die Schlaflosigkeit.

Als Hilfsmittel standen zur Verfügung: (1) Magie nach der IX°-Formel (Sex); (2) tägliche Fitness-Übungen, mindestens eine halbe Stunde Spaziergang; (3) Hydrotherapie – ein heisses Bad in Verbindung mit einer Eau-de-Cologne-Massage vor dem Schlafengehen und ein kaltes Bad am Morgen; (4) Alkohol vor dem Schlafengehen; (5) ein Schlafmittel, sofern er nicht innerhalb einer halben Stunde eingeschlafen war.

Programm für den dritten Tag. Er sollte mit dem Wecken – ‹erzwungenes Wachwerden›, nannte er es – um 8.30 Uhr beginnen; Frühstück, Bad, Spaziergang; Picknick im Wald; kein Heroin bis 13.00 Uhr. Dann beliebige Mengen bis zum Zapfenstreich um 18.00 Uhr.

Ob er es tatsächlich fertigbrachte, sich um 8.30 Uhr aus dem Bett zu hieven, lässt Crowley offen. Um 18.30 Uhr jedenfalls nahm er eine mittlere Dosis Heroin. Dazu schrieb er folgenden ehrlichen Kommentar:

> Ich verwöhne mich im übelsten Sinne des Wortes. Sehr oft habe ich mir eine Dosis zugeführt, ohne dass ich auch nur im geringsten wusste, weshalb. (Dies ist ein ganz schönes Geständnis für einen Menschen wie mich, der der grösste lebende Psychologe zu sein behauptet!) Diesmal gab es nicht die Spur Unbehaglichkeit, die ich hätte bekämpfen wollen, noch hatte ich auch nur den leisesten Wunsch, eine noch höhere Bewusstseinsebene zu erreichen. Ein absolut perverser Impuls.

Eine Viertelstunde später griff er wieder zum Gift. ‹18.45 Uhr. Geringe Dosis, zum Teil genommen, um mir zu beweisen, dass ich nicht von der oben angeführten Reflektion in Panik versetzt werde.›

Dies ist selbstverständlich pure Rationalisierung, und Crowley wusste das. In einer melancholischen Minute schrieb er ‹gewisse pathologische Züge› nieder, wobei er den Katalog seiner Krankheiten erheblich erweiterte. Schon seit einem Jahr bemerkte er ein Nachlassen seiner ehemals vorzüglichen Sehkraft. In den letzten Wochen war es erheblich schlimmer geworden. Er war zunehmend indifferent gegenüber Angelegenheiten ‹der Sauberkeit und Eitelkeit›, und er bemerkte ‹alarmierende Symptome in der Gedankenwelt›, die sich auf das Gefühl reduzierten, nichts hätte mehr Sinn.

‹Mittlere Dosis. Als Entschuldigung ein perverses Pflichtgefühl. Die Uhr hatte sieben geschlagen. In dieser Stadt gibt es mehrere gut hörbare Turmuhren, und ich wollte mein Recht wahrnehmen, zwischen den einzelnen Glockenschlägen eine letzte Dosis zu nehmen.›

Ein Satz charakteristischer Poesie – soviel zum Zapfenstreich! Er war mittlerweile ‹beschwipst› (vom Heroin), wie Alostrael es nennen würde. Der Tag war angefüllt gewesen mit Seelenqual und Niederlagen. Als er sich schwerfällig durch den Wald geschleppt hatte, ‹sah ich Poupée in jeder Schneise. Wenn ich jetzt an sie denke, dann ohne jede Emotion. Es ist sogar schwer, mir in Erinnerung zurückzurufen, dass sie mir einen Moment lang leid tat.›

Verwirrt, wie er war, steckte er sich eine Zigarre zwischen die Lippen, ‹als sichersten Ort dafür›, die er nach dem Abendessen rauchen wollte. Aber er zündete sie sofort an und bemerkte seinen Irrtum erst, als er sie schon halb aufgeraucht hatte.

‹Jetzt bin ich nicht nur «beschwipst», sondern «betrunken», fast schon «besoffen». Meine Augen tränen, meine Ohren dröhnen; ich fühle mich «wie ein nasser Waschlappen» und strahle die Glückseligkeit der glücklichsten Seligkeit aus. Mein zweiter Vorname ist Benedikt, meine Freunde nennen mich Felix.›

Die Geister seiner alten Freunde erschienen und setzten sich zu ihm: Kelly, Back, Allan Bennett, Eckenstein[1]: Freunde, von denen er seit langem geschieden war. Er genoss eine ‹formlose Ekstase›, die alles bisher Erlebte übertraf. Er musste Mut fassen. ‹Sei stark! Dann kannst du noch mehr Freude ertragen›, zitierte er aus dem *Buch des Gesetzes*. Keineswegs war es ein Tag der Niederlagen gewesen. Im Gegenteil. Nichts hätte ihm wohler tun können als der Nektar, den der schlürfte.

‹Mein Wille ist es, zu essen und zu trinken, auf dass ich meinen Körper stähle für das Grosse Werk›, paraphrasierte er das thelemische Tischgebet. *‹En avant, Pegase!›*

Um 22.10 Uhr nahm er sein Abendessen ein. Es schien ihm ausgezeichnet geschmeckt zu haben, besonders der Wein. Anschliessend ging er ins Bordell.

‹Ging in Nummer 4 und Nummer 6, um einen Primaten weiblichen Geschlechts von der Species Homo Sapiens aufzutreiben. Die annehmbarste war eine kleine und stämmige Kreatur namens Paulette. Ich kann es kaum rechtfertigen, Pierrette zu berauben, um sie zu bezahlen. Trank einen alten Marc und einen Cointreau zur Begleichung der Rechnung.›

1 Eckenstein war im Jahr davor gestorben. ‹Ich habe gerade gehört, dass der Schleier des Lebens von den Augen Oscar Eckensteins gefallen ist, meines Bergsteiger-Kameraden und Lehrers der Meditation seit Ostern 1898›, schrieb er in sein *Magical Record*: ‹Möge es Ihm gewährt werden, auch gemäss seinem Willen; ja, gemäss Seinem Willen. Aumn, Aumn, Aumn.› Später am selben Tag hielten er und Alostrael ‹ein Requiem für Oscar Eckenstein› ab ... ‹Ich trug meine weiss und goldene Abbai, meinen X°-Stern, mein Rosenkreuz aus Topaz und zinnoberrot-bemalter Eiche, meinen 9° = 2□-A.˙.A.˙.-Ring und mein Stirnband aus Gold mit dem Abra-Melin-Uriel-Viereck. Letzteres trug ich seit vielen Jahren nicht, vielleicht sogar nicht, seit mein Heiliger Schutzgeist zu mir sprach und ich durch Ihn das Wissen erhielt. Ich salbte Babalon und mich selbst mit Abra-Melin-Öl, welches heftig auf unserer Stirn brannte ...›

Durch den Regen ging er heim ins Bett. Ein vollkommener Tag! Um 1.00 Uhr morgens schrieb er in *Liber* צבא : ‹Der Mechanismus der Schlaflosigkeit ist aussergewöhnlich interessant . . .› und schlief ein.

Den neuen Tag leitete er mit ein paar Observationen ein. Heroin, das für gewöhnlich seine Erstickungsanfälle sofort stoppte, hatte keinerlei Auswirkung auf sein Asthma, sondern liess die Krankheit im Gegenteil noch schlimmer werden.

‹Ich fühle keinerlei Versuchung, Heroin zu nehmen, um Kraft fürs Aufstehen zu sammeln. Es könnte gar nicht besser gehen. Aber natürlich kann es sich bei allem nur um ein Vorspiel zu grausigen Schrecken handeln.

12.00 Uhr. Endlich wach, nachdem ich mehrmals wieder eingeschlafen war.›

Für die Extravaganzen des Vortages hatte er schwer zu büssen. Das Wetter war trüb und regnerisch, trüb und schwer waren auch seine Gedanken. Nach dem Mittagessen schleppte er sich auf den Rocker d'Avon und beschrieb seine Stimmung als ‹Zustand ohne Enthusiasmus, Kraft oder Mut›. Er notierte, dass er, da der wichtigste Aspekt der Entziehungskur die Verlängerung der Enthaltsamkeitsperioden war und Heroin das Schlafbedürfnis unterdrückt, den Zapfenstreich mit äusserster Strenge einhalten musste. Andererseits wollte er ‹die Frage des Aufstehens leicht entspannt behandeln›. Den ganzen Nachmittag lang schnupfte er Heroin.

> Dumpfe Unpässlichkeit paart sich mit totaler Interesselosigkeit und der Überzeugung, dass mir Kokain auf der Stelle hochhelfen würde. Aber Kokain kommt natürlich überhaupt nicht in Frage, und zwar aus folgendem Grund: Der Hunger nach Kokain ist vollkommen normal, und ein Mann sollte seiner normalen Leidenschaften Herr werden können. Physische Folter schmeisst die Gänge des moralischen Apparats andererseits natürlich vollkommen durcheinander . . .
>
> Fühlte mich übrigens beim heutigen Spaziergang leicht asthmatisch. Spürte deshalb jedoch keine Versuchung, Kokain zu nehmen. Dennoch unterliege ich einer starken Versuchung jetzt gerade, in diesem Moment (denn diesen langweiligen Zustand verachte ich): Ich möchte rauchen, essen, lesen, schreiben, trinken, schlafen – und alles zur gleichen Zeit, und dabei bin ich unfähig, zwischen all diesen Dingen das auszuwählen, wozu ich am wenigsten Lust habe. Das ganze Gefühl ähnelt unterbewusster Sorge. Aber ich bin unfähig, mir über irgendetwas Sorgen zu machen, meine Affären, Leah, alte Erinnerungen: nichts scheint eine Rolle zu spielen. Ich möchte eine positive Geisteshaltung erreichen können, egal zu welchem Thema, und ich kann nicht. Nur Kokain könnte mir dabei helfen, aber ich werde keins nehmen.

Die Belastung wuchs, er fühlte einen starken Drang, die ganze Kur über Bord zu werfen und sich in einen Ozean aus Heroin und Kokain fallen zu lassen.

17.15 Uhr. Todmüde und am Rand des ‹beschwipst seins›.

17.28 Uhr. Kleine Dosis. Ich wollte diese Prise nicht, aber ich habe vor, in 3 Stunden 7 zu nehmen, um die Rationen nicht allzu drastisch zu verkleinern. Morgen will ich 6 nehmen: deshalb heute sieben, damit morgen die Ration um eine verkleinert ist. Wenn ich nämlich 6 heute nähme und morgen ebenfalls 6, könnte ich das Gefühl entwickeln, ich würde nicht rasch genug voranschreiten; während eine Ration von 5, morgen genommmen, mich bis Sonnabend vielleicht nicht durchbringen würde.

Nach dem Abendessen besserte sich seine Stimmung. Er hatte den Zapfenstreich eingehalten und machte einen kleinen Spaziergang, nachdem er sich mit Hilfe von Kaffee und zwei Gläsern Cognac wiederbelebt hatte:

... fühle mich wie 1896 an einem hellen Maitag, als ich in meinem neuen Anzug über die Trinity Street flanierte. Ich gestatte mir die Anmerkung, dass das Ärgerlichste an all den Märchen über die Auswirkungen des Drogenkonsums dies ist, dass man aller Wahrscheinlichkeit nach jeden Moment des Missbehagens entweder auf die Sucht oder die Enthaltsamkeit zurückführt ... nach einer miserablen Nacht und miesem Wetter frage ich mich, ob mein Asthma, meine Depressionen und andere unangenehme Erscheinungen zustande gekommen sind aufgrund (a) von Mangel an Kokain, (b) von zuviel Kokain, (c) von zuviel Heroin oder (d) von zu wenig Heroin. Der grundsätzliche Ärger mit Drogen ist einfach, dass sie dazu tendieren, die Leute besessen zu machen.

Er redete sich ein, dass er nichts zu fürchten hatte. Er war alles andere als ein Rauschgiftsüchtiger. «Da ist, muss ich zu meinem Bedauern sagen, dieses enorm subtile Gewisper in meinem Ohr: ist mein Freisein von Angst und Besorgnis nicht ein Instrument ‹des Teufels›, das mich dazu verleiten soll, meine vielfachen Vorsichtsmassnahmen zu verachten und alle Fesseln abzustreifen, um meine Überlegenheit über die ganze Situation zu beweisen?»

Äther, Haschisch, Meskalin, Morphium hatten, sagte Crowley, auf ihn nicht den geringsten suchterweckenden Einfluss. Im Gegenteil: mit diesen Drogen hatte er nur die allerbesten und empfehlenswertesten Erfahrungen gemacht. Lediglich Heroin und Kokain hatten ihm eine Menge ‹Ärger› bereitet: eine Prise Heroin genügte, um die meisten seiner unerquicklichen Erfahrungen und Gefühle ‹ohne jede Zeremonie› verschwinden zu lassen, und ohne Heroin war das Leben die Hölle.

«15.38 Uhr. Mittlere Dosis. Nahm die letzte Dosis unter gewissen Qualen ein (ich benutze dieses Wort als Äquivalent zu *angoisse*), was ich sofort erkannte, als ich mir sagte: ‹Alles gut und schön für heute, aber was ist mit morgen, wenn das Limit auf 4 Dosen liegt?»

Das Elend vergrösserte sich in dem Mass, in dem er die Abstinenzperioden verlängerte.

2.00 Uhr. Eine Kolik nach der andern, dann totale Erschöpfung. Versuchte, Eau-de-Cologne zu inhalieren: zwecklos. Werde letzte Stellung in Fort Vaux beziehen.

14.31 Uhr: Unnötige Menschenopfer. Rückzug zur zweiten Gefechtslinie. *Ils ne passeront pas.*›

Nach Zapfenstreich nahm er eine kleine Dosis, die geringe Erleichterung brachte. Unmittelbar darauf nahm er eine grosse und eine mittlere Dosis und fühlte sich fast ruhig und entspannt. Minuten später folgte wiederum eine Dosis mittlerer Grösse.

‹Ich hätte den Angriff mit Leichtigkeit abwehren können, wenn ich es gar nicht so weit hätte kommen lassen. Ich bin «total hin» vor Erschöpfung. Jeder Muskel schmerzt, der Atem geht schnell und schwer, in meiner Kehle sind noch Reste von Auswurf.›

Aus Reue über seine Rückfälle beschloss er, diese drei Prisen als ‹geliehen› anzusehen, die er durch doppelte Enthaltsamkeit bei der nächsten drogenfreien Periode gleichsam zurückzahlen wollte.

Phasen des Triumphs folgten auf Phasen der Depression, Depression wechselte mit Stolz. ‹Ich habe einen riesigen Schritt in Richtung Heilung getan. Ich habe meinen Glauben an mich als Weltenkraft wiedergewonnen . . . Der Gedanke, dass dieser Bericht unzähligen Menschen als Modell dienen wird, ihre Sucht ohne fremde Hilfe zu bekämpfen, gibt mir enormen Auftrieb.›[1]

Was war geschehen? Er hatte die Heilung zu früh erwartet. Nach einer Woche hatte er angenommen, der Sucht das Rückgrat gebrochen zu haben, aber am Ende des Monats nahm er noch immer «Extra-Dosen» Heroin.

Er vermisste Alostrael, er brauchte sie. Er machte sein Testament und wiederrief alle vorhergegangenen Testamente. Er vermachte ihr seine gesamte Habe und setzte sie als Alleinvollstreckerin ein. Kurz darauf verliess er *Au Cadran Bleu* und fuhr nach Paris, wo er sie treffen wollte. Das Rendezvous verlief wenig erfolgreich. Zum ersten Mal, seit sie sich 1918 in New York begegnet waren, schien sich eine Kluft zwischen ihnen aufzutun. Die Entziehungskur war misslungen und Leah Hirsig ein Fluch

[1] Bei seinem Bankrott 1935 nahmen seine Gläubiger dieses – noch immer unveröffentlichte – und andere seiner Manuskripte in Besitz.

seines Lebens. ‹Die ganze Zeit seit meiner Rückkehr nach Paris kann zusammengefasst werden mit: «Vom Regen in die Traufe». Leah ist ein geistiges Gift der grässlichsten Art für mich. Wir lieben uns heiss und innig; wir empfinden tiefe Sympathie; wir tun alles, uns gegenseitig zu helfen: aber wir wirken aufeinander wie Krebs.›

Seine Heroinsucht musste er irgendwie anders loswerden. Er schrieb an Dr. Edmund Gros und bat ihn, ein Sanatorium ausfindig zu machen, wo er seine Entziehung im Alleingang hinter sich bringen könnte, da es für einen auserwählten Sendboten der Götter die ganze Theorie zerschlüge, wenn er sich irgendwem unterordne. Ausserdem wäre es geradezu ein Akt der Blasphemie.

Dr. Gros verschrieb Luminal und schlug ein Sanatorium in Divonne-les-Bains bei Aix vor. Aber nach dem Gespräch mit Dr. Gros fühlte sich Crowley gleich viel besser und beschloss, seine Kur ohne Sanatorium fortzusetzen.

Er ging nach Fontainebleau zurück, wo er eines Frühlingsabends in der Dämmerung die magische Glocke anschlug, die heiligen Namen ausrief und Aiwass, seinen Heiligen Schutzgeist beschwor. Und da schien es ihm, als ob sich in einer dunklen Ecke seines Raums eine Präsenz rege.

Von dieser Beschwörung erwartete er lediglich ‹günstige Geschicke›, die er nicht weiter präzisierte. Der Ratschluss der Götter, in deren Händen er sich befand, war unergründlich.

Ein paar Tage später suchte ihn ein junger Mann namens Augustine Booth-Clibborn auf.

Fünf Stunden lang, von 20.30 Uhr bis halb zwei Uhr morgens, legte ihm Crowley das Gesetz Thelema dar, und als sich Booth-Clibborn zurückzog, schwelgte Das Tier in Zufriedenheit. War dieser Geselle das von Aiwass versprochene ‹günstige Geschick›? Sie hatten sich glänzend verstanden, und Booth-Clibborn, der in sich die Berufung zu einer Führerpersönlichkeit verspürte, hatte die Grösse und Bedeutung von Crowleys Werk für die Menschheit klar erkannt. Thelema war ein Schlachtruf. Während seines Kampfes gegen die Schlaflosigkeit erinnerte sich Das Tier immer wieder mit Wohlbehagen an Augustine Booth-Clibborn. Wieder ein Schüler für die Abtei! Leah könnte ihn sogar zum Obersten Feldherrn ernennen.

‹Finanziell befindet er sich in einem Engpass wegen seines Stolzes – seines eigenen! Dieser arme Parasit der Erdenkruste könnte der Erzengel Gottes sein, wenn er nur seinen Willen fände.›

Crowleys taktischer Plan für den jungen Mann, den ihm Aiwass übermittelt hatte, begann damit, dass dieser sofort seiner Mutter wegen Geld telegraphieren sollte. Das Tier erwähnte zwei in Frage kommende Beträge: 93 Pfund oder 418 Pfund. Beide Zahlen haben hohe thelemische Bedeutung, ganz besonders die letztere (93 = Aiwass oder Thelema oder Agape; 418 = das Wort des Äons, ABRAHADABRA!)

In aller Eile entwarf er seinen Schlachtplan. Booth-Clibborn sollte sich sofort bei Alostrael vorstellen mit den Worten: ‹Ich bin das Kind im Ei; in dir ist alle Macht, die je gegeben; Das Tier hat mich gesandt, die Verbreitung des Gesetzes zu übernehmen; und ich bin der Erste unter den Dienern der neuen Ordnung.›

Noch immer konsumierte er Heroin und Kokain ohne Rücksicht auf erlaubte oder verbotene Perioden. Schliesslich war er soweit, dass er niederschreiben konnte, dass ihm alles gleich sei ausser dem Grossen Werk: so, wie Van Gogh geschrieben hatte, dass er male, nur um das Elend seiner Existenz zu vergessen. Er wollte sterben, aber hatte noch die Stärke zu überleben, und inmitten der vier Wände des Wahnsinns leuchtete eine dünne Ader der Vernunft. Aber vielleicht lässt sich Crowleys Vernunft auch an seinem Wunsch messen, dem Wahn anheimzufallen?

> Aiwass beschwöre ich, zu brechen meinen Widerstand und mich wegzuwirbeln im Wind Seines Wortes, dass ich durch die Welt rasen möge wie der Sandsturm durch die Wüste. Ihn [Aiwass] beschwöre ich, zu zerbrechen alles Bewusstsein ausser dem seiner Strömung. Und wenn das gleichbedeutend ist mit dem Wahn: nun gut. Denn die Vernunft hat bei weitem nicht Ansprüche genug, dass ich mich einem alten dürren Weib verbinde, wenn die wollüstigen Arme meiner warmen Hure sich öffnen für mich, ihr Mund rot aufleuchtet in Leidenschaft und ihre Augen den Glanz des Bösen verstrahlen, während ihr Leib in wilden Zuckungen sich windet und ihre heisere Stimme laut und bebend vom Bösen den Horror hinausschreit in der Hölle eherner Kuppeln.

Zunächst musste Booth-Clibborn in den Orden vom Silbernen Stern initiiert werden. Die von Crowley sorgsam für ihn ausgewählte Botschaft, sein magisches Motto, lautete: ‹Ich bin einzig und ein Eroberer.›

Dann der Eid. Crowley hatte ihn bereits in sein kleines, rotes Notizbuch geschrieben. ‹Ich, Arthur Augustine Booth-Clibborn verpflichte mich feierlich und in Anwesenheit des Tiers 666 dem Grossen Werk.› Crowley legte ihm den Eid zur Unterzeichnung vor, aber aus einem nur ihm selbst bekannten Grunde weigerte sich Booth-Clibborn, was dem Tier absolutes Anathema war. Nachdem Booth-Clibborn sich verabschiedet hatte, schrieb Crowley: ‹Er war zu feige zu unterschreiben. Er hatte schon Verrat und Betrug an mir erwogen: aber zu schrecklich war seine Furcht.›

Crowley und Leah schienen es nicht sonderlich eilig zu haben, zur Abtei zurückzukehren. Auch Leah litt unter Symptomen der Rauschgiftsucht und fürchtete, an Lungentuberkulose erkrankt zu sein. Sie war abgemagert, schwitzte im Schlaf und spie Blut. Sollte sie zur Kur in die Schweiz fahren? Oder nach London? Crowley hatte keine Lust auf die Schweiz. Das *I Ging* schien auf London zu deuten. Also verabschiedete sich Crowley von seinem Liebhaber Camille in Paris und fuhr in seine Heimat zurück. Seine Rückkehr nach Britannien empfand er als ‹Selbstopferung und Wiedergeburt des Phoenix›.

Mit bemaltem Gesicht und gehüllt in die Tracht der Highlands machte er sich nach London auf, seine Frau in Scharlach im Arm und zehn Pfund in der Tasche. Die Tracht war sein bester und einziger Anzug. Erst kürzlich hatte er sie wieder aus der Reinigung geholt, wo sie mit zwei weiteren Kilts, einer Militär-Litevka und einer bunt schillernden Weste seit 1914 auf ihn gewartet hatte. In Ardelot bei Boulogne verwechselte man ihn mit einem steckbrieflich gesuchten Hochstapler und arretierte ihn. Man riss seine Verkleidung herunter. Unter der schottischen Mütze trug er eine pechschwarze Kraushaarperücke. Nein, protestierte er, er sei keineswegs Gerard Lee Bevan, der Betrüger, sondern Aleister Crowley, der berühmte Dichter und Bergsteiger. Zum Beweis zeigte er neben seinem Pass Guillarmods Buch über die Expedition auf den Chogo Ri, in dem ein Photo von ihm abgedruckt war. Als ihn dann die Beamten endlich entliessen, hatte sein Schiff schon lange abgelegt, ‹aber in den letzten fünf Jahren habe ich nicht mehr so viel Spass gehabt›.

In der ersten Maiwoche trafen sie in London ein, wo es nach dem Ersten Weltkrieg ebenso schwer war wie nach dem Zweiten, eine Wohnung zu finden. Seine alte Freundin Gwendoline Otter gab ihm den guten Rat, lieber nicht in seine frühere Residenz am Russell Square zurückzukehren, sondern empfahl Chelsea. Als er dort über die Kings Road schlenderte, hatte er etwa am Wellington Square die Eingebung, es mit den heiligen Zahlen zu probieren, insbesondere 31, dem Geheimen Schlüssel zum *Buch des Gesetzes*. Vor der Hausnummer 31 stand denn auch ein Möbelwagen, weil dort soeben die neue Besitzerin einzog. Ja, es gäbe noch ein oder zwei Zimmer zu mieten. ‹Der zufällig angesetzte Bogen brachte die

Saite ideal zum Erklingen. Das Wunder ist umso bemerkenswerter, als das Schild Stunden zuvor noch nicht im Fenster gestanden hatte›, kommentierte er.

Er besuchte Austin Harrison und verkaufte ihm einen Artikel über Drogen, der im Juni 1922 von *The English Review* unter dem Titel ‹Der grosse Drogen-Irrtum› gedruckt wurde. Darin beschrieb er sich als ‹Fachmann aus New York›. Mit einiger Berechtigung war in dem Artikel die Rede davon, dass er seit 1898 ‹mit der grundsätzlichen Erforschung der Auswirkung von Rauschgiften der verschiedensten Art auf den menschlichen Organismus› befasst sei und dabei ‹besondere Aufmerksamkeit auf die Parallele zwischen den psychischen Phänomenen der Rauschgiftneurose, Wahnvorstellungen und mystischen Erleuchtungen› gelegt habe. Er fügte hinzu, er habe versucht, ‹in Verfolgung dieses löblichen Zweckes, in mir selbst eine Sucht aufzubauen. Vergeblich. Meine Frau ging mir geradezu auf die Nerven damit: «Und vergiss dein Kokain nicht, Schatz!» oder «Hast du auch dein Heroin eingenommen, Liebling?»› Der Aufsatz schloss mit einer ‹Redaktionellen Anmerkung›, die den Leser über eine ‹Privatklinik› des Autors in Kenntnis setzte, wo ‹die Patienten durchaus nicht wegen ihrer «Sucht» behandelt werden, sondern wo sie einem Prozess des moralischen Wiederaufbaus unterworfen werden. Sobald dieser erreicht ist, ist die Sucht automatisch in Vergessenheit geraten.› Die ‹Klinik› des ‹New Yorker Spezialisten› befand sich in Cefalù.

In der nächsten (Juli-)Ausgabe der *English Review* fanden sich drei Artikel aus Crowleys Feder, die unter drei verschiedenen Pseudonymen erschienen: ‹Percy Bysshe Shelley› von Prometheus; ‹Das Judenproblem aus neuer Sicht› von einem Nichtjuden und ‹Die Rauschgiftpanik› von einem Londoner praktischen Arzt. Im August erschien ‹Die Krise des Freimaurertums› von einem ehemaligen Grossmeister, bei dem es sich ebenfalls um Crowley handelte, wie der letzte Absatz, seine Hymne auf das Äon des Horus, das Gekrönte und Erobernde Kind, deutlich werden lässt.

Beiträge dieser Art hätte Crowley durchaus weiter liefern können, wäre er in der Lage gewesen, sich aus den Streitereien mit Harrison herauszuhalten. ‹Er konnte stundenlang darüber debattieren, dass er von Pfunden und nicht von Guineen geredet hatte. Warum ich von diesem elenden Wurm so fasziniert war, kann ich kaum erklären. Vermutlich handelt es sich um die gleiche Art der Faszination, mit der man sich das Gekreisch zweier Strassennutten anhört.›

Als Verleger für seine Autobiographie hatte Sullivan Grant Richards vorgeschlagen, der, um mit Bernard Shaw zu sprechen, von seiner Liebe zur Literatur ruiniert worden war. Sullivan zufolge bestand durchaus die Chance, dass der ihm persönlich bekannte Richards das Werk in Kommission nehmen würde. Er werde ein gutes Wort für Das Tier einlegen.

Richards jedoch zweifelte am Erfolg des Unternehmens und fand Crowleys Bedingungen unannehmbar.

Crowley machte Richards einen neuen Vorschlag: er wollte ihm einen Roman über den Rauschgifthandel, als begrüssenswerte Abwechslung zur Flut der Romane über den Mädchenhandel überlassen. Von Drogen verstand er etwas, er hatte lange genug den Orient bereist, sich zudem in Amerika umgetan und im Lauf seines Lebens genügend Informationen über Kokain und Heroin gesammelt. Auf einem Blatt Notizpapier skizzierte er das Werk und nannte es *The Diary of a Drug Fiend.*

Richards entschuldigte sich für die Ablehnung des Werkes und schlug Hutchinson oder Collins als Verleger vor.

Keiner der beiden Namen bedeutete dem Tier etwas, aber weil er zufällig auf dem Heimweg am Verlagsgebäude vorbeikam, suchte er William Collins in seinem Büro auf.

Man arrangierte ein Gespräch mit Collins' Lektor, dem Romancier J. D. Beresford. Crowley kam sein Gesicht irgendwie bekannt vor, im gemeinsamen Gespräch stellten sie fest, dass sie sich vor etwa fünfzehn Jahren einmal getroffen hatten. Man entwarf und unterzeichnete einen Vertrag; der Vorschuss von 60 Pfund wurde auf der Stelle ausbezahlt. Voller Dankbarkeit erkennt Crowley an, dass es Beresford war, der William Collins zur Kommissionierung des *Diary of a Drug Fiend* überredet hatte.

Sein Mut kehrte zurück, seine Energie schäumte über. Bisher hatte er alle seine Bücher auf eigene Kosten drucken lassen, er war ein Amateurschreiber gewesen, keineswegs ein Profi. Nun aber wollte ihn ein richtiger Verlag für seine schriftstellerische Tätigkeit bezahlen! Aus Alostraels Tagebuch, *The Magical Diary of Babalon,* erfahren wir, dass sie *The Diary of a Drug Fiend* für eines der wichtigsten Bücher Crowleys und eine Belohnung der Götter hielt.

Sofort rief er den inzwischen nach Paris abgereisten Affen zurück und begann unmittelbar nach ihrer Ankunft in seinem Zimmer am Wellington Square mit dem Diktieren.

The Diary of a Drug Fiend ist die Geschichte von Sir Peter und Lady Pendragon, die Gesundheit und Geist zugrunderichten, weil sie ihre Genussfähigkeit mittels Heroin ins Unendliche steigern wollen. Als sie sich in eine scheinbar ausweglose Situation gebracht haben, werden sie von einem mysteriösen Mann von aussergewöhnlicher Faszination und Stärke, König Lamus, gerettet, der sie in seine Abtei Telepylus mitnimmt, wo sie prompt geheilt werden.

Sir Peter ist aus mehreren Personen zusammengesetzt, aber Crowley sagte, dass er seine übelsten Charakterzüge Cecil Maitland verdankte. König Lamus ist selbstverständlich Crowley selbst.

Ich kann überhaupt nicht verstehen, wie er es wagen kann, nach England zu kommen [sagt eine Nebenfigur]. Er lebt an einem Ort namens Telepylus, wo immer das sein mag. Er ist über hundert Jahre alt – obgleich man es ihm nicht ansieht. Er war überall und hat alles gemacht. Und jeder seiner Fussstapfen quillt über vor Blut. Er ist der verruchteste und gefährlichste Mensch Londons. Er ist ein Vampir und nährt sich von zerstörtem Leben.

König Lamus herrschte über die Lästrygonen, den aus der Odyssee bekannten menschenfressenden Riesen. Sein Stützpunkt war Telepylus, das der Sage nach im Nordwesten von Sizilien gelegen haben soll, nicht allzuweit jedenfalls von Cefalù entfernt. Crowley gab gerne zu, die dunkleren Charakterzüge des Königs seiner eigenen Pesönlichkeit entnommen zu haben.

In der Szene, in der Sir Peter und seine drogensüchtige Frau in der Abtei ankommen, kann Crowley es sich nicht verkneifen, Mary Butts und Cecil Maitland einen weiteren Tiefschlag zu versetzen. Sagt König Lamus: «Im letzten Jahr hatten wir auch zwei Leute hier, hoffnungslose Versager. Sie hielten sich für Schriftsteller und bildeten sich ein zu arbeiten, wenn sie feierlich vom Frühstückstisch aufstanden, um bis Mittag eine halbe Seite Schmonzes zu schreiben. Die Bedeutung des Wortes Arbeit war ihnen unbekannt, und der Ort machte sie halb wahnsinnig. Die Abtei langweilte sie . . .»

Am 1. Juli hörte Crowley mit seinem Dauerdiktat auf und schrieb: ‹Summa summarum 121 000 Wörter in Langschrift, aufgeschrieben von meiner Frau in Scharlach zwischen 11 Uhr morgens am 4. Juni und 0.45 Uhr am 1. Juli: 27 Tage mit je 12¾ Stunden. 4321 Wörter *per diem*. In diesem Zusammenhang muss meine fiebrige Erkältung in der letzten Woche berücksichtigt werden.›

Drei Monate zuvor war er wegen des Heroins noch praktisch taub gewesen. ‹Ich glaube, ich habe mich allmählich gründlich fertiggemacht. Allzu selten ist es geworden, dass die zertrümmerte Antenne sich regt›, lautet eine der letzten Eintragungen ins *Liber* צבא. Er hatte sich im gleichen elenden Zustand befunden wie Sir Peter und Lady Pendragon, nur war zu seiner Rettung kein König Lamus aufgetaucht. Und die Abtei Thelema, deren «formlosem Horror» er entflohen war, unterschied sich sehr von der Idylle der Abtei aus ‹Telepylus›.

‹Ich frage mich übrigens, ob dieser Widerspruch jemals Leah Hirsig auffiel, der *Jungfräulichen Wächterin* der Abtei, als sie das Happy-End in der Abtei Telepylus mitschrieb, das in einer Szenerie spielt, die sie nur allzugut kennt.› Offensichtlich nicht, denn in der Abtei des «Tu, was du willst» in Cefalù hatte sie ihr erstes – wenn auch primitives, es gab weder Gas noch Elektrizität im Haus, und das Wasser musste aus einem Brunnen im Hof geholt werden – Heim gefunden, selbst wenn ein eigener Intimbereich keineswegs gewährleistet war. Auf alle Fälle zog sie es der düsteren Bude in New York mit den winzigen Gucklöchern als Fenster und ihrer Mutter als Haushälterin vor. Und für sie gab es überhaupt keinen Vergleich zwischen ihrer trüben Existenz als Schullehrerin in der Bronx und ihrer gegenwärtigen hohen Position als die Frau in Scharlach des Aleister Crowley, der da war der Prophet der Sonne und des Gottes des Krieges und der Rache, Ra-Hoor-Khut. Mit den dämonischen Hoffnungen ihres Meisters identifizierte sich Leah voll und ganz.[1]

Dieser hatte Collins eine Zusammenfassung seines *magnum opus* gegeben, seiner Autobiographie oder, wie er es nannte, seiner Autohagiographie. Am Abgabetag des *Drug Fiend* nahm Collins auch die *Confessions* in Kommission. Als Vorauszahlung erhielt Crowley 120 Pfund.

Alostrael hatte ihr Werk getan, die Autohagiographie konnte warten. Und da die Londoner Luft ihrer Lunge nicht bekam, schickte Crowley sie zur Abtei zurück. Wenig mitfühlend wäre es in diesem Zusammenhang, wollte man unterstellen, er habe sie loswerden wollen.

The Diary of a Drug Fiend erschien im November und erhielt die üblichen vagen Kritiken. Als Werk eines Genies pries das Buch niemand. *The Times Literary Supplement* machte deutlich, dass es weder die literarische Faszination de Quinceys, noch die ergreifende Gewalt und den Realismus eines Zola habe. Dennoch: ‹Das Buch wimmelt nur so von durchaus fruchtbaren Ideen und Geschehnissen und ist mit einer Fülle ausladender Rhetorik geschrieben – eine Phantasmagorie aus Ekstasen, Verzweiflung und vor allem Vokabeln.› Das Werk wäre nach ein oder zwei Monaten von anderen Romanen überspült worden, hätte nicht jener ungeheuerliche James Douglas – die Bezeichnung stammt von V. S. Pritchett – den *Drug Fiend* für seinen allwöchentlichen Beitrag im *Sunday Express* gewählt. Douglas, der bereits Aldous Huxleys *Antic Hay* als ‹Dreck und Gotteslästerung› angegriffen hatte, bezeichnete *The Diary of a Drug Fiend* als eine ‹ekstatische Eulogie des Rauschgifts›, verglich es mit James Joyces *Ulysses* und verlangte sofortige Ausmerzung.

Das Werk ist keine ekstatische Lobeshymne auf den Gebrauch von Drogen, sondern empfiehlt ihre kontrollierte Anwendung im Zusammenhang mit magischen Ritualen. Insofern enthält der Angriff von Douglas mehr als nur ein Körnchen Wahrheit. Zudem machte Crowley für sich und seine Abtei mit folgendem Zitat aus dem *Buch des Gesetzes* Reklame:

> Die Abtei Thelema in Telepylus existiert tatsächlich. Sowohl die Abtei als auch die dort herrschenden Gebräuche und Insassen sind geschildert, wie sie in Wirklichkeit sind. Das gleiche gilt für die Landschaft. Der Unterricht, wie er dort erteilt wird, lässt sich auf alle Erscheinungsformen seelischer Störungen anwenden. Er wird den

[1] Aus Leah Hirsigs Tagebuch.

‹Wahren Willen› eines jeden Menschen erkunden. Interessenten wenden sich an den Verfasser dieses Buches.

Unter den wenigen Antworten, die Crowley erhielt, war folgender Brief eines Mannes:

Sehr geehrter Herr. Ihr faszinierendes Buch *The Diary of a Drug Fiend* hat mich tief bewegt, und ich frage mich nun, ob Ihre Freunde in der Abtei Thelema mir möglicherweise bei der Erkundung meines ‹Wahren Willens› helfen könnten? Es ist mir sehr ernst damit, wollen Sie daher bitte jeden Gedanken daran, dass ich irgendwelche «Witze» mache, fallenlassen.

Ich wurde in Irland geboren (wo ich die ersten zwanzig Jahre meines Lebens verbrachte), und habe Nord- und Südamerika extensiv, sowie den Kontinent gelegentlich bereist. Ich habe im 1899er Burenkrieg, sowie in der jüngsten Rangelei gedient, die man Weltkrieg nennt, bis es mich bei Gallipoli erwischte. Während all dieser Jahre arbeitete ich – zunächst in Läden und Kaufhäusern – in der Textilbranche. Seit 1917 vertrete ich eine New Yorker Firma. Mit dieser Arbeit verbindet mich zwar nicht das geringste, sie sichert mir jedoch einen angemessenen Lebensstandard. Sehr wahrscheinlich bin ich dazu verdammt, den Rest meines Lebens inmitten von Textilien zu verbringen!

Meine einzigen Steckenpferde sind Musik, Photographie und das Laientheater. Jedoch leide ich unter einer Besessenheit. Ich habe die Manie, der Sklave praktisch eines jeden gutaussehenden Knaben zu sein, der mir über den Weg läuft. Bitte ziehen Sie daraus keine voreiligen Schlussfolgerungen. Ich bin keineswegs ein simpler Degenerierter von der Art Oscar Wildes. Nicht ein einziges Mal in meinem Leben war ich mit jemandem ‹intim› und verspüre auch keinen Wunsch nach Geschlechtsverkehr in irgendeiner Form, obwohl ich ziemlich sicher bin, dass ich mich von jedem Mann (oder jeder Frau) meines Gefallens missbrauchen lassen würde. Aber der vorherrschende Trieb in mir ist der des *Dienens,* verbunden mit dem morbiden Wunsch, von einem mich erregenden Knaben ausgepeitscht zu werden. Unter dieser Manie leide ich nun schon seit mehr als zwanzig Jahren, sie wurde bisher jedoch zur zweimal erfüllt, als mich in New York 1909 und 1919 in London zwei Jungen beim Wort nahmen und und auspeitschten: nur so zum Spass, nehme ich an. Ich genoss es, aber keiner der beiden wollte es noch einmal machen.

Das also ist meine Geschichte. Könnten Ihre Freunde mir helfen, diese ‹Sucht› loszuwerden? Sie hat weder meine Gesundheit noch meinen Beruf beeinträchtigt, und selbstverständlich wissen auch meine engsten Freunde nichts davon. Möglicherweise liegt alles dies nicht im Bereich dessen, womit sich Ihr Orden befasst. Dennoch wollte ich mir die Gelegenheit nicht entgehen lassen. Ich bin keineswegs ein Opfer irgendwelcher Triebe, aber dennoch fühle ich mich ständig irgendwie fehl am Platz. Mein einzig wirklich vorherrschendes Bedürfnis ist dieser Wille zum Dienen. In der Hoffnung, dass Ihr Orden mir behilflich sein kann, meinen ‹Wahren Willen› zu erkennen, verbleibe ich [usw.].

‹Sie sagen nichts über Ihr Alter›, schrieb Crowley zurück, ‹aber sehr alt können Sie nicht sein, und wenn Sie weiterhin mit solch phänomenalen Nussköpfen ähnlichen Unfug treiben wie bisher, werden sie mit 50 eine ausgetrocknete Rosine sein. Kommen Sie her, auf dass ich mit Füssen auf Ihnen herumtrample und den Wein des Dionysos aus Ihnen herausquetsche.›

Am folgenden Sonntag ritt der *Express* seine zweite Attacke. Ein Interview mit Mary Butts hatte der Zeitung neue Munition geliefert. «AUTOR DES ‹DRUG FIEND› ENTLARVT. Die Untaten des Aleister Crowley. Ein Vampir der Entwurzelten. Seine Abtei. Verderbt und verrucht in Sizilien», lauteten die Schlagzeilen auf der Titelseite.

‹Die Geschichte der bestialischen Orgien des Aleister Crowley in Sizilien klingt wie die Raserei eines Wahnsinnigen, dem die eigene Verderbtheit zur Sucht geworden ist ... unaussprechliche Orgien, die jeder Beschreibung spotten.›

Und sogar Mrs. Betty Bickers, eine alte Bekannte Crowleys aus den Tagen in Amerika, trug ihr Scherflein bei, indem sie dem *Express* steckte, dass ihr der Meister Therion zwei Vorlesungen gehalten habe und sich bei ihr Geld geborgt hatte.

Das Tier indes sass in seiner Abtei und konsumierte Sonnenschein und Sonntagszeitung. Nach ausführlicher Befragung des *I Ging* diktierte er einen Brief an Lord Beaverbrook, den Verleger des Blattes. Er forderte darin Fairplay und eine Untersuchung durch einen unabhängigen Schiedsrichter. Selbstverständlich würde ein neuer Religionsgründer immer angegriffen werden, dennoch missfiel ihm die ganze Sache. Zur Bannung des Bösen signierte er mit dem Zeichen des Pentagramms.

Auch William Collins griff ein und erteilte James Douglas die lakonische Antwort, dass sie die feste Absicht hätten, so viele Exemplare des *Diary of a Drug Fiend* zu verkaufen, wie nur irgend möglich. Nach der zweiten Attacke des *Sunday Express* allerdings zog der Verlag es vor, Crowley im Stich zu lassen und das Buch mit der ersten Auflage auslaufen zu lassen.

FRATER AUD

Im Sommer 1922 heiratete der junge Oxfordstudent Raoul Loveday oder Frederick Charles – wie seine richtigen Vornamen lauteten – ein Modell, das in Londoner Künstlerkreisen unter dem Namen Betty May bekannt war. Loveday war ihr dritter Ehemann.

Bei der Trauung entglitt dem nervösen Raoul der Ring und rollte in eine Ecke des Standesamtes – ein schlechtes Omen. Aber noch lange nicht so unheilschwanger wie die geheimnisvollen Umrisse eines Jünglings, der auf einer Fotografie, die am Nachmittag desselben Tages in den Gärten des St. John's College von dem Hochzeitspaar aufgenommen worden war, horizontal über Raouls Kopf liegend abgebildet war. «Es war, als ob die Gestalt schlief oder tot war», meinte Betty May.

Mit seiner Eins in Geschichte ging Raoul nach London, um eine Stelle zu finden. Er hatte keinen Pfennig Geld, sie lebten von dem, was Betty als Modell verdiente. Unter anderem sass sie für Epstein, der nach ihrem lebhaften Gesicht mit den weiten Nasenflügeln die Büste ‹Die Wilde› schuf.

Als Raoul und Betty eines Abends in Soho im Café *The Harlequin* sassen, gesellte sich Betty Bickers zu ihnen. Bald wurde über Magie gesprochen, und Mrs. Bickers verriet ihnen, dass Aleister Crowley bei ihr wohnte (er hatte sein Zimmer am Wellington Square aufgegeben). Sie bot Raoul an, ihm Crowley vorzustellen.

Raoul war hellauf begeistert. In den letzten zwei Jahren hatte er Crowleys Werke intensiv studiert. Er wollte das Tier sofort kennenlernen. Seine Frau Betty war weniger begeistert. Sie hatte Crowley 1914 kurz im *Café Royal* getroffen und nicht gerade den besten Eindruck von ihm gewonnen. Sie sagte, dass sie versucht habe, Raoul von dem Treffen abzubringen. Aber Raoul habe nicht auf sie hören wollen und sei mit Mrs. Bikkers und ohne seine Frau aufgebrochen.

Betty May erzählt diese Ereignisse in ihrer Autobiographie *Tiger-Woman,* 1929. Diesem Bericht zufolge wartete sie zwei Tage und zwei Nächte auf Raouls Rückkehr. In der dritten Nacht, als sie in ihrer Wohnung im dritten Stock eines alten Hauses in der Beak Street, Soho, schlief, wurde sie von einem Geräusch geweckt. Jemand wollte durchs Fenster steigen. Es war Raoul. Er war am Abflussrohr in den dritten Stock geklettert, roch nach Äther und war über und über beschmutzt.

Bette May, die Ehefrau von Raoul Loveday

Jetzt endlich hatte Raoul Gelegenheit, alle die Dinge zu tun, von denen er so lange geträumt hatte. Mit Meister Therion, dem grössten Magus unseres Zeitalters, wollte er ausziehen und das Gestaltlose Feuer suchen.

> Das Verdienst der *Magick* Des Tiers 666 ist dies: er durchlöchert die Schleier eines jeden Heiligtums, um vorwärts zu stürmen und jedes Bild zu umarmen . . . Und das Feuer wird ihm sein eigenes Bild in seiner eigenen, wahren Glorie enthüllen und in seine Ohren das Mysterium flüstern, das sein eigener und richtiger Name ist.

Crowley war von Loveday angetan. Er besass seiner Meinung nach grösseres magisches Potential als Neuburg, George Stansfield Jones oder Cecil Frederick Russell. «Seine Charakterstärke war wirklich aussergewöhnlich», sagte Das Tier. «Er besass jede Voraussetzung, um ein Magier ersten Ranges zu werden. Gleich beim ersten Kennenlernen bestimmte ich ihn zu meinem magischen Erben.»

Crowley sah in Raoul ein Werk der Götter. Er war genau der Schüler, den er seit zehn Jahren gebraucht hätte – ein Mann, zum Magier geboren und aufgrund seines praktisch vollständigen Wissens schon für die Initiation bereit. Er kannte nicht nur die Grundlagen, sondern auch das Wesen der Magie.

Nur zu bald stellte Betty fest, dass Raoul mehr mit Crowley als mit ihr verheiratet war. Sie flehte ihn an, den Magier aufzugeben oder wenigstens aufzuhören, Rauschgift zu nehmen (dessen Zerstörungskraft sie kannte, da sie früher selbst kokainsüchtig gewesen war).

Sie zogen um. Auf diese Weise wollte sich Betty Crowleys Einfluss entziehen. Aber ein paar Tage später klopfte es an die Tür.

> Vor mir stand ein gewichtiger, mit einem Kilt bekleideter Mann, der dastand, als wolle er mich segnen: beide Hände hoch erhoben. In einer Hand hielt er einen 150 cm langen Stab, um den sich eine symbolische Schlange wand. An einer seiner auffallend kleinen Hände trug er einen merkwürdigen Ring ... Er hatte dunkle, glänzende, hypnotische Augen und eine fahle Gesichtsfarbe mit vollen, roten Lippen. Auf seinem wuchtigen Schädel trug er eine glänzende, schwarzgelockte Perücke. «Tu, was Du willst, sei das ganze Gesetz», sprach er mit leicht näselnder Stimme, was den Eindruck seiner Worte ein wenig minderte.[1]

Das *I Ging* teilte dem Tier mit, die Abtei versinke in Schmutz. Da es nichts mehr gab, was ihn noch in England hielt – *The Diary of a Drug Fiend* war geschrieben und abgeliefert –, konnte er ebensogut nach Cefalù zurückkehren und dort sein nächstes grosses Werk beginnen, die *Autohagiography.* Aber ihm fehlte das Geld für die Fahrkarte. Ob er Mr. Robinson Smith fragen sollte, einen pensionierten Konzertagenten, den er in Seaford getroffen hatte? Das *I Ging,* der weiseste aller Propheten, jedenfalls teilte diese Ansicht. Und, wie so oft, sollte es Recht behalten. Mr. Robinson Smith willigte ein.

Mitte Oktober 1922 reiste Das Tier nach Cefalù ab, nachdem er noch Mrs. Bickers zu einem Lehrgang über Magie auf die Abtei eingeladen hatte.

[1] Offenbar war Crowley in der Lage, leicht beeinflussbare Menschen zu hypnotisieren, insbesondere solche, die einen Meister suchten. Mrs. Eileen Bigland schulde ich Dank für die folgende Anekdote aus dem Leben Aleister Crowleys: Es war einmal eine schöne, reiche, adlige Frau. Eines Tages in der Londoner City, als sie gerade auf dem Rückweg zu ihrem Hotel – dem Ritz – war und vor dem Schaufenster von Fortnum und Masons stehenblieb, wurde sie sich einer Präsenz bewusst – etwas Fremdem und dennoch schrecklich Nahem. Aufgeschreckt sah sie auf und im Schaufenster das Spiegelbild eines Mannes, der neben ihr stand. Der Fremde stellte sich vor. Sein Name war Aleister Crowley, Dichter und Bergsteiger. Die beiden verschwanden im Ritz, wo sie zehn Tage lang blieben. Kurz darauf brach die Ehe der Dame.

In Rom machte er Zwischenstation und vollbrachte dort einen Akt der Sexualmagie zwecks Gewinnung von Kraft für das Grosse Werk. Dies geschah mit der Prostituierten Bruna Runietti. Ausserdem schrieb er einen Brief an Raoul, indem er ihn aufforderte, sobald wie möglich zur Abtei zu kommen. Das Schreiben würzte er mit einigen guten Ratschlägen und Tips, wie er sich seiner Frau gegenüber verhalten solle. Und was die Fahrkarte anging, schrieb er weiter, so könne man das Geld dafür bei einem grossen Weissen Magier ausleihen, der unter dem Namen Robinson Smith bekannt sei. Die Adresse fügte er bei.

Mittels eines der Heiligen Bücher bat er das Orakel um einen Kommentar zu seiner Rückkehr und erhielt die niederschmetternde Antwort: «Verwüstung bis in den Abgrund».

Trotz seiner Erfolge in London war er mit nur 20 Pfund in der Tasche zurückgekommen. Das war alles, was von dem bei Robinson Smith geliehenen Geld übriggeblieben war. Voller Energie ging er daran, seine Lebensgeschichte seinen beiden Sekretärinnen zu diktieren: dem Affen des Thoth und Schwester Estai (der neue magische Titel von Jane Wolfe), der früheren Schwester Metonith, die inzwischen zu einem höheren Rang im Orden aufgestiegen war.

Der Grosse und Liebenswerte Weisse Magier sorgte auch für die Fahrkarten der Lovedays. Betty zufolge war die Abtei der letzte Ort in dieser Welt, an den sie freiwillig gezogen wäre und Das Tier die letzte Person, die sie je kennenlernen wollte. Einem anderen Bericht zufolge – von Raouls Schwester – ging sie allerdings recht gerne. Wie dem auch sei – sie fuhr hin. Bei ihrer Ankunft am 26. November schlug ihr Crowley die Eingangstür vor der Nase zu, weil sie die thelemische Grussformel *Tu was Du willst, sei das ganze Gesetz* nicht mit dem gebührenden *Liebe ist das Gesetz, Liebe unter Willen* beantwortet hatte.

Betty fand die Abtei ungewöhnlich, zumindest den Teil, der in der Haupthalle als Tempel diente. Besonders angetan hatten es ihr der Altar und der auf den Boden gemalte magische Kreis. Ninette kam ihr unglaubwürdig-pathetisch vor, als armes und verängstigtes Geschöpf, ‹die immer einen Schlag ins Gesicht zu erwarten schien, wenn man sie nur ansah und gar nicht daran dachte, ihm vielleicht auszuweichen›. Leah, die etwas später auftauchte, beschrieb sie in ihrem Bericht so: ‹Plötzlich öffnete sich die Tür. Eine grosse, hagere Frau, von Kopf bis Fuss in eine scharlachrot leuchtende Robe gehüllt, die nur am Hals zusammengehalten wurde, mit einer Mönchskutte als Überwurf, trat auf uns zu. Ihre grossen, dunklen Augen starrten mich unentwegt an. In meinem überreizten Zustand war ich von ihnen fasziniert. Ich meinte, in einen dunklen Abgrund zu blicken.›

Sie waren gekommen, beim Grossen Werk zu helfen. Zunächst allerdings hatten sie den Eid der Verbündeten abzulegen:

Im festen Willen, der Abtei Thelema treu zu sein, schwöre und singe ich:

dass ich jegliche Gefolgschaft zu allen Göttern und Menschen aufgebe, ablehne und verdamme, indem ich anerkenne als einziges Gesetz das Gesetz Thelema: dass ich *Das Buch des Gesetzes* anerkenne als Wort der Wahrheit,

dass ich mich voll und ganz dem Grossen Werk widme, das da ist zu verkünden und zu verwirklichen das Gesetz Thelema:

dass ich fraglos und unwiderruflich die Lebensbedingungen in der Abtei Thelema anerkenne und ihre Riten und Gebräuche aufrechterhalte (wie festgelegt in den Büchern LII, CI, CXCIV[1]) und anerkenne die Autorität der Frau in Scharlach und Ihres Herrn, dem Tier 666.

Möge meine Hand dies bezeugen: Betty Loveday, Raoul Loveday

Am selben Tag noch nahm Das Tier Raoul als Proband in den A.˙. A.˙. auf und gab ihm den Namen Aud, ‹Magisches Licht›. Raoul hatte somit seinen ersten Schritt auf dem Pfad der Magie unternommen und seinen Aufstieg zu den Sternen begonnen. «Es ist *magick, magick,* was mich entzückt›, schrieb er in einem Essay mit dem Titel ‹Entzückung›.

Während sich seine Frau über das unzureichende Essen, die fehlenden sanitären Anlagen und die bedrückende Anwesenheit des Tiers[2] beschwerte, billigte Raoul alles und jedes und schien – zumindest anfangs – bester Dinge. Über die Abtei schrieb er folgenden Bericht:

Die Stadt selber ist sehr schön; ein Gewirr von zitronenfarbigen Häusern; sie sind umgeben von titanischen Felsen, als lägen sie zwischen den Pfoten eines kauernden Löwen. Einer der Einheimischen führte uns zu dem steilen Hügel ausserhalb der Stadt; denn es war schon dunkel, als wir ankamen. Auf jenem steilen Hügel steht die Abtei. Als erstes bemerkten wir die Inschrift: *Do what Thou wilt shall be the whole of the Law,* über dem Haupteingang des niedrigen weissen Hauses. Da dies die Losung ist für alle in der Abtei und ihre gleichbleibende Begrüssungsformel, sollte man wissen, dass damit nicht die Erfüllung von dem gemeint ist, was man zu wollen meint, sondern das, was man tun soll; den Wahren Willen erkennen. Die Tür führte uns in den «Tempel», einen grossen viereckigen Raum, von dem aus sich fünf andere Räume öffnen. Ein pompejanisches Weihrauchfass aus Bronze und ein sechseckiger Altar, in der Mitte des Magischen Kreises, fiel uns ins Auge. Da wir müde waren von der Reise, legten wir uns sofort

[1] Die Bücher 52, 101 und 194 sind *The Manifesto of the O. T. O.; An Open Letter to those who may wish to join the Order; An Intimation with Reference to the Constitution of the Order.* Alle erschienen in Bd. III, Nr. 1 des *Equinox.* Siehe Seite 236.

[2] Betty pflegte früh aufzustehen, um sich nackt an der Pumpe im Hof zu waschen. Eines Tages sah sie sich um und erblickte das grinsende Gesicht ‹des Mystikers›.

zu Bett. Beim Morgengrauen wurden wir von den Schlägen einer Trommel und dem Gesang des Losungswortes geweckt. Bald hatten wir uns den anderen auf dem olivgrünen Hügel beigesellt, wo wir alle unsere Hände zur Sonne erhoben und den ägyptischen Gott Ra anbeteten. Es fällt mir nicht leicht, mein Gefühl der Erhabenheit auszudrücken, als ich dastand und die süsse Morgenluft einatmete, durch die sich der Gesang zur gold-glänzenden Sonne erhob ... London, mit seinem dicken schmierigen Nebel lag weit hinter mir.

Den Rest des Vormittags verbrachten die Frauen mit Einkaufen, Kochen und Tippen, die beiden Männer – Das Tier und ich selbst – im Wesentlichen mit Schreiben. Was die Zahl 666 betrifft, die in der Magie der Sonne zugeschrieben wird, so ist es auch die des ‹Tieres›, der sich selber für den Träger der Sonnenenergie hält.

Die frische Luft hatte meinen Appetit auf das Mittagessen, das aus Fleisch, Früchten und herbem sizilianischen Wein bestand, gesteigert; und als ich herausfand, dass das Mittagessen immer in Ruhe eingenommen wird, sah ich Gelegenheit genug, meinen Appetit zu befriedigen, meine Verdauung zu beruhigen und mein Gehirn zu trainieren. Unseren ersten Nachmittag verbrachten wir auf eine Weise, die all jene einmal erleben sollten, die meinen, die Bewohner der Abtei von Thelema würden ihre Zeit mit Faulenzen und lasterhaften Vergnügungen verbringen; denn am Nachmittag bestiegen wir den grossen Felsen. Das Tier, ein ausgezeichneter Bergsteiger, führte die Seilschaft und wir beide zogen und krümmten uns hinter ihm über den steilen Felsen; bis an die Stelle, wo die Ruine der alten Stadt mit ihrem Jupitertempel und den Bädern der Diana liegt. Heisshungrig stürzten wir uns auf den Nachmittagstee, welcher uns nach unserer Rückkehr serviert wurde. Anschliessend folgte das Ritual des Pentagramms. Dies bestand darin, dass man von den vier Kardinalpunkten aus mit vibrierender Stärke die heiligen Namen Gottes und seiner Erzengel anstimmte. Der Hauptzweck liegt darin, dass man sich in einem heiligen Viereck, das von den neun Namen erfüllt und gestärkt wird, abschliesst, um schlechte Einflüsse abzuhalten. Dann wurde aus den *Gnostic Collects* gelesen (was der Reihe nach geschah). Es handelt sich um Bittgebete an das Höhere. Dies geschieht mit der Absicht, den Verstand in poetischer Weise zu den Naturkräften emporzuheben. Das gleiche gilt für das Bittgebet zum Mond, der in folgenden Worten gepriesen wird: «Herrin der Nacht, die Du dich immer um uns drehst, sei sichtbar und unsichtbar in Deinem Rhythmus, sei den Jägern und Liebenden zugetan wie allen Menschen, die sich auf der Erde abmühen, sei zugetan auch allen Seeleuten.»

Danach folgten Gespräche, Schachspiele und Mandolinenklänge. Ungefähr um neun gingen wir zu Bett, wo wir entweder lasen oder schliefen.

Da der nächste Nachmittag für ernsthaftes Klettern zu feucht war, schlug Das Tier ein Spiel namens ‹Thelema› vor. Ich folgte ihm auf eine Seite des Hauses und fand dort einen kleinen Steinspielplatz. Das Spiel ähnelte dem Rugby, aber man spielte mit einem gewöhnlichen Fussball; jeder Teil des Körpers konnte verwendet werden, um den Ball zu bewegen. Die Folge ist, dass das Spiel mehr Geschicklichkeit erfordert, auch wenn es weniger schnell ist als Rugby. Ein Satz schon ermüdete uns beide, so dass wir froh waren, als uns Hermes und Dionysos unterbrachen. Diese, muss ich vielleicht einfügen, waren nicht die gleichnamigen Götter, sondern die beiden Kinder, eines fünf und das andere sechs Jahre alt, die in *The Drug Fiend,* das in London soviel Aufhebens macht, nicht erwähnt werden. Das Tier kletterte mit den beiden auf einen etwas abseits stehenden Felsen. Wir anderen schauten zu. Ich war schon zuvor überrascht gewesen von der Behendigkeit, mit der sie sich barfuss bewegten, und ihrer Selbständigkeit. Aber als ich sie klettern sah, war ich verblüfft und bewunderte sie. Es war nicht so sehr ihre Technik; nicht die Geschicklichkeit, mit welcher ihre Zehen sich in die kleinsten Ritzen krallten – es war eher die Intelligenz, die sie dabei an den Tag legten. Neun von zehn Kindern, hätten sich, wenn sie überhaupt genügend Mut gehabt hätten, aufs Krabbeln und ihr Glück verlassen. Nicht aber diese Kinder. Sie suchten Griffe für Hände und Füsse, und wenn sie sie fanden, testeten sie sie, bevor sie nur einen Schritt weiter kletterten. Es war diese Gelassenheit und ihr Selbstvertrauen, welche mir zur Einsicht in den Wert des *Tu was Du willst* als Erziehungsregel für Kinder verhalf.

Die übrige Woche verging auf ähnliche Weise. Es war die reine physische Gesundheit und die Freude, die uns am meisten beeindruckte. Das alles war so verschieden von dem, was mir Freunde hinter vorgehaltener Hand prophezeit hatten, als wir London verliessen. Und mittlerweile scheint England sogar für uns beide so weit weg zu sein, dass wir bei dem Gedanken daran, jemals heimkehren zu müssen, erzittern. Wir haben die Weisheit gefunden.

Crowleys Ansichten über die Gesellschaft haben etwas mit Plato gemein. Sind die Herrscher von Platos ‹Republik› die Philosophenkönige, so herrschen in Crowleys Utopie diejenigen, die ihren Wahren Willen gefunden haben. Die ‹Gruppe der Vielen› Platos, die breite Masse also, soll ihr Glück im Wissen um ihre Funktion finden, was das Akzeptieren ihrer untergeordneten, aber nichtsdestoweniger wertvollen Position impliziert. Und im System Crowleys wird die breite Masse machtlos sein und Sklave derer, die ihren Wahren Willen erkannt haben. Die mit dem Wahren Willen werden sie bei der Stange halten. Verglichen mit ihren Kollegen in der ‹Republik› allerdings haben sie eine untergeordnetere und wesentlich unsicherere Stellung inne.

Man beobachtete die Kinder der Abtei genau, um zu sehen, zu welcher Art von Bürgern sie sich entwickeln würden. Man liess sie ihren eigenen Weg oder ihren eigenen Wahren Willen finden. Crowley schrieb darüber in einem Brief im Oktober 1944 – er war 69 Jahre alt – an Schwester Grimaud (Helen Parsons):

‹Da wir mehr als eine Mutter hatten, gab es eine zwingende Regel: wenn ein Kind irgend etwas wollte, durfte es alle in der Abtei – nur nicht seine Mutter – darum fragen . . . Du weisst ja, dass ich jahrelang total verrückt war und sogar die besten Richter mit mir überein stimmten, dass dies im grossen und ganzen zu meiner besonderen Ästhetik passt.›

Es war den Kindern freigestellt, den Sexualriten der neuen Religion beizuwohnen. Tatsächlich waren sie privilegierte Zuschauer, da Crowley meinte – infolge seines Missverständnisses der Psychoanalyse –, dass dies es dem Kind erleichtern würde, die Schwierigkeiten der ‹Unterdrückung› zu umgehen.

Offensichtlich hielt es Crowley nicht für möglich, dass ein Kind vielleicht doch Autorität braucht, um später wieder davon loskommen zu können, und dass vorurteilsfreie Autorität vielleicht doch eine bessere Methode der Kindererziehung sein könnte, als absolute Freiheit. Ebenso verriet er nicht, welche Prinzipien man anwenden sollte, um den Wahren Willen erkennen zu können und was man tun sollte, wenn verschiedene «Willen» aufeinander prallten. Möglicherweise war er der Meinung, dass die «Wahren Willen« nicht aufeinander prallen konnten, da sie prinzipiell friedlich seien.

Wenn man Alma Hirsig (Marion Dockerill), glauben kann, fanden die zwei kleinen Buben Hansi und Howard, die in der Abtei herumrannten und ihren Wahren Willen suchten, diesen niemals. Beziehungsweise sie fanden höchst ungezogene Willen. Von Leahs Kind erzählt sie:

> Mit fünf Jahren schon fing er zu rauchen an und wurde so süchtig, dass man ihn niemals ohne Zigarette sah. Obwohl er die meiste Zeit im Freien verbrachte, wurde er schwach, krank und in der Entwicklung gehindert. «Lasst mich allein!» schrie er und drohte mit einem Stock. «Wisst ihr nicht, dass ich Das Tier Nummer Zwei bin und euch zerschmettern kann? Ja, das werde ich auch tun! Ich werde euch ins Meer werfen. Ich bereite mich vor, Das Grosse Tier der Apokalypse zu werden, und wenn Crowley stirbt, werde ich die ganze Welt kaputtreissen.»

Die Lovedays liessen sich in der Abtei heimisch nieder. Raoul hatte den Rang des Hohepriesters, den vorher Bruder Genesthai innegehabt hatte, Betty half im Haushalt. Bei der Beschreibung eines Rituals bezeichnete Crowley Raoul als den ‹Chefmagier›.

Das Oberhaupt der Abtei, sagt Betty May, war die einzige Person, die das Wort Ich gebrauchen durfte. Alle anderen mussten statt dessen «man» sagen. Wer diese Regel brach, musste sich selbst in den Arm schneiden (einen Schnitt für jedes «Ich») und dazu ein grosses Rasiermesser verwenden. Nach Crowleys Philosophie sollte dies nicht das «Ich» unterdrücken, sondern spirituell entwickeln. In Crowleys Philosophie wird das Ich oder das Bewusstsein als Behinderung angesehen. Betty warf ihr Rasiermesser verächtlich weg; Raoul aber benützte seines, und bald waren seine beiden Arme mit Schnitten übersät wie die von Viktor Neuburg, nachdem er eine Woche lang versucht hatte, nicht in der ersten Person zu sprechen (siehe die Fotografie von Neuburgs Armen in *The Equinox).* Es war, so Betty, Blutverlust durch Egoismus, der dazu beitrug, Raouls ohnehin nicht allzu kräftigen Körper zugrundezurichten.

Die Männer der Abtei schoren sich ihre Köpfe kahl bis auf die Phalluslocke. Die Frauen färbten ihre Haare entweder rot oder golden. Die Stirnlocke war das Symbol für die magische Kraft des Horus oder die Hörner des Pan[1], das rote bzw. goldene Haar symbolisierte die *Frau in Scharlach.*

Weiterhin trugen die Frauen ein hellblaues, lose fliessendes Gewand, das vom Hals bis zu den Knöcheln reichte. Die Ärmel weiteten sich von der Schulter zu den Handgelenken. Die Robe war mit Purpur gesäumt und mit einer Kapuze und einem goldenen Gürtel versehen. Und natürlich führte jeder ein magisches Tagebuch, das er dem Tier zur Einsicht vorlegen musste.

Sowohl Crowley als auch Raoul waren eine Zeitlang krank. Beide waren sie von rätselhaften Anfällen geplagt, die in Stärke und Häufigkeit schnell zugenommen hatten. Das Tier diagnostizierte ‹Mittelmeerfieber›. Der Landarzt Dr. Maggio hielt es eher für eine Entzündung von Leber und Milz. Besonders Raouls Zustand wurde immer bedenklicher.

Betty sah die Ursache für die Krankheit ihres Mannes in einer Kombination von Rauschgift und Katzenblut. Ihr zufolge war eines Tages nämlich die Katze Mischette geopfert und ihr Blut getrunken worden. Dadurch sei Raoul vergiftet worden. Sie war sehr besorgt und besprach die Angelegenheit mit dem Tier, der Frater Auds Horoskop zu Rate zog. Sein Gesichtsausdruck verdunkelte sich und wurde ernst. Genau in diesem Augenblick kam Raoul herein und schaute über die Schulter seines Meisters.

«Es sieht so aus, als ob du am 16. Februar um vier Uhr sterben könntest», enthüllte Crowley schliesslich.

Samstagmorgen, den 10. Februar, kehrte die *Jungfräuliche Wächterin des Heiligen Grals* von einem Einkauf in der Stadt zurück und fand

[1] Dem Phallus zollte Crowley ungewöhnlich grosse Beachtung. Im thelemischen System ist der Phallus Gottes Stellvertreter auf Erden. ‹Ich habe das Zeichen des Rituals des Tiers revidiert›, schrieb Crowley, ‹aber bin noch nicht völlig befriedigt damit. Das Schema: «Ruhm dem Phallus, der Sonne und dem Grossen Wilden Tier, etc.»›

Crowley, Betty, Ninette, Jane, und Raoul im Hof versammelt vor. Dort war eine heftige Auseinandersetzung zwischen Betty und Ninette im Gange. Crowley stand auf Bettys Seite. Jane hörte in Ruhe zu. Raoul war zu krank, um überhaupt etwas zu sagen. Schliesslich beruhigten sich die Streitenden. Der Grund für die Auseinandersetzung war gewesen, dass Betty Ninette eine Schlampe genannt hatte, und jedermann stimmte dem Tier zu, als er grössere Disziplin in der Abtei forderte.

Am Sonntag, den 11. Februar, gab es erneut Streit, diesmal zwischen dem Tier und Betty. Offenbar hatte Betty gerade an der Seite ihres kranken Mannes gesessen und ihm aus einer Londoner Zeitung vorgelesen, als Crowley hereinstürmte und ihr die Zeitung entriss. Zeitungen waren in der Abtei verboten; sie lenkten vom Grossen Werk ab. Leah schrieb:

> Plötzlich hörte ich Glas zerbrechen, Stühle umfallen etc. Betty hatte plötzlich angefangen, zu schreien und zu fluchen und warf auch bald Krüge auf den *Wächter der Heiligen Lanze,* der sie bat, die Situation ruhig und ausserhalb des Krankenzimmers mit ihm zu besprechen.
>
> Im Raum befanden sich eine angezündete Öllampe, ebenso ein Ölofen. Ich ging in das Zimmer und sah wie Betty – wie in einem hysterischen Anfall – den W.d.H.L., der sie festhielt, mit den Füssen trat. Frater Aud stand auf, obwohl er kaum dazu imstande war. Zerbrochene Flaschen und Gläser lagen auf seinem Bett. Ich versuchte, ihn davon abzuhalten, sich einzumischen; Betty eilte zu ihm und nach ungefähr zehn Minuten konnten wir ihn in ein anderes, ruhiges und warmes Zimmer bringen.

Betty fing an, ihre Sachen zu packen; sie hatte die Nase voll. Jane versuchte vergeblich, sie davon abzuhalten, die Abtei zu verlassen. «Auf Wiedersehn Raoul. Schick mir morgen meinen Pass hinunter», waren ihre letzten Worte, als sie auf dem Bergpfad nach Cefalù hinunterfloh.

Nachdem sie gegangen war, zog Crowley das *I Ging* zu Rate. Welche Haltung sollte die Abtei Betty Loveday gegenüber einnehmen? «Sei freundlich und vergib, aber mach ihr klar, dass wir keinen Unsinn dulden.»

Am Morgen besuchte Jane Betty in ihrem Hotel in Cefalù in der Hoffnung, die Wogen zu glätten und sie zur Abtei zurückbringen zu können. Sie stritten sich noch immer, als Leah mit einem Brief von Raoul ankam.

> Meine Allerliebste Betty!
>
> Wollen wir doch diesen dummen Streit vergessen. Wir haben uns so gut verstanden bis vor ein paar Tagen. Wenn Du zur Abtei zurückkommst, Dich beruhigst und tust, was ich Dir sage, wird alles wieder gut werden. Ganz gewiss möchte niemand, dass Du wegfährst.
>
> Ich werde nicht ins Krankenhaus gehen, weil die Krankenschwe-

stern dort blosser Zierat sind, und zudem bin ich auch nicht transportfähig. Überdies: – ich möchte nicht – und ich werde auch nicht gehen. Schreib mir, wann du zurückkommst. Wenn du nicht zurückkommen willst, müsstest du dich auch um deinen Koffer kümmern, weil hier niemand ist, der ihn dir bringen könnte. Aber sei so lieb und komme.

Liebste Grüsse, Raoul

Betty entschloss sich, zur Abtei zurückzukehren. Sie hatte jedoch schon einen Beschwerdebrief über Crowley und seine Abtei an das britische Konsulat in Palermo geschickt. Aber noch am gleichen Tag, nach einer ausgiebigen Versöhnungsfeier widerrief sie schriftlich ihre Anschuldigungen: nein, man hatte sie nicht aus der Abtei hinausgeworfen; sie war krank und hysterisch gewesen, aber jetzt, nachdem sie sich wieder beruhigt hat, war ihr klar, dass Mr. Crowley im vollen Besitz seiner geistigen Kräfte sei.

Das Tier machte folgende Tagebucheintragung: ‹sie kam zurück, sehr reumütig und nett›.

‹Ich spüre einen Strom von magischer Kraft – schwer, schwarz und schweigsam – der die Abtei bedroht›, schrieb Das Tier am Dienstag, den 13. Februar. Am nächsten Tag ging es Raoul schlechter. Eiligst wurde Dr. Maggio herbeigerufen. Er diagnostizierte akute Enteritis (Entzündung des Dünndarms). Crowley schickte Lovedays Eltern sofort ein Telegramm, indem er sie über den lebensgefährlichen Zustand ihres Sohnes informierte.

Zwei Tage später, am 16. Februar 1923, starb Raoul Loveday. Der Tagebucheintrag bei Crowley lautet: Die ♀. Ungefähr um vier Uhr starb Bruder Aud an Herzlähmung. Vorher schon hatte die *Hüterin des Heiligen Grals* das *I Ging* zu Rate gezogen. Das Orakel hatte mit Hexagramm XLIX geantwortet: «Auflösung». Deutet klar auf Tod, meinte Crowley.

Betty Mays Bericht unterscheidet sich in Einzelheiten von Crowleys Angaben in *The Confessions*. Beide, sie und Das Tier, waren unten in der Stadt, als Raoul starb; einer holte den Arzt, der andere schickte ein weiteres Telegramm an Raouls Eltern. Die Spannung war so gross, dass Betty in Ohnmacht fiel. Das Tier brachte sie wieder zu Bewusstsein. Zusammen kehrten sie zurück.

Die Sonne versank gerade hinter dem Berg. Das Tier blieb stehen und sagte: «Lasset uns beten.»

Er erhob seine Hand, die Handflächen zur Sonne gerichtet, schlug das Zeichen des Pentagramms und rief: «Wir rufen Dich an, der Du bist Tum in Deinem Stand, Der Du bist Tum in Deiner Freude, der Du in Deiner Barke über die Himmel fährst beim Untergang der Sonne.»

«Rufen zu Dir aus den Nischen des Tages!»

Dies war auch ein Gebet für die sterbende Jugend.

Betty sah, wie Tränen über die Wangen Des Tieres liefen.

Sie setzten ihren Weg fort, aber bevor sie die Abtei erreichten, kam ihnen Leah entgegen.

«Geht es ihm schlechter?» fragte Betty voller Angst.

«Er ist tot», antwortete die *Jungfräuliche Hüterin des Heiligen Grals.*

«Er lag im Bett», sagte Betty, «seine Hände hinter dem Kopf erhoben, den Kopf leicht nach vorne gebeugt.» Sie wurde an die Umrisse der «Geist-Gestalt» auf der Fotografie ihres Hochzeitstages erinnert. Er starb ohne Angst oder Schmerzen, schrieb Crowley. Es war, als wäre ein Mann, der es müde war, sich drinnen aufzuhalten, hinausgegangen, um einen Spaziergang zu machen.

In seiner Inkarnation als Frater Aud hatte Raoul Loveday seinen Anteil am Grossen Werk vollbracht. Die Götter hatten ihn auf die Erde gesandt, um das Tier in einem kritischen Moment seiner Laufbahn zu leiten – so ungefähr bezeichnete es Crowley. Kurz und bündig meinte er: «Als sein Werk erfüllt war, erlosch er wie ein Zündholz, das meine Zigarre angezündet hatte.»

Betty machte Crowley für Raouls Tod verantwortlich. Er hatte Dr. Maggios Rechnung nicht bezahlt, meinte sie, und deshalb habe es der Doktor nicht eilig gehabt zur Abtei. Als er ankam, war es bereits zu spät.

Der Körper wurde in einen Sarg gelegt und in ein Nebenhaus gebracht; die ganze Nacht über hielt Crowley die Totenwache, wobei er mit einem magischen Stab leicht an die Seiten des offenen Sarges pochte und Gebete und Mantras vor sich hinmurmelte.

Am nächsten Morgen wurde die Totenbahre aus der Abtei getragen. In einem weiten Kapuzengewand aus weisser Seide, mit Gold verbrämt, das bis zu seinen Füssen reichte, ging Das Tier auf dem Bergpfad voraus; dahinter folgten die weinenden Frauen aus der Abtei.[1]

Crowley trug den sternförmigen Saphirring, den er schon getragen hatte, als er sich mit Victor Neuburg in der Wüste befand, sowie seinen ‹Ring des Tiers› in Form einer goldenen Schlange, verziert mit Rubinen und Diamanten. Um seinen Hals hing sein Rosenkranz, und auf der Stirn trug er das goldene Kopfband des *Abra-Melin,* das den Namen des Engels URIEL trug, was soviel wie magische Kraft bedeutet.

Loveday wurde auf dem örtlichen Friedhof beerdigt. Nach Bettys Bericht hatte sich die Nachricht von Lovedays Tod in Windeseile verbreitet. Hunderte von Bauern waren aus der Stadt und dem umliegenden Land gekommen, um zu sehen, wie der Hohepriester seinen magischen Sohn begrub.

Jane Wolfe hingegen, die wohl eine vertrauenswürdigere Zeugin ist, berichtet, dass ausser drei Mönchen, die in einer entlegenen Ecke des Friedhofs standen, keine weiteren Zuschauer da waren.

1 Fröhlich, mit einem Seidengewand und einem Blumenkranz geschmückt, sprang Klein-Howard auf dem Friedhof herum und jauchzte: «Wir werden Raoul beerdigen! Wir werden Raoul beerdigen».

Die letzten Riten entsprachen dem, was sich Raoul selber wohl gewünscht hätte. Aus seinem eigenen freien Willen heraus hatte er sein neues Glaubensbekenntnis gewählt; er hatte als Thelemit gelebt, war als Thelemit gestorben und wurde als Thelemit beerdigt.

> Tu, was Du willst, sei das ganze Gesetz. Im Namen von IAO[1] verkünde ich das Gesetz des Lichtes, des Lebens, der Liebe und der Freiheit. Liebe ist das Gesetz, Liebe unter Willen. Herr, Sichtbarer und Spürbarer dieser Erde, die sich Jahr für Jahr und Tag für Tag um sich selbst dreht, nur ein gefrorener Funke von Dir; Herr, der Du bist die Quelle allen Lichtes, die Quelle allen Lebens, lass Deine Strahlen uns zu dauernder Arbeit und Freude ermuntern.

Das Tier schlug die magische Glocke an, schwenkte den magischen Stab und las aus dem *Buch des Gesetzes*. Zuletzt rezitierte er eine der Reden von «dem jungen Johannes» aus seinem Mysterienspiel – *The Ship* – das in der Nummer 10 des *The Equinox*[2] veröffentlicht wurde.

> I am that I am, the flame
> Hidden in the sacred ark.
> I am the unspoken name,
> I the unbegotten spark.
>
> I am He that ever goeth,
> Being in myself the Way;
> Known, that yet no mortal knoweth,
> Shewn, that yet no mortal sheweth,
> I, the child of night and day.
> I am never-dying youth.
> I am Love, and I am Truth.
>
> I am the creating Word,
> I the author of the aeon;
> None but I have ever heard
> Echo in the empyrean
> Plectron of the primal paean!
>
> I am the eternal one
> Winged and white, the flowering rod,
> I the fountain of the sun,
> Very God of very God!

[1] Jehovah, oder die Initialen von Isis – Apophis – Osiris.
[2] Von Sankt Edward Aleister Crowley, 33°, 90°, 96°, X°.

I am he that lifteth up
Life, and flingeth it afar;
I have filled the drystal cup;
I have sealed the silver star.
I the wingless God that flieth
Through my firmamental fane,
I am he that daily dieth,
And is daily born again,

In the sea my father lieth,
Wept by waters, lost for ever
Where the waste of woe replieth:
‹Naught and nowhere!› ‹Naught and never!›
I that serve as once he served,
I that shine as once he shone,
I must swerve as he has swerved,
I must go as he has gone.

He begat me; in my season
I must such a son beget,
Suffer too the triple treason,
Setting as my father set.
These my witnesses and women –
These shall dare the dark again,
Find the sacred ark to swim in
The remorseless realm of rain.

Flowers and fruits I bring to bless you,
Cakes of corn, and wealth of wine;
With my crown will I caress you,
With my music make you mine.
Though I perish, I preserve you;
Through my fall, ye rise above;
Ruling you, your priest, I serve you,
Being life, and being love.

Nachdem die Zeremonie vorbei war, stolperte Das Tier den Berg hinauf zu seinem Lager, betrat *La Chambre des Cauchemars* und sank auf sein Bett. Er fühlte sich so übel, dass er meinte, er würde sterben. Frater Aud, so erinnerte er sich jetzt, hatte all dies in einer Vision vorausgesehen. In dieser Vision hatte er einen Eingeweihten getroffen, der prophezeit hatte, dass sie alle «Reinigungen» durchmachen würde, was sich offensichtlich auf seinen Tod und die Krankheit des Tiers bezog. Den Reinigungen würde das «Feuer der Verfolgung» folgen.

Dr. Maggio wurde hinzugezogen. Drei Wochen lang lag Crowley erschöpft und mit 41 Grad Fieber darnieder. Dovers Pulver, Chinin, all seine Geheimmittel von Mohn und Coca-Pflanze – nichts half. Dann besserte sich sein Zustand, wobei das Fieber vorübergehend bis auf 42 Grad stieg, aber nach Schweissausbrüchen wieder auf normal sank. Genau einen Monat nach Raouls Beerdigung stand er zum ersten Mal wieder auf und wagte sich in den Frühlingssonnenschein.

Die Abtei war wieder auf ihre drei ursprünglichen Mitglieder, Das Tier, den Affen des Thoth und Schwester Cypris zusammengeschrumpft. Betty May war, als das Britische Konsulat ihre Fahrkarte bezahlt hatte, abgereist; und Jane Wolfe war ihr als Missionarin des Tiers nach London nachgereist, um Geld aufzutreiben und neue Anhänger zu finden.

Betty May wurde sofort vom *Sunday Express* interviewt, und am 25. Februar erschien folgende Schlagzeile in jener Zeitung: NEUE FINSTERE ENTHÜLLUNGEN ÜBER ALEISTER CROWLEY. Crowley ging es zu schlecht, um sich um diese oder andere Angriffe zu kümmern. ‹Seit dem frühen Januar bin ich sehr krank gewesen und, obwohl ich mich scheinbar erhole, geht es mir, in vielerlei Hinsicht, noch lange nicht gut›, schrieb er am 25. März.

Die Angriffe des *Sunday Express* auf Crowley hatten mit dem Tod «des glänzenden jungen Studenten» eine neue Sensation gefunden. Und gleich nach dem *Sunday Express* kam *John Bull*. Diese Zeitschrift nannte Crowley einen «Zauberer der Verderbtheit», eine Bezeichnung, die viel eher dem früheren Herausgeber der Zeitschrift, Horatio Bottomley, Abgeordneter des Unterhauses, gebührt hätte; dieser Horatio Bottomley war im Mai des vorigen Jahres zu sieben Jahren Gefängnis verurteilt worden, weil er die Öffentlichkeit betrogen hatte. Wenn Crowley Loveday erwürgt hätte, so wie man ihn auch beschuldigt, Victor Neuburgs Frau erwürgt zu haben, dann hätte man zu Recht schockiert sein können, aber wie selbst der *Sunday Express* zugeben musste, starb Crowleys «Opfer» einen natürlichen Tod. Crowley bemerkte dazu verdriesslich: ‹Es gab da eine Beschreibung der Abtei, wobei es ihnen kein einziges Mal misslang, eine Einzelheit zu verfälschen. Etwas Weisses wurde rot, etwas Rechtekkiges rund und ein Stein zu einem Ziegelstein.› Und der Berichterstatter des *Sunday Express* irrte, als er behauptete, dass Loveday nicht die leiseste Ahnung von Crowleys wirklichem Wesen gehabt hätte. Im Gegenteil: in London hatte Loveday Crowleys Magie gekostet, Geschmack gefunden, und er war nach Cefalu gegangen, um sich ganz der Magie zu widmen.

Aber kümmerte sich Crowley wirklich um das, was der *Sunday Express* und *John Bull* von ihm behaupteten? Nur insofern, als ihm sein Ruf – vom Standpunkt eines englischen Gentleman aus gesehen – durchaus am Herzen lag. Am ersten Tag nach seiner Genesung schrieb er an Raouls Nachfolger, Norman Mudd:

Der Tod Lovedays setzte alle alten Gerüchte wieder in Umlauf. Sie deuteten sogar an, dass er ermordet wurde und fordern eine Untersuchung. Gebe Gott, sie könnten eine Untersuchung durchsetzen; aber auch, wenn eine stattfinden sollte, wird es schwer werden, die Ergebnisse zu veröffentlichen. Schwester Estai konnte die Zeitungen nicht dazu bringen, unsere Darstellung der Geschehnisse zu veröffentlichen, aus dem einfachen Grunde, weil sie keine Sensationen enthält!

Er betrachtete die Angelsachsen – mit wenigen Ausnahmen – als Feiglinge. Er verglich sich mit Columbus und Darwin, sagte, dass die Masse sich instinktiv vor dem Menschen fürchtet, der das Unbekannte wagt.

Wir können nur hoffen, schrieb *John Bull,* dass der bekannte Universitätsprofessor, der, wie wir wissen, eine Reise nach Cefalù in Betracht zieht, um mit Crowley diesen Frühling noch die «Kabbala» zu studieren, den wirklichen Charakter dieses Mannes enthüllt.

Weit davon entfernt, *John Bulls* Rat anzunehmen, reiste Norman Mudd, Professor für Angewandte Mathematik an der Grey Universität von Bloemfontein in Südafrika, nachdem er seine Professur aufgegeben hatte, nach Cefalù und begrüsste Das Tier, seinen «Herrn und Meister», mit der Begeisterung eines Mannes, der glaubt, endlich etwas erreichen zu können. Am 22. April 1923 kam er an und überreichte als Zeichen seines Respektes und seiner Zuneigung Crowley seine ganzen Ersparnisse. Kurz nach ihm trafen zwei Oxford-Studenten ein, John Pinney und Claud Bosanquet, der eine von Christ Church und der andere von New College; sie wünschten die Umstände, unter denen ihr Freund und Studienkollege gestorben war, zu untersuchen oder, wie Crowley die Sache sah, bei ihm herumzuspionieren und darüber zu berichten. ‹Mudd kam gestern an›, schrieb Das Tier, ‹ebenso zwei Burschen aus Oxford. Eine saubere Gesellschaft. Obwohl er noch krank war, schleppte er sich über den Felsen, um Raouls Freunden zu zeigen, wie man den «Cavern Pitch» und den «Deep Gill Pillar» klettert. Zu meiner grossen Freude schafften sie es beide.

Die dunkle magische Strömung lag noch immer über dem Tier und der Abtei. Am nächsten Tag kam ein weiterer Schlag. Crowley wurde auf die Polizeistation in Cefalù gerufen, wo man ihm mitteilte, dass sie alle Italien zu verlassen hätten. Ein Schreiben des Innenministeriums lag vor. Man gab ihm keine weitere Erklärung dafür, es wurde auch, wie Crowley bemerkte, keine Anschuldigung erhoben.

Das Tier blieb ruhig. «Wir alle?» fragte er.

«Ja», antwortete der Polizeibeamte.

«Kann ich das Schreiben sehen?»

Man zeigte es ihm.

«Aber das Schreiben erwähnt nur mich», sagte Crowley. «Von den anderen ist nicht die Rede.»

In Eile las der Polizist nochmals das Schreiben. Er musste Crowley Recht geben.

Das Tier bat um eine Woche Zeit, um seine Angelegenheiten erledigen und packen zu können. Dies wurde ihm gewährt.

Crowley kehrte schweren Herzens zur Abtei zurück. Dies war wirklich ein Schlag . War damit sein Lebenswerk vernichtet? Er musste das *I Ging* zu Rate ziehen. Welchen Weg sollte er einschlagen? Wohin würden ihn die geheimen Oberen jetzt senden? Er befand sich gänzlich in ihrer Hand. Mittlerweile befand sich Italien unter Mussolinis Herrschaft. Geheime Bünde und oppositionelle Parteien waren während des vorangegangenen Jahres für ungesetzlich erklärt worden. Der Grossmeister des *Grand Orient* in Italien, Domizio Torregiani, wurde für fünf Jahre auf die Lipari Inseln verbannt. Und der Grossmeister des O.T.O., und der A.˙.A.˙., über den die italienischen Behörden neuerdings so viel in Londoner Zeitungen gelesen hatten, hatte zu verschwinden.

Was war das Symbol für die gegenwärtige Situation? Hexagramm XLVII. Zurückhaltung. Und welchen Weg sollte er einschlagen? Sei vorbereitet, dich zu verändern. Sei standfest. Sei bereit, wieder aufzubauen. Suche Erleichterung bei Freunden. Akzeptiere Hilfe. Mache das Beste aus der Situation, indem du deine Anhänger vermehrst. ‹Es sollte eine unerwartet hohe Anzahl von Leuten geben, die uns gerne helfen wollen.›

Sollte er einen Protestbrief direkt an den Innenminister schreiben? Wenn ja, was sollte er schreiben? Das Chinesische Orakel war unfehlbar. *Thwan.* Ja. Systematisch sollst du deinen Fall vorbringen. Forciere die Angelegenheit. Nimm dich in acht vor Uneinigkeit. Ziehe dich zurück, um fortzuschreiten. Widerlege ihre eigene Falschheit. Stelle klar heraus, dass du eine weitverbreitete und wichtige Bewegung repräsentierst.

Sollten sie bei ihren diplomatischen Vertretungen in Rom[1] Einspruch erheben? Ja, aber sie sollten nicht zuviel erwarten.

Wohin aber sollte Das Tier gehen? Das Orakel hatte ihm geraten, das Wasser zu überqueren. Afrika wäre sehr günstig. Welcher Teil Afrikas? Die Küste oder irgendeine abgelegene Insel, wo man den öffentlichen Angelegenheiten gegenüber gelassener sein konnte.

Am 1. Mai 1923 verliess Das Tier mit seiner *Frau in Scharlach* Cefalù und erreichte Palermo, wo er einen kleinen Zusammenbruch hatte. Am nächsten Tag überquerte er das Mittelmeer in Richtung Tunis, wobei sich sogar ein Detektiv unter die Passagiere mischte, um das Tier beschatten zu können und sicherzustellen, dass er Italien verliess – so ähnlich jeden-

[1] Charles Gray zufolge war er, Gray, für die Ausweisung Crowleys aus Italien verantwortlich. Nach Pinneys Rückkehr aus Cefalu brachte er ihn und Peter Rodd zusammen. Rodds Vater, der Britische Gesandte in Rom, und Gray überredeten Rodd, mit ihm Verbindung aufzunehmen. ‹Ich glaube, dass es der Tatsache zuzuschreiben ist, dass Sir Rennel Rodd vorstellig wurde, dass Crowley ausgewiesen wurde›, schrieb mir Mr. Gray im Januar 1952, nachdem er *Das Tier 666* gelesen hatte.

falls schilderte es Leah. Norman Mudd, dem Professor oder, um ihn mit dem Titel zu nennen, den er in der Grossen Weissen Bruderschaft des Lichtes bekommen hatte, Frater Omnia Pro Veritate ‹Alles für die Wahrheit›, wurde die Leitung der Abtei übertragen. Er sollte das Grosse Werk in Crowleys Abwesenheit fortsetzen.

Es gibt Gerüchte, denen zufolge es die Bewohner Cefalùs bedauerten, als sie von der Ausweisung des Tieres erfuhren. Er hatte im Leben der Stadt für beträchtliche Abwechslung gesorgt.

NORMAN MUDD, EIN KANDIDAT DES A.˙. A.˙.

Den Leuten, denen Crowley in seinem Leben begegnete und die ihm mehr oder weniger überall in der Welt an den Fersen hingen, haftete beinahe ausnahmslos etwas Obskures an. Wer, zum Beispiel, war Norman Mudd?

Als talentierter Sohn eines Lehrers aus Manchester und aus bescheidenen Verhältnissen, kam er mit einem Stipendium für Mathematik nach Cambridge. Im Juli 1907 schrieb er sich im Trinity College ein, wo neun Jahre zuvor auch Crowley studiert hatte. Er freundete sich mit einem älteren Studenten und Mitglied der Freidenker-Gemeinschaft der Universität Cambridge an, der eine Studentengruppe leitete, die Gedichte verfasste und ansonsten über Magie diskutierte. Sie nannte sich die Pan Society. Dieser ältere Student war niemand anders als Victor Neuburg.

Neuburg pflegte sich mit seiner Freundschaft zu dem grossen Magier Aleister Crowley zu brüsten, und eines Tages tauchte der Meister auch tatsächlich in Cambridge auf. Es war Dezember 1907, und Crowley war gerade von einer Wanderung durch die nordafrikanische Wüste zurückgekehrt. Er trug merkwürdige Ringe[1] an seinen Fingern, und hatte einen seltsam entrückten Blick. Im fernen Osten hatte er das Wissen gefunden und es hiess, er sei ein aussergewöhnlicher Dichter und Bergsteiger. Der achtzehnjährige Student, Norman Mudd, unauffällig, klein, beladen mit Minderwertigkeitskomplexen, war fasziniert. Zu seiner grossen Freude schien ihm der Magier zugetan. Stundenlang diskutierte er mit den Studenten; wanderten sie durch Cambridge. ‹Von da an bis zur ersten Hälfte des Jahres 1910 genoss ich uneingeschränkt die Früchte ihrer Weisheit und ihrer Unterhaltung›, schrieb Mudd in seinen Memoiren, die er Crowley widmete. Im übrigen sah er seine Begegnung und Freundschaft mit Crowley so:

> Damals wurde mir zum ersten Mal klar, was Leben heisst oder heissen sollte; und dieser Funke des Verstehens hat mich nicht mehr verlassen; anscheinend war er nicht wegzuwischen und immer (bewusst

[1] Crowley pflegte auf einen mit einem grossen roten Stein verzierten Ring an seiner Hand zu deuten und zu sagen: «Bevor Charles I. sein Haupt dem Henker darbot, streifte er diesen Ring ab und gab ihn Bischof Juxon».

oder unbewusst): trotz meiner Niederlagen, Betrügereien, meiner Flachheiten und meiner verzweifelten Flucht in weltliche Dinge. Er kam immer dann zum Vorschein, wenn ich am wenigsten mit ihm rechnete und liess durch seine blosse Gegenwart alle anderen Ziele und Bestrebungen in Schutt und Asche verfallen.

Aber die, die anders sind als normale Menschen, sind gefährlich, und Crowley war sehr andersartig. Weder war das Rektorat am Trinity College glücklich darüber, dass Crowley dort einst aufgenommen worden war, noch billigte es den Umstand, dass er den Studenten in ihren Zimmern Vorträge über Magie hielt. Aber da Crowley ein ehemaliger Angehöriger von Trinity war, hätten sie dennoch keine weiteren Massnahmen ergriffen, wenn nicht eines Tages ein Brief aufgetaucht wäre, in dem Crowley der Unzucht mit jungen Männern bezichtigt wurde, weswegen er von der Polizei in ganz Europa[1] gesucht werde.

Im Januar 1909 wurde Mudd vor den Rev. Reginald St. John Parry, DD, den Rektor vom Trinity College, zitiert, der folgende Forderungen stellte: Erstens: Er solle es unterlassen, ein Buch mit dem Titel *The Star in the West* eines Captain Fuller zu verbreiten, ebenso die Bücher Crowleys. Zweitens: Die Einladung, die Crowley von der Freidenker-Gemeinschaft der Universität Cambridge erhalten hatte, deren Organisator Mudd war, sollte rückgängig gemacht werden. Als Rektor könne er keinen Club gutheissen, bei der Mitglieder von Trinity offiziell Leute begrüssten, die in schlechtem Ruf stünden. Aber Mudd war nicht bereit, seinen ‹Helden› so einfach fallen zu lassen. Die Freidenker-Gemeinschaft war entrüstet über die Forderung des Rektors. Der Rev. Dr. Parry hatte eine Prinzipienfrage aufgeworfen. Die Mitglieder hatten Sympathisanten unter den Dozenten, und man beschloss, für seine Rechte zu kämpfen. Folgende einstimmig verfasste Resolution war ihre Antwort:

Die Gemeinschaft hat die Bitte des Rektors von Trinity eingehend überprüft. Sie fühlt sich jedoch ausserstande, ihr zu entsprechen. Sie betrachtet das Recht, jedermann nach eigener Wahl einzuladen, als wesentliches Element ihres Statuts. Ferner betont sie, dass sie jede Meinung, die ihr vorgebracht wird, kritisch beurteilt.

Rev. Dr. Parry gab in seinem Antwortschreiben detaillierte Gründe an, warum ihm Crowley missfiel. Gegen Crowleys Ausführungen über Magie hatte er nichts, wohl aber gegen seine ‹sexuelle Ethik›.

Crowley wurde von Mudd, der ihm völlig ergeben war, über alles informiert. Er antwortete, indem er Mudds Vater schrieb und dabei diesel-

[1] «Gut, dann wird auch niemand bei mir einbrechen», lautete Crowleys Kommentar zur Observierung durch die Polizei.

ben Verdächtigungen über die sexuelle Ethik von Rev. Dr. Parry zum Ausdruck brachte, die dieser ihm gegenüber hegte.

> Ich fühle mich veranlasst, Ihnen wegen einer sehr schmerzlichen und delikaten Angelegenheit zu schreiben. Ihr Sohn ist ein Freund von mir; ich bin ausserordentlich darüber schockiert, dass sein Professor sich solch verwerflichen Gelüsten hingeben soll, für die es unter gesitteten Menschen gar keine Beschreibung gibt. Ich unterstelle nicht für einen Augenblick, dass auch nur ein Funken Wahrheit in den Gerüchten steckt, die über ihn im Umlauf sind. Aber ich frage Sie: Ist es angebracht, ihren Sohn dem Einfluss eines Mannes auszusetzen, dessen Name mit einem solchen, wenn auch noch so unbegründeten Verdacht in Zusammenhang gebracht wird?

Der Streit zwischen dem Rektor von Trinity und der Freidenker-Gemeinschaft dauerte das ganze Jahr 1909 und zog sich bis ins Jahr 1910 hin. In diesem Jahr erschien Crowleys *The Scented Garden of Abdullah the Satirist of Shiraz*. Thema: Unzucht mit jungen Männern. Während dieser ganzen Zeit war Crowley ein gern gesehener Gast in Cambridge und wurde von den Studenten gebührend gefeiert.

Parry gab zu, dass er sich scheute, gerichtliche Schritte gegen Crowley einzuleiten. Er wusste, dass Crowley nur auf eine falsche Bewegung wartete, um dann seinerseits zum Angriff überzugehen. Möglicherweise beunruhigte ihn auch die Tatsache, dass Crowley ein Magier war. Er war eine mysteriöse Erscheinung, und man sagte ihm übernatürliche Kräfte nach. Einer der Dozenten hatte gesehen, wie er durch reine Willenskraft eine Kerze aus 10 Yards Entfernung zum Erlöschen brachte.

Eines Tages im Jahre 1910 begab sich Das Tier zum Rektor, um die starren Fronten aufzubrechen. Er fragte ihn geradeheraus, welche Beschuldigungen er gegen ihn führe. Parry deutete sein Missfallen zumindest an. Die Begegnung war heftig, und Crowley konnte sie nicht als Erfolg bezeichnen. Sein Bericht über das, was im Anschluss daran folgte, spricht für sich selbst. ‹Am darauffolgenden Morgen wartete ich in der grossen Halle, bis er aus der Kapelle kam und nannte ihn in aller Öffentlichkeit einen Lügner.›

Damit hatte Crowley in der Tat die starren Fronten aufgebrochen. Aber für ihn waren die Konsequenzen eher ungünstig. Er wurde aus Trinity ausgeschlossen und erhielt Hausverbot. Ausschluss von Trinity drohte zudem allen jenen Studenten, die weiterhin mit Crowley verkehrten.

Armer Mudd. Er war in zweifacher Hinsicht arm dran. Seine Karriere als Akademiker hing von einem Stipendium und damit zumindest davon ab, dass er vom College wenigstens toleriert wurde. Zudem hatten seine Eltern für seine Ausbildung schon mehrere hundert Pfund Schulden gemacht.

Crowley konnte zwar noch leichtherzig betonen, dass Mudd ‹die grosse Hoffnung des Colleges für die bevorstehenden Examina sei› und dass der Rektor es sich nochmal überlegen werde, bevor er Mudd vom College weise. Aber nur der Gedanke daran war illusorisch geworden. Jeder wusste das, nur Crowley nicht.

Tief betrübt und beschämt tat Norman Mudd, was man von ihm verlangte; er trennte sich von der Freidenker-Gemeinschaft, entschuldigte sich per Brief beim Rektor und versprach, bei seiner Ehre, keine Beziehungen irgendwelcher Art mit Aleister Crowley mehr aufrecht zu halten.

Aber Crowley übte eine so starke Ausstrahlung auf ihn aus, dass er heimlich mit ihm weiter korrespondierte. Eines Tages, im Jahre 1911, als er erfuhr, dass Crowley von einem Studenten namens Arthur Kirk ins Caius College eingeladen worden war und dass sein ungewöhnlicher Freund sich nach ihm erkundigt hatte, raffte Mudd seinen ganzen Mut zusammen und ging zu Kirks Zimmer, einfach um ‹Guten Tag zu sagen›.

‹Ich muss zugeben, dass ich grosse Angst hatte und davor zitterte, entdeckt zu werden›, schrieb er einige Jahre später.

Obwohl Crowley es nicht zugeben würde, hatte er verloren, wie zu erwarten war. Die ganze Angelegenheit war ein törichter Versuch gewesen, sich gegen Autorität aufzulehnen und dabei noch andere in seine eigenen Streitereien hineinzuziehen. Das Hausverbot für Trinity College blieb erhalten. Sein Name wurde aus den Listen des College getilgt. Seine letzte Geste in dieser Affäre war, dass er auf den Briefbögen des *Equinox,* das mit dem Auge des Horus innerhalb des Sonnenstrahls versehen war, folgenden Brief an die oberste Universitätsbehörde von Trinity schrieb:

> An den Rev. Rektor von Trinity,
> Geehrter Rektor,
> drei Jahre lang standen Sie zu mir *in loco parentis,* und der Umstand, dass ich während dieser Zeit von seiten der College-Behörden keinen Tadel erhalten habe, beweist, dass ich zu Recht in Trinity war. An diese väterliche Autorität wende ich mich jetzt, um unter folgenden Umständen an die Gerechtigkeit zu appellieren: Seit ich Cambridge im Jahre 1898 verlassen habe, habe ich die ganze Welt bereist, nur um eines zu finden: die Wahrheit. Diese Wahrheit glaube ich gefunden zu haben; ich möchte sie im folgenden erklären:
>
> Durch Entwicklung von Willenskraft, durch strikte Selbstkontrolle, durch Einsamkeit, Meditation und Gebet kann ein Mensch der Weisheit und Sprache seines heiligen Erzengels teilhaftig werden; und dies erreicht zu haben, ist das grösste Privileg für einen Menschen.
>
> Es war eine hohe Pflicht, anderen über die Ergebnisse meiner Suche zu berichten; natürlich begann ich damit an der Universität und insbesondere in dem College, das mich für drei Jahre beherbergt hat-

te. Auf diese drei Jahre blicke ich mit grösserem Genuss zurück, als auf irgendeine andere Zeit meiner Karriere.

Zu meiner Überraschung stellte ich fest, dass einige der College-Behörden sehr misstrauisch mir gegenüber waren. Sie wandten sogar Methoden an, die aus meiner Sicht zugleich grossspurig und kleinlaut waren. Insbesondere Rev. St. J. Parry bemühte sich, einigen meiner Freunde einzureden, dass gewisse Dinge gegen mich vorlägen. Aber weil er sich davor fürchtete, diese ungeheuerlichen Anschuldigungen auszusprechen, war seine Einmischung sinnlos. Ich stellte ihn zur Rede, bereit, mich gegen jede Anschuldigung zu verteidigen und ihm die Lauterkeit meiner Absicht zu beweisen, oder um ihm sogar eine Garantie zu geben, jede seiner Bitten zu erfüllen, die ich mit gutem Gewissen vor mir vertreten konnte; er aber weigerte sich, überhaupt darüber zu reden. Ich bedaure, sagen zu müssen, dass er seine Verpflichtung gegenüber Gott so sehr vergass, dass er mich sogar anlog, und dass ich so ihn einen Lügner schalt.

Danach geriet die Angelegenheit in Vergessenheit, und ich fuhr mit meiner Lehrtätigkeit fort. Die anonyme Flüsterkampagne, die darauf abzielte, meine Person in den Dreck zu ziehen, ging dennoch weiter. Ich höre, dass der Rat des Colleges dieses Semester veranlasst hat, meinem anständigen Freund J. C. Fuller und mir die Tür zu weisen. Weiter höre ich, dass jeder Angehörige des Colleges, von dem man erfährt, dass er mit mir in Verbindung steht, umgehend ausgeschlossen werden soll. Dies alles sind Massnahmen, die, um es kurz zu machen, nach Panikstimmung und Inquisition riechen.

Es ist unvorstellbar, dass Sie Ihr Plazet zu solchen Massnahmen geben.

Ich habe immer versucht, mich offen zu rechtfertigen oder wenigstens zu erfahren, welche Anschuldigungen überhaupt gegen mich erhoben werden. Einige Anzeichen dafür, um was es sich handeln könnte, sickerten in der Tat zu mir durch. Sie sind so falsch wie verabscheuenswert; wenn ich in Erfahrung bringen könnte, wer diese Gerüchte in die Welt gesetzt hat, bin ich sicher, dass er für ein paar Jahre vom königlichen Gericht ins Gefängnis geschickt würde.

Aber der Rat des Trinity Colleges bevorzugt dennoch die Methoden des Rates der Zehn.

Hiermit bekunde ich, dass ich mich bereitwillig dem Urteil eines jeden öffentlichen oder privaten Tribunals Ihrer Wahl unterwerfen werde, vorausgesetzt, man gewährt mir Rechtshilfe und -beistand und garantiert die Grundsätze der Beweisführung vor Gericht.

Ich bitte darum, dass der Rat des Colleges seine Massnahme widerruft, sollte ich freigesprochen werden. Andernfalls verspreche ich, alle Beziehungen zu Studenten des Colleges abzubrechen.

In grösster Hoffnung und Zuversicht erwarte ich eine positive

Antwort und baue auf Ihren Gerechtigkeitssinn und Ihre väterliche Zuneigung.

Hochachtungsvoll, Ihr
Aleister Crowley

Was Rev. Henry Montagu Butler, DD, Oberhaupt von Trinity College, auf diesen Brief erwiderte, wenn er es überhaupt tat, weiss ich nicht. Die Angelegenheit war abgeschlossen, vermutlich wollte er sie nicht wieder aufrollen. Wir können nur Vermutungen darüber anstellen, wie er über Aleister Crowley dachte, über seinen heiligen Erzengel und über das Gespräch, das sie vor kurzer Zeit miteinander führten.

Zehn Jahre danach, in der Nacht des siebten Juni 1920, als Crowley mit Leah Hirsig in der Abtei im Bett lag, träumte er davon, dass er wieder in Cambridge war und dass der neue Rektor von Trinity ihn zum Mittagessen gebeten hatte.

Mudds autobiographischer Entwurf erinnert an das Tagebuch eines jungen Mädchens, das sich über ihre unerwiderte Liebe quält. Abgeschnitten von dem Mann, dem seine Bewunderung und seine ganze Liebe gehörte, empfand er seine Existenz nur noch als schmerzhafte Last. Er beschrieb seine Zugehörigkeit zu dem Tier als einen Konflikt zwischen Faszination und Ekel. Er war nicht mehr mit dem Herzen bei seinen Studien und verbrachte das letzte wichtigste Jahr in Cambridge damit, über Büchern zu brüten, die von Magie und Buddhismus handelten. Infolgedessen konnte er nicht einmal einen der beiden Preise gewinnen, die ihm die ersehnte akademische Karriere als Astronom gesichert hätte, auf die er sich so lange vorbereitet hatte. Stattdessen wurde ihm ein Posten im National Physical Laboratorium, bzw. ein gleichwertiger Posten in Südafrika geboten. Er nutzte die Gelegenheit und ging ins Ausland. Er hoffte, der Ortswechsel würde ihm helfen, Aleister Crowley zu vergessen. Im Juli 1911 kam er in Südafrika an und wurde Leiter der Fakultät für angewandte Mathematik an der Grey University von Bloemfontein.

In den folgenden Jahren tadelte Mudd Crowley für dessen Versagen.

> Ich war mit Dir durch eine Wand der Trennung verbunden. Die ganze Beziehung ist paradox und weiter nichts als dies: ich war nicht in der Lage, bei dem Gedanken an Dich Kraft und Frieden zu verspüren. Du warst mitten drin in einem Wust, der von Furcht getragen war und der Angst zu versagen. Jede Aufmunterung, die Du seither mir zukommen lassen wolltest, hat mich nur noch mehr entmutigt und demoralisiert; kurz gesagt, ich war nur in der Lage zu arbeiten, wenn ich Dich vergass.

Er ging nach Südafrika, um ein neues Leben anzufangen – aber es wurde nichts daraus. Die neue Umgebung löste seine emotionalen Probleme keineswegs; er fand weder Ruhe noch innere Befriedigung. Zu allem Unglück kam noch hinzu, dass er 1915 auf einem Auge erblindete. Angeblich war das auf einen Unfall zurückzuführen, in Wirklichkeit jedoch auf eine Geschlechtskrankheit.

Der Bericht darüber, wie er seine Jahre in Südafrika verbrachte, ist deprimierend. Wie er selbst sagt, war sein Innerstes vergiftet. Der Gedanke an Crowley hatte ihn auf demoralisierende Weise ‹besessen gemacht›, bekannte er Bruder Achad.

Er war unfähig, ein neues Leben zu beginnen und fiel bald in seinen alten Trott. Während Crowley sich in Amerika aufhielt, machte Mudd den erfolglosen Versuch, ihn zu finden, indem er sämtliche Londoner und Pariser Adressen Crowleys anschrieb. Gegen Ende des Jahres 1920 wollte ihn Mudd unter seinen Stammkunden im Café Royal und unter der Bohème von Soho und Chelsea ausfindig machen. Seine englische Heimat übte seltsamerweise einen ausgleichenden Einfluss auf Professor Mudd aus. In London dachte er fast überhaupt nicht mehr an Crowley, der 1920 dorthin zurückgekehrt war. ‹Ich verbrachte ganz einfach meine Zeit damit, mich wohlzufühlen.› Dann stiess er eines Tages in einem Buchladen auf Perdurabos *Book Four,* und dies, sagte er, weckte ihn auf.

Captain Fuller müsste wissen, wo Das Tier steckte, dachte Mudd. Er war drauf und dran, Kontakt mit ihm aufzunehmen, als ihm eine Kopie des ‹blauen› *Equinox* in die Hände fiel. Daraus erfuhr er, dass Crowley in Amerika gewesen war. Ohne sich zu vergewissern, ob er inzwischen zurückgekommen und woanders hingegangen war, schiffte sich Mudd nach Amerika ein. Er wollte ihn in Detroit suchen, wo Crowley skandalöse Auftritte gehabt hatte.

Sein Verlangen nach Crowley war in voller Stärke wiedererwacht. Er wusste nun, dass Das Tier seine letzte Hoffnung war. ‹Ich wusste nicht, was mit mir los war, ausser dass ich unter einer krankhaften Unfähigkeit litt, auf die Beine zu kommen und Dich sehen musste, um geheilt zu werden›, schrieb er an Crowley, als er endlich herausgefunden hatte, wo dieser steckte. ‹Dich nicht in Amerika zu finden, enttäuschte meine grössten Hoffnungen.›

‹Ich hoffe, Du wirst in unserer Abtei vorbeikommen, wo wir Dich in Deinem eigenen Fett viel schneller braten können als sonstwo›, antwortete Das Tier. ‹Sei auf der Hut!›

IM EXIL

Crowleys Ausweisung aus Italien fiel mit dem Ende eines Lebensabschnittes zusammen. Er hatte das nicht erwartet und war sich auch nicht darüber im klaren, welche Bedeutung er diesem Ereignis beimessen solle. Normalerweise war es für ihn eine Kleinigkeit, den Wohnsitz zu wechseln und anderswo dann wieder zu leben wie bisher. Was diesmal zu Ende ging, blieb jedoch auf Ewigkeit versunken. Die Wogen des Schicksals hatten ihn über den Atlantik getragen und nach Cefalù getrieben. Nun genügte ein einziges Ereignis, um ihn bis ins Mark zu treffen: Der Tod von Raoul Loveday. Und wieder trugen ihn jetzt die Wogen übers Meer, aber nicht vorwärts, zum Horizont, wandte Alastor de Kerval, der Wanderer in der Wüste, diesmal seinen Blick, sondern zurück zur Küste. Auf sein *Collegium ad Spiritum Sanctum* blickte Crowley von dem zerbrechlichem Boot aus, das ihn von Sizilien wegtrug. Kleiner und kleiner wurde die Abtei, und dann versank sie hinter dem Horizont.

In Marsa, einem Vorort von Tunis, lebten Das Tier und seine Frau in Scharlach in einem kleinen Hotel namens *Au Souffle du Zéphir* – ‹eine billigere Absteige gibt es nicht›. Auf der anderen Seite des Meeres hüteten Norman Mudd und Ninette Shumway die Abtei. Inzwischen nämlich hatte Mudd die Idee wieder aufgegeben, an seiner südafrikanischen Universität einen Lehrstuhl für Astronomie aufzubauen, sondern zog es vor, in Crowleys Nähe zu verweilen.

Also sass er im *Chambre des Cauchemars* und betrachtete die schizophrenen Wandgemälde seines Meisters. Aber urteilt man aus seinen Briefen, so war er inmitten all der Alpträume im Grunde genommen glücklich: denn er war mit der über alles geliebten Vaterfigur zusammen. Die Leere in seinem Herzen war verflogen. Die Briefe des Tieres, adressiert an seinen geliebten Sohn, waren voller Zuneigung und guten Mutes. Zusammen würden sie alle Probleme meistern und das Grosse Werk vorantreiben.

Mudd war sich über seine verantwortungsvolle Position auf Cefalù im klaren. Er konnte zwar nur noch auf einem Auge sehen, aber in seiner Eigenschaft als Anwärter auf den A.˙. A.˙. sah er mehr, als er je als Professor für Angewandte Mathematik in Bloemfontein erblickt hatte. Anderer Meinung in diesem Punkt war hingegen sein alter Freund Harry

Doughty. Aber weder er, noch Reverend Reginald St. John Parry, noch Mudds bekümmerte Eltern (die von ihrem Sohn seit sieben Jahren kein Lebenszeichen mehr vernommen hatten, und sehr traurig waren, weil er es vorgezogen hatte, nach Cefalù zu gehen, anstatt sie zu besuchen) konnten je erkennen was im seinen Innersten vorging. Unbeeindruckt von Mudds Meister, dem Tier, jedenfalls zeigte sich Doughty:

> Du könntest mich bei Herrn Crowley entschuldigen, dass ich seine Briefe nicht beantwortet habe. Ich weiss nicht genau, wo ich diesen Mann einordnen soll. Er fängt damit an, dass er versucht von mir Geld zu leihen und steigert sich dann dazu, dass er sich mir als Führer, Philosoph und Freund anbietet. Auf diese Weise kehrt er die tatsächliche Lage ins Gegenteil um. Ihn ärgern offensichtlich meine Gleichgültigkeit und Laschheit – was auch immer. Er will, dass ich seine Ziele verstehen lerne. Ich muss zugeben, dass sein langer Brief, in dem er mir seine Ideen erläuterte, mich weder aufklärte noch besonders ansprach. Möglicherweise kann man mit der konventionellen Mathematik die Dinge besser erklären: mit Sicherheit jedoch lässt mich seine unkonventionelle, enthusiastische Sprache kalt. Scheinbar kann der, der es wollte, mich nicht begeistern, und der, der es konnte, will es nicht. Ich bin über Crowleys Naivität in gewisser Hinsicht überrascht. Er meint, er sei ein Experte darin, Genialität zu diagnostizieren. Er schlägt mir so nebenbei vor, dass ich, sollte ich auf ein perverses enttäuschtes Genie stossen, das nicht so recht weiterkommt, dann dieses Genie zu ihm schicken; er würde es trösten und wieder auf die Beine bringen. Jetzt wird mir anhand deiner eigenen Situation und aus anderen Dingen, die ich gehört habe, klar, dass Crowley ein Mensch ist, der auf eine merkwürdige Art und Weise in der Lage ist, Macht und Faszination auf andere auszuüben. Ob zum Guten oder zum Bösen, weiss ich nicht. Aber anzunehmen, dass ich für bare Münze nehmen würde, was er so einfach und unerwiesen dahererzählt, verwundert mich, (oder sein Glaube an meine Leichtgläubigkeit).

Harry Doughty war ohne Zweifel aus anderem Holz geschnitzt als Norman Mudd. Aber er hatte noch weniger Hoffnung als 13 Jahre zuvor Reverend Dr. Parry, seinen Freund dem Einfluss des Tiers entziehen zu können.

Crowley hoffte, seine Ausweisung aus Italien wieder rückgängig machen zu können. Aber Mussolini gab ihm keine Chance, über die Sache auch nur zu verhandeln, und im Lauf des Sommers beschäftigten das Tier dann andere Probleme. Da war zum Beispiel der Kommentar, den er zu dem *Buch des Gesetzes* schreiben musste. Ausserdem hatte er seine Autobiographie zu Ende zu bringen. Mudd, der eine Schrift mit dem Titel *The Gravitational Potential and Energy of Harmonic Deformations of any*

Order veröffentlicht hatte, konnte ihm beim mathematischen Teil des Kommentars Hilfestellung leisten, indem er nachwies, dass zum Beispiel der Crowleysche Satz ‹Jede Zahl ist unbestimmt› zur Folge hat, dass es ‹keine Unterschiede gibt›.

Das Geldproblem war mittlerweile akuter geworden, denn nun mussten zwei Wohnsitze finanziert werden. Jeder Brief, insbesondere von Fremden, wurde umgehend und zuvorkommend beantwortet: in der Hoffnung, dass der Verfasser sich als Hilfe erweisen würde. So schrieb ein gewisser Robert Trodd, dass er mit dem sehr geehrten Herrn Crowley zusammentreffen wolle, nachdem er alles über ihn im *Sunday Express* gelesen hatte, insbesondere den Ausspruch ‹Tu was Du willst sei das ganze Gesetz›. Aber bedauerlicherweise war Mr. Trodd weder reich noch Künstler. ‹Ist *Magick* eine Realität›, schrieb er, und: ‹Was hat es mit dem Kind auf sich?›

Crowley antwortete: «Sehr geehrter Herr, Tu was Du willst, soll sein das Gesetz. (Sie schrieben ‹wie› anstatt ‹was› und ‹ist› anstatt ‹soll sein›). Verdammte reiche Künstlerkreise! ‹Jeder Mann und jede Frau ist ein Stern›. Ich tue mein Bestes für jeden, der zu mir kommt, ohne jeden Gedanken an Gegenleistung.» Er empfahl Mister Trodd, sich sofort mit Jane Wolfe in Verbindung zu setzen, die noch in London weilte. Es wurde ihm versichert, *Magick* sei sehr real. Und was das Kind betreffe, sei es abwegig, darüber in einem Brief zu diskutieren. «Brüderlich Das Tier 666.»

Am 19. Mai um 7.26 Uhr gebar Ninette ein weiteres Kind. Das Tier gratulierte ihr und suchte für das Kind die folgenden Namen aus: Isabella Isis Selene Hecate Artemis Diana Hera Jane. Er stellte dem Baby ein Horoskop: ‹Mars steigt höher als der Mond. Er wirkt bedrohlich, aber es sind keine bösen Zeichen dafür da, dass Sonne oder Mond davon betroffen sind. Wahrscheinlich gibt es keinen besonderen Ärger. Nichts deutet darauf hin, dass das Kind sich irgendwie auszeichnet. Womöglich entwikkelt sie sich zu einer ziemlich gewöhnlichen, kleinen Nutte.›

Crowley war krank, abgeschnitten von seiner Abtei, er hatte wenig Geld und wusste nicht, was die Zukunft bringen würde. Die Visionen, die vor seinen Augen schwebten, wenn er die Opium-Pfeife an seine Lippen führte, oder wenn er mit Kokain oder Heroin vollgepumpt war, analysierte er genau. Im Bett des Souffle du Zéphir studierte er *Das Buch des Gesetzes,* um einen Weg aus seinen Schwierigkeiten zu finden. Er beschäftigte sich so intensiv damit wie Lenin mit den Schriften von Karl Marx, um Lösungen für dringende Probleme der Revolution zu finden. «Hier ist der Punkt, wo Deine ‹Liebe› gebraucht wird», schrieb er an Mudd, der in der Abtei auf der anderen Seite des Wassers ausharrte. «Dir kann ich trauen, denn Du hast einmal geschrieben, dass es einen Dreck ausmacht, ob ich lebe oder tot bin.» Zwei Lösungen boten sich ihm schliesslich an. Er, der Logos des Äons, würde für eine kleine Weile im Hintergrund bleiben, während Alostrael sich darauf konzentrieren sollte, ihre magischen Fähigkeiten zum Tragen zu bringen. Dann, in der Rolle der Semiramis, würde sie despotische, politische Macht ausüben, aber selbstverständlich als sein Geschöpf und von ihm abhängig. ‹Die Welt ist reif für das Auftreten eines weiblichen Herrschers dieser Art›, merkte er an.

Die andere Lösung lag eher auf der Hand. *Das Buch des Gesetzes* enthält den Vers: ‹Es wird kommen der reiche Mann aus dem Westen und ausstreuen sein Geld über Euch.› Das Tier brauchte also nichts weiter zu tun, als auf ihn zu warten. ‹Gut, ich habe nichts dagegen. Ich bin ganz zufrieden damit, auf ihn zu warten›, schrieb er. ‹Ich möchte nur die Götter daran erinnern, dass ich dabei völlig auf sie angewiesen bin.›

Die Art und Weise, in der Crowley hoffte, wieder gesund zu werden, wird dem absurd erscheinen, der nicht an Magie glaubt: Sein erster Schüler, J.F.C. Fuller, sollte mit ihm nach Ägypten wandern. (Er schrieb dort gerade an einem Kommentar zum *Liber AL.)* Er sollte mit ihm zusammen die echte Stele des Ankh-f-n-Khonsu stehlen und helfen, sie nach Boleskine zu bringen. Und da Crowley dieses Haus nicht mehr besass, würde man es eben wieder kaufen müssen. ‹Fullers Hauptaufgabe ist es, mir durch diese Reise zur Genesung zu verhelfen.›

Inzwischen verschlechterte sich sein und Leahs Gesundheitszustand immer mehr. Sie mussten sich einem Arzt anvertrauen.

Das Tier zweifelte selten an seiner Grösse, aber als er sich bemühte, einen Weg aus den momentanen Schwierigkeiten zu finden, betrachtete er sein Genie aus einem neuen Blickwinkel. Er hielt sich nun eher für einen psychologischen oder geistigen Führer der Menschheit als für einen Magier, der Wunder vollbringt.

‹Ich habe daran gezweifelt, ob ich überhaupt ein so grosser Magus bin. Und das tat ich, als ich über die Zweifel von Leuten lächelte, die von mir zu erwarten schienen, dass ich Kühe verhexen könnte›, schrieb er im Mai 1923. ‹Ich habe gerade die Antwort für uns beide gefunden. Ich habe die Macht, geistige Krisen zu verursachen. Das ist natürlich das Einzige, was je passiert ist. Rufe eine Krise in dem Menschen hervor, den Du Dir vorgenommen hast, und der Rest ergibt sich von selbst . . . Die Leute begreifen instinktiv meine innere Kraft und fürchten sich davor. *John Bull* hat vollkommen recht.›

Bisweilen überkamen ihn Identitätskrisen: ‹Mag sein, dass ich ein schwarzer Magier bin, aber auf jeden Fall bin ich ein verdammt guter Magier›, schrieb er einerseits und andererseits: ‹Madame Fatima Crowley! Das ist alles, wofür ich gut bin: die Beine breit zu machen!› Aber Selbstironie war nur ein Versuch, seiner Verzweiflung zu entgehen. Dann wieder überkam ihn die Idee, einen Brief an Trotzki nach Russland zu schreiben und ihm den Vorschlag zu unterbreiten, in einer weltweiten Kampagne das Christentum auszumerzen. Oder er hatte vor, an seinen König George V. zu schreiben und ihm einen Kreuzzug vorzuschlagen.

Noch immer nahm er Heroin, wenn auch in kleineren Mengen und grösseren Abständen. Stattdessen hielt er sich zunehmend mit Äther aufrecht. Äther half ihm beim Diktieren der *Hag* einerseits, andererseits wirkte der Stoff destruktiv, da man so tief ins Elementare abrutscht, dass man ‹kaum noch die Zusammenhänge erkennen kann›. Immerhin half Äther im Kampf gegen das Heroin.

Er kabelte an O.P.V., sofort zu ihm nach Tunis zu kommen.

Nach drei Monaten in Nordafrika und noch immer keiner Entschuldigung seitens der italienischen Regierung, begann Das Tier mit dem Gedanken zu spielen, die Abtei an einem anderen Ort erneut aufzubauen. Nach wie vor hielt er eine Insel für am besten geeignet, etwa die vor Tunis gelegene Insel Zembra. Sein neues *Collegium ad Spiritum Sanctum* sollte einen streng klösterlichen Anstrich haben. Nur per Motorboot oder Wasserflugzeug dürfte man es erreichen können, und Kapitalisten, die man vom ‹kommenden Ereignis› überzeugt hatte, sollten das notwendige Geld herbeischaffen. Als Mitglieder würden nur vollwertige Thelemiten zugelassen. Sie müssten folgende Bedingungen erfüllen: (a) Schönheit, Intelligenz, Liebe; (b) Geschäftstüchtigkeit, universale Anpassungsfähigkeit; (c) Reichtum oder physische Stärke; (d) besondere magische Begabung. Die Gemeinschaft sollte autokratisch geführt werden. Das Aushängeschild würde Crowley sein, der jedoch ‹so unerreichbar wie möglich bleiben› wollte; und wenn möglich sollte seine Führungsposition allen ausser seinen ‹intimsten Jüngern› verborgen bleiben.

Er beschloss, sich zu einer erneuten Magischen Klausur zurückzuziehen. Um sicher zu gehen, dass er von weltlichen Dingen so weit wie möglich ferngehalten würde, verfasste er mit Mudds Hilfe ein Dokument in Mudds Namen. Darin wurde Mudd mit der alleinigen Verantwortung für die Angelegenheiten von ‹Mr. E. A. Crowley, Dem Tier 666›, betraut. Nachdem das erledigt war, liess er die Frau in Scharlach in der billigen Behausung im *Au Souffle du Zéphir* zurück und zog in den *Tunisia Palace*, das erste Hotel am Platz. Er nahm Mohammed ben Brahim mit, einen Negerjungen, den er zu seinem persönlichen Ministranten gemacht hatte. Nachdem er die erste Nacht gut geschlafen hatte, kam ihm die Idee, eine ‹saftige Spesenrechnung zu machen› und für den Orden einen Edelstein zu erstehen. Das Geschäft sollte Mudd erledigen. Das Juwel, an das er dachte, war ein schwarzer Diamant auf Goldgrund. Darin sollten in Griechisch und Hebräisch die heiligen Namen eingraviert sein. Das Juwel sollte mit Platin ausgelegt sein, wobei Gold die Sonne und Platin den Mond symbolisierte.

Sein Gesundheitszustand besserte sich ein wenig. Seine geistige Instabilität, das Gefühl, dass er im Begriff war, verrückt zu werden, verschwand völlig. Er schrieb dies seiner Trennung von Alostrael zu. Für den Aussensstehenden wirkte er völlig normal: man hätte ihn für einen englischen Touristen halten können. Im Restaurant de Tunis begegnete er seinem getreuen Jünger Omnia Pro Veritate, der befehlsgemäss gekommen war und ihn in ganz Tunis suchte. Crowley hielt ihn zum Schweigen an (indem er den Daumen zu den Lippen führte, die Finger geschlossen) und ging an ihm vorüber, als kenne er ihn nicht.

Kurz danach entschloss er sich, sein zurückgezogenes Dasein aufzugeben. Es hatte nur vierzehn Tage gedauert.

Mudds Herz war voll der Liebe für seinen Herrn. Auf dem Briefpapier des *Tunisia Palace Hotels* schrieb er folgenden Brief an den Herausgeber von *Isis*, der Zeitschrift der Universität Oxford, der am 14. November 1923 veröffentlicht wurde:

> An alle, die es angeht:
>
> Tu was Du willst, sei das ganze Gesetz.
>
> Ich bin MA der Universität Cambridge (Mathematiker am Trinity College).
>
> Ich kenne Aleister Crowley seit 13 Jahren. Er ist einer der bedeutendsten Dichter und Schriftsteller unserer Tage.
>
> Ich habe seine wissenschaftlichen Werke mit grösster Sorgfalt studiert; und ich bin sicher, dass sie zu Entdeckungen führen werden, die die Menschheit mit einem neuen Instrumentarium der Erkenntnis und einer neuen Forschungsmethode ausstatten werden.
>
> Ich habe die Anschuldigungen geprüft, die von gewissen Zeitungen gegen ihn erhoben wurden und kann sie allesamt nur als unbegründet bezeichnen. Ich weiss, dass seine Ideale edler Natur sind, dass seine Ehre unbefleckt ist, und dass er sein Leben ganz in den Dienst der Menschheit gestellt hat. Da er sein ganzes Vermögen in seine Arbeit investiert hat, ist er nicht in der Lage, sich in der Öffentlichkeit gegen die böswilligen Verleumdungen seiner Gegner zu wehren. Er hat unter seinen Zeitgenossen keinen gefunden, der prominent, stark und mutig genug gewesen wäre, um ihn vor der Welt zu verteidigen.
>
> Die Ehre Englands steht auf dem Spiel, damit sein grösster Dichter nicht an der Verleumdung und Vernachlässigung seiner Zeitgenossen zugrunde geht – wie das oft genug in der Geschichte schon der Fall war.
>
> Ich werde nach London reisen und alle meine Energie darauf verwenden, einige Persönlichkeiten oder Institutionen mit Autorität, Reichtum oder Einfluss dafür zu gewinnen, die Anschuldigungen gegen Mr. Crowley zu untersuchen ...
>
> Liebe ist das Gesetz, Liebe unter Willen.
>
> Norman Mudd

Die ganze Zeit über nahm Crowley weiterhin Drogen. Jetzt gab er offen zu, dass er unfähig war, ihnen zu entsagen. Weggefegt war sein Vorwand, sich nur mit seiner eigenen Willenskraft heilen zu können oder die Ausflucht, sich den Drogen hinzugeben, um die Macht des Lasters zu erfahren. Ohne Rauschgift konnte er nicht mehr leben; er verglich seine Existenz mit einem Leben auf Pump.

Da er nicht schlafen konnte – Schlaflosigkeit ist eines der Symptome von Rauschgiftsucht – war es gleich, wann er zu Bett ging oder wann er aufstand. Die meiste Zeit, die ihm verblieb, bummelte er herum. Langsam kam eine Art Rhythmus in seinen Tageslauf. Etwa um zwei Uhr nachmittags, noch im Bett, nahm er die Fäden des *Hag* wieder auf und begann, Alostrael zu diktieren. Um fünf Uhr stand er auf, wusch sich, rasierte sich und zog sich an. Zum Abendessen ging er ins Maison Dorée, hatte aber gewöhnlich wenig Appetit. Anschliessend kam er zum Souffle du Zéphir zurück, um zu diktieren, zu lesen, Schach zu spielen oder um mit Mudd oder Eddie Saayman, einem von Mudds früheren Schülern, der ins thelemische Lager geraten war, als er Urlaub genommen hatte, um über die Kabbala zu sprechen. Gelegentlich nahm er eine Yoga-Haltung ein und meditierte ‹in einer halbherzigen und informellen Art› oder unterzog Mudd den Härten der Crowleyschen Psychoanalyse.[1] Nachts beruhigte er seine Nerven mit Äther. Wenn er Glück hatte, schlief er gegen vier Uhr früh ein, aber in der Regel ‹döste ich bis ungefähr sieben›.

Um neun Uhr etwa, noch im Halbschlaf, nahm er sein Frühstück zu sich. Dann döste er mit Unterbrechungen bis gegen ein Uhr vor sich hin. Um diese Zeit betrachtete er sich mehr oder weniger als wach; also raffte er sich mit Kokain oder Heroin wieder auf, die jeweilige Wahl hing von einem instinktiven Impuls ab. Er hatte die Gewohnheit aufgegeben, die einzelnen Dosen zu zählen. Er kümmerte sich nicht mehr darum, wieviel er zu sich nahm. Er verliess sich – wenn überhaupt – auf eine nicht näher umrissene magische Kraft, die einen Kollaps verhinderte. ‹Mein grösster Ärger ist, dass der Schlaf mich nicht mehr so erfrischt, wie er eigentlich sollte. Ich wache (zu oft) niedergeschlagen, verängstigt und mit einer Vorahnung von geistiger Disharmonie auf!› Sein grösstes Projekt war die Arbeit an der *Hag*, und er fürchtete sich vor dem Zeitpunkt, wo er sie beendet haben würde.

Wiederum grübelte er über das Rauschgift und die wirklichen und vermeintlichen Ängste, die es mit sich brachte. Er fragte sich, ob ein Mann sich deshalb dem Rauschgift verschrieb, weil er einen unbewussten Drang hatte, sich selbst zu zerstören. Er nahm an, dass er bis zum Mai 1921 ausser Gefahr gewesen war und bezog sich dabei auf den Erwerb des Titels ‹Ipsissimus›, als er aufgehört hatte, Aleister Crowley zu sein und Gott geworden war: ‹21.34 Uhr. Der Gott geht, ich mit ihm.› Will er

[1] ‹Das Tier deutete an, dass, wenn es an der Zeit wäre, eine Psychoanalyse zu machen, ich eine höllisch schmerzhafte Zeit durchzumachen hätte› (Tagebuch von Norman Mudd).

damit sagen, dass man sein menschliches Bewusstsein nur auf Kosten des eigenen Untergangs verlieren kann?

> Warum nur nimmt man eine Dosis Kokain nach der anderen, ohne es zu brauchen? Ohne die Hoffnung, dass es einem wenigstens wohltut? Jedesmal dasselbe. Dreimal Kokain in vernünftiger Dosis gibt einem alles, was man braucht. Aber wenn dann der Stoff erst einmal drin ist, ist es beinahe unmöglich, nicht weiterzumachen. Ein paar Nächte lang mag es gelingen, der Sucht zu widerstehen, aber dann rutscht man in eine Phase des ‹Tu was dir gefällt› ab, ohne jeden Sinn und Zweck. Und man macht weiter, und verflucht sich gleichzeitig für sein idiotisches Verhalten. (Und die ganze Zeit macht man sich vor, man könne es von einem Tag auf den andern aufgeben – als wäre Kokain das gleiche wie Kohl.) Welch ein Irrtum! Nicht nur die Furcht geht verloren, sondern auch die unwiderbringliche Substanz, die man im Inneren trägt. Warum 30 Dosen nehmen (oder sind es 60? Ich habe den Überblick verloren), um in einen Zustand zu geraten, der weder angenehm noch wünschenswert ist, sondern Selbstbetrug, Unbehagen, Reue, Selbstverachtung[1], Unwohlsein, Verstörtheit und den allgegenwärtigen Gedanken mit sich bringt: Jetzt, zum Teufel, muss ich wieder leiden. Und das alles, obwohl ich genau weiss, dass ich mit den drei Dosen alle meine Wünsche erfüllt hätte, ohne dass ich unter der Gegenreaktion zu leiden gehabt hätte?›

Bald darauf blieb Bruder Omnia Pro Veritate auf Dauer in Marsa. Ohne das Tier und den Affen des Thoth war Cefalù unerträglich langweilig geworden. Während Das Tier in Magischer Klausur verharrte, waren O.P.V. und der Affe des Thoth auf sich selbst angewiesen. Sie lebten zusammen im gleichen Haus, wenn auch nicht im gleichen Zimmer. Erstmals lernten sie sich näher kennen. Leah war inzwischen zusehends gealtert, ihr Gesicht war gezeichnet von ständiger Erschöpfung. Und Mudd fielen die Haare aus. Er wurde fett.

Diese Situation führte dazu, dass Bruder O.P.V. Ende September einen seltsamen Eid auf die Meister der Initiation Ra-Hoor-Khut und Hoor-Paar-Kraat, die aktive und passive Form des Horus in Gegenwart des Tiers 666 ablegte. Zugegen waren weiterhin der Affe des Thoth sowie Eddie Saayman, der den Titel Adonai IAO angenommen hatte. Denn Merkwürdiges war geschehen: O.P.V. hatte sich in die Frau in Scharlach des Tiers 666 verliebt. Liebe, meint Plato, ist dem Wahn nah verwandt, und Crowley teilte diese Auffassung durchaus. Aber wofür er absolut keine Verwendung hatte, war ein verrückter Jünger. Denn, so O.P.V.:

> Ich gestehe ihm zu, dass die meisten Männer nicht in der Lage sind, vernünftiges Verhalten an den Tag zu legen, wenn sie verliebt sind.

Beide, Das Tier und Alostrael, haben mir bedeutet, dass ich keinen klaren Gedanken mehr fassen kann, seit ich meine Liebe zu ihr entdeckt habe. Und ich sei nicht mehr fähig, meine Energien auf das Grosse Werk zu konzentrieren.

Deshalb also rief Bruder Alles-für-die-Wahrheit die Meister der Initiation an. Ein für allemal sollten sie ihm helfen, den Drang nach den tiefen Gefühlen loszuwerden, die sich eingestellt hatten, seit er seine Liebe zu Alostrael entdeckt hatte:

Ich beschwöre jene Geheimen Oberen durch die Kraft der Wahrheit, die mir kurz nach dem Winter des 18. Jahres des Äons 1922 zuteil wurde, als ich meiner Karriere abschwor und meinen materiellen Gütern ohne jede Ausnahme, damit ich mich einsetze fürs Grosse Werk, um das Gesetz Thelema aufzurichten, wie es von Aiwass durch das Tier 666 (den Menschen Aleister Crowley) vorgegeben wurde im *Buch des Gesetzes* (Liber AL sub figura XXXI) und ebenso im MS., das ich eingesehen habe und zu dem ich mich bekenne in treuer Gefolgschaft zu dem Tier, seinem Propheten. Sollte ich dabei versagen, so möge mein Körper vergehen und die Tugend der Menschheit nicht mehr in mir sein. Liebe ist das Gesetz, Liebe unter Willen.

Norman Mudd

Die Leiden des O.P.V. und die Herrschaft des grossen wilden Tiers blieben unverändert. Nachdem O.P.V. den Eid unterschrieben hatte, zog er sich ins nahegelegene Dorf Hammam Lif zurück, mit dem Manuskript der Autobiographie des Tiers unter dem Arm. In einer einwöchigen Magischen Klausur wollte er über alles genau und gewissenhaft nachdenken.

Alostrael sagte mir Auf Wiedersehn. Ich sagte zu ihr: «Auf Wiedersehn dann und pass auf dich und das Tier auf.»

Sie sagte, «Liebe ist das Gesetz», und ich antwortete, «Liebe unter Willen». Sie küsste mich, umarmte mich und sagte dreimal «Ich liebe dich». Mich fröstelte und ich war sehr traurig. Ich wollte sagen, «Du bist ein verdammt guter Kamerad, und das ist alles, was zählt.» Aber nach langem Schweigen konnte ich nur sagen, «Liebe unter Willen». Sie sagte, «Du wirst wiederkommen und wir werden wieder zusammenarbeiten?» Ich wollte beides zugleich sagen: «Ja» und «ich weiss nicht». Aber was ich dann sagte, war, «Na gut, wie auch immer, wir werden arbeiten.»

Mudds Meditation und die Beschäftigung mit *The Confessions* seines dreifach gesegneten und dreimal erleuchteten Herrn (wobei er hemmungslos Tränen vergoss) führten ihn nur zu einer unerwarteten und mühseligen Einsicht über die Frau, die er liebte. Es gehörte zum Eid der Frau in Scharlach, aufreizend und ehebrecherisch zu sein. Sie konnte aufreizend sein, dachte Mudd. Aber da sie unverheiratet war, konnte sie keinen Ehebruch begehen. Um diesen Mangel zu beheben, müsste sie heiraten. Aber wen? Nicht das Tier natürlich, da sie schwerlich mit ihrem eigenen Ehemann Ehebruch begehen konnte. In aller Bescheidenheit schlug Mudd vor, Alostrael zu heiraten. Dieses technische Problem brachte Crowley in eine schwierige Situation. «Wir wollen keine ordinäre Ehebrecherin», antwortete er. Er musste jedoch zugeben, dass etwas dran war, an dem, was O.P.V. sagte. Was sollte man also tun? Man würde die Götter befragen müssen. Es wurde eine Zeremonie vollzogen, bei der Heroin eingenommen wurde.

Die Götter zeigten sich von Mudds Plan nicht angetan. Ihre Antwort klang in den Ohren der Bittsteller wie ein heiseres: «Haltet ein!» Kommentierte Crowley: «Ehebruch impliziert nicht Heirat, so wie Hurerei nicht Handel impliziert.»

Kurz danach zog sich Das Tier wiederum in Magische Klausur zurück. Er war des Wartens auf den Reichen Mann aus dem Westen müde und legte sein Schicksal ganz in die Hände der Geheimen Oberen des A.·. A.·. Er fuhr mit dem Auto nach Nefta und nahm Alostrael und seinen Negerjungen, Mohammed ben Brahim, mit. In Nefta mieteten sie ein Kamel und begaben sich in die Wüste; sie wanderten nachts und schliefen am Tage. Kurz nach ihrem Aufbruch träumte Das Tier, dass er von einem englischen, ‹närrischen Detektiv› gefangen genommen wurde. Die Anklage lautete auf Betrug. Die Gerichtsverhandlung fand im Buckingham Palace statt. Er wachte jedoch vor der Urteilsverkündung auf.

Am 26. Oktober vollführte Das Tier zu Füssen der Sterne einen Akt der Sexualmagie mit Mohammed ben Brahim zwecks ‹Erlangung der physischen Energie in völliger Freiheit›. Anschliessend rauchte er vier Pfeifen Haschisch.

Die Magische Klausur sollte mindestens einen Monat lang dauern. Aber weil Alostrael krank wurde, traten sie drei Tage später die Rückreise nach Nefta an.

Er empfand es als ekstatische Erfahrung, als er nach dem Abendessen vom Balkon des Hotels in Nefta aus die sinkende Sonne betrachtete, während Ätherdämpfe seinen Geist beflügelten. ‹Mein Gott! Du solltest Dir Aldebaran von hier aus anschauen!› schrieb er an Mudd. «Scharlachrot. Himmelblau, Smaragdfarben, Violett – alles durch Äther!»

Am ersten November, in der Oase von Nefta, nach der Anbetung der Mitternachtssonne, führte er einen weiteren Akt der Sexualmagie mit Mohammed durch. Kurz darauf, als Crowley sich von seinem Bett erhob und in der stockdunklen Nacht die Ärmel seines scharlachroten Morgenmantels finden wollte, wurde seine Aufmerksamkeit von etwas geweckt, was aussah wie das Endstück einer Zigarette. Zuerst dachte er, es wäre Alostrael, die da rauchte. Das Licht verschwand, dann kam es wieder. Weder Alostrael noch Mohammed nahmen es wahr. Das Licht wurde grösser und kleiner, es kam und ging und bewegte sich innerhalb eines begrenzten Raumes. Er verglich es mit einem karmesinroten Sonnenuntergang bei Herannahen eines Sturmes, den er bei Kairouan miterlebt hatte oder mit dem frischen Blut an der Schulter eines Bullen im gleissenden Sonnenlicht. ‹Wenn es das Licht im normalen physischen Sinne nicht gibt, dann bin ich, zum ersten Mal in meinem Leben, Opfer einer echten Halluzination›, meinte er. Er zündete ein Streichholz an, um die Stelle anzuzeigen, wo das Licht war. Aber das Streichholz verglühte, bevor er sie finden konnte. Dieses Mal verglich er es mit der Milchstrasse. Jetzt sagte auch Alostrael, dass sie es sehen könnte. Bald verschwand es ganz.

Dieses Phänomen quälte das Tier. War es, fragte er sich, ein Element, das durch den Akt mit Mohammed entstanden war oder ein ‹Zeichen dafür, dass einer der Geheimen Oberen anwesend war?›

Der Aufenthalt in Nefta endete mit einem Misston. Crowley wurde krank und war keines Aktes der Sexualmagie fähig. Mohammed und Alostrael machten alleine weiter. Dann erkrankte auch er.

‹15. November, ein Uhr früh. Mohammed ben Brahim ist wirklich ernsthaft erkrankt; vor allem kann er auf einem Ohr nicht mehr hören. Ich hatte ihn gewarnt, meine Magische Glocke zu berühren; er tat es dennoch (natürlich) und er spürte sie entsprechend im Genick.›

Das Tier und die Frau in Scharlach begannen sich fürchterlich zu streiten. Alostrael, deren Gesundheitszustand sich ständig verschlechtert hatte, wollte bleiben und das Bett hüten. Das Tier war jedoch inzwischen wieder auf den Beinen. In gedrückter Stimmung kehrten alle nach Tunis zurück.

Ende 1923 ging Crowley nach Marseille. Er fühlte, dass die magische Strömung erschöpft war und dass Tunis reine Zeitverschwendung für ihn bedeuten würde. Von Marseille schrieb er folgenden Brief an einen Gläubiger:

> Ich habe nicht vergessen, dass ich Dir 2000 Francs oder was immer schulde. Mein Roman *The Diary of a Drug Fiend* war ein grosser Erfolg, und ich kann Dir dein Geld zurückzahlen, sobald ich meine Tantiemen erhalte. Ich wollte im Frühling damit anfangen, aber die Tyrannenwut des Mussolini machte mich völlig mittellos, so dass ich seither ständig in Geldnot lebte. Ich bin sicher, dass Du dafür Verständnis hast. Meine Schwierigkeiten liegen in der Hauptsache darin, dass ich Frankreich loyal und mit leidenschaftlicher Liebe gegenüberstehe – und ebenso den politischen und ethischen Prinzipien Eurer grossen Republik.

Crowley sollte seine Gefühle über dieses schöne Land übrigens bald ändern. Als er hörte, dass Präsident Lebrun mit Gattin 1938 zu einem Staatsbesuch nach England eingeladen worden war, rief er aus: «Zwei Maden fliehen den verfaulenden Leib ihres moralisch versumpften Landes.»

Am 2. Januar 1924 ass Crowley mit Frank Harris und seiner Frau in Nizza zu Mittag. Der damals 69jährige Schriftsteller und Abenteurer war trotz seines Erfolges mit seinem ersten Band seines *My Life and Lovers* beinahe so abgebrannt wie Crowley. Harris war jedoch in der Lage, Crowley 500 Francs zu leihen. Das Tier schrieb in sein *Magical Record,* dass Harris verrückt sei und bezeichnete sein *Life and Lovers* als die Autobiographie eines Flohs.[1]

[1] *Autobiography of a Flea* ist der Titel eines pornographischen Werks des 19. Jahrhunderts.

So wie menschliche Energie, braucht auch eine erschöpfte magische Strömung genügend Zeit, um sich zu erholen. Crowleys magisches Potential war, zumindest vorübergehend, erschöpft. Im Pariser *Hotel de Blois* lag er den ganzen Tag im Bett und schmiedete undurchführbare Pläne. Ausserdem analysierte er seine Gefühle. Nach dem Schock der Ausweisung aus Italien hatte er sich zunächst geweigert, seine Niederlage anzuerkennen. Denn war er nicht in Händen der Geheimen Oberen, waren seine Fehlschläge nicht ein Teil ihrer Pläne? Mehr denn je war er davon überzeugt, dass sie und nur sie sein Leben bestimmten, dass er selbst am allerwenigsten Einfluss hatte.

Nun war er zum ersten Mal in seinem Leben in einen Zustand der Hoffnungslosigkeit geraten, war er sich der Tatsache bewusst, wie sinnentleert und hoffnungslos sein Dasein war. ‹Ich scheine weder Kraft noch Energie zu besitzen. Für nichts und niemand kann ich Interesse aufbringen, das länger als ein paar Minuten währte›, schrieb er. ‹Der wahre Grund ist natürlich, dass ich die Hoffnung verloren habe . . . ich fühle mich nur ein paar Minuten lang am Tag handlungsfähig.›

Seinen Heiligen Schutzgeist rief er an, auf dass er ihn hinwegtrüge zu den Weltenlehrern, Magi und Heiligen. Angetan mit seinen magischen Roben und Juwelen lag er im Bett, drückte *Das Buch des Gesetzes* an die Brust und erwartete das Erscheinen Aiwass. Und in einer Passage des *Magical Record* akzeptierte er gar jenes Bild des Aleister Crowley, das diejenigen sich von ihm machten, die ihn verachteten:

> «Habe ich jemals etwas zustande gebracht, das von Wert wäre? Oder lasse ich mich nur treiben und existiere wie Treibholz, das von den Wellen umhergespült wird? Bin ich ein Nichtsnutz, ein Feigling, eine Strohpuppe? Ich kann es nicht beantworten, aber wie auch immer: der Urteilsspruch lautet: ‹schuldig!›»

Er sehnte den Tod herbei, der ihn von der Last seines Daseins erlösen würde. Aber was ihm dann wieder Auftrieb verlieh, war die Ankunft eines Freundes, der ihm mit ein paar Hundert Francs unter die Arme griff. Er bat Aiwass um frischen Mut: «Aiwass! Dich bitte ich. Erneuere mir meine Kraft, Gesundheit und Mut. Lass mein Genie – DICH – über die Welt kommen zu DEINEM ewigen Ruhm! Aiwass! Dich, dich, flehe ich an!»

Alostrael und O.P.V. standen indessen knapp vor dem Verhungern. Sie hatten ihren letzten Sou ausgegeben und ihren letzten Kredit aufgenommen. Sie verfielen abwechselnd in Melancholie oder Wut. Trotz drängender Appelle erhielten sie keine Antwort von ihrem Herrn. Ausser den heiligen Schriften des Tiers und seinem magischen Ring hatten sie alles versetzt, was zu versetzen war. Dann plötzlich erhielten sie ein Telegramm Crowleys mit einer hoffnungsvollen Botschaft. Mudd konnte es nur beantworten, weil er zufällig eine bereits frankierte Postkarte fand. Er nannte das Tier seinen geliebten Vater und berichtete, dass er seit 36 Stunden nichts gegessen habe und dass es ihm völlig gleichgültig sei, ob er jemals wieder einen Bissen essen würde oder nicht. Alostrael in ihrer Verzweiflung war es gelungen, nach Cefalù aufzubrechen. Es war völlig ungewiss, ob sie Bruder O.P.V. ein paar Francs schicken konnte, bevor er vollends verhungerte.

Crowleys nächste Nachricht bestand aus einer Postkarte aus Paris. Darin informierte er Mudd, dass er ‹mit einem verdorbenen Weibsstück im Bett läge›. In seiner gegenwärtigen Lage konnte Mudd das nicht besonders lustig finden und in ihm begannen sich Zweifel zu regen in bezug auf Crowleys Integrität. Zitternd vor Kälte trug er den magischen Ring zum Pfandleiher und erhielt 84 Francs dafür.

Den ganzen Tag lief das Tier von Drogen benommen herum. Rauschgift war seine ganze Stütze. Da er keine Energie hatte und keine Gelegenheit fand, um neue Unternehmungen zu starten, brütete er über längst Vergangenem: Eine magische Erklärung jedenfalls gab es für das Versagen von Cefalù: Wegen der geringen Anzahl an Mitgliedern der Abtei war ‹der Prozentsatz an Gift zu gross, um in Nahrung umgewandelt zu werden; deshalb mussten wir sie auskotzen›.

Er hatte alles versucht. Jetzt, im Alter von fünfzig Jahren, als er das Gesetz Thelema nur noch proklamieren konnte, begriff er, was er wirklich wollte: eine vernünftige Arbeit. Auf diese Lösung war der ebenso extravagante und aufrührerische Poet, Arthur Rimbaud, schon mit neunzehn gekommen.

> Ich bin schon oft genug gestorben: am Briefmarkensammeln, am Kartenspiel, am Erstausgaben sammeln, am Gesellschaftsfimmel, am Schachspielen, an der Tigerjagd, am Aalfischfang, am Golfspielen, an Hurerei, an der Felsenkletterei, am Muskatnuss-Pflücken, am Sightseeing und bei jedem Atemzug. Ich habe versucht mit Haschisch zu leben, mit Opium, mit Alkohol, mit Äther, mit Heroin: keines davon ist mit dem anderen aneinandergeraten ...

Aber zuerst müsste er sich von der Rauschgiftsucht befreien. Wenn sich nur jemand um ihn kümmern, ihn nach Fontainebleau bringen und ihn mit angemessenen Geldern versehen würde. Innerhalb von 48 Stunden würde er sich selbst heilen.

Er schlief ein und träumte, dass er geköpft wurde. Mit Äther kam er wieder auf die Beine, und unter dem Einfluss der Droge analysierte er sich selbstkritisch. Er trug seine magischen Juwelen, seine magische Kugel und das magische Schwert, seinen Pelzmantel und sein Zigarettenetui zum Pfandleiher. Er starrte seine beiden Jünger an, während er im Bett lag. Endlich hatten sie es geschafft und waren wieder bei ihm. Er warnte sie vor sich.

Die Hoffnungen des Tiers wurden durch sein Vertrauen in Harris aufrecht erhalten, der in dem Wahn lebte, das Pariser *Evening Telegram* mit geliehenem Geld zu erwerben und mit ihm die Herausgeberschaft zu teilen. Weniger optimistisch als Crowley schätzte er dabei seine eigenen Bemühungen in dieser Richtung ein. Harris schrieb ihm:

> Mein lieber Crowley, heute erhielt ich eine kurze Notiz von Deinem Norman Mudd, die besagte, dass Du immer noch auf eine Antwort von Deinem deutschen Freund wartest, und mich danach fragst, wie es um das Pariser *Evening Telegram* steht. Ich bleibe am Ball. Man hat mir Geld angeboten von der einen oder anderen Quelle, das bis zum 1. März oder noch vorher da sein sollte. Treibe Du auf, was Du kriegen kannst, und wir werden es zusammen schon schaukeln. Wenn Du, sagen wir mal, 300 000 Francs kriegen könntest und ich einen ähnlichen Betrag, dann können wir aus der Zeitung einige Millionen Francs herausholen, und wir werden dann schon sehen, mit wieviel wir Jahr für Jahr weitermachen. Wenn alles glatt geht, sollten wir in der Lage sein, unser investiertes Geld innerhalb eines Jahres zu verdoppeln ...

Harris, der dem Tier nach Paris gefolgt war, hatte einen rührenden Glauben an Crowleys Fähigkeit, 300 000 Francs aufzutreiben. Nebenbei bat er ihn, er möchte ihm doch die 500 Francs zurückgeben, die er ihm in Nizza geliehen hätte. In seiner Anwort schlug Crowley eine Exegese des Crowleyanismus als Alternativprogramm zur Herausgeberschaft des *Evening Telegram* vor:

> Mein lieber Frank Harris. Tu was Du willst soll sein das ganze Gesetz. Deine Nachricht ist gerade eingetroffen, und ich hatte befürchtet, Dein Schweigen bedeutete, dass Du verärgert bist, weil ich Dir die 500 Francs noch nicht zurückgezahlt habe. Mein Gott! Was für ein Schlag ins Gesicht für Dich! Wie Dich das getroffen haben muss! Mein Hotel schmeisst mich am 31. raus, und ich habe nichts mehr, was ich zum Pfandleiher tragen könnte – diese Schocks der letzten Wochen haben

mir gesundheitlich gut getan. Ich schleppte mich heute durch ganz Paris, um Dich zu finden, und gerade als ich zurückkam, erhielt ich Deinen Brief.

Gestern beschloss ich, nach England zu gehen. In dem Moment, indem Mudd mir Geld verschafft, werde ich den *Sunday Express* mit meinen blossen Händen angreifen.

Vergib mir, wenn ich Dir noch einmal meine innerste Überzeugung dartue. Verrottet, wie ich tausendfach bin, wurde ich von den ‹Göttern› auserwählt, ‹Meistern›, ‹Geheimen Oberen›, ‹Hütern der Menschheit› – wie Du willst, die Idee ist immer dieselbe – der Welt die Formel des neuen Äon zu bringen. Dies ist der Grundgedanke, mit dem die Welt für die nächsten 2000 Jahre oder so arbeiten wird. Es ist das Wort: ‹Tu was du willst› mit all den Implikationen, die im *Buch des Gesetzes* (das man mir durch eine unsichtbare Persönlichkeit in Kairo vor 20 Jahren diktiert hat) aufgeführt sind.

Ich war treulos in vielerlei Hinsicht: Insbesondere habe ich versucht, meine Mission mit dem Lebensstil eines normalen englischen Gentleman zu verbinden. Aber die Götter liessen das nicht zu. Sie haben mich mattgesetzt, was diese Pläne betrifft. Sie taten dies mit immer grösserer Beharrlichkeit, bis sie mich erwischten, niederstiessen und aushungerten, bis ich mich nur noch ganz ihrer Arbeit widmete. Und zwar so, wie *sie* es wollten.

Ähnlich verhält es sich mit Dir ... Du musst meine Mission ernst nehmen und alle Deine Energien aufwenden – die dann, wie die des Adlers, wieder erneuert werden –, um das Gesetz Thelema zu etablieren.

Um es ganz grob auszudrücken, der industrielle Kapitalismus führt in den Abgrund. Die einzige Alternative ist der Bolschewismus; aber der hilft auch nicht weiter.

Nun aber bietet das Gesetz Thelema einen dritten Weg. Diese letzten Jahre habe ich verschiedene Leute darauf trainiert, als Gehirn für die grosse Masse der Menschen zu fungieren. Eine Reihe von nicht ganz unbekannten Leuten sind schon interessiert; und mein Prozess [gegen den *Sunday Express*] soll mir Gelegenheit geben, dieses Gesetz in der Weise zu proklamieren, dass es alle die anzieht, die aus der Masse herausragen und die Rolle eines Königs annehmen wollen, um über den verwirrten Mob zu herrschen.

Ich versichere Dir, die Welt ist bereit für diesen Wandel. Sogar die ‹Erfolgreichen› sind von der allgemeinen Führungslosigkeit ganz krank. Mein Prozess wird die notwendige Publizität mit sich bringen; meine Eröffnungs- und Abschlussreden werden von *prophetischer* Natur sein. Eine Fürsprache für die Welt Gottes. An Dir ist es, praktischen Nutzen aus der Situation zu ziehen, zu organisieren und zu verteilen ... Tu es, und wir haben nicht umsonst gelebt!

Bitte, glaube nicht, dass die Schwierigkeiten, in denen ich stecke, meinen Geist verwirrt haben! Ich schicke Dir dies durch Bruder O.P.V. (Mudd) und bitte ihn, eine weniger prophetische Erklärung hinzuzufügen.

Liebe ist das Gesetz, Liebe unter Willen.

Dein auf ewig, Das Tier 666 (in der grotesken und abgetragenen Maske von Aleister Crowley)

Zu dieser Zeit bewahrheitete sich ein chinesisches Orakel mit erstaunlicher Genauigkeit. ‹Ein grosser Wechsel tritt ein›, hatte das *I Ging* prophezeit, und am Morgen des 1. Mai, nachdem er geträumt hatte, dass er, der Grossmeister, den Hexensabbat der Walpurgisnacht einberufen hatte, wurden er und seine Frau in Scharlach auf ganz unziemliche Weise aus ihrer Behausung in der rue Vavin hinausgeworfen. In *The Confessions* erwähnt Crowley den Vorbesitzer und seine Frau, Monsieur und Madame Bourcier, mit grosser Herzlichkeit und Dankbarkeit (sie behandelten ‹ihn› wie einen Sohn). Aber seit Erscheinen der *Confessions* hatte das Hotel den Besitzer gewechselt, und der Nachfolger der Bourciers bestand darauf, Crowley wie einen normalen Mieter zu behandeln. Für Crowley war das in Ordnung; denn vom *I Ging* war er vorgewarnt worden und betrachtete seinen Hinauswurf als Neugeburt.

16 Tage später tauchte unerwartet sein alter Freund George Cecil Jones auf, der ihn in den Golden Dawn eingeführt hatte, sowie J.W.N. Sullivan und ein argentinischer Gentleman namens Alexander Xul Zolar, ‹der mich seit einiger Zeit als seinen Meister› gesucht hatte. Während alle vier am Kaffeetisch sassen und der Reihe nach miteinander Schach spielten, konstatierte Crowley: ‹Sind sie jemand anderes als die heiligen drei Könige, die meinen Stern im Westen gesehen haben – und kommen sie nicht, mir nach meiner Geburt am 1. Mai zu huldigen?›

Sicherlich, meinte Crowley, hatten sie Angebote gebracht, die ‹Geld, Nahrung und guten Rat betreffen›. ‹Aber Jones bot nur Instruktionen an, die die Jagd nach dem König betrafen. Ich schlug ihn dreimal mit Leichtigkeit. Er hatte vorher zum Abendbrot geladen, weigerte sich aber, mir zu huldigen (mit genau diesen Worten)›.

Später berichtete Mudd, dass die Abtei Cefalù verkauft würde, wenn er nicht sofort die überfällige Miete bezahlte. Und ein Brief von Ninette brachte die Nachricht, dass Leahs Schwester Alma geschrieben hatte und mitteilte, dass sie ihren Neffen Hansi holen würde. Crowley antwortete: ‹Sollte Alma nach Cefalù kommen, so soll sie weder in die Abtei eingelassen werden, noch mit den Kindern sprechen dürfen. Sprich nicht mit ihr: Schmeiss sie raus, und zwar schnell!›

Mudd schrieb ihre Not dem Umstand zu, dass Das Tier gewisse Anforderungen des *Buch des Gesetzes* nicht erfüllt hatte. «Du musst weiter am Kommentar des *Liber AL* schreiben», sagte O.P.V. «Und Tieropfer bringen, so wie es geschrieben steht». Er forderte Das Tier auch auf, die Stele des Ankh-f-n-Khonsu von ihrer Inschrift zu ‹abstrahieren›, bevor es zu spät sei. Wenn Fuller nicht helfen würde, müssten sie es selbst in die Hand nehmen. O.P.V. zitierte aus dem *Liber AL:* Lass die Inschrift sich enthüllen; setze sie in Deinen geheimen Tempel . . . sie wird nicht verwischt werden, sondern ihre wunderbare Farbe wird wiederkommen.

Crowley verwarf all diese ernsten Bitten als ‹grimmige Drohungen›. Er liess seinen Hass an seinem Schüler ab. Alles, was Mudd für ihn tat, war in Wahrheit ein versteckter Angriff. Das Heroin und Kokain, das der Exprofessor ihm aus der Pariser Unterwelt brachte, waren ebenfalls Teil eines teuflischen Plans, ihn schnell umzubringen. Omnia Pro Veritate war weniger wert als eine Molluske – denn eine Molluske hatte wenigstens organische Formen. Er hingegen war nur eine flüssige Masse, ein verruchter, verachtenswerter Kadaver; und wenn Alostrael noch mit ihm zusammen war, dann deshalb, weil sie Kadaver liebte und ihre Rolle als Frau in Scharlach erfüllte. (Was für eine grosse Aufnahmefähigkeit musste sie haben, um soviel Verruchtheit wie gerade dieses Stück verrotteten Fleisches aufzunehmen!)

Mudd war noch immer in Leah verliebt. Der Appell an die Götter, ihm die Leidenschaft für die Frau in Scharlach auszutreiben, war fehlgeschlagen. Noch immer wollte er sie heiraten. Er schrieb an Crowley, dass dies seine magische Bestimmung sei. Crowley antwortete darauf, dass es eine angemessene magische Geste sei, wenn er einen erstklassigen Job erhalten, Geld sparen, sich gut versichern und dann Selbstmord begehen würde, auf dass die Prophezeiungen erfüllt würden.

Aber trotz dieser ganzen Perversion und Verachtung war die Seite noch nicht voll, ohne dass Crowley ein freundliches Wort für Mudd übrig gehabt hätte. ‹Der Kreis hat sich geschlossen›, schrieb er. ‹Man muss diesen Kadaver lieben und auf diese Weise beginnen, ihm eine Form zu geben und damit der Schönheit näher kommen.› Und, natürlich, dass man diese Kritik an Bruder O.P.V. nicht so interpretieren dürfe, als liesse sie ‹grosse Zuneigung und Respekt› vermissen.

Auch Alostrael erhielt ihre Ohrfeigen. ‹Wenn wir schon von meiner Liebe für Kadaver reden›, sagte Crowley, ‹dann ist dies die Wurzel meiner Liebe zu den schmutzigsten Huren, Negerinnen, zu Olga mit der gebrochenen Nase und so weiter, bis hin zur Zehnten Verkommenheit, dem Skelett Leah!›.

Crowley erinnerte Mudd an sein Versprechen, den guten Namen seines Herrn zu verteidigen. Wie könnte man das am besten tun? Wie gewöhnlich wurde das *I Ging* um Rat gefragt. Schuld am Niedergang und dem Ende der Abtei war einzig der *Sunday Express*. Und da Das Tier weder auf faire Art oder durch Magie fähig gewesen war, Herr dieser Zeitung und ihres Eigentümers Lord Beaverbrook zu werden, war es wohl die beste Lösung, sich mit ihr irgendwie zu arrangieren. Mudd sollte im

Büro des *Sunday Express* vorsprechen und an den guten Willen von Beaverbrook und seinem Herausgeber appellieren, um den Schaden wiedergutzumachen. Wenn erst einmal der *Sunday Express* geschafft wäre, könnte sich Das Tier darauf konzentrieren, eine Art nationaler Held zu werden, ‹indem er in Arbeitskämpfe und dergleichen eingriffe›.

Nach langem Zögern und internem Gerangel legte Mudd schliesslich eine Entschuldigung auf den Tisch, die mit *Open letter to Lord Beaverbrook* betitelt war. Er nahm sie mit zu Herbert Clarkes englischer Druckerei in der Rue St. Honoré, wo ein 15 Seiten starkes Pamphlet daraus gemacht wurde, das an alle führenden englischen Zeitungen und Persönlichkeiten des öffentlichen Lebens verschickt wurde, die sich mit sozialer Gerechtigkeit beschäftigten, wie Bernard Shaw, Bertrand Russell, Emma Goldmann, Miguel de Unamuno (im Exil in Paris), sowie an Ordensmitglieder, Freunde, Sympathisanten und Scotland Yard. Es war ein Stapel von 3000 Exemplaren, den Mudd auf dem Tisch liegen hatte. Nur weil er keine 3000 Briefmarken hatte, konnte er sie nicht alle vertreiben. Die Briefe hatten etwa folgenden Wortlaut:

> Lieber Arnold Bennett, Ich bin sicher, dass Du Dich daran erinnerst, dass ich den grössten Ring zu tragen pflegte, den Du je an einer Menschenhand gesehen hast. Aber ich bin betrogen worden und gerade erst im Begriff, mich wieder aufzurappeln. Ich bin sicher, Du wirst mir helfen, eine öffentliche Untersuchung in dieser erbärmlichen Sache in die Wege zu leiten. Alle eines Engländers unwürdigen Methoden werden angewandt, um die Diskussion zum Verstummen zu bringen. Sie scheinen im Prinzip darauf hinauszulaufen, mich verhungern zu lassen, bevor ich zurückschlagen kann. Der Ehre der Englischen Literatur zuliebe, schlag zu!
> Mit freundlichen Grüssen
> Aleister Crowley

Frank Harris, der ebenfalls eine Kopie des Pamphlets erhielt, antwortete ermunternd:

> Mein lieber Crowley, Ich brauche Dich kaum meiner Bereitschaft zu versichern, Dir zu helfen, aber ich bin selbst ziemlich machtlos. Wenn Lord Beaverbrook einen solchen Prozess mir angehängt hätte, wäre ich begeistert. Ich würde mit Sicherheit einen einflussreichen Anwalt finden, der mit mir halbe-halbe machen würde – und seine Lordschaft hätte zu zahlen, und zwar viel.
>
> Ich weiss nicht, was Du getan hast, oder was man Dir vorwirft; aber es gibt da eine Möglichkeit, sie darauf festzunageln, ihre Anschuldigungen erst mal zu beweisen, bevor Du auftreten musst. £ 10000 sollten in einer solchen Prozessanstrengung drin sein. War-

um setzt Du nicht Mudd darauf an, alles genau herauszufinden? Wenn ich Du wäre, würde ich jeden Aspekt des Falles sachlich durchgehen und dann Beaverbrook die Hölle heissmachen! So wie die Dinge liegen, bin ich dabei, einen zweiten Band meines *My Life* zu korrigieren, den niemand will, und versuche ausserdem, einen englischen Verleger für mein *Oscar Wilde* zu finden, das mir in den USA ein kleines Vermögen eingebracht hat. Aber ach, keine englischen Interessenten!

Auf ewig Dein
Frank Harris

Der Offene Brief an Beaverbrook ist ein langweiliges und bedeutungsloses Pamphlet. Der Herausgeber des *Sunday Express* wird angefleht, als wäre er eine Art unparteiische himmlische Macht, die die Angelegenheiten der Menschen überwacht. Die Hauptrolle spielt Aleister Crowley, der eine Art König Lear und den verfolgten Christus in einem darstellt.

Mudd dagegen wollte argumentieren, dass die Angriffe gegen Crowley im *Sunday Express* einen Haufen Lügen darstellten und dass die Behauptungen a) er würde seine Frauen auf die Strassen von Palermo schicken, wenn er kein Geld für die Abtei hätte, jeder Grundlage entbehrten, genauso wie b) die Behauptung, er habe einmal in den USA im Gefängnis gesessen, weil er ‹Mädchen verkuppelt habe›. In der Tat sind beide Behauptungen unwahr.

Im Mai 1924 gingen Crowley und Leah nach Chelles-sur-Marne und logierten in einem Gasthof, der denselben Namen trug wie der in Fontainebleau: Au Cadran Bleu. Mudd hingegen verlagerte das Kampfgeschehen nach England. Dort verteilte er den *Open Letter* – selbst ohne einen roten Heller und in gedrückter Stimmung. In seiner Begleitung war ein älterer Gentleman aus Südafrika, Adam Gray Murray oder Bruder Virtute et Labore, ein zeitweiliger Staatsdiener, der zu Kriegsende seinen Job verloren hatte. Alles, was ich über diesen Ordensbruder weiss, ist, dass er einen langen, weissen Bart trug und die wenigen Kräfte, die er besass, für die neue Religion einsetzte und später friedlich verhungerte – aber nicht, bevor er die Heilige Abtei von Thelema in Cefalù besucht hatte.

Während Crowley immer in der Lage war, eine Mahlzeit[1] aufzutreiben oder immer Leute fand, die ihn aufnahmen, waren seine Jünger

[1] Die Anarchistin Emma Goldman schrieb an Norman Mudd: «Sehr geehrter Herr, ich fürchte, Sie haben nicht verstanden, was ich Ihnen sagte, als Sie hier waren. Ich wiederhole, dass ich selbst zu arm bin, um zu helfen. Auch kann ich meinen Namen nicht zur Unterstützung irgendeiner Sache hergeben, bis ich nicht selber auf meinen Füssen stehe . . . Ich kann nicht glauben, dass es Ihnen so schlecht geht, nachdem ich gestern abend Herrn Crowley in einem Pariser Café mit seinen Freunden beobachten konnte . . .›

weniger erfolgreich. In Mudds Magisches Tagebuch vom 19. November 1924 ist dieses Billet eingefügt:

No. 10513

OBDACHLOSENASYL LONDON

Eingewiesen wird: NORMAN MUDD

Alter 35 Jahre, Beruf Literarischer Agent, Haarfarbe braun, Augen blau, Grösse 5 Fuss 4 Inches, Geburtsort Manchester.

Das Tier wanderte die Marne entlang, wo eine der entscheidenden Schlachten des Ersten Weltkrieges stattgefunden hatte und bat das *I Ging* um ein Zeichen. Dies war keine weitere übliche Magische Klausur, obwohl Alostrael es so nannte, sondern ein wirklicher Wendepunkt. Drei Monate vergingen, und nichts störte seine Ruhe ausser einer kleinen Reiberei mit dem Besitzer des *Cadran Bleu* über eine Negerin, die er in seinem Zimmer empfangen hatte. Sein Tagebuch zerfällt in Bruchstücke, nachdem es so gut mit einem Gedicht angefangen hatte, das gleichzeitig ein Gebet darstellt:

Here, by those banks where once the fullest flood
That hate could fill was met, and stemmed, and rolled
Back, in a mist of agony and blood
The lazy waters swirl, dull green and gold
Seeking eternally the eternal sea.
O waters that no might of man may stay
Bear on your easy breast my thoughts; set free
My equal spirit to its ordered way!
O waters, heal this wide, this unavailing
Wound, that no skill of medicine may redress
My soul, a steady ship, go idly sailing
In fancy down your leafy loveliness!
So may I turn anon with lance and sword
To lead once more the legions of the Lord!

Er fühlte, dass er nichts mehr zu sagen oder zu tun hatte; alles war getan und gesagt. Alles, was nun noch blieb, war, das Zeichen des Tiers auf seine Stirn, seine Brust und das Innere seiner rechten Hand zu tätowieren. Er sollte auch seinen Namen ändern, und zwar in ‹Das Tier 666›; aber diese Vorhaben verwarf er dann als ‹theatralisch›.

Wiederum packte ihn Gevatter Sturm, die Personifikation eines Asthmaanfalls, und noch immer nahm er Drogen. In einem Moment der Hellsicht bezeichnete er Asthma als eine ‹maladie imaginaire›, und in einem Brief an Mudd machte er die überraschende Aussage, dass Heroin, statt seine schmerzhaften Symptome zu unterdrücken, sie tatsächlich erst auf den Plan bringe. ‹Es scheint, als gäbe die Einnahme von Heroin Kraft, aber tatsächlich verhilft es dem Asthma zum Ausbruch, ebenso der Bronchitis und dergleichen. Und dies, bis ich eine Überdosis genommen habe, die ausreicht, die Lage von oben herab zu beruhigen, gerade wie eine physische Schwäche die Situation von unten zerstört.›

Alexander Xul Zolar, der an der neuen Religion Gefallen gefunden hatte, besuchte ihn und Leah in Chelles. Das Tier war ein guter Unterhalter, und das Spektakel, als die Frau in Scharlach im Mondlicht Visionen hatte, trug erheblich zu seiner okkulten Weiterbildung bei.

Dann erhob sich erneut die magische Strömung. Vor ihm stand plötzlich ein weiterer Heilssucher in Gestalt einer 32jährigen Amerikanerin, deren Geist sie zu dem Magus trieb. Es war Dorothy Olsen. Im Sommer 1924 machte sie die Wallfahrt nach Chelles-sur-Marne und wurde bald ein Mitglied der fröhlichen Sippe der Thelemiten. Sie nannte Crowley ‹Tier›, seine Frau in Scharlach ‹Leah› und Mudd ‹Mudd›. Ihre Handschrift ist ohne die Schärfe von Alostraels Feder. Frl. Olsen suchte zwar einen Meister, aber lustlos wie jemand, der alt und dem Tode nahe ist.

Das Tier erwachte sofort aus seiner Lethargie, und an einem Septembertag, als Dorothy den magischen Kreis betreten hatte, den Eid eines Kandidaten für den A.˙. A.˙. abgelegt und man ihr den magischen Namen Astrid gegeben hatte, vertrieb Das Tier Alostrael prompt von ihrem Platz auf dem Rücken des Tiers und floh mit seinem neuen Reiter. Man hörte förmlich das Knistern und Krachen brennender Brücken. Als eine Geste für die Götter nahm er seinen grossen Ring des Tiers aus Gold und Rubinen und trug ihn zum Pfandleiher. Er merkte ironisch an, dass ihm ausser Astrids Dollars nur noch sein Kragen, sein Zigarettenetui, seine Brieftasche und der Tabaksbeutel geblieben waren.

Er war ausgesprochen guter Dinge. Schwester Astrid hatte den tödlichen Magnetismus zerstört, der ihn zu strangulieren gedroht hatte. Sie hatte ihn zu neuem Leben erweckt. Sogar der Himmel von Chelles hatte sich bei ihrem Herannahen verändert, er war jetzt ‹bemerkenswert blauviolett›. Es war eine Farbe, wie er sie nie zuvor in Frankreich beobachtet hatte und nur selten in den mehr exotischen Gegenden der Welt. Er fragte die Geheimen Oberen nach Instruktionen. Einstimmig drängten sie ihn, als ihr Kriegsherr voranzuschreiten.

Das Tier und Dorothy Olsen wurden nach Paris und Chantilly getrieben, wie Faust zum Brocken. Zurück blieb Alostrael und rang ihre langen dünnen Hände. Sie musste hungern und wandte sich an Ra-Hoor-Khut um Hilfe. Aber was konnte sie anderes erwartet haben? Sogar Männer, die nicht den Eid des Magus[1] geschworen haben, verlieben sich immer

[1] *Inter alia,* seinen Körper den Lüsten aller zu prostituieren.

mal wieder in andere und verlassen Frau und Geliebte. Als sie einige Tage später nach Paris zurückkamen, ging Crowley zu Leah, die auch dorthin zurückgekehrt war, und erzählte ihr, dass die Geheimen Oberen ihm aufgetragen hätten, den Winter mit Schwester Astrid an der nordafrikanischen Küste zu verbringen, und zwar allein – «und bitte keine Steine in den Weg!» Wann sie sich wiedersehen würden, wisse er nicht.

Leahs Tagebuch weist bezüglich dieser Ereignisse keine Eintragungen auf. Daher weiss ich nicht, wie sie über dieses Vorhaben der Götter dachte. Crowley jedoch schrieb in sein Magisches Tagebuch: ‹Leah brach zusammen›.

Alostrael, in Paris zurückgelassen (Mudd war in London), ohne Geld und bei schlechter Gesundheit, versank im Abgrund. Und zwar nicht in einen Abgrund, der von diesem jämmerlichen Erdental zu den Höhen der Geheimen Oberen führt, sondern nur noch tiefer in die Abgründe menschlichen Elends und geistigen Zorns. Aus war es mit ihr als Frau in Scharlach, die, einherschwebend in ihrer Robe, im Tempel der Abtei Betty May verwirrt hatte, und deren feierliche Eide im ‹Record› der Abtei festgehalten waren:

> Ich widme mich ganz dem grossen Werk.
> Ich werde mich in Stolz erheben.
> Ich werde Ra-Hoor-Khut in der von ihm gewollten Weise folgen:
> Ich will für das Böse arbeiten:
> Ich werde mein Herz zum Schweigen bringen:
> Ich werde lasterhaft sein und eine Ehebrecherin:
> Ich werde Juwelen tragen und vornehme Gewänder:
> Ich werde vor allen Männern schamlos sein:
> Ich, stellvertretend für mich selbst, werde meinen Körper prostituieren den Lüsten jeder lebenden Kreatur, die danach verlangt.
> Den Titel Mysterium der Mysterien beanspruche ich, BABALON die Grosse, die Nummer 156, die Robe des Weibs der Hurerei und den Schoss des Abscheus:
> Dies bezeuge diese meine Hand, Alostrael.

Urteilt man nach einem Passphoto vom September 1924, schienen ihre Augen mit der Leuchtkraft einer Frau, die verbraucht ist und deren Starren Irrsein verrät.

Ihr *Magical Diary of Babalon* erzählt die Geschichte der Braut des Chaos, wie sie sich nun nannte.

Ein Telegramm von Ninette kam. Alma hatte ihre Drohung wahrgemacht. Sie war zur Abtei gereist und hatte Hansi mitgenommen. Leah schien jedoch weniger über den Verlust ihres Kindes entrüstet gewesen zu sein als über die Tatsache, dass der amerikanische Konsul in Palermo nicht in der Lage war, Alma an ihrem Vorhaben zu hindern. Sie brachte ihren ohnmächtigen Zorn für ihn in einem Schmähbrief zum Ausdruck, der mit den Worten: ‹Die Ihre in totaler Verrücktheit, Leah Hirsig› schloss.

Hansi wurde nach Amerika gebracht. ‹Es war, wie wenn man ein kleines wildes Tier zum normalen Leben führen will, wie es das gute Recht aller Kinder ist›, schrieb seine Tante Alma. So wurde der arme Dionysos der schönen Welt des ‹Tu was du willst› entrissen und zurück in die alte, schlechte Welt des ‹Du tust, was man dir sagt› gebracht.

In Begleitung eines Freundes schleppte sich Leah durch das verregnete Paris. Ein paar Meter vor ihrer Haustür brach sie zusammen. Da sie ihre Miete nicht bezahlt hatte, waren ihre Habseligkeiten aus ihrem Zimmer entfernt worden. Aber die Besitzerin brachte einen Stuhl, so dass sie im Treppenhaus sitzen konnte. Ob sie ihr Zimmer wieder haben könne? Die Besitzerin verschwand, um den Besitzer zu fragen. Die Antwort war nein.

Leah rappelte sich auf, fiel aber sofort wieder hin. Ein Fragment ihres Tagebuchs gibt uns eine Andeutung über diese jämmerliche Szene:

‹Inzwischen gewann die Hausbesitzerin ihre alte und natürliche Haltung zurück. Ich lag auf dem Boden und zitterte vor Kälte. Keine Seele rührte einen Finger. Sie lachten mich aus – krank in der Tat! Nein, mit Drogen vollgestopft! Sie sagten, ich müsste gehen. Ich versuchte es und fiel sofort wieder hin. Mehr hämisches Gelächter – die Leute standen herum – dann kam die Polizei.›

War dies die Strafe, die im *Buch des Gesetzes* vorgezeichnet war? Dort hiess es: ‹Die Frau in Scharlach hüte sich! Wenn Mitleid, Erbarmen und Warmherzigkeit ihr Herz berühren; wenn sie meine Arbeit verlässt und mit alten Annehmlichkeiten liebäugelt; dann wird meine Rache kommen . . . Ich werde sie ausschliessen; einer schrumpligen und verachteten Hure gleich wird sie durch die in der Abenddämmerung nassen Strassen kriechen und Kälte und Hungers sterben› *(Buch des Gesetzes* Dritter Teil, Vers 43).

Sie durchlebte alle Abgründe ihrer umnachteten Seele. Aber am Ende entdeckte sie ihren Willen zum Leben. Zunächst musste sie gesund werden. Sonderbarerweise hatte sie nur eine Realität vor Augen: und zwar klammerte sie sich an die Religion des gekrönten und erobernden Kindes, Horus, wie ein Ertrinkender an einen Strohhalm.

‹Lob und Preis sei Ra-Hoor-Khuit!›

‹Babalon hat sich erhoben und die Kinder des neuen Äon leben und gedeihen!› Sie musste überleben. Das Grosse Werk musste vollendet werden – das Gesetz musste Geltung erlangen für alle. ‹Tu was du willst› – das war ihre Bestimmung. Inzwischen litt sie unter dem Schweigen des Tiers – als sie seine Adresse herausgefunden hatte, telegraphierte sie ihm und bat um ein wenig Geld und ein Wort der Ermutigung.

Aus Leahs verwirrten und sich widersprechenden Gefühlen kristalli-

Boris Karloff (in *The Black Cat*, 1934) in der Rolle eines Magiers mit starken Anleihen aus der Crowley-Legende

sierten sich zwei Gedankengänge heraus, die Aleister Crowley betrafen – die menschliche Seite auf der einen und die magische Seite auf der anderen. Auf der menschlichen Seite war sie immer noch in ihn verliebt und konnte nicht ertragen, ihn aufzugeben. Wenn sie schon nicht mit ihm leben konnte, dann wollte sie wenigstens zusammen mit ihm sterben. ‹Ich wäre gerne als ein menschliches Wesen in den Armen des Tiers 666 gestorben, wie es in meinem ersten Tagebuch (vom 21. März 1919) steht. Er war und ist mein Geliebter, mein Mann, mein Vater, mein Kind und alles andere, was eine Frau in einem Manne sucht.› Auf der magischen Seite, im Bereich Thelema, erkannte sie widerwillig, dass eine neue Frau in Scharlach aufgestanden war und ihre Rolle übernommen hatte. Das Grosse Tier war eine Person, die Frau in Scharlach ein Amt. Die Tatsache, dass Crowley am 22. Juli 1920 ein Heiliges Gelübde des Gehorsams an die Frau in Scharlach, also an sie abgelegt hatte, hatte sie entweder vergessen oder klugerweise ignoriert. Gehorsamst senkte sie ihr Haupt und machte Platz für Schwester Astrid. ‹Ein Wort zu Dorothy. Sie ist die Frau in Scharlach, und sie wird ihren Erfolg oder ihr Versagen noch beweisen. Sie wird es in ganz anderer Weise als frühere Frauen in Scharlach tun, denn sie ist die Mutter einer Rasse der neuen Dynastie.› Aber im Café du

Dôme, wo Leah und Crowley wohlbekannt waren, hiess es einfach, Crowley hätte sie verlassen und sei mit einer andern Frau abgehauen.

Als die Tage kürzer wurden, ging es Leah immer schlechter. Sie zog ernsthaft in Erwägung, Selbstmord zu begehen und bereitete ihr letztes Magisches Testament vor. Eines Nachts erwachte sie von einer Stimme, die ihren Namen rief: «Leah, Leah! Leah!» Dreimal hörte sie ausdrücklich ihren Namen mit verzweifelter Stimme rufen. Sie war im Begriff wegzutreten, hinaus in das Meer des Todes. «Leah! Leah! Leah!»

O.P.V. kam nach Frankreich zurück. Er hatte kein Glück mit seinem Offenen Brief in England gehabt. Er war niedergeschlagen und geschafft. Er hatte nur überlebt, indem er Hausbesitzerinnen betrog, bei seinen wenigen Freunden bettelte und aus seinen armen und verstörten Eltern das letzte Pfund herausquetschte.

> Dein Brief und Anlage [*The Open Letter*] erreichte uns letzten Abend, [schrieb sein Vater] und beide, Mutter und ich, sind zutiefst betroffen und verzweifelt wegen der ganzen Angelegenheit. Wir hoffen, dass Du die Tatsachen richtig beurteilst. Die Ereignisse, auf die Du Dich beziehst, gehen auf eine Zeit zurück, während der Du nicht im Lande warst. Vielmehr warst Du tausende von Meilen von Deinem Helden entfernt und daher nicht voll im Bilde über das, was er tat. Wenn Du Dich nur auf sein Wort verlässt, fürchte ich, dass Du einem schon sehr gebrochenen Menschen vertraust. Du weisst, dass wir ihn nie ausstehen konnten, und wir haben nicht die leiseste Sympathie für das, was er sich zum Ziel gesetzt hat. Wir haben ihn immer als Deinen bösen Genius betrachtet, immer schon seit Deinen Tagen in Cambridge, und wir sind sehr besorgt, dass er Dir Dein ganzes Leben verdirbt. Was Deine Zukunft betrifft, so kann sie, auch wenn man sie äusserst positiv beurteilt, nicht sehr weit führen, und daher ist das Ende nicht ‹zu weit entfernt›. Wir verabscheuen es, Armut ins Feld zu führen, und wollen daher Deine Gefühle nicht verletzen. Ich glaube aber nicht, dass Du uns auch um die geringste Hilfe bitten solltest für einen Helden und eine Sache, der wir überhaupt nichts Positives abgewinnen können. Darüber hinaus betrachten wir es als verlorene Zeit, Geld und Mühe, diese schändliche Angelegenheit zu unterstützen oder zu bereinigen. Mutter ist sehr traurig und kann kein Licht in der Dunkelheit mehr sehen – sie schickt Dir das Beigefügte für Dich selbst . . .

Mudds Kleider fielen ihm buchstäblich vom Leibe, er machte einen derart zerlumpten und verdreckten Eindruck, dass seine Ordensbrüder Wetten darüber abschlossen, ob seine Erscheinung im Büro des *Sunday Express* das Herz von James Douglas erweichen würde. Fraglich schien ihnen auch, ob es möglich war, auf diese Weise einen moralischen Sieg über ihre Feinde zu erringen. Nun irrte er durch die Strassen von Paris mit der Ex-Frau in Scharlach, der früheren Hure der Sterne. Zwischen ihren Brüsten hatte Crowley das Zeichen des Tiers eingeritzt oder eingezeichnet. Mudd sprach mit ihr über die Beziehung zwischen moderner wissenschaftlicher Theorie und ‹dem grössten Werk dieser Zeit, dem *Buch des Gesetzes*›. Er war ständig deprimiert bei dem Gedanken, dass Das Tier im Grunde dem *Buch des Gesetzes* untreu sein könnte[1]. Sie diskutierten Pläne für die Wiedererrichtung der Abtei. Noch waren sie beide Mitglieder des Ordens, und sie hatten endlich auch Instruktionen vom Tier erhalten, mit der Arbeit fortzufahren. Mudd sollte den guten Namen von Crowley verteidigen, und Alostrael sollte *The Confessions* auf Schreibmaschine abtippen, während er sich in Grosser Magischer Klausur mit Schwester Astrid befand.

Obwohl ihnen in ihrer Verzweiflung keine Sache der Mühe wert schien, und obwohl ihnen die Arbeit, ‹das Gesetz in die Tat umzusetzen, immer unwirklicher vorkam, war das Gesetz Thelema ihr einziger Lebensinhalt› – das Zitat stammt von Mudd.

Aber auch freudige Bemerkungen gibt es in Leahs Tagebuch: als ihr ein Freund ein paar Francs gab oder als ihr Nina Hamnett zehn Schilling schickte. Auch Professor Norman Mudd hatte seine Triumphe – er verkaufte vier leere Medizinflaschen für 65 Centimes und kaufte sich davon Zigaretten.

Alostraels Geist begann alles vom Symbolischen her zu betrachten. Wörter wurden zur Realität. Jedes Ereignis hatte seine magische Bedeutung; jede kleine Begebenheit wurde als eine Botschaft der Götter verstanden, als Einfluss der Planeten, als die Aktivitäten von bösen oder guten Mächten. Auch sie konsultierte täglich das *I Ging* und arbeitete die kabbalistische Bedeutung von Namen aus. Visionen und Träume wurden festgehalten und geprüft. Widersprüche wurden leicht gelöst und wo es keine gab, traten sie auf mysteriöse Weise auf. In ihrem kalten Zimmer in Paris sass sie in Yogahaltung und sprach ihre magischen Gebete.

> O Thou God of War and Vengeance[2], Hear me, Alostrael, who invokes Thee to help us to do Thy Work.
>
> Be Thou our strength, our force, and vigour of our arms, as Nuit is our refuge, and Hadit our Light, that we may go on, go on in Thy strength, and fight as brothers.
>
> Hear me, Thou Lord of the Double Wand of Power[3]. Unto Thee I eat of this cake of light, that it may breed lust and power of lust in me.
>
> Hear Thou me, O Lord of Silence and Strength[4]. Show me Thy Way that I may follow Thee in it.

[1] Das Tagebuch Norman Mudds.
[2] Ra-Hoor-Khut.
[3] Hor-Makhu, Herr des Doppelten Horizonts.
[4] Hoor-Paar-Kraat.

Give Thou of Thy wisdom to Our Lord the Beast 666, whom Nut has called Her scribe Ank-f-n-Khonsu, the priest of the princes; whom Hadid hails as the prophet of Nu, the Prophet of Had, the prophet of Ra-Hoor-Khu[1]; and whom Thou has termed O blessed Beast, that he may comment on this Threefold Book of Law[2], with Hadid burning in this heart...

Sie machte einen Plan. Crowley war die Sonne, aber sie war die Grosse Mutter, Mudd war der Sohn der Sonne, von Crowley gezeugt. Sie würde eine magische Zeremonie mit O.P.V. vollführen. Zuerst war sich Leah nicht sicher, was das für eine Zeremonie sein sollte. Es hatte damit begonnen, dass sie ihm über die Farben des thelemischen Banners erzählte: rot, weiss und braun. ‹Wenn man Rot und Weiss miteinander verbindet und Schwarz und Weiss, würden wir das originäre Rot und Weiss behalten und das Schwarz für immer verschwinden lassen, indem wir es mit diesen zwei verbinden, und eine dritte Farbe würde entstehen.›

Plötzlich begriff sie die Art der Zeremonie, die sie vollführen wollte – eine magische Hochzeit. Sie würde Bruder O.P.V. heiraten, trotz der Herren der Initiation und dem ausdrücklichen Verbot des Tiers.

Sie nahm Mudd in ein Restaurant mit und bestellte Tee, Brot, Schinken und Feigen, die entsprechend die Farben Gold, Weiss, Rot und Schwarz repräsentierten. Der Kellner sagte, dass keine Feigen da wären. Feigen waren unbedingt notwendig. Daher schickte Leah Mudd auf die Strasse, damit er welche finde. Er kam mit schwarzen Trauben zurück und wurde prompt nochmal weggeschickt. Nach einer ‹sehr, sehr langen Zeit› kam er dann mit nur vier Feigen. Inzwischen war der Tee kalt geworden, aber das machte nichts.

Mudd hatte keine Ahnung, was da vorbereitet wurde. ‹Ich begann dann damit, dass ich ihm sagte, dass dies ein Hochzeitsfest sei, dass der Prinz den Schuh des Aschenputtels gefunden hatte und sie nun zu seinem Schloss wegtragen könne. Und dass Parsifal, der seine Lanze gefunden hatte, jetzt in der Lage wäre, sie zu benutzen.› Mudd war vermutlich hocherfreut, schon immer hatte er sich gewünscht, Alostrael zu heiraten, die einzige Frau, die er je geliebt hatte.

Jeder nahm eine Traube, einen Schluck Tee, ein winziges Stück Schinken und ein Stückchen Weissbrot. Was die Feigen betraf, die das Vorhaben verzögert hatten, so wurden sie nicht angerührt. Sie hatten nämlich Leah plötzlich an die Geschichte von Adam und Eva erinnert, und alles Biblische war ihr gleichbedeutend mit Blasphemie.

Mudd war nun Parzival und Leah brachte ihm bei, wie man die Lanze benutzte. Sie sah sich selbst als wiedergeboren an; die Mythen und Mär-

1 Eine andere Form von Ra-Hoor-Khut.
2 *Das Buch des Gesetzes* hat drei Kapitel.

chen gaben ihr die Erleuchtung zu ihrem neuen Leben. Alle kreative Kraft würde eingesetzt werden, um Parzival, ihren Sohn zu lehren, wie man die Lanze einsetzt und damit einen guten Kampf liefert.

Aber zuerst noch einen Brief an Ankh-f-n-Khonsu, den thebanischen Priester aus Crowleys Inkarnation während der 26. Ägyptischen Dynastie. Parzival wurde gebeten, das Restaurant wieder zu verlassen und den Brief sofort abzusenden. Was in der Botschaft stand, ist mir unbekannt.

Parzival brauchte lange, um einen magischen Hauch zu erzeugen, um Ankh-f-n-Khonsu zu kontaktieren. Leah beschrieb es als eine Ewigkeit, bis er wiederkam. Dann folgten mehr Worte über Magie und Mythologie. Dabei benutzte Alostrael ihre ganze Kraft als grosse Mutter, um Parzival zu faszinieren und zu inspirieren. Schliesslich begaben sie sich zu ihrem Zimmer, um die Hochzeit zu vollenden, ‹wo wir Ra-Hoor-Khuit unsere Ehrerbietung erwiesen›.

Mudd war erstaunt über Leahs Enthüllungen über ihn und Parzival, und für kurze Zeit war er glücklich und zufrieden. ‹Babalon gab mir «die Kraft von Babalon», die ich Stunden danach noch genoss. Dies in Form einer ungewöhnlichen geistigen Ruhe und Würde und in einer allgemeinen Hochstimmung, was meine Energien betraf.› Sie waren während der darauffolgenden Wochen täglich zusammen, und suchten nach Wegen und Möglichkeiten, wie ihre neue Religion gelehrt werden könnte, führten dabei aber alle Befehle des Tiers aus. Ihre Akte der Sexualmagie bestimmten ihr neues Leben, wie sie das Leben in der Abtei bestimmt hatten.

‹Opus I. Der Errichtung der neuen Zivilisation zuliebe. Mit einem Mann, der nicht weiss, wer er ist, aber allgemein Norman Mudd genannt wird.›

Während Leah und Mudd hungerten und auf den Strassen von Paris herumlungerten, verkündeten Crowley und Dorothy Olsen das Gesetz und huldigten Horus im Sonnenschein von Nordafrika, ein idealer Platz für einen Winterurlaub. Die Stimulanz durch eine neue Frau pflegte regelmässig einen wunderbaren Einfluss auf Crowleys Gesundheit zu haben. Er war entzückt von Dorothy. Im *Book of Oaths* schrieb er über sie:

I have got the girl I wanted,
(In my heart and dagger thrusts);
Her wicked little bat's eyes slanted,
Gleaming with unfathomable lusts,
Glittering slits through which the soul
Burns in hell like a live coal.

Sie waren von Marseille nach Tunis gereist, und während der Schiffsreise war Das Tier so guter Dinge, dass er ein Manifest *To Man* ausgearbeitet hat, ‹entstanden in der Mitte des Mittelmeeres›. Das Manifest war gegen die Theosophen gerichtet, die gerade dabei waren, das Erscheinen des Weltlehrers anzukündigen, ‹des kommenden Buddhas›, genannt *Maitreya* oder *Der Liebende,* in Gestalt von Jiddu Krishnamurti, der seit seiner Adoption als Baby von Annie Besant und Charles Webster Leadbeater auf diese Rolle vorbereitet worden war.

In Tunis fand Crowley einen Juwelier, der den Grossen Ring des Tiers (im letzten Moment vor der Abreise aus Paris aus dem Pfandhaus geholt) in ein Diadem umarbeitete. Es war für die Stirn seiner neuen Frau in Scharlach bestimmt. Von Tunis, das landeinwärts liegt, reisten sie nach Karthago an der Küste, dann nach Sidi bou Said, wo *To Man* gedruckt und herausgegeben wurde.

Tu was du willst, soll sein das ganze Gesetz.

Meine Amtszeit auf Erden fällt in das Jahr der Gründung der Theosophischen Gesellschaft[1]. Ich nahm auf mich die Sünden der ganzen

[1] Crowleys Geburtsjahr 1875.

Welt, damit die Prophezeiungen erfüllt würden, so dass die Menschheit den Schritt von der magischen Formel des Osiris zu der des Horus[1] tun kann.

Und da meine Stunde gekommen ist, verkünde ich mein Gesetz.
Und das Wort des Gesetzes ist *thelema*. [&c].
Wer so versteht, mag es durch
D. Olsen erfragen
Sidi bou Said (Tunesien)

Unterschrieben war das Manifest nicht von Crowley; er pflegte in solchen Fällen lieber im Hintergrund zu bleiben.

Die Tatsache, dass er im Jahr der Gründung der Theosophischen Gesellschaft (1875) geboren wurde, beeindruckte ihn sehr. Er, und er allein war folglich der Weltenlehrer. Daher sein schwächlicher Versuch, Krishnamurti vom Thron *Maitreya* zu stürzen und sich selbst darauf zu setzen.

Die Magie des Tiers begann, nun auch bei Dorothy ihre Wirkung zu zeigen. In ihrem Hotelzimmer, während sie sich auszogen, fühlte sie plötzlich ‹eine Erscheinung – ruhig, stark und sanft› – aber sie konnte sie nicht bestimmen. War es Aiwass, der gekommen war, um Crowleys Vereinigung mit einer anderen Frau in Scharlach zu segnen, oder irgendein anderer Geheimer Oberer? Dorothy setzte ihren magischen Kopfschmuck auf, und Crowley liess nervös seine magische Glocke ertönen, aber ‹die Erscheinung› zeigte sich nicht weiter.

Am nächsten Tag fuhren sie mit dem Zug nach Sfax, den Ort, den das *I Ging* für ihre nächste Reise erwählt hatte. Von Sfax aus begaben sie sich landeinwärts nach Tozeur und Nefta; dann schwangen sie sich auf Kamele und steuerten die Wüste an. Sie überquerten das grosse östliche Ödland. Fünfzig Jahre zuvor waren hier zwei französische Forscher von blutrünstigen Stämmen ermordet worden; aber Crowley und Dorothy blieben unbehelligt, sieht man von einem ‹magischen Angriff von Fliegen› ab.

Sie trafen einen Araber, Abd el Aziz ben Mohammed, der sie zum Essen in sein Haus, sechs Kilometer südlich von El Oued, einlud. Er war Einsiedler und Häuptling, seine Hauswände waren mit wertvollen Teppichen behangen. In Crowley hatte er einen Geheimen Meister erkannt. Dementsprechend wurden Das Tier und seine Frau in Scharlach üppig bewirtet: 18 Gänge – Vorspeisen bis hin zu einem gerösteten Schaf, das auf einem riesigen Kupfer-Tablett herangeschafft wurde. Anschliessend geleitete Abd el Aziz ben Mohammed seine Gäste nach El Oued.

[1] Die Formel vom ‹sterbenden Gott›, wie sie von Osiris, Christus, Adonis, Vitobha dargestellt wird, gegenüber der vom Gekrönten und Erobernden Kind, Horus, Sohn des Osiris, ‹der ewig Kommende›.

Das Tier dankte ihm im Namen des Ordens, den er die Ehre hatte zu führen; alles in allem ein sehr angenehmer Auftakt zu ihrer achttägigen Reise durch die Wüste.

Sie machten sich in Richtung Touggourt auf den Weg und nahmen den Zug nach Biskra im Norden – ‹es war so verkommen wie ich mir gedacht hatte›. Nur der Himmel von Biskra war grossartiger als irgendwo sonst in der Welt. In einem Brief an Bruder Virtute et Labore, Adam Gray Murray, der sich mit Mudd gestritten und ihm tatsächlich in den Hintern getreten hatte, schrieb Crowley, ‹Leah telegraphiert, Du seiest krank infolge deines aufgeblasenen Egos. Ich hoffe nicht; es wäre das einzige, das Dich schaffen könnte. Ah! Wenn Du die Sterne sehen könntest, wie wir hier und wenn Du die ganze Unermesslichkeit begreifen könntest, dann wärst Du aus dem Schneider. Deine Arbeit ist so wichtig, wie die eines kleinen Rädchens in einer Maschine: ein Fehler und die ganze Apparatur ist hin.›

Die Magische Pilgerfahrt näherte sich ihrem Ende; sie hatte beinahe drei Monate gedauert. Geldmangel und die Tatsache, dass Dorothy krank wurde, machte nun alles ziemlich öde. Die belebende Wirkung einer neuen Frau in Scharlach und die Ortsveränderung hatten Crowleys Abhängigkeit von Rauschgift bis zu einem gewissen Grad gemildert. Aber bevor die Pilgerfahrt ganz vorüber war, war er wieder so hemmungslos wie eh und je, was den Konsum von Kokain und Haschisch betraf.

Es war während Crowleys und Dorothys gemeinsamem Aufenthalt in Nordafrika, dass sich eine Serie von Ereignissen, die nur als Erfüllung der Schriften bezeichnet werden können, abzuzeichnen begann. Sie führte letztlich zum Erscheinen des Reichen Mannes aus dem Westen, Karl Johannes Germer (Bruder Saturnus), den *Das Buch des Gesetzes* angekündigt hatte:

‹Es wird kommen ein reicher Mann aus dem Westen und ausschütten sein Gold über Dich.›

Das erste bedeutsame Ereignis dieser Serie war, dass Heinrich Tränker (aus Weida in Thüringen), der in okkulten Kreisen als Bruder Recnartus bekannt war, eine Vision hatte, in der er Aleister Crowley als den Führer einer Gruppe von Meistern erkannte.

Tränker war der Leiter von Pansophia, einer okkulten Organisation, mit einer kleineren Druckerei desselben Namens. Im Jahre 1924 wurde er der führende Kopf des O.T.O. in Deutschland; oder vielmehr, weil die Angelegenheiten des Ordens während der letzten Monate der irdischen Existenz von Reuss ziemlich unübersichtlich waren, fühlte sich Tränker sanft zu der deutschen Leitung des Ordens hingedrängt. Der Name und der Ruf von Bruder Baphomet waren daher nichts Neues für ihn.

Nun war Reuss (Bruder Merlin) nicht nur der grosse Meister des O.T.O. in Deutschland gewesen, sondern auch der internationale Führer des Ordens gewesen, und die Erleuchtung von Bruder Recnartus, in der er Aleister Crowley als den Führer einer Gruppe von Meistern erkannte, konnte nur eines bedeuten – es sagte den Aufstieg des Baphomet zu der höchsten Position im Heiligtum des Ordens voraus. Um aus den entsprechenden Dokumenten zu zitieren: ‹Von dann an erkannte Tränker, der eine ausserordentliche Begabung für Erleuchtungen hatte, Aleister Crowley uneingeschränkt an.› Er setzte sich mit dem Tier in Verbindung, das inzwischen nach Paris zurückgekehrt war, und lud ihn zu einer Konferenz im Sommer 1925 in Deutschland ein; Bruder Saturnus überliess er es, die Reisekosten zu bezahlen.

In England war Crowley als Kannibale verurteilt worden, aber in Deutschland, der Heimat der Mystik, wo der O.T.O. gegründet worden war, fand Das Grosse Tier 666, mit seinen heidnischen Göttern und dem Gesetz, nach dem man tut, was man will, grössten Anklang. Das Gesetz Thelema schien besonders von Deutschen hochgeschätzt worden zu sein.

Im Frühling 1925 begab sich Crowley wiederum mit Dorothy nach Nordafrika. Eines Nachts in Tunis verfiel er in eine Trance. Sie war so intensiv, dass er beinahe ohnmächtig wurde. Bruder Bar-On (William George Barron), der zugegen war, wurde Zeuge der zahlreichen magischen Manifestationen, die sich dabei zutrugen. Als Das Tier aus seiner Trance erwachte, schrieb er die unglaubliche Vision, die er gehabt hatte, nieder. Sie wurde 1938[1] unter dem Titel *The Heart of the Master* von Khaled Khan (Crowley) veröffentlicht. Es ist ein kurzes, apokalyptisches Werk.

> Ich wache auf vor Schrecken. Jeder Nerv ist taub, jeder Muskel gefroren, jedes Glied schmerzt, mein Blut ist durchgeschüttelt vor Gift. Aber nun kann man das Schlachtfeld schwach erkennen. Was? Kann die Stimme die Wahrheit endlich gesprochen haben? Ist denn der Stern eine Sonne, deren Licht endlich den faulen Dunst des Massakers vertreibt, deren Hitze den erstarrten Fäulnisgeruch himmelwärts treibt, zu den düsteren Wänden trüber, grauer Wolken?
>
> Horch! Ja, die paar, die noch am Leben sind, haben gesehen, was sie bewegt, ihre verkrüppelten Arme zu heben und mit blutunterlaufenen Augen zu starren, mit gebrochenen Kiefern und herausgerissenen Zungen zu plappern.
>
> ‹Um Himmels willen›, kreischt der kastrierte Lumpen Fleisch, ‹schau nicht diesen verdammten Stern an!›
>
> ‹Wir sind verloren›, klagt ein anderer.
>
> ‹Das Tier!› brüllt ein dritter Verrückter.

Ein Brief von Dorothy, den sie auf Crowleys Rat hin an einen Freund in Amerika schrieb, gibt Auskunft über ihr Streben, ihr Temperament und die allgemeine finanzielle Situation.

[1] Eine deutsche Übersetzung erschien 1925.

Ich hoffe, bald verheiratet zu sein, und ich wende mich naturgemäss an meinen zukünftigen Mann um Unterstützung. Unglücklicherweise kann er nichts tun, bis er einige wichtige Geschäfte erfolgreich abgeschlossen hat. Wir sind bedauerlicherweise in dieser Sache wegen Geldmangel in einer ungünstigen Lage. Wir benötigen 1000 Dollar, um über die Runden zu kommen, und wenn Du uns diese Summe leihen könntest, würdest Du uns einen grossen Gefallen tun. Bis zum Ende des Sommers würden wir Dir das Geld zurückzahlen. Ich höre, dass er [Crowley] an einen Deiner Freunde geschrieben und ihn gebeten hat, zu ihm zu kommen, in der Hoffnung, sein Interesse für ihn zu wecken. Es gibt da grosse Projekte, von denen ich Dir versichern kann, dass sie in Ordnung und über alle Zweifel erhaben sind.

Ich kenne diesen Gentleman seit über neun Monaten sehr genau, und ich kann Dir versichern, dass Du den grösstmöglichsten Fehler begehst, wenn Du ihm mit Misstrauen und Argwohn begegnest.

Ich erhielt heute einen Brief von einem Freund, der verdeutlicht, dass gewisse Leute, von denen ich weiss, dass sie ohne Skrupel sind, die Köpfe meiner New Yorker Freunde verdreht haben. Sie sind gegen ihn und mich. Du kennst mich seit Jahren und weisst, dass ich immer mit absoluter Korrektheit und Grosszügigkeit gehandelt habe, und dass ich mich nicht auf irgendetwas Zweifelhaftes einlassen würde.

Die unglückliche Situation in der wir uns augenblicklich befinden, ist nicht unsere Schuld. Einziger Grund sind diese Lästermäuler . . .

Diese Auffassung wurde gleichermassen von Crowley und Dorothy geteilt. Denn tatsächlich hatte Das Tier den Brief geschrieben. Schwester Astrid hatte ihn nur überflogen. Sie waren pleite, und es gibt in Crowleys Magischem Tagebuch zahlreiche Eintragungen, die als Ziel ihrer Sexualmagie anführen ‹um Geld für Astrid zu bekommen›.

Inzwischen war Leah, die unvergleichlich mehr an *thelema* glaubte als Dorothy, gezwungen, sich in den Strassen von Paris zu verkaufen, um am Leben zu bleiben. Gleichzeitig rief sie Ra-Hoor-Khut an, denn für sie war Sex, sogar in ihrer neuen Rolle als Prostituierte, immer mit Magie verbunden. Wie Mudd wusste sie nicht mehr, wer sie war, und begann ein neues Tagebuch – mit der Überschrift: «Ein Tagebuch von? – bekannt auf Erden als ‹Leah Hirsig›». Aber in einem Moment der Hoffnung und des inneren Aufruhrs, schrieb sie auf eine Postkarte diesen einen Satz aus dem *Buch des Gesetzes:* «Und seiner Frau, die Frau in Scharlach heisst, wird alle Macht gegeben sein», und schickte sie an das Tier. Ja, ihr war alle Macht gegeben, und den Allmächtigen kann man nichts entreissen. Sie sass noch immer rittlings auf dem Tier. Babalon war auferstanden!

Aber als auch diese Stimmung verflogen war, begriff sie, dass sie sich von Crowley endgültig trennen und ihre eigene Linie finden musste. Dazu war sie nicht sofort in der Lage, da sie noch zu sehr mit seinem teuflischen Geist verbunden war. Nur langsam und unter Schmerzen würde sie sich von ihm losreissen können. Sie begann damit, dass sie Crowley sagte, sie könne ihm am besten helfen, indem sie ihn davon befreite, weiterhin für ihre materielle Sicherheit sorgen zu müssen. Es gibt keine Anzeichen dafür, dass Crowley sich darum scherte, ob sie verhungerte oder nicht. Zum ersten Mal in sechs Jahren trennte sie ihre Habseligkeiten von den seinen. Und sie schrieb ihm, um zu fragen, was sie mit seinen Büchern und Schriften, die sie noch hatte, tun solle.

Im Januar fand sie einen Job in einem ‹schmutzigen, kleinen Restaurant in Montparnasse›. Dreizehn Stunden am Tag wusch sie ab, schälte Kartoffeln und schleppte Kohlen. Die ganze Zeit fürchtete sie, dass der Besitzer herausfinden würde, wer sie war – die Frau in Scharlach des Tiers 666 – und ihr kündigen würde.

Eines Morgens im Frühling 1925 kaufte Alostrael eine Fahrkarte dritter Klasse nach Marseille und fuhr nach Tunis. Das Tier hatte sie gerufen: Schwester Astrid erwartete ein Baby und ihre Hilfe wurde gebraucht. Die arme Ninette, die in ihrer Abtei festsass und in Elend und Armut dahinvegetierte, war in derselben Lage. Ein sizilianischer Bauernjunge, der in die thelemitischen Mysterien eingeweiht worden war, war der Vater des ‹Jungen Herrn Bastard III›, wie Ninette ihr viertes Kind nannte. Sie beschrieb die Situation in thelemitischen Termini: ‹Ich habe es mir persönlich sehr übel genommen, dass ich es zugelassen habe, gegen meinen Wunsch schwanger zu werden, und ich nehme es mir noch übel; aber ich will ihn akzeptieren, denn es ist sein freier Wille, mich zur Mutter zu wählen, ich will und ihn so gut behandeln wie ich nur kann›.

Dorothy fühlte sich schlecht. Ihre Laune war auf dem Nullpunkt. Leah machte sie noch unleidlicher. Am Freitag, 24. April, um 11.11 Uhr abends, schrieb ein recht verstörter Magus im Bett seines Hotels in Tunis in sein Tagebuch:

> Ein einziger Drink (ein Tag mit einer Menge Ärger war vorausgegangen) genügte, um Dorothy Olsen sich wie eine Verrückte aufführen zu lassen. Ich war beinahe eingeschlafen, da begann sie plötzlich, mein Gesicht zu kratzen, ohne jede Vorwarnung. Mich und meine Jünger bedachte sie zusammenhanglos mit den schlimmsten Ausdrücken. Es hatte zwar eine Menge reizbare Situationen und Anzüglichkeiten am Nachmittag und am Abend gegeben; aber niemand hatte eine Notiz davon genommen, als sie mit ein oder zwei ihrer Ausbrüche anfing; daher waren diese im Keim erstickt.

Leah kam Ende März 1925 in Tunis an. Anfang Mai reisten Crowley und Dorothy wieder nach Frankreich. Dorothy hatte eine Fehlgeburt, so dass sie Alostrael gar nicht benötigten. Leah schien es nichts auszumachen, in Tunis zu bleiben. Sie hatte sich inzwischen bis zu einem gewissen Grad von dem Tier gelöst. Etwas von der neuen Leah, das langsam unter der Oberfläche gewachsen war, brach endlich durch. ‹Dies ist das erste Mal›, schrieb sie, ‹dass ich alleine gelassen wurde, mit oder ohne Arbeit, mit oder ohne Geld, und ich bin dennoch nicht am Ende meines Lateins.› Ausserdem hatte sie Freunde. Da gebe es Gérard Aumont, der *The Diary of a Drug Fiend* ins Französische übersetzte sowie William George Barron, ein neuer Kandidat für das Grosse Werk, den sie schon in Paris getroffen hatte. Sie nahmen sie mit ins Kino, gaben ihr Kleingeld. Barron war ihr Partner bei Riten der Sexualmagie. Ihre Selbstmordgedanken traten in den Hintergrund. Es gab gelegentliche Rückfälle, die von Weinkrämpfen begleitet waren, aber im grossen und ganzen begann Leah endlich, ihren eigenen Weg zu gehen. Sie träumte, sie läge mit dem Tier im Bett, aber dann erhob sie sich und ‹ging in meine eigene kleine Hütte›. Ihre Einstellung Crowley gegenüber wurde kritischer. ‹Lieber A. C.›, schrieb sie und nicht mehr wie früher ‹mein geliebtes Tier› oder ‹mein grosser Löwe›.

> Lieber A. C., ich weiss nicht, ob es krankhaft oder zum Sterben ist – ich habe jedoch allen Grund zu glauben, dass es die Formel des glücklichen Mannes ist, die Dich dazu veranlasst, sich wie ein Schuft zu benehmen. Du hast die verschiedenen Manuskripte nicht beachtet, die ich geschickt habe. Ausser dem einen Brief vom 15. Mai habe ich nichts von Dir gehört. Vor allem das Geld, das Du mir in dem Brief versprochen hast, ist nicht angekommen . . .
>
> Ich glaube keineswegs, dass die Götter für diese fortwährende alberne finanzielle Misere verantwortlich sind. Es ist alles ganz nett, ‹materiellen Wohlstand› zu verachten und Geld auszugeben wie ein Irrer. Aber dadurch entstehen nur Schulden – und dumme Schulden. So, heb Dich hinweg. Leah.

Sie erkannte endlich, dass ihre Liebe zu Crowley eine Krankheit war, von der sie geheilt werden musste. ‹A.C.-itis› nannte sie es. Für sie war ‹Crowley› nur noch ein magischer Wort-Begriff des Logos der neuen Religion, *thelema*.

‹Ich betrachte ihn nur noch als Wort›, schrieb sie etwas ironisch in ihr Tagebuch, ‹aber es ist verdammt schwer, sich ihn nur als Idee vorzustellen, wenn man es gleichzeitig mit einer solch verkommenen Kreatur zu tun hat.›

Sie überliess den Mann Aleister Crowley ihrer Nachfolgerin Dorothy, die versuchte, seine Angelegenheiten zu ordnen. Sie hatte an ihre frühere Rivalin geschrieben. ‹Das Tier muss sich von seinen alten Weiberröcken trennen›. Allerdings war sie in ihren Bemühungen wohl nicht allzu erfolg-

Crowley um 1925 in Tunis

reich, denn in einem anderen Brief erwähnt sie, dass Das Tier ihr ein blaues Auge verpasst habe.

Mudd war ebenfalls gezwungen, einzusehen, dass der wirkliche Aleister Crowley sich erheblich von seiner idealisierten Gestalt unterschied. ‹A. C. ist ein Feigling und Zauderer› schrieb er. ‹Er lässt die Dreckarbeit andere machen.› Aber es ist nur menschlich, dass Mudd dennoch in seinen Bemühungen, Crowley zu verteidigen, fortfuhr.

Die Thelemiten, Crowley, Mudd, Leah und Dorothy waren nun wieder alle in Paris versammelt. Von dort begaben sie sich nach Thüringen, um Bruder Recnartus (Tränker) und Bruder Saturnus (Karl Germer) zu treffen, die Crowleys Hauptschulden in Paris und die Reisekosten übernommen hatten. Das Tier sandte eine Vorauskopie des *Buch des Gesetzes,* und als es ankam, übersetzte es ein gewisser Max Schneider sofort ins Deutsche. Heinrich Tränker war entsetzt, als er die pulsierenden Verse des *Liber Legis* las.

Curse them! Curse them! Curse them!
With my Hawk's head I peck at the eyes of Jesus as he hangs upon the cross.
I flap my wings in the face of Mohammed & blind him.

With my claws I tear out the flesh of the Indian and the Buddhist, Mongol Din.

Bahlasti! Ompehda! I spit on your crapulous creeds.

Dies war sicherlich nicht, was Tränker erwartet hatte, und er kritisierte *Das Buch des Gesetzes* als ein Werk von ‹unheilvoller, dämonischer Besessenheit›. Obwohl Das Tier diese Meinung nicht ganz teilte, hob er doch hervor, dass es Passagen in *Liber Legis* gäbe, die er selbst nicht verstünde. Zum Glück für die Thelemiten hatte Tränker innerhalb weniger Tage eine weitere Erleuchtung. Dabei wurden ihm die obskuren und abschreckenden Passagen des Buchs plötzlich verständlich und verloren ihren Schrecken. Nun bezeichnete er das Buch als eine ‹glorreiche Manifestation› und sagte, er könne seine Bedeutung in einem Wort zusammenfassen – Zivilisation.

Ein anderes Mitglied der deutschen Vertretung des O.T.O., ein gewisser Albin Grau, war ebenfalls verschreckt über die antichristliche Unmoral des *Buch des Gesetzes*. Im Hinblick auf den schwarzen Magier Adolf Hitler, dem Deutschland in Bälde verfallen würde, sind Herrn Graus Gefühle bezüglich der Crowleyischen Bibel nicht uninteressant.

Unglücklicherweise wurde mir der Inhalt des *Liber Legis* zu spät bekannt gemacht, ein Buch, gebrandmarkt mit dem dreifachen KEOU. Ich bekam auf diese Weise – zu meinem Schrecken – einen wirklichen Einblick in die geplante Rekonstruktion des A.˙.A.˙., eine primitive Weltordnung, die an die schwärzesten Tage von Atlantis erinnert. Wenn mir diese Ideen zur rechten Zeit bekannt geworden wären, könnte Sir Crowley versichert sein, dass ich mich nicht so bereitwillig vor den Karren des A.˙.A.˙. hätte spannen lassen, und ich hätte nicht den ‹Stiefel› zu spüren bekommen, für im guten Glauben geleistete Dienste, auch wenn sie in den Augen von Sir Crowley ärmlich und mangelhaft erscheinen mögen. Die Deutschen haben solchen ‹Stiefel› zu oft zu spüren bekommen, ohne dadurch klüger zu werden . . .

Die Geschichte von Leah Hirsig beginnt indes ihrem Ende zuzugehen. Es gibt keine magischen Tagebücher mehr, und Crowley erwähnt sie nicht mehr in den seinen. Sie war 35 Jahre alt, als sie das Tier kennenlernte. Von ihrer damaligen geistigen Haltung zeugt dieses Beispiel: «Du siehst immer so aus, als würdest Du gleich losheulen», sagte Crowley einmal zu ihr. Darauf antwortete Leah, «mir war danach, oh, mein ganzes Leben».

Sie gebar einen weiteren Jungen, der ihr Freude bereitete und nannte das Baby AL, das Schlüsselwort aus dem *Buch des Gesetzes,* eine hebräische Bezeichnung für Gott. Diesmal war William George Barron der Vater. Es gibt indes kein Happy-End zu dieser Episode. Barron heiratete sie nicht, sondern setzte sich stattdessen nach Osten ab. – Leah blieb es gleichgültig, sie schien ihn nicht besonders gemocht zu haben.

Aber noch immer hatte sie den ewig-treuen Norman Mudd, in dessen Tagebuch mit Bedauern geschrieben steht, dass sie ihrer Mutter das Herz brach. Sie lebten für einige Zeit unter den Brüdern und Schwestern der deutschen Vertretung des O.T.O. Eine alte Dame, Martha Küntzel (Schwester I.W.E.), die Crowley bei der Sommerkonferenz 1925 getroffen hatte, und die in ihren letzten Jahren nur noch durch das Gesetz Thelema am Leben blieb, nahm sie in ihrer engen Wohnung in Leipzig auf. (Martha Küntzel, eine Freundin von Madame Blavatsky, war ihr Leben lang eine Freimaurerin und Okkultistin gewesen, die begierig von einem Kult zum anderen getorkelt war, bis sie *Das Buch des Gesetzes* auf den richtigen Weg führte).

In den nächsten ein oder zwei Jahren fand Leah zwar Gelegenheit, an Crowley zu schreiben – seltene und trocken geschriebene Briefe, die sich auf *Das Buch des Gesetzes* und das Schicksal der Menschheit beziehen. Schliesslich – ihren Absichten misstrauend – veröffentlichte Crowley von seinem Pariser Hotel aus ein Rundschreiben. Darin verurteilte er sie als Zentrum der Pestilenz und forderte alle Ordensmitglieder auf, jede ihrer Mitteilungen ungelesen zu vernichten.

Was hatte sie nun wieder getan? Sie hatte *Das Buch des Gesetzes* studiert, in dessen Kommentar der Satz steht, dass ‹das Studium dieses Buches verboten ist und die, die den Inhalt dieses Buches diskutieren, von allen gemieden werden sollen . . .›

Dies denn war die formelle Anschuldigung: Leah Hirsig, zeitweilig Frau in Scharlach des Tiers 666, hatte *Das Buch des Gesetzes* diskutiert und gelesen! Die Anschuldigung war unwiderlegbar; sie hatten es alle zusammen über Jahre hinweg diskutiert und gelesen. Das Tier eröffnete ihr jedoch eine Möglichkeit, Busse zu tun; sie müsste ihm einen ‹Beweis bringen, der Norman Mudd des Verrats überführen würde›. Nach Auffassung von Crowley hatte O.P.V. einige seiner Bücher gestohlen. (Gab es jemand, den er nicht des Diebstahls bezichtigte?)

Der hungernde Mudd, verhasst und von Crowley aus keinem ersichtlichen Grund verachtet, hatte tatsächlich einige Kopien von *The Scented Garden of Abdullah the Satirist of Shiraz* und einige Stücke von *The Equinox* verkauft, um seinen Meister mit Geld zu versorgen. Einen Teil des Erlöses hatte er für sich selbst einbehalten, um das Grosse Werk fortzuführen.

Aber Leah gab ihren einzigen Begleiter und Freund nicht der Wut des Tiers preis. Stattdessen sandte sie Crowley ein gedrucktes und signiertes Rundschreiben, in dem sie ihre Rolle als Frau in Scharlach widerrief.

Mudds Glaube erfuhr eine unerwartete Wende: Das mit dem neuen Äon stimmte, aber es war nicht das Zeitalter des gekrönten und erobernden Kindes, denn Crowley war ein falscher Prophet. Solange er das Tier verehrte, hatte er geirrt. Er hätte diese Bemühungen auf sich selbst beziehen sollen. Und er begann zu verkünden, dass er, Omnia Pro Veritate, der Weltenlehrer sei, den die Menschheit erwarte. Dies ärgerte seine Gastgeberin Martha Küntzel derart, dass sie ihn als Verräter auf die Strasse setzte.

Die seltsamste aller thelemitischen Schriften sind Leah Hirsigs letzte Worte an Aleister Crowley. Datiert vom 6. September 1930, erreichten sie ihn aus Spanien. Sie sind in der sauberen Handschrift Norman Mudds geschrieben. Adressiert sind die Worte an E. A. Crowley, Esq. und beginnen mit ‹Sehr geehrter Herr›. Das Schreiben endet mit ‹Hochachtungsvoll› und ist signiert mit ‹Leah Hirsig›. Kein thelemitischer Gruss wie ‹Tu was Du willst sei das ganze Gesetz› mehr, kein ‹Liebe ist das Gesetz, Liebe unter Willen› mehr. Es gibt kein Gesetz und keine Liebe in diesem Brief. Er ist Leahs endgültige Abkehr von allem Crowleyschen Glauben und von seinem Schatten – ein Dokument, entsetzlich in seinen Implikationen dämonischer Besessenheit.

> Zu verschiedenen Zeiten meiner vergangenen Beziehungen zu Dir, als ich zum Teil unter Deiner Inspiration handelte, schwor ich verschiedene Eide oder ähnliches.
>
> Ich teile Dir nun mit, dass alle Versprechungen, die ich je Dir gegenüber gemacht habe – ob sie *Eide, Gelübde, Verpflichtungen, Versprechungen* oder sonstwie genannt werden, aus meiner Sicht nicht mehr existieren. Ob sie durch meine Unterschrift gefestigt wurden, mein gesprochenes Wort oder in sonstiger Weise, ist gleich; alle Bindungen, alle Verfügungen und Instrumente, die in ihrer Art Dir einen formalen Anspruch mir gegenüber geben, sind aus meiner Sicht ausgelöscht.
>
> Ich definiere das Symbol $\ddot{X}$ als Bezeichnung für eine gewisse Zeremonie, in der Du in einer mir genehmen Form erklären musst, dass ich Dir gegenüber keinerlei persönliche Verpflichtungen habe. Als Symbol $\bar{X}$ definiere ich den Zeitraum, der mit dem heutigen Datum – 6. September 1930 – beginnt und aufhört, wenn ich Dir formell bestätige, dass die Zeremonie $\ddot{X}$ den Regeln entsprechend durchgeführt wurde.
>
> Während der Dauer von $\bar{X}$ werde ich ganz nach meinem Belieben (1) alle Intimität Deiner vertraulichen Kommunikationsversuche ignorieren sowie (2) jede der von Dir verfassten Zeilen, die nicht mit Deinem Namen – Crowley – unterzeichnet ist, und zwar in einer Handschrift, die ich als die Deine erkenne, missachten.
>
> Das Symbol $\dot{X}$ definiere ich als 12 Uhr MEZ des 6. Oktober 1930. Ich definiere *Lyg* als gewöhnliches Hauptwort. Es ist ein Vorschlag, den ich der Erkenntnis eines anderen anheim stelle – einer imaginären und anderen Intelligenz als der meinen – gerade so, als glaubte ich

> an den Vorschlag, während ich tatsächlich nicht daran glaube. Lygs braucht in Worten nicht ausgedrückt zu werden. Lygs kann ich aussprechen oder in jedes Medium übertragen: in Gesten und Aktionen, in Bilder, Gerüche, Kleider, Musik – Positive Dinge, Zeichen, Stichworte, und zahlreiche andere Arten, aber auch negativ: in bedeutsamem Schweigen und anderen Möglichkeiten der Abstinenz ... [&c, &c]

Crowleys einziger Kommentar zu diesem Dokument von Leahs Magie gegen seine *Magick* findet sich mit Bleistift auf den Rand geschrieben: ‹Verfasst von Norman Mudd – einem Irren und Dieb›.

So leugnete Leah Hirsig, die Frau in Scharlach des Tiers 666, Aleister Crowley und entschwand aus seinem Leben. Von allen Frauen, die Crowley jemals liebte oder vorgab zu lieben, war sie seinem Herzen am nächsten gekommen. Und sie war es gewesen, die den grössten Anspruch auf seine Treue gehabt hatte. Aber all dies verdrängte er, und fuhr fort, seine unsterblichen Götter zu verehren. Weder er noch einer seiner Jünger hörten jemals wieder von ihr. Gerüchteweise soll sie später den römisch-katholischen Glauben angenommen und in dieser grossen Kirche endlich ihren Frieden gefunden haben.

Irgendwann in den dreissiger Jahren jedenfalls kehrte sie in ihre amerikanische Heimat zurück. 1949, als ich die erste Fassung der Biographie des Tiers schrieb, wandte sich eine ihrer Schwestern mit der Bitte an mich, ihren richtigen Namen nicht zu erwähnen, da sie ihren alten Beruf als Lehrerin wieder aufgenommen habe. In der ersten Ausgabe von *The Great Beast* nannte ich sie daher Leah Faesi. Sie starb 1951.

Norman Mudds Ende verlief so tragisch, wie seine Eltern es befürchtet hatten. Das Tier hatte prophezeit oder behauptet, prophezeit zu haben, dass O.P.V. durch Ertrinken sterben würde. Tatsächlich kam ihm eines Tages das Gerücht zu Ohren, dass sich diese Prophezeiung in den dreissiger Jahren vor der Insel Guernsey erfüllt habe. Ich schrieb deshalb an die Stadtverwaltung, die meinen Brief an die Polizeibehörde weiterleitete. Der Hauptwachtmeister antwortete mir liebenswürdigerweise:

> Ich möchte Sie hiermit davon in Kenntnis setzen, dass ein Mann namens Norman Mudd, Alter ca. 50 Jahre, wohnhaft 220 Arlington Road, N.W.1, London, am 6. Mai 1934 im Manor Hotel, Forest, Guernsey abstieg. Am 16. Juni meldete der Besitzer, dass Mudd seit sieben Uhr des vorigen Tages vermisst werde. Die Polizei leitete eine Suchaktion ein. Um 12 Uhr mittags am 16. wurde an der Bucht von Portelet eine Leiche gefunden. Später wurde der Leichnam identifiziert. Es war Norman Mudd. An den Hosenbeinen trug die Leiche Fahrradspangen, die Hose und die Hosentaschen waren mit Steinen gefüllt.

Weitere Nachforschungen der Polizei von London ergaben, dass Arlington Road 220 ein städtisches Obdachlosenasyl ist. Die Polizei konnte weder Verwandte noch Freunde des Toten ausfindig machen. Bei der o. a. Adresse war Mudd bekannt.

Eine richterliche Untersuchung vom 31. Mai 1934 stellte fest, dass es sich bei dem Todesfall um Selbstmord handelte. Der Verstorbene wurde im Geviert N. 8, Grab Nr. 1 im neuen Friedhof von Forest, Guernsey, am 20. Juni 1934 beigesetzt. Die Totenmesse las der Gemeindegeistliche.

So starb Norman Mudd, Professor für angewandte Mathematik am Grey University College in Bloemfontein, Autor der Schriften *The Gravitational Potential and Energy of Harmonic Deformations of any Order* und Verfasser des *Open Letter to Lord Beaverbrook,* Neophyt mit dem Motto Omnia Pro Veritate der Grossen Weissen Bruderschaft des Lichts, genannt A.˙.A.˙., Führer, Freund und Philosoph[1] des Tieres 666.

[1] Crowleys Beschreibung von Mudd in *The Confessions.*

EIN SCHLANGENNEST

Irgendwann 1926/27, während Crowley seinen Schulden in Paris und Tunis zu entfliehen suchte (und das *I Ging* ihm riet, geduldig, hartnäckig, bescheiden, beschämt, freundlich, bittend, furchtsam und dankbar zu sein, um gegenwärtige Schwierigkeiten zu überwinden), hörte er, dass sein magischer Sohn Achad verrückt geworden war. Die Anstrengungen, die mit dem Grad eines Tempelmeisters verbunden waren, hatten ihn überfordert, und seine Geburt als der ‹Säugling des Abgrunds› zu früh gekommen.

Diesen Titel erhält man nach Crowley (nicht jedoch nach Mathers, Yeats et al.) dadurch, dass der Adept jeden Tropfen seines Blutes, d. h. sein Leben als Individuum, in den Schoss der Frau in Scharlach schüttet, die ‹universelles, unpersönliches Leben› repräsentiert. Mit anderen Worten, er muss sich als Individuum auslöschen und gottgleich werden – eine sehr gefährliche Situation für einen Menschen. Falls es jemand vergessen hat: der goldene Kelch, der von der Hure Babylon gehalten wird, ist angefüllt mit ‹Abscheulichkeiten und Dreck ihrer Hurerei› (Offenbarung). Crowley, glaube ich, würde nicht widersprochen haben, dass dies mit dem Zustand der Verrücktheit verwandt ist.

Es überrascht nicht, dass Achad, ein schwacher Abklatsch von Crowley, irre wurde. Er kam nach England und schloss sich der römisch-katholischen Kirche an, mit der heimlichen Absicht, Mitglieder dieser Kirche zur Doktrin *Thelema* zu konvertieren. Er blieb nicht lange in England. Als er nach Vancouver zurückgekehrt war, ging er in die Stadt, nur mit einem Regenmantel angetan, den er bei einer passenden Gelegenheit abwarf, seine Nacktheit zeigte und laut herausbrüllte, dass er alle seine Deckmäntel der Illusion weggeworfen habe.

Crowley schrieb Achads Versagen einem aufgeblähten Ego zu, das er, Crowley, durch Beispielhaftigkeit und Ermunterung aufzubauen versucht hatte. Achad, sagte er, war zu schnell vom Rang des Neophyten zu dem des Tempelmeisters aufgestiegen, er hatte die dazwischenliegenden Titel nicht in angemessener Form verarbeitet. Ausserdem hatte er keine These über das Universum verfasst, was die Aufgabe eines Adeptus Exemptus ist. Daher hätte er nicht versuchen sollen, den Abgrund zu überqueren.

Im Lauf der Zeit erholte sich Achad und erklärte Aiwass, Crowleys Heiligen Schutzgeist, zu einer Böswilligen Intelligenz und einem ‹Feind der Menschheit›. Ausserdem erklärte er, dass das neue Äon, in das *er* seinen Glauben setze, das Zeitalter der Maat sei, der Göttin der Weisheit und der Gerechtigkeit, und keineswegs das Zeitalter des Horus, wie Crowley verkündet hatte. Crowley indes hatte ihn bereits aus dem Orden ausgestossen. Als er nun noch hörte, dass sich Achad gegen *Thelema* und Aiwass wandte, beschwor er sämtliche Dienstbaren Dämonen, ihn vollkommen auszulöschen.

Nachdem er Leah und Dorothy Olsen losgeworden war, ging er nach Paris zurück, wo er sich in der Avenue des Suffren 55 eine Wohnung mietete. In schneller Folge kamen und gingen neue Frauen in Scharlach: Ninette, ‹eine füllige Negerin aus Martinique›, Katherine E., ‹ein geborener Vampir› und viele andere, die ihm alle bei der Erfassung der magischen Strömung behilflich waren und über den Verlust der Frau in Scharlach *par excellence* hinweghalfen. Eine vollständige Liste dieser Mätressen allerdings würde zu weit führen. Nicht unerwähnt sollte jedoch Margaret Binetti bleiben. Er lernte sie Ende 1926 kennen und verlobte sich mit ihr. Das Verlöbnis war jedoch nur von kurzer Dauer, offensichtlich war *magick* nicht ganz ihr Geschmack. In Paris erscheint ihr Name auf seiner Liste von acht Mätressen und einem Liebhaber (Camille)[1]. Drei der Frauen hatten schwarze Hautfarbe. ‹Ich eliminiere diese nun eine nach der andern.› Als Datum der Fertigstellung dieses Projektes lässt sich der 6. Februar 1927 *era vulgari* ansehen, als ich Nummer 4 [Margaret Binetti] erledigte, indem ich ihren Talisman des Jupiter, der sie beschützte, verbrannte. Ihre widerliche Herzlosigkeit und heuchlerische Falschheit verdammen sie zu einem bitteren Ende›.

Er erhob sich vom Lager all dieser Damen ‹um dem Ruf der Drei Berge zu folgen und die Welt vor der Zerstörung zu retten›. Mit anderen Worten: Er wollte das sterbende Christentum durch die aufstrebende Religion des Crowleyanismus ersetzen.

Das *Mediterranean Manifesto* war Crowleys letzte magische Botschaft an die Welt, nicht jedoch seine letzte magische Mitteilung an seine Gemeinde. In England hatte Mudd die Kampagne bereits angekurbelt, indem er sich ins Hauptquartier der Theosophischen Gesellschaft Londons eingeschlichen und dort das Manifest ans Schwarze Brett geheftet hatte. Crowley, der natürlich keinen Moment lang einen Zweifel an seiner Rolle als Weltenlehrer hegte, führte die Kampagne mit gewohntem Nachdruck und gewohnter Naivität.

[1] ‹Ich habe einen wundervollen Brief von meinem Liebhaber Camille, der voll ist von leidenschaftlichen Worten – mehr, als ich je für möglich gehalten hätte› (*The Magical Record.* Mai 1921)

‹Die einzige Methode, um richtige Publizität zu bekommen›, schrieb er seinem amerikanischen Freund Montgomery Evans – (Meister Therion war ungemein ausschweifend gegenüber jedem, der Interesse für seine Arbeit zeigte.) –

> ist die Vorbereitung einer Weltenlehrer-Kampagne. Wenn das richtig angepackt wird, wird es über die Theosophen einen gewaltigen Schrotthaufen von unendlich viel Zeitungsstories von ausgezeichnetem Nachrichtenwert geben. Ich schlage vor, dass Du etwa so anfängst: ‹Der Weltenlehrer gibt hiermit öffentlich bekannt, dass Doktor Annie Besant irrt, wenn sie annimmt, das ER sich im Dezember oder zu irgendeinem andern Zeitpunkt in Mr. Krishnamurti manifestieren wird.› Weiterhin bin ich der Meinung, dass die Sache effektvoller wird, wenn Du um die Person besagten Weltenlehrers eine Aura des Geheimnisses schaffst. Zum Beispiel kannst Du sagen, dass Du weisst, wer er ist und wie man ein Interview mit ihm arrangieren kann. Aber Du solltest mich dann raushalten, bis Du einen Exklusivvertrag für die Story hast.

Die kleine Nebenvorstellung Crowleys hatte Erfolg und hinterliess einigen Eindruck. Am 27. Januar 1926 jedenfalls schrieb Dorothy Olsen an Montgomery Evans:

> Wir haben eine sehr schöne Villa in La Marsa, eine halbe Stunde von Tunis, und A.C. ist hier sehr glücklich. Er leistet grossartige Arbeit und auch diese Weltenlehrer-Sache scheint überall glänzend angekommen zu sein. Wir werden von Zeitungsleuten interviewt, und die Reporter scheinen alles als ziemlich wichtigen Nachrichtenstoff anzusehen. Im nächsten Brief schicken wir ein paar Zeitungsausschnitte.

Urplötzlich und unerwartet werden die Konkubinen des Tiers einer Art Ausleseverfahren unterzogen. In der zweiten Hälfte des Jahres 1928 bewerben sich nunmehr zwei Frauen um die Stelle als Frau in Scharlach: eine Dame aus Polen namens Kasimira Bass, auch bekannt unter dem Namen ‹die Frau aus Samaria›, sowie eine aus der zentralamerikanischen Republik Nicaragua herbeigelockte Frau namens Maria Teresa Ferrari de Miramar. Crowley nannte sie ‹Alter Nil› und verlieh ihr eine Reihe anderer Titel, deren bedeutendster der einer Hohepriesterin des Voodoo war.

Kasimira war mehr als nur eine flüchtige Affäre. Er spürte echte Zuneigung für sie und war voll des Lobes über ihre magischen Fertigkeiten. Vermutlich hätte sie es innerhalb des A.·.A.·. zu einer bedeutenden Position gebracht, wäre ihr nicht Maria Teresa in die Quere gekommen.

Kasimiras Ende kam langsam, aber sicher. Die von ihr und dem Tier beschworenen Dämonen des Abra-Melin machten eine Kehrtwendung und verseuchten das Verhältnis der beiden bis zu einem Punkt, in dem sie eine ganze Nacht lang über Geld und andere Nichtigkeiten stritten. Als dann Kasimira endlich ging, konnte sich Crowley wieder auf das Grosse Werk konzentrieren und die verlorene Zeit aufholen.

> Von der Bürde Kasimira befreit, konnte ich mich wieder der ernsthaften *Magick* einschliesslich ritueller Vorkehrungen widmen. Der Höhepunkt der ersten Zeremonie war gekennzeichnet von einem plötzlich sich erhebenden, gewaltigen Wind, wie es sich gehört; und die anderen Zeremonien waren ebenfalls recht bemerkenswert. Ich bin der Überzeugung, dass sich die ersten Ergebnisse bereits am Horizont abzeichnen, so dass – wenn nichts dazwischen kommt – im Lauf der Woche etwas Wichtiges geschehen wird.

Noch einmal trat Madame Bass in Crowleys Leben, als sie zufällig Senora de Miramar irgendwo in einem Pariser Bus traf. Das Zusammentreffen war ein klassischer Fall des Aufeinanderprallens zweier Frauen in Scharlach. Magnetismus und Gegenmagnetismus waren ungeheuer intensiv. In der Annahme, dass ihr Schwefelsäure ins Gesicht geschüttet würde, explodierte die Hohepriesterin des Voodoo geradezu. Kommentierte Crowley Madame Bass' Reaktion: ‹Sie war ausser sich vor Wut, dass sie die letzte Chance ihres Lebens verpasst hatte› und schrieb sie ab als ‹nicht ganz bei Trost›.

Maria war von dem Mann und Magier Crowley zutiefst beeindruckt. Zweifellos liebte sie ihn. Sie hatte ein oder zwei Ehen hinter sich und war Mutter eines Kindes. Ihr Glaube an die Mächte des Magus war so gross, dass sie ihn anflehte, sich auf ein Einhorn zu schwingen und am 20. Januar 1929 heimlich gen Jericho zu reiten.

Irgendwann im Jahre 1928 begann ein junger Engländer, der Eton überlebt und Cambridge mit Auszeichnung abgeschlossen hatte – er war für die Dozentenlaufbahn vorgesehen – zwischen den Seiten des *Equinox* nach den verborgenen Geheimnissen der Welt zu suchen. Nur zu bald brannte er darauf, die Bekanntschaft des Oberhaupts des A∴ A∴ zu machen. Sein Brief erreichte Crowley in Paris. Das Tier arrangierte ein Treffen am Flughafen. Die Götter geben und die Götter nehmen. Nicht weniger als neun Brüder hatten ihm die Geschicke gesandt, alle waren sie vielversprechende Männer gewesen, und einige gar hatten alle Erwartungen übertroffen. Hier nun kam der zehnte, Bruder Volo Intellegere (‹Ich will verstehen›) – so sein Titel beim Eintritt in den A∴ A∴.

Die Jünger des Tiers waren damals: seine Frau in Scharlach (Maria Teresa), Bruder Saturnus (Der Reiche Mann aus dem Westen), und Bruder Volo Intellegere, den man getrost den Reichen Jungen aus Gloucestershire nennen kann. Nicht dabei war allerdings Crowleys ‹Sekretär ehrenhalber› Israel Regardie, den Crowley mit dem Titel ‹Schlange› belegte. Israel tat diesem Titel alle Ehre, indem er die Rituale des Golden Dawn aus *The Equinox* abschrieb, da er sie anderweitig unter seinem Namen zu publizieren gedachte.[1]

Der Teil des Grossen Werks, der nun Crowleys Aufmerksamkeit zu beanspruchen begann, war die Veröffentlichung von *Magick in Theory and Practice*. Es sollte sein wichtigstes Opus werden. Material dafür hatte Crowley schon seit langem gesammelt, spätestens aber nach Teil I und II des *Book Four* (1911 bzw. 1912). *Magick* wird eingeleitet von einer Definition des Begriffes *magick:* eine Technik der Unterwerfung der Natur unter den eigenen Willen, indem die hinter den Erscheinungen verborgenen Dinge mit Hilfe angemessener Worte und Taten, die im richtigen Bewusstseinszustand gesprochen und ausgeführt werden, gefügig gemacht werden. In *Magick* zählt Crowley dann einige Grundrituale des Golden Dawn auf, wie das der Verlagerung des Bewusstseins auf die Astralebene, die Beschwörungs- und Bannrituale des Pentagramm und Hexagramm sowie die kabbalistische Methode der Kommunikation mit körperlosen Intelligenzen, Geistern und Dämonen einschliesslich der Nachprüfung ihrer Identität. Als Beigabe beschreibt er seine eigene Technik der Verfügbarmachung der Kundalini-Shakti (Mächte), die an der Wurzel des Rückenmarks sitzen und mit dem kosmischen Bewusstsein vereint werden können.

Auf das Fundament all dieser eher konventionellen Lehren der Magie errichtete Crowley sein eigenes Gebäude *Thelema*; er durchdrang die Lehren der Golden Dawn mit einem Strom von eigenen und im *Buch des Gesetzes* beschriebenen oder erklärten Lehren. Das ist auch der Grund, warum *Magick in Theory and Practice* ein nur schwer verständliches Buch ist, eine Stadt innerhalb einer Stadt sozusagen, wenn man nicht den Schlüssel einer detaillierten Kenntnis Crowleys Lebens, seiner Gefährten, sowie seiner sexuellen und mit Hilfe von Drogen durchgeführten Werke besitzt. Tatsächlich formte Crowley aus seinen im Golden Dawn und dem O.T.O. gemachten Erfahrungen, sowie der ihm eigenen sexuellen Veranlagungen und Besessenheiten ein komplettes magisches System, als dessen Quintessenz sein ‹Tu was Du willst› gelten konnte. Das Buch ist eine einzige, riesige Beichte: Perdurabo, Das Grosse Tier 666, Meister Therion, Sir Aleister Crowley und *Sankt* Crowley: sie alle werden zitiert und gepriesen.

Bereitwillig erklärten sich die Brüder Volo Intellegere und Saturnus bereit, die Druckkosten von *Magick* zu übernehmen. Allerdings fand sich keine Druckerei, die bereit gewesen wäre, den Auftrag anzunehmen. Denn abgesehen von der Tatsache, dass kein einziger sich im Vollbesitz

[1] Dazu kommentierte Crowley ‹... reiner Diebstahl aus The Eqinox›.

seiner geistigen Kräfte befindlicher englischer Drucker damals mit dem als Kannibalen denunzierten Aleister Crowley etwas zu tun haben wollte, enthielt das Manuskript selbst etliche Sentenzen, die ein normaler Mensch für zumindest verrückt, wenn nicht strafbar halten musste. So findet sich unter der Überschrift *The Bloody Sacrifice and Matters Cognate* (= Das Blutopfer und verwandte Angelegenheiten) folgende Aussage: ‹Ein männliches Kind von vollkommener Unschuld und hoher Intelligenz ist das zufriedenstellendste und angebrachteste Opfer› mit der blutrünstigen Fussnote: ‹Frater Perdurabos magischen Aufzeichnungen zufolge brachte er in den Jahren zwischen 1912 und 1928 dieses spezielle Opfer etwa hundertfünfzig Mal dar›. (Hier allerdings muss angemerkt werden, dass Crowley keineswegs mit Gilles de Rais konkurrieren wollte. Die Passage hat eine andere und geheime Bedeutung, deren Wesen den Druckern, von denen natürlich keiner ein Adept der Geheimen Wissenschaften war, verborgen blieb.)

Schliesslich wurde der Auftrag von Lecram Press in Paris angenommen, die ihn nach und nach ausführte und auf diese Weise ein weiteres jener ungewöhnlich umfangreichen literarischen Kuriosa hervorbrachte, die unter der Rubrik ‹Nur für Subskribenten› zu finden sind. Das Buch fand kaum Beachtung in der Presse und wurde von der Öffentlichkeit weitgehend ignoriert. Beachtung fand es erst eine Generation später, als es als skandalös edierter Raubdruck in Amerika erschien. Ermöglicht wurde dies durch die Ungerechtigkeit der amerikanischen Pressegesetze, die mehr oder weniger jedem Ganoven, der sich Verleger zu nennen beliebt, gestatten, europäische Autoren sowie ihre Testamentsvollstrecker und Erben schlichtweg zu bestehlen. Natürlich erschien der US-Raubdruck ohne jegliches Vorwort, geschweige denn einer Einleitung oder Exegese.

Crowley war von überschäumender Hoffnung für sein Buch erfüllt. In dieser Beziehung sind Autoren allgemein unverbesserliche Leute, da sie allesamt in der fälschlichen Annahme leben, dass sich die Welt für ihre Vorlieben ebenso interessiert wie sie selbst. *Magick*, hoffte Crowley, würde ihn ein für allemal etablieren. An Bruder Volo Intellegere schrieb er: ‹Die Leute wollen ganz allgemein ein Buch über *magick*. Seit dem Mittelalter hat es keinen Versuch mehr in dieser Richtung gegeben, mit Ausnahme von Lévi.› Bruder ‹Ich-Will-Verstehen› jedoch zeigte sich eher skeptisch, was seinen Herrn und Meister sehr irritierte.

Crowley und Gefolge beschlossen, einen Journalisten namens C. de Vidal Hunt als PR-Mann anzuheuern. Er sollte die Presse auf das Erscheinen von *Magick* vorbereiten. Was diesen de Vidal Hunt anging, so hatte man ihn überzeugt, dass Crowley ein Mann von aussergewöhnlichem literarischen Talent sei, den die Zeitungen und andere unfähige Menschen jahrelang ungerechtfertigterweise angegriffen hatten. In Crowleys Diensten blieb er allerdings nicht allzulange. Crowley zufolge

Crowley 1929, kurz bevor er aus Frankreich ausgewiesen wurde

gerieten sie in Streit wegen einer Heirat, die sie zwischen einer in Paris lebenden amerikanischen Millionärin und einem abgebrannten Mitglied des spanischen Königshauses, einem gewissen Don Luis Fernando de Bourbon zu arrangieren gedachten.

Das Projekt löste sich allmählich in seine Bestandteile auf, Crowley beschleunigte den Prozess, als er der amerikanischen Millionärin gegenüber dumpfe Warnungen aussprach und de Vidal Hunt denunzierte, der seinerseits Crowley bei der Sûreté Générale denunzierte. In einem mit 16. Dezember 1928 datierten Brief an Bruder V.I. schrieb de Vidal Hunt:

> Ich wollte meine Arbeit unterbrechen, legte ich im vorigen Brief dar, bis ich Ihnen einen ernstzunehmenden Vorschlag unterbreiten könnte, der, wie ich hinzufügte, nur dann gemacht werden kann, wenn Crowleys schriftstellerische oder andere Aktivitäten für Zwecke der Publizität geeignet sind. Sie stimmten mir in jeder Beziehung zu, und als Werbefachmann und Journalist hoffte ich, dass Crowley sich für anständige PR-Arbeit hergeben würde. Nichts von alledem ist geschehen. Das liess mich jedoch aufmerken. Weil ihm eine Dame von nicht unbeträchtlichem gesellschaftlichen Rang, der ich ihn unglücklicherweise vorstellt hatte, den Zugang zu ihrem Château verwehrte, beleidigte Crowley sie auf die ordinärste und nur in die Gosse passende

Weise. Mir dagegen drohte er mit der Polizei, weil ich im Besitz von einem oder zweien seiner Bücher war. Ich entschuldigte mich bei der Dame, mit der mich eine alte Freundschaft verbindet und musste dabei eine scharfe Rüge einstecken, weil ich sie ‹mit einem solchen Individuum zusammengebracht› hatte.

Gegenüber Leuten, von denen er wusste, dass sie ihm nicht allzu freundlich gesinnt waren, hatte Crowley ein bis zur Paranoia reichendes Misstrauen. So lebte er zum Beispiel einmal in der Vorstellung, dass ihm Kasimira 5000 Francs aus dem Safe gestohlen habe und zeigte sie bei der Polizei an. (Später entdeckte sie das Geld unter einer Statue des Ho Tai, die sie gerade vom Wohnzimmer ins Schlafzimmer stellen wollte.)

Als Folge von de Vidal Hunts Besuch bei der Sûreté Générale erschien am 17. Januar 1929 nachmittags ein Inspektor der Polizeipräfektur bei Crowley. Übereinstimmend mit dem Tier wertete die Schlange diesen Besuch als mehr denn nur Zufall: es war der Auftakt zu einer magischen Attacke, die gegen das Erscheinen des Buches gerichtet war.

Der Inspektor machte es sich im Sessel bequem, sah Crowley scharf an und begann das Verhör:

«Warum nennt man Sie den König der Verruchtheit?»

«Man gibt mir allerlei Namen», antwortete Crowley.

«Nehmen Sie Rauschgift?»

«Nein.»

Der Inspektor deutete auf einen Apparat von ungewöhnlichem, wenn nicht teuflischem Aussehen und fragte:

«Und was ist das da?»

«Eine Kaffeemaschine.»

Crowley zufolge hielt der Inspektor den Apparat entweder für eine Bombe oder ein Destilliergerät für Kokain.

«Man sucht Rat bei Ihnen», sagte der Inspektor, und nahm den verlorenen Faden wieder auf. «Was raten Sie diesen Leuten?»

«Kommt darauf an, was man micht fragt.»

Danach wandte sich das Gespräch anderen Dingen als Drogen und Weissagungen zu: man unterhielt sich über die Heilige Kabbala. Der Inspektor wurde immer verwirrter, er äusserte den Wunsch, die Kabbala zu studieren. Crowley jedoch riet ihm davon ab, sich Hals über Kopf in ein derart dunkles Gebiet zu stürzen.

«Schliesslich braucht man sieben ununterbrochene Jahre, bevor man nur die leiseste Ahnung davon gewinnt.»

Der mittlerweile etwas entspanntere Inspektor fand Gefallen an dem Gespräch mit dem merkwürdigen Engländer mit dem durchdringenden Blick. Ganz offen erklärte er Crowley, dass dies das erste Mal in seinem Leben sei, dass er keine Ahnung hätte, worüber eigentlich geredet wurde. Worauf Crowley erwiderte, das sei ziemlich normal, er selbst habe fünfzig

Crowley mit seiner Frau Maria Teresa Ferrari de Miramar.
Die Trauung fand 1929 in Leipzig statt

Jahre lang und ohne viel Erfolg versucht, sich verständlich zu machen. ‹Es verwirrte ihn›, fasste Crowley den Besuch des Inspektors zusammen, ‹dass ich für die Konsultationen kein Geld verlangte und auch keine Weissagungen machte, und so weiter. Ich glaube, er ging in vollster Zufriedenheit von dannen. Er sagte mir jedoch, dass er einen Bericht machen müsse ... Das also ist der Stand der Dinge.›

Trotz der Konversation über die Heilige Kabbala war der Report des Inspektors nicht allzu günstig für Crowley, denn vier Wochen später unterzeichnete der Innenminister ein *refus de séjours* für das Tier, seine Hohepriesterin des Voodoo sowie seinen Sekretär Ehrenhalber, die Schlange. Vierzehn Tage später überbrachte ihnen ein Gendarm die Aufforderung, auf der Präfektur zu erscheinen. Crowley zog sich ins Bett zurück, Hohepriesterin und Sekretär taten den Gang zur Polizei, wo man ihnen kurz und bündig mitteilte, dass weder ihr noch ihres Meisters Aufenthalt in Frankreich erwünscht sei und dass sie das Land binnen vierundzwanzig Stunden zu verlassen hätten.

Das Tier kabelte Bruder Volo Intellegere nach England. Er sollte kommen und ihm im Kampf beistehen. Bruder Volo Intellegere jedoch lehnte ab. Crowley hatte vor ‹zu bleiben, wo wir sind, und ins Gefängnis zu gehen›.

Senora de Miramar wandte sich an den Nicaraguanischen Konsul, der sie zu einem Gespräch mit einem Beamten des Innenministeriums mitnahm. Der (um Crowleys Parodie ihres Berichts über dieses Gespräch zu zitieren) sagte lediglich: ‹Aber natürlich, junge Dame, haben wir nicht das mindeste gegen Sie. Wir handeln in Ihrem eigenen Interesse, Sie sind eine Bekannte des Schurken Crowley, der all seine Frauen entweder um- oder zum Wahnsinn bringt.›

Schlange und Hohepriesterin erwirkten Visa für Britannien und liessen Crowley unter der Obhut eines Arztes und mit einem Attest versehen zurück. Nach der Endkorrektur der Druckfahnen von *Magick* würde er nachkommen.

Sehr zum Unbehagen der Hohepriesterin wurden sie bei der Ankunft in Tilbury festgehalten, in Kabinen eingesperrt und nach Frankreich zurückverfrachtet. Sie schafften es, belgische Visa zu bekommen und erreichten Brüssel sechs Tage nach ihrer Abreise von Paris.

Am Freitag, den 12. April 1929, hielt Crowley endlich ein Vorausexemplar von *Magick in Theory and Practice* in seinen Händen und jubelte: «Sieg!». Am folgenden Mittwoch und endlich wieder genesen, warf er sich einen Mantel um die Schultern, setzte einen schwarzen Homburg auf und posierte für einen Photographen.

Frankreich verabschiedete ihn mit einer Lobeshymne auf Sir Aleister Crowley, den englischen Baron und Doppelagenten. Er selbst beschrieb seinen Abgang als ‹ungeheure Detonation an Publicity›, was keineswegs übertrieben war: Über seine Ausweisung aus Paris berichtete die gesamte Weltpresse.

Crowley blieb bei seiner Behauptung, dass zu seiner Ausweisung zwei Gründe geführt hätten: erstens die Machenschaften des de Vidal Hunt, der sich für den Verlust seiner Lizenz als Heiratsvermittler rächen wollte, und zweitens die Unfähigkeit eines Polizei-Inspektors, eine Kaffeemaschine von einer Destillationsapparatur für Kokain zu unterscheiden. Dem *Paris Midi* zufolge hatte Crowley seine Ausweisung dem einfachen und völlig zureichenden Grund zu verdanken, dass er der Spionage für Deutschland verdächtig war, und die Organisation des OTO mit ihren deutschen Mitgliedern als Tarnung benutzt hatte.

Er war voller Zorn über die Aussicht, dass seiner Frau in Scharlach der Zugang nach England verwehrt bleiben sollte und schwor, sie auf die Insel zu holen, und wenn er sie heiraten müsste. Er befragte das *I Ging*, das ihm mitteilte, eine Ehe mit Maria wäre eine überstürzte Aktion. Aber Crowley war nicht in der Stimmung, die es ihm erlaubt hätte, auf die Stimme der Weisheit zu hören. Seine magische Hauptkampflinie war nunmehr die Ehe mit Maria.

Inzwischen hatte Bruder Volo Intelligere einen freundlichen Anruf seitens Colonel Carter von Scotland Yard erhalten. Carter wollte wissen, welche magischen Substanzen Bruder V.I. in der Zwischenzeit mit Britanniens grösstem Ungeheuer zusammengebraut hatte. V.I. erklärte ihm geduldig, dass Das Tier keineswegs die Bestie sei, wofür man es hielt. Worauf Carter erwiderte, dass er genau so gut mit Crowley selbst sprechen könne und gab V.I. zehn Pfund, damit Das Tier die Fahrkarte nach London bezahlen könne.

Ein paar Tage später dinierten Detektiv, Tier und Discipulus – vermutlich sehr zur Zufriedenheit des Auges des Gesetzes, denn Crowley wurde nicht von der Stelle weg verhaftet. ‹Dinner mit Col. Carter von 19.30 Uhr bis 23.30 Uhr. Alles klar›, notierte Crowley in seinem Tagebuch.

Bruder V.I. sagte, man habe einen angenehmen Abend verbracht – bei Wein, Witz und einer Woge der allgemeinen Sympathie hatte man eine zivilisierte Methode der Beilegung von Differenzen gefunden.

Kurz darauf erhielt Crowley ein Telegramm von der Hohepriesterin, in dem sie mitteilte, dass sie und Die Schlange von den belgischen Behörden des Landes verwiesen werden sollten. Man schickte einen Hilferuf an Bruder Saturnus in Deutschland. Sofort holte er Maria ab und brachte sie nach Leipzig zu Martha Küntzel. Bald darauf, am 16. August 1929, folgte ihr Crowley nach. Punkt 11.20 Uhr wurden sie in Gegenwart des Britischen Konsuls getraut. Sofort erstellte Das Tier ein Horoskop. Leider teilt er nicht mit, ob die Vorzeichen gut oder schlecht waren.

Noch am gleichen Tag fuhren Mr. und Mrs. Crowley nach London, wo sie vier Tage später glücklich in die Kamera eines Photographen in South Kensington lächelten. Anschliessend begab sich das Tier in sein Arbeitszimmer und schrieb die Story seiner Ausweisung aus Frankreich und seiner Heirat. Titel: ‹Als der Teufel Bräutigam wurde›.

DAS TIER UND DAS MONSTER

Crowley stand auf der Höhe seines Ruhms oder, wenn man will, seiner Unrühmlichkeit. Wie Julius Caesar war er jeder Frau Mann und jedem Manne Frau gewesen[1]. Es gab eine Unzahl Anekdoten über ihn. Zum Beispiel:

John Watkins, dessen Buchladen mit Werken über Okkultismus und Mystik nahe der Charing Cross Road noch immer floriert, lud ihn eines Tages ein, seine magischen Künste vorzuführen.

«Schliessen Sie die Augen», sagte Das Tier.

Mr. Watkins gehorchte. Als er einen Augenblick später seine Augen wieder öffnete, waren sämtliche Bücher von den Regalen verschwunden.

Was davon wahr ist, weiss ich nicht. Aber man erzählt sich, dass, wenn er das Café Royal betrat, der ganze Raum verstummte, und niemand mehr zu sprechen wagte, bis der Dämon Crowley sich gesetzt hatte. Zweifellos war seine Erscheinung ehrfurchtgebietend oder furchterregend: die riesigen, kalten, starren Augen in seinem fetten und femininen Gesicht; der kahlrasierte Schädel; die sonderbare Kleidung; die seltsamen Ringe an den Händen; der süsslich-ekelerregende Geruch und schliesslich jene kaum fassbare Ausstrahlung, die Dichter und Okkultisten ‹Aura› nennen – unbarmherzig und spöttisch, die Aura des Wanderers in der Wüste, des Grossen Tiers. Unter den tibetanischen Lamas gibt es ‹Eingeweihte›, denen man nachsagt, sie hätten die Macht der Hypnose und könnten aus der Entfernung Menschen töten.

‹Erhob mich zu meiner Macht›, schrieb Crowley in sein Tagebuch – er war gerade irgendwo in Deutschland, vermutlich Berlin – ‹liess die Hauptbahnhofdurchsage verstummen und verkündete allen auf der Stelle den Tod›.

Aleister Crowleys Duftnote hatte ihren Ursprung in einer ‹Sex-Appeal-Salbe›, mit der er sich einzureiben pflegte. Gewöhnlich nannte er die Mixtur ‹Ruthva, Duft der Unsterblichkeit›. Hergestellt wurde sie aus einem Teil Ambra, zwei Teilen Moschus und drei Teilen Zibet – Aphrodisiaka, die seine Anziehungskraft auf Frauen noch steigerten – (und im üb-

[1] Der ältere Curio, zitiert von Sueton. Wenn Crowley die Rolle der Frau in Operationen vom Typ XI° annahm, nannte er sich Alys, die weibliche Form des Namens Aleister.

rigen auch auf Pferde, die ihm, wenn man seinen Behauptungen Vertrauen schenken darf, auf der Strasse nachwieherten). ‹Man muss die Salbe tief in den Körper einreiben›, schrieb Meister Therion,

> besonders an den Haarwurzeln, wo die Haut nicht allzu gespannt ist, und zwar so gründlich, dass das delikate Rezept von andern weder entdeckt noch auch nur vermutet wird. Jeder, der sie benutzt, verfügt über eine höchst wirksame Waffe, die um so wirksamer ist, als sie geheim ist. Sie bewegt die elementarsten Kräfte der Natur bei denen, die angelockt werden sollen. Sie gehorchen, und das mit um so tödlicherer Sicherheit, als sie nicht wissen, dass sie unter Befehl stehen.

Für die breite Öffentlichkeit, die über Crowley hauptsächlich vom *John Bull* informiert wurde, war er ganz einfach der verdorbenste Mensch von ganz Britannien, oder, wie man ihn später beschrieb, als er auf dem absoluten Höhepunkt seines Ruhms angelangt war, ‹der verruchteste Mensch der Welt›. Warum genau er verrucht war, wusste niemand so recht, denn kein Bericht über ihn war in der Lage, seine spezielle Verderbtheit aufzuzeigen. Die gnostischen und tantrischen Quellen seiner Philosophie wurden nicht einmal vermutet, und seine ketzerischen Ansichten beachtete in einer Zeit des Unglaubens niemand weiter. Tatsächlich lief die Darstellung des Tiers 666 für die Leser des *Sunday Express* und des *John Bull* auf nicht sehr viel mehr hinaus, als auf das Schauermärchen vom Schwarzen Mann, der die kleinen Kinder auf der Strasse erschreckt – danach kann man um so besser schlafen. ‹Ich bin der Diener Satans›, schrieb er in einem seiner weniger ernstzunehmenden Bekenntnisse, ‹und jenes erhabenen Konzils Beelzebub, Lucifuge, Asmodeus, Belphegor, Baal, Adrammelech, Lilith und Nahema.›

‹Ich bin sehr nachlässig mit meinem Tagebuch›, schrieb Crowley am 1. Februar 1929. Seine Eintragungen ins *Magical Record* wurden immer kürzer. Er hatte mittlerweile weder die Energie noch das Interesse, detailliert zu beschreiben, wie er den Tag verbrachte, sondern benutzte das Tagebuch nur noch, um gelegentlich ein pornographisches Gedicht zu notieren. Dazwischen finden sich auch kurze Sätze wie: ‹Bei einer langen Orgie brachen beide Seiten wegen völliger Erschöpfung zusammen›.

Die Eintragung für den 28. Juni 1929 lautet einfach: ‹Vertrag mit Mandrake unterzeichnet. 50 Pfund im voraus›.

Es handelte sich um die Tantiemen-Vorauszahlung für die *Confessions*. Nach dem Debakel mit William Collins nämlich hatte er zu guter letzt doch noch einen Verleger für sein Werk (eine halbe Million Worte) gefunden.

Mandrake Press war ein kleiner, kurzlebiger Verlag, den Edward Goldston gegründet hatte, ein Buchhändler in der Museum Street. Die praktische Arbeit in der Firma erledigte sein Partner P.R. Stephensen, ein

Australier mit dem Spitznamen Inky. Inky war auch der Firmenname Mandrake eingefallen. Als erstes Buch des Verlages war 1929 *The Paintings of D.H. Lawrence,* als ‹Privatdruck nur zur Subskription› mit einer auf 510 Stück begrenzten Auflage erschienen. Das Buch wurde ein Erfolg, und Goldston überliess Stephensen die Suche nach anderen Titeln ganz. Die Romane D.H. Lawrences jedoch waren mittlerweile an andere Verlage vergeben, ausserdem starb der Schriftsteller 1930. Und James Joyce hatte gerade nichts da. Der einzige andere Schriftsteller von Rang, den Inky kannte, war Aleister Crowley. Obwohl Inky Mitglied der Kommunistischen Partei war, schätzte er die Thelema-Philosophie und Crowleys literarischen Stil ausserordentlich.

Die *Confessions* waren auf sechs Bände konzipiert, und trotz Streitereien zwischen Goldston und Crowley erschienen die ersten beiden Bände im Jahr 1930. Mit der Weltwirtschaftskrise jedoch sank das allgemeine Käuferinteresse an Editionen mit begrenzter Auflage schlagartig ab.

Ebenfalls 1930, im April, befragte Crowley das *I Ging*. «Wie kann ich die Mandrake Press wirkungsvoll unter meine Kontrolle bringen?» Antwort: «Vorsicht. Halte dich zurück. Nett sein.»

Er überredete die Brüder Saturnus und Volo Intellegere, mit je tausend Pfund ins Geschäft einzusteigen. Fünfhundert Pfund davon liess Crowley, als Geste seiner Unabhängigkeit, einem anderen ums Überleben kämpfenden Verlag, der Aquila Press, zukommen. Diese Transaktion trug dazu bei, den einen Verlag zu ruinieren, reichte jedoch nicht aus, den andern zu retten.

Während ihrer kurzen geschäftlichen Existenz veröffentlichte Mandrake Press ausser *The Confessions* folgende Werke Crowleys: *Moonchild,* sein Roman über ein magisches Thema; *The Stratagem,* eine Broschüre mit drei Erzählungen; *The Legend of Aleister Crowley,* eine trockene Apologie Crowleys , die Percy Reginald Stephensen aus Zeitungsausschnitten zusammengestellt hatte als Versuch, den so sorgfältig aufgebauten schlechten Ruf des Tiers zu zerstören – sein Gesamtwerk mithin. Natürlich geriet Crowley dann auch mit Bruder Saturnus und Bruder Volo Intellegere in Streit, die inzwischen bei Mandrake Press Direktoren waren, was die Firma schliesslich ganz zugrunde richtete.

Victor Neuburg rezensierte Stephensens Broschüre für *The Freethinker.* Er hatte vergeblich versucht, sich Crowleys Einfluss zu entziehen. Crowley war schliesslich der Mann gewesen, der ihn 1919 in ein Kamel[1] verwandelt und auf einem Berggipfel den mächtigen Dämon Choronzon beschworen hatte, bis er über Bruder Omnia Vincam herfiel und ihn verprügelte. In Neuburgs Augen war Crowley entweder der schändlichste oder der grösste Mensch, den die Welt je gesehen hatte. Sei-

[1] Ein um seine Sicherheit besorgter Verwandter Neuburgs reiste nach Algier, traf dort aber nur Crowley an. «Wo ist Victor», fragte er. «Dort», sagte Crowley und deutete auf ein Kamel. «Ich habe ihn in ein Kamel verwandelt.»

ner ungeheuren Bewunderung für Crowley entsprach eine ebenso ungeheure Furcht. Jedes unerwartete Läuten seiner Türglocke riss ihn aus seinen Tagträumen und liess ihn vor Schreck erstarren: War das Tier gekommen, ihn zu holen? Bei drei verschiedenen Anlässen in den frühen zwanziger Jahren war sein Hausmädchen, nachdem sie die Tür geöffnet hatte, zu ihm gerannt und hatte völlig konfus gestammelt, draussen stehe eine geheimnisvolle Frau mit brennenden Augen (Alostrael). Statt etwas zu sagen, habe sie lediglich ihren Umhang auseinandergleiten lassen. Zwischen ihren nackten Brüsten prangte dann das Zeichen des Tiers.

Mit den beiden aufwendig produzierten Bänden der *Confessions* hätten vielleicht die Unkosten gedeckt oder unter Umständen ein kleiner Gewinn gemacht werden können, hätten die Buchläden sie abgenommen. Crowleys Ruf war jedoch dermassen schlecht, dass es dem Vertreter der Mandrake Press schwerfiel, überhaupt Aufträge zu bekommen. Die Buchhändler weigerten sich, Crowley ins Sortiment aufzunehmen. Insbesondere stiess sie das dämonische Selbstporträt als Titelbild und das als Phallus mit Hoden dargestellte A in der überdimensionalen Signatur ab.

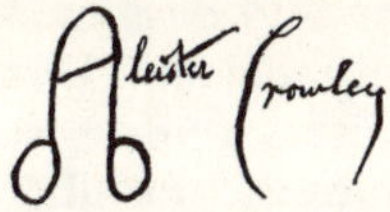

Das phallische A drückt irgendwie gleichzeitig Befangenheit und Berechnung aus. Dennoch hatte sich Crowley schon lange mit dem Phallus identifiziert; so, wie er seine jeweilige Geliebte mit der Vagina gleichsetzte. Frauen sah er nicht als eigenständige Persönlichkeit an. So bezeichnete er Leah Hirsig als ‹reine Yoni, die von ihrem übrigen Körper verziert war, ebenso wie ich reiner Lingam mit Kräuselhaaren bin› (*The Magical Record,* 17. August 1920). Crowley war Phalluskraft. Später, nachdem Leah ihr phantastisches Bild von Crowley revidiert und begonnen hatte, ihn so zu sehen, wie er wirklich war, redete sie ihn in einem Brief mit den Worten *Lieber Alter Schwanz* an.

Nach einigen Wochen Ehe mit Maria muss Crowley zu Bewusstsein gekommen sein, dass das *I Ging* wieder einmal recht gehabt hatte. ‹Tu es nicht›, hatte das Schicksal gewarnt, ‹eine unbesonnene Handlung›.

Im folgenden Jahr sollte Das Tier eine Vorlesung vor der *Oxford University Poetry Society* halten. Er schlug vor, über Gilles de Rais zu lesen, eine Art Meister Therion des mittelalterlichen Frankreich. Crowley zufolge war Gilles de Rais ein echter Schwarzmagier. War das Thema interessant genug, würde es der Dozent zu einem Höhepunkt führen. Mit Sicherheit wäre der Hörsaal überfüllt gewesen, aber die Vorlesung fand nicht statt. Ronald Arbuthnott Knox, der katholische Universitätsgeistliche, hatte davon gehört und schrieb an den Vorsitzenden der Poetry Society, Hugh Speaight. Ich weiss nicht, was Pater – später Monsignor – Knox in seinem Brief vortrug, jedenfalls schrieb Speaight daraufhin an Crowley:

Ich möchte Ihnen mitteilen, dass wir uns leider gezwungen sehen, die Veranstaltung vom Montag abzusagen. Uns wurde bedeutet, dass im Falle der Behandlung ihres Themas Disziplinarmassnahmen ergriffen würden, die nicht nur mich, sondern auch die anderen Mitglieder des Komitees beträfen.

Ich bin sicher, dass Sie unter diesen Umständen die Gründe für unsere Absage verstehen werden. Für die Unannehmlichkeiten, die ich Ihnen bereitet habe, muss ich mich entschuldigen.

Also hatte man Crowley aus Oxford verbannt wie zwanzig Jahre zuvor aus Cambridge. Einem Zeitungsbericht zufolge soll der Rektor in Oxford darüber verärgert gewesen sein, dass Crowleys Hinauswurf als Amtshandlung hingestellt wurde.

In einem Interview mit der *Oxford Mail* sagte Crowley:

Möglicherweise liegt der Grund für die Weigerung, mich lesen zu lassen, in dem Gerücht, dass Gilles de Rais an mehr als 800 Kindern Ritualmorde begangen habe und dass man dies irgendwie mit meiner Person in Verbindung gebracht hat. Denn die Anschuldigung, dass ich Kinder nicht nur getötet, sondern sogar gefressen habe, gehört zu den vielen Verleumdungen, die über mich in Umlauf gebracht werden.

In aller Eile brachte Mandrake Press die Vorlesung als Broschüre heraus, die von Oxford-Studenten für sechs Pence auf der High Street verkauft wurde. Die Vorlesung ist als Lektüre langweilig, aber vorgetragen von Crowley wäre sie wohl weniger langweilig ausgefallen.

Das Jahr 1930 sollte Crowley reiche Ernte bringen.

Es hatte schon gut angefangen mit dem Debakel in Oxford. Im Frühjahr fuhr er dann mit Maria nach Deutschland. Auf der ganzen Reise lagen sie in bitterer Fehde miteinander.

Seine Ankunft in Deutschland honorierte das *Berliner Tagblatt* mit einem Artikel über seine Heldentaten. Er muss mit einem Dr. Paul Bauer zusammengetroffen sein, der ebenfalls den Kangchenjunga besteigen wollte. Crowley scheint ihm den Rat gegeben zu haben – den Bauer nicht befolgte –, dass der einzige Weg zum Gipfel über den Yalung-Gletscher führe. Das ist Crowleys Route aus dem Jahr 1905.

In Deutschland und mit Hilfe des Geldes des Reichen Mannes aus dem Westen und der Frau des R.M. a.d.W. vergass Crowley seine Maria nur allzu bald. Er trieb sich in Berlin mit einer neunzehnjährigen Künstlerin namens Hanni Jaeger herum, die er im Studio eines Malers namens Steiner aufgelesen hatte. Er nannte sie ‹das Monster› und schrieb in sein Tagebuch: ‹Ich bin ziemlich verliebt in diese Hanni›. Unmittelbar darauf schrieb er: ‹Dieser Tölpel von Maria, die in meinen Privatpapieren herumschnüffelt, meint natürlich, dass es dabei um irgendwelchen sexuellen Unsinn geht. Geschähe ihr Recht, wenn aus dem Spass Ernst würde.› Seine Verliebtheit machte ihn etwas weniger abhängig von Drogen. Maria hingegen trieb der Liebesentzug zur Flasche wie schon ihre Vorgängerin Rose.

Als er nach England zurückging, liess er Maria in Leipzig zurück. Hannis Liebe hatte ihn tief bewegt und wieder etwas Hoffnung und Vertrauen gegeben. Ständig an sie denkend, wanderte er nach Oxford, um nach zwanzig Jahren die Stätten seiner zügellosen Jugend noch einmal aufzusuchen. Aber als der Tag vorbei war, schrieb er über Trinity College: *Quelle déception.* Das Ganze sieht aus wie ein Puppenhaus, winzig und seelenlos.

Er wollte eine Ausstellung seiner Bilder und Zeichnungen in London arrangieren, konnte jedoch keine Galerie finden, die dazu bereit gewesen wäre. Goldston lehnte ab, die Büroräume der Mandrake Press zu diesem Zweck zur Verfügung zu stellen. Denn die Polizei hatte schon einmal dreizehn von Lawrence Bildern aus der Mandrake-Sammlung in der *Warren Gallery* konfisziert[1]. Er plante, sie in den Räumen seines anderen Verlagshauses der Aquila Press am Langham Place, zu zeigen (mit den Glanzlichtern Wyn Henderson und James Cleugh). Ohnehin trug er sich mit den Gedanken, dort eine Wohnung zu mieten. Offensichtlich hätte er tatsächlich seine Bilder dort ausgestellt (ohne auf die öffentlichen oder privaten Sittenwächter Rücksicht zu nehmen), wenn nicht *John Bull,* der ihm ständig auf den Fersen war, von dem Plan hätte läuten hören und die Sache für eine weitere Attacke ausgenutzt hätte. ‹Soll *John Bull* doch verrecken›, schrieb Das Tier in sein Tagebuch, nachdem er eine brandheisse Geschichte über sich und seine neuesten Missetaten gelesen hatte. Wie üblich, befragte er das *I Ging.* ‹Soll ich irgendwie dagegen vorgehen und wenn ja, wie?» Das chinesische Orakel seufzte und sprach: «Lass es bleiben». Auch seine Hausverwalter von Langham Place lasen in *John Bull* über ihren potentiellen Mieter. Sofort annullierte man den noch nicht unterzeichneten Mietvertrag und verlangte von Crowley die sofortige Räumung des Hauses, in das er vorsorglich schon eingezogen war. Das Tier wählte 160 Gemälde und Zeichnungen aus, die er eilends nach Deutschland schickte: Dann würde er die Ausstellung eben in Berlin machen. Zum Abschied veranstalteten seine Freunde eine Cocktailparty für ihn, bei der er Maria betrunken auf dem Fussboden zurückliess.

In Berlin und von Maria unbelastet, erreichte er endlich sein Ziel. ‹Traf und gewann Hanni Jaeger. Liess meine Frau fallen, ohne davon Notiz zu nehmen.› Maria hatte dem Tier, ihrem Herrn und Meister, ein ganzes Jahr lang gedient und war nun sitzengelassen worden. Die thelemische Glut, die ihn seit den Tagen von Tunis im Jahre 1923 ausgefüllt

[1] Vgl. *D. H. Lawrence and his World* von Harry T. Moore und Warren Roberts, 1966.

hatte, als der hilflose Mudd[1] hinter ihm hertrottete, war längst erloschen. Natürlich war er noch immer der Logos des Äons, aber das Grosse Werk war zur Phrase geworden und das Gesetz *Thelema* zum Konversationsstoff verkommen. Auch magische Rituale veranstaltete er nicht mehr. Er arbeitete nur noch allein und mit einer weiblichen Ministrantin. Zwischen seinen Parties und Streitereien spekulierte er, endlich Mandrake Press wirkungsvoll unter seine Kontrolle zu bringen. Nebenbei korrigierte er die Fahnenabzüge des dritten Bandes der *Confessions*[2] und die Geschichte seiner grössten Tat. Die Grosse Erleuchtung 1904 in Kairo, als ihn im Frühjahr die Götter erkoren. Er brauchte nur noch darauf zu warten, dass die Welt sein Genie erkennen und entdecken würde, was ihm unvermeidlich schien.

Ende August beschloss er, dass es wieder an der Zeit sei, sich zu einer Grossen Magischen Klausur zurückzuziehen. Und wie der Weise Lao-tse nahm er eine Jungfrau mit (Hanni). Zunächst fuhren sie nach London, wo er selbstverständlich versuchte, der dort herumstreifenden Maria nicht über den Weg zu laufen, der ehemaligen Hohepriesterin des Voodoo und jetzigen Hohepriesterin von nichts und niemand. Bruder Volo Intellegere hatte ihre Wohnung in Hampstead aufgespürt und tat sein Bestes, um ihr zu helfen, aber seine Fürbitte liess das Tier ungerührt.

Am Freitag, den 29. August, machten sich Crowley und Hanni heimlich auf nach Southhampton, mit wenig mehr als gerade den Fahrkarten nach Lissabon in der Tasche. Aber um Geld pflegte sich Das Tier bei derartigen Gelegenheiten keine Sorgen zu machen. Irgendwas oder irgendwer würde ihm über den Weg laufen. Und wenn nicht, so hatten Bruder Saturnus oder Bruder V.I. eben herbeizueilen und ihren Meister zu retten.

In Lissabon kannte er lediglich den Dichter Fernando Pessoa. Nach einer einjährigen Korrespondenz hatte der Poet den Magier eingeladen, sollte ihn der Zufall einmal nach Lissabon führen. Pessoa sprach fliessend englisch, sogar ein paar englische Gedichte stammen aus seiner Feder. (Im British Museum stehen drei in Karton gebundene Anthologien seiner englischen Gedichte, von denen einige gute und einfache Verse sind. Den Rest hätte man allenfalls in Portugal auf Englisch oder in England auf portugiesisch veröffentlichen dürfen. Wie Crowley war Pessoa fasziniert vom Mythos des Grossen Gottes Pan.)

Crowley kabelte, dass er unterwegs sei. Als er schon in der Nähe der spanischen Küste war, fiel ihm plötzlich ein, dass eine Weltreise auch keine schlechte Idee wäre. Er schrieb an Bruder V.I., dem er die immer mehr dahinkümmernde Maria zu treuen Händen überlassen hatte: «Wir wer-

[1] ‹Clodd war schlimm genug›, schrieb Crowley an Bruder O. P. V., ‹aber wenn Clodd, wenn man auf ihn pisst, Mudd sich verwandelt – gute Nacht!› (Engl. Schlamm = Mud, A. d. Ü.)

[2] Die Mandrake Press ging pleite, bevor der dritte Band erscheinen konnte. Erst 1969, nach Crowleys Tod, wurde es im Rahmen des einbändigen Gesamtwerks veröffentlicht (hrsg. Symonds und Grant).

den in ein Fischerdorf durchbrennen, ... dann auf die Galapagos, nach Tahiti, China, Indien und so weiter und immer ins Bett.»

Als Objekte seiner Akte der Sexualmagie wählte er Gesundheit, Geld, Erfolg beim Grossen Werk, *La Vita Nuova*.

Am 2. September legte die *Alcantara* in Lissabon an. Pessoa erwartete den Grossen Magus aus England und seine junge, hübsche Frau aus Deutschland am Kai.

«Trafen Pessoa: ein *sehr* netter Mensch.»

Crowley bezog Quartier im Hotel de l'Europe.

Nachdem Das Tier einen ganzen Tag lang in Lissabon umhergelaufen war, gab er folgenden Kommentar ab: «Schon einmal hat Gott versucht, Lissabon aus seinem Dämmerzustand aufzuwecken – mit einem Erdbeben. Aber er hat aufgegeben. Es lohnte nicht».

Sie badeten im Meer, invozierten die Götter durch Magie und Sex und schwangen sich mittels Drogen gelegentlich zur Astralebene auf.

Am 7. September dinierten sie mit Pessoa.

Die ganze Zeit über hatte das Monster verheissungsvolle Visionen. «Das Sehen fällt ihr leicht und sie sieht klar und deutlich. Aber noch hört sie nicht richtig, oder weiss nicht, wie sie ihre Visionen deuten soll. Aber sie hat ihren eigenen Astralleib als Unsere Frau Nut gesehen, den Körper der Sterne.»

Das bedeutet, sie hatte ihre eigene Astralsubstanz oder Aura in die Form der ägyptischen Göttin gegossen. Vermutlich war Nut mit den Umrissen ihres eigenen Körpers verschmolzen.

Sie machten Strandspaziergänge, kamen durch Cascais nach Boca do Inferno, eine Art Kamin, den die See in die portugiesische Steilküste gewaschen hatte. Nirgendwo sonst auf der Welt dürfte dieses ‹Höllenmaul› an Getöse und Gischt bei hartem Südwestwind übertroffen werden. «Ich wollte die schottische Westküste könnte sich dieses Schauspiel ansehen», sagte Das Tier, als er auf den gut 20 m hohen Klippen stand. Am Abend aber begaben sie sich wiederum auf die Astralebene und liessen Visionen auf sich einstürzen.

Am 13. September führte Crowley nach einem Saufgelage mit viel Brandy einen Akt der Sexualmagie mit Hanni durch, der zum Ziel hatte, ‹Ihre Kunst zum Vorschein zu bringen›. Im Gegensatz zu dem Tier nämlich hatte das Monster Kunst studiert. Später sollte Crowley jenen Akt der Sexualmagie als den besten seines Lebens bezeichnen. Hanni habe dabei ausgesehen wie die Eisenbahnkreuzung bei Clapham. Das Ritual endete leider mit einem hysterischen Weinkrampf des Monsters.

Tags darauf beschränkte er sich aufs Malen und Schwimmen. Nach einem ebenfalls ausgesprochen wirkungsvollen Akt der Sexualmagie am 16. September (das Ziel war die Erarbeitung eines Plans zu Geld zu kommen) stieg Hanni um einiges zu schnell von der Astralebene hinunter und brach in Tränen aus. Sie hatte von *Magick* die Nase voll. Die beiden begannen einen lautstarken Streit, den sie erst im Verlauf einer ebenso lautstarken mitternächtlichen Szene im Hotelzimmer beilegten, als der Manager des Hotels ins Zimmer platzte und sie aufforderte, ihre Koffer zu packen.

Die Gemütsverfassung des Monsters beschrieb Das Tier mit medizinischer Akribie:

> Im allgemeinen bestehen ihre Anfälle von Melancholie darin, aus irgendeiner Nebensächlichkeit ein grosses Geheimnis zu machen. Ihre Melancholien sind launenhaft wie der Nebel auf See und gerade so undurchdringlich. Zu dieser Frau durchzudringen ist fast ebenso schwierig wie zu einer echten Melancholikerin. Besonders bemerkenswert jedoch sind ihre pathologische Angst und ihre Lügerei ... Bis zu einem dutzend Mal verschliesst sie zum Beispiel ihre Koffer, obwohl sie das Zimmer überhaupt nicht verlässt, geschweige denn, dass sich irgendetwas von Wert in den Koffern befindet.

Nachdem sie eine Nacht lang durchgeschlafen hatte, fühlte sich das Monster besser. Sie packten und fuhren zu dem zwei Meilen entfernten Ort Monte Estoril, ein an einem Hügel mit Blick aufs Meer gelegenen herrlichen Fleckchen Erde mit Palmen, Pinien, Eukalyptusbäumen, die zwischen die hübschen Villen gestreut waren. Aber während Das Tier noch ein Hotelzimmer buchte, schlich sich das Monster fort und reiste ab nach Lissabon.

‹18 Uhr. Noch keine Nachricht von ihr›, schrieb Crowley an diesem ersten allein verbrachten Tag in sein Tagebuch. Am nächsten Morgen machte er sich auf die Suche nach seiner Geliebten. Zunächst ging er zu Pessoa, um ihm von seinem Kummer zu berichten. ‹Bin teuflisch in Sorge›, vertraute er seinem Tagebuch an, bevor er sich schlafen legte. Den gleichen Satz wiederholte er am folgenden Tag und fügte hinzu: ‹Ich werde nicht darüber hinwegkommen – es sei denn, sie kommt wieder zu mir zurück›. Noch vor Einbruch der Dunkelheit fand er sein Monster – jedoch nur, um zu erfahren, dass sie fest entschlossen war, am folgenden Tag nach Deutschland abzureisen. Sie hatte den amerikanischen Konsul in Lissabon, L. S. Armstrong, aufgesucht, der ihr diesen Rat gegeben hatte. Crowley kochte vor Wut. Seine überlieferten Kommentare über Herrn Armstrong entziehen sich der Druckreife.

Er drängte Hanni, sich die Sache noch einmal zu überlegen und mit ihm auf die geplante Weltreise zu gehen. Das Monster begann zu schwanken. Eilends zog Crowley sie auf sein Zimmer und begann, hinter verschlossenen Türen seine magische Macht zu entfalten – das Ritual diente der erneuten Weihe ihrer Liebe.

Tatsächlich schien sich auch so etwas wie eine erneute Weihe oder Versöhnung angebahnt zu haben. Aber Hannis Drang, von Crowley loszukommen, erwies sich in diesem Fall stärker als Crowleys magisches Potential oder die Macht der Götter. Hanni reiste tags drauf mit der *Lloyd Bremen* ab.

‹Und trotzdem werde ich nicht aufgeben›, riss sich Crowley zusammen.

Er nahm einen Zug nach Cintra, einer Kleinstadt mit 7979 Einwohnern (nach Les Guides Bleus), die der Dichter Sothey als ‹den gesegnetsten Winkel dieser Erde› und Byron als einen ‹herrlichen Garten Eden ... vielleicht die schönste kleine Stadt in ganz Europa› besungen hatten.

‹Cintra, wirklich herrlich›, schrieb auch Crowley. ‹Langer Spaziergang unter leuchtenden Sternen.›

Indes: irgendwie verstimmten ihn die Gedanken an seine Frau Maria. Ins Hotel zurückgekehrt, verfasste er folgenden Brief:

20. September 1930

Liebe Maria!

Bei meinem jüngsten Aufenthalt in London habe ich nichts von mir hören lassen, weil Du meinen vorigen und sehr ernst gemeinten Brief mit einem höchst trivialen und sehr alltäglichen Quatsch beantwortet hast.

Ausserdem hast Du versucht, Wilfried Hanchant und was weiss ich wen noch zu verführen. Und es verletzt meinen Stolz, dass Du dabei versagt hast, wie man hört.

Jedenfalls tätest Du besser daran, Dir einen Mann zu suchen, der sich Deine heimliche Sauferei, sowie Dein skandalöses Benehmen gefallen lässt.

Ich habe Dir eine grosse Chance gegeben, aber Du hast sie verpasst. *Tant pis!*

Du sollst Deine Scheidung haben. Gerne gebe ich dabei zu, das, was zitternde Tattergreise in ihrer Einfalt noch immer «Eheverfehlungen» nennen, begangen zu haben, nämlich seit dem 3. August bei 47 Gelegenheiten mit Hanni Jaeger aus Berlin. Die Strapazen des ständigen Herumreisens mögen dabei als Entschuldigung für die geringe Anzahl dienen. Es wäre besser, wenn Du keine Ansprüche auf Unterhaltszahlungen anmeldest – denn wir alle sitzen im gleichen Boot mit Rt. Hon. Lord Beaverbrook und dem British Empire. Ich wünsche Dir alles Gute.

Auf immer, A.C.

Erneut machte er die 10 Meilen-Wanderung zum Höllenmaul, um den Wogen zu lauschen. Plötzlich kam ihm eine Idee. ‹21. September. Ich werde einen Selbstmord vortäuschen und Hanni damit in Angst und Schrecken versetzen. Die Einzelheiten werde ich mit Pessoa absprechen.›

Auf dem Felsen hinterlegte er sodann eine handschriftliche Notiz (sorgfältig mit seinem Zigarettenetui beschwert, dass sie nicht weggeweht werden konnte): «Ohne Dich kann ich nicht leben. Mich wird ein anderes Höllenmaul als dieses zu sich nehmen – aber es wird nicht brennen so heiss wie das Deine! Hjsos! Tu Li Yu.»[1]

Anschliessend kehrte er ins Hotel zurück und zelebrierte die Sonnenwende. Und am folgenden Tag wurde sein Gebet um eine neue Weihe seiner Liebe von den Göttern erhört. Crowley erhielt ein Telegramm von Hanni. Darin stand nur der Satz aus dem *Buch des Gesetzes:* «Liebe ist das Gesetz, Liebe unter Willen.»

Zwei Tage später reiste Crowley auf dem Landweg nach Deutschland, zu Hanni.

Fernando Pessoa erfüllte seinen Auftrag mit Geschick. Als PR-Manager war er um Klassen besser als de Vidal Hunt. Sowohl der *Diario de Noticias* als auch die *Noticias Illustrado,* zwei angesehene portugiesische Zeitungen, brachten die Geschichte vom mysteriösen Verschwinden des berühmten Dichters und Mystikers Aleister Crowley. Und ein gewisser Senhor Fereira Gomes, seines Zeichens Journalist, der ganz zufällig in der Nähe des Höllenmauls umherschlenderte, stolperte geradezu über den letzten Verzweiflungsschrei des Barons aus Britannien. Die Nachricht verbreitete sich mit der üblichen Schnelligkeit. Während Crowley in Berlin seine Hanni innigst umarmte, fragte sich der gesamte europäische Blätterwald im ehrlichen Bemühen, Spalten zu schinden: Ist Crowley tot? Wenn nicht – was ist ihm zugestossen? Die französische Zeitung *Détective* brachte Fotos des Tu-Li-Yu-Abschiedsbriefes nebst Konterfeis von Crowley in arabischer Tracht zu einem Artikel mit der Überschrift «L'Enigme de la Bouche d'Enfer».

Was die Geschichte vollends mysteriös erscheinen liess, war die lakonische Feststellung der portugiesischen Behörden, dass Aleister Crowley das Land auf dem üblichen Weg und mit den herkömmlichen Mitteln verlassen habe. Gab es gar zwei Crowleys? Einen, der normal abgereist, und einen, der am Höllenmaul ertrunken war? Die ganze Affäre war kompliziert genug, dass Scotland Yard einen Detektiv zu Recherchen nach Portugal schickte. Und *The Empire News* brachte folgenden Vorspann zu einer längeren Story:

> BERÜHMTER MYSTIKER ODER SEIN DOPPELGÄNGER?
> Abschiedsbrief in der Felsenhöhle – Liebespaar verschwunden
>
> Eine mysteriöse Notiz am Eingang einer Höhle – bekannt als das ‹Höllenmaul› – 20 Meilen von Lissabon entfernt und das Verschwinden eines hübschen Mädchens spielen in dem mysteriösen Fall des

[1] ‹Tu Li Yu› ist nicht der Name eines chinesischen Weisen oder einer von Crowleys Inkarnationen, sondern bedeutet lediglich ‹toodle-oo› oder ‹tschüs›.

Mannes eine Rolle, den man für Meister Crowley, den berühmten Mystiker hält, der in London und Paris gut bekannt ist.

Crowley war ein ausgesprochen nachtragender Mensch. Für den, der sich ihm in den Weg stellte, gab es kein ‹Liebe ist das Gesetz, Liebe unter Willen›. Glücklich wiedervereint mit dem Monster, erinnerte er sich mit Ingrimm an jenen amerikanischen Konsul in Lissabon, der Hanni zur Heimfahrt geraten hatte. Ihm schrieb er folgenden Brief, den er Hanni zur Unterschrift vorlegte: «Sehr geehrter Herr, wegen Ihres Benehmens mir gegenüber vom 17. bis 20. d. M. werde ich in Washington formell Beschwerde einlegen. Hochachtungsvoll Hanni Jaeger.» Hanni unterschrieb und schickte das Schreiben ab.

Die geheimnisvolle Story um Crowleys rätselhaftes Verschwinden kochte indes weiter. Noch nicht einmal Mord wurde ausgeschlossen. Die *Oxford Daily Mail* vom 14. Oktober 1930 brachte eine Reportage über die Vorbereitungen zu einer Séance in London, bei der mit seinem Geist Verbindung aufgenommen werden sollte; der in der Stadt Dis mit ewigen Stürmen zu kämpfen hatte.

In alles dies platzte aus heiterem Himmel der Meister in seiner ganzen Kraft und Herrlichkeit und eröffnete eine grosszügige Ausstellung seiner Bilder in der Galerie Porza in Berlin. Gezeigt wurden 23 Gemälde und Zeichnungen, darunter Porträts von alten Freunden und Bekannten wie Leah Hirsig, Norman Mudd, J.W. Sullivan sowie von Aldous Huxley, der kurz zuvor in Begleitung von Sullivan in der deutschen Hauptstadt eingetroffen war. «Ich dachte mir, er hat einen Haufen Geld und malte ihn so, wie es ihm schmeicheln würde», meinte Das Tier zu einer hastig aufs Papier geworfenen Skizze von Huxley.

Das Bild einer weiblichen Monstrosität mit dem Titel ‹Äther› sollte wegen der ungewöhnlichen Form von Sensibilität, die es erschaffen hat, erwähnt werden. ‹Auf den ersten Blick möchte man niemandem geraten haben, dieser Dame allein zu begegnen. Aber hinter den gleissenden Zähnen in ihrem verzerrten Maul und den teuflisch-tückischen Augen entdeckt der wohlwollende Betrachter den der Dame innewohnenden gutmütigen Humor, der durchaus ermutigend wirkt.› Ursprung und Umstände seiner Inspiration erklärt Crowley so: ‹Das Porträt entstand im Lauf eines Experiments über die Wirkungsweise von Äther. Künstler und Modell atmeten etwa eine Stunde lang die Dämpfe in geringen Mengen ein und machten sich dann in Windeseile an die Arbeit, bevor die Ermüdungserscheinungen voll einsetzen konnten. Und vierzig Minuten später erstrahlte das vor Ihnen stehende Meisterwerk in all seinem Glanz.›

Das also war – neben den Visionen des Tiers, Figuren und Landschaften – die Ausstellung, die er vergeblich in London hatte zeigen wollen. Alles in allem handelte es sich um miserabel gezeichnete, hässliche Darstellungen, die das Böse in sich tragen.

Crowley indes amüsierte sich weiterhin mit dem Monster und dem Geld des Reichen Mannes aus dem Westen. ‹Ich gebe mich ganz und gar der Liebe hin, bin heiter und feierlich gelöst›, schrieb er. Aber ach, alles Glück ist vergänglich. Nur zu bald finden sich im Tagebuch des Meisters immer mehr Hinweise auf seinen schlechten Gesundheitszustand, auf Streitereien und andere Alarmsignale. ‹Geheimnisvoller und unheilschwangerer Brief von Carter. Schlecht von mir beantwortet – im dritten Versuch.› Es handelt sich dabei um ein inoffizielles und nicht übermässig unfreundliches Memorandum von Colonel Carter von Scotland Yard. «Ich stelle Ihnen anheim», schrieb Carter, «sich nicht länger auf dem Kontinent herumzutreiben, sondern zu Ihrer Frau zurückzukehren. Sie könnten sonst in ernsthafte Schwierigkeiten geraten.» Quer darunter Crowleys Kommentar: «Die Unverschämtheit eines Verrückten.»

Der Reiche Mann aus dem Westen hatte die Gebote des *Buch des Gesetzes* willig übernommen. Nicht so seine Frau. Denn auch wenn sie Crowley anfangs ganz amüsant gefunden haben mag, so tolerierte sie ihn bald nur noch ihrem Mann zuliebe. Nur allzugut wusste Crowley, dass er nicht in der Lage war, Geld zu verdienen – geschweige denn, dass er dazu auch nur die geringste Lust verspürte. Die ganze Angelegenheit erschien ihm viel zu nebensächlich und schmutzig. Schliesslich war es sein Auftrag, die Mysterien zu ergründen; verkündete er das Gesetz. Rechnungen und dergleichen überliess er grosszügig anderen Leuten. Die Faszination, die er auf seine Anhänger ausstrahlte, war so gross, dass sie auch stets brav zahlten. Das ging so weit, dass sie für sich auf Lebensnotwendiges verzichteten, nur damit sie ihren Herrn und Meister mit dem gewohnten Luxus ausstatten konnten. Und Crowley wiederum – der nur selten halbe Sache machte – erwies sich weder bescheiden noch dankbar. Seiner Rolle als Das Tier würde er weder entsagen, noch sein innerstes Ich aufgrund dümmlicher Überlegungen über Finanzfragen aufgeben.

‹Mein armes Schätzchen hatte wieder einen Anfall von Melancholie›, schrieb er über die tief geliebte Hanni Jaeger, ‹das Ganze wird verschlimmert durch Schnaps. Gegen ein Uhr nachts kam sie wieder zu Sinnen und erklärte einiges. Ich werde wahnsinnig vor Liebe zu ihr und vor der Erkenntnis meiner Unfähigkeit, ihr so zu helfen, wie ich gerne möchte.›

In der Zwischenzeit hatte Das Tier sein Monster vollständig dressiert und zur Frau in Scharlach geweiht. Sie assistierte ihm bei allen Ritualen und fungierte als seine Seherin, und schaute für ihn in den Kristall.

Daraus hervor starrte geheimnisvoll ein Auge in einem blauen Kreis. Dem Himmel zugewandt, stiess ein kleiner Mann ins Horn. Dann glitt eine schwarz-goldene Schlange ins Wasser. Weisse Blumen, und dann wieder das Auge.

Es schlug Mitternacht. Sieben Minuten später starrte der Teufel selbst mit stierem Blick aus der Kugel.

Am nächsten Tag: ‹Das arme Kind soll nicht mehr so viel leiden. Heute nacht war sie so müde, dass sie einschlief, anstatt *Magick* zu betreiben, was wir ursprünglich vorhatten.›

Der Streit mit der Frau des Reichen Mannes aus dem Westen verschärfte sich. Einmal beschimpfte er sie wütend als Verrückte, bei anderer Gelegenheit behauptete er, sie habe ihn verdammt und verflucht. Ausserdem nannte er sie alte Hexe.

«Mein lieber Mr. Crowley», schrieb sie ihm, «die 15000 Dollar, die ich Ihnen zur Verfügung gestellt habe, haben Sie nicht für konstruktive Arbeit verwendet, sondern in teuren Zigarren, Cognac, Cocktails, Taxis, Diners sowie Ehe- und sonstige Frauen angelegt, was immer Ihnen grade in den Kram passte. Ich halte Sie für einen extrem selbstsüchtigen Menschen . . . In einer Woche geben Sie mehr Geld aus für Zigarren und Cognac als ich für meinen ganzen persönlichen Bedarf in zwei Monaten. Wenn ich das Haushaltsgeld bezahlt und Miss Jaeger den Rest gegeben habe, ist schon nichts mehr da . . . Ich möchte Sie nicht beleidigen, aber ich glaube, Sie leiden an einem Ich-bin-Gott-Komplex. Und selbst der Allmächtige wäre nicht so anmassend wie Sie. Und das ist nur eine der Ursachen für die Schwierigkeiten, in denen Sie stecken.»

Und so weiter.

Kommentierte Crowley kurz und bündig: «Entsprechend geantwortet».

Auch Bruder Saturnus trieb Crowleys seltsames Verhalten bisweilen zu Protestschreiben. Zweifellos war Das Tier von solchen phänomenalem Genie, dass die für Normalsterbliche geltenden Regeln auf ihn nicht zutrafen. Wie Kronos frass er seine eigenen Kinder. Dann wiederum konnte er unerwartet lächeln, eine Spur Anteilnahme und Zuversicht verbreiten, von besseren Zeiten erzählen und der *Magick*, die da kommen sollte, von der Gnade der Götter und ihren hilfreichen Händen, die sich ihnen für immer darbieten würden.

HASSLIEBE FÜR BERTHA BUSCH

«Habe gestern abend Maria zum Essen eingeladen», schrieb Bruder Volo Intellegere aus London dem Tier nach Berlin,

> und es ging ihr sehr schlecht. Zwar ist die Miete bis Ende des Monats bezahlt, aber sie hat kaum noch etwas zu essen. Sie ist in schlechter nervlicher Verfassung und redet in einem fort von Selbstmord. Sie hat sich ernsthaft bemüht, Arbeit zu finden, allerdings mit sehr wenig Erfolg. Zwar hatte sie schon eine regelmässige Arbeit gefunden, aber dann die Stelle wieder verloren aufgrund der Tatsache, dass sie mit Dir verheiratet ist. Das war, als im Januar der *John Bull* seine Attakken auf Dich und die Mandrake Press losliess . . .

Warum aber, sollte man an dieser Stelle fragen, hatte sie sich überhaupt mit Aleister Crowley eingelassen? Er verfügte über fast alle Eigenschaften, die einer Frau zuwider sind: ständig war er in miserabler physischer und psychischer Verfassung, für seine Untreue war er geradezu berüchtigt und mit seinem rauschgiftverhangenen Blick und den Ätherdünsten, die ihn umhüllten, wirkte er tatsächlich wie der Wanderer der Wüste. Ganz offenkundig war, dass er vollkommen liebesunfähig war im normalen Sinne des Wortes.

Den einzigen Schlüssel zum Verständnis von Maria Teresas Persönlichkeit liefert das Protokoll (von V.I.) eines magischen Rituals in Paris[1], das sie, Volo Intellegere und Die Schlange Anfang 1929 in Crowleys Pariser Wohnung veranstalteten. Crowley war abwesend. Angeregt hatten die Schlange und Volo Intellegere Marias Bemerkung, sie habe in ihrer Jugend an einem Sonnenwendfeuer einen Tanz für den Teufel getanzt.

Sie legten die magischen Roben an, räumten die Wohnung aus, schürten ein Kohlefeuer, entzündeten den Weihrauch des *Abra-Melin* und löschten das Licht. Sie begannen mit dem Ritual des Pentagramm. Dann nahmen Schlange und V.I. eine bequeme Yoga-Position ein und rezitierten entsprechend der *Magick* des Tiers die Verse der Stele des Ankh-f-n-Khonsu. Maria, die Bruder V.I. als gross und schwerfällig beschrieb, be-

[1] Von Volo Intellegere.

gann den Tanz. Sie ging, sich in den Hüften wiegend, zum Feuer und strich mit blossen Händen und Füssen über und durch die Flammen. Der Raum war erfüllt von Weihrauch und dem Qualm der Kohlen. Während Schlange und V.I. noch immer das ägyptische Mantra sangen, stiess Maria plötzlich einen gellenden Schrei aus und fiel besinnungslos zu Boden. V.I. fühlte hinter seiner rechten Schulter eine Erscheinung, eine Gestalt oder Gewalt ausserhalb des magischen Kreises. Die Schlange bestätigte dies, auch sie hatte das Wesen gefühlt und konnte sogar genau den Ort bestimmen.

Maria Teresa trennte sich von dem Mann, den sie für ihren Ehegatten hielt. Sie war nun nur noch daran interessiert, wie sie es zurückhaltend formulierte, ihren Lebensunterhalt zu sichern, da sie den Eindruck hatte, dass Crowley Geld besass und vielleicht überredet werden könnte, ihr ihren Teil abzugeben. Aber abgesehen von unerwarteten Zuwendungen ‹Reicher Männer› und ‹Reicher Frauen› oder etlicher armer Männer und Frauen (wie zum Beispiel sein ergebener Freund Gilbert Bailey, der sich in die Fänge von Kredithaien begab, als ihn Crowley *sehr dringend* um Geld bat), hatte Crowley lediglich ein Einkommen von ein paar Pfund die Woche. Denn die Treuhänder der kleinen Kapitalgesellschaft (s. Fussnote S. 159) Crowleys teilten mittlerweile die Zinsen des in die Gesellschaft eingebrachten Vermögens zwischen Crowley und seiner Tochter Lola Zaza auf.

Dem Tier war klar, dass er etwas unternehmen musste. Maria war ihm ein Klotz am Bein. Er musste sich scheiden lassen, durfte aber keinesfalls Gefahr laufen, ihr Alimente zahlen zu müssen. Seinen Londoner Anwälten setzte er folgenden Schriftsatz auf:

> Vom 16. Juni bis 1. August 1930 lebte ich zusammen mit meiner Frau in Knightsbridge, Park Mansion 89. Ständig hatte ich Anlass zu Klagen und Beschwerden, was ihr Verhalten betraf.
> 1. Sie weigerte sich, Englisch zu lernen.
> 2. Sie war immer betrunken. In aller Öffentlichkeit einmal sogar bis zu dem Punkt, wo sie sich übergab und besinnungslos zusammenbrach.
> 3. Häufig machte sie mir heftige Szenen – auch in Anwesenheit von Freunden oder in Gesellschaft.
> 4. Mit männlichen Gästen pflegte sie Geschlechtsverkehr auszuüben. In aller Öffentlichkeit kam es zudem zu Küssen, Umarmungen etc.
>
> 1. August: Ich reiste wegen wichtiger Geschäfte nach Berlin.
>
> 3. August: Ich gab meiner Frau genaue schriftliche Anweisungen, die Zeit meiner Abwesenheit betreffend. Ebenfalls äusserte ich die o. a. Beschwerden und liess sie wissen, dass mir ein normales Zusammenleben mit ihr nicht möglich ist, solange diese Missstände nicht abgestellt worden sind.

Auf diesen Brief erhielt ich keine ernstzunehmende Antwort, sondern lediglich eine durch und durch anzügliche Mitteilung, die mir nachgesandt wurde, nachdem ich Berlin am 13. August verlassen hatte und bereits in London eingetroffen war.

24. August: London. Keine Nachricht von meiner Frau ausser dem vagen Gerücht, sie habe in einem Restaurant, in dem ich gelegentlich esse, nach mir gefragt. Ansonsten lebe sie mit einem anderen Mann in einer Wohnung in Hampstead zusammen etc.

29. August. Noch immer keine Nachricht. Muss London wegen einer Geschäftsreise nach Lissabon verlassen.

Bruder V.I. teilte Crowley brieflich mit, dass Maria aus ihrer Wohnung in Hampstead ausgezogen sei und ihr letzter Brief auf Selbstmord schliessen lasse: «Ach, alle Welt ist so grausam zu mir. Wenn Du diesen Brief in Händen hältst, bin ich bereits tot. Ich verlasse diese Welt ohne Bedauern, denn ich weiss, dass ich nun für immer gehe und Ruhe und Frieden finden werde. Schreib bitte Crowley, dass ich ihm in meiner letzten Stunde nicht vergeben habe. Leb wohl.»

Das Tier befragte das *I Ging*. Wo ist Maria? Antwort: *Kwan. Die Waschung ist geschehen, aber noch nicht die Darbringung*.

Sie hat sich mit einem andern Mann davongemacht, interpretierte Crowley, aber sie könnte auch tot sein. Ersteres schien ihm wahrscheinlicher.

Crowley war ängstlich bestrebt, sich von Maria scheiden zu lassen, da er das Monster heiraten wollte. Oder wenn nicht das Monster, dann irgendeine andere Frau in Scharlach, von der er noch immer träumte: die Frau, die alle seine Probleme mit einem Schlag lösen würde. In letzter Zeit hatte er das Chinesische Orakel häufig gefragt, ob er «versuchen soll, sein ständiges Wohlergehen durch die Heirat mit einer reichen Frau zu sichern». Die letzte Antwort des Allwissenden Geistes auf diese Frage hatte gelautet: «Das kühne, das schlechte Weib».

Auch das Monster wollte die Scheidung des Tiers – sie war schwanger. Sie fragte die Schlange um Rat. Die Schlange, Schüler Crowleys in der Magie, aber sein Lehrer in allen praktischen Angelegenheiten, schrieb an Crowley zurück: «Das Monster bemerkt sehr richtig, dass es für das Grosse Werk besser wäre, wenn Du klagst.» Aber:

> Zu dumm, dass wir daran nicht schon vor ein paar Monaten gedacht haben, als Du diesen Brief an Maria schriebst, in dem bedauert wurde, dass der -zigfache Ehebruch wegen der Strapazen der Reise nicht noch öfter hatte stattfinden können. Es muss Dir grosses Vergnügen bereitet haben, diesen Brief zu schreiben, aber nun verhindert er auch nur den leisesten Gedanken daran, als Kläger aufzutreten. Beides auf einmal geht nun mal nicht.

Unterhaltszahlungen hin oder her: die Frage der Scheidung verlagerte sich auf eine andere Ebene, als Maria in eine Nervenheilanstalt eingewiesen wurde. Sie hatte die Wahnvorstellung – ich zitiere aus dem Bericht des Oberarztes – «die leibliche Tochter des Königs und der Königin zu sein und ihren Bruder geheiratet zu haben, den Prince of Wales».

‹Maria ist in Colney Hatch, wie man hört›, schrieb Crowley in sein Tagebuch. Und erinnerte sich daran, dass das Verschwinden seiner ersten Frau Rose in der Klapsmühle das Signal für das Auftauchen seiner zweiten Frau in Scharlach Virakam gewesen war. Sollte also nun wiederum eine neue Frau und Gefährtin in sein Leben treten, die er in der hohen Kunst der *Magick* unterweisen konnte? Denn auch Das Monster hatte ihn nach mancherlei Aufregung endgültig verlassen. ‹Hanni ist endlich abgehauen. Sogar mein *Book of Lies* hat sie mitgehen lassen. Ich bin froh, dass ich sie somit überall als Diebin brandmarken kann.›

Er füllte den Fragebogen über Maria Teresa Crowley aus, den ihm die Nervenklinik Colney Hatch zugesandt hatte und merkte an: ‹Es ist typisch englisch, den Wahnsinn als blossen Scherz zu betrachten›. Gleich anschliessend räumte er mit sämtlichen überflüssigen Frauen und Geliebten auf, um den Weg endgültig freizumachen für den erhabenen Auftritt einer neuen Frau in Scharlach.

Sie hiess Bertha Busch, und er nannte sie Bill oder Billy. Sie war 36 Jahre alt und muss mindestens einmal verheiratet gewesen sein. Was sie sonst mit ihrem Leben angefangen hatte, bevor die Sterne sie und Aleister Crowley zusammenführten, ist mir unbekannt geblieben.

Sie trafen sich folgendermassen: Crowley machte einen Spaziergang Unter den Linden, als sich ihre Blicke trafen. Crowley blieb stehen und besah sich das Schaufenster eines nahegelegenen Reisebüros. Sie sprach ihn an.

Sie sagte nicht: «Warum schauste denn so traurig, Kleiner?» Sie sagte: «Und wohin soll die Reise gehen?».

Das war um 15 Uhr am 3. August 1931 und noch bevor seine stürmische Affäre mit einer gewissen Pola auch nur halbwegs abgekühlt war.

Er erkrankte an Bronchialasthma – sie kam und pflegte ihn. Einmal blieb sie auch über Nacht – in der gleichen Nacht, als die Polizei eine Razzia im Hotel machte, weil man darin ein neu eröffnetes Bordell vermutete. Sexuell waren sie voneinander regelrecht besessen! Er beschrieb ihre sexuellen Reize und Fähigkeiten in überschwenglichen Worten.

Er sprach von wahrer Liebe und wahrer Leidenschaft. Dennoch hatte er das Gefühl, sie auf Distanz halten zu müssen, da er befürchtete, dass sie ‹meine Liebe erwidert›.

Und ob sie das tat. Wir können guten Gewissens annehmen, dass sie ein unerfülltes und unglückliches Leben geführt hatte, bevor ihr ihr Liebling, wie sie das Tier nannte, in die Augen gesehen und gefragt hatte, ob sie seine Frau in Scharlach werden wollte.

Obwohl Crowley sich krank zu Bett gelegt hatte und davon träumte, seine Frau und drei Kinder umgebracht zu haben, genügte der Gedanke an Bill, ihn auf geheimnisvolle Weise genesen zu lassen. Nur, damit er ihr Geld geben konnte, verpfändete er seine Juwelen. Er weihte sie zur grossen Hure des Tiers 666. Aiwass wohnte der Zeremonie die ganze Zeit bei.

Schliesslich fand er eine Wohnung und lebte mit ihr zusammen.

Sie war der Anlass für etliche Streitereien zwischen Crowley und Bruder Saturnus, der ihr das Recht absprach, die hohe Stellung als Gefährtin und dem Tier Ebenbürtige einzunehmen. Crowley jedoch waren derartige Bedenken von Bruder Saturnus gleichgültig. Er warf sich mit Inbrunst in seine aufwallende Leidenschaft: diese war stark genug, dass sein Blut über ihr Gesicht strömte, wenn sie ihn während wilder Küsse heftig in den Mund gebissen hatte.

Wenn Crowley seine Bill tatsächlich liebte, so muss dennoch seine Liebe zu ihr sehr ‹ambivalent› gewesen sein – in Bleulers Terminologie der Begriff für Hass und Liebe –, die sich zu einer umfassenden Leidenschaft vermischen. Denn Bill wurde von dem Tier – wenn auch unterbrochen von Phasen der Liebe und Verehrung – vollkommen ausgenutzt, was jede Hoffnung auf eine echte Beziehung auf Dauer zerstört.

> Montag, 2. November 1931. Besuchten Max Brunnig, eine Art schlechter Dix oder Rops mit einem Atelier, das ziemlich nah an einen orientalischen Gebrauchtwarenladen herankommt. Er gab uns eine Menge schlechten Cognacs. Wir wurden geradezu wahnsinnig vor Geilheit. Wir gingen sofort nach Hause, und ich ergoss mich auf meine Frau in Scharlach. Sie pisste gleich literweise. Wir rissen uns die Kleider vom Leib und fickten, fickten, fickten. Plötzlich bekam sie einen Anfall von Eifersucht wegen dreier billiger Huren in Brunnigs Atelier, und ich würgte sie.
>
> Dienstag, 3. Wachte zeitig auf und vollendete den Fick.

Sie stritten sich laut auf offener Strasse. Einmal drückte Crowley sie mit einer Hand gegen eine Hauswand und schlug mit der andern auf sie ein – Pech für Crowley, dass ein gerade vorbeikommender SA-Trupp Bill half und Crowleys Gesicht in den Rinnstein trat.

Natürlich provozierten derartige Ausbrüche bei der Frau in Scharlach Aggressivität. Frauen, egal ob scharlach oder andersfarbig, werden zu dem, was Männer aus ihnen machen. ‹Bill ging in die Küche, ich ins Arbeitszimmer. Plötzlich rannte sie auf mich los und stach mit einem Schnitzmesser auf mich ein. Ich musste sie mit aller Kraft niederhalten und blutete, bis Marie [die Hauswirtin] zwei Stunden später einen Arzt rief.›

Der Arzt gab Bill eine Morphiumspritze, dann nähte er die Wunden des Tiers.

‹Dienstag, 15. Dezember. Hamilton kam zum Abendessen. Reagierte völlig ungläubig, als ich ihm von der Messerstecherei erzählte – und ihm wurde schlecht, als er sich das Blut vorstellte.›

Gemeint ist Gerald Hamilton, der Gefährte von Sir Roger Casement und der einzige Mensch, der während beider Weltkriege aus politischen Gründen im Gefängnis von Brixton sass. Später lebte er bei Crowley als Untermieter.

«Das Tier», berichtete mir Hamilton lakonisch, «bestritt seinen Lebensunterhalt aus den unfreiwilligen Zuwendungen von seinen Freunden.»

Aber obwohl sich Crowley ständig darüber zu beschweren pflegte, dass Bill sich immer wieder als Ärgernis erwies, war ihr Zusammenleben keineswegs nur ein ständiger Kampf. Offenbar genossen beide ihr gesellschaftliches Leben. Er stellte sie seinen Freunden vor als seine Hure, die triumphierend auf ihm reitet. Sie trafen den Schriftsteller Christopher Isherwood und den Dichter Stephen Spender, die damals in Berlin lebten.

Ein anderer Tagebucheintrag aus dieser Zeit lautet: ‹Mein kleiner Liebling bringt mich noch um. Nach dem Mittagessen verführte sie mich mit ihrem wundervollen Mund, und ich musste einfach mit ihr schlafen. Ich schrie 10 Minuten lang.›

Eines Nachts wiederum kam Hamilton spät nach Hause und fand Bill splitternackt auf dem Fussboden liegend. Es war Winter und das Feuer schon lange abgebrannt. Er rüttelte das dösende Tier wach und fragte: «Ist Bill krank?»

«Was – die alte Hure ist immer noch nicht im Bett?». –

Crowley torkelte vom Sofa (er war halb angezogen und hatte noch die Stiefel an den Füssen) und gab ihr den heftigsten Fusstritt, den Hamilton je gesehen hatte.

Über die ganze Wohnung war zerbrochenes Geschirr verstreut – das Werfen von Tellern war eine von Bills Verteidigungsmethoden. Bill sprang auf, und sofort begann eine Schlägerei. Crowley versuchte ein Stück Schnur zu fassen, das er für derartige Zwecke immer in Reichweite liegen hatte.

«Hilf mir, sie zu fesseln», brüllte er Gerald an, «steh' nicht rum wie ein Nachtwächter.»

Gerald indes zog sich taktvoll zur Tür zurück und ignorierte die Hilfeschreie beider Seiten. Dann fasste er den weisen Entschluss, einen Arzt zu holen. Der kam, sah, zog eine Injektionsspritze auf und verabreichte Bill das dringend nötige Betäubungsmittel.

Gerald sympathisierte zu jener Zeit mit Kommunisten und war gleichzeitig ein irischer ‹Revolutionär›, d. h. er war anti-britisch eingestellt. Für Crowley kam dies ziemlich gelegen, weil es ihm die Möglichkeit gab, mit Thälmann und anderen führenden Kommunisten zusammenzutreffen (er wollte versuchen, sie zu überzeugen, den Klassenkampf zugunsten des Gesetzes Thelema fallenzulassen, das alle Probleme lösen würde), sowie nebenbei 50 Pfund einzustreichen, indem er seinen Freund Gerald für die Britischen Behörden bespitzelte.

Noch einmal unternahm Crowley den Versuch, Schlagzeilen zu machen, indem er unter Billys Namen ein Telegramm an Wilfred Hanchant schickte (den Mann, den Crowley zufolge Maria Teresa vergeblich zu verführen versucht hatte) mit den Worten: ‹Meister Therion verstorben. Bitte Presse informieren›. Aber Hanchant kabelte zurück: «Davon gibt es gleich zwei, und Lügner sind sie beide.»

Bertha Busch ging schliesslich den Weg aller Frauen in Scharlach des Tiers. Ihre Briefe an ihn in einer der Dorothy Olsen nicht unähnlichen grossflächigen Handschrift sind voll von Zärtlichkeit, Rechtfertigungen und Verzweiflung. Sie folgte ihm nach England, wo sie nach einer Reihe immer schwächer werdender Tobsuchtsanfälle allmählich in der Dunkelheit versank.

DAS ERSTAUNEN VON RICHTER SWIFT

Sehr zu seinem Bedauern hatte Crowley nie den Versuch unternommen, den *Sunday Express* wegen Verleumdung zu belangen und sich durch einen gewonnenen Prozess – wie es Frank Harris in allem Optimismus ausdrückte – sowohl persönlich zu rehabilitieren, als auch finanziell zu sanieren. Der Gedanke, dass er sich mit einem Prozess gegen Lord Beaverbrook übernehmen könnte, kam Crowley nie. Zugegebenermassen waren die öffentlichen Hinrichtungen seitens des *John Bull* (‹Ein Mann, den wir hängen sehen wollen›, ‹Ein Kannibale im Grossformat›, ‹König der Verderbnis› lauteten die Überschriften zum Thema Crowley) wesentlich ungeschlachter als die des *Sunday Express*. Die Kampagne dieser Sonntagszeitung jedoch war wesentlich effektvoller und seiner Einschätzung nach der unmittelbare Grund für seine Ausweisung aus Sizilien, sowie der Ruin seiner gesamten Arbeit gewesen. Mudds Pamphlet indes war wirkungslos geblieben, niemand hatte davon Notiz genommen. Und Crowley selbst hatte es unmittelbar nach diesen deprimierenden Ereignissen sowohl an Geld als auch Durchstehvermögen gefehlt, Lord Beaverbrook juristisch anzugreifen.

Am 7. Januar 1933 nun schlenderte Crowley in London durch die Praed Street, als sein Blick auf das Schaufenster einer Buchhandlung mit einem Exemplar seines Romans *Moonchild* fiel. Daneben stand ein Schild mit den Worten: ‹Aleister Crowleys erster Roman *The Diary of a Drug Fiend* wurde nach Angriffen in der Regenbogenpresse aus dem Verkehr gezogen.›

‹Entdeckte einen klaren Fall von Verleumdung in Praed Street 23›, notierte Das Tier in sein Tagebuch und marschierte zu seinem Rechtsanwalt.

Am 10. Mai wurde das Urteil verkündet. «Es gab nicht den geringsten Grund zu der Annahme, dass Mr. Crowley in seinem Werk obszöne oder die guten Sitten verletzende Aussagen gemacht hat», sagte Richter Bennett. «Mr. Gray [der Buchhändler] wollte lediglich der Öffentlichkeit suggerieren, dass das neben dem Schild befindliche Buch die Moral verletze.»

Crowley wurden 50 Pfund Schadensersatz zugesprochen, die Kosten gingen zu Lasten des Beklagten.

Im August 1933 traf er die 35jährige und in bescheidenen Verhältnissen lebende Pearl Brooksmith. Er befragte das *I Ging* nach einer generellen Einschätzung der Dame und erhielt eine Antwort, die er ohne weitere Mühe dahingehend deutete, dass sie den grossen Mann persönlich dringend brauchte. Ihr erster Akt der Sexualmagie fand ein paar Tage später statt, Crowley beschrieb ihn in seinem Tagebuch auf lateinisch mit den Worten: ‹in der Dame Hand›. Ein paar Wochen später hielt er folgende ‹perfekte magische Formulierung Pearls' fest: ‹In mir fühle ich die Flamme der Unzucht züngeln›.

Der Erfolg seiner ersten Verleumdungsklage machte Crowleys Mund wässrig. Ihm fiel ein, dass Nina Hammett in ihren Memoiren *Laughing Torso* über ihn geschrieben hatte, die 1932 erschienen waren.

‹Ich habe eine ganze Menge über Sie geschrieben›, korrespondierte Nina Hammett 1930 mit Crowley ‹alles sehr nett und voller Hochschätzung. Keine Verleumdungen, kein Unsinn, sondern lediglich ein Aufzeigen der Haltung des *sale bourgeois* zu unsereinem.›

Crowley schlug nach und las, dass er in Cefalù einen Tempel hätte. ‹Angeblich praktizierte er dort Schwarze Magie, und eines Tages soll auf mysteriöse Weise ein Baby verschwunden sein. Ausserdem war noch eine Ziege zugange. All das, sagten die Leute, stank nach Schwarzer Magie. Die Dorfbewohner fürchteten sich vor ihm.›

Crowley nahm seinen Hut und marschierte zum Rechtsanwalt.

Des Tiers Klage gegen seine alte Freundin Nina Hammett (sie kannten sich seit mehr als zwanzig Jahren) brachte einen der ungewöhnlichsten Prozesse des zwanzigsten Jahrhunderts hervor. Crowley hatte es diesmal nicht mit einem kleinen Buchhändler zu tun, sondern mit dem grossen Verlagshaus Constable and Company und ihrem Rechtsanwalt Malcolm Hilbery, K.C.

Crowleys Rechtsanwalt bat das Tier, zwei Bürgen zu benennen, die seinen ehrenhaften Charakter vor Gericht bestätigen könnten. Ausser seinen Jüngern fand sich jedoch niemand, der geschworen hätte, dass der ‹verruchteste Mensch der Welt› nichts weiter war als ein ältlicher Herr, der aufgrund unglücklicher Umstände ins Zwielicht übler Gerüchte geraten war.

‹Mr. Crowley irrt›, schrieb J. W. N. Sullivan an Crowleys Rechtsbeistand. ‹Ich habe nicht die geringste Absicht, in dem von Ihnen erwähnten Prozess aufzutreten.› Sullivan hatte sich schon seit langem aus Crowleys Dunstkreis entfernt.

Emphatischer noch war J. F. C. Fullers (mittlerweile hochdekorierter Generalmajor) Absage.

Der Romancier J. D. Beresford, der *The Diary of a Drug Fiend* für William Collins kommissioniert hatte, gab eine eher zurückhaltend formulierte Ablehnung und versuchte, Crowley von seinen Prozessplänen abzubringen. ‹Ich hege nicht die geringsten Zweifel, dass im Falle ihres

Erscheinens vor Gericht einige aussergewöhnlich unvorteilhafte Angriffe auf Ihre Person getätigt werden, die Ihnen jede Chance bei einem berufsmässig die guten Sitten hütenden Richter verderben würden.›

Crowley griff auf Bruder Saturnus zurück, der selbstverständlich zusagte.

Crowleys Rechtsanwalt, vermutlich die schwächste Stelle in Crowleys Hauptkampflinie, bat seinen Mandanten um ein Exemplar von *White Stains*. Nach der Lektüre des Buches schrieb er an Crowley: ‹Ganz zweifellos sind Ihre Chancen, diesen Prozess zu gewinnen, absolut minimal, wenn die Beklagten in den Besitz dieses Buches gelangen sollten. Eine andere Auskunft kann ich Ihnen leider nicht geben.›

Andere Fragen des Rechtsanwalts befassten sich mit der Abtei. Waren die Thelemiten nicht nackt und bloss herumgelaufen und hatten so die Sizilianer schwer schockiert? Antwortete Crowley:

> Gerade entsinne ich mich eines Zwischenfalls, der vermutlich die Grundlage der Berichte über unsere Exhibitionismen den Sizilianern gegenüber darstellt. Als Strafe für sein schlechtes Benehmen stiess ich einen Mann namens Russell aus der Abtei aus, der daraufhin in seinem Zorn gelobte, eine Woche lang und ohne Wasser auf einem Felsgipfel zu verbringen. Ganz natürlich drehte er durch und warf sich in allerlei Unfug und Absurditäten, zu denen auch dieser Vorfall gehören dürfte.

Am 10. April 1934 wurde die Verhandlung vor dem Hohen Gericht und unter Vorsitz von Richter Swift eröffnet. Die Verteidigung verfolgte eine Strategie der Ehrenrettung Crowleys.

Rechtsanwalt J. P. Eddy begann mit einer kurzen Zusammenfassung von Crowleys Leben: er hatte ein Vermögen geerbt, sich der Poesie und Kunst ergeben, hatte Reisen und Bergbesteigungen in den Alpen durchgeführt. Die Sahara hatte er zu Fuss durchwandert. Seit Jahren beschäftigte er sich mit Magie, deren schwarze Variante er leidenschaftlich bekämpfte. 1920 schliesslich gründete er in Cefalù eine kleine Gemeinde, zum Zweck des Studiums der Weissen Magie. . . .

Anschliessend zitierte Eddy die Passage aus Nina Hammetts Buch über das verschwundene Baby und die Ziege. Im Zeugenstand stritt Crowley ab, dass er Nina Hamnett von alledem auch nur ein Wort erzählt habe.

Anschliessend nahm Hilbery Crowley ins Kreuzverhör.

«Fordern Sie Entschädigung?», fragte er Crowley , «weil Ihre Reputation gelitten hat?»

«Ja», antwortete Crowley.

«Schon seit Jahren werden Sie öffentlich als der verruchteste Mensch der Welt bezeichnet?»

«Nur von den niedersten Zeitungen.»

«Hat eine Zeitung sie einmal ein ‹Ungeheuer an Schlechtigkeit› genannt?»

«Ich erinnere mich nicht.»

«Haben Sie sich seit Ihrer Jugend offen über alle Moral hinweggesetzt?»

«Nein.»

«Und Ihre Verachtung für alle Lehren des Christentums proklamiert?»

«Nicht für alle Lehren ...»

«Haben Sie sich nicht die Bezeichnung ‹Das Tier 666› gegeben?»

«Ja.»

«Nennen Sie sich ‹der Meister Therion›?»

«Ja.»

«Was bedeutet ‹Therion›?»

«‹Grosses Wildes Tier›.»

«Geben diese Titel einigermassen zutreffend Ihr Leben und Ihre Anschauungen wieder?»

«‹Das Tier 666› bedeutet lediglich ‹Sonnenlicht›. Sie können mich ‹Kleiner Sonnenschein› nennen.»

Gelächter.

Am zweiten Tag verlas Hilbery ein Gedicht aus dem erotischen *Clouds without Water* und fragte das Tier: «Ist das nicht Schund?»

«So, wie Sie es vorlesen», erwiderte Crowley (und kehrte Wildes Antwort an Carson um), «ist es grossartig.»

Ebenfalls vor Gericht behandelt wurde *White Stains,* das Crowleys Rechtsanwalt so schockiert hatte. Der Richter fragte die Geschworenen, ob Sie Lust verspürten, das Buch anzulesen. «Nicht die geringste», gaben sie zu verstehen.

Ganz, wie Beresford prophezeit hatte, wurden manche für Crowley nicht allzu günstige Aspekte seines Lebens ausgegraben. Der Fall Crowley gegen Nina Hammett und Constable and Company schlug sehr bald um in ein Verfahren gegen Crowley wegen unsittlichen Lebenswandels. Am dritten Verhandlungstag wurde Betty May in den Zeugenstand gerufen und berichtete allerlei schmutzige Szenen aus Crowleys Abtei. Als man sie zu Crowleys Wandgemälden in Crowleys Schlafzimmer der Nachtmare befragte, antwortete sie: «Sie waren schrecklich».

«Meinen Sie unanständig?», fragte der Richter.

«Die meisten.»

Am vierten Verhandlungstag schliesslich konnte sich der Richter nicht länger zurückhalten und sagte, zur Jury gewandt:

> Seit mehr als vierzig Jahren diene ich dem Gesetz in mannigfacher Funktion. Bisher lebte ich in dem Glauben, alle nur erdenklichen Er-

scheinungsformen des Übels und der Schlechtigkeit kennengelernt zu haben. Ich war der Überzeugung, dass es nichts mehr gäbe an Gemeinheit und Lasterhaftigkeit, das nicht zu irgendeinem Zeitpunkt vor mir ausgebreitet worden wäre. Aber in diesem Verfahren habe ich erfahren, dass wir nie auslernen, solange wir leben. Nie zuvor habe ich derart Schreckliches, Ekelhaftes, Blasphemisches und Elendes gehört wie von diesem Mann, der sich Ihnen gegenüber als der Welt grösster lebender Dichter ausgibt.

Wollen Sie immer noch, dass die Verhandlung weitergeführt wird?

Noch während die Jury beriet, erhob sich Crowleys Rechtsbeistand, aber der Richter gebot ihm Einhalt: «Nicht jetzt, Mr. Eddy, nicht jetzt».

«Können wir uns nun zur Beratung zurückziehen?« fragte ein Schöffe.

«Nein», sagte der Richter, «falls Zweifel bestehen, muss weiterverhandelt werden.»

Wieder beriet das Gericht und sprach nach kürzester Zeit die Beklagten von jeder Schuld frei.

Damit war der Fall beendet. Crowley hielt keine dramatischen Reden: es gab nicht die 1924 in einem Brief an Frank Harris angekündigten Verkündigungen des Wortes des Herrn. Seine Meinung hatte lediglich Richter Swift verkündet.

Als Crowley den Gerichtssaal verliess, stürzte ihm ein neunzehnjähriges Mädchen nach, das die Verhandlung verfolgt hatte. «Dieses Urteil», sagte sie, «ist das grösste Unrecht seit der Kreuzigung. Kann ich irgendwie helfen?»

Crowley starrte sie tiefbewegt an. Aufgewühlt von Gefühlen war er unfähig, ihr zu antworten.

«Könnte ich nicht», fuhr die Fremde fort, «Ihrem Kind die Mutter sein?» Da sie bereits zwei uneheliche Kinder hatte, wusste sie, worauf sie sich einliess.

Crowleys Kommentar zur Gerichtsverhandlung (im Tagebuch) war eher rätselhaft. Er unterstrich das Datum ‹Freitag, 13. April›, versah es mit einem Ausrufezeichen und schrieb: ‹Fall gestört, da Swift und Nina zusammenbrachen. Riesenspass – die Bestürzung bei Constable & Co.›

Am nächsten Tag fuhr er mit Pearl nach Brighton. Sie hatte Bill auf dem Posten als Hure der Sterne abgelöst, nachdem Das Tier etliche Bewerberinnen getestet und abgelehnt hatte. Seltsamerweise fühlte sich Crowley nach der Niederlage bei Gericht echt beschwingt. Er hatte verloren, zugegeben, aber überall in London und sonstwo schrien die Zeitungsjungen seinen Namen. Atemlos hatte die Welt für einen Moment stillgestanden und sich seinen Worten und seinem Bild zugewandt. In der Niederlage gründete ein Sieg.

Der Prozess brachte Crowley nicht nur in die Erinnerung der Millionen, sondern auch in die seiner Gläubiger zurück, die ihm ein Konkursverfahren nach dem andern anhängten. Seine Verpflichtungen aus 38 garantierten und teilweise garantierten Krediten beliefen sich auf 4695 Pfund, 8 Shilling und 1 Penny, denen angeblich 15000 Pfund Sicherheiten gegenüberstanden. Unglücklicherweise waren diese Sicherheiten nicht so recht zugänglich. Sie sollten von Bruder Volo Intellegere kommen, dem Crowley kürzlich einen Zahlungsbefehl über 15000 Pfund ins Haus geschickt hatte mit der Begründung, dass Crowley diese Summe verdient haben könnte, wenn nicht Volo Intellegere sein Geschäftsführer gewesen wäre. Das Saldo stand also noch immer auf £ 4695 8s. 1d. Davon betrugen die Gerichtskosten allein 846 Pfund, 265 Pfund schuldete er Händlern für Grosseinkäufe von Wein und Tabak, 814 für Kleidung und Bücher. Und so weiter. Der Gerichtsspruch im Verfahren endete mit den Worten: ‹Der Konkursant gibt zu Protokoll, dass er keinerlei Hausrat besitzt›.

Crowley hatte tatsächlich nichts dergleichen – Alastor, den Wanderer in der Wüste, hätte Hausrat nur belastet. Wohlweislich hatte er mit einem Grundbesitz im Wert von annähernd 15000 Pfund in San José, Kalifornien, hinter dem Berg gehalten, da dieser unglücklicherweise ebenso nebelhaft konstruiert war wie die Forderung an Bruder V. I.

In den Besitz des Anwesens war Crowley aufgrund der Umtriebe eines gewissen R. Swinburne Clymer, dem Vorsitzenden einer amerikanischen Geheimgesellschaft, namens Bruderschaft des Rosenkreuzes, gekommen. Clymer (den ich 1948 traf) hatte ein dickleibiges Buch geschrieben, das einen gewissen H. Spencer Lewis diskreditieren sollte, den Imperator eines rivalisierenden Ordens namens *Ancient Mystical Order Rosae Crucis* (oder AMORC). Clymer begründete seine Kampagne gegen den ‹Grossmaul- und Sabber-Imperator mit Verbindungen zur Schwarzen Magie› mit der Tatsache, dass er, Lewis, vom O. T. O. eine Charta für seinen Orden erhalten habe (den Clymer als kommerzielles Unternehmen abtat). Im Zusammenhang mit R. Swinburne Clymers Bänden *The Rosicrucian Fraternity in America: Authentic and Spurious Organizations* möchte ich anmerken, dass seine Thesen über Lewis und Crowley meiner Ansicht nach weitgehend unbegründet sind, da der verstorbene Imperator der AMORC seine Charta nicht von Crowley, sondern von Theodor Reuss erhalten hat. Soweit mir bekannt ist, bestand Crowleys einzige Verbindung mit Lewis aus einem Brief, in dem er diesen aufforderte, ihm sein Anwesen in San José, das Hauptquartier der AMORC, kampflos zu übergeben. Lewis' Antwort an Crowley ist nicht überliefert.

Drei Monate später fand sich Crowley wiederum vor Gericht, diesmal auf der Anklagebank des Old Bailey. Der Alptraum war Wirklichkeit geworden, aber nun bezog sich die Anklage weder auf die versuchte Zerschlagung des Christentums und der Grundfesten der Moral mit dem Ziel der Errichtung einer auf Rabelaissche Prinzipien gegründeten Sittenethik, noch ging es um die allgemeine Untreue des Angeklagten gegenüber Männern und Frauen, denen er ewige Treue und Liebe geschworen hatte, sondern lediglich auf die Inbesitznahme von vier mutmasslich der Betty May entwendeten Originalbriefen sowie der Kopie eines Briefes.

Crowley stellte sich als Forscher und Schriftsteller dar und bekannte sich «nicht schuldig».

Den Diebstahl scheint ein gewisser Captain Eddie Cruze begangen zu haben, der im gleichen Haus wie Betty wohnte. Er wurde deswegen jedoch nie vor Gericht gestellt oder verurteilt. Crowley hatte ihm 5 Pfund für die Briefe gezahlt, die er als Beweisstücke für seinen Prozess gegen Constable und Nina Hammett benötigt und während des Prozesses dem Gericht vorgelegt hatte (was sich damals aussergewöhnlich ungünstig ausgewirkt hatte). Ohne Charles Gray, der sich noch immer an Crowley für den Tod Raoul Lovedays rächen wollte, wäre die Angelegenheit nie ans Tageslicht gezerrt worden. ‹Ich schäme mich nicht im mindesten für meinen Anteil an dieser ‹Verfolgung›, schrieb er mir.

Die Verhandlung dauerte zwei Tage. Crowley wurde schuldig gesprochen.

Richter Whiteley merkte an, dass der Angeklagte die Briefe weder hätte benutzen noch besitzen dürfen. Eine Gefängnisstrafe jedoch lehnte er ab, weil erwiesenermassen kein Schaden entstanden sei.

«Danke, my Lord», sagte Crowley.

«Noch etwas dieser Art und Sie kriegen sechs Monate. Verstanden?»

«Jawohl, my Lord.»

Er wurde zu fünfzig Guineas Gerichtskosten und einer zweijährigen Bewährung verurteilt.

‹Idioten. Sagten «schuldig». Bewährung›, schrieb Crowley in sein Tagebuch und ‹Heftiger Anfall von Asthma, als ich mich erhob. Teufel auch – konnte meine Trümpfe nicht ausspielen.› Sein Glück.

Charles Gray sagte, dass Crowley vor Gericht eine miserable Figur abgegeben habe. ‹Er trug einen Zylinder: gewiss war er neben Lord Kylsant[1] der einzige, der im Old Bailey je einen solchen Kopfputz trug.›

[1] Der Grossreeder Kylsant stand im September 1931 wegen unlauterer Werbung vor Gericht. Er wurde zu einem Jahr Gefängnis verurteilt.

DES MAGIERS LETZTE KLAUSUR

Welche Möglichkeiten waren Aleister Crowley noch geblieben? Logos des Äon, Ra-Hoor-Khut und, wie er sich an anderer Stelle bezeichnete, ‹selbstgekrönter Gott, den noch nach Jahrhunderten die Menschheit ehren und lästern wird› – was hätte er noch erreichen können.[1]

Mit seiner Existenz als menschliches Wesen konnte er jedoch kaum zufrieden sein: er wurde alt, kein einziges seiner ehrgeizigen Ziele hatte er erreicht. In *The Oxford Book of English Mystical Verse* waren 1917 drei Gedichte von ihm erschienen, aber als Dichter anerkannt war er damit keineswegs. Seine bergsteigerischen Leistungen wurden in der Fachliteratur übergangen oder, wie in Frank Smythes Buch über den Kangchenjunga, mit kaum verhohlener Feindseligkeit behandelt. Und im Zeitalter des Materialismus und Unglaubens betrachtete man seine magischen Leistungen als Kuriositäten. Für die Öffentlichkeit war er der verruchteste Mensch der Welt: entweder eine Witzfigur oder bestenfalls jemand, dem man nicht unbedingt begegnen wollte.

Wie immer Crowley sich betrachtete – als Baphomet, den heiligsten König der Erde oder als Aleister Crowley, den König der Verderbnis – immer war er der Geist der Einsamkeit, Alastor der Zerstörer, der Wanderer in der Wüste. Für ihn gab es keine Ruhe, dunkle Mächte trieben ihn immer von neuem an.

Er hatte heilige und profane Bücher geschrieben und der Menschheit sein Wort verkündet: *Thelema.* Aber ungleich den vielen Zeitgenossen, die wie er getan hatten, was sie tun wollten, konnte er sich nicht aufs Altenteil zurückziehen und zufrieden die Jahre Revue passieren lassen. Für ihn gab es kein Gefühl der Erfüllung, kein Gefühl, sein Leben ausgeschöpft zu haben. Zudem war er fast ständig krank. Das missliche Geschäft des Überlebens musste weitergeführt werden. Da war eine standesgemässe Wohnung zu beschaffen, etwas Exotisches zum Essen und jemand Apokalyptisches zum Lieben. Und dann hatte er für den Orden zu sorgen.

[1] In demselben Abschnitt, in dem Crowley seine Göttlichkeit verkündet, schreibt er: «... Ich möchte, dass meine Krone von Ihren (meiner Herrin) Füssen zermalmt wird; ich möchte, dass mein Gesicht von Ihrem Speichel beschmutzt wird. Ich möchte mein Herz von Ihrem Stiefelabsatz zerreissen lassen; mein Geist sei Ihres Kleidersaums Rascheln, meine Seele Ihr Abort.»

Noch immer regte sich Leben im O.T.O. Die Magie hatte ihre Blütezeit zur Jahrhundertwende erlebt, eine neue Würde bekommen. Die letzten zehn Jahre seines Lebens hielt Crowley den O.T.O. zusammen und schrieb und schrieb, so wie der Ewige Jude wandert und wandert.

Er wanderte durch Chelsea und Piccadilly, lupfte seinen Hut, wenn er ein Liebespaar in Umarmung sah, und verfluchte jeden entgegenkommenden Geistlichen mit den Worten ἀπό παντός κακοδαίμονος [Und bewahre uns vor bösen Geistern] – einem Satz aus der griechisch-orthodoxen Liturgie. Neue Schüler und Liebhaber kamen und gingen in mässig kurzen Intervallen. Die zuletzt erwähnte Frau in Scharlach landete nach einer Vielzahl von Zusammenbrüchen und Halluzinationen in der Nervenheilanstalt[1], von wo aus sie dem Tier wehleidige Bettelbriefe schrieb, er möge sie da rausholen. Nacht für Nacht werde sie vom Teufel aus seinem Versteck unter ihrem Bett mit Entführung bedroht. Er hörte, dass Hanni, kurz nachdem sie sich getrennt hatten, Selbstmord begangen und Dorothy Olsen sich zu Tode getrunken hatte. Bruder Aossic (Kenneth Grant) meinte, dass Crowley immer solche Grenzfälle ausgesucht habe, weil sie ‹eher geeignet sind, die Astralebene zu erreichen als der durchschnittliche und integrierte Mensch›.

Am 28. Februar 1937 verlor er in einem türkischen Bad seinen berühmten Schlangenkuss-Zahn (Oberkiefer, links) – «Ach und Weh!» Die junge Frau, die ihn nach seiner abgewiesenen Klage vor dem Gerichtsgebäude angesprochen hatte, gebar ihm ein Kind.

Und wie andere bedeutende Männer erhielt er Briefe von Fremden:

> Dear Sir, ich schreibe Ihnen in der Annahme, dass Sie mir mit Sicherheit helfen können. Dies ist meine Geschichte: Als ich drei Wochen alt war, erlitt ich einen schweren Schock, der mein ganzes späteres Leben beeinflusste. Ich lag in meiner Wiege, als vom Garderobenständer einer dieser harten Melonenhüte auf meine Stirn fiel. Der Aufprall war so stark, dass ich in Ohnmacht fiel. Als Folge davon geriet mein gesamtes Nervensystem durcheinander. Soweit meine Gedanken zurückreichen, werde ich an Händen und Füssen von ungewöhnlich starker Transpiration geplagt. Davon abgesehen, leide ich unter extremer Nervosität und ebenso extremer Verklemmtheit. Seit meinem vierzehnten Lebensjahr leide ich Tag und Nacht unter exzessivem Samenverlust. Ich bin jetzt dreiundvierzig Jahre alt, was man mir jedoch nicht ansieht. Meine Leiden sind eine fast unbezwingbare Hürde. Ich bin aussergewöhnlich ambitioniert und besitze enorme Willenskraft, was mich im Jahre 1928 in New York dem Rosenkreuzerorden Nordamerikas beitreten liess. Aufgrund meiner schwächli-

[1] ‹Pearl fing an, Macbeth zu spielen. Musste sie rauswerfen. Sie kämpfte wie eine Tigerin›, schrieb Crowley als typischen Eintrag über die Dame in sein Tagebuch.

> chen Konstitution jedoch konnte ich die Strapazen der Rituale nicht aushalten und musste nach zwei oder drei Wochen aufgeben. Ich habe grosse Ideale und verspüre in mir einen gewaltigen Wunsch, Gutes zu tun wie etwa, den Sklavenhandel mit Weissen abzuschaffen und künftige Kriege zu verhindern: aus genau diesen Gründen möchte ich meine psychische Willenskraft weiterentwickeln, wozu ich jedoch erst nach meiner vollständigen Genesung imstande sein werde. Da Sie nun ein Magier sind ...

Ein anderer Brief kam aus dem Gefängnis Wormwood Scrubs:

> Dear Sir, seit ich Ihnen zuletzt am 20. November vorigen Jahres schrieb, wurde ich wegen Raubes zu zwölf Monaten Gefängnis verurteilt. Meine erste Verurteilung konnte nur zustande kommen, weil ich bisher einem falschen Willen gefolgt bin. Nun jedoch will ich die Folgen meines falschen Lebens umkehren und mit aller Kraft versuchen, meinen Wahren Willen zu finden. Zu diesem Zwecke benötige ich dringend ein Exemplar von *Magick in Theory and Practice* und sähe es als grossen Vorteil an, wenn Sie veranlassen könnten, dass mir eines zugeleitet wird ... sollte ich erwähnen, dass laut Gefängnisordnung alle hierher geschickten Bücher nach der Freilassung in die Gefängnisbibliothek übergehen, wo dann auch *Magick* mit Sicherheit etlichen Lesern zur Verfügung stehen wird – auch solchen, die es vielleicht gar nicht lesen wollen, denn die Knappheit an Lesestoff ist nicht die geringste der Sorgen, mit denen man hier konfrontiert wird.

In gelegentlichen Anwandlungen von Kreativität entwickelte Crowley mannigfaltige Ideen, um zu Geld und öffentlichem Ansehen zu kommen. Sein ‹Restaurant zur Schwarzen Magie› wurde nie eröffnet, obwohl er auf dem Gebiet der Kochkunst Erstaunliches zustande brachte wie etwa ein ‹Mexikanisches Fleischgericht, das auch dem stärksten Mann die Tränen in die Augen treibt›. Auch aus einem von ihm entwickelten Gesellschaftsspiel namens ‹Thelema› wurde nichts.

Etwas erfolgreicher waren seine Lebenselixier-Pillen, die er zum Teil aus seinem eigenen Samen mixte. ‹Sehr geehrter Mr. Crowley, die kleinste Dosis Ihrer Lebenselixier-Pillen wäre mir hochwillkommen›, schrieb eine junge Frau. ‹Ich kann Ihnen versichern, dass diese Bestellung absolut nichts mit sexuellen Schwierigkeiten zu tun hat. Sie soll mir lediglich bei der Rückzahlung von 300 Pfund helfen, die ich mir borgte, um eine erstklassige Tennisspielerin zu werden. Im Moment verfüge ich nicht über genügend Energie, mich in der von mir angestrebten Weise bei Wettkämpfen zu stellen ...›

Crowleys ‹Elixiere› sind seine Antwort auf die christlich-eucharistischen Hostien. In ihnen erweckte er mit reiner Willenskraft seine eigenen ‹sakramentalen› Substanzen zum Leben, und der Verzehr dieser Elixiere war der regelmässige Schlusspunkt seiner Rituale der Sexualmagie. Im Falle der Lebenselixier-Pillen «vitalisierte» er ein Elixier ‹zur Erlangung der ewigen Jugend›.

Sein erfolgreichstes Projekt jedoch waren seine Kurse zur körperlichen und sexuellen Verjüngung, als Amrita bezeichnet (25 Guineas pro Woche). Amrita ist das Ambrosia der Götter und ein anderer Name für ‹Lebens-Elixier›.

> Fall 28. Verheiratete Frau, 42, träge und fett. Ist sich mangelnder Anziehungskraft bitter bewusst. Kam 1932, gute Patientin, trotz einiger Rückfälle. Gab viereinhalb Monate lang Amrita. Bewundernswert auf die Behandlung angesprochen. Sie ist noch jetzt, sechseinhalb Jahre nach der Behandlung elfenhaft aufgeblüht und sieht geradezu umwerfend aus. Könnte aussehen wie 35, wenn sie Ahnung von Make-up hätte.
>
> Fall 73. Offizier, 54, lange gedient, meist in Indien. Seit 15 Jahren impotent gewesen. Sport – Polo und Jagd in Kaschmir. Alte Malaria, Leberschaden. Bestand auf Klimawechsel, bevor ich die Behandlung aufnahm. Erstaunliche Fortschritte. Als Patient schwer zu behandeln, benötigte den kompletten Kurs von sechs Monaten. Im siebten Monat verschrieb ich die vierfache Dosis. Nach der ersten kehrte Potenz zurück, jedoch nicht vollständig. Nach der vierten konnte er wie ein munterer 40jähriger. Leider vergeudete er seine Fähigkeiten an ein loses Weibsstück und begann zu saufen.

Oft mehrmals am Tage befragte Crowley das *I Ging*. Sofort nach dem Aufwachen warf er die Stäbchen, um zu ergründen, was ihn während der nächsten Stunden erwartete. Diese Hingabe an die Stimme der Wahrheit ebenso wie sein ernster Glaube an die Stimme, die ihm *Das Buch des Gesetzes* diktiert hatte, entschuldigt ein wenig sein gemeines Verhalten Frauen gegenüber. Es war dieser Aspekt von Crowleys Pesönlichkeit, der seine Schüler anzog – ein Mann, der ständig in Kontakt mit seinem Unterbewusstsein steht und ihm Folge leistet.

1935 verboten die Nazis den O.T.O. und alle anderen okkulten Orden. Bruder Saturnus, ein Freimaurer (33°), der Mann, der bei der Gründung der Druck- und Verlagsgesellschaft des Ordens in Leipzig geholfen und mehrere Werke Crowleys auf Deutsch herausgebracht hatte, wurde ins Konzentrationslager gesteckt. Und sehr zu ihrem Unwillen beschlagnahmte man auch sämtliche Dokumente der Martha Küntzel, die für Hitler mindestens ebenso viel Bewunderung hegte wie für Crowley. In ihren Augen arbeiteten diese beiden Führer einer Nation bzw. eines mystischen Ordens auf das gleiche Ziel hin: die Errichtung einer neuen und auf den Wahren Willen gegründeten Ordnung. Crowley hatte ihr 1925 erzählt, dass die Nation, die als erste *Das Buch des Gesetzes* übernahm, die Welt beherrschen würde. Der damals nicht allzu ernst zu nehmende Hitler schien ihr als der kommende Mann in Deutschland, sie schickte ihm ein Exemplar des von ihr ins Deutsche übersetzten *Liber AL.* In ihren Augen war Meister Therion der Prophet des Nationalsozialismus und das Gesetz Thelema seine philosophische Grundlage. Hitler selbst war ebenfalls ein Thelemit, durch den das deutsche Volk seinem (dämonischen) Willen Ausdruck geben konnte. Dieser Gedankengang ist auch die Grundlage für Martha Küntzels Behauptung, Hitler sei ihr Magischer Sohn. Es ist allerdings unwahrscheinlich, dass sie zu Hitler je Kontakt hatte, der es ohnehin nicht nötig hatte, Crowley als Lehrmeister in Sachen Tu-was-du-willst in Anspruch zu nehmen.

Nachdem er Deutschland verlassen hatte, korrespondierte Crowley regelmässig mit Martha Küntzel über thelemische Probleme. 1939 fand der Briefwechsel ein abruptes Ende, als Marthas Liebe zu Hitler selbst einem Crowley zu viel wurde. In seinem letzten Brief, kurz vor Kriegsausbruch, stellte er sich plötzlich als Patriot dar und schrieb Schwester I. W. E., dass Grossbritannien ‹Hitler mit dem kleinen Finger erledigen› könnte. Er erhielt keine Antwort.

Nach zehn Monaten in einem Konzentrationslager wurde Bruder Saturnus freigelassen. Sein Heiliger Schutzgeist hatte ihm während dieser Prüfung beigestanden.[1] Er ging nach Belgien, von wo er seinem Herrn, Dem Tier, laufend Geldgeschenke machte, die dieser mit gutem Rat und magischen Instruktionen zum Thema der höheren und komplexeren Pfade ihres Ordens beantwortete. 1940 wurde Bruder Saturnus von den belgischen Behörden nach Frankreich abgeschoben, wo er wiederum zehn Monate in einem Konzentrationslager verbrachte. 1941 konnte er in die USA emigrieren.

Crowley veröffentlichte 1937 *The Equinox of the Gods.* Das Werk enthält den vollständigen Text von *Liber AL* und einen kurzen Abriss von Crowleys magischer Karriere bzw. seinem Aufstieg zum Thron der Geheimen Oberen. Ausserdem enthält das Buch ein Faltblatt, das die Vorder- und Rückseite der Stele des Ankh-f-n-Khonsu zeigt, sowie Faksimile-Blätter vom Originalmanuskript des *Liber AL.* Von ein paar Flüchtigkeitsfehlern wie der Bildunterschrift ‹Stele der Ergötzung› anstatt ‹Stele der Offenbarung› abgesehen, ist das in Steifleinen gebundene und mit Prägungen geschmückte Buch eine hervorragende Produktion.

Am Weihnachtsabend las Crowley auf einer Kneipentour durch London mit Bruder Volo Intellegere[2] einen Juden, einen Inder, einen Neger

[1] Vgl. *Manifesto,* 1963, publiziert vom schweizerischen Zweig des Ordo Templi Orientis.
[2] Bruder Volo Intellegere gehörte dem A.·. A.·. nicht mehr an, war aber noch mit Crowley befreundet.

Crowley in der Jermyn Street 93, um 1942

und einen Malaien auf. Die Gesellschaft zog zum Obelisken der Kleopatra am Themseufer, wo Das Tier um Punkt 6.22 Uhr, als die Sonne in das Sternzeichen des Steinbocks trat, sein *Tu was Du willst soll sein das ganze Gesetz* intonierte und hinzufügte: «Ich, Ankh-f-n-Khonsu, Priester der Fürsten, überreiche Euch als Vertreter Eurer Rasse *Das Buch des Gesetzes*. Es ist die Charta der totalen Freiheit für jeden Mann und jedes Weib in der Welt. *Liebe ist das Gesetz, Liebe unter Willen*. Anschliessend verteilte er an jeden der fünf ein Exemplar von *The Equinox of the Gods* und ging mit einem Kater zu Bett.

Ernstzunehmendes Interesse an *Magick* kam inzwischen aus Amerika, wo sich in Pasadena, Kalifornien, eine thelemische Loge namens *Agape Lodge* etabliert hatte. Es handelte sich hier um die sogenannte *Church of Thelema*, in deren Tempel eine hölzerne Kopie der Stele der Enthüllung stand. Auf dem Altar war die übliche Kollektion magischer Waffen ausgebreitet. Führer der Gemeinde war Wilfred T. Smith (Frater 132), den Crowley 1915 in Vancouver getroffen hatte. Frater 132 scheint seinem Vorbild Crowley ziemlich ähnlich gewesen zu sein. Als er die Frauen seines Glaubensbruders Dr. John (oder Jack Parsons) verführte, zog er sich jedenfalls Crowleys Zorn zu. Dieser Akt verschaffte dem Orden, so Crowley, ‹die Reputation, ein schlüpfriger ‹Liebeskult› zu sein, statt eines religiösen Ordens. Schon 1915 in Vancouver war alles, was ich von dir wusste, dass du eine Tochter und eine Mutter schamlos ausgenützt hast – und seitdem jagt ein Skandal den andern.›

Crowley schloss Bruder 132 aus dem Orden aus.

1942 übernahm dann Parsons die Führung von *Agape Lodge*. Über den Verlust seiner Frau Helen (die mittlerweile ein Kind von Frater 132 geboren hatte) tröstete ihn deren jüngere Schwester Betty hinweg. Parsons war damals um die fünfundzwanzig und ein Experte für Raketentreibstoffe.

Die Hingabe der Thelemiten von Pasadena an den magischen Glauben war grenzenlos. Tag für Tag zelebrierten sie in ihrem Tempel Crowleys Gnostische Messe (Ecclesiae Gnosticae Catholicae Canon Missae), die mindestens vierzig Minuten dauert und die zu ihrer ordnungsgemässen Durchführung eines Priesters, einer Priesterin, eines Diakons, einer Jungfrau, zweier Kinder sowie eines Chors (‹das Volk›) bedarf.

Bruder Saturnus in New York war das Oberhaupt des Ordens für Amerika und sammelte von der *Agape Lodge* Spenden, die er Crowley nach England schickte.

Im Frühjahr 1945 traf Parsons einen neuen Aspiranten für das Grosse Werk, einen jungen Mann namens Ron Hubbard. Ron Hubbard verfügte über beträchtliches magisches Potential und hinterliess bei den Mitgliedern der Loge einen tiefen Eindruck, was insbesondere für Betty, die Mätresse des Dr. Parsons, galt, die sich nur zu bald in seinem Bett fand.

Frater 210 (Dr. Parsons) war davon nicht übermässig betroffen. Er hatte sich entschieden, noch intensiver in die Fussstapfen des Tiers zu treten und sich auf magische Weise eine eigene Frau in Scharlach zu suchen, eine Hure der Sterne ganz für sich allein. Mit anderen Worten: Er schlug vor, ein Elementarwesen oder einen Schutzgeist anzuziehen.

> Vor etwa drei Monaten traf ich Ron Hubbard ... schrieb Parsons im Juli 1945 an Crowley [den er mit ‹Über alles geliebter Vater› anredete]. Er ist Autor und Forscher ... ein Gentleman mit roten Haaren und grünen Augen. Er ist ehrbar und intelligent, und wir sind gute Freunde geworden. Vor etwa zwei Monaten zog er bei mir ein, und obwohl Betty und ich noch ein freundschaftliches Verhältnis zueinander haben, hat sie ihre sexuellen Leidenschaften auf Ron verlagert. Ich habe sie wirklich gern gehabt, aber ich will auch nicht versuchen, ihre Gefühle zu beeinflussen. Obwohl Ron keinerlei formal-magische Unterweisung erhalten hat, verfügt er doch über erstaunliche Erfahrung und ein erstaunliches Verständnis für dieses Gebiet. Von einigen sei-

ner bisherigen Erfahrungen schliesse ich, dass er in direktem Kontakt mit einem höheren Wesen steht, möglicherweise seinem Heiligen Schutzgeist. Seinen Engel beschreibt er als eine wunderschöne Frau mit Flügeln und roten Haaren, die er Kaiserin nennt ... Er ist der thelemischste Mensch, den ich je getroffen habe und befindet sich in voller Übereinstimmung mit unseren Prinzipien. Auch ist er an der Errichtung des Neuen Äon interessiert. Dein Sohn John.

Die Prozedur der Heranziehung eines Elementarwesens (das man in seinen eigenen Schutzgeist verwandeln kann) ist in dem streng vertraulichen Dokument des O.T.O., *De Nuptiis Secretis Deorum cum Hominibus*[1] beschrieben. Dieses Traktat wurde natürlich von Crowley umgeschrieben und um einige spezifisch Crowleysche Züge erweitert.

Frater 210 ging ans Werk. Er schrieb Crowley, dass er die VIII°-Instruktionen sorgsam befolgt habe, den Talisman auf die richtige Art geweiht und am Schluss des Rituals dem in Frage kommenden Geist befohlen habe, vor seinen Augen sichtbare Gestalt anzunehmen.

Diese Art Magie (VIII°) lässt sich auch ohne Ministranten durchführen. Dennoch beschloss Parsons die Durchführung des Ritus in Gegenwart von Ron Hubbard. Er selbst trug eine schwarze, Hubbard eine weisse Robe, beide mit Kapuzen. Im Hintergrund donnerte entweder ein Klavierkonzert von Prokofjew oder Rachmaninows symphonische Ballade *Die Toteninsel.*

Das Ritual muss eine Eigenentwicklung Parsons' oder Hubbards gewesen sein. Es zog sich über elf aufeinanderfolgende Nächte hin. Es scheint, dass Hubbard Parsons zum Teil auch Anweisungen erteilt hat. Die magischen Bedeutungslosigkeiten, die Parsons die meiste Zeit über in die Welt hinausschrie (oder zumindest die Infantilität seiner Verse an Babalon, die Frau in Scharlach), hätten jedenfalls Crowleys Sinn für magische Korrektheit verletzt. Ein zweiter Brief an Crowley berichtet über die Fortsetzung des Unternehmens. ‹In den letzten drei Tagen habe ich ein Geburtsritual abgehalten, wozu ich die Tafel der Luft, die Schale und eine weibliche Statuette verwendet habe, die ich korrekt mit dem Zauberstab weihte und im Altar versiegelte. Gestern abend führte ich ein Ritual der symbolischen Niederkunft durch.›

Die Tafel der Luft bzw. die Elementare Tafel des Enoch ist einer der vier Wachtürme des Universums neben denen des Feuers, der Erde und des Wassers. Parsons praktizierte demzufolge das System des John Dee und seines Sehers Edward Kelley – eine Operation, die Crowley 1909 in der afrikanischen Wüste mit Victor Neuburg gelungen war. Der ‹Zauberstab› ist der Penis. Der Talisman, Symbol für den Mutterleib, wurde im Altar eingeschlosssen.

[1] ‹Betreffend die Geheimen Ehen der Götter mit den Menschen.›

Das einzige unmittelbare Ergebnis der Operation war ein heftiger, unnatürlich erscheinender Sturmwind. ‹Der Sturm ist sehr interessant›, schrieb Parsons an seinen über alles geliebten Vater, ‹aber nicht ganz das, was ich haben wollte.

Die Schwangerschaft endete im Februar 1946, als das Elementarwesen in menschlicher Form endlich auf den Plan trat. Begeistert schrieb Frater 210 an Crowley: ‹Ich habe sie! Sie tauchte einen Abend nach Beendigung der Zeremonie auf und blieb bei mir. Nächste Woche wird sie zwar nach New York zurückgehen. Sie hat rotes Haar und – wie angegeben – grüne, schrägstehende Augen. Wenn sie zurückkommt, wird sie dem Grossen Werk sicher ebenso hingebungsvoll dienen wie ich!› Ihr Name war Marjorie Cameron.

Crowley antwortete: ‹Insbesondere interessiere ich mich für das, was Du über das Elementarwesen geschrieben hast, da ich in letzter Zeit versucht habe, *persönlich* und zu Deinen Gunsten in diese Sache einzugreifen. Bei dieser Gelegenheit möchte ich allerdings Lévis Aphorismus ins Gedächtnis rufen: Die Liebe des Magus für dergleichen Dinge ist unvernünftig und kann ihn vernichten.›

Mit seiner Frau in Scharlach (Marjorie Cameron) und in Gegenwart von Ron Hubbard zelebrierte Parsons ein Ritual IX°, um ein höheres Wesen zu erschaffen. ‹Ich kann darüber kaum etwas sagen›, schrieb er vage an das Tier.

> Ich unterliege absoluter Schweigepflicht. Zwischen dem 2. Februar und dem 4. März machte ich die wichtigste und phantastischste Erfahrung meines Lebens. Meiner Ansicht nach war es das Ergebnis von IX° mit dem Mädchen, das meinem Ruf gefolgt war. Ich stand in direktem Kontakt mit Einem, der überaus Heilig ist und Wunderbar, wie es im *Buch des Gesetzes* erwähnt wird. Den Namen kann ich zur Zeit noch nicht schreiben. Erste Instruktionen erhielt ich direkt durch Ron, der als mein Seher fungierte. Ich habe sie Wort für Wort befolgt. Ich hatte ein Bedürfnis nach Inkarnation. Noch kenne ich das Medium nicht, aber es wird kommen und mir ein geheimes Zeichen bringen. Neun Monate lang soll ich als Lehrer, Wächter und Führer wirken, und dann wird sie das Licht der Welt erblicken. Das ist alles, was ich im Moment sagen kann ...

Ein Brief, der Dem Tier nicht eben sympathisch war. Er antwortete: ‹Ich habe immer in der Annahme gelebt, ich hätte eine mindestens ebenso krankhafte Phantasie wie sonst jemand. Aber offenbar ist das nicht der Fall. Denn ich kann mir nicht die geringste Vorstellung darüber machen, wovon du eigentlich redest ...› An Frater Saturnus schrieb er: ‹Entweder Parsons oder Hubbard oder sonst jemand produziert ein Mondkind. Mir schwillt der Kamm, wenn ich mir diesen Schwachsinn vorstelle.›

Hubbard erwarb sich indes in aller Stille genügend Kenntnis von Crowleys magischen Geheimnissen, was ihm ein paar Jahre später bei der Gründung seiner gefeierten *Church of Scientology* zugute kommen sollte.

Die beiden Magier in Pasadena gerieten in Streit, Hubbard setzte sich mit Betty in Parsons Yacht ab. Frater 210 legte sein magisches Gewand an, betrat den magischen Kreis und sprach das Bannungsritual des Pentagramms, das jedem Akt der Magie vorausgeht und anschliessend die volle Invokation des Bartzabel, des Geistes des Mars, den er um Hilfe ersuchte. Ergebnis: Eine Bö warf die Yacht auf ein Riff. ‹Ich habe sie gefesselt und gebunden›, schrieb er mit leuchtenden Augen, ‹was immer sie tun: sie werden im Gefängnis landen.›

Dr. Hubbard erklärte dazu mit der ihm eigenen Offenheit, dass er der Kirche Thelema in Kalifornien nur deshalb beitrat, um in Amerika die Schwarze Magie auszumerzen. Er ‹rettete dabei ein Mädchen, das sie zu ihren Zwecken missbrauchten. Die Gruppe wurde aufgebrochen und zerstört und hat sich nie wieder von diesem Schlag erholt.›[1]

Crowley schrieb Parsons als Versager ab, wie er Fuller, Neuburg, Mudd, Achad und all die andern abgeschrieben hatte. Sein letztes Wort über Dr. Parsons (Frater 210) war: ‹Er hat eine wundersame Phantasie, die sich mit nichts in Einklang bringen lässt. Offenbar hat er alle persönliche Unabhängigkeit verloren.›

In der Meinung, dass er nun gereift genug sei für einen weiteren Schritt voran in der Magie, legte Dr. Parsons 1949 den Eid des Abgrunds ab, der sein Bewusstsein mit dem Welt-Bewusstsein vereinen sollte, und gab sich den Namen Belarion Armiluss Al Dajjal Anti-Christ. Er litt an einer Psychose, ohne sich dessen bewusst zu werden. Insofern ist es wenig überraschend, dass er sich drei Jahre später bei einem sogenannten Unglücksfall in seinem chemischen Labor in Pasadena mit Quecksilber selbst in die Luft sprengte.

Nachdem auch Pearl Abschied genommen hatte, setzte Crowley seine Sexualmagie mit dieser oder jener Frau fort. Die Ziele dieser Aktionen waren nach wie vor dieselben: Geld, ‹Klarheit im Geiste/Jugend, Zeugung eines magischen Sohnes›. Aber selbst Sexualmagie findet einmal ihr Ende. Im Juni 1940 musste Crowley etwas in sein Tagebuch notieren, was ihm nie widerfahren war: ‹Schwache Erektion›[2]. Das Ende war nahe.

Noch im gleichen Jahr begann er, gegen Asthma wieder Heroin zu nehmen, von dem er sich seit den Tagen der Sucht in Cefalù vollkommen befreit zu haben schien.

[1] Die Scientology-Kirche, Brief in der *Sunday Times* vom 28. Dezember 1969.

[2] Im Sommer 1920, 44 Jahre alt, schrieb er aus der Abtei Thelema: ‹Ich stelle fest, dass meine Erektion dieser Tage stark und andauernd ist – besser als je zuvor in meinem ganzen Leben ... und ich habe auch keine Schwierigkeiten bei der Selbstkontrolle. Man kann also mit Gewissheit folgern, dass grosse Dosen von Kokain die Erektion beeinträchtigen›.

Als nächstes schrieb er *Das Buch Thoth*, eine Interpretation der Tarotkarten im Licht der Kabbala (die Zusammenhänge zwischen diesen beiden Systemen waren im Golden Dawn gelehrt worden) und insbesondere im Licht seiner eigenen Philosophie von *Thelema.* Die vielen im Buch enthaltenen Illustrationen hatte Frieda Harris, die Frau des liberalen Fraktionssprechers Sir Percy Harris, nach Anweisungen Crowleys entworfen und gemalt. Crowley hatte sie 1937 kennengelernt und ihr den Eintritt in den Winterschlaf haltenden mystischen Orden des A.'.A.'. erleichtert. Sie nahm den Namen ‹Tzaba›, ‹Gastgeber› an, dessen Lettern sich auf die Zahl 93 summieren. Dies entspricht der Nummer in der Strömung von *Thelema*, die sie anzuzapfen versuchte. *Das Buch Thoth* kam 1944 in einer Auflage von 200 Stück heraus.

Im April 1944 trieb die Bombardierung Londons Crowley von seiner Wohnung in der Jermyn Street 93, Piccadilly ins Bell Inn in Aston Clinton in Buckinghamshire. ‹Ein sehr hübsches altes Landgasthaus, geräumig, Kamin, unglaublich gutes Essen. Aber hier gibt es *nichts* zu tun und niemanden, mit dem man reden kann. Ich werde gezwungen sein, zu arbeiten – und zwar sofort›, schrieb er am Tag seiner Ankunft im Bell Inn. Er blieb bis zum nächsten Januar. Dann wurde ihm eine Pension in Hastings, Sussex, empfohlen. Er befragte das *I Ging*, ob er dort hingehen solle und erhielt Hexagramm XLIX, *Ko,* was er als ‹Und ob!› interpretierte.

Am 17. Januar 1945 fuhr er zum Haus ‹Netherwood›, The Ridge, Hastings, wo er den Rest seines Lebens verbringen sollte. ‹Netherwood› war ein grosser, finsterer Herrensitz aus dem 19. Jahrhundert. Das Haus lag in einem Park und war zur Strasse hin durch hohe Bäume abgeschirmt. (Das Gebäude wurde inzwischen abgerissen.)

Noch immer rauchte er guten und starken Tabak, verzehrte er Unmengen von Süssigkeiten und Zuckerzeug (in jede Tasse Tee gab er fünf bis sechs Löffel Zucker). In den Kriegsjahren wurden ihm diese und andere Kleinigkeiten, wie zum Beispiel Geld und Seidenkrawatten von seinen demutsvollen Jüngern aus Amerika geschickt.

«Sie sollten Aleister Crowley kennenlernen», sagte Clifford Bax, und fügte lakonisch hinzu: «Ich werde veranlassen, dass er Ihnen geschickt wird», – als ob Crowley ein Stück geschnitztes Elfenbein wäre.

Da ich Bax nicht mit den Verpackungsproblemen belästigen wollte, machte ich zusammen mit Rupert Gleadow die Reise nach Hastings selbst.

Man richtete ihm aus, dass wir eingetroffen seien.

Ich hörte seine schlurfenden Schritte. Langsam stieg er die Treppe herab und durchquerte den Flur. Als seine Schritte ganz dicht vor der Tür waren, trat ich ein paar Meter zurück, um einen vollen Eindruck seines Erscheinungsbildes zu bekommen.

Er war mittelgross und ging leicht vorübergebeugt. Er war altmodisch

Crowley in London, 1943

gekleidet: Knickerbocker-Anzug mit Silberknöpfen am Kniebund. Er sah uns verwirrt an, sein Gesicht schien Schmerz widerzuspiegeln. Er hatte einen dünnen Ziegenbart und einen ebenso dünnen Schnurrbart, sein Kopf sah trotz des Haarflaums an beiden Seiten aus wie ein Totenschädel. Der Logos des Äon des Ra-Hoor-Khut schien in seiner Kleidung geschrumpft zu sein. Das fleischige Gesicht war verschwunden.

«Tu was Du willst soll sein das ganze Gesetz», intonierte er mit dünner nasaler Stimme.

Der verruchteste Mensch der Welt sah ziemlich erschöpft aus. Ob das auf seine Verworfenheit oder sein hohes Alter zurückzuführen war, kann ich nicht beurteilen.

An einem Finger trug er einen grossen Siegelring mit den Worten *Ankh-f-n-Khonsu* (‹Sein Leben ist in Khonsu, des Mondgottes von Theben›) in Hieroglyphen, auf seiner Seidenkrawatte eine Brosche mit dem Bild des Thoth. Denn zur Zeit der spätägyptischen Periode (663–525 v. Chr.) war Crowley der Priester Ankh-f-n-Khonsu gewesen, der in seinen ekstatischen Versen umrisshaft die Welt entworfen hatte, wie sie im Neuen Äon des Horus (also unserem Zeitalter) existieren sollte; das nach Crowley im Jahre 1904 begonnen hatte. Und eben diese Verse hatten in Crowley die Erinnerung an seine ägyptische Inkarnation erweckt: so einfach war das alles.

Die Zusammenkunft verlief wegen der alltäglichen Begleitumstände eher mühsam – der Brocken wäre ein angemessener Ort gewesen. Als Crowley erfuhr, dass mein Begleiter der Astrologe Rupert Gleadow war, stürzten wir uns auf das Thema der Sterne und ihren Einfluss auf das menschliche Leben.

«Ich glaube, an der ganzen Astrologie ist höchstens ein Prozent Wahrheit», sagte Crowley.

Für einen Mann, der sein Leben lang Horoskope erstellte, kam mir diese Aussage recht merkwürdig vor.[1]

«Es ist schon einiges mehr dran», antwortete Gleadow.

Irgendetwas an Crowley kam mir seltsam vor. Ich konnte nicht sagen, was. Vom Siegelring, der Brosche und dem süsslichen Duft abgesehen, machte er durchaus den Eindruck eines ganz normalen Greises. Dennoch unterschied er sich von anderen durch eine seltsame Entrücktheit von den alltäglichen Dingen des Lebens. Was er mit dem Rest der Menschheit teilte, war jedoch seine Eitelkeit. Bevor er seinen Abschied nahm, wollte er der Erde noch so nachdrücklich wie möglich seinen Stempel aufdrükken.

Der süssliche Geruch, der ihn ständig umgab, kam vom heiligen Öl des Abra-Melin, mit dem angeblich Aaron seinen Bart parfümiert hatte.

Ich kam direkt zur Sache.

«Schade, dass die Magie heutzutage nur noch zum Abklatsch ihrer selbst gemacht wird», sagte ich. Crowley teilte diese Meinung nicht und erwähnte den Namen eines Mannes aus dem Nordwesten Londons. «Er verkrachte sich mit seinem Partner. Ich glaube, es ging um eine Frau.» Einen Moment lang starrte Crowley auf den zerschlissenen Teppich zu seinen Füssen. «Jedenfalls erzeugte er eine widrige Strömung», sagte er langsam, aber voller Inbrunst, «und das Haus seines Ex-Freundes ging lichterloh in Flammen auf.»

Er lud uns zum Mittagessen ein. Sich selbst entschuldigte er. Er pflege seine Mahlzeiten allein in seinem Zimmer zu sich zu nehmen, aber er würde uns danach wieder Gesellschaft leisten. Ich fragte mich, welch seltsamen Sud er wohl zusammenbrauen würde, den er nur allein zu sich nehmen wollte. Später fand ich heraus, dass es sich um nichts weiter als ein gekochtes Ei und einen Schuss Heroin handelte.

[1] Wenn ihn Fremde um Rat fragten, stiess Crowley mitten ins Problem vor und erstellte ihnen ihr Horoskop, nachdem er sich Ort und Zeit ihrer Geburt hatte mitteilen lassen. Einem gewissen Monsieur André Pigné schrieb er: ‹Ihr Horoskop lässt Ihr Leben sehr deutlich werden. Sie sollten sich an eine Frau mit grosser sexueller Erfahrung binden, jedoch keinen Profi. Eine Frau von 40 wäre vermutlich besser als eine Jüngere. Eindeutig benötigen sie eine gründliche Lehre in dieser Angelegenheit.› Monsieur Pigné antwortete: ‹Das wusste ich, aber leider ist es schwierig, eine solche Frau zu finden, denn obwohl ich ihr einiges bieten könnte, bin ich kein Millionär. Ausserdem: ich kann nicht tanzen, und obwohl ich weit davon entfernt bin, hässlich zu sein, bin ich nicht so ansehnlich wie manche andere Männer.›

Gleadow und ich assen im Speisezimmer. An der Wand hingen die ‹Hausregeln›:

Die Gäste mögen bitte nicht die Geister verärgern.

Allen, die die Nacht überlebt haben, wird das Frühstück um neun Uhr morgens serviert.

Der Städtische Friedhof von Hastings kann von hier aus bequem zu Fuss in fünf Minuten erreicht werden (im Falle der Mitführung einer Leiche in zehn Minuten). Flugweg für Geister eine Minute. Wir bitten alle Gäste höflichst, vom Abnehmen der Leichen in den Bäumen abzusehen.

Im Büro finden Sie eine kleine Garderobe. Es handelt sich um die Gewänder derer, die des irdischen Tands nicht mehr bedürfen.

All dies entsprach keineswegs Crowleys Stil. Zudem war er nicht der Hausbesitzer. Vermutlich war die Hausordnung von seinem exzentrischen Hauswirt, einem kleinen Mann mit Bart, erfunden worden. Ein Wunder, dass Crowley in diesem Haus wohnen blieb.

Nach dem Mittagessen machten wir einen Spaziergang im Garten. Ich betrachtete eingehend ein efeuumranktes Erkerfenster, hinter dem ich unseren Hexenmeister bei einem kleinen Schläfchen wähnte.

Bald darauf tauchte er mit einer Flasche Cognac wieder auf. Das Getränk habe ihn auf dem Schwarzmarkt zehn Pfund gekostet, sagte er, als er uns einschenkte. Dann holte er eine Zigarrenkiste hervor und bot uns Coronas an. Der Gedanke, dass er sich trotz seiner nicht gerade rosigen Situation ein paar einfache Genüsse leisten konnte, beruhigte mich.

Wir unterhielten uns über das Ende der Welt. Das Thema schien ihn zu faszinieren. Er machte ein nachdenkliches Gesicht und sagte leise: «Wir lernen aus der Geschichte. Die alten Hebräer glaubten, dass das Ende der Welt siebentausend Jahre nach der Erschaffung kommen würde.» Er nippte seinen Cognac. «Dann kamen die Prophezeiungen des Evangeliums. Christus sollte mit einem oder zwei seiner Jünger noch zu Lebzeiten der Evangelisten zurückkehren und tausend Jahre lang die Erde beherrschen.» Noch einen Schluck Cognac. Offensichtlich war dies eines seiner Standardthemen. «Der Tod des Johannes von Patmos, des letzten Apostels, stiftete natürlich Verwirrung.» Seine Stimme füllte sich mit Ironie. «Das nächste war dann der Glaube, dass das Ende der Welt im Jahre 1000 kommen würde. Diese Annahme war so weit verbreitet, dass sie den Lauf der Weltgeschichte veränderte. Und als diese Prophezeiung auch nicht erfüllt wurde, herrschte natürlich wieder allgemeine Verwirrung.»

Auf diese Art ging es eine Weile weiter. Er sprach über etliche falsche Propheten wie Joanna Southcott, Charles Piazzi Smyth, den Hofastrologen, der seine Berechnungen nach den Massen der Cheopspyramide vornahm, Anna Kingsford, einen Cockney namens Noribun sowie den berühmten Nostradamus, dessen Widerlegung noch ausstand. Crowley erwähnte James Lavers neu erschienenes Buch über Nostradamus.

«Nostradamus», sagte er, «rechnete mit dem Ende der Welt fürs Jahr 1999.»

Die Prophezeiung beeindruckte ihn nicht im mindesten. «Tatsache ist», sagte er und kam zur Sache, «die Welt ging am 20. März 1904 durch eine Feuersbrunst unter.»

«Aber es gibt uns doch noch», murmelte ich.

«Das Datum bezieht sich auf die Doktrin der Eingeweihten.»

Ich fragte nach Literatur darüber. Die gäbe es, antwortete er und reichte jedem von uns ein in blauen Karton gebundenes Buch mit dem Titel *Das Buch des Gesetzes,* ‹Herausgegeben von der Church of Thelema, 1003 S. Orange Grove Ave, Pasadena, Calif.›

Ich versprach, wiederzukommen und dann die Fahnen seines neuen Gedichtbandes *Olla* durchzulesen.

«Spielen Sie Schach?» fragte er, als er uns zur Tür begleitete.

«Nein», sagte ich und fügte gedankenlos hinzu, «aber ich kenne die Regeln.»

«Ich wollte, ich kennte sie», antwortete er trocken, «sechzig Jahre lang habe ich versucht, sie zu begreifen.»

Meine folgenden Besuche korrigierten wenig an meinem ersten Eindruck. Seine hieroglyphischen Kritzeleien auf winzige Papierfetzen machten deutlich, wie krank und ruhelos er in seinen letzten Lebensjahren war und erklärten seine wahnwitzigen Drohbriefe an Lieferanten und Freunde. Er notierte seinen Zorn über die ‹langweiligen Abende› und das Gefühl von erdrückender Lähmung, das so lange anhielt, bis seine unruhig zitternden Hände mit den langen, nikotinbefleckten Fingern wieder zur Spritze griffen und er sich das einzige Mittel in die Armbeuge jagen konnte, das ihm noch Erleichterung verschaffte.

> Nein. Versuche ⅓ Gran. Wird das reichen? Getan. 17.15 Uhr. Und ob ich Heroin brauche, aber alles andere wäre fast genau so gut! Langeweile und A[nno] D[omini]! Ein Mädchen oder ein Schachspiel würden die Lücke füllen. Aber ich habe keine Energie mehr, danach zu suchen. 19.00 Uhr. Ja, diese Dosis hat einen traurigen Gedankengang ausgelöst – hauptsächlich über meine dahingeschwundenen Wertsachen. Welch leichtsinniger Narr bin ich gewesen! Was für ein Esel ich bin! Wird Heroin helfen, alles zu vergessen?

Sein Tagesbedarf stieg von zwei oder drei Gran auf elf Gran – eine Menge, mit der man eine ganze Handvoll Menschen umbringen könnte (als grösste gewöhnliche Dosis gilt ⅛ Gran).

Was ihn nicht im Stich liess, war sein Humor. Zwischen seinen Wutanfällen und den Stunden der Tränen konnte er herumalbern wie ein

Schuljunge. Bei der ersten sich bietenden Gelegenheit streckte er seinen ausgemergelten Arm aus, um sich, wie er sagte, mit der Kraft zu füllen, die ihn am Leben hielt. Ob ich nicht den Raum so lange verlassen wolle?

«Ganz und gar nicht», antwortete ich, «kann ich Ihnen behilflich sein?»

Er erklärte mir, dass neulich, als er sich für eine Spritze vorbereitet hätte, ein Armeeoffizier ein derart angewidertes Gesicht geschnitten habe, dass Crowley ins Bad ging. «Die Tür liess ich angelehnt, und durch den Türspalt hindurch schrie ich wie ein Ferkel, das abgestochen werden soll. Als ich dann wieder ins Zimmer kam, war mein armer Freund der Ohnmacht nahe.»

Crowley starb in der Nacht des 1. Dezember 1947 an Herzschwäche und chronischer Bronchitis. Unter seinem Kopfkissen lag ein Pergament-Talisman, der auf Enochäisch ‹für einen grossen Schatz› geweiht war. Crowley ist zweiundsiebzig Jahre alt geworden.

Schon den ganzen Sommer hindurch war er zunehmend schwächer geworden, so dass täglich mit seinem Tod gerechnet werden musste. Die Haushälterin von ‹Netherwoods› gestand mir einmal, sie wollte, er wäre tot, weil sie seinen Anblick nicht mehr ertragen könnte. Tatsächlich lässt sich ohne Übertreibungen sagen, dass um ihn eine Aura des Seltsamen oder gar des Bösen war. Zu guter Letzt war Crowley für jedermann sichtbar das geworden, was er sein Leben lang zu sein beansprucht hatte: ein Magus, ein Geheimer Oberer, ein Wesen, das jedermann und zu allen Zeiten mit dem Teufel assoziieren würde.

Er wollte nicht sterben, und als er ins Koma fiel, rannen Tränen über seine bleichen Wangen. Schwester Tzaba war bei ihm und hielt seine zukkenden Hände. Seine letzten Worte waren: «Ich bin überrascht . . .»

Er hatte kaum zu atmen aufgehört, als jemand die Treppe empor in sein Zimmer schlich und seine goldene Taschenuhr stahl.

In *Konx Om Pax* hatte er geschrieben:

Bury me in a nameless grave!
I came from God the world to save.
I brought them wisdom from above:
Worship, and liberty, and love.
They slew me for I did disparage
Therefore Religion, Law and Marriage.
So be my grave without a name
That earth may swallow up my shame!

Solange er lebte, hatte Crowley sich seinen eigenen Tod und sein Begräbnis als etwas durch und durch Imaginäres vorgestellt. Aber als er im letzten Jahr seines Lebens das letzte und endgültige Testament machte, hiess er seine Erben weder, dass sie ihn in Westminster Abbey[1] bestatten, noch wie den Christian Rosenkreutz nach ägyptischer Sitte einbalsamieren sollen, noch, dass die Urne mit seiner Asche auf die Klippe hinter Boleskine House oder auf den Berggipfel bei Cefalù gestellt würde, wie er es in seinem Testament von 1931 gewünscht hatte. Alles, worum er bat, war, dass ihm sein langjähriger Freund Louis Wilkinson an seinem Grab die Hymne an Pan und die Gebete und Gesänge seiner Gnostischen Messe intoniere.

Langsam sank der blumenbedeckte Sarg in die Tiefe.

Dann erschien Wilkinson. Unter seinem Arm trug er das *Liber AL* und seine Kopie von *Magick.* Er bestieg die Kanzel und rezitierte die Hymne an Pan.

Thrill with lissome lust of the light,
O man! My man!
Come careering out of the night
Of Pan! Io Pan!
Io Pan! Io Pan! Come over the sea . . .

Die schäbigen Wände der Totenkapelle verschwammen, und die Todeskälte wich, als die mächtige und sonore Stimme deklamierte:

Give me the sign of the Open Eye,
And the token erect of thorny thigh,
And the word of madness and mystery . . .

Er verlas nicht, wie von Crowley erbeten, das gesamte *Buch des Gesetzes,* sondern wählte Passagen aus, die die verschwindend kleine Reporterschar in der Kapelle nicht allzusehr in Erregung versetzen würden.

Dies war das ‹Gnostische Requiem›, das die Stadtväter von Brighton zu scharfem Protest veranlasste. «Wir werden alle Massnahmen treffen», sagte der Vorsitzende des für das Krematorium verantwortlichen Komitees, «dass dergleichen Vorfälle sich nicht wiederholen.»

Crowley starb, wie er gelebt.

Thou, who art I, beyond all I am,
Who hast no nature and no name,
Who art, when all but Thou are gone,
Thou, centre and secret of the Sun,
Thou, hidden spring of all things known

[1] William Joyce, ‹Lord Haw-Haw›, schlug in einer Rundfunk-Propaganda-Sendung aus Deutschland während des Zweiten Weltkriegs vor, dass Crowley vielleicht in Westminster Abbey eine Schwarze Messe zelebrieren sollte, da die englischen Störsender nicht allzu effizient arbeiteten.

And unknown, Thou aloof, alone,
Thou, the true fire within the reed
Brooding and breeding, source and seed
Of life, love, liberty, and light,
Thou beyond speech and beyond sight,
Thee I invoke, my faint fresh fire
Kindling as mine intents aspire.
Thee I invoke, abiding one,
Thee, centre and secret of the Sun,
And that most holy mystery
Of which the vehicle am I!

BEMERKUNGEN ZUM HOROSKOP ALEISTER CROWLEYS VON RUPERT GLAEDOW

Nach eigenen Angaben wurde Crowley zwischen 23^{h} und 24^{h} am 12. Oktober 1875 in Leamington Spa geboren. Er selbst gebrauchte für sein Horoskop 23.30^{h} als Durchschnittszeit; nach den Ereignissen in seinem Leben zu schliessen, liegt der wahre Zeitpunkt aber wahrscheinlich bei 23.16^{h} oder vielleicht etwas früher.

Sein einziger Kommentar bezieht sich auf den Effekt, dass der Löwe gerade am Aufgehen war, so dass er dem Krebs als Aszendenten knapp entronnen ist. Der Stolz darauf, das königliche, solare Zeichen des Löwen anstelle des Krebses als Aszendenten zu haben, ist nicht ungewöhnlich; und zweifelsohne bestärkte dies Crowleys Vorstellung, als Meister betrachtet werden zu müssen. Nach seinem Tod wurde allerdings entdeckt, dass der Tierkreis ursprünglich nicht an der sich unsichtbar bewegenden Tagundnachtgleiche gemessen wurde, sondern an den Sternen, und dass daher die Konstellationen wichtiger sind als die Zeichen. Nach dieser Lehre der alten Welt war Crowley unter der Herrschaft des Krebses, mit seiner Sonne in der Jungfrau und seinem Mond zwischen Wassermann und Fische. Dieses Horoskop hat in sich nichts besonders Teuflisches. Es ist nicht so offensichtlich schlecht wie das Horoskop von Luther, welches der Astrologe des Papstes in der Hoffnung veröffentlichte, zu beweisen, dass Luther zur Hölle gehen würde.

Es weist sogar eine Konjunktion von Sonne und Venus im vierten Haus auf, was für eine liebevolle, familiäre Neigung sprechen sollte. Jedoch kann Erziehung jeden Charakterzug in sein Gegenteil wenden. Das Horoskop zeigt die im Kind angelegte Natur; es kann nicht von ihm erwartet werden, auch Aufschluss über den perversen Charakter der Eltern zu geben. Davon abgesehen wird dieser einzige Hinweis auf Herzlichkeit hier von den «Aspekten» von Sonne und Mond unterdrückt. Sowohl Sonne als Mond haben einige seltsam enge, mächtige Aspekte und alle in bezug auf die weniger angenehmen Planeten. Die der Sonne zeigen eine strenge, willenskräftige Natur an, die drastische Taten liebt und sich extrem unbequem darstellt; die des Mondes sprechen für einen Hang zu gewaltsamen Handlungen aus unbewussten Motiven.

Die guten Planeten kommen kaum ins Bild; sie befinden sich weit unter der Erde und sind durch eine Opposition von Neptun geschwächt.

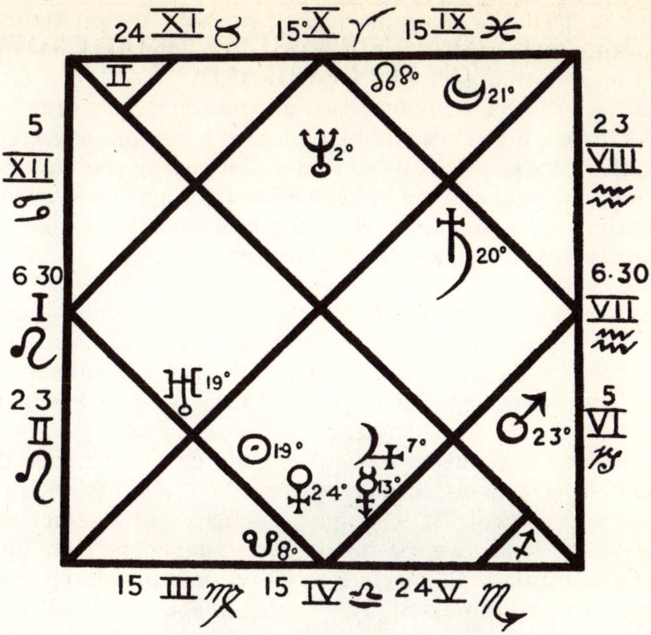

Horoskop von Edward Alexander Crowley

Ergebnis ist ein extremer Mangel an Freundlichkeit und ebenso ein ausgeprägter Mangel an Erfolg. Die Aspekte für den 8. bis 10. April 1904, als *The Book of the Law* in Kairo diktiert wurde, zeigen unzweideutig, dass dieses grosse Werk genausoviel Demütigung und Enttäuschung wie Prestige produzieren würde. Nicht genug damit, brachte die Reise nach Kairo auch noch die Opposition von Saturn und Uranus aus der Geburtssituation auf den Horizont, während Saturn genau zu dieser Zeit über sie vorbeizog: Jedes «neue System», das unter dieser Konstellation entsteht, ist zwangsläufig zum Misserfolg verdammt, da Saturn, der das Alte repräsentiert, dem Neuen – Uranus – erfolgreich entgegensteht.

Dass Crowleys erste Ehe ein Misserfolg war, ist überhaupt nicht erstaunlich; er war ein liebloser Charakter, und zur Zeit der Hochzeit ging Saturn über den Punkt seines «Hauses der Ehe».

Seine Wahl von Cefalu als Platz für die Abtei von Thelema war unklug. Denn es brachte diese Himmelsmitte in Konjunktion mit seinem Neptun; und natürlich lief die Sonne exakt über den Standort dieses Neptun, genau an dem Tag, an dem ihn die italienischen Behörden auswiesen.

Noch eindeutiger waren die Zeichen zu dem Zeitpunkt im Jahr 1916, als er eine Kröte kreuzigte: Der progressive Mars gelangte ebenso wie der laufende Uranus in die Konjunktion zu Saturn und damit in die Opposition zu Uranus im Geburtshoroskop; und diese Planetenkonstellation ist bekannt für Gewalttätigkeit und Grausamkeit.

Seine zweite Ehe war nicht besser als die erste. Sie wurde unter Zeichen geschlossen, die er beschreibt, ohne sie zu interpretieren; er vergisst zu erwähnen, dass seine Venus zu dieser Zeit gerade eine trigonale Position zu Neptun eingenommen hatte, die einen Mangel an Realismus in allen Liebesdingen erahnen liess; ebenso gab es zwei Übergänge des Bösen zu seinem Geburtsmond, was ihn hätte warnen müssen.

Zeichnung Crowleys von einem menschenfressenden Dämon

NACHWORT DES HERAUSGEBERS: ALEISTER CROWLEY – MEISTER DER WANDLUNGEN

In einem Essay über das Tarot der Ägypter *The Book of Thoth*[1] rät Crowley dem an einem tieferen Verständnis interessierten Leser, sich mit der jeweiligen Karte einen Moment lang vollständig zu identifizieren; z. B. dabei in Trance zu gehen und «die die Karte beherrschende Intelligenz den Sinnen manifest werden zu lassen». Bei mindestens vier der zweiundzwanzig Grossen Arkanen scheint Crowley offenbar lustvoll über diesen Moment hinaus meditiert und diese archetypischen Rollen gleich ganz in sein Dasein übernommen zu haben: den *Narren* (Karte 0: «Fool»), den *Magier* (Karte I: «Juggler»/«Magus»), den *Hohepriester* (Karte V: «Hierophant») und den *Wagenlenker* (Karte VII*: «Charioteer»). Vielfältig miteinander verknüpft und ineinander übergehend nahm das Durchspielen und Ausspielen dieser «Wandlungsarchetypen» (C. G. Jung) einen breiten Raum in Crowleys Leben ein.

HOOR-PA-KRAAT – Das rosa Baby mit dem Daumen im Mund[2]

Den Narren sah und erlebte Crowley anders, als wir das gemeinhin tun. Für Crowley ist der Narr nicht der tumbe Tor (wie er in anderen Tarotspielen dargestellt wird), sondern z. B. der junge Taugenichts und Tunichtgut, der ruhelos durch die Welt streift und – wie Parzifal als wandernder Prinz – den Gral, das Glück, die Wahrheit, den Stein der Weisen usw. sucht. Crowley als Narr macht sich nicht zum Narren und lässt sich nicht zum Narren halten. Er ist es, der als *April Fool* die anderen «in den April schickt» und sie aus ihrer Narretei lernen lässt. Sein buntscheckiges Harlekingewand teilt er mit Joseph, Jesus, Till Eulenspiegel und dem Rattenfänger von Hameln: Dadurch, dass er die alltägliche Ordnung ver-

* Kartennummern nach Crowleys revidiertem System.

1 *The Book Of Thoth* (Egyptian Tarot), New York 1974, S. 53 f. Den Erläuterungen zur Karte «Der Narr» gibt Crowley darin den grössten Raum.

2 ebenda S. 60 f. Das rosafarbene Kind Hoor-Pa-Kraat oder Harpokrates, der Gott des Schweigens, ist für Crowley «die passive Seite seines Zwillingsbruders Horus». Seine Unschuld schützt ihn vor Gefahren und Angriffen des Nilkrokodils Sebek, des «Verschlingers». Auf traditionellen Tarotkarten ist teilweise noch der «Narr» zusammen mit einem Krokodil (und nicht einem Hund) dargestellt.

rückt, lädt er dazu ein, starr gewordene Grenzen zu überdenken und zu überschreiten und die «sorgfältig konstruierte Show der Riesen, Menschenfresser, buckligen Zwerge und all der anderen Ungetümer aus dem Inventar der Schauermärchen»[1] als Illusion zu erkennen.

In immer wieder von ihm gesuchten Momenten ekstatischen Ausser-sich-Seins wird Crowley zum scheinbar «närrischen» Schamanen, der Verbindung zu den Sternen aufnimmt und – voll «göttlichen» Wissens – zum Künder und Propheten des Neuen (Äon) wird: «Es ist meine ewige Mission, das Universum zu dem Zustand trunkener Unschuld und spiritueller Sinnlichkeit zu erlösen!»

[1] *GE*, S. 739. Mit dem Erscheinen von Somerset Maughams Crowley-Roman *The Magican* im Jahre 1910 wurde Crowley selbst zu einem der Requisiten des Schauerromans. Und das um so mehr, nachdem Maughams Roman 1926 einem Stummfilm als Vorlage gedient hatte – übrigens mit dem Golem-Darsteller Paul Wegener in der Rolle des jungfrauenschlachtenden Schwarzmagiers! Die Legende um Crowley diente auch noch anderen Hollywood-Gruslern als Stimulans: *The Black Cat*, 1934, und *Night Of The Demon*, 1958. Vgl. William K. Everson, *Klassiker des Horrorfilms*, München 1980.

Die Rolle des Narren war für Crowley bei jeder Verwandlung Ausgangs- und Endpunkt. Ein (wie Olympiodoros in seiner *Heiligen Kunst des Steines der Weisen* definierte) allem Bestehenden gemeinsames Prinzip: «Es ist allgemeiner als die einzelnen Stoffe und kann sich deshalb in alle Stoffe verwandeln oder aus ihnen gebildet werden.» In übertragenem Sinn eben die Karte 0, der Joker, der alle Werte im Spiel annehmen kann, die der Spieler haben (sein) möchte.

«Donquichotterie, Eulenspiegelei, Leg-pulling sind ihm ergötzlicher Zeitvertreib; Hermes, der Bote der Götter ist ihm Vorbild», schreibt der bekannte esoterische Schriftsteller Dr. Henri Birven in seinen Erinnerungen an Crowley. Für Birven ist Crowleys Persönlichkeit ein «Komplex der Gegensätzlichkeit»:

«Dazu gehört auch seine Liebe zum Grotesken, das nach Klemperer den Zusammenschluss des Schönen und Hässlichen, des Hohen und Niedrigen duldet. Von Haus aus ist Crowley überaus ernst und grüblerisch, sein Tiefsinn sucht jedes Problem bis in seine letzten Wurzeln auszuschöpfen. Vor seinem Grübeln ist nichts sicher. Er ist respektlos, besonders wenn er seinem Humor die Zügel schiessen lässt. Sein Witz ist stets geistessprühend, aber schonungslos. Seine Formulierung ist messerscharf, er schreckt vor keinem Zynismus zurück. In seinen Dichtungen zieht er alle Register der Sprache. Er ist als Mensch, Denker, Dichter, Philosoph und Magus von einzigartiger Originalität.»

Der Narr im negativen Sinne ist für Crowley der Mensch, der sich durch vermeintliches Vorwissen und Vorurteile in der freien Schau der Welt selbst behindert.

Crowley dagegen fühlte sich frei genug, «Kinderbücher» wie Lewis Carrolls *Alice im Wunderland* und *The Hunting Of The Snark* zu lesen, um darin dann staunend die Geheimnisse der Kabbala für sich enthüllt zu bekommen. Auch die an sich närrische Idee, einem jungen, ihm unbekannten amerikanischen Poeten, James Branch Cabell, ein Exemplar seiner *Gnostischen Messe* zu schicken, zahlte sich für Crowley überraschend aus. Cabell verarbeitete die Messe – zum Teil wörtlich – in seinem, bis heute nachgedruckten, Bestseller *Jurgen*, einem der ersten, umstrittensten, aber auch phantasievollsten und witzigsten Werke der heute sogenannten Adult Fantasy[1].

Der Priester der Prinzen, ANKH-F-N-KHONSU: Vater des göttlichen Homunkulus

Crowley sieht den Hierophanten nicht als den rigiden Bewahrer alt gewordener Traditionen. Für ihn ist er der mutige, bewusst arbeitende Experimentator, der kundige Alchimist, der Bewahrer und Verfeinerer des visionär Geschauten und Erfahrenen: Er schreibt die gefundenen wirksamen Formeln, Anrufungen[2] und Symbole nieder (wie Crowley den Cor-

[1] *Jurgen* durfte nach dem Erscheinen im Jahr 1919 für zwei Jahre nicht verkauft werden, da die New Yorker Gesellschaft zur Unterdrückung des Lasters gegen den Verleger eine Anklage wegen Verbreitung eines «unanständigen, unzüchtigen, schlüpfrigen, obszönen und widerwärtigen Buches» angestrengt hatte. In Deutschland erschien *Jurgen* erstmals 1928, gegenwärtig liegt der Text in einer Taschenbuchausgabe des Heyne-Verlags vor.

Cabells Adaption der *Gnostischen Messe* findet sich im 22. Kapitel *Betrifft den Schleier, den sie zerrissen*, S. 151 f., Crowleys Originaltext in *GE*, S. 363.

Zu Crowleys Beschäftigung mit der Adult Fantasy seiner Zeit siehe *GE* S. XXIII f., S. 69 f., S. 924 f., S. 976 f. und Symonds/Grant (Hrsg.), *The Magical Record*, London 1978, S. 113. Die magischen Märchen von Lord Dunsany las er – nach eigenem Bekunden – mehr als vierzigmal, und von den Horrorgeschichten Algernon Blackwoods und den um die Wiederkehr des Gottes Pan kreisenden Schauernovellen Arthur Machens liess er es sich bei Zugfahrten nicht nur angenehm gruseln, sondern auch entscheidend in seiner magischen Praxis anregen. Bram Stokers Vampirroman *Dracula* empfahl er den Adepten der Grossen Weissen Bruderschaft (Argenteum Astrum) zur Aufnahme in ihre «magische» Bibliothek.

[2] Die barbarischen Namen der Anrufung erregen nicht nur das Bewusstsein des Magiers, sie vitalisieren auch die geheimen Zonen der erogenen Aktivität in der Priesterin, die für das Ritual ausgewählt wurde» (Kenneth Grant, *The Magical Revival*, London 1972, S. 119).

pus der *Books of Thelema)*, erkundet die Gefahren und Möglichkeiten von grenzensprengenden Drogen, sucht mit mantischen Mitteln die jeweilige Inkarnation der «Grossen Hure», seine Shakti, und legt die Bedingungen des (sex)magischen Arbeitens fest. Höchstes Ziel des «Hohenpriesters» Crowley ist die bewusst herbeigeführte «Vereinigung von Mikrokosmos und Makrokosmos» – das Grosse Magische Werk in seiner Essenz: die Einleitung der Geburt des Neuen Aeon, des «göttlichen Kindes Horus».

Crowley schätzte es natürlich besonders, wenn ihn dieses göttliche Kind berührte und verwandelte. In seinem Aufsatz *Energized Enthusiasm* schreibt er deutlicher, was wir im Alltag unter «Horus» verstehen dürfen: «Wenn ich nach einer strengen Arbeitszeit vor physischer Schwäche umfiel, vielleicht auf dem Boden kroch, zu müde Hand oder Fuß zu bewegen, stellte *das Auftauchen einer neuen Idee* (Hervorhebung von mir, W. B.) meine Energie wieder völlig her, und das Ausarbeiten der Idee beseitigte die vorgenannte Schwäche».

Ein halbes Jahrhundert vor der wissenschaftlichen Erforschung moderner psychologischer Einwirkungsmöglichkeiten handhabte der «Meisterpsychologe»[1] Crowley bereits ein erstaunliches Instrumentarium von Interventionstechniken: geführte Phantasien, Formen indirekter Suggestion, semantische Analyse, hypnotische Induktion und Trance (den ganzen Zirkus der Schau der archetypischen Bilder), Methoden des Klarträumens, Arbeiten mit dem Widerstand und Einsatz paradoxer Verschreibungen.

Bei aller zeremoniell-magischen Ernsthaftigkeit kann und mag Crowley dem «buchhalterischen» Hohenpriester den Schalk nicht austreiben. «Es ist schwer zu leugnen, dass sich im Ausdruck des Initiators etwas Mysteriöses, ja Sinistres findet. Er scheint sich über einen sehr geheimen Witz auf jemand anderes Kosten zu freuen[2]», schreibt Crowley in seiner Deutung dieser Tarotkarte.

Geniesst man die erhabenen Gesänge und Anrufungen und die tiefsinnigen Visionen, die Crowley für die Nachwelt niederschrieb, mehr im Detail, so schaut tatsächlich an allen Ecken der «Jolly Joker» zwischen den Zeilen hervor: etwa wenn Crowley uns unter dem Hinweis, es handle sich um «allerernsthafteste Anrufungen[3]» die Namen der Engel der Aethyre folgendermassen benennt: *TOR, OXO, POP, ZON, ZIM* usw.!

Oder (wir haben schon zehn Zauberbuchseiten lang vergebens das CHAOS beschworen) wenn er uns endlich den «mächtigen Zauber-

[1] Der «grösste Psychologe der Welt», wie es Crowley gelegentlich beliebte, über sich zu scherzen, wurde dagegen mit der Psychoanalyse nicht so recht warm. Wie Alan Watts es in einem anderen Zusammenhang ausdrückt, «bei den Analytikern und ihren Patienten war nicht viel von Ekstase zu merken . . .»

[2] *The Book Of Thoth*, op. cit., S. 79.

[3] *GE*, S. 408 f.

spruch» nennt, «mit dessen Hilfe man den Schoss unseres Verständnisses von der Gewalt des CHAOS blosslegen kann». Nachdem er es dann doch erst nochmal spannend macht, (*Nun, auf ein Letztes, lasst uns denn den Schleier des Aethyr zerreissen)*, erfahren wir – unter dem höllischen, aber herzlichen Gelächter von Meister Therion – das mächtige Mantra: *Aha! Aha! Aha! Aha! Aha! Aha! Aha!*

Und kaum hat Crowley einmal den Teufel in Gestalt des Dämonen Choronzon beschworen, bedroht dieser auch schon (noch dazu mit Crowleys Stimme!) seinen magischen Assistenten, Victor Neuburg. Die Drohung, ihm Ohren und Nase abzubeissen, ihm dann die Glieder einzeln auszurupfen, bevor er den armen Buckligen ganz hinmache, kennt man schon hinlänglich aus den Berichten über Dr. Faust und seinen Famulus Wagner; mit der Drohung aber, ihm die Gedärme herauszureissen, «um sie beim Sabbat als Fiedelsaiten zu benutzen», zeigt sich der Teufel des 20. Jahrhunderts scheinbar doch als der rauhere Geselle. Wir erfahren allerdings später – in einem Anhang[1] zu dieser Operation –, dass Victor auch ganz schön unfair war: Um sich in seinem Zauberkreis noch mehr zu schützen, hatte er in besonders «magischer Weise» vor sich hin gepfiffen, was dem Dämon seinerseits sehr zugesetzt hatte. Bei soviel unseriöser Anmache darf man es mit Vorsicht geniessen, wenn der Teufel – doch ziemlich frustriert – schnell noch behauptet, Gottvater gerade wieder mal auf den Bart geschissen (*befouled his beard)* und dem Sohn kürzlich erst den Stengel rausgeroppt zu haben (*torn off his Phallus)*...

MAGUS: Der zündende Funke

Ist der Hohepriester der gewitzte Initiator der alchimistischen Abläufe, so ist der Magier (wie Crowley ihn sah und auch zu leben versuchte) als *Agent of Change* zeitweise der «schöpferische Prozess selbst»: das Agens, Bewegung in allen Formen und Phasen.

Diese Katalysator-Funktion Crowleys wird aus einem Bericht von Kenneth Grant über seine «Astralreise»-Versuche sehr gut deutlich[2]: «In seinen Notizen über das Arbeiten mit Äther gibt Crowley die Bedingungen an, die solche Experimente besonders fördern. Eine der Bedingungen, die er nicht erwähnt, jedoch eine, die in meinem Fall einen starken Ausschlag gab, war der lenkende Einfluss von Crowley selbst. Ohne seine Anwesenheit war der Prozess des Durch-das-Tor-Gehens und des Projizierens von Bewusstsein in die transzendentale Ebene sehr erschwert.»

Immer das Unerwartete tuend, hebt der Magier «jedes etablierte Schema aus dem Sattel»: und sei es nur, dass Crowley in einem Restau-

[1] *GE,* S. 524.
[2] *The Magical Revival,* op. cit., S. 93 f.

rant die Gänge umgekehrt (also mit dem Dessert beginnend) bestellt und darauf besteht, die Speisen auch in der bestellten Reihenfolge (mit der Suppe endend) zu sich zu nehmen[1].

Crowley wartete selten, bis ihn etwas veränderte. Er experimentierte bewusst mit Veränderungsmöglichkeiten: trug er seinen «magischen» Ring an der linken Hand, spielte er z. B. für seine Umgebung «einen Mann voll starker Leidenschaften», erfahren in der Kabbala, Vegetarier und reaktionär in seinen politischen Ansichten. Einige Stunden später –

[1] Somerset Maugham, *Der Magier*, Berlin 1966, S. 28. Crowley freute sich wie ein «Schneekönig» über Maughams kleines Werk. Abweichend von seinen sonstigen Gewohnheiten kaufte er sogar ein Exemplar, um es bei zwei Dutzend Austern, einem Fasan und einer Flasche allerbesten Champagners sofort zu lesen. Seine Charakterisierung als «lüsterner, böser Priester» entzückte Crowley ungemein, vielleicht deshalb vergass er nicht, in seiner Autobiographie anzudeuten, dass es Leute gab, «die Maugham für eine Wanze hielten, die zu zertreten ein sensibler Mensch sich scheut; fürchtet er doch den Geruch und den Matsch» (Symonds/Grant [Hrsg.], *The Confessions of Aleister Crowley*, New York 1971, S. 364 und S. 615 f.). Vergleiche auch Dr. Birvens Erinnerungen in den Heften der *Oriflamme* der Jahre 1972–73.

den Ring an die rechte Hand wechselnd – repräsentierte er einen «blutleeren und asketischen Denker», beschäftigt mit geschäftlichen und familiären Sorgen, Fleischesser und in seinen politischen Ansichten äusserst progressiv[1].

So sehr Crowley es liebte, zu verzaubern, so wenig vergass er es auch zu entzaubern: *ABRA-HAD-ABRA* hat für Crowley stets zwei Seiten. Kaum irgendwo besser als in seinen Artikeln und Buchrezensionen zeigt sich Crowleys Fähigkeit, den Vertretern eines aufgeblasenen Okkultismus die Luft rauszulassen. Auf des Logenmagiers und Vielschreibers A. E. Waites pompöse Behauptung im *Who's Who*, «er besitze nahezu alle Grade der Freimaurerei, die in England bekannt und noch einige, die in England unbekannt sind», druckte Crowley in seiner Zeitschrift *Equinox* ein «Telegramm» ab, in dem er Waite ein lakonisches «Ja» übermittelte. Seiner Unterschrift fügt er allerdings 150 «eigene» Titel an, darunter so glanzvolle Schmuckstücke wie «Meister der Heiligen Gruft, Erwählter des Unbekannten, Weiser des Chaos, Grosses Beil, Erhabener Wächter der Hütten, Vollkommener Erwählter, Erhabener Unbekannter Philosoph, Hehrer Ritter des Beliebens, Königlicher Senkfuss» usw.

Das Buch von Mary Everest Boole *The Message Of Psychic Science To The World* kommentierte er mit einem einfachen «Dummer Quatsch». Der *Magnetic Mirror* eines Dr. Carolus Rex war ihm ein paar Zeilen mehr an Spass wert: «Dieses kleine Werk ist geschickt geschrieben; die Mitglieder der höheren Grade des Universellen Ordens B.·. F.·. sollen angeregt werden, ‹Dr.› ‹Carolus› ‹Rex› Beträge zwischen zwei bis zwanzig Guineen für ‹magische Spiegel› zu bezahlen, die – wie wir hoffen – wenigstens genauso viele Pence wert sind»[2].

Fo-Hi der Gott des Gelächters oder: Mr. Finch wird überrascht

Nach der «Überquerung des Abgrunds» wandelt Crowley sich zum höchsten Weisen, der nicht-handelnd handelt und sich ganz dem Fluss des Tao überlässt. Der zum Ipsissismus («göttlichen» Menschen) gewordene Magier lässt sich von den Elementen des Lebens tragen, als sässe er auf Wolkenkissen: Er hat die Hände jetzt frei, um lachend den Heiligen Gral zu tragen, seinen magischen Tiegel, in dem alles, was er hineingibt, verwandelt wieder aufsteigt: «Ich bin der Meister aller Form. Von mir gehen die Formen aus. Ich bin Ich», diesen Satz verkündet Crowleys Alter-

1 *GE*, S. 1015 und S. 1020. Crowley erweist sich mit dieser Haltung als konsequent «antinewtonsch»: Ursache jeder Änderung des Bewegungszustandes sind nicht «einwirkende Kräfte» (wie es Newtons 1. Bewegungsgesetz postuliert), sondern der Wille des Magiers allein, eben: *Tu was Du willst, soll sein das ganze Gesetz!*
2 *GE*, S. 209.

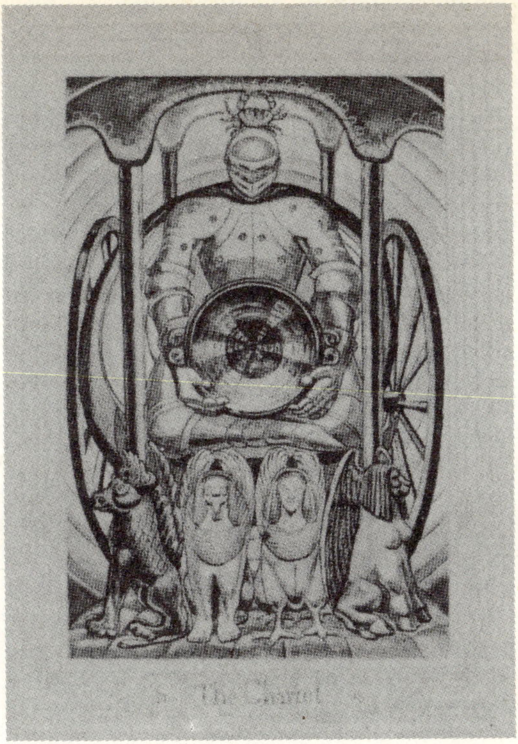

Ego, der listige Teufel Choronzon, als sein (und Crowleys) ultimates Geheimnis.

Crowley kannte seine Neräusnatur. Er wusste, dass ihm zu jedem Moment, zu dem er wollte, ein anderes, neues Selbst zur Verfügung stehen konnte: «Jeder aufeinanderfolgende menschliche Bewusstseinszustand ist ein einzigartiges Phänomen und hat keine Verbindung mit irgendeinem anderen[1].» Es sei denn, man nimmt einen besonderen Leim, «Gedächtnis» genannt, mit dem man «alles» mit «allem» verbinden kann – wenn man es will! Crowley wollte sich andererseits – auf seine spezielle Art und Weise – fast immer «verbinden» und «Geheimnisse» austauschen. Crowley nahm *Secrets* (englisch: Geheimnisse) eher wörtlich: Wo immer es ging, tauschte er mit (nicht immer ganz) willigen Mitmenschen

[1] *GE*, S. 743 und *The Magical Record*, op. cit., S. 106.

Sekrete aus: *Love is the Law, and Love is (Ex)Change*[1]. Seine hochwirksamen Arbeitsmittel: tantrische Rituale; Singen, Chanten und Murmeln von Mantras; spezielle Drogen, und – ein teuflisch guter Humor: Als ihm zum Erreichen des Grades eines Magus noch ein ganz bestimmtes Sekret fehlte, fellationierte er in einem New Yorker türkischen Bad einen ihm unbekannten Mann (einen gewissen Mr. Finch, wie sich später herausstellte). Voll Freude notierte er in seinem *Magischen Tagebuch*, dass das gewonnene Elixier von der Menge her «reichlich» und «bewunderungswürdig» in der Qualität gewesen sei . . .

Mit «Göttlichkeit» meint Crowley eine Mischung aus Selbstbewusstsein und einer Freiheit des Denkens, die er – gerade weil er sie für sich erreicht zu haben glaubte – allen anderen auch wünschte:

«Alles, was ich von anderen Leuten verlange, ist weiter nichts, als dass sie ihre eigene einzige und individuelle Suprematie verwirklichen. Ich weiss, dass ich einer der ewigen Götter bin, und es verdriesst mich, dass ich anderen Göttern begegnen muss, die entweder unterlassen, mich zu ehren, und mich hassen oder verachten, oder dass andere verfehlen, sich selbst zu erkennen und daher mich mit Anbetung behandeln statt mit Achtung, mit Knechtschaft statt mit Freundschaft; die mir Gehorsam anbieten, wenn ich Kameradschaft benötige, den Stein des Dienstes, wenn ich nach dem Brot der Liebe hungere.»

Groucho Marx der Magier[2]

Crowley hatte das Glück, zu seinen Lebzeiten vier Männern zu begegnen, die sein Wesen tiefer zu verstehen versuchten und uns dankenswerterweise ihre Sicht von ihm heute verkünden:

C. R. Cammell schrieb seine Biographie *Aleister Crowley: The Man, The Mage, The Poet* (1951) vor allem über den Magier Crowley. Dr. Israel Regardie arbeitete in seiner Biographie *The Eye In The Triangle* (1974) besonders Crowleys Aspekte als Hohepriester der Gnostischen Kirche heraus. Kenneth Grant widmete seine Arbeiten *The Magical Revival*

[1] So gesehen war Crowley durchaus – als «König der Gnostiker» – seiner Herde ein guter Hirte: Wo immer er seine Schäfchen fand, molk er sie. Kenneth Grant *The Magical Revival*, (a. a. O., S. 125 f.) schreibt hierzu: «*Bindu* ist ein Sekret . . ., das man nur durch die Methoden des Shakta Tantra und den Entsprechungen in der Mongolei, in Tibet, China, Peru und Mexiko erhalten kann. Das Elixier macht Mann und Frau bisexuell und verjüngt in einem ausserordentlichen Masse.» Nach einer sehr kontrovers diskutierten amerikanischen Studie sollen 40 % aller Frauen beim Orgasmus ejakulieren können. (Alice Kahn Ladas . . ., *The G Spot*, New York 1982).

[2] War Crowley – als Alchimist – von Öffnungen jeder Art fasziniert, so geht dieselbe Faszination für den Komiker Marx von Stellungen jeder Art aus. Auf die Frage einer Playboy-Interviewerin, was er tun würde, wenn er sein Leben noch einmal leben könnte, antwortete Groucho: «Ich würde mehr Stellungen ausprobieren!»

(London 1972) und *Aleister Crowley And The Hidden God* (1975) dem «Gottmenschen» Crowley. Und John Symonds übernahm es als seine Aufgabe, mit kritischer Distanz, akribischer Objektivität und psychologischer Einsicht, uns in seinem *Das Tier 666*[1] Crowley als den heiligen Narren, den unverbesserlichen Joker, den tanzenden Harlekin und den schamanistischen Trickster nahezubringen.

Allerdings: Gelingt es Symonds auch bewunderungswürdig, uns die Requisiten aus Crowleys schier unerschöpflicher Trickkiste zu zeigen, zu zerlegen und zu demonstrieren, so lässt auch er sich – und dies macht dieses Buch so besonders spannend und lebendig – immer wieder einmal auf das Glatteis führen.

Gleich, wieviel Masken Symonds dem kosmischen Clown Crowley auch abnimmt oder ihm neu wieder aufsetzt, Crowleys wahres Wesen scheint hinter Kaskaden von Gelächter verborgen zu bleiben. Z. B. wenn Symonds glaubt, Crowleys scheinbar prodeutsche Aktivitäten im Ersten Weltkrieg als letztlich antibritisch werten zu müssen, schnappt schon die Falle zu: Wir hören Crowleys «charakteristisches und äusserst ansteckendes Gekichere»[2]. Man muss – vielleicht gerade als Deutscher – Crowleys hintersinnige «Ode» von 1915 an Kaiser Wilhelm II. nur lesen, um zu merken, dass der Joker – wie Batmans Diener Alfred es sagen würde – wieder einmal (und das noch an einem für Briten so emotionsgeladenen Gegenstand) zugeschlagen hatte:

> «Wilhelm II. war sich immer bis zu einem gewissen Grad seiner Inkarnationen als Lohengrin, Siegfried, Parzifal bewusst ... Wilhelm II. ist der Genius seines Volkes (...) Er scheint allwissend, allmächtig, allgegenwärtig zu sein; der wahre Engel Gottes, schrecklich und schön: geschickt als Retter des Vaterlandes vor den wilden Feinden. Geht er einmal unter, so nicht als Mann. Er wird den strahlenden Glanz des Satans von Milton haben und in die Geschichte als der Held der grossen Niederlage der Menschlichkeit eingehen. Niemand wird den Ort seines Grabes kennen. Legenden werden sich um ihn ranken, wie um Christus, Balder, Adonis, Arthur, Mohammed, Napoleon. ‹Er ist nicht wirklich tot; er wird zurückkommen, um sein Volk zum letzten Triumph zu führen›: Diesen Satz wird jeder Bauer im Munde führen und jeder Adlige als unbewusste Hoffnung in seinem Herzen tragen (...) Ave, Guglieme! König, Herrscher! Heil, Retter der Welt. Angetan mit goldener Rüstung und dem Helm der Heiligkeit schwingst Du das Schwert! Heil, Souverän und Retter, der Du die Krankheit der Zeiten heilst, der Du die Heiden vom geheiligten Reich vertreibst. Willkommen der Welt, die in Angst darniederliegt, nach der Morgenröte hungernd, Sonne der Gerechtigkeit! Die heiligen alten Könige begrüssen Dich; die Propheten salben Dich mit dem heiligen Öl; sie bieten Dir die Krone Europas. Die Dichter sehen Dich und kennen Dich; ihre Gedichte umweben Deine Rüstung mit seidenem Schleier!»

[1] Nach Kenneth Grant soll *Beast* etymologisch verwandt sein mit *Bitch* und *Bastard* und sich ableiten aus *Bast*, der katzenköpfigen Feuergöttin Ägyptens, und *Bes(z)*, dem ägyptischen Gott der Musik, des Tanzens, und des Vergnügens. Im ägpytischen bedeutet Besz vom Wortsinn her *verwandeln*. Besz wurde als der Grosse Magier verehrt, der Tiere in Menschen verwandeln kann (*The Magical Revival*, a.a.O., S. 57 f und E. A. Wallis Budge, *An Egyptian Hieroglyphic Dictionary*, New York, S. 205 und S. 223).

[2] C. R. Cammell, *Aleister Crowley ...*, London 1969, S. 76 f.

Wie viele Zeugnisse von Begegnungen zwischen Zeitgenossen und Crowley man auch studiert, es bleibt stets der Eindruck, dass solche Berichte (wie Sergius Golowin es treffend auszudrücken versteht) jeweils nur sehr individuelle «Spiegelungen des phantastischen Zauberers» wiedergeben können.

Mehrfache Treffen mit Crowley in England und Deutschland überzeugten auch Dr. Birven davon, dass man Crowley aufgrund seiner offensichtlichen Überlegenheit wirklich nur schwer erfassen konnte: «Von dem Gefühl seiner Überlegenheit war er zutiefst durchdrungen, und das war keine Selbsttäuschung, sondern Ausdruck seiner gründlichen und umfassenden wissenschaftlichen Kenntnisse in den verschiedensten Disziplinen. Er stand seinen Mann nicht nur in der alten und neueren Literatur, in der Philosophie, einschliesslich der modernen Spekulationen der theoretischen Physik, der klassischen Sprachen, sowie der Psychologie und Psychoanalyse. Mit Berufung auf sein Vorbild, den französischen Magus Eliphas Lévi war er «stolz wie Satan».

Crowley, ein Schwarzmagier?

Vielleicht in dem Sinne, dass er sich mit der Dunkelheit einliess, um Licht in sie zu bringen, indem er den abergläubischen Kern von rigiden Regeln, ideologischen Zwangssystemen, Einbahnstrassendenken, von bedeutungslos gewordenen Ritualen auf der einen und überzogenem mystisch-magischen Agieren auf der anderen Seite immer wieder – auf jeder Ebene von neuem – aufzudecken versuchte? Besonders suspekt waren ihm aus dieser Haltung heraus – hier ist er seinem grossen geistigen Vorbild Eliphas Lévi sehr nahe – stets Praxis und Persönlichkeit von «Schwarzen Brüdern» und «Militanten Mystikern»[1]:

«Solche Personen sind ‹geschwollen von Blähungen und dem stinkenden Mist, den sie werfen, innen verkommen und faule Seuche verbreitend›. Für ihre unglücklichen Anhänger und Imitatoren gibt es nicht genügend mitleidige Worte. Das ganze Universum ist für sie nur ‹der Spiegel ihres Narrengesichts›; jedoch verehren sie es, anders als Palamedes. Als moralische und spirituelle Narzisse kommen sie um im Wasser der Illusion. Und die Subtilität des Teufels zeigt sich besonders in den Methoden, mittels derer Neophyten von den ‹Schwarzen Brüdern› eingefangen werden. Sie verwenden übertriebene Ehrfurcht, feierliche Aussprache, hohle archaische Phrasen, einen falschen Schleier von Heiligkeit über ihrem unreinen Schrein. Gestelztes Gehabe maskiert als Erhabenheit; ein Lumpensack von Mittelalterlichkeit täuscht Tiefsinnigkeit vor; Jargon gilt schon als Literatur.»

[1] Aleister Crowley, Die Gefahren des Mystizismus, in: *Unicorn* II; 1982.

Als eine Folge dieser Haltung sieht Crowley «den Mangel an allen menschlichen Eigenschaften: «Als Mensch handelt auch der grösste Magier so, wie es ein Mensch tun sollte. Insbesondere hat er Herzensgüte und Mitgefühl gelernt. Selbstlosigkeit ist sehr oft sein Trumpf. Gerade dies fehlt dem Mystiker. Indem er versucht, die unteren Ebenen in die höheren zu absorbieren, negiert er die unteren, ein Fehler, den kein Magier begehen kann.»

Auch an dem Rat, den er Suchenden in bezug auf jeweils «magische» Betätigung gibt, lässt sich schwerlich etwas Schwarzmagisches finden:

«Nicht für einen Moment würde ich dem Schwächsten raten, zurückzukehren, aber ich würde dem Stärksten raten, diese Korrektive anzuwenden: 1. die skeptische oder wissenschaftliche Haltung, sowohl in Einstellung als auch in Methode; 2. ein gesundes Leben, so wie es der Athlet und der Forscher verstehen; 3. herzliche menschliche Gemeinschaft, Hingabe an Leben, Arbeit und Aufgabe».

Der Hexen Meister

Die einzige Schwarze Magie, der sich Crowley tatsächlich hemmungslos hingab, war die Verzauberung durch die eine oder die andere Schwarze Lady.

«Nichts, was mit Crowley in Verbindung stand, konnte mich je überraschen», schreibt R.C. Cammell diesbezüglich in seinen Erinnerungen[1], «bis an einem Sommerabend das Licht anging. Das Mädchen, das – lachend mit grossen roten Lippen und blendendweissen Zähnen – vor mir stand, war schwarz! Oh, was war das für ein Geschöpf! Ein richtig krauser Wuschelkopf mit einem Schopf von schwarzen Locken, mit Augen wie Kohle und Diamant und einer Figur so leicht und geschmeidig wie die einer Gazelle und doch mit sehr viel mehr Kurven versehen . . . : Goldene Ringe schmückten ihre ebenholzfarbenen, runden Arme. ‹So (sagte ich, nachdem ich meinen Atem wiedergefunden hatte), Sie sind also das Mädchen mit der goldenen Stimme!›»

Crowley war fasziniert von allen Manifestationen der Welt, wie auch immer sie sich ihm «zum Begreifen» darboten. Buchstäblich steckte er Nase und Penis[2] in alles, um sie, die Rätselhafte, «die Eine in Vielen und

[1] C. R. Cammell, *Aleister Crowley* . . ., op. cit., S. 100 f.

[2] Im New York des Jahres 1914 vertraut Crowley seinem *Magical Record* (S. 10) am 19. Dezember folgende Zeilen an: «I was at 34th Street and Broadway looking for a soul-mate, a destined bride, an affinity, a counterportal ego, etc., and should have considered the conditions satisfied by any orifice into which I might plunge my penis at a cost not exceeding $ 2.50.»

Viele in Einer ist», zu verstehen: die Frau in Scharlach, Babalon, Nut, Isis, Venus, Maya/Maria, Our Lady of the Stars, das Universum.

Sie, die sich seinem Begreifen immer wieder entzog, sie, die er in seinen Visionen immer wieder erneut als jungfräulich erlebte und besang[1]:

> «Wir sind zu einem Palast gekommen, erbaut aus Steinen, deren jeder einzelne ein Juwel ist und besetzt mit Millionen von Monden. Und dieser Palast ist nichts anderes als der Körper einer Frau, stolz und zart und über alle Vorstellung schön. Sie ist wie ein zwölfjähriges Mädchen. Sie hat sinnliche Augenlider und lange Wimpern. Ihre Augen sind geschlossen oder fast geschlossen. Es ist unmöglich, über sie etwas zu sagen. Sie ist nackt; ihr ganzer Körper ist umhüllt von feinem, goldenem Haar, das lodert wie Feuerflammen und aussieht wie Speerspitzen mächtiger, fürchterlicher Engel, deren Schilder die Oberfläche ihrer Haut ist. Und das Haar um ihren Kopf, das bis auf ihre Füsse fliesst, ist nichts anderes als das Licht Gottes (...) Und der Bogen des Horizontes über ihr wird von Erzengeln gebildet, die einander an den Händen halten und singen: Dies ist die Tochter von BABALON der Schönen, und sie hat sie dem Vater aller Dinge geboren. Und sie hat sie allen geboren. Dies ist die Tochter des Königs. Dies ist die ewige Jungfrau. Dies ist sie, die der Heilige Eine dem Riesen Zeit entrissen hat, und sie ist der Siegespreis für die, die den Raum besiegt haben. Dies ist sie, die eingesetzt wurde auf dem Thron des Verstehens. Gedanken können die Herrlichkeit, die sie schützt, nicht durchdringen, denn Gedanken sind zerschmetterte Tote vor ihrer Gegenwart. Leer ist das Gedächtnis, und in den meisten alten Büchern der Magie gibt es keine Formeln, sie anzurufen, und keine Worte, sie zu preisen. Der Wille beugt sich wie Rohr im Sturm, der die Grenzen ihres Königreiches streift, und die Vorstellung kann nicht einmal ein Blütenblatt einer Lilie begreifen, sie aber steht in einem See aus Kristall, in einem Meer aus Glas.
>
> Dies ist sie, die ihr Haar geschmückt hat mit sieben Sternen, mit sieben Atemzügen, die seine Hoheit bewegen und durch sie beben. Und sie hat ihre Haare zusammengesteckt mit Kämmen, auf denen die sieben geheimen Namen Gottes geschrieben stehen, die nicht einmal die Engel kennen oder die Erzengel und auch der Herr der himmlischen Heerscharen nicht.
>
> Heilig, heilig, heilig seist Du, und Dein Name sei gepriesen in Ewigkeit, Du, für die Aeonen nichts weiter sind als das Pulsieren Deines Blutes.»

Das sind sicher nicht die Träume, die man im Kopf eines schrecklichen Schwarzmagiers vermuten würde ...

Du bist der Mittelpunkt des Universums

Einen alten Freund, mit dem Crowley einmal an der See Kaffee trank, erschreckte er zutiefst, als er ihm ausmalte, wie diese Welt, wenn sie seine Lehre übernommen habe, in 1000 Jahren aussehen würde.

Nun, achten auch Sie sorgfältig auf die Zeichen: Bieten Taxifahrer sich Ihnen mit einem genäselten «Tu Was Du Willst» an, verabschieden sich Arbeitskollegen mit einem gezischten «Liebe unter Willen» und begrüssen Sie ältere Verwandte, ohne dabei im geringsten zu erröten, mit einem intim klingenden «Liebe ist das Gesetz»? Hat sich die Bezeichnung

[1] *Book Of Thoth*, op. cit., The Virgin Universe, S. 143 (Übersetzung I. Dümotz).

der Ihnen seit Ihrer Kindheit so vertrauten Kirche an der Ecke geändert? Heisst sie jetzt vielleicht «Tempel des Sot-Thoth»? Und bestehen dreiviertel der Kurse Ihrer Volkshochschule aus tantrischen Unterweisungen? Fliegen in Ihrem Vorgarten in letzter Zeit verdächtig viele Falken umher?

Geniessen Sie es, denn Meister Therions Glaubensbekenntnis brauchen Sie nicht mehr zu fürchten als sich selbst[1]:

«Zu jedem – Mann wie Frau – sage ich: ‹Du bist einzigartig und königlich, der Mittelpunkt des Universums. Wie sehr mein eigenes Denken auch richtig sein mag, so kannst du mit einer anderen Denkweise genauso recht haben. Du kannst dein eigenes Lebensziel nur erreichen, indem du die Meinung anderer völlig ausser acht lässt. Du solltest nicht einmal die äusseren Anzeichen von Erfolg dahin gehend interpretieren, dass die ihnen zugrunde liegende Verhaltensweise auch deiner eigenen Absicht dienen könnte. Zum einen steht dir meine Krone vielleicht gar nicht, sondern verursacht dir Kopfschmerzen; zum anderen müssen meine Mittel zur Erlangung der Krone nicht auch in deinem Fall zum Ziel führen.› Meine Aufgabe ist, kurz gesagt, jedem zur Erkenntnis und zum Geniessen seiner eigenen Königlichkeit zu verhelfen, und mein sichtbarer Einfluss geht nicht über den Ratschlag hinaus, keine Beeinflussung zu dulden.»

ODO CICALE QAA[2] – Enthülle die Geheimnisse deiner Schöpfung!

Wolfgang Bauer

[1] *The Confessions Of Aleister Crowley*, op. cit., S. 901.

[2] Worte in der Sprache der Engel, dem «Enochischen» des Dr. John Dee. Dieser paradox-mehrsinnige Satz ist typisch für Crowleys spielerischen Umgang mit der Sprache.

Für Hinweise, Anregungen und spannende Diskussionen zum Phänomen Aleister Crowley danke ich John Symonds, Sergius Golowin, Timothy Leary, B.F. Netthow, Martin Kühn und besonders Katja Redemann, die freundlicherweise auch die Übersetzung des Vorworts und anderer, kleinerer Textteile besorgte und mir beim Durchsehen der Fahnen sehr half.

Bildnachweis

Seite 2, 11, 25, 27, 31, 34, 49, 70, 81, 107, 129, 137, 161, 171, 181, 187, 197, 271, 297, 353, 427, 478: Aleister Crowley, *The Confessions of Aleister Crowley,* hrsg. von John Symonds und Kenneth Grant, New York 1970.

Seite 89: Kenneth Grant, *The Magical Revival.* London 1972.

Seite 91: F. King, *Sexuality, Magic and Perversion.* London 1971.

Seite 15, 39, 157, 313, 413, 469: Eigentum des Autors.

Seite 203, 217, 229, 269, 307: Israel Regardie, Hrsg., *Gems From The Equinox.* St. Paul 1974.

Seite 17: *Sphinx Werk-Ausgabe (Cover).*

Seite 196, 477: John Symonds, *The Great Beast.* London 1971.

Seite 257, 425, 463: Im Besitz von Kenneth Grant.

Seite 9, 159, 401: W. K. Everson, *Klassiker des Horrorfilms.* München 1980.

Seite 480– 487: Aleister Crowley, *The Book of Toth.* New York 1974.

Seite 283: Steffie Grant.